A GLOBAL HISTORY
全球简史

[英]赫伯特·乔治·威尔斯 ◎ 著
王一舟 ◎ 译

北京理工大学出版社
BEIJING INSTITUTE OF TECHNOLOGY PRESS

版权专有 侵权必究

图书在版编目（CIP）数据

全球简史 /（英）赫伯特·乔治·威尔斯著；王一舟译. —北京：北京理工大学出版社，2020.10（2022.8重印）

ISBN 978-7-5682-8879-8

Ⅰ.①全… Ⅱ.①赫… ②王… Ⅲ.①世界史 Ⅳ.①K1

中国版本图书馆CIP数据核字（2020）第146003号

出版发行 /	北京理工大学出版社有限责任公司
社　　址 /	北京市海淀区中关村南大街5号
邮　　编 /	100081
电　　话 /	（010）68914775（总编室）
	（010）82562903（教材售后服务热线）
	（010）68948351（其他图书服务热线）
网　　址 /	http://www.bitpress.com.cn
经　　销 /	全国各地新华书店
印　　刷 /	三河市金元印装有限公司
开　　本 /	880毫米×1230毫米　1/32
印　　张 /	29.25
字　　数 /	705千字
版　　次 /	2020年10月第1版　2022年8月第2次印刷
定　　价 /	108.00元

责任编辑 /	徐艳君
文案编辑 /	徐艳君
责任校对 /	刘亚男
责任印制 /	施胜娟

图书出现印装质量问题，请拨打售后服务热线，本社负责调换

始祖鸟化石

古埃及象形文字

亨利八世

路易十四

亚历山大一世

玄奘

前　言

本书①最初是在Ernest Barker先生、H. H. Johnston爵士、E. Ray. Lankester爵士与Gilbert Murray教授的建议与帮助下写就的。J. F. Horrabin完成了书中插图。

---

① 本书成书于19世纪30年代，有些数据可能与现在存在一定出入。（本书所有注释均为译者注。）

目 录 Contents

1. 空间与时间中的地球

2. 岩石的记载

   2.1 最初的生物　006

   2.2 地球已经存在了多久？　011

3. 自然选择与种族变迁

4. 生命踏上陆地

   4.1 生命与水　020

   4.2 最早的陆生动物　022

5. 爬行动物的时代

   5.1 低地动物时代　026

   5.2 飞翔的恐龙　030

5.3 最早的鸟　030

5.4 困苦与死亡的时代　032

5.5 皮毛与羽毛的首次出现　033

6. 哺乳动物的时代

6.1 生命的新阶段　036

6.2 传统进入世界　038

6.3 大脑发展的阶段　041

6.4 世界再次困苦　043

7. 人类之祖

7.1 人类由行走之猿进化而来　045

7.2 类人生物的最初痕迹　049

7.3 海德堡直立人　050

7.4 "皮尔丹人"　051

8. 尼安德特人：已经灭绝的种族

8.1 5万年前的世界　054

8.2 原始人类的日常生活　057

9. 冰河时期之后的旧石器晚期人类：最早的真正人类

9.1 类似我们的人类的出现　063

9.2 牧人取代猎人　070

9.3 美洲无亚人种　072

10. 欧洲的新石器时代人种

10.1 农耕时代开始　073

10.2 新石器文化兴起于何处　077

10.3 新石器时代人类的日常生活　077

10.4 原始交易　083

10.5 地中海山谷的洪水　084

11. 早期的思想

11.1 原始哲学　087

11.2 宗教中的长老　090

11.3 宗教中的敬畏与希望　091

11.4 星辰与四季　092

11.5 讲述故事与创造神话　094

11.6 宗教的复杂起源　096

12. 人类的种族

12.1 人类仍在分化吗？ 101

12.2 人类的主要种族 105

12.3 深褐色人种的旧石文化 107

13. 人类的语言

13.1 原始语言不存在 110

13.2 雅利安语 111

13.3 闪米特语 113

13.4 含米特语 114

13.5 乌拉尔-阿尔泰语 116

13.6 中国语 116

13.7 其他语系 117

13.8 可能存在的原始语系 120

13.9 一些孤立的语言 122

14. 最初的文明

14.1 早期的城市与早期的游牧民 124

14.2 早期文明 128

14.3 埃及的早期历史 135

14.4 印度的早期文明　140

14.5 中国的早期历史　140

14.6 文明发展时　144

15. 海洋民族与贸易民族

15.1 最早的船只和水手　147

15.2 史前的爱琴海城市　150

15.3 初次探险航行　155

15.4 早期的商人　156

15.5 早期的旅行者　159

16. 文字

16.1 象形文字　161

16.2 音节文字　165

16.3 字母文字　166

16.4 文字对于人类生活的意义　167

17. 众神与星辰、僧侣与国王

17.1 僧侣在历史中出现　170

17.2 僧侣与星辰　174

17.3 僧侣与知识的曙光　176

17.4 国王与僧侣的对抗　177

17.5 马尔杜克神是如何与国王斗争的　180

17.6 埃及的神王　183

17.7 秦始皇焚诗书　187

18. 农奴、奴隶、社会阶层与自由人

18.1 古代的普通人　189

18.2 最早的奴隶　191

18.3 最早的自由人　194

18.4 3000年前的社会阶层　197

18.5 从阶级固化到等级制度　200

18.6 印度的种姓制度　202

18.7 中国的官吏体系　204

18.8 5000年总结　206

19. 希伯来圣经和先知

19.1 以色列人在历史中的地位　209

19.2 扫罗、大卫与所罗门　216

19.3 犹太人：血统混杂的种族　221

19.4 希伯来先知的重要性 223

20. 史前时期的雅利安语族群

20.1 雅利安语族群的扩散 226

20.2 原始雅利安人的生活 229

20.3 早期雅利安人的日常生活 235

21. 希腊人与波斯人

21.1 希腊民族 243

21.2 希腊文明的显著特征 245

21.3 希腊的君主制、贵族政治与民主制 248

21.4 吕底亚王国 255

21.5 东方波斯人的崛起 256

21.6 克罗伊斯国王的故事 259

21.7 大流士入侵俄罗斯 263

21.8 马拉松战役 268

21.9 温泉关战役与萨拉米斯海战 269

21.10 普拉塔亚战役与米卡利之战 274

22. 希腊思想与人类社会的关系

22.1 伯里克利时期的雅典　278

22.2 苏格拉底　285

22.3 柏拉图与他的学院　286

22.4 亚里士多德与吕克昂学园　288

22.5 哲学变得不世俗　290

22.6 希腊思想的性质和局限性　291

23. 亚历山大大帝的事业

23.1 马其顿的腓力　297

23.2 腓力二世遇刺　302

23.3 亚历山大的首次征服　306

23.4 东征西战　313

23.5 亚历山大真的很伟大吗？　317

23.6 亚历山大的继任者　322

23.7 帕加马王国：文化避难所　323

23.8 作为世界统一先兆的亚历山大　324

24. 亚历山大城的科学和宗教

24.1 亚历山大城的科学　327

24.2 亚历山大城的哲学　333

24.3 作为宗教工厂的亚历山大城　333

25. 佛教的兴起与传播

25.1 释迦牟尼的故事　338

25.2 教义与传说的冲突　343

25.3 释迦牟尼佛陀的教义　345

25.4 佛教与阿育王　349

25.5 中国的两位圣人　355

25.6 佛教的衰落　359

25.7 目前佛教分布范围　361

26. 西方的两个共和国

26.1 拉丁人的起源　363

26.2 一种新的国家　369

26.3 富人们的迦太基共和国　381

26.4 第一次布匿战争　382

26.5 老加图及其精神　386

26.6 第二次布匿战争　390

26.7 第三次布匿战争　394

26.8 布匿战争是如何破坏了罗马的自由 398

26.9 罗马共和国与现代国家的比较 400

27. 从提比略·格拉古到罗马的神格皇帝

27.1 挫败平民的科学 405

27.2 罗马国家的财政 408

27.3 共和政体的余晖 411

27.4 冒险家将军们的时代 416

27.5 共和国的终结 420

27.6 元首制产生 424

27.7 罗马共和国为何失败 427

28. 海洋和大平原之间的罗马诸位皇帝

28.1 罗马皇帝简史 431

28.2 全盛时期的罗马文明 437

28.3 罗马人思想的局限性 446

28.4 大平原上的骚动 449

28.5 西罗马帝国（真正的罗马）的崩溃 457

28.6 东罗马帝国（复兴的希腊） 464

29. 亚洲700年（约公元前50—650）

29.1 查士丁尼大帝　468

29.2 波斯的萨珊王朝　469

29.3 萨珊王朝统治下叙利亚的衰落　472

29.4 来自伊斯兰的第一封书信　475

29.5 中亚和印度的匈奴各族　476

29.6 中国的盛世　479

29.7 中国智慧的桎梏　483

29.8 玄奘西行　488

30. 成吉思汗及其继任者的大帝国

30.1 12世纪末的亚洲　494

30.2 蒙古人的崛起与胜利　496

30.3 马可·波罗游记　500

30.4 奥斯曼土耳其人与君士坦丁堡　506

30.5 为何蒙古人没有被基督教化　510

31. 西方文明的复兴

31.1 基督教与大众教育　521

31.2 欧洲开始为自我思考　528

31.3 大瘟疫和共产主义萌芽 532

31.4 纸是如何解放了人类思想的 536

31.5 贵族的新教与民众的新教 538

31.6 科学再觉醒 544

31.7 欧洲城镇的新发展 553

31.8 美国进入历史 558

31.9 马基雅维利如何思考世界 566

31.10 瑞士共和国 569

31.11 新教徒 570

32. 君王、议会与诸强

32.1 贵族与对外政策 583

32.2 尼德兰共和国 585

32.3 英国的共和体制 589

32.4 德意志的分裂和混乱 599

32.5 欧洲强权政体的辉煌 602

32.6 列强观念的发展 608

32.7 波兰第一共和国及其命运 611

32.8 帝国在海外的第一次掠夺 614

32.9 英国统治印度 617

32.10 俄罗斯进军太平洋　620

32.11 爱德华·吉本如何看待1780年的世界　622

32.12 社会变革开始　629

33. 美洲和法兰西的新式民主共和国

33.1 大国体制的麻烦　636

33.2 反抗前的13个殖民地　638

33.3 强加于殖民地的内战　642

33.4 独立战争　647

33.5 美国宪法　649

33.6 美国宪法的原始特征　654

33.7 法国的革命思想　660

33.8 1789年革命　663

33.9 1789年到1791年的法国君主立宪制　666

33.10 雅各宾派革命　673

33.11 雅各宾派掌权的法兰西第一共和国（1972—1974）　682

33.12 督政府　687

33.13 重建的终止与当代社会主义的曙光　690

34. 拿破仑·波拿巴的事业

34.1 在科西嘉岛的波拿马家族 699

34.2 作为共和国将军的波拿巴 700

34.3 作为第一执政官的拿破仑（1799—1804） 705

34.4 作为皇帝的拿破仑一世（1804—1814） 711

34.5 百日王朝 718

34.6 1815年的欧洲 722

35. 19世纪的现实与想象

35.1 机械革命 727

35.2 机械革命与工业革命的联系 734

35.3 1848年各种思想的酝酿 739

35.4 社会主义思想的发展 741

35.5 作为一种人类社会方案的社会主义的缺点 749

35.6 达尔文主义是如何影响宗教和政治思想的 754

35.7 民族主义观念 761

35.8 1848年到1878年间的欧洲 765

35.9 海外殖民地帝国的第二次掠夺 775

35.10 印度在亚洲的先例 783

35.11 日本的历史 786

35.12 海外扩张时期的结束 791

35.13 1914年的大英帝国 792

36. 1914年的国际大灾难

36.1 第一次世界大战前的武装和平 794

36.2 德意志帝国 796

36.3 英格兰和爱尔兰的帝国主义思潮 805

36.4 法国、意大利和巴尔干半岛的帝国主义 817

36.5 1914年君主专制依旧的俄国 818

36.6 美利坚合众国与帝国的理念 819

36.7 第一次世界大战的直接起因 823

36.8 1917年以前第一次世界大战总结 828

36.9 从沙俄解体到停战期间的第一次世界大战 836

36.10 第一次世界大战导致的政治、经济和社会解体 842

36.11 威尔逊总统与《凡尔赛条约》造成的问题 850

36.12 国际联盟第一次会议总结 860

36.13 1919年到1920年条约的纲要 863

36.14 第二次世界大战的预兆 865

37. 历史的新阶段

37.1 在政治问题上人类意志可能的统一　870

37.2 一个联邦的世界政府会如何诞生　874

37.3 一个现代世界格局的基本特征　877

37.4 世界将变成什么样：会存在统一的法律与正义吗　878

世界大事时间表　886

1. 空间与时间中的地球

我们所生活的地球是一个旋转的球体。在我们看来,地球似乎是巨大的,但在浩瀚无垠的宇宙中,它只不过是一粒尘埃。

宇宙绝大部分都是空洞的。在这空间中,相隔极远的地方会存在着一颗颗发光发热的中心体,这就是恒星[①]。虽然它们都叫作恒星,但无一不在宇宙中运动着,只不过人类在很长的一段时间内都没有意识到它们的运动而已。它们是如此的巨大,距离又如此的遥远,以至于其运动难以被人类察觉,只能在千万年的过程中才得以感知。这些恒星距离我们相当遥远,即便它们体积巨大无比,我们用最强大的望远镜进行观察,它们看起来也不过是一些发光的小点,或亮或暗。然而,当我们用望眼镜观察时,我们会看到一些旋涡和近似闪着光的蒸汽的云,我们将其称为星云[②]。它们距离我们

[①] 恒星:是由引力凝聚在一起的球形等离子体,由炽热气体组成,能够自己发光。
[②] 星云:是尘埃、氢气、氦气和其他电离气体聚集的星际云,包含了除行星与彗星以外的几乎所有延展型天体。

是如此的遥远,以至于几百万英里①的移动都是难以察觉的。

不过,有一颗星球离我们很近,使其看起来就像一个巨大的火球,这便是太阳。太阳本身在属性上是一颗恒星,不过它与其他恒星在外观上不同,这是因为它距离我们更近,所以不易比较;但正因为如此人类就能够了解它的一些性质。太阳到地球的平均距离是9300万英里,是一团直径为86.6万英里长的燃烧物质,其体积是地球的130万倍。

这些数字都是难以想象的。如果将一挺马克沁重机枪②对准太阳射出子弹,且假定其保持射出时的速度不变,那么这颗子弹将需要7年的时间才能到达太阳。所以我们说的所谓太阳很近,其实是从星球的大小来衡量的。如果地球是一个直径1英寸③的小球,那么太阳就是一个直径9英尺④的"庞然大物",这个尺寸足以填满一间小卧室了。太阳绕轴进行自转运动,但由于它是一个炽热流体,因此两极地区与赤道地区的移动速度并不相同,赤道表面大约25天就会自转一圈。太阳表面,就我们能见到的,由炽热的金属性蒸汽云构成,而表面以下的东西就只能猜测了。太阳大气层的温度非常高,铁、镍、铜、锡都是以气态存在于其中的。远远环绕着太阳运转的不仅仅有我们这个地球,还有其他同类的天体,我们称之为行星⑤。行星在宇宙中闪闪发亮,是因为它们都反射了太阳光。这些行星离我们足够近,所以我们能够很容易地观察到它们的运动,行

---

① 英里:英制长度单位,1英里约等于1.609千米。
② 马克沁重机枪:是世界上第一种真正成功的以火药燃气为能源的自动武器,由海勒姆·马克沁于1883年发明。
③ 英寸:英制长度单位,1英寸约等于2.54厘米。
④ 英尺:英制长度单位,1英尺约等于0.3048米。
⑤ 行星:通常指自身不发光,环绕着恒星的天体,其公转方向常与所绕恒星的自转方向相同。

星和恒星的相对位置每个夜晚都是变化着的。

我们现在很好理解太空是多么的辽阔了。如我们所说，如果太阳是一个直径9英尺的球，按照比例我们的地球就是一个直径1英寸的小球，离太阳的距离是322码①远。在这种情况下，月亮就是一个小豌豆大小的点，距离地球的距离则是30英寸。比地球更接近太阳的还有两个很相似的小点，那就是距离太阳125码的水星与250码的金星。在地球的外圈，则是距离太阳500码的火星、1680码的木星、3000码的土星、6000码的天王星与9500码的海王星。在这中间，也有一些非常小的数量确定的点穿梭于行星之间，尤其是在火星与木星轨道间转圈的小点，这被称为小行星。有时，一些或明或暗的气体与尘埃从几乎无垠的太空中进入我们这个系统，这被我们称为彗星。在我们周围，无论是环绕我们的，还是远到无法测量的距离中，都是寒冷的、没有生命的、虚无的。在我们的比例尺"地球直径一英寸、月球是一粒小豌豆"之下，离我们最近的恒星也在4万英里外，而我们所见到的大多数恒星都是在几亿或者几十亿英里以外。

天文学就是向大家讲述这些事情以及人类如何了解这些事情的，读者们最好读一些天文学书籍，以便更多地了解太阳和星球的知识。关于我们所生活的这个世界的科学叫作地质学，对它的描述则是地理学。

我们的世界，即地球，直径略小于8000英里，表面是很粗糙的，较为突出的部分是山，较为低洼的地方有一层浅水，这就是海洋。这层水的最深处有5英里，也就是说，同地球的体积相比，这根本不值一提。

---

① 码：英制长度单位，1码约等于91.44厘米。

围绕地球的是一层薄薄的空气,被称为大气层①。当我们乘气球升空,或者从海平面高度开始登山时,空气的密度会不断降低,直到最后稀薄到无法维持生命。在20英里的高空中,几乎不存在空气,此处连海面空气密度的百分之一都没有。一只鸟能飞到的最高点大约是4英里,据说秃鹰能够到达这个高度。但是,如果通过飞机或者气球将小鸟或者昆虫携带到比这个数字小很多的高度放出来,其中的大多数都会失去知觉。对人类而言,任何登山运动员攀登过的最高海拔都在5英里以下,人类乘坐飞机的高度已超过4英里,载人气球飞行的高度已接近7英里,但这都是以人付出相当大的身体痛苦为代价的。实验用的小气球,里面装的不是人,而是录音仪器,已能够达到22英里的高度。

生命是在地壳上层几百英尺、海洋中与4英里以下的低层大气中发现的。除了地球上这薄薄的一层空气和水,我们还不知道哪里还有生命存在。据我们所知,太空其余部分还没有生命存在的迹象。科学家们已经讨论过在金星和火星这样的类似天体上存在生命或类似情况的可能性,但他们仅仅提出了这样值得质疑的可能性。

天文学家、地质学家以及那些研究物理学的人已经能够告诉我们地球的起源和历史。他们认为,绝早以前,太阳是一个旋转的、燃烧着的物质,尚没有集中在一个被压缩的光热中心,其体积要远远大于目前的状态,而且旋转的速度也相当得快。正因为旋转,一系列碎片便与其分离开来成为行星,我们的地球便是其中之一。产生地球的碎片经过旋转又分成了两块,较大一块便是地球本身,较小一块便是现在已经"死亡"的、"静止"的月球。一开始,太阳、地球、月球等这一系列统旋转速度远远大于现今之速度,并且地

---

① 大气层:因重力关系而围绕着地球的一层混合气体,是地球最外部的气体圈层,包围着海洋和陆地,厚度大约在1000千米以上,但无明显界限。

球是一个熊熊燃烧的、没有生命可以存活的物体,天文学家已经就此假设给出了令人信服的理由。这些结论的得出是通过一系列非常漂亮和有趣的观察与推理,但这一过程太长太复杂,我们便不再这里展开了。不过,天文学家们让我们相信彼时炽热的太阳到现在已经大大的冷却了,旋转速度也慢了很多,而且它还在持续地冷却和减速。他们还展示了地球的自转速度正在持续地下降,也就是说,我们的一天越来越长,地球中心的热量在缓慢地消耗。曾几何时,一昼夜的时间还不足目前的一半或三分之一。当那个比现在大很多的炽热的太阳从天边升起并且穿越整个天空时,"若人类可能对其位置进行标记",它的移动轨迹一定会很明显的。未来的某一天,白天会像现在的一年那么长,那时的太阳已经冷却,失去了光芒,一动不动地悬挂在空中。

  世界什么时候才开始有了生命呢?可以猜想彼时的太阳比现在要热得多,昼夜交替也比现在快得多,地球上潮水涨得很高,酷热难当,猛烈的暴风雨与地震频繁出现。在那些日子里,月亮离我们要更近,也更明亮,而且公转速度肯定与地球自转速度不一样。

2. 岩石的记载

2.1 最初的生物

我们并不了解地球上的生命是如何开始的。

生物学家,已经对生命的起点做了猜测,但我们不会在这里讨论这个。我们只需要注意的是,他们均认同生命始于一日时间尚短、潮汐频繁涨退、海滩泥沙蒸腾的地方。

当时的大气密度要大得多,通常,大片的云层会遮住太阳,频繁的暴风雨使天空变得昏暗。猛烈的火山运动将地面隆起,形成了一片贫瘠的土地,没有植被亦没有土壤。几乎不间断的暴风雨席卷整个土地,河流和洪水将大量的泥沙冲入海里,形成了后来硬化为石板和页岩的泥块,还有后来变成砂岩的沙子。地质学家们研究了这些保存至今的沉积物从最早年代到最近年代的整个堆积过程。当然,最古老的沉积物是最扭曲的,变化最大,磨损也最为严重,在此之中根本找不到任何生命的痕迹。也许最早的生命形式是微小而且柔软的,没能留下表明它们曾经存在的任何证据。只有当其中的一些进化出骨架、石灰壳或类似的坚硬物质时,它们才会在死后留下化石痕迹，为我们的检验留下记录。

地质学文献在很大程度上是对岩石中发现的化石以及岩层叠放顺序的说明。最古老的岩石一定是在没有海洋之前形成的，那时地球过于炎热以至于海洋尚不存在，我们现在看到的海洋在那时还是一种蒸汽与空气混合的大气。大气上层是浓密的云，一场热雨从云上降到下面的岩石上，在雨水变得炙热之前早就又变成了蒸汽。在这种蒸汽环境中，熔融的物质凝固成了最初的岩石。

第一批岩石应当就像蛋糕一样松软，外表凝固，而里面是炽热的液体物质，就像冷却的岩浆一样。岩石最初应当是以"外皮与内渣"的状态呈现的，只有经过不断的重复熔化与再结晶，才可能达到永久固化的厚度状态。基性片麻岩①的名字来源于一个巨大的潜在结晶岩石系统，这些岩石可能是在这个炽热世界即将结束时，随着时间的累积逐渐形成的。基性片麻岩形成过程中的世界肯定更像一个火炉的内部，而不是目前地球上其他能够对比的任何东西。

经过很长一段时间，大气中的蒸汽也开始凝结，并直接落到地上，最后在这些温暖的原始岩石上，热水积聚成溪流倾泻而下，汇集在洼地里，形成了水池、湖泊和最初的海洋。经过岩石的水流把上面的尘土和微粒带入了海洋，形成了沉积物，这些沉积物层层堆积，或如地质学家们所称的分为地层，最终形成了第一批沉积岩②。这些最早的沉积岩沉入洼地并被其他沉积岩覆盖，被巨大的火山运动和遍及地球岩石层的潮汐力扭曲、倾斜、撕裂。我们发现，这些最早的沉积岩仍然在某些地方露出地面，或因为没有被后

---

① 片麻岩：是一种变质程度很深的变质岩，具有片麻状构造或条带状构造，有鳞片粒状变晶。
② 沉积岩：在地壳发展演化过程中，在地表或接近地表的常温常压条件下，任何先成岩遭受风化剥蚀作用的破坏产物，以及生物作用与火山作用的产物在原地或经过外力的搬运所形成的沉积层，又经成岩作用而成的岩石。

来的地层覆盖，或因为后来覆盖的岩石损耗从而露了出来。沉积岩的表面差异很大，这在加拿大地区体现明显，有裂缝和弯曲着的、部分重熔的、再结晶的、硬化的、经过挤压的，但我们依然可以辨认出这是什么类型的岩石。岩石并没有任何特定的生命痕迹，所以经常被称为无生岩石。但由于在这些早期的沉积岩中发现了被称为石墨与红色和黑色氧化的铁，而且有人断言这些物质的产生需要生物活性，所以不管这么认为是否合理，一些地质学家更愿意称这些最早的沉积岩为太古代生物，即意味原始的生命。他们认为第一个生命可能是柔软的没有外壳、骨架或者任何类似结构的生命体，所以在其死亡后没有一个能够识别的化石保存下来，但它的化学影响导致了石墨和氧化铁的沉积。当然，这是纯粹的猜测，至少无生岩石形成时尚不存在生命也有相当的可能性。

覆盖或重叠在这些无生岩石上的其他岩石，显然也非常古老，而且磨损得厉害，但其中确实存在生命的痕迹。这些最初的痕迹是最简单的，它们就是一种叫作藻类的简单植物的遗迹，或者是蠕虫在海泥中留下的痕迹。还有一种便是叫作放射虫[①]的微小生物的骨架。这一组岩石的年代被称为元古代[②]（意为生命起源），表明了世界历史的悠久时期。在元古代岩石的上层，我们发现了相当数量的各种各样的生物遗迹，可以看到丰富的贝类、蟹类以及类似爬行动物、蠕虫、海草生物，还有大量的鱼类以及最初的陆地植物。这些岩石的年代被称为古生代[③]（意为古代生命）。这些岩石标志着一个漫长的时代，在这个时代，生命在我们世界的海洋中缓慢地传

---

① 放射虫：海生漂浮的单细胞动物，具有放射排列的线装伪足。
② 元古代：紧接着太古代之后的一个地质年代，距今25亿年至8亿年前，生物界由原核生物演变为真核生物，菌类、藻类占主导地位，也称菌藻时代。
③ 古生代：显生宙的第一个代，距今5.7亿年至2.3亿年前，分为早古生代（寒武纪、奥陶纪、志留纪）与晚古生代（泥盆纪、石炭纪、二叠纪）。

播、增长和发展。最早的古生代时期中不过是在水中游浮与爬行的动物繁殖。其中有一种生物叫作三叶虫①，它们像大型海虱一样在海底爬行，有可能与今天的美国帝王蟹存在联系。还有一种生物是海蝎②，它们是早期世界中的佼佼者。海底生物中体型最长的物种能达到9英尺长，这些都是当时最高级别的物种了。还有大量不同种类的贝类，叫作腕足类动物③。还有一些生物像植物一样扎根在一起，松散地在水中飘动。

这并不是为了激发我们的想象力而进行的生命描述。以上生物中没有一种能够在陆地上跑动或在天空中飞翔。所有生物都在水中灵活快速地游动。除一些生物的体型较大之外，和现在学生们在夏天的沟渠里进行显微镜检查时所能看到的生物并没有太大的不同。这便是亿年之前或古生代早期的浅海生命，那时的土地显然是非常贫瘠的，我们没有发现任何陆地生物的痕迹。这个时期生活在水下的生物几乎一生都生活在水下。

在由海蝎和三叶虫统治的晚古生代与我们所处的时代之间，地质学家对这些岩石进行测定后，将其划分为中生代和新生代两个地质时代。在古生代之上是中生代④（意为中间的生命）岩石，这是第二个巨大的含化石岩石系统，可能持续有数亿年之久，其中包含了大量的化石残骸、巨大爬行动物的骨头等，我们将在后面进行

---

① 三叶虫：寒武纪出现的最有代表性的远古动物，是节肢动物的一种，全身明显分为头、胸、尾三部分，背甲坚硬，为两条背沟纵向分为大致相等的三片。二叠纪完全灭绝。
② 海蝎：古生物，5亿年前就存在于地球上，是节肢动物，体长达1至2米。
③ 腕足类动物：属拟软体动物门、原口动物，身体背腹各有一枚贝壳，腹壳比背壳稍大，呈深凹形。
④ 中生代：显生宙的三个地质时代之一，可分为三叠纪、侏罗纪和白垩纪三个纪，优势动物是爬行动物，尤其是恐龙。中生代是板块、气候、生物演化改变极大的时代，距今约2.5亿年至6500万年。

讲述。接下来是新生代①（意为最近的生命）岩石，新生代是生命历史阶段第三长的阶段，这个阶段里泥沙随着上述的河流冲刷到海里，掩埋了骨头、鳞片、尸体和痕迹，这些东西最终形成了今天所谓的化石，构成了这段历史的最后篇章。

古生代早期的生物

岩石上的标记、化石以及岩石本身是我们最早的历史文献。人类一直在苦苦思索的生命史便是通过岩石的记载得到的。通过研究这些记载，人们正在慢慢地拼凑出一个关于生命起源的故事，一个关于我们人类起源的故事，而我们的祖先在大约一个世纪前对此并不怀疑。但是，当我们把这些岩石和化石称为一个记载或者一段

---

① 新生代：地球历史上最新的一个地质时代，分为古近纪、新近纪和第四纪，包括七个世。以哺乳动物和被子植物的高度繁盛为特征，6500万年前开始持续至今。

历史时，我们决不能认为有任何迹象表明这些记录是完好保存下来的。只要我们有足够的智慧去探索这些痕迹的意义，那么无论发生什么都一定会留下些痕迹。不像图书馆里的书一样，世界上的岩石不会整齐叠放供人们研究，它们被撕裂、破坏、中断、乱扔、污损，其实更像一个经历了一连串轰炸、军事占领、抢劫、地震、骚乱和火灾之后的混乱的办公室。因此，对于许多代人来说，这些岩石的记载只是静静地躺在人们的脚下，无人问津。公元前6世纪，伊奥尼亚①地区的希腊人发现了化石；公元前3世纪，埃拉托色尼②和其他人在亚历山大城③讨论了这些化石，这些讨论在斯特拉博④的《地理学》一书中有所记载。拉丁诗人奥维德⑤熟知这些岩石与化石，但他不了解其本性，认为这是创造力最初的粗暴尝试。10世纪阿拉伯作家又注意到了这些东西。生活在离我们很接近的16世纪的达·芬奇⑥是第一个掌握了化石真正意义的欧洲人。在不到一个半世纪的时间里，人类才开始认真而持久地破译这些长期被忽视的早期世界历史的证明。

2.2 地球已经存在了多久？

关于地质时间的推测差别很大。地质学家和天文学家从不同的

---

① 伊奥尼亚：是古希腊时代对今天土耳其安纳托利亚西南海岸地区的称呼。
② 埃拉托色尼：生卒公元前275—公元前193年，古希腊地理学家、天文学家、哲学家、诗人，第一个创用了西文"地理学"词汇的人。
③ 亚历山大城：埃及的最大海港、第二大城市，位于尼罗河口以西，曾为古埃及托勒密王朝都城，因亚历山大大帝时（公元前332年）兴建而得名。
④ 斯特拉博：公元前1世纪古希腊学者、旅行家、作家。17卷《地理学》是其著作。
⑤ 奥维德：生卒公元前43—公元前17/18年，古罗马诗人。
⑥ 达·芬奇：生卒1452—1519年，意大利著名画家、科学家，文艺复兴三杰之一。

角度估计出最古老的岩石的年龄在16亿年到2500万年之间。这个时间跨度是巨大的,甚至可能以亿年来计算,这是在这个问题上可以肯定的最大限度。对读者来说,把下面时间图中的每一个年代数字除以10或乘以2是很容易的,而且没有人会提出质疑来。然而,我

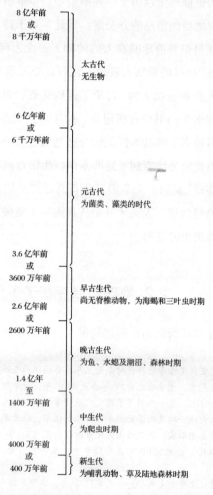

从远古到现在的时间划分

们能够拿出更有力的证据来说明不同时代之间的相对时间。如果读者把8亿年减到4亿年，那么就必须把新生代的4000年减到2000年。值得注意的是，无论总数是多少，大多数地质学家都承认，整个地质一半或一半以上的时间在生命发展到古生代晚期之前就已经过去了。快速阅读这些开篇章节的读者可能会倾向于认为，这些章节只是一个快速的序曲，为接下来显然要长得多的历史做准备，但实际上，后面的历史之所以更长，只是因为它更详细，更有趣，在视角上显得更为突出。在上述那些人们难以想象的时间里，地球是炽热的，不存在生命，在同样广袤无垠的年代里，其生命总量也难以超过一滴水中存在的微生物个数。

从生命和人类的角度来看，空间是虚空的，时间也是虚空的。生命就像在这无边无际的虚空中，刚刚点燃的一丝微光。

3. 自然选择与种族变迁

每一种类的生物都是不断在死亡、又不断在更新的一群全新的个体。不仅现今的人类是这样，在远古代和古生代海里游动、繁殖和死亡的所有生物也都是这样。

生物不同于一切无生命的东西。虽然生物之间存在着最奇妙的差异，但过去和现在的所有生物都被默认拥有一定成长的能力，所有的生物都需要营养，所有的生物都会随着它们的生长而活动，尽管其运动不会超过根部从土壤中穿过或树枝在空气中蔓延的范围。此外，生物是不断繁殖的，它们生产新的生命，要么通过生长和分裂，要么通过种子、孢子、卵或其他繁育后代的方式。繁殖是生命的特征之一。

没有生物会永远活着。每一种生物似乎都有生长的极限。在非常小而简单的生物中，比如微小的阿米巴原虫①，个体长大后，完全分裂成两个新的个体，而这两个个体又可能依次分裂。许多其他

---

① 阿米巴原虫：属肉足鞭毛门、肉足纲、阿米巴目，平均大小22×7（微米），从一端伸出奔放式伪足，运动快速。世界各地的水、空气和土壤中均存在。

的微观生物活跃了一段时间,生长,然后变得安静和不活跃,把自己包裹在一个外层中,完全分裂成一些更小的东西,那就是孢子,它们被释放和分散,然后再次生长成它们母体的样子。在更复杂的生物中,繁殖通常不是这样简单的分裂进行的,尽管分裂确实发生在许多大到肉眼可以看到的情况下。但是,几乎所有体型较大的生物都有这样一个规律,就是个体的体积会增长到一定的极限。然后,在它完全发育完成之前,它的增长会减缓并停止。当它长到最大的时候,它就成熟了,开始繁殖幼崽,这些幼崽要么是活着出生的,要么是从蛋中孵化出来的。但是体型较大的生物不能像简单生物一样直接创造新生物,而是通过繁育后代完成的,只有一个特殊的部分可以做到这一点。当个体存活并产生后代一段时间后,它会变老直至死亡,这是一种必然。人的寿命是有实际限制的,发育生长也如此。这些道理同样适用于植物和动物,但不适用于没有生命的事物。无生命的东西,如晶体就会生长,但它们没有固定的生长极限或大小,它们不会自行移动,其内部也并没有运行着的器官。晶体一旦形成,可能会保持数百万年不变。任何非生物都没有繁殖能力。

生物的成长、死亡和繁殖会产生极其美妙的结果。一个生物所生产的幼体要么是出生就与母体外形一致,要么是经过一些中间阶段和变化后形成母体的外形(如毛虫和蝴蝶的变化)。但它们从来就不是完全一样的,他们之间总有一种细微的差别,我们称之为个性。今年一千只蝴蝶,明年可能会生出两三千只;在我们看来,后代与前代几乎一模一样,但其实每一个都有那么一点点不同。我们很难在蝴蝶身上看到个性,因为我们没有很仔细地观察它们,但是我们很容易在人类身上看到这一点。今天世界上所有的男人和女人都是公元1800年出生的男人和女人的后裔,但现在我们中没有一个人与消失的那一代人完全一样。对于各种生物，包括植物和动物、人类和蝴蝶的真实情况都是如此。每一代物种都会改变每一代人的所有特征。在元古代和古生代的海洋中，一切微小的生物，都是不断地繁殖和死亡的，就如同今天的人类一样。

每一种生物都在不断地死亡和重生，再作为许多全新的个体出现。

于是我们可以思考一下，任何一种生物新生的一代肯定会遇到些什么。有些个体比其他个体在某些方面更强或更壮，因而更有可能生存下去，其他个体将会因为较弱而被淘汰。当然不排除有某些侥幸或意外事故出现，但总的来说具有较高天赋的生物会过上较好的生活，会获得较多的生长或生殖机会，而较弱的一般来说就会消亡。后者将较难得到食物、打败敌人和渡过困难。因此，每一种生物每一代都要经过几次选择，将那些柔弱的或不适合的个体淘汰，保留那些较强的和适应环境的。这个过程就是自然选择，或者称之为适者生存法则。

因此，随着生物的成长、繁殖和死亡，每一个物种只要其生存的条件保持不变，就会一代比一代更好地适应这些环境条件。

但现在假设这些条件发生了变化，那么过去适应性强的个体现在可能无法成功适应，而某种在旧条件下根本无法保留下来的个体，现在可能会找到生存下去的机会。因此，这些物种将逐代发生变化；过去繁荣和起主导作用的旧式个体将失败并逐渐消亡，新的个体将成为新的准则，直到物种的一般特征发生变化。

例如，假设有一些生活在终年积雪的严寒地带的长着浅褐色厚毛的小动物。这种动物的毛长得越厚越白也就越能抵御寒冷，越不易被敌人发现。这种动物的毛皮会变厚，其白度也会随着每一代的增加而增加，直到皮毛太厚太白对它无利时为止。

石炭纪时代的沼泽森林

现在让我们想象一下，这个地方变得温暖了，积雪消融了，使得这种雪白的动物在一年中的大部分时间里都十分显眼。同时，厚厚的皮毛也成了负担。于是褐色毛和皮毛薄的动物就有了自己的优势，极白和沉重的皮毛就变成了累赘。每一代都会淘汰纯白的而留下褐色的。如果这种气候变化来得太快，就可能导致这个种类的生物全部消亡；但是，如果气候是逐渐变化的，这个物种尽管可能要经历一个困难时期，但还是能使自己改变并一代一代地让自己适应下来。这种变化和适应叫作物种进化。

也许气候的变化并不遍及这个种类所生活的一切地方，可能只发生在海湾的一侧或大山脉分界的一边，而不在另一侧或另一边。像墨西哥湾流那样的海洋暖流因为受到阻力而改变方向，使得有阻碍的一边变得暖和，而另一边则依旧寒冷。于是，在寒冷的一边，这个种类将继续尽可能地生出厚实的白毛，而在另一边却向褐色薄毛变化。与此同时，可能还会出现其他的变化；不同的脚爪可能在某地得到发展，而在另一地却受到阻碍，因为这个种类有一半经常要从雪地里抓取食物，而另一半却要在黄土上跳跃追逐。而且，不同的气候可能意味着能得到食物的种类不同，因而对牙齿和消化器官的要求也有所差异。由皮毛的变化可能导致皮下汗腺和脂腺的改变，这些又会对排泄器官和体内的化学作用产生影响，从而对生物全身的结构产生影响。总有一天，从原来一个种类所分出的两支，它们之间的差异变得如此之大，以至于可以辨认出是不同的物种。这样一个物种在世代过程中分裂成两个或两个以上的物种的现象，称为物种分化。

读者应该清楚地看到，我们已经了解了这些有关生命的基本事实，了解了在一个不断变化的世界中，随着个体的变异而增长、死亡和繁殖，生命一定会以这种方式变化，一定会发生进化或分化，旧的种类一定会消亡，新的物种一定会出现。虽然我们在这里选择了一种熟悉的动物作为例子，但在这种冰雪中长毛的兽类身上所出现的情形，同样适合于元生代海边浅滩温水中，在潮汐起伏线内，浮游和爬行了几亿年的软体胶状物和最初的低等生物。

早期世界的早期生命，当炽热的太阳升起并且只需现在升起过程所用时间的四分之一时，当温暖的海水冲刷着沙滩、在海岸上倾泻而下时，当空气中充满了云彩和雾气时，其必须经过改变，所以，物种必须以很快的速度发展。岁月如梭，自然选择的脚步紧随其后。

自然选择对于人类而言，是一个比其他生物更缓慢的过程，在西欧，一个普通人一般要经过20年或更长的时间才能够成长起来和生育下一代。大部分动物一年或更短的时间就有下一代生产出来。至于那些简单的和低级的生物，正像在远古的海洋里最早出现的那些东西，成长和繁殖可能只是几个小时甚至几分钟的事。因此，物种的进化或分化是极其迅速的。在岩石中开始留下痕迹之前，生物的种类已经很多，形式上已有了很大的差异。因此，岩石的记录并不是从哪一群相互有紧密联系的生物开始的，此后出现的和现存的一切生物都是那一群生物的后裔；岩石的记载开始于游戏的中途，几乎动物王国的每一个主要部门都已经有所代表。植物已经是植物，动物已经是动物。一场已经开始、已经上演了一段时间的海上戏剧的帷幕被拉开了。腕足类生物已经出现在它们的贝壳里，吃着今天的牡蛎、贻贝所吃的东西；巨大的海蝎在海草间爬来爬去，三叶虫像球一样蜷缩着，蠕动伸缩着。在古代的沼泽里，早期藻类所过的多姿多彩的生活可能和今天我们在水沟的一滴水中所看到的镜像一模一样。在海洋中，有很多微小、半透明、闪着磷光的东西。

尽管海洋和潮间带的海水已经充满了生命，但是在涨潮所浸不到的陆地上，据我们所知，依旧是岩石般的苍凉，没有丝毫生命的痕迹。

4. 生命踏上陆地

4.1 生命与水

海岸线到达什么地方,什么地方就有生物的存在。一切生物都在水中生活,依赖水,离不开水,水是它的家园,是它的生活前提,是它的基本必需品。

最初类似胶质的生物开始萌生,一旦离开水就会马上死亡,正如今天的水母在海滩上脱水而死一样。在那些日子里,干涸对生命来说是致命的危险,最初这是无从抵御的。在沼泽、浅海和潮汐的世界里,凡是能使生物在落潮或干旱的几个小时里能够维持生命、留住水分的变异情况,在当时的条件下都是积极的。被搁浅的危险一定是经常存在的。另外,在浅水里的生物又必须靠近岸边和海滩,因为它离不开空气(当然是溶解在水中的空气)和阳光。

没有水,生物就不能正常呼吸,就不能消化食物。我们说呼吸空气,实际上一切生物都是吸收溶解在水中的氧。我们人类所吸入的空气必须首先溶解在我们肺的水分里,并且一切食物在被吸收之前必须先转变成液体。水生生物是一直在水里生活的,它自由地摆动暴露在外面的鳃，用它在水里呼吸，即吸收溶解在水中的氧。但是，不论多长时间，暴露在水面外的生物都必须使他的身体和呼吸器官防止干涸。

在海蝎的祖先能够离开潮水生活下去之前，它必须生出甲壳。三叶虫长着坚硬的外壳和能够缩成一团，可能首先是为了防止失去水分，其次才是出于彼此间的防御和抵御敌人的需要。当我们观察古生代岩石时，会见到鱼类的遗迹，这是脊椎动物的开端。很显然，其中有许多已经长出鳃甲以便保护它们的鳃，并且已长出了原始的鳔，以应对突然搁浅的危险。

这时，那些对潮汐线的条件非常适应的杂草和植物也扩展到了阳光充足的地方，对于一切植物而言，阳光都是不可缺少和弥足珍贵的。枝干挺拔坚实的植物有利于向阳发展，使它在缺水时不致枯死倒地而能直立伸展。所以我们发现它们长出了纤维和支柱，这是木质纤维的开端。最初的植物，以软体孢子①或半动物性的"配子"繁殖，这类孢子散布在水里，通过水传播，而且只是在水中萌发。早期的植物和现今大多数的低等植物，由于它们生命周期的条件，都和水紧密地联系在一起。但是这些阳光充足的地方，对促进孢子的某些抗干旱的能力又是极为有利的，这使得生殖作用不一定要浸在水中完成。一个物种一旦可以做到这一点，它就能在高水位之上生存、生殖和发展，接受阳光的沐浴，不受水浪的打击和困扰。较大植物的主要分类的划分标志着植物脱离水环境必要性的过程，主要表现在木质结构的发展和一种逐渐适应干旱环境的繁殖方法的出现。较低级的植物直到今天仍被束缚在水里。低级的苔藓必须在潮湿的地方生长，甚至蕨类植物孢子的发育到了一定阶段还是

---

① 孢子：是脱离亲本后能直接或间接发育成新个体的生殖细胞，是有丝分裂或减数分裂的产物，一般为单细胞，也可能是多细胞的繁殖体。

要求极高的湿度的。最高级的植物已经离开水生存和生殖了，只需在它们根部的土壤里多少保持一点潮湿，它们已经彻底解决了离开水不能生存的问题。

通过元生代和古生代的早期漫长的岁月中的自然实验和尝试，离开水生存的问题终于得到了解决。于是慢慢地，为数众多的形形色色的新植物开始从海中扩展到低洼的地面上，只是依然很靠近沼泽、湖泊和水道。

4.2 最早的陆生动物

动物是在植物之后出现的。

世界上没有一种陆地动物，正如没有一种陆地植物一样，其主要结构不属于水栖生物的结构，而水栖生物是通过进化和分化物种以适应离开水的生活的。这种适应是通过各种各样的方式实现的。就陆地生长的蝎子而言，原始海蝎的鳃片缩入体内，这样可使肺叶避免很快失去水分。甲壳动物，例如常在空气中活动的螃蟹，用在背壳长出来的鳃甲来保护它的鳃。昆虫的祖先发展了一系列的气囊和气管，即呼吸管，把未溶解的空气传送到全身。陆生脊椎动物最初用从喉咙里长出来的袋装的原始肺囊来帮助从它们的鱼类祖先那里继承下来的鳃，后来这肺囊就将鳃完全取代了。

直到今天某种泥鱼可以使我们明白地认识到陆生脊椎动物逐渐脱离水生活的过程。这些动物（如非洲肺鱼）生活在热带地方，这些地方有雨旱两季，在旱季，河流干涸成裂土。在雨季，肺鱼和其他鱼类一样用鳃呼吸，可以自由自在地在水中游动。当河水蒸发掉之后，它们把自己埋在泥土里，鳃丧失了原有的作用，它们就凭着吸入鳔的空气使生命得到延续，直到河水返回。澳洲肺鱼在河水干枯时，被困在死水池沼里，当水中空气缺少或污浊时，就爬到水面上大口呼吸空气。生活在池沼中的水蜥也完全是这样。这些动物还处在过渡阶段，较高级的脊椎动物的祖先在这个阶段都已经摆脱了水中生活的限制。

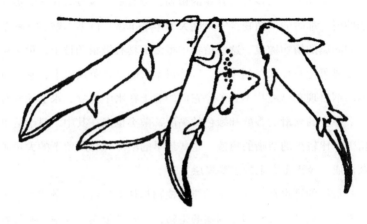

澳洲肺鱼

两栖动物（例如青蛙、蝾螈、北螈等）在它们的生命历史中仍然展示了这个解脱过程的所有阶段。它们仍然依赖水来繁殖，它们必须在阳光充足的水中产卵，在水中孵化成蝌蚪。幼体蝌蚪长有枝状外鳃，可以在水中游动；然后外鳃被新长出的鳃甲遮盖住，形成鳃房。

然后蝌蚪长出了腿，它的尾逐渐缩小直至消失，它开始用肺呼吸，它的鳃不断缩小，直至消失。长成了的蛙可以一辈子在空气中活下去，但是如果它一直待在水下就会被淹死。然而当我们顺着生物进化的阶梯走到爬行动物阶段时，我们会看到它们的卵已有了一层硬壳以防止水分的蒸发。从这种卵中孵出的幼体自破壳时起就用肺进行呼吸了。爬行动物匍匐前行，和结种子的植物一样，在它们生命史的任何阶段，没有在水中生活的需要。

北半球古生代后期的岩石向我们展示了生物在陆地上缓缓地衍化的一系列图景的资料。从地理上讲，这是个潟湖和浅海的形成期，这对生物的发展极为有利。新生的植物这时有了生活在空气中的能力，以各种各样的方式繁盛地生长着。

当时还没有出现真正开花的植物，没有草，也没有在冬天掉叶子的树。那时的"植物群"由庞大的木本羊齿、巨型木贼、苏铁羊齿和同属的植物构成。这些植物中很多都具有极粗的枝干，很多树干变成了化石被保存到今天。这些树木有的高百英尺以上，它们所属的纲目现在已经找不到了。它们的躯干在水中挺立，水上无疑有一层厚实的软滑的苔藓和绿色的黏液，菌类也混在其中，只给后世留下了比较少的清晰的痕迹。这些最早的沼泽森林所留下的大量矿浆形成了今天世界上的主要煤层。

最早的昆虫在这片茂密的原始植物丛林中爬行着、滑翔着、飞行着。它们是长着硬翅、四翅的生物，一般都很大，其中一些长着长度达到一英尺的翅膀。蜻蜓的品种很多——在比利时的煤层里找到的有一种翅长竟达29英寸！还有许多种能够飞行的蟑螂。蝎子极多，还有若干早期的蜘蛛。这些蜘蛛没有用来织网的纺丝器。陆生蜗牛也出现了。我们自己的陆上先辈两栖动物，这时刚刚跨出了第一步。当我们进入较高的一层古生代晚期的记录，我们看到适应空气的过程已发达到在大量和多种的两栖动物中间出现了真正的爬行动物。

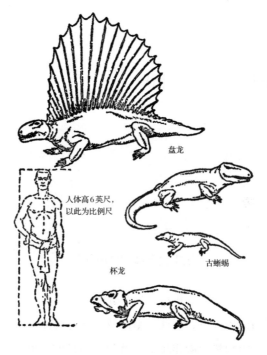

古生代晚期的一些爬行动物

古生代晚期的陆上生物界是一片常青的沼泽森林，没有花草飞鸟，也没有现代昆虫的鸣叫声，没有任何庞大的陆生兽类，这时所出现的最高级的生物只是些翻滚的两栖动物和原始的爬行动物。所有离水较远或者离水较高的地方仍然是一片荒芜，没有生命。但是，一代复一代的生物，意志坚定地从它开始的海水浅处爬了出来。

5. 爬行动物的时代

5.1 低地动物时代

我们知道,几十万年里地球都处于一个潮湿温暖的气候、遍布浅水潟湖的条件下,因此大量的植物就有可能大量沉积,这些沉积物在压力和热力的作用下,就变成了目前全世界广泛分布的煤。在这期间,确实存在一些寒冷时期,但是持续时间不长,不足以对植物生长造成损害。随后,这段时间较长的低等植物茂盛时期结束了,之后有一段时间,世界范围内的生命开始了一段荒凉期。

我们这本书不能就地球气候范围内已经发生和正在发生的变化进行充分讨论。天文运动、太阳变化、地球表面与地球内部的变化等各种各样因素结合在一起,就使得生命存在的条件不断改变。随着这些条件的改变,生命也必须随之改变,否则只有灭亡。

当生命的故事在古生代晚期结束后重新开始时,我们就可以看到,生物进入了一个全新的繁荣发展阶段。在这个阶段中,植物在离开水之后的生存本领得到了提高。形成煤资源的古生代植物大都生长在刚好没过其根部的浅水沼泽中，而中生代植物群中，一开始就出现了包括棕榈状的苏铁和低矮的针叶树，这些都是明显的陆生植物，生长在水平面以上的土壤里。

中生代时较低的陆地无疑被大型蕨类植物、灌木和一种丛林树木所覆盖。但是，这时草还没有出现，也没有体积较小的花蒂植物，也就更没有草皮和草坪了。也许中生代不是一个植被颜色非常鲜艳的时代，中生代潮湿季节时的花丛一定是绿色的，干燥季节时则一定是棕色和紫色的。在树叶落下之前，不会有艳丽的花朵，也不会有明亮的秋色，因为树叶还没有落下。在地势较低的地方，土地仍然是贫瘠的，仍然是赤裸的，仍然暴露在风雨的侵蚀之下。

当我们谈到中生代的针叶树时，读者绝不要想到我们现今覆盖在高山坡上的松树和冷杉，它们是当时低地上的常绿树木。那时的山依旧是光秃秃的，毫无生气，山脉中唯一的色彩是裸露岩石的色彩，这些色彩使科罗拉多的风景在今天也依旧美妙。

在植物遍布的低平原上，爬行动物的数量和种类都在大量增加，在许多方面上看它们几乎就是陆地动物了。爬行动物和两栖动物之间存在着许多解剖学上的区别，在晚古生代的石炭纪时期，这些区别已经在爬行动物和两栖动物之间普遍存在了。但是，爬行动物和两栖动物的根本区别在于，两栖动物必须回到水里产卵，在其生命的早期阶段必须生活在水中或水下。此外，爬行动物把所有的蝌蚪阶段都从其生命周期中去除了，或者更确切地说，其蝌蚪阶段在幼崽离开卵壳之前就已经完成了。爬行动物已经彻底离开水生活了，有些则又回到了水中，就像哺乳动物中的河马、水獭一样。但这是生命故事的进一步延伸，这种复杂的细节，就不在本书中赘述了。

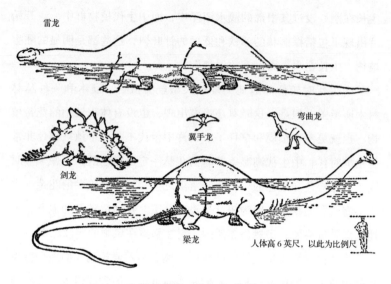

中生代的一些爬行动物

在古生代,就像我们之前说过的,生物的分布还没有扩展到潮湿的河谷和海洋潟湖之类的地方;但在中生代,生物已日益习惯于生存在空气这种较稀薄的介质中,于是它们大胆地来到平原,走到小丘边。研究人类历史和人类未来的学者应该注意到这一点,如果一个不了解未来会发生什么的智能生命来到地球上研究古生代早期的生物,他也许会非常笃定地得出以下结论:生命离不开水,生命永远不可能到陆地上发展。但地球上的生物的确找到了办法。到了古生代晚期,这位访客则会坚信生命不能远离沼泽的边缘。到了中生代,他仍旧把生命限制在比今天狭小得多的范围内。所以到了今天,我们虽然把人和生命限制在上至5英里高空、下至约一英里深海底的范围内,但我们绝不应因此限度而得出结论,生命可能不会立即向更高或更低的范围扩展到人类尚未预想到的程度。

目前所知的最早的爬行动物是一种腹部较大且四肢柔弱的兽

类,很像它们的同类即两栖动物,它们像今天的鳄鱼一样在泥沼中生活。但在中生代,它们不久便开始站立了起来,大胆地用四肢爬行,之后其中的大部分开始站立起来,用尾巴和后腿保持平衡,就像今天的袋鼠一样,以便解放前肢来抓取食物。在南非和俄罗斯的中生代早期沉积物中发现了一种具有四足动物习性的爬行动物的显著分类的骨骼,显示出许多接近哺乳动物骨骼的特征,由于它和哺乳动物相似,这一部分被称作兽形物。另一部分是鳄鱼支,还有一支向乌龟和海龟演进。已经灭绝的蛇颈龙和鱼龙都是庞大的爬行动物,像鲸那样返回到了海中生活;上龙是蛇颈龙中最大的一种,从鼻尖到尾端长达30英尺,其中颈部占了一半。外观近似海豚的沧龙是第三部分巨大的海生蜥蜴。但是中生代爬行动物中躯体最大、种类最多的便是恐龙,其中有许多体型庞大无比。尽管海洋中的鲸鱼的体型也是非常巨大的,但恐龙的体积从未被超越过。这其中有一些体型最大的动物便是食草动物。它们在草木上、蕨类植物和灌木丛中觅食,它们会站起来,用前肢抓住树,吞食树叶。1912年,德国探险队在东非的岩石中挖出了体型更大的巨龙化石,它足有100多英尺长!这些更大的野兽已经有腿,人们普遍认为它们是依靠腿部站立的;但他们能否在离开水的时候以这种方式支撑住自己的重量,这是非常值得怀疑的。由于水或者泥的浮力,这些怪物可能尚活动自如。另一个值得注意的类型是三角龙。还有许多以食草恐龙为食的大型肉食恐龙。在这些恐龙中,暴龙似乎是所有生物中的"霸主"。恐龙这一类中的有些目的体积,从鼻子到尾巴长达四十英尺。显然,恐龙和袋鼠一样用尾和后腿来支持庞大的身躯。有些学者甚至设想它在空中跳跃的样子,果真如此的话,它的肌肉应当具有不可思议的强度。相比之下,你如果说大象会跳跃,也远远没有这令人更吃惊。更合乎情理的说法是,恐龙在半淹没的环境中,涉水追逐那些食草的沼泽蜥蜴。

5.2 飞翔的恐龙

恐龙型的爬行动物中，有一支向着非常独特的方向发展，它们是一种非常轻盈、可以跳跃和攀缘的动物，它们在小拇指和身体两侧之间长着像蝙蝠的蹼，可以像飞鼠（即鼯鼠）那样在树木间飞翔。这些"蝙蝠蜥蜴"就是翼手龙。翼手龙通常被称为飞行的爬行动物，在中生代的风貌中，我们可以见到它们到处飞翔，捕获猎物。但是它们的胸骨没有龙骨，例如鸟的胸骨有足够的肌肉附着力，可以长时间持续飞行，它们只能像蝙蝠一样滑翔飞行。翼手龙一定像龙类的祖先那样奇形怪状，它们在中生代的天空里有现今飞鸟的地位，但是它们尽管很像鸟类，却并不是鸟类，也不是鸟类的祖先。它们翅膀是一只具有一个长指和蹼的手掌，而鸟类的翼像一只从后部边侧长出羽毛的臂膀。这些翼手龙是光秃秃，也没有羽毛。

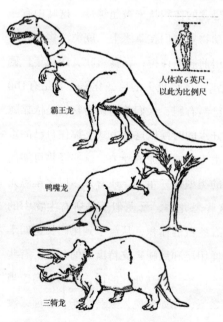

人体高6英尺，以此为比例尺

霸王龙

鸭嘴龙

三角龙

中生代晚期的一些爬行动物

5.3 最早的鸟

在那个时候，另一种的确和鸟类相似的动物其实并没有那么普遍存在，

5.4 困苦与死亡的时代

这是中生代生命的伟大时期，《生命志》的第二卷，确实是爬行动物生命繁衍和发展的一个惊人故事。但是最令人惊奇的故事还要留到后面讲述。在最新的中生代岩石中，我们见到上述的各种爬行动物还是繁荣生长、独占鳌头。我们在那个时期的遗迹中还未见到它们有敌人和竞争者。此后，这个纪录被打破了，我们并不知道中断了多长时间，这本书可能有很多缺页，缺页上可能记载着一些巨大灾难性的气候变化。当我们重新见到地球上的陆生植物和陆生动物时，原本种类繁多的爬行动物几乎完全消失了。翼手龙已经完全消失了，蛇颈龙和鱼龙同样如此，沧龙也不见了；蜥蜴中还有一些存活着，今天在荷属东印度群岛的巨蜥算是其中最大的。大量的和各种各样的恐龙全都灭绝了，只有鳄鱼、甲鱼、乌龟将生命延续到了新生代。如新生代的化石即将为我们展示的，所有这种类型的动物在世界舞台上所占的地位都已经被其他动物所取代了。这些动物与中生代爬行动物没有密切关系，也绝不是任何居于统治地位的爬行动物的后裔。一种新的生物正主宰着这个世界。

毫无疑问，爬行动物的突然灭绝是人类出现之前地球整个历史上最引人注目的革命。这可能与一段漫长而稳定的温暖时期的结束和一个新的严酷时期的开始有关，在这个时期，冬天变得更加冰冷，夏天却短暂而炎热。中生代的生物都较为适应温暖的环境，对寒冷几乎没有抵抗力。另外，新生命则具有能够抵抗巨大温度变化的能力，这一点是不一样的。

无论是什么原因导致了中生代爬行动物的灭绝，这些变化都影响深远。因为海洋生物同时也经历了类似的灾难性变化。陆地上爬行动物的逐渐强大与最终终结和海洋里菊石类动物是同步的，像这种动物初期的种类也是跳跃前进且懂得攀爬的，而后期的种类才能够飞翔。从分类的标准来看，它们最初是爬行动物，后来才变成了真正的鸟类，这是因为它们的鳞甲变长了，成为复杂的叶状体，最后又蔓生分裂成为羽毛。羽毛是鸟类所特有的保护物，具有很强的抗热、抗寒能力，比任何一种表皮覆盖物都要强大得多（除最厚的皮毛以外）。在非常早期的阶段，这种新颖的羽毛覆盖物，这种生命偶然出现的新型耐热装置，使许多鸟类能够进入翼手龙所不能到达的地区。它们开始下海捕鱼（即使开始时并不真是这样），并向南北两极扩张，这超出了真正爬行动物所能承受的温度极限。最早的鸟类似乎是能够潜入水中的食肉生物。直到今天，动物学家们在南北两极海域的海鸟中发现了一些最原始的鸟类，其中还有残留的牙齿痕迹。要不是这些海鸟的发现，动物学家们恐怕会认为牙齿已经从鸟类中完全消失了。

已知的最早的鸟即始祖鸟是没有喙的，它和爬行动物一样在颚上有一排牙齿。另外，始祖鸟翼的前三角上有三只爪，尾巴也很奇特。所有现代的鸟尾羽都长在一个短小结实有骨的臀部上，而始祖鸟却有一条长长的骨尾，而尾的两侧又各有一行羽毛。

翼手龙和始祖鸟

有螺壳的乌贼那样的菊石类动物在远古的海洋中成群出现。中生代整个年代的岩石记载中，关于菊石的资料极为丰富，种类繁多达数百种；到了中生代末期，其种类更是不断增加，并产生了夸张的类型。当关于生命的记载恢复时，菊石也不见了。就爬行动物而言，人们可能倾向于认为其灭绝的原因在于哺乳动物取代了爬行动物，它们互相竞争，但哺乳动物更适合生存；但是这种说法在菊石身上并不奏效，因为至今它们的位置还没有被取代。它们直接全部灭绝了。未知的条件使它们可能生活在中生代海洋中，然后一些未知的变化使它们难以传续生命。迄今为止，没有一个菊石属能幸存下来，但仍有一个与菊石密切相关的属别，即珍珠鹦鹉螺。值得注意的是，它们被发现于印度洋和太平洋的温暖水域中。

至于哺乳动物跟爬行动物竞争，并且不太适应新生活的爬行动物被淘汰的故事，时常为人们所提及，但我们没有一点证据能够表明存在这种直接竞争。以我们今天所知的岩石记载来作判断，较为可信的是，爬行动物先是由于某些尚无法解释的原因而灭绝了，其后，在地球上所有生命经历了一段非常艰难的时间之后，当环境再次变得较温暖适宜时，哺乳动物才发展并繁殖了起来，填补了世界的空白。

5.5 皮毛与羽毛的首次出现

中生代是否存在着哺乳动物？

这是一个尚未找到准确答案的问题。地质学家耐心地、不断地搜集新的证据，并推理寻求更加完整的结论，不时从新的沉积中揭露化石，从而阐明这个问题。可以肯定的是，哺乳动物或哺乳动物的祖先一定生活在整个中生代。在中生代的记录中最早的一章里，就已经出现了我们讲到过的那些兽形爬行动物，在中生代晚期，还发现了完全具有哺乳动物特征的小的下颌骨。

但是还尚未发现一块碎骨或骨骼化石，可以表明某种中生代的哺乳动物曾经和当时的恐龙面对面对峙过。中生代的哺乳动物，或类似哺乳类的爬行动物（因为我们不清楚它们究竟属于哪一类）看来都跟老鼠一般大且弱小，与其说是另属一纲，还不如说是属于被践踏的爬行动物的一目。它们可能依然是卵生的，只是慢慢地在身上长出了它们所独有的遮蔽身体的毛发。它们远离大水的地方生活，也许生活在荒凉的高地上，就像现今的土拨鼠一样，住在这种地方可能是为了躲避肉食的恐龙的追捕。有些动物也许是四肢并行的，有些主要用后肢行走，用前肢攀爬。它们成为化石的机会如此之少，以至在整个中生代浩瀚的岩石记载里至今还没有发现过一个完整的骨骼可以用来验证这些猜测。

这些小小的兽形爬行动物，这些哺乳动物的祖先，已经生出毛发。毛发像羽毛一样是长长的和精致的专门化了的鳞甲。毛发也许是了解早期哺乳动物如何生存的线索。它们在生存边缘上挣扎，离开了沼泽和温暖，外面长出了一层蔽体物，在保暖（或抗热）的功能上仅次于北冰洋海鸟的绒毛和羽毛。因此，哺乳动物像鸟类一样度过了中生代和新

黄昏鸟

生代之间的那段艰苦时期，而真正的爬行动物大多都走向了灭绝。

随着中生代晚期的结束，这一时期适应于温暖的气候和浅水潮湿的生存环境的动物也都走向了灭绝。但是对取代它们的新生代继承者来说，毛发和羽毛都赋予了它们爬行动物所不具备的抗拒各种气温变化的能力，而且它们的生存范围远远超过了之前任何动物所能达到的范围。

古生代早期生物的生存范围局限于温暖水域。

古生代晚期生物的生存范围局限于温水或温暖的沼泽和潮湿土地。

据我们所知，中生代生物的生存范围仅限于条件比较稳定的水中和相当低的河谷地区。

但在上述每一个时期里，都有一些种类不由自主地将生存的范围扩展到了那个时期普遍存在的极限之外；同时，当极端的条件普遍扩大的时候，正是这些边缘上的种类幸存了下来，继承了这一生物大大减少的世界。

这也许是我们能为这地质记载的故事做出的最笼统的叙述，这是一个生存范围逐渐扩大的故事。动物的纲、属、种的出现和灭亡循环往复，但是生存的领域却不断地扩大，生活从未像今天这样有如此大的范围。今天的生物，以人的形式出现，到达了比过去任何种类都曾到达过的更加遥远的地方。人在地面上的范围是南北两极之间，可以潜水深至冷冽幽暗的海底，在原始的岩石层中挖洞，在思想和知识上穿到地球的中心区域，还可以利用火箭到达月球和更远的太空。然而在中生代所有的生物遗迹中，我们并没有发现人类祖先的某些纪念物。人类祖先就像与其同属的哺乳类的祖先一样，一定是那么稀少、那么渺小、那么不值得一提的动物，以至于在中生代潟湖潮湿的空气和茂盛的植被中，在广阔的河床平原上或爬行或跳跃的巨大怪物的遗骸间，它们没有留下丝毫相关的痕迹。

6. 哺乳动物的时代

6.1 生命的新阶段

作为继古生代、中生代之后的第三个地质时代,新生代开启的世界在自然上与我们今天生活的世界非常相似。也许一开始,我们可以感受到新生代的白天比现在还短一些,但景色已经变得很像现代了。当然,气候是一个时代一个时代地经历着不间断和不规则的变化,今天的温带地区自新生代开始以来,经历了极度温暖、极度寒冷和极度干燥的阶段。但是如果地貌改变了,它就会变成时至今日世界上某些地方仍无法比拟的景象。在苏铁、红杉和中生代时代奇怪的针叶树生长之地,现在能从化石中反映出来的植物包括桦树、山毛榉、冬青、郁金香树、常青藤、甜树胶、面包树。花朵与蜜蜂、蝴蝶同时出现,棕榈树已经变得十分常见,这种植物早在中生代晚期(美国白垩纪[①])就已出现,但现在它们却遍布整

[①] 白垩纪:中生代的最后一个纪,大陆被海洋分开,地球变得温暖干旱,是最大的恐龙出现的时期,最早的蛇类、蛾以及新的小型哺乳动物出现,被子植物也出现于此时期,距今约1.45亿年至8000万年。

个大地。草在这时大量出现，其实中生代晚期草已经出现了，但直到新生代才出现了大面积的草原，曾经贫瘠的岩石世界如今被草覆盖了。

新生代开始时是长时期的温暖气候，但随后世界变冷了。新生代时期地壳运动开始产生，地壳的巨大褶皱和山脉的剧变正在进行中，阿尔卑斯山脉[①]、安第斯山脉[②]、喜马拉雅山脉[③]都是新生代产生的山脉。一个典型的早期新生代的自然背景应该是一个火山多发、地震频繁的样子。

地质学家把新生代划分为几个主要的阶段，下面将介绍其命名与显著的气候特征。首先是始新世[④]（意为近世生命的黎明），这是世界历史上一个异常温暖的时代，又细分为一个较早的始新世和一个较新的始新世。然后是渐新世[⑤]（意为近世生命尚不成规模），此时的气候仍然很稳定。中新世[⑥]（意为生物种类仍然是少数）是造山运动的鼎盛时期，气温普遍下降。在上新世[⑦]（意为存在物种多于灭绝物种），气候和现在的阶段非常相似。但随着更新

---

① 阿尔卑斯山脉：呈弧形，位于欧洲中南部，覆盖了意大利、法国、瑞士、列支敦士登、奥地利、德国、斯洛文尼亚等国，最高峰是勃朗峰，海拔4810米。
② 安第斯山脉：属于科迪勒拉山系，位于南美洲西岸，南北长8900余千米，是地球上最长的山脉，最高峰阿空加瓜山海拔6962米。
③ 喜马拉雅山脉：位于青藏高原南巅边缘，是世界海拔最高的山脉，有110多座山峰高度超过7350米，其中世界最高峰珠穆朗玛峰海拔8844.43米。
④ 始新世：第三纪的第二个世，现代哺乳动物群开始出现，距今约5300万年至3650万年。
⑤ 渐新世：中古近纪的最后一个主要分期，介于始新世与新近纪的中新世之间，此时期哺乳动物种类增加不明显，距今约3400万年至2300万年。
⑥ 中新世：新近纪的第一个时期，介于渐新世与上新世之间，此时期现代无脊椎动物比上新世少18%，距今约2300万年至533万年。
⑦ 上新世：第三纪的最新一个世，介于中新世和更新世之间，生物界的面貌接近现代，植物界已经出现和现代相同的种类，脊椎动物中的象、河马、三趾马为主要代表，距今约530万年至258.8万年。

世①（意为生物种类众多）来临，一个长时间的极端气候即大冰期出现了，冰川从两极向赤道延伸，直到英格兰的泰晤士河②都被冰覆盖了。此后的时代迎来了一段局部复苏的时期，而我们现在可能朝着一个更温暖的阶段前进。50万年后，地球可能会比今天更加阳光明媚，让人感到愉悦。

6.2 传统进入世界

在始新世平原的森林和草地上，第一次出现了种类繁多、数量众多的哺乳动物。在我们开始对这些哺乳动物进行任何描述之前，最好先从一般意义上说明一下什么是哺乳动物。

从古生代早期脊椎动物的出现开始，当鱼类第一次离开大海时，脊椎动物就有了稳步的发展。鱼是靠鳃呼吸的脊椎动物，只能生活在水中。两栖动物可以被描述为一种鱼，成年后用鱼鳔增加了呼吸空气的能力，并且长出了四肢，用五个脚趾代替了鱼的鳍。蝌蚪在一段时间内是鱼，随着成长变成了陆地动物。爬行动物是离开水环境的进一步阶段，是一种不再两栖的两栖动物，因为在卵中它也会经历"蝌蚪期"即鱼期。爬行动物必须从一出生就呼吸空气，它永远不能像蝌蚪那样在水下呼吸。

现代哺乳动物实际上是一种爬行动物，它长出了一种特别有效的保护层，那就是皮毛。哺乳动物的卵也会留在体内，直到孵化出来，这样它就会生出活的幼崽（胎生）。甚至在出生后，哺乳动物

---

① 更新世：第四纪的早期，这一时期绝大多数动植物属种与现代物种相似，显著特征为气候变冷、有冰期与间冰期的明显交替，距今约260万年至1万年。
② 泰晤士河：英国河流，发源于英格兰西南部的科茨尔德希尔斯，全长346千米，横贯伦敦与沿河十多座城市。

还会照顾幼崽,并在一定时间内由雌性喂养。一些爬行动物,例如蛇,也是胎生的,但是没有一种动物像真正的哺乳动物那样抚育幼崽。鸟类和哺乳动物都逃过了毁灭中生代所有爬行动物的大灾难,它们幸存下来,统治了新生代世界。这两者有共同之处。首先,它们均有一种比以往任何一种爬行动物都更有效的抵御温度变化的保护措施;其次,它们均会对卵进行特殊照顾,不仅是在孵化时期,而且延伸到孵化或出生后的一段时间内。相比之下,爬行动物是对后代最为漠不关心的。

皮毛显然是哺乳动物与爬行动物最早的区别。但在中生代早期,有毛发的兽齿类爬行动物是否为胎生,这一点值得怀疑。直到今天,仍有两种当时的哺乳动物存活下来,它们不仅不哺乳幼崽,而且产卵,那就是鸭嘴兽[①]和针鼹鼠[②]。在始新世,有更多的哺乳动物存活至今,它们可能是数量更多、种类更多的卵生有毛的小动物、爬行动物、跳跃动物、奔跑动物,这其中包括所有现存哺乳动物(包括人类)在中生代时期的祖先。

现在我们可以用另一种方式来解释哺乳动物繁殖的基本事实。哺乳动物是一种家族动物,而家族的习惯包含着一种新的把它们的世界的经验延续下去的可能性。将完全封闭的蜥蜴个体的生活与几乎任何一种低等哺乳动物的生活进行比较,前者与自身之外的任何事物都没有心理上的连续性。它是一个自给自足的小球体,有着丰富的经验,服务于自身的目标和目的;但是后者从其母亲处繁育起来,并且影响到其后代身上。所有的哺乳动物,除我们已经命名的

[①] 鸭嘴兽:最原始的哺乳动物之一,未完全进化的哺乳动物,嘴和脚像鸭子,而身体和尾部像海狸,2500万年前就已出现,至今仍生活在澳洲。
[②] 针鼹鼠:近亲为鸭嘴兽的产蛋哺乳类动物,身体长满刺,仍然存活的3个种居住在新几内亚及澳洲西部,是濒危物种。

两个属之外，在始新世之前就已经到了幼年依赖和模仿的阶段。

它们在年幼时都或多或少有些模仿性，并能接受一定程度的教育。作为成长的一部分，它们都从母亲那里得到了一定的关爱、示例，甚至是指导。鬣狗或犀牛、狗或人类也是如此。教育能力的差异是巨大的，但在年幼阶段，保护和教育幼崽的事实是不可否认的。就脊椎动物而言，这些新的胎生哺乳动物有保护幼崽的习性，这些新的卵生鸟类也具有保护幼崽的习性。只要是新生代时期伊始的脊椎动物，就会在生命的开端便教授关于生命的东西（或者说社会习性）、传统的本能与培养习惯的意识。

生物史上的一切革新开始时总是很微末的。古生代晚期急流小溪里的泥鱼，它的鳔中发展出了使其能度过旱季的血管。这在那个我们所想象的访问我们这颗行星的智能生命看来，在当时那个充满着巨大的鲨鱼和带鳞甲的鱼、海蝎、珊瑚和海藻的古代世界里，这是一桩微不足道的小事，但是它却打开了一条小径，由此陆生脊椎动物得以上升到主要的地位。那时，这些泥鱼似乎是来自海上拥挤和侵略性生活的可怜的难民。但是一旦肺开始在这个世界上出现，凡是长了肺的每一支后裔都在对肺不断地加以改进。

同样地在古生代早期有些两栖动物丧失了它们的"两栖性"，而延迟了它们的孵卵。这看来也是对威胁着幼小蝌蚪的可怕的危险所做出的单纯反应。但是这却为中生代大量爬行动物成功克服干旱土地做了准备。它开创了一个朝着新的自由繁盛的陆地生活的方向，所有的爬行动物全都朝着这个方向前进。哺乳类动物的祖先在它们微末和艰苦时期所经历的这种胎生和抚幼的训练，给世界带来了一种新的感知连续性，即使是今天的人类也才开始意识到这一意义。

6.3 大脑发展的阶段

许多种类的哺乳动物已在始新世出现。它们朝着不同的方向进行分化，有些成为草食的四足动物，有些在树林里跳跃攀缘，有些回到水里去游泳，但所有种类都在不知不觉地利用和发展它们的大脑。大脑是一个获取新能力的工具，包括获取知识和可受教育等。新生代是花卉的时代，是鸟类和哺乳类的时代，也可以说是大脑成长的时代。在始新世岩石中可以找到马（始祖马[①]）、小骆驼、猪、古貘、古刺猬、猿和狐猴、袋鼠和食肉兽等的体型较小的早期动物。这些都是现存动物种类之祖，它们都有大脑，但相对地说，其容量比目前后裔物种的大脑小得多。例如，有一种早期类似犀牛的雷兽[②]，它的脑不及现在的犀牛的十分之一。雷兽绝不是一个典型的顺服温顺的动物，但是即使如此，与其前辈相比也有十倍的观察力和可教性。不论哪一目、哪一科，在这点上，凡是存在至今的就均为如此。所有新生代的哺乳动物在共同的急切需要下所做的事有一项是相同的，它们都使大脑成长了起来。这是一个同时进行的进步。今天，同目同科的动物，它们大脑的容量一般比始新世的祖先要大6到10倍。

始新世时期出现了一系列的食草动物，但没有繁衍至今，例如恐角兽和雷兽。当世界上遍生青草的时候，它们被更专门化的草食兽类撵走了。以追捕这些野兽为生的动物中出现了大群原始的狗，有些体大如熊，还有最早的猫，特别有一种是长着如大刀般大齿的

[①] 始祖马：生活在距今约5000万年前北美洲及欧洲地区，被认为是马的祖先，但其形态却有很大差别，其身高30厘米，四肢细长，身体灵活，可以在草丛和灌木中穿行，喜食嫩树叶和草。

[②] 雷兽：奇蹄目下一科已灭绝的哺乳动物，有可能是马的近亲，但外表却很像犀牛。

体小而长、相当可怕的动物，以及最早的剑齿虎，它后来长成较大的野兽。美洲中新世的沉积中保存了大量的各式骆驼遗存，有长颈驼、羚羊驼、骆马和现代骆驼。北美在新生代大部分时期似乎是和亚洲相连的，往来方便，当最后大冰期的冰川和其后的白令海峡^①把两个大陆隔断时，现代骆驼被留在旧大陆，而骆马则被留在新大陆。

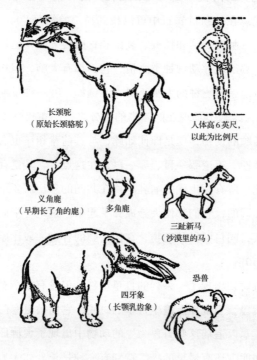

中新世的一些哺乳动物

---

① 白令海峡：位于亚欧大陆最东点的迭日涅夫角和美洲大陆最西点的威尔士王子角之间，约85千米宽，最窄处约37千米，深度在30米至50米之间，连接楚科奇海和白令海。

在始新世，北非出现了象的始祖，这是一个有拱鼻器官的动物，大象躯干的特点在中新世才见于世，后来的鼻子在繁衍进化中越长越长。

在一部主要讲述人类故事的历史中，有一群动物具有特殊的意义。我们在始新世发现了猴子和狐猴的化石，但对于一种特殊的生物，我们至今还未能发现一块骨头。我们猜测这一定是一种半猿半猴的生物，在树上爬来爬去，用它的双腿着地奔跑，步伐也许十分矫健。按我们现在的标准来看，它的脑袋很小，但有一双灵巧的手，可以处理水果，可以在岩石上敲打坚果，可以拿棍子和石头来击打它的同伴。尽管缺乏物质性的证据，但生物科学的事实几乎迫使我们相信存在这样一种生物，即类人猿的共同祖先，以及我们将在下一章中描述的两种人类。

6.4 世界再次困苦

在数百万年长的类人猿世代里，这个旋转的世界始终围绕着太阳旋转。慢慢地，它的轨道，可能在稳定的早期始新世的日子已经接近圆形，被外行星吸引到一个更椭圆的环绕轨道中。它的旋转轴总是倾斜到轨道平面上，就像帆船上的桅杆总是倾斜到水平面上一样，倾斜程度越来越大，但难以察觉。每一年，它的夏点都离它所经过的近日点稍微远一点。这些微小的变化发生在一个1英寸的球上，在几百万年的时间里，它在距离炽热太阳330码远的地方旋转，这个火球的直径是9英尺。如果在海王星上有一位不朽的天文学家在观察地球年龄的变化，这个过程是几乎觉察不到的。但从中新世幸存下来的哺乳动物的角度来看，这个过程意义重大。冬季慢慢地逐渐变长，一般来说，同夏季而言，冬季变得更寒冷漫长，夏季则缩短了。平均来说,每一个世纪冬季的积雪每到春天都融化得较晚了一些,北方山脉里的冰川今年前进了一英寸,翌年后退了半英寸,以后又前进了几英寸……

岩石的记载说明了气候在变冷。上新世是温和的时期,但许多喜热的动植物渐渐从温带消失。另外,冰川每年几英寸几英尺地持续向大地的温暖地带推进。

北冰洋的动物,例如麝牛、长毛猛犸①、长毛犀牛、旅鼠进入了更新世。北美、欧洲和亚洲一样,冰在各地纷纷推进,推进了几千年,又退却了几千年,然后又开始推进。在欧洲冰川直推进到波罗的海②海岸,在不列颠推进到泰晤士河,在北美推进到新英格兰③,靠中部地区则到达了俄亥俄州④南部。这些地方有的在冰川之下匍匐几个世纪之久。大量的水从海洋里被抽出而封锁在巨大的冰盖里,从而导致世界范围内陆地和海洋相对水平的变化。彼时露出海洋成为陆地的广阔地域,现在又回到海底。

今天的世界仍在缓慢地经历四次中的最后一次大寒潮,气温并没有稳步上升,而是处于波动状态。例如,在苏格兰这样的高纬度地区,发现有两三千年前沼泽橡树的遗迹,但现在这些地方甚至连一棵矮小的橡树也长不出来。正是在这渐增渐减的冰雪天气中,我们第一次认识到与人类相似的生物体。在这样一个冰天雪地、愈加艰难且人类开始出现的环境中,哺乳动物的时代走向了巅峰。

---

① 猛犸:象科动物的一个已灭绝的属,脊椎动物,哺乳纲,长鼻目。
② 波罗的海:世界上盐度最低的海,长1600多千米,平均宽度190千米,是地球上最大的半咸水水域,水深一般为70米至100米,平均深度为55米,最深处哥特兰沟深459米。
③ 新英格兰:当地华人常称之为"纽英仑",是位于美国大陆东北角,濒临大西洋,毗邻加拿大的区域。
④ 俄亥俄州:位于美国中东部,是五大湖地区的组成部分,别称七叶树州,位于俄亥俄河与伊利湖之间,因俄亥俄河得名,面积为10.67万平方千米。

7. 人类之祖

7.1 人类由行走之猿进化而来

人类的起源仍然十分模糊。通常认为人类是从一些像人的猿类演化而来，例如黑猩猩、红毛猩猩或者大猩猩。但更为合理的说法是，我们从一些与我们年纪相仿甚至比我们年轻的霍屯督人①或爱斯基摩人②演化而来。另一些人则持反对意见，他们认为人类是黑猩猩、红毛猩猩和大猩猩共同祖先的后裔。一些"人类学家"甚至沉湎于一种猜测，即人类可能不存在双重或三重起源，即黑色人种由近似大猩猩的祖先繁衍而来，而中国人种是由近似黑猩猩的祖先繁衍而来，以此类推。这些都是非常荒诞的想法，一经提出就被驳回。以前人们认为人类祖先"可能是树栖的"，但现在权威的观点似乎认为人类祖先其实是"地猿"，而现存的猿类才是向树栖发

---

① 霍屯督人：南部非洲的种族集团，一般认为属于尼格罗人种科伊桑类型，但更像远古蒙古人种的残存后代，主要分布在纳米比亚、博茨瓦纳和南非。
② 爱斯基摩人：生活在北极地区，又称因纽特人，分布在从西伯利亚、阿拉斯加到格陵兰的北极圈内外，分别居住在格陵兰、美国、加拿大和俄罗斯。

展的。

当然，如果将人骨架和大猩猩骨架并排在一起观察，可以发现它们的一般相似性是如此之大，以至于很容易得出这样的结论：人类是猿类大脑发育与精细化之后的结果。但是，如果就某个差异进行仔细研究，就会发现二者的差异变大了。如果将人类的脚掌在模具上踩压形成图案，我们会发现人其实是用脚尖和脚后跟走路的，大脚趾是人类走路时的主要支撑点。如果读者检查自己在浴室地板上的脚印，并记录下脚印模糊时压力增加的地方，可能会亲眼看到这一特征。大脚趾是人类脚趾中最关键的部位。

更新世早期与最早人类同时代的动物

在所有种类的猿与猴中，只有一些狐猴的大脚趾像人类一样发育。狒狒用平足走路，所有的脚趾中，只有中脚趾被作为主要的起跳点，这与熊一样。上述猿类都是用脚的外侧行走，与人类行走的方式非常不同。

类人猿居住在森林里，即使到现在，它们也不经常用脚行走，树上才是它们的安逸之地。类人猿有非常独特的攀登方法，它们摆动手臂的幅度要比猴子大得多，而且它们不像猴子那样用脚跳起。类人猿还有独特的攀爬方式，但是人类行走得如此好，跑步也很快，这表明人类的祖先已经在地面上生存很长时间了。而且，目前人类攀爬技巧不足，总是十分谨慎犹豫。人类的祖先可能很长时间以来一直在陆地奔跑。此外，值得注意的是，人类并非天生懂得游泳，只有通过学习才可能掌握这一技巧，这似乎表明人类是长时间地远离河流、湖泊和大海的。现在几乎可以肯定，人类的祖先比现在的人类体型要更小，体重要更轻。可以想象，人类祖先在新生代一开始便出现了。古时候有一种奔跑的猿类，主要生活在地面上，依靠岩石而不是树木躲藏。这种猿类仍然可以顺畅地爬树，用大脚趾和第二个脚趾夹住东西（日本人至今仍能做到这一点），但它已经从一个更遥远的中生代的树栖祖先再次回到了地面上。这样的生物很少在水中死亡，以致其骨头变成化石，这是完全可以理解的。

我们必须牢记的是，地质记录有很多不完善的地方，只有生活在水中或沼泽中的生物，或经常进入水中的生物才容易留下丰富的痕迹。这样一来，使得中生代岩石中哺乳动物祖先的痕迹十分稀有且难以被我们取得，这也许就导致了中生代岩石中人类可能的祖先的痕迹同样是十分稀有且难以取得的。例如，我们对最早人类的了解，几乎完全来自他们走过并留下痕迹的几个屋檐，直到进入了艰难的更新世时期，人类在野外生活和死亡，他们的身体进而被消耗或完全腐烂。

爪哇直立猿人

但是我们也应该牢记,我们仍然需要对岩石的记载进行彻底研究,这些东西只被几代人研究过,而且每一代中也只有少数人研究过。大多数人忙于战争,忙于从邻里处赚钱,忙于机器花费十分之一时间就能完成的工作,或者只是游玩,无暇顾及这些更有趣的事情。其实非常有可能的是,成千上万的沉积物仍然没有被发现,其中包含着无数人类及其祖先的碎片和遗迹,特别是在亚洲、印度或东印度群岛①,可能尚隐藏着最具启发性的线索。我们今天对早期人类所了解的内容,只是将来所了解内容的一小部分。

类人猿和猴类似乎在新生代之初就已分化,而渐新世和中新世的类人猿数量众多,它们之间的关系以及它们与人类的关系还有待厘清。在此之中,我们可能会提到中新世的森林古猿②,它有一个非常像人类的下颚。在印度北部的西瓦里克山发现了一些非常有趣的猿类遗骸,其中西瓦古猿③和帕拉古猿④可能与人类祖先关系密切。也许这些动物已经开始使用工具,查尔斯·达尔文⑤是这么描

---

① 东印度群岛:马来群岛的大部分岛屿,介于亚洲大陆(东南)和澳大利亚(西北)之间,沿赤道伸展6100千米以上的宽阔地带,包括婆罗洲、西里伯斯、爪哇、新几内亚及苏门答腊几座主要岛屿。

② 森林古猿:一组种类庞杂的化石猿类,约生活于1200多万年前。化石发现于亚、欧、非三洲广大地区的中新世和上新世地层中,化石遗骸有头骨、上下颌骨、四肢骨和牙齿等。

③ 西瓦古猿:生活于中新世的较为粗壮的似人似猿的高等灵长类,是美国古生物学家G.E.皮尔格林在印度北部与巴基斯坦接壤的西瓦里克山区发现的。

④ 帕拉古猿:英文为Palaeopithecus,不属于常用词汇,被认为是西瓦古猿的一个亚种。

⑤ 查尔斯·达尔文:英国生物学家,进化论的奠基人。

述狒狒的：用石头砸开坚果，用木桩撬开石头寻找昆虫，用棍子和石头进行击打。黑猩猩通过缠绕树枝做成了一种树屋，比利时邦塞勒斯地区①的渐新世地层中便发现了显然是为了使用而凿成的石头。可能我们在中生代时期的祖先就已经存在使用配置工具的行为了。

7.2 类人生物的最初痕迹

在一些最早的生物证据中，无论是人类还是至少比地球上任何现存猿类更像人类的物种，都能发现一些经过简易打制能够用手握取的燧石和石头，其用处可能是作为手斧。这些早期的器物（即"石器"）通常是粗糙简单的，以至于在很长一段时间内，人们一直在争论他们到底是自然产物还是人工制品。地质学家认为这些石器最早出现在上新世，也就是说在第一次冰河时期②之前和在第一次间冰期③也有发现。据我们所知，在欧洲或美洲没有类似人类的骨头或其他遗骸，这些类人生物生活在50万年前，他们制造并使用了这些工具。他们用石器进行锤击，也许也会用来战斗，也许还会将木头用作类似的目的。

但是在爪哇④的特里尼尔地区⑤，在据说与上新世晚期或美欧

---

① 邦塞勒斯地区：位于比利时东部，靠近列日市。
② 冰河时期：又称冰川期，指地球在某些年代里陆地和海洋都被冰层覆盖的时期。该时期冰封地带比现在受冰封的地域要广阔许多。地球上曾经出现了8次冰河时期。
③ 间冰期：是大冰期中相对温暖的时期，冰川作用相对变弱，冰盖向高纬度退缩，雪线升高，由于冰体大量消融，冰融水注入海洋，致使海平面上升形成大面积海侵。
④ 爪哇：指爪哇岛，属于印度尼西亚，是该国的第四大岛屿，首都雅加达便位于爪哇岛的西北岸。
⑤ 特里尼尔地区：位于爪哇岛中爪哇省东北部，三宝垄市东部约100千米处。

第一次冰河时期相对应的地层中，发现了一些分散的动物骨头，即一个头骨的顶部、一些牙齿和一根股骨，这可能就是上述早期工具的制造者。头骨显示出的脑容量大小介于黑猩猩和人类容量之间，但是其大腿骨已经是一种能够很好站立与奔跑的类型，因此，这种生物可以自由地使用双手。这种生物既不是人，也不像黑猩猩那样的树栖类人猿，这是一只会走路的猿猴，被自然学家命名为直立猿人。我们不能说这就是人类的直接祖先，但我们可能会想，把这些最早的石器散布到世界各地的动物，一定是非常相似的，而且有亲缘关系，我们的祖先是这样一种类似的生物。目前，除了石器，特里尼尔的骨头碎片便是早期人类或者早期人类近亲已知最古老的遗物。

当这些早期人类或"亚人类"在四五十万年以前的欧洲大地上奔跑时，他们的世界里有猛犸象、犀牛、巨型河马、巨型海狸、野牛、野马和剑齿虎①。在当时的欧洲，没有狮子或真正老虎的踪迹，但有熊、水獭、狼和野猪的身影。也许早期的人类有时会把豺狼引诱到剑齿虎那里，然后将剑齿虎吃剩下的尸体作为食物。

7.3 海德堡直立人

第一次在地质学记录中发现至少是亚人种的遗迹之后，再没有发现人或类似人骨头在长达几十万年的历史区间里的遗存。直到我们发现了可能属于第二次间冰期的沉积物，也就是距离上述时间20万年以后、距今20万年或25万年以前的时间里，我们才找到了一块颌骨。

---

① 剑齿虎：是大型猫科动物进化中的一个旁支，生活在中新世与更新世时期的美洲、非洲，体长2.7米，重200~400千克。

这块颌骨是在海德堡地区附近的一个沙坑里发现的，发掘地离地面有80英尺深。这块颌骨不是我们所了解的人类的颌骨，但它在各方面都与人类相似，只是它完全没有下巴的痕迹。并且，这块颌骨在尺寸上比人类要大得多。这块颌骨的主人，根据不同权威专家对其人种或亚人种的预测，有海德格尔人种和海德格尔古人种两种命名方式。他生活在与早期人类世界相差无几的世界里，从发现的沉积物中我们可以得知，那时的世界上有大象、马、犀牛、野牛、麋鹿等动物，但剑齿虎的数量正在减少，而狮子则遍布欧洲。这一时期的石器（称为阿布维利文化）比上新世的石器有了很大的进步，这些工具制作精良，也比之前的工具要大得多。我们可以猜想，海德堡人的身体与前肢可能非常大，他可能是一个被毛发覆盖、长相怪异的生物。

7.4 "皮尔丹人"[①]

现在，为了寻找到下一个人类或亚人类的遗骸，我们还需要往前走10万年。在第三次间冰期的沉积物中，我们发现了一个完整的头骨碎片，经推测该时期可能始于10万年前并持续了5万年。这一部分的沉积层是一种砾石，可能是由更早的砾石地层被冲刷而成，因此这块头骨碎片实际上可能是第一次冰河时期的。在苏塞克斯郡[②]皮尔丹地区发现的这些遗存，显示出这一时代的物种仍然只是

---

① "皮尔丹人"：是人类学历史上著名的骗局。1912年英格兰的皮尔丹有一位业余收藏家查尔斯·道森对外宣称发现了一个类人猿头骨，可解开类人猿进化的谜团，但在1953年被揭穿，这个头骨只是中世纪人类头骨与猩猩牙齿拼凑起来的赝品。

② 苏塞克斯郡：位于英格兰东南部，北邻萨里郡，东有肯特郡，西与汉普郡接壤，南临英吉利海峡。

非常缓慢地从亚人类进化而来。

这个头骨的第一块碎片是在苏塞克斯郡的一次公路边的碎石挖掘中发现的,然后人们从采石场的垃圾堆里一点一点地挖出了这个头骨的其他碎片,随之就将大部分碎片拼凑起来。这个头骨很厚,比任何人类的都要厚,脑容量介于猿和人之间。这种生物被命名为曙人。在这些砾石坑中还发现了犀牛、河马的牙齿,以及鹿腿骨(上面可能有被切割的痕迹),人们还从中发现了一种奇特的蝙蝠形状的大象骨头。

此外,在这些散落的遗存中还有一块颌骨,最初人们很自然地认为它属于原始人类,但后来又认为它可能属于黑猩猩。这块颌骨与黑猩猩的颌骨非常相似,但作为这方面最权威专家之一的基思博士在《人类的古老历史》一书中对之进行了详尽的分析后,认定其在特征上远不像更古老的海德堡人的颌骨,但其牙齿在某些方面上更近似于现代人。

受到这块颌骨的影响,尽管"曙人"这个名字意味如此,但基思不认为曙人是人类的直接祖先,更不用说它可能是介于海德堡人和尼安德特人之间的一种中间形态了。它只与人类的真正祖先存在联系,就像猩猩与黑猩猩存在联系一样。曙人是一种比类人猿更聪明的生活在陆地上的亚人种类,即使它可能不在人类进化的路线上,但至少会是一个非常近似的支种类。

许多世纪以来,考古发掘仅发现了燧石石器,在发现这个"皮尔丹人"头骨之后,出土石器的质量也开始稳步提高。其中一个石器的形状非常有特色,它就像一个鞋底,一面被打磨得很平滑,另一面则因为使用变得很粗糙。随着发掘的进行,考古学家目前能够区分刮器、钻孔器、刀、投掷器等类型。而在这一阶段,改进则更加迅速了,手斧已经显示出了明显可识别的改良进展。另外,发掘的遗迹数量之多，在第四次冰河时期达到了顶峰。人类搭建的寓所周围有丰富的痕迹，在克罗地亚的克拉皮纳地区①、在杜塞尔多夫尼安德特地区②、在斯派地区③都发现了可以确定是人类的头骨和骨头。大约5万年前或更早，很接近人类的尼安德特人出现了。他的拇指在灵活性和实用性上都不如人类的拇指，虽能够向前弯腰，但不能像我们那样昂起头来。尼安德特人没有下巴，可能也不会说话，因为牙釉质和牙根与人类的不太一样。即使身材魁梧，但尼安德特人也确实不完全属于人类，不过关于其属于人属却没有争议。可以确定尼安德特人不是曙人的后裔，不过他的下颌骨与海德堡人的下颌骨非常相似，因此比他要早一千世纪、更笨拙、更重的海德堡人有可能是其祖先。

---

① 克拉皮纳地区：是克罗地亚的北部城镇。
② 尼安德特地区：位于德国西部鲁尔区，靠近杜塞尔多夫市。
③ 斯派地区：位于比利时中部，桑布尔维耶市和纳布尔省的中间地带。

8. 尼安德特人：已经灭绝的种族

8.1 5万年前的世界

在第三次间冰期，欧洲和西亚的轮廓与今天的非常不同。现在位于大西洋海底的西部和西北部的广大地区，在当时都是陆地，而爱尔兰海①和北海②是河谷。在这些地区的北部有一个巨大的冰盖，就像今天的格陵兰岛③中部一样。这个巨大的冰盖覆盖了地球的南北两极，从海洋中抽走了大量的水，海平面随之下降，露出了大片陆地，而这些陆地现在又被淹没了。地中海地区④可能是低于海平面的一个大山谷，包含了两个与外面海洋隔绝的内海。这时

---

① 爱尔兰海：位于爱尔兰岛与不列颠岛之间，长210千米，东西宽240千米，平均水深61米，最深272米。
② 北海：大西洋东北部边缘海，位于欧洲大陆的西北，即大不列颠岛、斯堪的纳维亚半岛、日德兰半岛和荷比低地之间，大部分水深不超过100米。
③ 格陵兰岛：世界上最大的岛屿，位于北美洲东北部，北冰洋与大西洋之间，全岛终年严寒，是典型寒带气候，内陆部分终年冰冻。
④ 地中海地区：由北面欧洲大陆、南面的非洲大陆、东面的亚洲大陆包围，地中海西面通过直布罗陀海峡与大西洋相连。

地中海盆地的气候也许是寒温带，南部的撒哈拉①也并不是一个由炎热沙石组成的沙漠，而是一个水源充足和土地富饶的地方。在北部冰原和南部阿尔卑斯山、地中海山谷之间，是一片贫瘠的荒野，气候慢慢从严寒变成温和，但随后又在第四次冰河时期重新变冷。

在这片现在是欧洲大平原的荒野上，游荡着各种各样的动物。最初有河马、犀牛、猛犸象和大象，而剑齿虎则濒临灭绝。之后，随着气候变冷，河马和其他喜温动物都停止了向北迁徙，剑齿虎也完全消失了。猛犸象、长毛犀牛、麝牛、野牛和驯鹿开始繁衍，温带植物被极地类型植物所取代。这些冰川向南扩散，在第四次冰河时期（大约5万年前）达到顶峰，然后再次消退。在早期阶段，也就是第三次间冰期，一定数量的小型人类家族（例如尼安德特人）、可能还有亚人类（例如曙人）在这片土地上迁徙生活，但只有保存至今的燧石石器证明了他们的存在。这些种族可能还使用了各种各样的木制工具，他们从木头中学到了很多关于不同物体形状使用的知识，后来他们把这些知识应用到石头上，不过这些木质材料无一保存下来，我们只能对其形式和用途进行推测。随着天气变得越来越恶劣，尼安德特人开始在岩壁下和洞穴里寻找避难所，因此这些地方也留下了他们的遗迹。这一时期至此，他们一直习惯于在靠近水源的地方搭起露天篝火。但他们很聪明，能够适应新的、更艰难的环境。（至于亚人类，他们似乎已经完全屈服于第四次冰河时期带来的变化，无论如何，旧石器时代最原始的工具在这个时间段已经消失不见了。）

不仅仅是人类开始了穴居生活，这一时期，狮子、熊和鬣狗也

---

① 撒哈拉：位于非洲北部，形成于约250万年前，是世界仅次于南极洲的第二大荒漠。

纷纷开始在洞穴栖息。对人类而言，这些动物必须被赶出洞穴，并且将它们挡在这些早期人类想要生存的洞穴之外。毫无疑问，火是一种有效的驱逐猛兽和保护部落的方法。也许早期人类难以深入洞穴，因为他们没有办法照亮洞穴。他们躲在远离恶劣气候的地方，把木头和食物放在隐秘的角落里。他们甚至可能会堵住洞口，洞穴内唯一的光便是火把燃烧的光。

尼安德特人

这些尼安德特人会狩猎什么动物呢？他们唯一可能用来杀死猛犸象、穴熊、甚至驯鹿等巨型动物的武器是木制长矛、木棍，以及他们留下的大块燧石，即"阿布维利文化"①和"莫斯特文化"②的石器。当然很有可能他们会狩猎较小体型的猎物，但是，当他们有机会的时候，他们肯定会吃大型动物的肉。也许当这些动物生病或在战斗中受伤时，人类会跟着他们伺机而动；或者当这些动物陷入困境或掉入冰窟或渡水时，人类也会进行攻击（拉布拉多地区③的印第安人至今仍然在驯鹿渡河时用长矛进行狩猎）。在英国多塞特郡④的都利施地区曾发现过一条人工沟渠，据推测是旧石器时代捕获大象的陷阱。我们知道尼安德特人有

---

① 阿布维利文化：欧洲旧石器时代早期文化，时间为约300万年前到200万年的中更新世，因发现于法国北部索姆河边的阿布维尔附近而得名。
② 莫斯特文化：欧洲、西亚、中亚和东北非的旧石器时代中期文化，时间为约15万年前到3.5万年前，因最早发现与法国多尔多涅省莱赛济附近的勒慕斯捷岩棚而得名，与该文化共存的人类化石大多数是尼安德特人。
③ 拉布拉多地区：位于美洲大陆最东端，是北美洲最大半岛，世界第四大半岛。
④ 多塞特郡：位于英格兰西南英吉利海峡沿岸的一个郡。

时会在猎物死亡的地方将猎物吃掉，但他们也会把又大又窄的骨肉带回洞穴慢慢享用，因为在洞穴里发掘出的肋骨和脊椎很少，但断裂的长骨头却有很多。他们会用兽皮将身体包起来，女人们的衣服很可能就是用兽皮做的。

我们也能够了解到他们和现代人一样多用右手，因为他们大脑的左半球（服务于身体的右半部分）比右半部分大。同时，他们大脑后部处理视觉、触觉和身体能量的部分发育良好，但与思想和语言有关的前半部分相对较小。他们的大脑与我们的大脑容积量相同，但是不大一样。这时候的人类与我们的思维方式肯定是截然不同的，同我们相比，并非用更为愚笨或更为矮小就可以简单地概括这个不同。也许他们根本不会说话，或者非常谨慎，他们之间应该没有我们称为语言的东西。

8.2 原始人类的日常生活

在沃辛顿·史密斯[①]的《原始人》一书中，有一段对旧石器时代早期生活的生动描述，以下会大量引用。在原著中，沃辛顿·史密斯先生设想了一个范围更广的社会生活、一个更大的社区以及成员之间更明确的分工。J. J. 阿特金森[②]关于原始法则的那篇令人难忘的文章作为本书的后续著作，其内容是完全合理的。因此，沃辛顿·史密斯先生所描述的小部落生活被改为一个由长老领导的大家族，阿特金森先生关于长老行为职权的建议被采纳。

沃辛顿·史密斯先生描述了一个靠近溪流的地方，因为原始

[①] 沃辛顿·史密斯：生卒1835—1917年，英国考古学家、植物病理学家、真菌学家。
[②] J. J. 阿特金森：生卒1920—1994年，英国史前历史学家、考古学家。

人没有锅罐或其他容器,所以必须靠近水源,而且水源附近要有白垩岩,从而可以寻找到燧石以点火。在那个时期天气很冷,因此火显得很重要,而火一旦熄灭就不容易再次点燃。当不需要点火时,人们就会用灰堆将其埋起来。我们认为他们最可能的生火方式,就是在干枯的树叶中用燧石击打黄铁矿制造火星。英格兰某地发现了黄铁矿和燧石的凝固物,这个地方就有很多的重黏土和白垩。这一小群原始人会在蕨类植物、苔藓之类的干东西间生火,一些妇女和儿童将需要不断收集燃料来维持火势。这将会是一个正在形成的传统。

在这项任务中,年轻人会模仿他们的长辈。在营地一边可能会有由树枝搭成的简易防风棚,长老、家族中的父亲和长辈也许正在火边忙着打火,孩子们模仿长辈们学会使用锋利的碎片。也许有些女人会去寻找好的燧石,她们会用棍子从白垩地里把它们捞出来,然后带回到栖息的地方。

在人类的栖息处兽皮遍地都是。可能在很早期的时候,原始人就开始使用兽皮了,也许孩子们会裹着兽皮取暖,当地面又湿又冷的时候,他们又会把它铺在地上。女人可能会对兽皮进行加工,她们用打制过的燧石把兽皮里面多余的肉刮掉,然后把皮毛拉出来钉在草地上,在阳光下进行晒干。

晚上的时候,人类都聚集在火的周围。他们把火堆起来,因为火是抵御游荡的熊和类似野兽的武器。长老是这个小家族中唯一完全成年的男性,家族中还有女人、男孩和女孩,但只要男孩长得足够大,就可能激起长老的嫉妒心,二者间就会发生冲突,长老要么会把长大的男孩赶走,要么就会将其杀死。有些女孩可能会和这些男孩一起离开部落,这些年轻人中的两三个可能会一起待上一段时间,四处游荡,直到遇到其他部落,他们可能会试图从中抢走

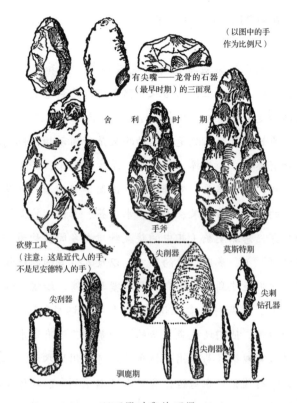

旧石器时代的石器

莫斯特时代的石器，以及上排石器，都是尼安德特人使用的，也可能是罗斯托-卡拉特亚人（Rostro-Carinates）的石器。下排则是人类在驯鹿时期的工具。

一个人，然后便一起生活。直到有一天，当他四十岁或者更老的时候，牙齿已经磨损，精力衰退，一些年轻的男性会站出来反抗他，甚至会杀死他，取代他的统治。这时长老就会在栖息的地方受到冷落，一旦他们变弱，脾气变差，麻烦和死亡的阴影就会笼罩在他的身边。

人类在栖息地都吃些什么呢？

原始人通常被描述为长毛猛犸象、熊和狮子的猎手，但很大程度上，原始人要猎杀比野兔和老鼠大得多的动物是不可能的。人类很可能是猎物而不是猎人。

原始的野蛮人既是食草动物又是食肉动物。他们的食物有榛子、山毛榉、甜栗子、花生、橡子、野生梨、野樱桃、野生醋栗、紫野生李、山梨、黑刺李、黑莓、紫衫的果实、蔷薇果、山楂、水田芥、真菌、较大较软的叶芽、念珠藻属（其中的蔬菜物质在乡间被称为"陨落之星"）、多肉多汁的笋类，以及其他美味的植物佳肴。他们还吃鸟蛋、小鸟、野蜂蜜与蜂房、蝾螈、蜗牛和青蛙，后两种美食在诺曼底①和布列塔尼②至今仍然备受推崇。他们还吃鱼，活的死的都吃，还有淡水蚌。原始人可以很容易地用手抓鱼，还可以用划水、潜水的方式进行捕猎。在海边，原始人可以吃到鱼、软体动物和海藻。他们会很容易地利用扔石头和棍子，或者设置简单的陷阱捕获并吃到许多较大的鸟类和较小的哺乳动物。除此之外还有蛇、龙虾、各种各样的幼虫和昆虫、甲虫的大幼虫。食用毛虫的习惯在中国仍然存在，它们会经过晒干打捆然后再在市场上出售。一种主要的、营养价值极高的食物便是将骨头打碎为一种较硬的、有沙砾的糊状物。

---

① 诺曼底：是法国的一个地区，包括法国北部塞纳河下游直到科唐坦半岛。
② 布列塔尼：是法国西部的一个地区，位于布列塔尼半岛。

一个非常重要的事实是：原始人并不会特别在意他们的肉类食物是否新鲜。他们的肉类食物肯定不会是活物，如果是半腐烂的，他们依然会吃得津津有味；即使是较高度腐烂的食物，如果味道仍然存在，他们依旧会食用。如果被饥饿和压力所驱使，原始人可能有时会吃掉较弱的同伴或不健康的小孩，这些孩子可能身体虚弱、长相不佳或者负担过重。原始人无疑会大量寻找处于虚弱或濒死状态的体型较大的动物，如果没有这样的动物，一些已经死去的或者半腐烂的尸体也是可以接受的。但如果尸体散发出难闻的气味便不会进行食用，即使现在许多欧洲大陆的旅馆里，发出难闻气味的东西也是不受欢迎的。

原始人围坐在火堆旁，手中是水果、骨头和半腐烂的肉。我们可以想象长老和女人们时刻颤抖着肩膀、眉毛和口鼻，驱除苍蝇蚊虫以防止被咬伤；我们还可以想象他们的鼻孔很大，显示出敏锐的嗅觉，在进食前通过鼻子一闻便将已经发臭的肉食丢掉。肉的臭味与原始人身上各种难以忍受的气味混在一起，这并没有任何不妥的地方。

那时的人类并不是一种退化的动物，因为他们已经发展到很高的水平了。因此，原始人是一种高贵的动物，尽管我们现在对其评价很低，但他们仍然代表了那个时代动物发展的最高阶段。

这至少是一个我们可以认可的尼安德特人居住场所的概述。在尼安德特人灭绝之前，他们已经学会了很多东西，并且走到了很远的地方。

无论旧石器时代的人类对他们的尸体做了什么,我们都有理由认为,后来的尼安德特人至少出于尊重和仪式对一些人进行了埋葬。最有名的尼安德特人骨架之一,是一具显然是被有意埋葬的年轻人骨架。他被摆成睡着的姿势,靠在右前臂上。脑袋下的一些燧石碎片被小心翼翼地堆在一起,做成"枕头"造型。他的头旁放着一把大斧头,斧头的周围有许多烧焦的、裂开的牛骨头,这表现出下葬时似乎举行了宴会或献祭仪式。

通过对尼安德特人时代晚期的这种葬礼形式进行回溯,我们可以探求原始人头脑中的想法。

如果我们假设在海德堡发现的颌骨属于这一物种中的一类,那么这一类原始人就会在欧洲生存繁衍了10万年之久。这个时段太过漫长,以至于人类种族的所有后续历史都会成为昨日之事。沿着自己的路线,尼安德特人慢慢积累出一种原始的传统,并将其有限的可能性发挥出来。不过,厚厚的头骨禁锢住了尼安德特人大脑的发展,直到灭绝,这个种族仍然还是低眉的野蛮人。

9. 冰河时期之后的旧石器晚期人类：最早的真正人类

9.1 类似我们的人类的出现

尼安德特人在欧洲流行了至少有几万年。在那些让所有历史看起来都像昨日的年代里，这些近乎人类的生物占了上风。如果海德堡的下颌是尼安德特人的，并且如果对下颌年龄的估计没有错误，那么尼安德特人的种族就持续了20多万年！最后，约在2.5万年至4万年以前，随着第四冰期的气候逐渐转暖，另一种类型的人出现了，大概就是这种人消灭了尼安德特人的。这新的类型可能发祥于南亚或者北非，或现在已经被淹没在地中海里的盆地里。随着越来越多的遗物和证据被发掘出来，人们将对这种人的早期阶段有更多的了解。目前，我们只能揣测这些最早的"真正的人类"是在什么地方生活，并且如何经过了漫长的时期，慢慢地跟远房兄弟尼安德特人平行地从更近于猿的祖先进化而来的。经过了几百个世纪，在我们还未知的环境里，他们学习了怎样掌握手足技能，以及使大脑的能力和容积得到增加。他们已经远远高于尼安德特人的成就和智力水平。当他们第一次进入我们的知识时，他们便已经分裂成两个或更多非常独特的种族。

克罗马农人

严格意义上,这些新来者并不是迁徙至欧洲的,而是在多个世纪气候转暖的过程中,追随着其所习惯了的食物和植物的蔓延,向着在他们面前展开的新地区慢慢开拓而来的。冰雪在消融,植被在增加,各种野兽在大量繁殖愈加丰富。广阔草原上牧草繁盛和灌木丛生的环境,带来了大量的野马群。民族学家把这些新的人类划分为与我们相同的一个物种,并统一使用"智人"这个共同的名字进行命名。

这些人的大脑和手足已和近代人差不多,他们的牙齿和脖子在解剖学上已经和我们类似。

我们知道这一时期有两种截然不同的骨骸遗迹,一种是克罗马农种族,另一种是格里马尔底种族。但是我们发现的大部分人类痕迹和器具要么没有人类骨骸,要么就没有足够的骨骸来定义它们相关的类型。在克罗马农①洞穴里的那些完整的骨骸是最早发现的距今较近的旧石器时代人类,即智人的一个主要类型,所以他们被称为克罗马农人。

这些克罗马农人身材高大、脸部很宽、鼻子突出,如果以近代标准进行衡量,他们的大脑容量也是很大的。克罗马农洞穴里发掘出来的妇女的脑容量超过了当时男子的平均水平,她的头部遭受过一记重击。和她同在一个洞穴里,还发现一个年龄较大的男子的

---

① 克罗马农:位于法国多尔多涅区的莱赛济附近。

完整骨架，将近六英尺高，以及一个儿童骨架的碎片和两个青年男子骨架。此外，洞穴里还有燧石工具和穿孔的贝壳，毫无疑问这些被用作装饰品。这是已知最早的人类的一个样本。但是在门汤附近的格里马耳底洞穴里，我们也发现了属于旧石器时代晚期的两具骨架，但它们却是另一类型，与上述的差别很大，具有尼格罗特点，有点倾向于尼格罗人类型。我们必须承认，毫无疑问，这一时期一定有至少两个甚至更多的完全不同类型的原始人存在。他们可能在生活时间上有重叠，或者是克罗马农人后于格里马耳底人，其中之一或两者都是与晚期尼安德特人是同时期的。不同的学者对这几点都有很不同的意见，但最多也只是些意见。

冰期以后，这些旧石器时代人类的出现，无疑是人类历史上的一次巨大飞跃。这两个主要种族都具有人的前脑、手，智力水平也与我们非常接近。他们把尼安德特人赶出了洞穴和采石场，看起来他们也会同意现代民族学家的观点，即认为他是一个不同的物种。不像大多数野蛮的征服者那样把被击败一方的妇女占为己有，并与其混交，这些人类似乎不论男女都与尼安德特人界限分明。我们没有发现过任何种族杂交的痕迹，尽管这些新来者也使用燧石器，并且也居住在前人曾经栖息过的相同地方。我们对尼安德特人的外貌一无所知，但是在没有杂交这一点上似乎暗示了他们身上毛发很重，长得出奇的丑，前额低矮、眉骨突出，脖子近似于猿类，身材矮小，这当然会使人望而却步，当然也有可能这个种族太过凶猛，难以驯服。哈利·约翰斯顿[①]爵士在他的《观察与评论》一书中关于近代人的起源的概述中说道："在模糊的种族记忆中，这种像大猩猩一样的怪物性格狡黠、步态蹒跚、身体多毛、牙齿强壮，以及

[①] 哈利·约翰斯顿：英国探险家、植物学家、语言学家。

可能存在的食人癖，也许这正是民间传说中妖魔鬼怪的来源……"

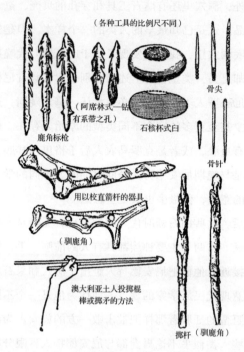

驯鹿时期的几种工具

这些旧石器时代的人类取代了尼安德特人，生活在正在进入一个温和气候的环境中，虽然他们使用了前辈的洞穴和庇护所，但他们仍然主要生活在户外。他们以狩猎为生，他们中的一些或全部似乎猎杀过猛犸、野马以及驯鹿、野牛和欧洲古牛。他们也大量地进食马肉，在梭鲁推的一个很大的露天营地，发现除驯鹿、古象、野牛的遗骨之外，估计还有10万匹马的遗骨，看来他们似乎每年都在那里举行集会，并且持续了好几个世纪。他们很可能跟在一种有颔毛的小型矮种马群后面在草原上游动，他们在马群的两侧徘徊，对于马群的性情和习性表现得非常熟悉。这些人一定在观察和跟踪马的活动上花费了大量的时间。

他们是否已经驯服和豢养过马仍然是一个有待考证的问题，也许他们的确在几个世纪间逐渐学会了这项技术。无论如何，我们在发现的旧石器时代晚期的有关于马的壁画中发现了其头部上一些极像套上过笼头的痕迹。此外，还有一个马头的雕像，上面刻着一条也许是皮革或筋腱所拧成的绳索。不过，即使人类已经驯服了这种马，但其用途为何，是用来骑乘，还是有其他用途，我们更加不得而知。他们所认识到的马是一种下巴长着胡须的野生小马，其力量可能还难以驮着人进行长距离的移动。这些人还不太可能学会用动物的牛奶作为食物，这是相当不自然的。如果他们最终真的驯服了马，那似乎这是他们唯一驯服的动物，他们没有驯服狗，羊或牛的驯服就并更不用说了。

这极大地帮助了我们认识到原始人的共同属性，那便是他们善于绘画。这两个种族的绘画技术都非常好，他们都是野蛮人，但他们都是精于艺术的野蛮人。在他们手中画作的优美超过了后面时代中任何继任者。他们在崖面和从尼安德特人夺来的洞穴的壁上作画，人种学家可能对于遗骨和残片存在困惑，但这些遗留下来的绘画正像透过谜语和黑暗得到了闪烁着光芒的清晰可见的信息。他们在骨头和鹿角上画画，并且雕刻小型人物。

旧石器晚期的人们不仅通过画画为我们提供了宝贵的信息，而且随着几个世纪的过去，他们越来越熟练，还把关于他们生活的其他信息留在了坟墓里。这个时期他们已经开始实行墓葬了。他们埋葬死者，并陪葬以饰物、武器和食物。他们在埋葬时使用了大量的颜色，并且明显地给尸体上色。从这一点可以推断，他们一生都在画自己的身体，绘画是他们生活中一件重要的事。他们是一群根深蒂固的画家，他们使用黑色、棕色、红色、黄色和白色颜料，这样对颜色的使用至今仍在法国和西班牙的屋檐下有所体现。在所有的现代种族中,没有一个种族表现出如此生动的性格,最接近这种性格的是美国印第安人。

旧石器晚期人的这些图画和绘画经历了很长的一段时间,在艺术价值上也呈现出很大的波动。本书中会给出一些早期的图画,大家可以看出这些原始人对野牛、马、野生山羊、穴熊和驯鹿体现出的兴趣。在早期阶段,绘画通常是原始的,就像聪明的小孩画出的那样,四足动物通常是用一条后腿和一条前腿画出的,今天孩子们也一直是这样画的。要画出另一面的两条腿,对当时艺术家来说要求太高了。最早的图画可能像儿童那样是从随手涂鸦开始的,原始人在光滑的岩石面上用燧石进行刻画,留下了一些线条和姿态。但他们的实体雕刻至少和他们的第一张图片一样古老。早期的绘画显示出完全不能将动物分类的阶段,但随着几个世纪的发展,出现了更多技艺精湛的艺术家。野兽的形象终于变得惊人的生动和相似。但即使在他们艺术生涯的顶峰时期,他们仍然像孩子们一样画出了自己的侧面图;对于他们来说,前后视图所需的透视图和前缩短图太多了。另外,他们很少画自己,他们画的绝大多数都是动物,其中猛犸象和马是最常见的素材之一。不论是格里马尔底人还是克罗马农人,都制作了象牙和肥皂石小雕像,其中有一些非常胖的女性雕像。后者体现的不是克罗马农人的体型,而是格里马尔底人的体型,她们很像布须曼妇女。早期的人类雕塑倾向于漫画化,一般来说,它们所

一幅驯鹿时期的绘画杰作

代表的人类形象在活力和准确性上远低于对动物的研究。

后来，人类的形象变得更加优雅而不那么粗俗。我们在一块小小的象牙雕刻上发现过一个具有精致发型的少女头像，这些人在后期也在象牙和骨头上刻下了图案。一些最有趣的人物群是雕刻出来的，所使用的材料是非常奇怪的圆骨，特别是鹿骨的圆棒，所以我们难以看到整个设计。尽管没有人使用陶器，但也有人用黏土做雕塑模型。

驯鹿时期的雕刻和雕塑

许多画都是在无光的洞穴深处发现的,这些洞穴通常不易进入。因此艺术家们一定是点着灯来完成他们的作品,我们也可以在浅肥皂石灯里找到脂肪燃烧的痕迹。至于对这些洞穴绘画的观看是否近似于一种仪式活动,或在什么情况下可以观看这些绘画,我们现在还不得而知。

最后,对于文化生活长期繁荣的旧石器时代的原始人来说,环境逐渐开始对他们对立,变得不再利于开展狩猎活动,于是他们消失了。新的人种出现在了欧洲,他们似乎带来了弓和箭,开始驯养动物,并对土地进行耕种。一种新的即新石器时代的生活方式开始在欧洲地区普及并广泛传遍,而驯鹿时期以及旧石器时代晚期人类的生活方式,在统治了一段较长时期——从历史最早的开端至今——之后从欧洲舞台上消失了。

9.2 牧人取代猎人

大约在12000万年之前或比这晚一些,随着森林的蔓延和动物群的巨大变化,欧洲长期以来盛行一时的狩猎生活逐渐结束,驯鹿也消失了。不断变化的环境常常带来新的疾病,可能发生过史前瘟疫。许多世纪中,在英国或者中欧地区可能存在一段人口的空白时期,但是在欧洲南部,鲜为人知的阿席林文化出现了。

这可能是一个过渡的时代,他们可能是不同的种族,我们无从了解。一些学者倾向于认为,阿席林人是一个种族的第一次浪潮,正如我们稍后将看到的,他们在欧洲的人口中起了很大的作用,即黑白色人种、地中海人种或伊比利亚人种。这些阿席林人在他们离开后留下了许多卵石,上面被粗略地涂上了不为人知的标记。这些阿席林卵石的用途或意义至今仍是一个未解之谜。这是某种象征性的书写？还是他们在玩这个游戏？阿席林人是用这些鹅卵石游戏，还是用之讲述一些故事，目前我们难以解答这个问题。在旧石器时代结束时，其他不同的种族在世界上留下了稀少的痕迹。原本是草原的地方开始向森林蔓延，以及大约1万年或12000年前猎人的衰亡，我们不在这里叙述了。我们将继续描述一种新的人类社会，它现在正在北半球蔓延，它的出现标志着所谓的新石器时代的开始。

这一时期的世界地图的特点有点近似于现在的地图轮廓，景观和动植物正在呈现它们的现有特征。在欧洲广袤的森林中，最常见的动物是大角赤鹿、巨牛和野牛，猛犸象和麝牛已经灭绝了。巨牛，即欧洲古牛，也已灭绝，但它在德国森林中一直存活到罗马帝国时期，也始终没有被驯服。巨牛肩高11英尺，像大象一样。巴尔干半岛①上仍然有狮子，直到大约公元前1000年或公元前1200年左右，它们一直生活在那里；符腾堡②和德意志南部的狮子是现代狮子的两倍大；当时俄罗斯南部和中亚森林茂密，在美索不达米亚③和叙利亚有大象，阿尔及利亚则有一个动物群，具有非洲热带的特征。

那时候，欧洲人从未去过比波罗的海和英格兰更远的北方。但是这时的斯堪的纳维亚半岛，也许还包括俄罗斯，便已逐渐成为人类占据的生存地区了。瑞典或挪威没有发现过旧石器遗迹，人类在进入这些地方时，显然已经处于新石器时期的社会发展阶段了。

---

① 巴尔干半岛：欧洲的东南隅位于亚得里亚海和黑海之间的陆地。
② 符腾堡：位于德国西南部。
③ 美索不达米亚：广义指底格里斯河与幼发拉底河的中下游地区。

9.3 美洲无亚人种

在更新世晚期之前,美洲也没有任何令人信服的关于人类的证据。随着新石器时代部落的发展,驯鹿猎人撤退到俄罗斯和西伯利亚[①],这时,同样的气候也许使他们得以越过尚未被现今白令海峡所阻隔的一片陆地,最终到达了北美大陆。

他们的生存范围逐渐向南扩展,当他们到达南美洲时,他们发现了巨型树懒、雕齿兽和许多曾经蓬勃发展但现在已经灭绝的生物。雕齿兽是一种巨大的南美洲犰狳,有人在它巨大的乌龟状外壳下发现了一具人的骨骸。

值得注意的是,所有在美洲发现的人类遗骸都具有美洲印第安人的特征,即便最早时期的遗骸也是如此。在美洲,似乎没有出现过任何亚人种族。当人类进入美洲时,就已经进化成真正的人类了。他们曾经生活过的旧世界是人类各亚种的摇篮。

---

① 西伯利亚:北亚地区的一片广阔地带,西起乌拉尔山脉,东至杰日尼奥夫角,北临北冰洋,西南抵哈萨克斯坦中北部山地,南至蒙古、外兴安岭,面积约1300万平方千米。

10. 欧洲的新石器时代人种

10.1 农耕时代开始

新石器时代的人类事务始于约1万年或12000年前的欧洲。但可能在几千年前，人类已经到达了新石器时代的其他地方。随着驯鹿和辽阔的草原被森林和现代欧洲环境所取代，新石器时代的人慢慢地从南部或东南部来到欧洲。

新石器时代有如下几个文化特点：

（1）出现了磨光石器，尤其是有孔的石斧，以便更加有效地固定在木柄上，这种工具后来被认为更有可能是用来制造工具而不是用来制造冲突的。还出现了大量的箭头。一些工具被抛光的事实并不排除大量未抛光的石头工具的存在。但是即便是新石器时代没有打磨的石器，在制造上也和旧石器时代的有些不同。

（2）农业开始起步，植物、种子开始利用。但起初有充分的证据表明狩猎在新石器时代仍然很重要，新石器时代的人并不是一开始就安心于农业的。他们通过对农作物和庄稼进行争夺之后，才选择定居下来。

（3）陶器开始使用，进行了适当的烹饪。马匹不再作为肉类食用。

（4）驯养家畜，家养狗很早就出现了。新石器时代的人驯养了牛、绵羊、山羊和猪，他们从猎人变成了牧人。

（5）编织技术开始出现并被掌握。

这些新石器时代的人很可能以驯鹿人以前的方式移居欧洲，也就是说，一代一代，一个世纪一个世纪地，随着气候的变化，他们跟着已习惯了的食物逐渐扩张。他们并不是"游牧民族"。游牧文明就像文明发展一样，还有待于发展。目前，我们还难以估计新石器时代的人在多大程度上是新来者，他们的手艺在多大程度上是旧石器晚期的一些猎人和渔夫的后代所发展或获得的。

不管我们在这方面的结论是什么，我们都可以肯定地说：新石器时代的生活方式与当前时代的生活方式之间，不曾出现过重大中断，也没有发生一个种族被另一个种族所取代的事件。侵略、征服、大规模移民的外出和混杂必然是存在的，但种族作为一个整体继续存在，并继续适应他们开始定居在新石器时代开放的地区。欧洲的新石器时代人是近代欧洲白人的祖先，他们的肤色可能比他们的许多后代都深，但我们难以确认。不过，从他们的时代开始，直到人类到达18世纪开始的煤、蒸汽和动力驱动机械的时代，文化都没有真正地中断过。

在很长一段时间之后，人们首先知道的是黄金，与玉及琥珀一起出现在骨制的装饰品上，爱尔兰史前时期的遗物中也发现了特别多的黄金。然后，大约6000年或7000年前，在欧洲，新石器时代的人类开始在生活中使用铜，用铜制造出与他们的石器样式大致相同的工具。他们在按照石器形式制成的模子里铸造铜器。但我们不会粗略地猜测当时的人们是如何发现铜矿石的。也许，如艾夫伯

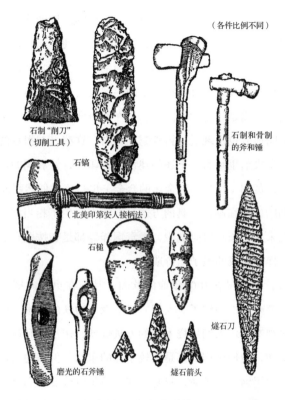

新石器时代的工具

里勋爵①所提示的,它是十分偶然的,在把一堆铜矿石和普通石块混杂在一起用来制作烹煮使用的火坑时,他们发现了炼铜的秘密。生铜至今在意大利、匈牙利、康沃尔和其他许多地方仍然可以找到,这是一种自然而然的联想。因此,与其说冶铜是由于手艺的进

---

① 艾夫伯里勋爵:即John Lubbock(1834年4月30日—1913年5月28日),是英国银行家、政治家、慈善家、科学家和博学家。他曾在家族公司做银行家,也在考古学、民族志和生物学的几个分支方面做出了重大贡献。他创造了"旧石器时代"和"新石器时代"两个术语。

步,倒不如说是由于之前材料的肮脏,古代的冶炼者才找到了质地较硬、当然也更好使用的青铜。青铜不仅比铜硬,而且锡和铜的混合物更易熔,更容易还原。所谓的"纯铜"器具通常会含有一小部分锡,而且尚不存在已经发掘出来的锡器具,也没有很多证据表明早期人们知道锡是一种独立的金属。在西班牙发现过一个史前炼铜遗址,不同地方也发现过炼铸青铜的材料。这些发现揭示的冶炼方法符合"艾夫伯里勋爵"上述的建议。在印度,锌和铜的矿石是一起出现的,黄铜(这是两种金属的合金)也是这样偶然制成的。

青铜的出现在制造工具的方式和方法上产生了相当大的影响,以至于在未来很长一段时期中,像青铜斧等都是在按照它们所取代的石器的样子制成的模子里铸造的。

最后,也许早在3000年前的欧洲,甚至在更早时期的小亚细亚,人们就开始冶炼铁了。人们一旦掌握了冶铁的技术,如何获得铁便不再神奇了。人们用烧木炭的方法炼铁,用加热和锤击的方法炼铁。最初,他们生产的都是比较小件的东西,但铁的出现使武器和工具发生了渐进的革命,只是这些还不足以改变人们周围环境的一般特征。在18世纪初的整个欧洲,偏僻地区的农民仍然过着和5000年前定居于此的新石器时代的人差不多一样的日常生活。

人们在探讨欧洲的石器时代、青铜器时代和铁器时代,但把这些时代当作历史上同等重要的时代来看待是错误的。更为确切的说法是:

(1)旧石器时代早期,持续的时间很长。

(2)旧石器时代晚期,持续的时间不及整个旧石器时代的十分之一。

(3)农耕时代亦即欧洲白人的时代,开始于1万年前或不早于12000年前的新石器时代,并持续至今。

10.2 新石器文化兴起于何处

目前，在人类进程中，我们还不了解新石器时代褐色人种的祖先是如何从旧石器时代发展到今天的。也许是在亚洲西南部的某个地方，或是现在淹没在地中海或印度洋下面的某个地区，当尼安德特人仍然生活在冰封的欧洲的寒冷气候中时，白人的祖先发展了他们后来的新石器时代的粗俗艺术。但是他们似乎并没有发展出居住在比他们更北方的亲戚，即旧石器时代晚期的欧洲人一样的艺术技巧。在大约上百个世纪的时间里，在法兰西、德意志、西班牙的草原上，当驯鹿时期的人过着没有多少进步的生活时，欧洲东南部的环境条件较好、有进取性的原始人正逐渐掌握农业技术，学习如何使用和改进农业用具，驯养狗和牛，并在南部逐渐变热、北方气候逐渐变暖时，开始向北推进。本书前面的章节还没有说到这个问题。他们可能会在小亚细亚、波斯、阿拉伯、印度或北非被发现，或者他们位于地中海水域之下。除了粗略的估算年代我们无能为力，12000年前，新石器时代的人可能广泛地分散在欧洲、北非和亚洲等处。上世纪波利尼西亚诸多岛民的发展程度与之相当，他们是世界上最先进的民族。

10.3 新石器时代人类的日常生活

在金属出现之前，简要介绍一下欧洲新石器时代人民的生活是很有趣的。他们从各种各样的源头获得生命之光。他们将垃圾四处丢弃，在一些地方（例如丹麦海岸）最终积成了很大的被称为贝冢的土堆。他们会对一些人进行埋葬，但被埋葬的都不是普通人，因为下葬时显得小心翼翼，他们在坟墓上堆起了巨大的土堆，这些大土堆就是史前时代的古墓，为今天欧洲、印度和美洲许多地区的风景增色不少。这些土堆或相互联系，或独立一个，他们还会树立起巨石（远古时代的大石块），会单独一块或若干块在一起，其中最有名的是布列塔尼的威尔特郡和卡尔纳克的巨石阵。在不同的地方，还能发现他们的村庄遗址。

关于新石器时代人类生活的一个丰富的知识点来源于瑞士，这最初是在1854年那个极为干燥的冬季发现的。当时其中一个湖泊的水位下降到了前所未有的程度，于是新石器时代和青铜时代早期建于湖中木桩上的房屋的基础便暴露在了人们的眼前，今天在西里伯斯岛及其他地方也能看到与这种湖屋形式类似的建筑。在这些建筑中，不仅古代站台的木桩还保存良好，而且在其下方的泥炭堆积物中发现了大量的木头、骨头、石头和陶器、器皿及装饰物、食物残渣等，甚至还有渔网和衣服的残片。类似的湖居在苏格兰、爱尔兰等地方也被发现，其中萨默塞特郡①的格拉斯顿伯里②的遗迹就很著名。在爱尔兰，从史前期直到英王詹姆士一世在位时期，苏格兰殖民者在阿尔斯特③代替爱尔兰人之前，在泰伦④的奥尼尔人和英格兰人打仗的日子里，湖上居所还住着人。这些湖上村落有相当大的防御价值，生活在流水之上也相对比较卫生。

新石器时代的瑞士湖上小屋还是小型的父权制部落，也许这并没有使居住在这里的人们形成当时更大规模的部落。其他地方，在肥沃的平原和更开阔的乡村，可能已经有了比那些山谷更大的部落了。英国的威尔特郡⑤就有一个这样的大型部落的遗迹，靠近锡

---

① 萨默塞特郡：英国英格兰西南部郡。
② 格拉斯顿伯里：位于低洼萨默塞特。
③ 阿尔斯特：爱尔兰古代省份，包括今阿尔斯特省和北爱尔兰六郡。
④ 泰伦：一个爱尔兰古国。
⑤ 威尔特郡：英国英格兰西南区域的名誉郡和单一管理区。

尔伯里丘①的埃夫伯里巨石阵遗址曾被认为是"欧洲最精美的巨石遗址"。

湖上房屋中的陶器

巨石阵环绕成一个圆形，外侧有一条圆形沟渠，总占地28.5英亩。在锡尔伯里丘的两边，有两条各一英里半长的石头大道分别向西和向南延伸。锡尔伯里的巨石阵是英国最大的史前人工山丘，这个社会生活的中心现在已被人们完全遗忘，但其规模表明了这是一大批人集体智慧和汗水的结晶，尽管人们的居住地可能分散在英格兰的西部、南部和中部。他们可能在一年中的某个特定季节在一个原始的集市上集会，然后整个部落都尽力地帮助修建土堆、搬运石块。与此相反，瑞士的居民们却似乎生活在自给自足的村庄里。

与那些在丹麦和苏格兰海岸堆积贝壳成为贝冢的新石器时代早期的人相比，这些湖居人在知识理解和方法运用上都相当先进，虽然在年代上则可能晚得多。也许是在公元前1万年前或更早的时候，贝冢人开始活跃，但湖上居所则可能从公元前5000年或公元前4000年起到人类有记载的历史时期几乎一直有人居住。最初的贝冢人是属于新石器时代人中最野蛮的一群，他们使用简陋的石斧，除

---
① 锡尔伯里丘：英国新石器时代建筑遗迹，位于威尔特郡马尔波罗以西。

狗之外没有饲养任何其他家畜。而在瑞士，除已经饲养中等体型的狗之外，湖上居民还饲养了牛、山羊和绵羊，当后面即将进入青铜时代时他们又饲养了猪，在遗迹堆中牛、羊的遗迹是占了多数的。考虑到地区气候和住处旁边的条件，似乎很可能在冬天这些牲畜圈养在湖上居所中，这里也储存着大量饲料。也许这些牲畜和人住在同一所房子里，就像现在瑞士农舍里人畜共处的情景一样。房子里的人可能已经开始挤用奶牛和山羊的奶，牛奶可能在他们的经济中扮演着重要的角色，就像今天瑞士山区那样。不过就这一点我们还不能有准确的意见。奶不是成年人的天然食物，一开始它看起来一定是很奇怪的，而且可能是经过大量繁殖之后，人们才从奶牛和山羊那里获得了持续的奶供应。一些人认为，人们在较晚的时间里即当他们进入游牧时代时才开始食用奶汁、乳酪、奶油和其他奶制品，但是笔者更倾向于新石器时代的人们就已经开始如此举动。如果他们果真开始饮用奶，那么这些奶（酸奶可能也出现了，但精心制作的乳酪和奶油应该还没有）肯定储存在土罐里，因为尽管十分简陋，但是他们已经有了陶器。他们通过打猎来补充食物，捕食红鹿、獐子、野牛和野猪，还会吃狐狸肉，一种气味十分难闻的肉。在食物丰富的世界里，这种肉是没有人吃的。不过奇怪的是，原始人似乎不吃兔肉，虽然这是较为容易得到的食物。我们猜测避免吃兔肉的原因，是他们怕吃了这种怯懦动物的肉之后，他们也随之会变得懦弱，这就和目前许多原始部落的说法一样。

我们对他们的农业方法知之甚少，没有关于犁和锄头的遗迹，这些都是木制的，经过长年累月都已经腐烂了。新石器时代的人种植和食用小麦、大麦和谷子，但他们对燕麦和黑麦一无所知。他们烤的谷粒，在石头之间碾磨，储存在锅里，需要时便拿出来食用。他们会制作又硬又厚的饼，因为我们在遗迹的沉积物中发现了这样的圆扁切片。显然,原始人还不会使用酵母,如果他们有了酵母,酒类饮料就一定会被制造出来。

有一种大麦他们会种植,古代希腊人、罗马人和埃及人也会种植,这表明他们的祖先从东南部带来或得到了这种种植方法,小麦的扩散中心在地中海东部的某个地方,现在赫尔蒙山附近还有其野生品种。当瑞士的湖上居民播种山间的小块土地时,他们已经遵循了人类古老的做法,这些种子一定是从那遥远的活动中心渐渐传播到这里来的。在东南亚古老的地方,人们已经播种小麦长达几千年了。湖上居民也会食用豌豆和野生酸苹果,这是当时世界上唯一生长的苹果,人们还没有培育选择出今天这样的苹果。

他们主要用皮做衣服,也用麻做粗布,我们也发现有亚麻布的碎片。他们的网是用麻织的,但还不知道如何使用麻绳。自从青铜被发现并使用后,他们的别针和饰物的数目也增加了。我们有理由相信,一定有许多饰物插满在他们乱糟糟的头发上,然后用骨针、后来用金属针卡住。从缺乏写实的雕刻或绘画来判断,他们要么不装饰自己的衣服,要么用格子、斑点、交错图案或类似的传统装饰物装饰。在铜器出现之前,没有凳子或桌子的痕迹;新石器时代的人们可能蹲在黏土地面上。这些湖上房屋里没有出现过猫,鼠类还没有适应人类的住所,母鸡的咯咯声还没有加入人类生活中,家养的鸡蛋也没有进入人类的饮食中。

新石器时代人们的主要工具和武器是斧子,其次是弓和箭。箭头是燧石做的,做工很漂亮,原始人会把它们紧紧地绑在箭柄上。在播种时,他们可能会使用木棍松土,木棍上会装上一只牡鹿的角,另外他们还会用钩或叉捕鱼。毫无疑问,这些工具都是立在屋内的墙边,墙上悬挂着捕鸟的网。地板上是泥土或踩过的牛粪(与今天印度的棚屋地板一样),放着装有谷物、牛奶等食物的编织篮和罐子。一些用绳环挂在墙上的锅碗瓢盆。在房间的一头圈养着家畜,冬天可以用它们的体温取暖。孩子们把牛和山羊带出去吃草,晚上在狼和熊来觅食之前把它们带进来。

瓮形屋

左边大概是模仿了一个湖上居所(仿卢伯克)

由于新石器时代的人有弓,他们便可能也有弦乐器,因为弓弦的震动看来必然会使得这种乐器产生的。他们也有陶制的鼓,上面蒙着兽皮,也许他们也可以把皮绷在空的树干上做成鼓。我们不知道人类是什么时候开始唱歌的,但很明显他们会进行音乐创作,而且因为他们有了他们的语言,无疑会作歌曲了。首先,也许,他们只是放声说话,就像人们现在听到的意大利农民在他们的犁后无言地唱歌一样。冬天天黑后,他们坐在家里,边说话边唱歌,他们会凭手指触觉制造工具,而不是眼力。

居住地的照明情况一定很差,其中主要是火光,但可能不论冬夏村子里总会保留一些火种。因为要生火太麻烦了,所以人们不愿意轻易地灭火。有时,瑞士的这些村落会发生火灾,整个村子都烧毁了。瑞士的湖村遗址中有这种灾难的证据。

所有这些都是我们从瑞士湖上居所的遗址中收集整理来的,这就是遍布欧洲的人类生活的特点，这些特点来自森林从南方和东方的扩展，在1万年至1.2万年前驯鹿和驯鹿时期的人灭亡之际，传遍欧洲。很显然，在这里我们看到的这种生活方式由来已久。从它起始的旧石器时代到这时候，其间隔着几千年之久在发明上的空白，而我们只能揣测在那时的条件下一步步逐渐兴起的过程。从守在牛羊群边缘的猎人，变成一个与狗同行的人，在不知不觉中，人类可能发展了一种归属感，又和原来处于竞争地位的犬类建立起友谊。当牛群走得太远时，他们学会运用他们较为出色的智力把它们赶回来，并将它们引导到新鲜的草地上。他们把这些牲畜赶到河谷和围场里，这样就可以在这里准确地找到它们。原始人会在牲畜饥饿时进行饲养，通过这样的方式，野兽也被慢慢地驯服了。农业也许是以储备饲料开始的，这个过程肯定是先收割、后播种。远在东南方的某个发源地，旧石器时代的先人们最初是靠食用根茎、果子和野生谷物来补充猎人们不稳定的肉食供应。但原始人是否曾有一个完全依靠肉食生活的时期，这一点是尚未明确的。

10.4 原始交易

所有这些早期的开始一定发生在远古时代，在世界上仍有一些地区待考古学家进行有效探索，这可能发生在亚洲或非洲，现在是地中海的河床，或印度洋地区，而驯鹿时期的人则在欧洲钻研起艺术了。那些1万年或12000万年前漂洋过海经过欧洲和西亚的新石器时代的人不曾经历这样的开端，相距接近文字传统和人类有记载的历史的黎明，他们只有不过几千年的时间了。青铜器没有受到任何大的冲击或破坏，最终进入了人类的生活，给了那些最先获得它的部落在战争中巨大的优势。在铁器取代青铜器进入欧洲之前，文字的历史已经开始了。

那时已经出现了一种原始的贸易。青铜器与青铜武器、像宝玉一样少见而坚硬的石块、具有可塑性和装饰价值的黄金、由于透明度和美丽程度而受到喜爱的琥珀,以及兽皮、麻网和布匹等,被人们夺来抢去,手手相传,在广阔的地域中流转。盐也可能被用来交易,以肉食为主的人在没有盐的情况下还可以生存下去,但是依靠谷物为生的人却难以离开盐,这和食草动物一样。霍普夫说,为了争夺费赞盐矿,在这个世纪里,苏丹沙漠里的部落之间发生过多次激烈的战争。总体来看,在以物易物、敲诈勒索、呈交贡品、使用暴力劫掠等行为之间,物品以不可察觉的方式相互传递。一切可以用的手段都被人们用来获得他们所想要的东西。

10.5 地中海山谷的洪水

到目前为止,我们一直在讲述一个没有事件的历史,这是一个时代、时期和发展阶段的历史。但是,在这部分人类故事结束之前,我们定不会忽略一件可能是头等重要的历史事件,或许起初这可能是一件对人类的发展具有悲剧意义的事情,这件事便是大西洋的海水入侵到地中海之中。

请读者牢记,本书一直在努力提供便于理解与接受的简明叙述,但仍会存在一些难免有许多揣测性的内容,我们可以追溯到上一个冰河时期,真正的人类出现在大约4万或35000年前。不过,请大家记住"大约",因为这表示上述时间只是个约数,事实上可能是6万年,也可能是2万年。本书不会使用"很久"或"很多世纪"之前这样的字样,因为这么做的话,读者就无法知道本书到底是指多少个世纪还是多少个百万年,有个数字总比模糊的说法好些。

实际上可以肯定的是，在最后一次冰河时期的地中海的尽头，有两个陆地封闭的海盆，它们之间没有连接，或者只是由一条急流溢出的河流连接。盆地的东面是淡水，它由尼罗河、亚得里亚海、红海、也许还有一条河流，从当时存在的中亚大得多的海中倾泻而下，流入现在是希腊群岛的山脉之中。人类甚至可能是新石器时代的人，都在那个如今已消失的地中海山谷中生活过。

相信这一点的理由是非常明确的。直到今天，地中海还是一片蒸发的海洋。流入它的河流不能弥补它表面的蒸发量。有一股源源不断的水流从大西洋流入地中海，另一股水流从博斯普鲁斯海峡和黑海流入地中海。因为黑海从流入黑海的大河中得到的水比需要的多，所以黑海是一个溢出的海，而地中海是一个缺水的海。地中海与大西洋和黑海都被切断的时候，它一定是一个缩小的海，其水位比外面的海低得多。今天的里海就是这样。更重要的是，死海也是如此。

但是，如果这种推理是合理的，今天碧波荡漾的地中海曾经必然是一大片陆地，土地上的气候非常宜人。这可能是上一个冰川时期的情况，我们不知道那个时代离现在有多远，当时的变化把海水带回到地中海盆地。但毫无疑问的是，阿席林和新石器时代的人一定出没在被淹没了的区域，即当年的河谷和森林里。新石器时代的暗白人种——地中海的种族，在这个已经沉没的盆地里，早已定居下来并在文明的道路上飞速发展了。

W.B.赖特[①]先生给了我们一些非常有启发性的建议。他提出当时地中海地区有两个湖泊："一个是淡水湖，位于东部洼地，在西部洼地流入另一个湖泊。有趣的是，当海平面再次上升时，一定发

---

① W.B.赖特：苏格兰医生、植物学家。

生了什么。由于冰原的消散，海水开始涌入地中海地区。由于河道被侵蚀缓慢降低，海平面缓慢上升，水量一定大增。如果海峡的拦坝里有些松散的物质，最终结果便是溃坝必然发生。如果我们考虑最大的急流需要用多少时间才能填满像地中海这样的盆地时，我们必须断定，无论如何结果一定会出现。这种猜测非常大胆，但也并不是完全如此，因为如果我们翻阅一张直布罗陀海峡①的海底的等高线图，就能发现那里有一条巨大的河谷，从地中海深处一直通过海峡，伸入大西洋大陆架到相当远的地方。这个河谷或海峡便可能是在内陆海期终结时大西洋海水流入所形成的。"

地中海地区被灌入大量海水，终于成为海洋，按照本书粗略年表来计算的话，可能发生于公元前3万年和公元前1万年之间的某个时间，这一定是在我们人类史前期里不可比拟的大事件。如果上面的估算是基本正确的，正如读者在阅读接下来的两章后所清楚地看到的那样，文明的肇始即最早的湖上居所和最初的农耕，大概是发生在利文廷湖东部周围。这是一个淡水湖，尼罗河与亚得里亚海和红海的两条大河均流向于此。一瞬间大西洋的水冲过了地中海西部地区的山冈，朝着原始人群流进，曾经是他们的家园的湖泊，此时却成了敌人。湖水日夜增长，没出现消退的情况，最后他们的居所被淹没了，洪水把原始人逼得四处奔逃。河水经年累月、漫山遍野地追赶着人们，其中很多人一定被不断上涨的洪水困住，并且淹没了。洪水气势汹汹难以阻挡，水流愈发湍急，水位也越来越高，逐渐淹没了树顶，漫上了山冈，一直到涨到阿拉伯和非洲的山崖上。远在历史的黎明之前，这场灾难就发生了。

---

① 直布罗陀海峡：位于西班牙最南部和非洲西北部之间。

11. 早期的思想

11.1 原始哲学

在我们继续讲述6000或7000年前，人们是如何开始聚集到第一个城镇，并发展出比之前已经形成的松散部落更为高级的政治集团之前，我们必须对人类大脑里的东西进行说明。我们在上文已讲述了人类大脑是如何在过去的50万年间里从猿人阶段开始生长和发展的。

在那些遥远的日子里，人们是如何看待自己和世界的呢？

起初，人类很少会想到眼前事务之外的东西，他一直忙于想着这些问题："这里有一只熊，我该如何是好？"或者："那里有一只松鼠，我怎么做才能抓到它？"在语言发展到一定程度之前，人类的想法很少超越实际经验的范围，因为语言是思维的工具，正如同账簿即是商业的工具一样。大脑会把思想记录与固定下来，并使之能够接触到越来越复杂的东西，大脑是心灵的一只手。原始人在开口说话之前，可能会非常生动地看到这个世界，并进行非常巧妙的模仿，能够打手势、大笑或者舞蹈，并很好地生活下去，而没有太多的猜测关于他从哪里来或为什么这样生活。毫无疑问，原始人害怕黑暗、电闪雷鸣、大型动物、怪异之物和他能够梦见的一切事物。为了安抚他的恐惧情绪，或者去取悦从岩石、野兽和河流中想象出来的力量，他会做出许多事情。原始人没有明确区分有生命的和无生命的东西，如果一根棍子伤了他，他就会踢棍子，如果河水泛起泡沫或者开始泛滥，他就会认为这是河流在敌对他。原始人大脑的水平很可能是一个四五岁的聪明的当代小孩，他有着同样微妙、不合理的转变与同样的局限性。但是，由于原始人很少或者根本不会说话，因此很少会把所经历的幻觉传递给别人，也不会发展关于这些幻想的任何传统或协调一致的行为。

即使在旧石器时代晚期，在绘画中人类也没有表现出他们对太阳、月亮、星星或树木的任何关注，他们只关心动物和人。他们可能把昼夜星辰、树木大山当作理所当然的东西，就像孩子把吃饭时间和育儿楼梯视为理所当然一样。据我们的判断，在其绘画题材中没有幻想这一类东西，宗教或神秘的感觉也不存在。驯鹿时期人类画画的主题都是些熟悉且不恐怖的事物，没有任何宗教或神秘的感觉，这些作品里几乎没有任何东西可以被认为是宗教或神秘的象征。毫无疑问，在原始人的一生中存在一定数量的被称为拜物教的东西，他们会做一些我们现在认为不合理的事情来达到我们想要的目的，这便是拜物教的全部意味了。不过，这只是基于猜测工作或虚假类比的不正确的科学，其性质与宗教完全不同。毫无疑问，梦让他们兴奋，梦有时在他们的脑海里和他们清醒时的印象混在一起，使他们感到很困惑。他们埋葬了同伴尸体，甚至后来的尼安德特人似乎也会有这样的举动，并用食物和武器进行陪葬，因为原始人相信死后还有未来的生活。但是，同样合理的假设是，早期的人类用食物和武器进行陪葬，是因为他们怀疑被埋葬者是否真的已经死亡，这与相信他们有不朽的灵魂是不一样的，而且他们对死者持续的生命力的信仰是由关于逝者的梦加强的。他们可能把一种神话中狼人的存在归因于死者，并希望以此来安抚他们。我们认为驯鹿时期人类已经足够聪明了，和现代人很类似，完全没有发展出语言是不太可能的，但很可能，除直接的陈述或事实叙述之外，这种工具对其他任何东西都不太有用。他们生活的部落要比尼安德特人的部落更大，但是我们不知道究竟有多大。他们会在除狩猎之外的时间里聚集在一起，狩猎者团体不会太大，否则他们就会挨饿。依赖拉布拉多驯鹿的印第安人与这一时期的人类组织结构相似。他们分散在小的家庭群中，就像驯鹿分散在寻找食物一样；但是当驯鹿为季节性迁徙而聚集时，印第安人也会在特定时间聚集起来，那就是贸易、节日或婚姻的时候。在人情世故上，最简单的美洲印第安人也要比驯鹿时期的人类领先一万年，但这种聚集和分散的方式可能也是与驯鹿时期人类相同的。通过考古发掘，我们在法国的索特留地区①找到了较大规模的野营和宴会的遗迹，在这些地方，人们毫无疑问会进行消息交流，但我们可能会怀疑这里是否存在类似于思想交流的情况。在这样的生活中，人们还不曾见到任何关于神学、哲学、迷信或猜测的踪影，恐惧是有的，但还尚未成体系。幻想和荒诞的想象在这时也存在于人们的生活中，但这些都不过是个人性的，转瞬即逝的。

　　也许在这些遭遇中有某种暗示的力量。真正感觉到的恐惧不需要言语来传递，在某件事物上的价值观也可以很简单地表达出来。

---

① 索特留：法国马贡大区下的一个地方。

11.2 宗教中的长老

有些非常基本的事情，在产生语言之前很久，就已经在人们的脑海中出现了。其中最主要的肯定是对部落长老的恐惧，这种恐惧伴随着原始居住地里年轻人的成长。凡是和长老有联系的物品都可能被禁止，每个人都被禁止触摸他的长矛或坐在他的位置上，就像今天的小男孩不能触摸父亲的烟斗或坐在他的椅子上一样。长老可能是部落里所有女人的主人，小部落的年轻人必须记住这一点。"禁止的东西"的观念，即所谓的"禁忌"的观念（通称"塔布"），不可触摸，不可观看，可能因此在很早的阶段就已经进入了人类的头脑。J.J.阿特金森在《原始法》一书中，巧妙地分析了在世界各地的野蛮人中发现的这些原始的塔布，例如兄弟姊妹之间的塔布，例如男子回避其继母的塔布，都可追溯到这样一个根本原因。只有尊重这一原始法律，年轻的男性才有可能摆脱长老的愤怒。长老一定会出现在原始人的噩梦里，即使在他死后，其他人也依然会存在一种讨好他的倾向，这是完全能够理解的。因为人们不能肯定长老是否真已死亡，在人们看来他也许只是睡着了，也可能是装死。就在长老逝去很久，除了一个坟堆和一块巨石再也没有什么代表他的时候，部落里女人们依然会继续跟孩子们讲述长老是如何的可怕，又是如何的了不起。既然小部落里依然对长老满怀恐惧，那么部落里的人很容易继续希望长老也是其他人，尤其是与部落有仇之人的恐惧对象。当长老在世时，他为部落而战斗，尽管他也曾经在族群里横行霸道，在他死之后为什么就不能这样了呢？我们认为，长老的思想是原始人头脑中非常自然的思想，而且得到了很大的发展。和长老相反，母亲的角色则更人性、更友善，她们帮助、保护、指导孩子。弗洛伊德①和荣格②的心理分析让我们认识到，在人类心理适应社会需要的过程中，父亲的恐惧和母亲的爱仍然扮演着重要的角色。他们对儿童与青年的梦和想象进行了详尽的研究，这项研究对原始人灵魂的想象重建有很大的帮助。这就仿佛一个坚毅的儿童的灵魂，原始人按照家族观念来看待这个世界。他们对长老的畏惧，对长老的卑躬屈膝，与他们对周围危险动物的恐惧交织在一起。但女性的形象则是更为仁慈柔和，她们帮助、保护、满足、安慰年轻人。然而，与此同时，她们身上的某些东西比长老的直接残暴更难以理解，这是一个更大的谜。所以，对原始人而言，女性身上也有恐怖的印记。

11.3 宗教中的敬畏与希望

人们心中还有另一个很基本的观念，这可能是从神秘的传染病的降临中产生的，这便是不洁和憎恶的观念。在这一点上，人们可能已经形成了一种想法，那就是避开特定的地方和人，以及健康状况出现问题的人。于是在人类精神生活初步发展之时，可能就会对地方和事物有一种不祥的感觉。害怕陷阱的动物有这种感觉，一看到几根棉线老虎就会放弃通常在丛林里的路线。像大多数小动物一样，年幼的人很容易被他们的看护人或长辈的哄骗吓到。这是另一套观念，即排斥和逃避的观念，几乎不可避免地出现在人类身上。

一旦语言开始发展，就必须对这种基本情感进行研究，开始将其系统化，并牢记在心。通过交谈，人们会加深对彼此的恐惧，建立一个对不洁之物的共同禁忌的传统。有了这样的想法，就进一步产

---

① 弗洛伊德：奥地利精神病医师、心理学家。
② 荣格：瑞士心理学家。

生了洗净与祛邪的观念。洗净是通过遵照有智慧的长老和老妪的指导和协助进行的，在这种情况下，洗净是最早的祭司和巫术的萌芽。

一开始，尚不懂得使用语言的父母在对子女单纯进行模仿性教育的时候，语言成了教育过程中的一个有力补充。母亲们会告诫孩子们，并责骂孩子们。随着语言的发展，人类便会发现他们的经验和说服人的力量似乎给予了他们力量，于是他们就会把语言当作秘密保护起来。人的心理存在双重性，有了狡猾的保密一面，也许便有了随后起源的、使我们急于相互告密、造成惊讶和留下印象的一面。许多人为了有秘密可说而制造秘密。早期人的这种秘密，他们会传达给更年轻、更易受影响的人，是在某种令人印象深刻的过程中相当老实地和生动地传授的。而且，教育精神在人的头脑中泛滥，大多数人喜欢"告诉别人，不要告诉别人"。对男孩、女孩、妇女的广泛任意的清规戒律，也可能很早就进入了人类历史。

那么，有了凶恶的观念之后，就有了与之相关的吉祥观念。通过仪式使凶恶观念变化成吉祥观念的行为，便是自然而然的事情了。

11.4 星辰与四季

在这种思想和一大堆同类思想的基础上，人类生活中出现了第一批准宗教的元素。随着语言的每一次发展，禁忌、限制和仪式也可能随之变得深刻和发展。今天每一个野蛮或未开化的种族都拥有一套这样的传统。随着原始牧民的到来，这类活动的范围将大大扩大，从前不受注意的人类事务开始变得非常重要起来。新石器时代的人是游牧民族，这在精神上和只在白天追逐食物的原始猎人非常不同。首先他们是一个牧人，在头脑中必须具有方向感。白天晚上他都看管着羊群，白天的太阳和夜晚的星星帮助他进行迁徙，他在许多年后开始发现星星比太阳更稳定。他会开始注意到特定的星星和星群,对原始人而言,辨认任何个别事物就是相信它是与众不同的,是具有其个体化或个性化的。他开始把主要的星星视为人,当作非常闪亮、威严、值得信赖的人,像夜晚明亮的眼睛一样看着他。原始的耕作方式增强了他的季节感。当播种期来临时,特定的星星沿着天空旋转。一颗明亮的星星夜以继日地向着某一点、某一座山峰或其他方向移动。这颗星星停留在那里,然后又夜以继日地退了回来。当然,这是一个标志,一个给聪明人无声的、奇妙的警告。我们必须记住,农业的起源是在亚热带地区,甚至是在赤道附近,在那里,一级恒星闪耀着一种在较温和的纬度地区无法达到的光芒。

新石器时代的人已懂得数数,并着魔于数字的魔力。在某些野蛮人的语言中,"5"以上的数字是不存在的。有些语言甚至不超过"2"。但是起源于亚洲和非洲土地上的新石器时代的人已经开始计算他积累的财产了,他们比欧洲的新石器时代人更擅长计算。他们开始使用计数法,对三个为角、四个为方、为什么"12"能被其他数除尽而"13"却不能等问题感到疑惑。对人类来说,"12"成了一个高贵、慷慨和被熟知的数字,而"13"却是一个被抛弃的、声名狼藉的数字。

也许人类开始根据满月和新月的时间来计算时间。月光对牧民来说是一件很重要的事情,他们不再只是捕猎自己的牛群,而是看守着和保护着

新石器时代的巨型石柱

一座新石器时代的雕塑,这与旧石器时代艺术的自由与活力形成鲜明对比。

它们。月光也许还是之前的月光，就像原始人和地猿祖先那时候一样。但从这些阶段开始，人的注意力将从月亮盈亏进入更大的季节循环。

原始人可能只在冬天来临前迫于气候趋寒而移动，但新石器时代的人肯定知道冬天会来临，他会把饲料和粮食都储存起来。他一定会有固定的播种时间，一个有利的播种时间，否则即使播种也难以获得收成。据记载，最早的计算方法是通过月亮和人的世代进行的。前者似乎是《创世纪》中的情况，如果你把大洪水前先祖们的伟大时代解读为农历月份而不是年份，玛士撒拉和其他人的寿命就会缩短到一个可信的长度。但随着农业的发展，将农历月与太阳年平分的任务开始了，这项任务在我们今天的历法上留下痕迹。复活节每年的日期不定给度假者带来极大的不适，由于这个古老的时间是对月亮的参照，按季节说使人觉得有时过早、有时又过晚了。

当人们开始有着固定的意图，带着他们的动物和其他财产，从一个地方向另一个地方移动时，他们便开始产生了对那些还没去过的地方的想法，并思考那些地方可能是什么样的。在他们逗留了一段时间的任何山谷里，他们会回忆起他们是如何到达那里的，他们会问这个或那个东西怎么到这里来的。他们会开始思考山外之外还有什么，日落之后太阳去哪里了，云端之上又是些什么。

11.5 讲述故事与创造神话

叙事的能力随着词汇的增加而增强。简单的个人幻想、无系统的拜物教把戏和部落里的基本禁忌开始被传承，并形成了一个更加一致的体系。人们开始讲述他们自己的故事，关于部落的故事，关于它的塔布和它们为什么必须存在，还有关于这个世界和为什么有这个世界等等的故事。这样,一种部落的思想形成了,成为一种传统。比起新石器时代人来说,旧石器时代的人更野蛮,但又更像一个自由的个人主义者,一个更艺术感的人。新石器时代的人处处受到约束,他从年轻时便开始接受训练,并被告知应该做的事情而不应该做的事情;他没有那么自由地形成自己对事情的独立想法。他的想法是别人加给他的,并处于一种新的暗示力之下。拥有更多的话语,更多地关注话语,并不仅仅是为了增强精神力量,话语本身就是强大的事物,也是危险的事物。旧石器时代人的词汇也许主要只是些名字,这些词指代了什么,他们就会如何使用它们。但是新石器时代的人正在思考这些词,他们在思考一些带有大量语言混乱的事情,并得出一些奇怪的结论。原始人通过言语把自己的种族捆绑在一起,但又用网围住自己的手脚。人的确会把自己束缚到新的、更大的和更有效的组合里,但同时也会付出代价。新石器时代最值得注意的事情之一是完全没有那种自由、直接的艺术冲动,这正是旧石器时代晚期的人最优秀的品质。通过考古我们发现了很多制造工艺、精巧技艺、磨光的工具、绘着传统图案的陶器和在各种事情上的合作,但没有证据表明个人的创造性。人类开始了自我抑制。人类已经踏上了一条漫长、曲折、艰难的人生之路,为了共同的利益而牺牲了所有的个人冲动,而他们至今仍在为之奋斗。

在人类的神话中,有些东西一次又一次地出现。新石器时代的人对蛇印象深刻,并不再视太阳为理所当然。新石器时代的文化几乎无处不在,而且都有一种倾向,即把太阳和蛇在装饰和崇拜中进行联系。这种原始的蛇崇拜最终蔓延到了蛇在人类生活中具有重要现实意义的地区之外。

11.6 宗教的复杂起源

随着农业的兴起，人们头脑中出现了一套新的观念。我们已经表明，人类将播种与埋葬联系起来是多么容易和自然。J. G. 弗雷泽①爵士一直探索人类大脑中追求这种结合的发展，并将其与种子时期被杀死的特殊祭祀者的概念、杀死这些祭祀的特殊净化的一类人的概念、第一个牧师的概念以及圣礼的概念联系起来。还有举行仪式性宴会的圣餐概念，为了使他们最大限度地分享和参与献祭的利益，在这宴会中，部落成员分食受害者的肉体的一部分。

从所有这些因素中，从长老的传统中，从男女之间的情感中，从逃避感染和不洁的欲望中，从通过魔法获得权力和成功的欲望中，从播种时间的祭祀传统中，以及从许许多多类似的信仰、心理试验和误解中，一种复杂的东西，在人们的生活中成长起来，在一个共同的生活和行为中，它开始把他们在精神上和情感上捆绑在一起。

这就是我们可以称为宗教的东西。这不是一件简单的，或合乎逻辑的事情，它是关于具有统率力的事物和精神、关于神灵、关于所有各种"必须"和"切勿"的复杂观念。像所有其他人类事务一样，宗教也在发展。我们必须从之前发生的事情中清楚地看到，原始人可能尚不存在神灵或宗教的观念，就更不用说其祖先猿类和中生代的哺乳动物的情况了。当其头脑和理解力能够慢慢概括这种概念时，人类才能有这类宗教或神灵的观念。宗教是一种通过人类交往而成长起来的东西，而上帝已经被人类发现，并且至今仍是如此。

这部书不是一部神学的书，我们不必开始神学的讨论，但这是

---

① J. G. 弗雷泽：苏格兰社会人类学家。

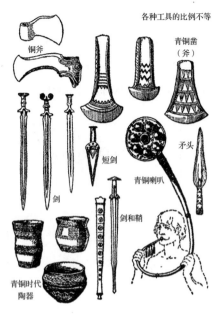

青铜时代的工具

人类历史的一部分，一个必要的和中心的部分，用以描述人类宗教思想的黎明和发展及其对人类活动的影响。我们所注意到的所有这些因素一定是促成这一发展的原因，不同的作家在研究中各自偏重其中的某一因素。J.G.弗雷泽爵士是认为巫术性献祭为圣餐由来的主要学者，格兰特·艾伦①追随赫伯特·斯宾塞②，在他的《上帝概念的演化》中，主要强调了部落在"长老"死后的崇拜。E.B.都铎爵士（《原始文化》）的主要关注点是这种原始人赋予一切有生或无生对象以灵魂的倾向。在《生命之树》中，A.E.克劳利③先生呼吁人们关注其他冲动和情感的中心，尤其是把性作为深度兴奋的源泉。我们必须记住的是，新石器时代的人仍然在精神上是不发达的，他可能会感到迷糊和不合逻辑，在某种程度上，一个受过教育的现代人是不可能出现这种情况的。矛盾和矛盾的想法可能存在于他的头脑中，而不会相互挑战，他的思想一时间被一件事深刻地和生动地支配着，一时间又被另一件事控制着。他的恐惧，他的行为，和孩子们

---

① 格兰特·艾伦：加拿大科学作家。
② 赫伯特·斯宾塞：英国哲学家、社会学家、教育家。
③ A.E.克劳利：英国诗人、登山家、神秘主义家。

的一样，仍然是断断续续的。

新石器时代的人们在合作和共同生活的需要与可能性的刺激下，迷茫地渴望得到指导和知识。人们开始意识到，从个人视角出发，他们需要保护和指导，需要清除不洁，需要超越自身力量的权力。

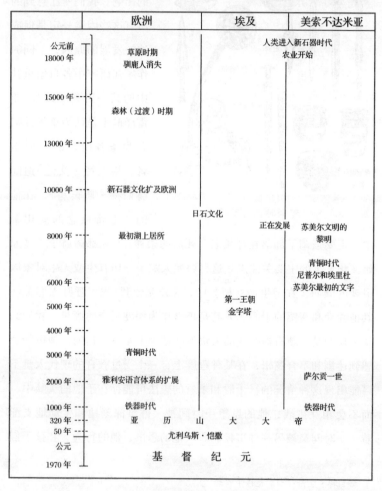

新石器时代持续的时间

为了满足这一要求，大胆的人、聪明的人、精明的人、狡猾的人都被培养成了巫师、祭司、部落首领和国王。

他们不应被认为是权力的骗子或篡夺者，也不应被认为是人类的愚弄者。所有的人都寻求超越其他人的优势，但并非所有这些动机都是卑鄙恶劣的。巫师通常或多或少地相信他们自己的魔法，祭司相信他们的仪式，部落首领相信他们的权力。从今以后，人类的历史是一个多少盲目地为认可一个共同目的而努力的历史，一个所有人都可以幸福地生活的共同目标，以及创造和发展一个共同的意识和共同的知识储备，这些意识和知识储备可以服务和阐明这一目标。在新石器时代的条件下，世界各地都出现了各种形式的君王、祭司和巫师。人们到处寻找知识、统治和魔力可能存在的地方，不论真诚或虚伪，人们也都愿意成为统治、指挥或调解社会混乱的具有魔力的人物。在旧石器时代晚期和之后的新石器时代，另一个奇怪的发展就是自残。人们开始毁坏自己的身体，割掉鼻子、耳朵、手指、牙齿，等等，并把各种迷信思想附在这些行为上。今天的许多孩子在他们的智力发展中经历了类似的阶段。在大多数小女孩的生活中，都有一个阶段，那就是不能让她们独自一人拿着剪刀，因为害怕她们剪掉自己的头发。动物界中是不存在任何类似行为的。

在许多方面，比起那些新石器时代人的心理状态，旧石器时代晚期岩石绘画者的那种朴素、率直和超脱更能吸引现代人的同情，他们充满了对某个古代长老的恐惧（已经发展成为一个部落神），被牺牲的献祭、残害和魔法谋杀的想法所困扰。毫无疑问，驯鹿时期的人是一个残忍的猎人，一个好斗和充满激情的动物，但我们还是能理解他的杀人理由。在议论的操纵下和混乱思想的支配下，新石器时代的人有了一套杀人的理论，他杀人的理由仅仅是怪异的和现在看来不可理解的观念。由于恐惧和教唆，他杀死所亲爱的人。

这些新石器时代的人不仅在播种时期做出了人类的献祭,而且有充分的理由相信在部族首领的葬礼上牺牲妻子和奴隶,每当遭遇逆境和认为神灵有此渴望时,他们就会对成年人与儿童进行杀戮,所有这些都行为传到了青铜时代。

迄今为止,在人类历史上,社会意识一直处于沉睡状态,甚至连相关的梦都没有。在它醒来之前,它做了噩梦。

在3000年或4000年前的历史曙光之外,请大家想一想在仲夏的黎明时分威尔特郡的高地。火把在清晨越来越亮的光线下显得苍白,朦胧里穿过石头大道的游行队伍正在接近。里面有神父,也许是穿着皮毛和角,戴着可怕的彩绘面具的神父,而不是穿着长袍、留着络腮胡子的显贵们;里面有部族首领,穿着皮衣,戴着牙齿项链,手持长矛和斧子,满头浓发,用骨针拢住;里面有妇女,裹着兽皮或麻袍;还有一大群光头的男人和赤身裸体的孩子所组成的观众。他们从远方聚集过来,在大道与西伯里山之间的地上,有许多安营的地方。这里弥漫着一片节日的欢乐。在拥挤的游行队伍中,走着早已被选定的人祭的牺牲者,顺从、无助地凝视着远处冒着青烟的祭台,他们将在那里死去,为的是来年的好收成与部落的兴旺发达。生命从最初的起点开始,从潮起潮落的泥泞海滩上走出,再往前迈进到三四千年前,就呈现出了这样的情景。

12. 人类的种族

12.1 人类仍在分化吗？

现在，我们有必要清楚地讨论"人类的种族"这一经常被随意使用的习惯用语的真正含义。

从第3章已经解释过的情况可以明显看出，人类如此广泛地传播并因受到气候差异的影响，在不同的地区食用不同的食物，受到不同的敌人的攻击，必须始终经历相当大的局部变化和分化。就像其他生物种类一样，人类一直在分化成不同的种类，如果一群人被岛屿或海洋、沙漠或山岭与其他人群隔离开来，这一部分人必然很快就开始发展出特殊的特征，才能够适应当地的独特条件。而且，通常人是一种处于游动中的、具有进取心的动物，对他们来说，几乎没有不可克服的障碍。人与人之间互相模仿、互相战斗与征服，并且互相交配。同时，几千年来，有两种力量在起着作用，一种力量倾向于把人分成许多地方性人种，另一种力量倾向于在建立一个独立类别之前把这些人种混合在一起。

与过去的相对作用相比，这两种力量强弱之间存在波动。例如，也许比起稍后的新石器时代的人类，旧石器时代人类活动的面积更大，在一个更广阔的地区里迁徙。相对而言，他没有在任何一个家园或栖息之地停留太久，被更少的财产所束缚。作为一个猎人，他必须跟随普通猎物的迁徙。在一些糟糕的季节里，他可能会长途跋涉几百英里。因此，旧石器时代的人种可以在极为广泛的范围内混杂，从而在世界大部分的地区里发展出较少数的种类。

农业的出现倾向于把人类固定在那些最适宜于耕种的地区，因此便有利于种族分化进行了。混合或分化并不依赖于较高或较低的文明阶段，很多野蛮部落至今仍在几百英里范围的地区里迁徙；此外，许多18世纪的英国村民，无论是他们、他们的父亲还是他们之前的祖父，都从未离开过他们的村庄超过八或十英里。狩猎的人经常有很大的活动范围，例如，拉布拉多地区居住着几千名印第安人，他们跟随着一大群驯鹿寻找食物，每年先向北，再向南，因此他们来回迁徙的区域能达到法兰西国土面积一样大。游牧民族的活动范围也非常广泛，据说有些卡尔梅克①部落在夏季牧场和冬季牧场之间旅行近千英里。

通过研究发现，各地旧石器时代的人类分布或广泛或稀疏，实际上在全世界范围内都是统一的，他们的遗迹出奇地一致。引用约翰·埃文斯爵士②的话来说，就是："在遥远的土地上，这些工具的形状和特征与英国的标本是如此的相同，以至于它们可能是由同一个人制造的。"在尼罗河岸边，比现在高出数百英尺的地方，人们发现了欧洲式的器物；在索马里兰③一个离海面很高的古代

---

① 卡尔梅克：卡尔梅克人系卫拉特人的后裔，属蒙古人种西亚类型，主要从事游牧或半游牧业。
② 约翰·埃文斯：英国考古学家、地理学家。
③ 索马里兰：位于非洲之角索马里的西北部。

河谷里，H.W.塞顿-卡尔先生①曾收集了大量由燧石和石英岩构成的器物，从它们的形状和特征来看，它们可能是从索姆河②和塞纳河③、泰晤士河或古代的索伦特海峡④的漂积物堆里发掘出来的。

在人类历史上，传播和混合的阶段可能与定居和专门化的阶段交替出现。但在几百年前，从旧石器时代之末，人类大体说来很可能一直处于分化的过程中。人类物种在那个时期已经分化成许多种别，其中有许多和其他种别相互混杂，又进一步分化，或者沦于灭绝。哪里的环境有明显的局部差异或者存在种别混杂的地方，我们就有必要假定那里已经出现了人类的多样性。在这些地方性种别中，数量一定很多。

在世界的一个偏远的角落，塔斯马尼亚⑤生活着从旧石器时代早期就开始与世隔绝的一小部分人，直到1642年荷兰人发现了这个岛。不幸的是，他们现在已经灭绝了，最后一个塔斯马尼亚人死于1877年。在此之前，他们可能已经与人类隔绝生活了一万五千年、两万年或两万五千年。

但是，在众多的混合障碍和中断中，有一些主要的障碍，如大西洋、高地、曾经更高的中亚和现在消失的海洋等，这些障碍在很长一段时间内切断了许多种族与其他大的种族群。这些分离的种族群很早就形成了某些广泛的相似性和差异。东亚和美洲的大多数人，但不是所有人，现在都有这样的共同点，即浅黄色皮肤，黑色直发，通常高颧骨。撒哈拉以南非洲的大多数土著人（但不是全部）都有黑色的皮肤、扁平的鼻子、厚嘴唇和卷曲的头发。在北欧

---

① H. W. 塞顿-卡尔：英国探险家、猎人、作家。
② 索姆河：法国北部河流。
③ 塞纳河：法国北部河流，流经巴黎。
④ 索伦特海峡：英吉利海峡中的小海峡，位于英格兰汉普夏沿岸和怀特岛之间。
⑤ 塔斯马尼亚：位于澳大利亚南面，与澳洲隔着巴斯海峡。

和西欧，许多人有着金发、蓝眼睛和红润的肤色，在地中海地区，有着黑眼睛和黑头发的白皮人很普遍。这些皮肤暗白人种中的许多人头发是直的，但没有黄种人头发那样硬而且没有波纹，东方人的头发要比西方人的更直一些。在印度南部，我们发现皮肤为褐色和深色的人，他们的头发是又黑又直的，当我们再往东边去时，这种人就被有更明显黄种人特征的人取代了。另外，在分散的岛屿即巴布亚新几内亚①上，我们还可以见到另一种皮肤黑中带褐色的人种，他们体型较小，头发是卷曲的。

但必须记住，这些都是非常粗略的概括而已，因为亚洲的一些地区和孤立的人类聚居地的条件可能更像欧洲地区的条件，而某些非洲地区人种特征更与亚洲相似，反倒不像非洲。我们在日本发现了一种波浪形头发、身体多毛的种族，我们称之为虾夷人②。他们的脸型比周围的黄色日本人更像欧洲人，他们可能是漂泊到这里的白种人，也可能完全是另一个独特民族。我们还在远离澳大利亚和非洲的安达曼群岛③见到过一些原始的黑人。另外，我们还在伊

澳大利亚土著民

---

① 巴布亚新几内亚：南太平洋西部的一个岛国，位于太平洋西南部，涵盖600多个岛屿。
② 虾夷人：住在北海道、库页岛和千岛群岛的民族。
③ 安达曼群岛：位于孟加拉湾与缅甸海之间、十度海峡以北的一组岛屿。

朗南部和印度的一些地方发现了有尼格罗血统的人种，这些都是亚洲的尼格罗人种。几乎没有或没有证据表明所有黑人、澳大利亚人、亚洲黑人和黑人都来自同一个地方，但是他们在相似的条件下生活了很长一段时间。

我们不能假定东亚地区的人类都在朝着同一个地方分化演进，而非洲地区的所有人类都在向另一个方向分化演进。的确，一个主流的演进方向固然是存在的，但除此之外也还有停滞的、反复的、混杂的、再次混杂的情况，还存在从一个主要地区渗透到另一个主要地区的情况。一张能够显示种族分布的世界彩色地图不可能只显示四大区域的颜色，相反，它会被涂上无数种深浅不同的颜色，有的地方可能简单些，但是有的地方就会更加的混杂和交替重叠。

在欧洲新石器时代早期，可能是1万年或12000万年前左右，人类在世界各地分化，并已分化为许多种族，但从未分化为不同的物种。我们必须记住，在生物中术语物种和种族的不同之处在于不同种族的人之间可以繁殖，但不同物种之间不能繁育，或者进行了繁育其后代也不能继续繁育，就像骡子一样。不过，全人类都能自由地进行交配，能学会理解同一种语言，能适应合作。在当今时代，人类可能不会再经历分化。目前，再次混杂是一个比分化更加强大的力量，人们越来越跨种族繁育。从生物学家的角度来看，人类是一种处于分化停滞状态的动物物种，有可能再次进行混合。

12.2 人类的主要种族

过去五六十年来有一种看法，即把不同种族的人看作是错综复杂混在一起的、最近已经停止或可能仍在进行分化的产物。在那之前，受诺亚和方舟以及他的三子闪、含和雅弗故事①的影响，研究人类的人有意识或无意识地将人类分为三个或四个大种族，他们倾向于认为这些种族从祖先开始就分离了。他们忽视了混合种族和特殊的地方隔离与变异的巨大可能性。这一分类有很大的不同，但人们已经准备得太多了，无法假定人类必须完全分成三个或四个主要群体。人种学家（研究种族的学者）就以下问题产生了激烈的争论，例如一个人数较少的人种到底属于新旧哪个种族？或者他们的血统被"混杂"了？还是旁出于某个早期的分支？但所有种族或多或少都是混杂的，毫无疑问，可能有四个主要族群，但每一个都是杂七杂八的，很少有团体不会被归入进四个族群中任何一个。

根据这些情况，我们清楚地了解到，当我们谈到这些主要的分歧时，我们指的不是简单和纯粹的种族，而是族群，那么这样我们在之后的讨论中就有了一定的便利。第一个族群在欧洲、地中海地区和西亚地区，白人，通常被称为高加索人，可分成两支或三支，一支是北方金发白种人或北欧人种，另一支是南方暗白人种，即地中海或伊比利亚种族，还有一支被认为是中间种族，即所谓阿尔卑斯种族，但在很多权威学者之间仍有疑问。第二个族群，即在亚洲东部和美洲占优势的蒙古人种，一般说来，他们有黄色皮肤、头发黑又直，身材结实。尼格罗人种在非洲一带，原始澳大利亚人种分布在澳大利亚和新几内亚地区，他们皮肤较为暗淡。这些是方便的术语，前提是大家要记住，这些术语并不是精确定义的术语。他们只代表了某些主要族群的共同特征，并排除了一些小种族，这些小种族严格地说来并不属于这些分类中任何一类，它们也不是这些主

---

① 诺亚方舟相关故事：上帝想要用洪水毁灭已经创造的万物，但觉得诺亚是一个没有深重罪孽的人，于是告知诺亚要造一条方舟逃避洪水。诺亚一共活了950岁，在500岁的时候生了三个儿子，分别是闪、含和雅弗。

要族群交错地方常常发生的混杂的结果。

12.3 深褐色人种的日石文化

在早期，地中海或伊比利亚的高加索分支有更广泛的范围，但不像北欧人那样有特殊和明显的类型。很难界定其南部与黑人的边界，也很难将其早期在中亚的踪迹与早期蒙古人的踪迹区分开来。威尔弗里德·斯科恩·布伦特[①]说，赫胥黎[②]"早就怀疑埃及人和印度达罗毗荼人[③]的共同起源，很可能是很早以前从印度到西班牙之间有一个褐色皮肤人种的长条地带"。

森林时期欧洲、西亚及非洲人类种族系统

---

① 威尔弗里德·斯科恩·布伦特：英国诗人。
② 赫胥黎：英国博物学家、教育家，达尔文进化论最杰出的代表。
③ 达罗毗荼人：南亚使用达罗毗荼语系诸语言各民族的统称，主要分布在印度、斯里兰卡和巴基斯坦。

赫胥黎所称的这个"地带",即暗白和褐色皮肤的人的地带。这种暗白–褐色人最终到达了比印度更远的地方,他们到达太平洋的海岸,在各地都留下了新石器文化的遗迹,可能是新石器文化的最初拥有者和我们所称的文明的初学者。有可能这些布鲁内人就是我们现代世界的基本种族。北欧人和蒙古人可能只是这个更基本的分支的西北和东北分支;或者,北欧人可能是一个分支,而蒙古人和黑人一样,可能是另一个平等而独特的分支,棕褐色人种与之在中国南方相遇并融合在一起;或者北欧人也可能是从旧石器时代独立发展起来的。

在人类历史的某个时期(埃利奥特·史密斯①在其《早期文化的迁移》中提出),似乎有一种特殊类型的新石器文化广泛分布在世界各地,它具有一组如此奇特的特征,以至于不太可能在地球的不同地区独立发展,迫使我们相信这是一种传播的文化。它传到了一切地中海暗白皮肤种族居住的地区,并通过印度、东印度、中国太平洋沿岸,最后蔓延到太平洋、墨西哥和秘鲁。这是一种没有深入内陆的沿海文化。

这种发展特殊的新石器文化,埃利奥特·史密斯称之为日石文化。日石文化包括了许多的奇特做法:①割礼;②在孩子出生后将父亲送上床的奇怪习俗,被称之为"生产父";③按摩;④将死者制作成木乃伊;⑤竖立起巨大石碑(例如巨石阵);⑥在青少年时期便开始缠头,以改变头的形状;⑦进行文身;⑧将太阳和蛇相联系的宗教;⑨用卍字形象征好运气。人们竟会重复两次发明卍字这一古怪的符号,这似乎很不可思议,但其实更可能的原因是人们在相互抄袭而已。

---

① 埃利奥特·史密斯:英国解剖学家、埃及学家,史前文明超扩散主义者。

埃利奥特·史密斯在地中海—印度洋—太平洋的广大地区里追踪这些像星座一样连接在一起的习俗。他发现，只要其中有一个地方出现某种习俗，其余的大多地方也会出现类似的习俗，这些习俗把布列塔尼①、婆罗洲②和秘鲁联结了起来。但这一系列的习俗并没有出现在北欧人或蒙古人的原始家园中，也没有向南延伸到赤道非洲以外的大多地方。

几千年来，从公元前15000年到公元前1万年，这一种新石器的日石文化和具有这种文化的各种人群可能一直在世界各地向较为温暖的地区迁徙，他们乘独木舟漂流，常常横跨广阔的海域。当时它是世界上发达程度最高的文化，它维持着最大、最发达的部族。如埃利奥特·史密斯所提出的那样，它的起源地也许是在地中海和北非地区。随着世代的发展，日石文化缓慢迁移着。它一定曾传播到太平洋沿岸，以通过海洋中的岛屿一步步到达美洲，不过那时，其起源地应当早就进入了其他的发展阶段了。

当18世纪欧洲航海者发现东印度群岛③、美拉尼西亚④和波利尼西亚⑤时，生活在这些地方的人仍然处于日石文化的发展阶段。诞生在埃及和幼发拉底–底格里斯河谷的最初文明也许是直接从这个传播极广的文化中发展出来的。我们稍后将讨论中国文明是否有不同的起源。阿拉伯沙漠里的闪米特⑥游牧民族似乎也曾经历过一个日石文化的发展阶段。

---

① 布列塔尼：法国西北部的一个地方。
② 婆罗洲：位于东南亚，南临爪哇海，北临中国南海，又称加里曼丹岛。
③ 东印度群岛：是15世纪前后欧洲国家对东南亚盛产香料的岛屿的泛名。
④ 美拉尼西亚：太平洋三大岛群之一，位于180度经线以西，赤道与南回归线之间的西南太平洋。
⑤ 波利尼西亚：太平洋三大岛群之一，位于太平洋中部，180度经线以东，南纬30度至北纬30度之间。
⑥ 闪米特：用来代指民族语属于亚非语系闪米特语族的人群。

13. 人类的语言

13.1 原始语言不存在

人类的共同语言是不可能存在的。我们对旧石器时代人的语言一无所知,甚至不知道旧石器时代的人是否能够随便地张嘴交谈,畅所欲言。

我们知道,这个时期的人由于绘画,对形态和姿势有着敏锐的感觉。有人认为,他们主要是通过手势来表达自己的想法,像早期人们使用的那些词可能主要是对具体事物的恐惧、激情或名称的呼喊,在许多情况下,这些词可能是由所命名事物发出的或与之相关的模仿声音。

最早的语言可能是上述少数惊叹词和名词的集合,它们由插入词和名词组成,可能这些名词用不同的语调来表达不同的意思。若旧石器时代人类的语言中有一个词表示"马"或"熊"的意思,那么"熊来了""熊走了""熊会被猎获""已经死去的熊""熊曾经来过这里""这是熊干的",这些意思可能是用声调或姿势来表明的。

现代语言包含数千个单词，但早期的语言可能只有几百个。据说，即使是现代欧洲农民也就使用近千个词。可以想象，早在新石器时代早期，这是可用词汇的极限。在那些日子里，可能人们并没有沉溺于交谈或描述。

为了达到传递信息的目的，他们更愿意通过舞蹈和表演的形式而不是用口说的方式进行表达，甚至除用一个对偶数表示两个数的方法和一些表示多个数的方法之外，他们没有其他的计数方法。语言的发展起初的确是一个非常缓慢的过程，语法形式和抽象思想的表达在人类历史上的出现可能已经非常晚了，有可能在400代至500代人以前。

13.2 雅利安语

语言学家（学习语言的学者）告诉我们，他们无法确定地追踪人类所有语言中的共同特征。他们甚至找不到所有高加索语言的共同点。他们在很大的范围内发现了一组语言，这些语言有着相似的词根和表达相同思想的相似方式，但是在其他领域，他们发现了似乎与其基本结构不同的语言，这些语言通过完全不同的手段来表达行为和关系，并且有着完全不同的语法结构。

一大类语言现在几乎覆盖了整个欧洲，并延伸到印度，其中包括英语、法语、德语、西班牙语、意大利语、希腊语、俄语、亚美尼亚语、波斯语和各种印度语，这就是印欧语系或雅利安语系，同样的基本根源，同样的语法思想，都可以追溯到这个语系。例如，"父亲""母亲"在英语、德语、拉丁语、希腊语、法语、亚美尼亚语、梵语中都很类似。以类似的方式，雅利安语环绕着大量基本单词的变化，日耳曼语中的"f"变成了拉丁语中的"p"，等等。

这些语言遵循的同一变化法则称为格里姆法则。这些语言不是不同的东西，它们是同一事物的变体。使用这些语言的人也是以相同的方式思考问题。

在遥远的过去，新石器时代，也就是6000多年前，可能有一种简单的原始语言，所有这些雅利安语言都与之不同。在中欧和西亚之间一定存在来往迁移于这之间的一些部落，他们充分混合在一起，发展和使用一种语言，为了方便，我们称之为雅利安人，H.H.约翰斯顿爵士称之为"雅利安俄罗斯人"，他们主要属于高加索种族，属于白种人和这个金发族群在北方北欧的分支。

在这里我必须强调一个观点。有一段时间，语言学家们倾向于混淆语言和种族，并假设那些曾经都说同一种语言的人一定都是同一种血脉。然而，事实并非如此，如果读者会想到美国的黑人现在都讲英语，或是爱尔兰人不再说古老的埃尔斯语（除了为政治示威的目的），或是康沃尔人失去了他们的凯尔特语。但是，一种共同语言所做的，是为了证明已经存在了一种共同的交流，以及可能的混合。如果它没有指向一个共同的起源，那么它至少指向一个共同的未来。

但即使是公元前4000年或公元前3000年左右的雅利安语，也绝不是原始语言或野蛮人的语言。这种语言最早形成于新石器时代或者其后的文明阶段。它有一些复杂的语法形式和语言手段。旧石器时代晚期的人，阿齐尔文明时期的人或者新石器时代早期的贝冢人，他们的表达方式可能比雅利安人最基本的表达形式要粗糙得多。

可能雅利安语系在多瑙河①、第聂伯河②、顿河③、伏尔加河④等大部分河流的广袤地区变得不同，这一地区向东延伸，到达里海之北的乌拉尔山脉⑤。说雅利安语的人可能在很短的时间内便到达了大西洋或黑海之南，越过了小亚细亚⑥。当时在博斯普鲁斯海峡，欧洲和亚洲没有有效的分离。多瑙河向东流入一个大海，该海横跨俄罗斯东南部的伏尔加地区，一直延伸到土耳其斯坦，包括今天的黑海、里海和咸海。也许它还通过几条水道与北冰洋相连。这一定是雅利安人和东北亚人之间的一个相当有效的屏障。从巴尔干半岛到阿富汗，这片海域的南部绵延不断。西北部有一片沼泽和潟湖，一直延伸到波罗的海⑦。

13.3 闪米特语

除了雅利安语，语言学家还区分了另一组似乎与雅利安语完全不同的语言，即闪米特语。希伯来语和阿拉伯语是血缘关系，但它

---

① 多瑙河：欧洲第二长河，发源于德国西南部，自西向东流，流经奥地利、斯洛伐克、匈牙利、克罗地亚、塞尔维亚、保加利亚、罗马尼亚、摩尔多瓦、乌克兰，最后注入黑海。
② 第聂伯河：欧洲东部的第二大河，欧洲第三大河，发源于俄罗斯瓦尔代丘陵南麓，向南流经白俄罗斯、乌克兰，注入黑海。
③ 顿河：俄罗斯欧洲部分的第三大河（部分支流在乌克兰境内），发源于中俄罗斯丘陵东麓，曲折东南流，后折向西南，经森林草原带和草原带，注入亚速海的塔甘罗格湾。
④ 伏尔加河：位于俄罗斯的西南部，全长3692千米，是欧洲最长的河流，也是世界最长的内流河，注入里海。
⑤ 乌拉尔山脉：欧亚两洲的分界线。北起北冰洋喀拉海的拜达拉茨湾，南至哈萨克草原地带，介于东欧平原和西伯利亚平原之间。
⑥ 小亚细亚：又名安纳托利亚或西亚美尼亚，亚洲西南部的一个半岛。
⑦ 波罗的海：欧洲北部的内海、北冰洋的边缘海、大西洋的属海，是世界上盐度最低的海。

们似乎与雅利安语有着不同的词根，它们以不同的方式表达它们的关系和思想，它们语法的基本思想通常是不同的。它们很有可能是某一种族在与雅利安人失去联系之后而独立形成的。

希伯来语、阿拉伯语、阿比西尼亚语、古亚述语、古腓尼基语和一些相关的语言被放在一起，因为它们是从第二种主要语系衍生而来的，这种语系被称为闪米特语。在有记录的历史的最初，我们发现雅利安人和闪米特人在地中海东端进行着最活跃的战争和贸易往来，但雅利安语和闪米特语的基本差异迫使我们相信，在新石器时代早期，数千年来，雅利安人和闪米特①人几乎完全分离。

后者似乎生活在阿拉伯南和非洲东北。在新石器时代早期，最初的雅利安人和最初的闪米特人可能生活在不同的世界中，可以说，只有非常少的交流。从种族上看，他们似乎有着遥远的共同起源：雅利安人和闪米特人都被归为高加索人，尽管说雅利安人最初似乎是北欧人，而最初的闪米特人更像地中海人。

13.4 含米特语

语言学家对第三个语系即含米特语的看法不太一致。有些人认为它与闪米特语不同，有些人认为两者间存在亲缘关系。但一种新观点倾向于认为这两个群体之间存在某种原始联系。含米特语肯定是比闪米特语或雅利安语更为广泛和多样的语系，而闪米特语更多地是一个家族，比雅利安语更具有共同的相似性。闪米特语可能是某种含米特原语中经过了专门化的一系语言，就像鸟类是由一个特殊的爬行动物群体产生的一样。这是一个很有诱惑力的推测，但实

---

① 闪米特人：用来指代民族语属亚非语系和闪米特语族的人群，灵感来自《圣经》诺亚的长子闪。

际上没有根据来证明这一事实，假设雅利安语的原始祖先群从原始含米特语的语言形式分支出来的时间比闪米特语的分离和专门化时间更早。今天，闪米特人和含米特①人同样主要是属于地中海高加索人种。含米特诸语中有古代埃及语和科普特语、柏柏尔语（说此语言的主要是北非山地居民图阿雷格人，他们的特征是带着面罩，以及其他类似的种族）和那些东非语中的埃塞俄比亚语系，包括加拉人的语言和索马里人的语言。这些不同语言的一般分类表明，它们起源于西部的一些大片地区，正如原始闪米特语可能起源于红海分水岭的东部。这种分界线在更新世时期可能更为有效。大海一直延伸到苏伊士地峡②西部，下埃及③的大部分地区都处于水下。然而，早在人类有记录的历史开始之前，亚洲和非洲就已经在苏伊士地峡接触了，这两个语言系统在该地区就已经接触到了。此外，即使亚洲和非洲被苏伊士地峡分开，它们也会通过阿拉伯半岛④和阿比西尼亚地区⑤产生联系。

这些含米特语可能是从地中海非洲海岸的一个中心辐射出来的，它们可能已经扩展到了当时广泛存在的西欧陆地连接地带。

我们可以注意到，所有这三大类语言，雅利安语、闪米特语和含米特语都有一个共同特征：它们与任何其他语言都不相同，那就

---

① 含米特人："含米特"意即"含的子孙"，得名于犹太经典《创世记》所载传说。含米特人的始祖为挪亚次子含。在昔日非洲学中，含米特人一般分为北支和东支：北支系指柏柏尔人，东支指古埃及人、科普特人和库希特各族。
② 苏伊士地峡：是苏伊士湾与红海之间的地质断层，形成的原因不明，上新世中期此地为地中海所淹没。
③ 下埃及：埃及的政治、经济、文化中心区，习惯上指开罗及其以北的尼罗河三角洲地区。
④ 阿拉伯半岛：位于亚洲，南靠阿拉伯海，东临波斯湾、阿曼湾，北面以阿拉伯河口—亚喀巴湾顶端为界，与亚洲大陆主体部分相连，位于印度洋板块。
⑤ 阿比西尼亚：今埃塞俄比亚。

是语法的词性。这是否能够作为雅利安语、闪米特语和含米特语具有远古的共同起源的证据，对于语言学家来说不是一个容易解释的问题，但这并不会影响其成为上述三种语系在史前很早阶段就已经相互分离的佐证。

人种学家认为，闪米特人和含米特人的大多数同雅利安人一样都是高加索人种，因为三者都是白种人。闪米特人和北欧人在语言和外貌上有着鲜明的特征，和讲含米特语言的人种相比有显著的区别。

13.5 乌拉尔-阿尔泰语

在说雅利安语和闪米特语地区的东北部，一定曾经有过一个更为明显的语系，这个语系在现在的代表曾被称为图兰语，而现在则被称为乌拉尔-阿尔泰语系。这包括拉普兰地方区拉普语和西伯利亚的"萨摩耶德语"、芬兰语、马扎尔语、突厥语或鞑靼语、满语和蒙古语，等等。对这个语系，欧洲语言学家并没有对其进行详尽的研究，而且还没有足够的证据证明它是否包括朝鲜语和日语。H. B. 赫尔伯特①曾出版过一本书，比较了朝鲜语和印度的某种达罗毗荼语的语法，证明了二者之间的密切联系。

13.6 中国语

语言形成的第五个区域是东南亚，那里仍然流行着一组由单音节组成的语言，没有任何词尾变化，一个字的发音声调就决定了其含义。这可能被称为中国的单音节语系，其中包括中国语、

---

① H.B.赫尔伯特：美国政治活动家，传教士。

缅甸语、泰语和西藏语，任何一种语言和西方的诸语言有很明显的差别。在中国语中的北京话里只有420个基本单音，因此每一个主音节词都必须表示许多内容和信息，不同的意思可以通过上下文来表示，也可以用一种独特的语气来表达。这些词之间的相互关系是用与雅利安语截然不同的方法来表达的，中国语语法本质上与英语语法不同，它是另外的和完全不同的创造。许多作家宣称根本没有"中国语"语法，如果我们指的语法是欧洲语境下的变音和主谓一致的话，那么许多作家所宣称的"中国语根本没有语法"就是正确的。因此，从中文直译成英文是不可能的，它们之间的思路本身就不相同。由于表达方式的不同，在很大程度上，中国人的哲学对于欧洲人而言仍然是一本密封的书，而反过来欧洲人的哲学对中国人而言亦是如此。

13.7 其他语系

除此之外，语言学家还区别了另外几个大的语系。所有的美洲印第安语言，彼此间差异很大，都可以与旧世界的任何一种语言分开。在这里，我们可以把它们放在一起，原因不是作为一个语系，只是作为一个混合在一起的复杂体。非洲有一大类语言，即从赤道以北到最南端的班图语。此外，还有横跨大陆中心的其他语言，在丛林中还流行着一些若干语言，但是这些语言差别过大，难以分类呈现。除此之外还有两个可能独立的语系，即南印度的达罗毗荼语和在马来西亚和印度尼西亚都广泛存在的，遍布太平洋的马来-波利尼西亚语。

从这些语系根本性的差异看来，我们可以得出这样的结论：在人类开始形成比家庭部落更大的群体的时候，当他们开始互相讲述长篇故事、争论和交流思想的时候，世界上的人类就已经广泛分布在若干地区，彼此之间的交流往来甚少，他们被海洋、茂密的森林、沙漠或山脉分隔开来。在那个遥远的时代，可能是15000年前或更久以前，讲雅利安、闪米特、含米特、图兰、美洲和中国等语言的部落和家庭，各自在他们活动的几个地区里进行狩猎、放牧和耕种，在文化几乎相同的阶段，每一个部落和家庭大体都以自己的方式发展语言。也许这些原始部落中的每一个部落都不比今天哈德逊湾地区的印第安人多。那时，系统化的农业才刚刚开始，在此之前人类的数量可能和类人猿一样稀少。如果当时农业在人类生活中变得非常重要，如果人口密度更大，那么它可能在地中海地区，也可能在现在被淹没的地区。

除这些新石器时代的部落之外，非洲和印度肯定还有各种更原始的居住在森林中的人。中非，从尼罗河上游开始，是一片广阔的森林，一般人是难以穿越的，今天的刚果森林是这一片森林的最后残余。

也许，向东印度群岛迁徙的种族可能比原始澳大利亚种族更为发达，他们所说的语言比其他语言群的起源还要晚一些。

显然，语言学家的语言划分与人种学家的主要种族划分有着广泛的联系，他们在人类各大种族之间也有着同样的长期分离的观念。在冰河时期，冰层从北极延伸到中欧，横跨俄罗斯和西伯利亚到中亚的大平原，人们的自由迁移扩展被严寒阻断了。在最后一次冰河时期之后，北方地区慢慢地变得不再那么寒冷。很长一段时间以来，除了向东和横跨白令海峡四处游荡的猎人，这地方再没有其他人口。北欧、中欧和亚洲直到最近才变得足够适合农业的温带气候，在公元前12000年至公元前1万年的时间范围内，在狩猎时期和农耕时期之间有一个森林时期。

这个森林时期也是一个非常潮湿的时期，也被叫作洪积世或者湖泊时期。必须记住，即使在过去的一百个世纪里，世界陆地的轮廓也发生了巨大的变化。在整个俄罗斯境内属于欧洲的部分，从波罗的海到里海，随着那里的冰逐渐退去，这地方必然被水所淹没，而且有很多人类难以通行的沼泽；里海、咸海和一部分突厥斯坦的沙漠都是广阔海洋的遗迹，当时这个海远达伏尔加河流域，并向西延伸至黑海。山屏障比现在高得多，印度河地区就是陆地延伸出来的地方，完成了早期北欧人与蒙古人和达罗毗荼人的分离，并使这些群体广泛地进行种族分化成为可能。

又一次，尘土飘扬的撒哈拉沙漠变得越来越干燥，使高加索人与非洲中部森林地区稀少的原始黑人断绝了联系。它不是一个干涸的海洋，而是一个狂风肆虐的沙漠，是一个曾经肥沃富饶的生活之地。

波斯湾一直延伸到现在的北部，再加上叙利亚沙漠，将闪米特人与东部地区隔离开来，而且，阿拉伯南部，远比今天肥沃得多，可能已经越过亚丁湾伸向埃塞俄比亚和索马里。在多雨期，地中海和红海甚至可能是包含一系列淡水湖的肥沃山谷。喜马拉雅山脉和中亚的更高、更广阔的山丘以及孟加拉湾①向北延伸至现在的恒河流域，将蒙古人和达罗毗荼人隔开了。达罗毗荼人和南方蒙古人之间的主要联系方式是独木船。

蒙古人的南部，以及现在成为戈壁沙漠的海、湖的戈壁系统，以及从亚洲中心到亚洲东北部横贯亚洲的巨大山脉体系，将蒙古人分为汉语和乌拉尔-阿尔泰语两个语系。

当白令海峡在洪积世的前后形成时，这使得美洲的印第安人被割裂孤立了。

---

① 孟加拉湾：位于印度洋北部，是世界最大的海湾。

请注意，我们在这里并不是说语言的这些在很久之前的分离是绝对的分离，但它们至少有足够的作用，以阻止大量的血统上的大规模混杂或语言上的大规模混杂。尽管如此，在那彼此隔绝的时期，也仍然还是有一些接触和往来，某种知识的交流把很多东西传播到了世界各地，例如形形色色的工具的简陋形式和使用方法，以及原始农业的种子。

13.8 可能存在的原始语系

我们所注意到的九个主要语系的基本语言，绝不是新石器时代所有人类语言的起源，它们只是最后残存下来的语言，并已取代了更原始的前身。可能还有其他的，可能还有许多其他的没有形成规模的语言后来被那些仍然健在的语言使用者和逐渐消失的基础语言所超越。我们发现世界上还有一些奇怪的语言片段，它们似乎与其他语言没有任何联系。不过，如果对这些语言进行深入的考查之后，我们似乎可以把这些之间联系较少的少数语言联系起来，就会发现一些有说服力的线索，似乎向我们展示了一些更简单、更广泛、更基本和更普遍的人类语言形式。

其中一个被深入讨论的语系是巴斯克语系。巴斯克人现在生活在比利牛斯山脉的南部和北部。他们在欧洲总共大约有60万人，到今天为止，这个民族还是很坚强和具有独立精神的民族。他们的语言，正如今天所存在的，是一种完全成熟的语言，但它是在与雅利安语完全不同的语言基础上发展起来的。

巴斯克报纸已经在阿根廷和美国出版，供给众多的移民阅读。最早定居在加拿大的"法国"移民是巴斯克人，直到今天，法裔加拿大人中巴斯克人的名字都很常见。古老的遗迹表明巴斯克语[①]和巴斯克人在西班牙的分布更为广泛。长期以来,巴斯克语一直是学者们深感困惑的一种语言,其结构特点使人们认为它可能与某些美洲语言有关。A. H. 基恩[②]在他的《人类的过去和现在》一书中,把它与北非的柏柏尔语联系起来的原因,以及把它与含米特语整体联系起来的原因进行了说明,但是这种联系受到了其他语言学家的质疑。

他们发现巴斯克语更像在高加索山脉中发现的一些同样停顿了的古代遗留的语言,他们倾向于把巴斯克语视为那种曾经一度分布很广的前含米特语系的最后残留,但它在很大程度上已经进行了改变和专门化,否则就会灭绝了。巴斯克语的使用者主要是浅黑发白种人的地中海种族,他们曾经占据了西欧、南欧和西亚的大部分地区,这可能与印度的达罗毗荼语和那种向东经过东印度扩张到波利尼西亚及更远的地方的、具有日石文化的人的语言有着密切的联系。

埃及墓画中的人种

在西欧和南欧,在雅利安语之前,很有可能存在8000年或1万年前就已经完全消失的语言群。这三种完全消失的语言群包括古

[①] 巴斯克语:是一个非印欧语系的语言,使用于巴斯克地区(西班牙东北部的巴斯克和纳瓦拉两个自治区,以及法国西南部)。
[②] A. H. 基恩:爱尔兰罗马天主教记者,语言学家。

克里特语、吕底亚语和其他这一类语言（哈里·H.约翰斯顿爵士说，虽然这些语言也许属于"巴斯克-高加索-达罗毗荼语种"），其次是苏美尔语，还有伊拉姆语。还有一种猜想性质的说法便是，古苏美尔语也许是早期巴斯克-高加索和早期蒙古两语系之间的过渡语言。如果真是这样的话，这种"巴斯克-高加索-达罗毗荼-苏美尔-早期蒙古"语种中存在着一种比原始含米特语更为古老的语言体系。我们有一些更像语言"缺失的联系"，它更像一种祖先的语言，而不是我们现在能想象的任何其他语言。它可能与雅利安语、闪米特语和含米特语有关，这种关系正如旧石器时代晚期原始蜥蜴和哺乳动物、鸟类和恐龙的关系一样。

13.9 一些孤立的语言

据说霍屯督语与含米特语存在着密切联系，但这两种语言却被广泛使用班图语和含米特语的中非地区隔绝开了。在非洲赤道地区的东部，仍然存在着和布须曼语有亲属关系的类似霍屯督语的语言，这强化了整个东非曾经都是含米特人的观念。在较近的时期内，班图语和班图人从中部非洲的西部某个中心向外扩展，将霍屯督人和含米特人从中分开。但是，还有一种看法是，霍屯督语可能完全是另外一个语系。

新几内亚的巴布亚语和澳大利亚土著语是其他一些偏远和孤立的小语种，现在已消亡了的塔斯马尼亚语鲜为人知，我们所知道的，只是证实了之前关于旧石器时代的人不怎么使用语言的猜想。

在此，我们引用哈钦森[①]的《活着的人类种族》里的一段话来

[①] 哈钦森：英国国教教士、作家。

讨论此问题：

"土著语言已无可挽回地灭亡了，只有其结构的不完善迹象和一小部分文字保留下来。如果从语言中没有'呸'音与其他一些特征来说，土著语与澳大利亚的英语方言非常相似，但更为粗野，结构不发达。这一问题上最权威人士约瑟夫·米利根说，不存在完善的语言结构，他们在句子的结构中没有观察到固定的顺序或单词排列，而是以一种柔和的方式表达，即补充声调、形态和姿势来表示语气、时态、数量等所诠释的意义。同时，这些语言中抽象的术语是罕见的，每一种桉树或金合欢树都有指代它们的专有名词，但总的来看语言中缺乏一般性的指'树'的单词。同时，也没有诸如硬、软、暖、冷、长、短、圆等形容词。一切坚硬之物都被说成'像一块石头'，一切圆形之物都被说成'像个月亮'等。要准确表达其意思，一般要用动作配合使用，使用某种姿势才能表达出其他人能够理解的意义。"

14. 最初的文明

14.1 早期的城市与早期的游牧民

正是由于我们在前面所描述的所谓的日石文化，我们称之为文明的曙光才开始初现。但美索不达米亚和埃及这两个地区的城市是否能够被认定为诞生于同一时期，这仍然是值得怀疑的。到公元前4000年，在地球的这两个地区里，这样的部落群就已经存在，并且已经持续了相当长的时间。美国探险队在尼普尔①发现了一个城市存在的证据，至少早在公元前5000年，可能早在公元前6000年，比我们在埃及所知道的任何事情都要早。

已故的亚伦·阿伦森先生②在黑门山③的山坡上发现了一种真正的野生小麦，这肯定是在世界的某个地方开始种植的。可能是从地中海的西端，也可能是在现在被淹没的某个地区，以一个中心开

---

① 尼普尔：苏美的最古老城邦之一。
② 亚伦·阿伦森：犹太农学家、植物学家，犹太复国主义者。
③ 黑门山：又名西云山，是一座位于东黎巴嫩山脉南部的山，最高峰位于叙利亚和黎巴嫩，海拔为2814米。

始，小麦的种植遍布整个东半球。但耕种不等于文明的开始，小麦的种植从大西洋蔓延到太平洋沿岸，在文明开始之前，新石器文化大约从公元前18000年开始。文明的发展比依照季节性生长的小麦要更加迅猛，文明表现出来的不仅仅是小麦偶尔的季节性生长，而是人类在一个占有的地区定居，持续耕种，并且居住在有着共同规则的城市或城堡中。很长一段时间来，美索不达米亚文明很可能已经发展起来，而且与埃及文明的出现相互平行而没有什么关系。这两个定居点可能是完全独立的，他们各自来自广泛传播的新石器文化；或者它们可能在地中海、红海和阿拉伯南部地区有着共同的起源。

新石器时代的人真正定居下来的第一个条件，不同于在丰富的食物中临时定居，而在于维持全年可靠的水源、充足的动物饲料、自有食物和建筑材料的供应。在任何一个季节，他们都必须拥有他们所需要的一切，从而不会被诱使迁徙到很远的地方。毫无疑问，在许多欧洲和亚洲的山谷中，这是一种可能存在的状况。在许多这样的山谷中，如瑞士湖畔的民居，人们的确很早就已经定居下来了，但是，在人们现在所知的任何国家中，还没有一个地方能够像埃及或者两河流域的土地一样，拥有很大一块具备上述有利条件的地方，而且每年都有这样的条件。在美索不达米亚，水源充足、阳光明媚，年年庄稼的收成都很不错。希罗多德说，在美索不达米亚，种植者播种小麦的收获率有200倍；普林尼[①]说，在美索不达米亚每年可以种植两季小麦，还能够为羊提供优质的饲料，这里有丰富的棕榈树和各种各样的水果。至于建筑材料，埃及拥有黏土和容易加工的石头，而在美索不达米亚，则有一种能够在阳光下晒成

---

① 普林尼：罗马学者。

砖的黏土。因此，到达这些地方的人们就不用再漂泊了，自然而然地安顿了下来。之后他们会代代繁育，发现种族的数量逐渐增加，并达到了可以依靠人数以避免任何偶然的袭击的数字。他们繁衍生息，人口的稠密已经超过了地球上的任何时候，他们的房屋变得更坚固，野兽在大片地区被消灭，生命的安全性提高，普通人在城镇和田野里到处走动，而不必携带武器，至少在内部，他们已经变成了和平的种族。人类第一次在一片土地上扎下了根。

但在以上受到自然恩惠的地区之外，在那些贫瘠和季节性更强的土地上，在欧洲的森林、阿拉伯沙漠和中亚的季节性牧场中，却发展出一个人数更为少、但更为活跃的种族，他们即原始游牧民。这些游牧民与定居下来的从事农业的农民相比，生活自由而危险。他们是身材瘦弱、常常忍受饥饿的人，他们所从事的放牧活动与狩猎活动混为一体，而且不断为牧场与敌对的家族展开战斗。定居的人们在工具的精细化和金属的使用上的发现，传播到了游牧民的生活中，并改进了他们的武器。从新石器时代到青铜时代，他们追随着定居者。铁器最早的使用者可能是游牧民。随着交通的改善，他们变得更加好战，行动也变得更为迅速。但是，我们不能把游牧阶段看作是人类事务中先于定居阶段存在的步骤。从最初开始，人类是一个行动缓慢的漂泊者，随着食物而进行迁徙。后来，一类人开始定居下来，另一类人则变得更加的游牧化了。定居下来的人开始越来越依赖谷物作为食物，游牧民开始更多地利用牛奶作为食物。这两种生活方式，朝着不同的方向进行专门化的发展。游牧民与定居种族之间的冲突是不可避免的：对定居种族来说，游牧民应该是强硬的蛮族；对游牧民来说，定居种族应该是软弱的，是十分合适的掠夺对象。在发展中文明的边缘地带，吃苦耐劳的游牧部族和山地部族，以及城镇和村庄中更多和更不好战的种族之间，一定是存在着不断的攻击和争吵的。

在很大程度上，掠夺只是游牧民对边境的袭击。定居下来的人数量众多，牧民可能会抢劫，但他们不能留下来。这种相互摩擦可能会持续很多代。但是，在自由和独立的游牧民的混乱中，我们不断地发现了一些部族首领的出现，他们的力量足以迫使同类部族团结起来，然后邻近的文明就陷入了困境。联合起来的游牧民就像潮水一般涌向不设防的、没有武装的平原居民，紧接着就发生一场征服战争。征服者没有带走战利品，而是定居在被征服者的土地上，这块土地就成为他们全部的战利品。村民和镇民沦为奴隶和进贡者，变成了伐木工、运水工；而游牧民的首领就成了国王、王子、主人还有贵族，他们安顿下来，学习到了很多被征服者那里的艺术和思想。此后，虽然游牧民不再是瘦削饥饿的人，但在很多代人中，他们保留了古老的游牧习惯，进行狩猎，沉溺于户外运动，他们进行战车的驾驶和比赛，并把工作尤其是农业工作当作是劣等种族的一部分。

这千变万化的故事在过去的70多个世纪里一直是历史上的主要脉络之一。在最初的历史中，我们能够清楚地理解，我们已经发现在所有文明地区，非劳动的统治者阶级和劳动阶级之间存在着区别。我们也发现，世代定居下来的游牧贵族，开始慢慢尊重当地的艺术、修养、法律习惯，并失去了原来的一些坚毅品质。他们和定居者通婚，在征服者和被征服者中修补了一种宽容的关系。他们进行宗教思想的交流，学习了大地和气候加在他们身上的经验教训。他们成为所占领的文明的一部分，当他们这样做的时候，各种事件都聚集在一起，从而迎接来自外部世界的自由冒险者的新一轮入侵。

14.2 早期文明

14.2.1 苏美尔人

在幼发拉底河①和底格里斯河②地区，定居、征服、同化、新征服、再同化的交替现象是这段人类历史时期的特征，尤其值得注意的是，上述这两个地区连接着各个地区，虽然土地的干旱程度尚不足以完全成为沙漠，但也没有肥沃到足以养活大量的居民。也许不论是在这块地方还是在世界的其他地方，最早建立起真正城市的人是一个起源很神秘的民族，那就是苏美尔人。他们可能是伊利比亚人或达罗毗荼人的近亲，使用着一种在黏土上刻写的文字，现在我们已经破译了他们的语言。与现存的任何其他语言相比，这是一种更像尚未分类的高加索语系的语言，这门语言可能与巴斯克语有关，可能代表了从西班牙和西欧延伸到印度东部、向南延伸到中非的广泛的原始语言群体。

这些光着头，穿着简单的羊毛外衣的人，首先在两河流域的下游安顿下来，离波斯湾并不遥远。彼时的波斯湾海岸，是在距离现今的湾头约130多英里的更北处。苏美尔人挖筑沟渠将水引入农田中灌溉，逐渐成为精通水利的工程师。他们饲养牛、驴、绵羊和山羊，但还没有饲养马。他们用泥制屋顶小屋逐渐发展成为城镇，他们还根据宗教信仰耸立起寺庙高塔。

---

① 幼发拉底河：发源于土耳其安纳托利亚高原和亚美尼亚高原山区，流经叙利亚和伊拉克，大体流向东南，最后与位于其东面的底格里斯河合流成为阿拉伯河，注入波斯湾，为西南亚最大河流。

② 底格里斯河：源自土耳其安纳托利亚的山区，流经伊拉克，最后与幼发拉底河合流成为阿拉伯河，注入波斯湾。它与位于其西面的幼发拉底河共同界定美索不达米亚。

将黏土在阳光下晒干,是苏美尔人生活中一件十分重要的事情。他们居住的地方,位于幼发拉底和底格里斯山谷地势低洼处,几乎没有石头。

苏美尔人用砖建造房屋,又以此制造陶器并在上面绘图,之后也开始在上面写字。他们似乎没有纸张,也没有用过羊皮纸。他们的书、文件甚至信件都是用陶片制作的。

在尼普尔,他们为宗教里的主神伊利尔修筑了一座高大的砖制巨塔,人们应该将其记忆保存在了巴别塔的故事中。他们可能划分了不同的城邦,彼此交战,并保持了数百年的军事实力。他们的士兵携带长矛盾牌,以紧密的阵型进行战斗。苏美尔人之间会进行相互间的征服,但在很长的一段时间内没有被任何陌生的种族所征服。

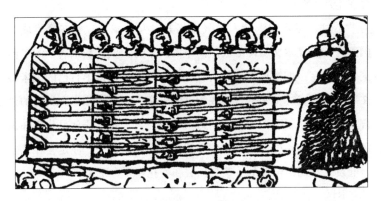

苏美尔战士方阵

他们持续对文明、文字、航运进行发展,经历了一段时期,这个时期的时长是公元纪年开始到现在为止全部时长的两倍。

在苏美尔所有已知的帝国中,第一个是由埃雷奇城神的大祭司建立的。在尼普尔碑刻中,记载了这个帝国的疆域,起于"下"海

（即波斯湾），止于"上"海（可能是地中海或红海）。在幼发拉底和底格里斯流域的泥堆中，埋藏着关于这段悠久历史的记录，也是农耕时代前半期的记载。在那里，我们所知道的人类中，最早的神殿和祭司统治者开始兴旺发达。

14.2.2 萨尔贡一世的帝国

在这个国家的西部边缘，一些说闪米特语言的游牧民开始出现了。他们在很多世代里同苏美尔人进行贸易，又进行袭击，还发生战斗。后来，在这些闪米特人中，诞生了一个伟大的领袖，即萨尔贡（公元前2750年），他将闪米特人联合起来，不仅对苏美尔人实现了征服，还把统治的疆域从东边的波斯湾扩大到西边的地中海。他的人民被称为阿卡德人，帝国就被称为苏美尔–阿卡德帝国，并存在了200多年。

不过，尽管闪米特人征服了苏美尔人的城邦，并在这里成为国王，但苏美尔文明却战胜了简单的闪米特文明。新来者学习了苏美尔的文字，即楔形文字和语言，他们并没有创造出自己的闪米特文字。于是，苏美尔语言便成为这些野蛮人中代表知识和权力的语言，正如同对于欧洲中世纪的野蛮种族而言，拉丁语就是代表知识和权力的语言一样。苏美尔的文明有强大的生命力，注定会在从这时起发生在两河流域的一系列征服和变化中生存下去。

14.2.3 汉谟拉比的帝国

当苏美尔–阿卡德帝国的人民失去了他们的政治和军事上的活力时，新的好战种族伊拉姆人从东边开始涌入，而闪米特人中的一支——亚摩利人从西边涌入，挤压着苏美尔–阿卡德帝国的生存空间。起初，亚摩利人定居在两河流域上一个名叫巴比伦的小城上，在百年之久的战争后,建立了第一巴比伦帝国的伟大国王汉谟拉比(公元前2100年)励精图治,成为美索不达米亚地区的统治者。

这样,这个地区又迎来了和平与安全,来自侵略一方的能力逐渐减弱。之后经过百年,骑着马、驾着战车的新的游牧民再次入侵,并在巴比伦拥立了自己的国王。

14.2.4 亚述人及其帝国

底格里斯河上游,即黏土可晒成砖的地区的上游,有一个地区存在大量易开采的石料,当闪米特人还没有开始对苏美尔人的征服时,这个地区有一支闪米特人即亚述人,就在以阿舒尔城[①]、尼尼微城[②]为主的城市里定居着。这些人长着长鼻子和厚嘴唇,有着独特的外貌,非常像今天的普通波兰犹太人。他们留着大胡子和长发,头戴高帽子,衣着长袍。亚述人不断与西边的赫梯人相互袭击,曾经他们也被萨尔贡一世征服过,但后来重获自由。在西北部,有一个叫图什拉塔的米坦尼国王一度占领了他们的首都尼尼微。他们又曾与埃及合谋进攻巴比伦,但被埃及所利用而失败。他们的军事战术非常高超,并且成为这一地区势力强大的侵略者,经常向周围国家勒索贡品。最后,他们采用了战马战车的战术,在一段时期内同赫梯人合约交好,之后在提格拉特·帕拉沙尔一世的率领下,凭一己之力征服了巴比伦(约公元前1100年)。但是他们对这块较低洼、古老和较文明地方的征服并不稳固,尼尼微这个由石头建成的城市依旧是他们的都城,而没有新立巴比伦为都。从那之

---

① 阿舒尔城:亚述的一座城市。阿舒尔表达的是亚述宗教的主神和战神。
② 尼尼微城:西亚古城,是早期亚述、中期亚述的重镇和亚述帝国都城,最早由古代胡里特人建立,其址位于现在伊拉克的北部尼尼微省,底格里斯河的东岸,意为"上帝面前最伟大的城市"。

后的几个世纪的时间里，亚述国家的最高权力摇摆于尼尼微和巴比伦之间，有时是亚述的，有时巴比伦的，他们都声称自己为"世界之王"。

亚述战士（源自萨尔贡二世宫殿的浮雕）

自此4个世纪后，有另一个叫作阿拉米人的闪米特新兴种族，牵制住了亚述向北推进和定居的活动。阿拉米人的主要城市在大马士革，他们的后裔便是今日的叙利亚人（我们应当注意的是，亚述人和叙利亚人这两个词之间其实并没有什么联系，这仅仅是一个偶然的近似而已）。在这些叙利亚人面前，亚述国王为权力而战，并向西南扩张。公元前745年，另一个提格拉特·帕拉沙尔，即提格拉特·帕拉沙尔三世崛起，他便是圣经中所载的那个提格拉特·帕拉沙尔。他不仅将以色列人强行迁居于米堤亚（"被掳的十个部落"，他们最终的命运使许多人产生了好奇），并且对巴比伦进行了征服与统治，从而建立起了历史学家们所熟知的新亚述帝国。沙勒马奈塞尔四世,即其子战死于撒玛利亚围城战之中,接替者是一个篡夺王位者,毫无疑问,为了笼络巴比伦的人心,他自己取了一个古代阿卡德–苏美尔人的萨尔贡的名字,自称萨尔贡二世。或许就是他,第一次使用铁铸成的武器装备了亚述军队。因此真正执行提格拉特·帕拉沙尔三世关于被掳的十个部落命令的也许就是萨尔贡二世做出的。

这样的人口迁移,变成了新亚述帝国政治举措中的一项非常独特的措施。在亚述境内只要有难以管辖的种族,就会被大批遣送到陌生的、习惯不尽相同的异乡去,在这样的地方,只有对最高权力者完全顺从,他们才有生存下去的希望。

辛那赫里布,即萨尔贡二世的儿子,率领亚述的大军推进到了埃及的边境,在这里,他的军队遭受到了瘟疫。《圣经·列王纪下》中的第十九章中对这场灾难进行了描述:

"当夜耶和华的使者出去,在亚述营中杀了十八万五千人。清早有人起来,一看,都是死尸了。亚述王辛那赫里布就拔营回去,住在了尼尼微。"

阿舒尔巴尼帕尔(希腊人称为萨尔丹那帕勒斯)是辛那赫里布的孙子,他成功地控制住了整个国家和埃及地区。

14.2.5 新巴比伦王国

在萨尔贡二世以后,亚述帝国仅延续了150年。迦勒底人,即来自东南方的闪米特人中的游牧民,在北方两个讲雅利安语的民族(即米堤亚人和波斯人)的帮助下,联合起来对帝国进行反抗,公元前606年,尼尼微被攻破了。

迦勒底帝国(第二巴比伦帝国),定都于巴比伦,在尼布甲尼撒大帝(尼布甲尼撒二世)及其继承人的统治下,一直持续到了公元前539年，之后在波斯政权的创始者居鲁士的进攻下崩溃了。

历史的故事还在继续。公元前330年，一个希腊的征服者，即亚历山大大帝，在波斯最后一代统治者的尸体前凝视着，我们稍后将详细介绍。

迄今为止，我们已经对底格里斯文明和幼发拉底文明的故事进行了大致的概述。这是一个征服之后再征服的故事，每次征服都以新的方式取代了旧的统治者和和统治阶级。像苏美尔人和伊拉姆人这样的种族被吞并湮没了，他们的语言消失了，种族因为人种混合也消失了，亚述人逐渐消失了，并成为后来的迦勒底人和叙利亚人，赫梯人变得雅利安化而失去了特点；吞并了苏美尔人的闪米特人，随后又被来自北方的新的雅利安部落的统治者征服；伊拉姆人被米堤亚人和波斯人所代替；雅利安语系中的波斯语一直统治着帝国，一直维持到雅利安语系中的希腊语将其从官方生活中排除出去为止。与此同时，农耕仍在每年进行，播种和收获从来没有停止过，建筑者按照常规进行建造，商人使用新的方法继续从事商业活动。有关文字和写作的知识得到传播，例如马匹、轮车、铁器等新奇的事物等也被悉数应用，并成为人类永恒遗产中的一部分。在这个时间段里，海上与沙漠中的贸易量在增加，人们的思想也大大地扩展了，知识也得到了增长。期间经历过文明的倒退、种族屠杀、瘟疫肆虐，但总体而言，这段历史中文明仍是在不断地进步。4000年来，文明这一新事物，在两河流域一带的土壤中扎根，像树木一样成长，有时失去一根树枝，有时又遭受到风暴摧残，但它总是在持续生长，并在遭遇打击后恢复生长。4000年后，战士和征服者们仍在为了这件不断取得进步的事情而奔波，那时的人们尚不明白这些事务都代表了什么，但是到了公元前330年时，人类已经拥有或使用铁器、马匹、文字、计算方法与货币，还有各种各样的食品和纺织品，他们对自己的世界也有了更广泛的了解。

从萨尔贡一世的帝国到亚历山大大帝征服巴比伦的这一段时间，我们至少可以估计，其时长与从亚历山大大帝直至今日的时间一样长。在萨尔贡时代之前，人们居住在苏美尔人的土地上，在城镇里定居，在寺庙里进行宗教活动，在一个有组织的社区里过着有秩序的新石器时代农耕生活。"埃里杜、拉加什、乌尔、伊新、拉尔萨等城市在历史中第一次出现时，就已经有了远古的历史了。"

对于历史作家和历史学生来说，最困难的事情之一就是要保持这些时间间隔的感觉，以避免在他们的想象中历史视角被缩短的情况。人类文明里的一半时间和人类社会主要制度的关键形成期，都是在萨尔贡一世以前能够发现和找到的。此外，读者不能经常将后文提到的具体时间与本书第12页已经被证明的包含着无数连续年代的时间表进行比较。

14.3 埃及的早期历史

埃及文明，与苏美尔文明的古老开端一同产生，也在经历着这样一个过程。两种文明开端中孰早孰晚上存在争论，他们是否有着一个共同的起源，或者其中一个是另一个派生的，也存在着争论。

从有历史可以追溯直至亚历山大大帝时为止，尼罗河流域的历史与巴比伦的历史之间其实并无太大的差别，不过，巴比伦四面更加容易遭受攻击，而埃及西有沙漠、东有沙漠与海洋、南部地区只有黑人，这样的环境很适于自我防卫。因此，与亚述和巴比伦的历史相比，埃及历史上因异族入侵而中断的情形很少，一直到公元前8世纪，埃塞俄比亚王朝对埃及进行统治的时候，凡是有征服者进入这片土地，他就必然通过苏伊士地峡从亚洲而来。

我们很难对埃及石器时代遗迹的具体年代进行确定，对于留下这些遗迹的新石器时代牧民，是否就为后来埃及人的直系祖先，我们也很难进行断定。在许多方面，他们完全不同于他们的后代。他们同样会对死者进行埋葬，但在埋葬之前会把尸体切成块，而且我们发现他们会吃掉尸体上的一部分肉。之所以这样做，大概是因为他们对逝者的尊敬。按照弗林德斯·皮特里爵士[①]的说法，逝者被"光荣地吃掉了"，可能是幸存者希望保留一些已经逝去的人的力量和美德。在雅利安人扩张之前分布在西欧各地的长形古墓中，我们也发现有类似的野蛮风俗遗存，这种风俗遍及非洲的黑人种族，直至今日才逐渐地消失。

大约公元前5000年或更早，这些原始种族产生的遗迹消失了，真正的埃及人出现在了历史之中。前期的特点在于他们建造棚屋，尚处于新石器较低的文化阶段，后期就变成了开化的新石器文化种族，砖木材质的房屋代替了棚屋，他们会开采石块修筑房屋。很快，埃及的种族就进入了青铜时代，他们发明了一套象形文字，文明的发展程度与同时期的苏美尔文字一样发达，只是字体全然不同。可能是从阿拉伯南部经过亚丁，一个新兴种族突然闯入了上埃及地区，并且自上而下地逐渐向尼罗河三角洲推进。沃利斯·巴奇博士[②]将其描述为"来自东方的征服者"。但是他们确实与苏美尔人非常不同，不论是在所信奉的神还是生活方式上，象形文字上亦是如此。已知最早的神像之一是河马女神，它的特点是非常具有非洲特色。

与苏美尔的泥土不同，尼罗河的泥土没有那么细腻且不具有可塑性，埃及人也不将其用作书写的材料。很早，他们就采用了将纸草茎的细长条系在一起作为书写工具的办法，英语单词中"纸"的

---

① 弗林德斯·皮特里爵士：英国考古学家，埃及前王朝文化的发掘主持者之一。
② 沃利斯·巴奇博士：埃及学的著名创始人，考古学家。

词源就是"纸草"这一名称。

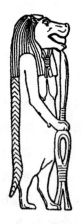

埃及河马女神

埃及历史的大致轮廓比美索不达米亚历史简单。一直以来，人们就习惯于将埃及的统治者划为几个朝代。在谈到埃及历史时期时，通常都是提第一、第四、第十四等王朝。波斯人在巴比伦之后崛起，最终征服了埃及人，公元前332年又被亚历山大大帝所征服，从此埃及第三十一王朝灭亡。在埃及四千多年漫长的历史中，我们在此将简述其中几个主要的发展阶段，这段时间要远远长于亚历山大大帝死后直至现在的这段时期。其中的一个阶段被称为"古王国"，它到第四王朝时期达到了顶峰，这个王朝标志着一个财富与辉煌的时期，第四王朝的国王们热衷于为自己树立纪念碑，因为在此以前或在此以后，均从未有人能有机会如此的展示、炫耀自己。大金字塔、第二金字塔和第三金字塔等巨型建筑物就是第四王朝的胡夫、哈夫拉和门卡乌拉在吉萨修建的。

在工程科学刚刚起步的时代，这些毫无意义的坟墓建筑几近惊人的雄伟，经历了三个王朝的漫长统治，埃及的资源完全耗尽而荒废了,就像经历过战争的洗礼一样。

埃及从第四王朝到第十五王朝这一段时间内的故事,是两个国交替更迭、不同宗教互相竞争、几个王国分分合合的故事,我们可以将其称为一部国家的内部史。在这里,我们只能在一长列的法老中提及佩皮二世这个名字。这是历史上最长的一个时期,他统治埃及长达90年,留下了数量极多的铭文和建筑。最后埃及发生了美索不达米亚文明频繁发生的事情,埃及被游牧的闪米特人征服,建立了一个"牧羊人"王朝,即喜克索斯王朝(第十六王朝),但最终被当地埃及人驱逐。这一入侵可能发生在汉谟拉比建立的第一个巴比伦帝国兴盛时期,但埃及早期和巴比伦之间的确切联系仍然令人怀疑。埃及经过长期的奴隶起义、民众起义才再次驱逐了这些外国人。

在这次约公元前1600年发生的解放战争之后,埃及经历了一个极盛时期,即新帝国。埃及成了一个强大而又统一的军事国家,并最终推动其远征的行为,军队一直打到了幼发拉底河,因此,埃及和巴比伦亚述权力之间的长期斗争开始了。

一段时间内,埃及在这个冲突中占了上风。公元前15世纪中叶,在图特摩斯三世和阿梅诺菲斯三世(第十八王朝)统治下的埃及疆域扩大到从埃塞俄比亚到幼发拉底河。

由于种种原因,这些名字在埃及的记录中显得格外明显。他们是伟大的建造者,留下了许多纪念碑和铭文。阿梅诺菲斯三世兴建了卢克索,并对卡纳克神庙进行了大规模的扩建。我们在泰尔-埃尔-阿马纳城发掘出了大批书信,有王室同巴比伦、赫梯及其他国王的,还包括夺取尼尼微的图什拉塔的,这些遗存为人们提供了大量有关这一特定时代的政治和社会信息。关于阿梅诺菲斯四世的故事,后文还有很多要讲,但其中一个,即关于埃及君主中最杰出和最有能力的哈塔苏王后的故事，我们没有相应的地方能够讲述了。她的形象通常是以女扮男装、留着象征着智慧的长胡须出现的。

此后，叙利亚短暂征服了埃及，经历了一系列的朝代更迭，其中我们可以注意到第十九王朝，其中包括拉美西斯二世。他在任期间修筑了很多庙宇，统治埃及长达67年（约公元前1317—公元前1250年）。一些人会认为他是摩西的法老。还应当注意的有第二十二王朝，其中包括示撒，他对所罗门的神庙进行了掠夺（约公元前930年）。一位来自尼罗河上游的埃塞俄比亚征服者建立了第二十五王朝，这是一个外国王朝，这个王朝在上述提及的提格拉特·帕拉沙尔三世、萨尔贡二世和辛那赫里布创建的新亚述帝国之前灭亡了（公元前670年）。

埃及统治外族的时代一去不复返。在第二十一王朝萨姆提克一世（公元前664—公元前600年）的统治下，土著的统治得到了暂时的恢复。尼科二世曾一度收复了埃及在叙利亚至幼发拉底河的旧疆域，而此时米底人和迦勒底人正在攻打尼尼微。尼尼微沦陷、亚述人失败以后，伟大的迦勒底国王尼布甲尼撒二世又将尼科二世赶了出去。圣经中关于此事的记载是，埃及人从这些已获得的领地里被尼布甲尼撒里赶了出来。与尼科二世结盟的犹太人，被尼布甲尼撒房到巴比伦去了。

公元前6世纪，迦勒底落到波斯人的手中，埃及也难逃灭亡的命运。后来发生的一次叛乱让埃及独立了60年。到了公元前332年，亚历山大大帝被埃及迎接成为统治者，以后，埃及就开始被外族所统治，先是希腊人，然后是罗马人，接着是阿拉伯人、突厥人和不列颠人，这种情况一直延续到1922年埃及独立。

埃及的历史从一开始就是这样的，随着交通的愈加便利，世界各地的人们开始了越来越紧密的互动。埃及开始是孤立的，然后日益与外国纠缠不断。

14.4 印度的早期文明

我们在这里要讲的印度历史，甚至比埃及的简史还要简单。苏美尔人和埃及人与在恒河流域生活的达罗毗荼人都是独立发展，互不干扰的。但是，我们应当怀疑，他们是否曾达到如此高的社会发展阶段，因为他们几乎没有留下什么纪念碑，也从未创造出任何形式的文字。

大约在汉谟拉比时期或更晚的某个时候，雅利安人中的一支占领了北波斯和阿富汗，并通过西北部的通道进入了印度。他们随战随进，印度北部所有肤色较黑的人都被他们征服了，进而其统治和影响力传播到了整个印度半岛。他们在印度从未实现过任何统一，他们的历史是一部国王和国家之间争战的历史。

在巴比伦被扩张中的波斯帝国占领之后，波斯将其疆域推进到印度河以外。后来，亚历山大大帝的军队甚至进军到了旁遮普省，这里将恒河河谷与沙漠边境分开了。以上便是印度的历史，我们暂且说到此处。

14.5 中国的早期历史

随着印度和亚洲、非洲、欧洲等地的白人文明三重体系的发展，与此同时，另一个非常独特的文明，正在从当时肥沃、但现在干燥荒芜的塔里木河谷，从昆仑山坡，沿黄河水道分两路而下，随后进入长江流域发展并传播开来。我们对中国的考古学几乎一无所知，我们对世界上那个地方的石器时代一无所知，目前我们对这一早期文明的看法源于对有限史料记载的中国文学的探索。从一开始，中国文明显然就是一个蒙古人的文明。在亚历山大大帝时代之前，几乎没有任何雅利安人或闪米特人的踪迹，更不用说含米特人的影响了。所有这些影响仍然存在于另一个世界中，在那之前被山脉、沙漠和野生游牧部落所分隔。中国人似乎是自发地、独立地创造并发展了他们的文明。最近的一些作家认为确实与古代苏美尔人有联系。当然，中国文明和苏美尔文明都是在世界范围内的早期新石器文化的基础上出现的，但是塔里木河谷和幼发拉底河下游被山脉和沙漠的巨大障碍隔开了，因此这一地区存在任何交流或迁徙的想法都是不正确的，也许来自北方的文化活动会与从相反方向来的另一种文化相遇。

尽管中国文明完全是蒙古式的（就如我们所称的蒙古文明），但这并不意味着中国北方的文明就是其唯一根源。如果塔里木河流域最初发源出了中国文明，那么，与所有其他文明（包括墨西哥和秘鲁）不同的是，它没有从日石文化中发展而出。欧洲人对中国南方的民族学和史前史知之甚少。在那里，中国人和像泰国人和缅甸人这样的亲族混在一起，同时又似乎在肤色较黑的达罗毗荼人和马来人之间搭起了种族的桥梁。从中国的记载中可以很清楚地看到，中国文明存在南北两种渊源；而公元前2000年进入历史的中国文明，是南北文化长期冲突和交融的结果，南方可能是其中的一个更早更迅速发展的文明。南方人对北方人起到的可能作用，就像含米特人或苏美尔人对西方的雅利安人和闪米特人所起的作用一样，或像定居于印度的达罗毗荼人对于雅利安人所起的作用一样。他们可能是第一批农业家和第一批寺庙建造者。但是，在史前这一令人感兴趣的篇章中，我们还知之甚少，因此我们不能在这里再深入讨论它。

中国早期编年史上提到的主要外国人，是在东北边境上的一支乌拉尔-阿尔泰语种的人，也就是匈奴人，古代的某些帝王曾经和他们作战过。

欧洲学家对于中国的历史知之甚少，我们对早期记录的叙述尤其令人不满意。公元前2700年到公元前2400年左右，五位皇帝即五帝登基，他们似乎都是令人难以置信的模范人物。

接下来是五帝之后一系列朝代，随着时间的推移，这些朝代的记载越来越准确和令人信服。中国有着悠久的与边境外族斗争的历史，也有着定居民和游牧民之间更为激烈的斗争。首先，中国像苏美尔和埃及一样，是城邦之地。起初，政府是由许多诸侯组成的政府，他们在一个皇帝的统治下变得松散，就像埃及人那样；后来，和埃及人一样，形成了一个集权的帝国。商和周是封建时期的两大朝代。这些至今仍然存在的早期青铜器，美丽、华丽，并有着自己独特的风格。毫无疑问，即使在商朝之前也存在着一种高度的文明。

这也许是后来的埃及和中国历史学家谈论其国家早期阶段历史时的一种对称，即后世帝国朝代与早期帝国朝代的对称，例如埃及的美尼斯王或者中国的五帝。早期王朝的中央集权远不如后期王朝。像商朝时期的中国这样的统一，很难说已经形成了一个有效的政治联盟，说它是一种宗教上的统一其实更为贴切。"天子"为所有中国人进行祭祀，在西北边境的匈奴人中，已经存在了共同的文字、文明以及敌人。

商朝末年由一个残暴愚蠢的君主统治着，在周朝开国始祖武王的胜利进军中，他在自己宫殿里自焚了。武王似乎得到了西南部落盟友以及民众起义的帮助。

有一段时间,在周朝皇帝的统治下,中国仍然松散地团结在一起,就像中世纪教皇统治下的基督教世界松散地团结在一起一样,周朝皇帝已经取代商朝成为该国传统的大祭司,并在中国事务中体现出一种霸主地位。但渐渐地,维系帝国统一的习俗和思想感情的纽带,日益失去了对人们思想的控制。北方和西方的匈奴人对中国文明进行了接受与继承,但未能同化成一个民族。封建诸王侯开始认为自己是独立的。1919年,梁启超先生,即出席巴黎会议的中国代表之一,认为在公元前8世纪到4世纪之间,黄河和长江流域存在不少于五六千个小国,又存在着大约十几个强国对这些小国进行统治。这片土地长期处于战乱之中。公元前6世纪,冲突中的大国中有齐国和秦国,位于黄河以北;楚国则位于长江流域。各国之间签订的抗楚协议,奠定了一个能够维持百年和平联盟的基础,这一联盟将楚国击败,并签订了一个控制和减少军队数量的协定。这成为一个新的和平帝国的基础。

不知道铁的知识是在什么时候进入中国的,但是在公元前500年左右,铁武器才开始被普遍使用,也就是说,这已经比亚述、埃及和欧洲晚了两三百年甚至更长时间了。铁可能是通过匈奴人从北方传入中国的。

周朝的最后一个统治者被秦王废黜,秦王获得了象征权力的用于祭祀的青铜九鼎,因此能够接管朝天祭祀的皇权,就这样秦朝建立了起来。这个朝代比以前任何一个王室都更有活力、有效率。始皇帝(意为"普天之下第一个皇帝")的统治通常被认为结束了中国封建割据的局面。在东方,他似乎起到了统一国家的作用,与亚历山大大帝相同,但始皇帝活得更长,他所建立(或恢复)的统一相对来说是永久的,而亚历山大的帝国则在其死后崩溃了,下文会讲到这个问题。在共同努力方面的功绩,其中之一就是始皇帝为了抵御匈奴而修筑了长城。在他死后，内战紧随其后，结束了秦朝的统治，汉朝建立了。在汉朝统治之下，帝国疆域扩张膨胀到原来的两河流域以外，并将匈奴有效地遏制住，然后中国人向西渗透，直到他们从自身的文明中跳出来去学习其他种族的文明。

到公元前100年的时候，中国人已经知道了印度的存在，他们的力量扩散到现在的西藏和西突厥，并通过骆驼商队与波斯和西方世界进行贸易。中国人还以骆驼商队与波斯及西方世界通商。我们对中国的看法，目前提及的一切就足够了。在后文中我们还会回到其文明的鲜明特征上来。

14.6 文明发展时

在几千年的时间里，旧世界几个中心的人类一步一步地从野蛮的日石文化走向文明，世界的其他地方又发生了什么呢？在这些中心的北部，从莱茵河到太平洋，正如我们所说，北欧人种和蒙古人种也开始学习金属的使用。但当文明安定下来时，这些大平原上的人开始迁移，从缓慢的流浪生活发展到完全的季节性游牧。在文明区的南部，在非洲中部和南部，黑人进步缓慢，而且在地中海地区的白人部落入侵的刺激下，黑人才逐渐地学会耕种与使用金属。白人源源不断地向黑人传授最先进的耕种和使用金属的方法。这些白人通过两条路线来到黑人地区：一条路穿越撒哈拉大沙漠往西，如柏柏尔人和杜亚力人等，他们和尼格罗人种混杂，创造出类似于富拉人的白人种族；另一条路通过尼罗河渗透，例如乌干达的巴干达人（即干达人）就可能含有远古的白人血统的某些成分。那时非洲森林密度更大，从尼罗河上游一直向东和向北蔓延。

3000年前，在东印度群岛的岛屿中，散散落落分布着的，大概只有一些文明不太发达的旧石器时代澳大利亚人种,他们在远古时代迁移到那里,当时有一座大陆桥,桥两边几乎完整地连接了东印度群岛和澳大利亚,太平洋中的诸岛屿还无人居住。通过乘着独木舟出海的日石文化的人们,扩展到太平洋诸岛,这是在人类历史上较为近期的时间里才出现的,最早也在公元前1000年。他们在很晚的时候才到达马达加斯加,新西兰的美丽景色在人类来到之前还都荒凉一片。当时在新西兰最高级的生物是一种像骆驼一样的大鸟,长着粗发般的羽毛和退化了的小翅膀,即摩亚鸟,现在已经灭绝了。

在北美,一个蒙古人部落与旧大陆断绝了联系。他们向低洼的南方扩张,在平原上猎杀数不清的野牛。他们仍然需要自己学习一个以种植玉米为主的独特的农业方法,在南美洲又通过学会驯养鸵鸟来供其使用。同时期,他们在墨西哥和秘鲁建立了两个与苏美尔大致同时期的文明,但是二者之间多有不同。

当人们到达美洲南端的时候,这里尚生活着巨型大懒兽、雕齿兽和巨型犰狳。

在美洲早期文明鲜为人知的故事中,有相当多的想象力空间,这里很大程度上是独立进行发展的。有些时候,美洲印第安人向南不断漂流,在某个时候,终于与新石器时代向东漂流的独木舟上携带的文化相遇并混杂在一起;但在使用金属之前,它仍然处于一个非常低级的阶段。必须指出的是,这种独木舟承载着美洲文化起源的证据在于,我们在中美洲的绘画中,发现了有着大象头的人物形象。美洲的冶金学可能独立于旧世界对金属的使用而产生,也可能是由这些大象雕刻家带来的。这些美洲人开始使用青铜和铜,但没有使用铁,他们有了黄金和银,他们的石器、陶器、纺织和染色都达到了很高的水平。在所有这些方面,美洲的发展与旧世界物品大体相似,但始终具有与众不同的特点。美洲的文明存在一种原始的图画型的文字体系，但它甚至没有发展到最早的埃及象形文字的程度。在尤卡坦半岛，才存在一种这样的文字，即玛雅文字，但它的用处仅仅限于记录历法。在秘鲁，书写开始被一种奇特而复杂的方法所取代，即用各种颜色和形状的绳子上的结来保存记录。据说，即使法律和命令也可以通过这一准则来传达。这种绳子结扣成束的文字称为"结绳文字"，虽然我们在博物馆收藏的古代文物中还可以看到这种"结绳文字"，但我们完全没有办法尝试阅读、理解它们。L. Y. 陈先生告诉我们，中国的历史表明，在中国发明文字之前，也有一种类似的用结来记录的方法。同时秘鲁人也在制作地图，并使用计数框。"尽管如此，即使有了这些方式，却没有办法将知识和经验从一代传到另一代，也没有采取任何措施来修复和总结这些作为文学和科学基础的知识财产。"

当西班牙人来到美洲时，墨西哥人对秘鲁人、秘鲁人对墨西哥均一无所知，过去可能存在着什么联系，但都在历史中消失遗忘了。墨西哥人从来没有听说过马铃薯，但它是秘鲁饮食的主要成分。公元前5000年，苏美尔人和埃及人可能彼此不太了解，美洲的文明落后于旧世界6000年。

15. 海洋民族与贸易民族

15.1 最早的船只和水手

最早的船只,确实是在新石器时代由河滨和湖滨的人制造的。它们不过是树木和漂浮的木头,用来帮助人类不完美的自然游泳能力。接着,随着工具的发展和原始木工的出现,树木中心开始被挖空,接着就是造船。埃及和美索不达米亚的人们,还发明了一种用沥青填塞的原始的像篮子一样的船,这就是摩西被他母亲藏在里面的"蒲草箱"。随之而来的是一种通过使用皮革撑在柳条骨架上的船只,到今天,牛数量很多但缺乏大树的爱尔兰西部海岸仍然在使用这样材质的小船,它们还在幼发拉底河和南威尔士的城镇中使用。打气的皮船可能还要早于柳条船,仍然用于幼发拉底河和恒河上游。在大河的山谷里,船只一定早就成了重要的交流手段;而且我们很自然地认为,最初,人类正是从大河河口,乘上勉强适于航海的船只,冒险驶向当时对为类来说是无路可走的、无家可归的茫茫大海。

毫无疑问,人们一开始是以渔夫的身份冒险的,在小溪和潟湖中学会了航行的技能。在地中海被大西洋水域填满之前,人们可能已经在地中海东部沿岸诸国的湖上有了航行的船只了。独木船是日石文化的一个不可缺少的部分,它和日石文化一道,顺着海洋的洋流,从地中海一路漂泊,最终到达了美洲。在幼发拉底河和底格里斯河上,不仅有独木舟,还有苏美尔人的船只,这些河流在公元前7000年时河口分开汇入波斯湾①。苏美尔人位于波斯湾口的埃利都城②(波斯湾与埃利都城现在被130英里长的冲积层隔开),在海上已经有了船只。在地中海东端,我们还发现了6000年前完全发达的海洋生物的证据,当时可能在较近的东印度群岛之间的海上已有独木舟。新石器时代之前的埃及王朝的图画中,尼罗河上的船只容量大得可以装下大象。

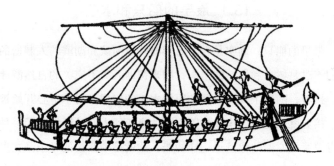

公元前2500年尼罗河上的船

很快,航海人员就意识到了船给他们的特殊自由和机会。他们可以逃到岛上,没有一个首领或国王可以非常有把握地追逐船只,每个船长都是国王。海员们会发现,在岛屿上和大陆的坚固位置上建造据点很容易,在那里他们可以停泊,可以从事某种农业和

---

① 波斯湾:阿拉伯海西北伸入亚洲大陆的一个海湾,介于伊朗高原和阿拉伯半岛之间,西北起阿拉伯河河口,东南至霍尔木兹海峡。
② 埃利都城:一个苏美尔古城邦。

渔业，但是他们的专业和主要业务当然是远征出海。这通常不是一次贸易远征，而是一次次更频繁的海盗袭击。根据我们对人类的了解，我们必然得出这样的结论：第一批水手尽可能地去掠夺，在不得已时才会进行交易。

由于古时候的航海是从地中海东部、红海[①]、波斯湾和印度洋西角等相对温暖、宁静的水域中发展起来的，古代世界的航运保留了一定的特点，使其与近400年来张挂大帆的远洋航运大不相同。托尔先生说："地中海的特点很鲜明，用帆的船可能一连好几天都难以行驶，而有桨的船只可以很容易地横跨平静的水域，身边到处都是海岸和岛屿，以便暴风雨时给它提供庇护。因此，在那片海域，船桨成为典型的航行工具，船桨的布置成为造船的主要问题。只要地中海国家统治西欧，南方型的船只就建在北部海岸上，尽管这里的风一般够帆用，浪也太大。用桨划船的技术最早可以在尼罗河上发现，带桨的船出现在公元前2500年左右埃及最早的绘画纪念碑中。不过在画面上，有些水手脸朝船头划桨，其他水手则脸朝船尾划桨。划桨当然是一种古老的做法，因为在最早的时代发明的埃及象形文字中，'chen'字便是两个手臂抱握一个桨做划船的姿势。这种做法可能在公元前2500年前就已经停止了，尽管当时的纪念碑已经证明了这一点；因为在公元前1250年左右的纪念碑中，船员们明显地朝着船尾划水，但仍以划桨的姿态抓住桨，由此可见，即使在那个时候，埃及艺术家就已经按照他们习惯于书写象形文字的手势机械地进行器物雕刻了。在这些浮雕中，尼罗河上的船上有20名划桨手，红海上的船上有30名划桨手；但在最早的浮雕中，数量差异很大，似乎取决于雕刻家可支配的空间大小。"

[①] 红海：位于非洲东北部与阿拉伯半岛之间，呈现狭长形，其西北面通过苏伊士运河与地中海相连，南面通过曼德海峡与亚丁湾相连。

公元前1250年航行在红海上的埃及船只

雅利安人很晚才来到大海。海上最早的船只要么是苏美尔人的,要么是含米特人的,闪米特人紧跟着这些先驱者。沿地中海东部一带,闪米特人的一支腓尼基人,沿着地中海的东端建立起了一系列独立的港口城镇,其中主要的有阿克、推罗和西顿。后来他们向西推进航行,建立了北非的迦太基和乌提卡①。到公元前2000年,地中海可能已经有了腓尼基人的船只。推罗和西顿原来都是建在岛上的,所以很容易抵御陆地突袭。但是,在本书进一步叙述这场伟大的竞相出海探索的壮举之前,我们必须注意到,在克里特岛②发现的早期海洋民族的一个非常惊人而又奇异的巢窟。

15.2 史前的爱琴海城市

这些早期的克里特人,类似于西班牙和西欧的伊比利亚人以及小亚细亚和北非的暗白人种,他们使用的语言尚且是未知的。这个种族不仅生活在克里特岛,还生活在塞浦路斯、希腊、小亚细亚、西西里岛和意大利南部。在白皙的北欧希腊人通过马其顿向南蔓延

---

① 乌提卡:北非古城,位于迦太基湾北部,迦太基城西北约40千米,在今突尼斯境内,公元前8世纪腓尼基人所建的商业据点,因地势优越,很快发展为仅次于迦太基的重要城市。

② 克里特岛:位于希腊的南端,是爱琴海中最大的岛屿。

之前，它在长时间里是一个文明程度很高的种族。在克里特岛的克诺索斯①发现了非常令人惊讶的遗址和遗迹，因此，在人们的想象中，克诺索斯很容易让克里特岛上的其他城市黯然失色。但我们必须牢记，尽管克诺索斯无疑是这个"伟大化"的主要城市，但这时爱琴海文明正处于鼎盛时期，还有许多城市，而且范围广阔。也许，我们现在所知道的一切只是冰山一角，更广泛的新石器时代的遗迹现在被淹没在地中海的水下。

在克诺索斯，新石器时代的遗迹比埃及任何前王朝时期的遗迹都要古老。克里特岛的青铜时代和埃及的青铜时代是同时开始的，在埃及弗林德斯·皮特里爵士曾发现一些古瓶，通过鉴定，他判断这些东西是埃及第一王朝时期的遗物，并且是克里特岛的进口品。在该岛发现的石制器皿具有埃及第四王朝（金字塔建造时期）的形状特征。毫无疑问，第四王朝时期克里特岛和埃及之间有着频繁的贸易往来。这种情况一直持续到公元前1000年左右。很明显，克里特岛的文明至少和埃及文明一样古老，克里特人早在公元前4000年就已经在海上航行了。

不过，克里特岛的伟大日子并不是这样早就开始了。大约在公元前2500年，这个岛似乎被一个统治者统一了，然后开始了一个在古代世界历史上从来不曾经历过的和平与繁荣的时代。克里特人不存在外敌侵入的危险，又生活在宜人的气候中，与世界上每一个文明进行贸易，克里特人可以自由地发展生活的所有艺术和便利设施。克诺索斯与其说是一座城镇，倒不如说是国王和他的人民的宫殿，它甚至不存在城防设施。在我们看来，这个国家的国王似乎

---

① 克诺索斯：是克里特岛上的一座米诺斯文明遗迹，被认为是传说中米诺斯王的王宫，位于克里特岛的北面，海岸线的中点，是米诺斯时代最为宏伟壮观的遗址，可能是整个文明的政治和文化中心。

都被称为米诺斯,正如埃及的国王都被称为法老一样。在希腊人的早期传说中,克诺索斯的国王叫作米诺斯王,他住在迷宫里,宫里养着一个名叫米诺陶洛斯①的可怕的、半人半牛的怪物。为了喂养这个怪物,米诺斯王从雅典人中挑出青年男女进贡。这些故事是希腊文学的一部分,并且一直为人所知,但只有在过去几十年里,克诺索斯的挖掘才揭示出这些传说与现实的紧密联系。克里坦迷宫是一座庄严、复杂、豪华的建筑,与古代世界的任何迷宫一样。除其他细节外,我们还发现有诸如水管、浴室和与之类似的便利设施,有些尚被认为是现代生活中最新的、最完美的设备。陶器、纺织制品、雕塑和绘画、宝石和象牙制品、金属和镶嵌制品,和现在所生产的一样精湛。他们非常喜欢节日和表演,尤其喜欢斗牛和体育。他们的女装风格出奇地"现代",女人们穿着紧身胸衣和荷叶边连衣裙。他们还有一套尚未破译的写作体系。

现今人们总是把克里特人的这些成就看成一种奇迹,仿佛他们是一个生活在文明之初的、具有不可思议的艺术和技术的种族,但他们的伟大时代早在公元前2000年就已经结束了。克里特人花了许多个世纪的时间才在艺术和技术上达到巅峰。如果我们考虑到克里特人在3000年的时间里都是和平发展且没有被入侵的话,那么他们的艺术和技术绝对算不上是多么伟大的奇迹了。一个世纪又一个世纪,他们的工匠可以完善他们的技艺,他们的男人与女人可以使自己的风度日益文雅。无论哪种人,只要在这么长的时间里处在这种比较安全的状态中的话,也都会大大地发扬艺术光辉的。有了这个

---

① 米诺陶洛斯:是希腊神话中克里特岛上的半人半牛怪,克里特岛国王米诺斯(宙斯和欧罗巴之子,死后成为地府的三个法官之一)之妻帕西法厄与波塞冬派来的牛生下了拥有人的身体和牛的头的怪物,米诺斯在克里特岛为它修建了一个迷宫。

机会，所有的种族都很有艺术性。希腊传说里提到，代达罗斯①是在克里特岛尝试制造第一架飞行机的。代达罗斯（现代词语中有巧匠的含义）是机械技能的一种人格化总结。传说中，这个机器上蜡制的翅翼融化了，他的儿子伊卡洛斯②掉进了海里，而这个传说后面，到底反映了什么真实事情，我们就不得而知了。

蛇女神

这些克里特人的生活状况终于发生了变化，因为其他民族，例如希腊人和腓尼基人，也带着强大的舰队出现在了海洋上。我们不知道是什么导致了这场灾难，也不知道是谁造成了这场灾难；但是大约在公元前1400年，克诺索斯遭到浩劫并被焚毁了，尽管克里特人继续在那里艰难地挣扎了4个世纪，但最终还是在公元前1000年

---

① 代达罗斯：希腊神话人物，墨提翁的儿子，厄瑞克透斯的曾孙，伊卡洛斯的父亲，也是厄瑞克族人，一位伟大的艺术家、建筑师和雕刻家，最著名的作品是为克里特岛国王米诺斯建造的一座迷宫。
② 伊卡洛斯：希腊神话中代达罗斯的儿子，与代达罗斯使用蜡和羽毛造的翼逃离克里特岛时，他因飞得太高，双翼上的蜡遭太阳融化跌落海中丧生，被埋葬在一个海岛上。为了纪念伊卡洛斯，埋葬伊卡洛斯的海岛被命名为伊卡利亚。

（也就是亚述人在东方的统治时期）遭受了最后的打击。克诺索斯的宫殿被毁坏了，既没有重建也没有人在此重新居住。可能是这些地中海新来的野蛮的希腊人，一个来自北方的说雅利安语的部落，像摧毁特洛伊城那样消灭了克诺索斯。

忒修斯的传说叙述了这样一次突袭。忒修斯在米诺斯王的女儿阿里亚尼的帮助下进入了迷宫（可能就是克诺索斯宫），杀了米诺陶洛斯。

《伊利亚特》清楚地表明，特洛伊遭到了毁灭，是因为特洛伊人偷走了希腊妇女。现代作家们头脑中有着现代思想，他们试图证明希腊人袭击特洛伊的原因，是为了获得贸易路线或是某种微弱的商业优势。如果是这样的话，《伊利亚特》的作者非常巧妙地隐藏了这些人物的动机。如果要说荷马时代的希腊人和特洛伊人打仗的目的，在于抢先在柏林到巴格达铁路线上设立一个车站的话，也是同样有道理的。荷马时代的希腊人是一个健壮、野蛮的雅利安人，他们对贸易和"贸易路线"的观念很模糊，他们与特洛伊人交战，原因在于他们对这种偷盗妇女的行为非常恼火。根据米诺斯王的传说和克诺索斯遗迹所提供的证据，我们可以清楚地看到，克里特人绑架或偷走年轻人和少女，让他们成为奴隶、斗牛士、运动员，甚至是献祭的牺牲品。他们与埃及人进行了公平的交易，但可能是他们没有意识到希腊野蛮人日益增长的力量，他们与希腊人进行了频繁的交易，结果发生了争执，引火上身。

另一个伟大的海洋种族是腓尼基人。他们是伟大的商人，因为十分善于航海。他们的迦太基殖民地（在公元前800年由推罗建立起来）最终比任何一个腓尼基的旧城市都要大，但早在公元前1500年，西顿和推罗在非洲海岸上都已经开辟了居住地。亚述和巴比伦的军队都相对难以征服迦太基，尼布甲尼撒二世长期围困推罗，使迦太基受益匪浅，最终发展成为世界上最大的海上强国。

迦太基人声称地中海西部为己有，又力所能及地对撒丁岛西边的每一艘船展开劫掠。罗马作家指责迦太基人残忍至极，起初他们为西西里与希腊人作战，后来（公元前2世纪）他们又与罗马人作战。亚历山大大帝制订了征服计划，但像我们即将要在后文叙述的那样，他在没有付诸实施之前便死去了。

15.3 初次探险航行

在鼎盛时期，迦太基可能拥有当时前所未闻的一百万人口。这些人大部分都是工业人口，迦太基的纺织品举世闻名。除沿海贸易以外，迦太基同时还与中非进行了大量的陆地贸易，迦太基人把黑人、奴隶、象牙、金属、宝石等出售给地中海所有的人。迦太基人还在西班牙开采铜矿，他们的船舶驶入大西洋，沿葡萄牙和法兰西的海岸线向北航行，最远要到达卡西特里德群岛（即英格兰的锡利群岛，或康沃尔岛）去获取锡金属。

大约在公元前520年，一位名叫汉诺[①]的迦太基人做过一次远航，这仍然是世界上最著名的一次航行。如果我们能够相信《汉诺历险记》，这本保留至今记载着他的事迹的希腊文译本的话，我们便可以得知，汉诺曾经沿着非洲海岸南行，从直布罗陀海峡一直航行到利比里亚[②]边境。他有60艘大船，他的主要任务是在摩洛哥海岸上建立或加固某些迦太基驿站。此后，他向南推进，在赫恩岛建

[①] 汉诺：迦太基探险家，曾经率领一支舰队和数千名殖民者一同出发，这些人发现或重新发现了位于摩洛哥西海岸的7个迦太基城市，并对非洲大陆的大西洋海岸进行了探险。

[②] 利比里亚：处于非洲西部。

立了一个定居点,然后继续前行经过塞内加尔河①。这群旅行者在航行经过冈比亚后又继续航行七天,最后在某个岛屿上靠岸。但他们惊慌失措地离开了这里,因为尽管白天热带森林里很寂静,但在晚上他们听到了长笛、鼓和锣的声音,天空因丛林大火而变得通红。在接下来的航行中,沿海一带全都是熊熊火光一片。一股火焰从山上泻下,直冲入海中,一股大火又直冲云霄。三天后,他们到达了一个岛(可能是歇尔布罗岛②),岛上有一个湖,湖中又有一个岛(可能是马科累伊岛)。在这岛上,有许多野蛮且体毛很重的男女,"翻译的人将他们称为大猩猩"。迦太基人抓到了几个雌"大猩猩"(大概是黑猩猩)之后起身返航,但在船上这些客人似乎太过暴躁,最后汉诺不得以只能将其杀死,回到国内后将这些俘虏的皮存放在了朱诺庙③中。

希罗多德叙述的腓尼基人的另外一次更为奇异的海上航行,长期以来都受到人们的怀疑,但现在却得到了一些考古学证据的支持。希罗多德说,埃及第二十六王朝尼科法老曾委托一些腓尼基人尝试绕非洲航行,从苏伊士湾向南出发,他们最终返回了非洲。从地中海到尼罗河三角洲,他们用了近三年的时间完成了他们的航行,每年他们都要登陆上岸,播种并收割麦子,然后再继续前进。

15.4 早期的商人

腓尼基人建造的伟大贸易城市是早期闪米特人给人类的独特礼

---

① 塞内加尔河:非洲西部河流,由巴科伊河和巴芬河在马里的巴富拉贝汇流而成,向西流淌。
② 歇尔布罗岛:西非国家塞拉利昂最大的岛屿。
③ 朱诺庙:是罗马神话中的天后,婚姻和母性之神,罗马十二主神之一。

物中最引人注目的。正当闪米特族的腓尼基人在海上扩展时，另一支血缘相近的闪米特人，即阿拉米人①，在阿拉伯和波斯沙漠上开拓了商队行进的道路，变成了在西亚主要经商的人。阿拉米人占领大马士革的事我们在前文已经叙述过了。闪米特人的文明早于雅利安人，总是表现出并至今仍表现出比雅利安人更强烈的商品质量和数量感。字母书写的发展要归功于他们记账的需要，计算方面所取得的巨大进展大部分应归功于他们。我们在近代使用的数字是阿拉伯数字，我们的算术和代数主要是闪米特人的科学。

我们可以在这里指出，时至今日，闪米特人仍然是在算数和经商的思维上非常厉害的人。希伯来人这句道德格言就充满了此种思想："你拿什么样的方法衡量人，别人也会拿同样的方法来衡量你。"其他民族也曾设想过各种各样的、断断续续的、奇妙的神，但最初是经商的闪米特人把上帝看作一个正义的商人，他信守诺言，而不是最卑微的债权人，并对每一个贸易中的虚假行为负责。

公元前六七世纪以前，古代世界的贸易几乎是物物交易，几乎没有或根本没有信用体系或货币。早期雅利安人的一般价值尺度是牛，今天的祖鲁人②和班图人③依旧如此。《伊利亚特》里描述的，都是用牛对各自的两个盾牌进行价值计算，罗马的"金钱"（pecunia）一词的词源便是"牛"（pecus）字。牛作为金钱有如下优势：要将其从一个主人转移到另一个主人时不需要运输，直接牵着走就行；如果说照管、喂养需要成本的话，那么无论如何它也还会繁殖创造新价值的。但对于船舶运输或者骆驼运输而言，牛是

---

① 阿拉米人：北闪米特语（阿拉米语）部落联盟，公元前11世纪—公元前8世纪在阿拉米叙利亚北部的广大地区居住。
② 祖鲁人：非洲的一个种族，主要居住于南非。
③ 班图人：非洲最大的种族，主要居住在赤道非洲和南部非洲国家。

不方便的。其他许多物品,在不同的时期也被用来当作价值尺度的工具。烟草在北美殖民地时期曾是法定货币,而在西非,缴付罚款和议定价格都以装杜松子酒的瓶子计算。早期的亚洲贸易包括金属,由于金属块是一般的需求,并且便于储存,既不需要饲料,也不需要较大的仓库,所以它们很快就表明了它们优于牛羊。铁,似乎是由赫梯人最先从铁矿石中提炼出来的,从一开始,它是一种稀有的、非常有需求的物质。亚里士多德说,铁被用来作为了第一种货币流通的手段。在泰尔-埃尔-阿马纳[①]发现的阿米诺菲斯三世与其继承人阿米诺菲斯四世同他人的往来书信中,其中有一封信来自一个赫梯的国王,认为铁是一种极其珍贵的礼物。当时和现在一样,黄金都是最珍贵、最便于携带的一般等价物。在埃及早期,直到第十八王朝之后,银几乎和黄金一样稀有。后来,东方世界的一般价值标准变成了以重量衡量的银。

  首先,金属以锭的形式交给他人,并在每笔交易中进行称重。然后,它们被压印以表明其纯度并保证其纯度。第一批有记录的钱币,大约是公元前600年在小亚细亚西部出产黄金的国家吕底亚铸造的。已知的最早的金币是由克罗伊斯王在吕底亚铸造的,后来他的名字也就成了财富的代名词。正如我们稍后将要说到的,公元前539年,他被征服了巴比伦的波斯人居鲁士打败了,但很可能货币在那之前已经在巴比伦使用过。"有封箴的谢克尔"是一块刻有印记的银币,非常接近于一枚硬币。在皮革上盖上某家知名机构的印章以承诺同等的金银为货币支付的方式,可能比铸造货币要更为古老。迦太基人使用这种"皮钱"。我们对在古代世界里小额交易的通行方式知之甚少,古代时处于从属地位的普通人似乎一点钱也

[①] 阿马纳:埃及古都,即泰尔埃尔阿马那,位于今之明亚省。

没有，他们是通过以物易物来做生意的。早期的埃及绘画显示了这一点。

15.5 早期的旅行者

当你意识到在亚历山大以前的世界里，没有小额的钱或任何方便携带的交换工具时，你就会意识到在那些日子里私人旅行是多么不可能。第一个"客栈"毫无疑问是一种大篷车，据说在公元前三四世纪时就在吕底亚出现了。然而这个年代定得太晚了，客栈出现的时间肯定要早于推测的那样，至少早在公元前6世纪就有很好的证据证明了这一点。埃斯库罗斯①曾两次提到客栈，按照他的说法，这是"平民接收者"或"平民招待所"。到目前为止，私人旅行者在希腊世界（包括其殖民地）肯定相当普遍。但这样的私人旅行在当时是一件相对较新的事情，早期的史学家赫克特斯②和希罗多德旅行的范围很广。吉尔伯特·穆雷③教授说："我怀疑，这种'为了历史'或'为了发现'更像希腊的发明。梭伦似乎做过这样的事情，就连莱喀古士④也做过……"早期的旅行者是商贩，他们乘坐大篷车或轮船旅行，随身携带他们的货物、货币金属谢克尔，还有宝石，或是一包精美的东西，或是携带介绍信和适当随从的政府官员，可能还会有几个乞丐。在一些特定地区还有宗教朝圣者。

在公元前600年以前的那个早期世界里，一个孤独的"陌生人"是一个罕见的、可疑的、濒临灭绝的生物。他可能遭受可怕的

---

① 埃斯库罗斯：古希腊悲剧诗人，有"悲剧之父""有强烈倾向的诗人"的美誉。
② 赫克特斯：希腊旅行家。
③ 吉尔伯特·穆雷：出生于澳大利亚的英国古典学者与公共知识分子。
④ 莱喀古士：古代斯巴达的立法者。

虐待，因为像他这样没有什么法律可以保护，因此很少有人外出游荡。如果一个人是游牧民的话，他就与某个宗法部落有联系；如果一个人是文明人的话，他就与某个大家庭有联系，或者与我们即将讨论的一个大寺庙有联系，要不然他就是个放牧的奴隶。除了一些可怕的传说，人们对自己所生活的世界的其他地方一无所知。我们今天对公元前600年的世界的了解，确实比当时任何一个活着的人都多。我们把它画出来，把它作为一个整体，与过去和未来联系起来。我们开始准确地了解埃及、西班牙、米堤亚、印度和中国同时发生的事情。我们能想象出汉诺的海员们与那些在岸上举烽火报警者之间彼此初见时的惊讶。现在我们都已经了解了，《汉诺历险记》中所说的"冲天山火"，不过是在一年之中的那个季节里，习惯性地焚烧干草而已。人们的常识一年比一年增长，人们的常识增长得越来越快。在未来的岁月里，人们将更多地了解过去的生活，没准可能直到他们完全了解了过去。

16. 文字

16.1 象形文字

在前面的4章中,我们大致概述了人类主要群体的发展,从公元前6世纪早期的日石文化到历史上强大的王国和帝国,现在我们必须更深入地研究社会变革的一般过程还有人类的成长。在公元前10000年到公元前500年这段时间里,我们所做的只是绘制地图,对主要的国王和帝国的名字进行列举,并将巴比伦、亚述、埃及、腓尼基、克诺索斯等之间的时间和空间上的关系进行定义。现在,我们来讨论历史的真正任务,那就是深入这些外表形式之下,去探求一个人的思想和生活。

到目前为止,在五六十个世纪的社会发展过程中,最显著的事情是写作的发明及写作在人类事务中越来越重要。文字现在是人类思想的一种工具,是其活动范围的巨大扩大,是一种能够扩大种族规模的新手段。我们已经看到,在旧石器时代晚期和新石器时代早期,口齿逐渐清晰为人们连贯性的思考提供了帮助,并将他们之间的合作能力大大扩充。有一段时间,这种获得似乎盖过了他们早期绘画的成就，但也可能让手势的使用受到了抑制。但是，绘画很快又出现了，其原因可能在于作为记录、作为记号、作为娱乐。在真正的文字出现以前，象形文字首先出现了，现在的美洲印第安人、布须曼人和世界各地的野蛮的种族仍然在使用。象形文字本质上主要是一幅关于事物和行动的图画，加之用以表达专有性的花纹，并通过笔画与圆点的多少来表示日子和距离的长度，以及这样的量化思想。

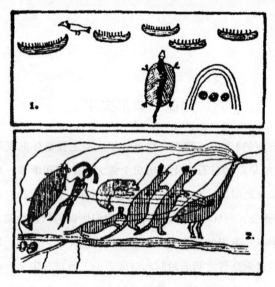

美洲印第安人的象形文字

与这种象形文字很相似的是，在欧洲大陆的国际铁路时刻表上，人们至今仍在使用象形文字。在这样的表上，一个黑色的杯子形状就代表着站着用餐的自助餐，一副交叉的刀叉代表着餐馆，小轮船形状则代表着换乘轮船的地方，马夫号角的形状表示着公共汽车。在欧洲十分著名的米其林汽车驾驶员指南中也使用了类似的标志来表示邮局（信封）或电话（听筒），酒店的质量则由一个、两个、三个或四个的三角形来体现。同样，欧洲的道路上也有路旁标志，例如一个门的形状则代表前方有平面交叉路，一条弯曲的线则代表着急转弯，等等。这些象形符号与中国汉字最初的形状之间并无多大差别。

在汉语写作中，仍有许多象形文字可追溯，大多数现在很难辨认得出。最初"口"字写得就像一个嘴巴形状的洞，而后面为了满足毛笔书写的方便，则逐步演化成了四方形。最初的"子"字就像一个小人的形状，现在则演化成了带有一折的"十"字。最初的"日"字是一个大圆圈中一点，后来为了便于书写与组合，就演变成了一个长方形中间一横，这样的结构更便于毛笔书写。将这些象形文字组合起来，又能表达另一层次的概念。例如，将表示嘴的"口"与表示蒸汽的象形字上下组合就成为"言"字。

会意文字，就是通过这样的组合变化而产生的。例如"话"就是"言"与"舌"的组合，"家"就是"宀"（屋顶）与"豕"（猪）组合，这其中的含义在于在早期中国的家庭经济中，猪占据非常重要的地位。不过，正如我们前面已经提到的，汉语由一些基本的单音节的声音组成，这些声音都有各种各样的含义，中国人很快发现，这些象形文字和表意文字中的一些也可以用来表达其他思想，这些思想难以通过图画表达出来，但声音却是相同的。

这样的汉字叫作谐音字，例如"fang"这个发音不仅能够表示船的意思（舫），还可以代表一个地方（方），进行纺纱（纺），气味芳香（芳），询问拜会（访）以及其他大量的意思，都是通过上下文而确定。虽然读音相同或相似，但一艘船容易用画图表示出来，大多数的其他意义却难以描绘。"芳"和"访"我们怎么描绘呢？因此，汉语中便用同一符号表达"方"的所有意思，但对其中每一个意思都另外地加上不尽相同的符号，即限定符号（偏旁），用以表明想要表达的是哪一种意思的"方",例如"坊"的斜土旁、"纺"的绞丝旁、"访"的言字旁,等等。

我们可以用英语中类似的例子来说明象形文字、表意文字和谐音字的发展。现在我们假设用英语表达一种图画,那么盒子就是画上一个正方形,如果加上一条斜线,那么这个图画的意思就代表着"箱子",象形文字便是如此。我们再次假设圆圈代表钱币,那么表示盒子的符号中画上这么一个圆圈的话,这个图画的意思就变成了"钱盒"或"钱库",会意字就是这样产生的。不过,在英语中"box"这个词当然可以表示除"箱子"以外的其他事物,例如黄杨灌木(boxshrub),这是给我们提供做箱子的木材的植物。我们很难画出与其他树木不同的可辨认的黄杨木,但我们能够很容易地通过把表示"箱子"(box)的符号与表示灌木(shrub)的符号结合起来,一个是主干一个是限定符号,从而确定地得出我们所想要表达的事物——那种可以做箱子的灌木,而不是一种普通的灌木。如果"box"变成了一个动词,那么它还有拳击的意思。我们同样需要一个限定符号,我们在其上附上两把交叉的剑,在地图上,这便是我们常见的交战地符号。如果要使用"box"来代表剧院里的一个包厢,那么就又需要另一个限定符。如此类推,一系列的谐音字就大量地出现形成了。

由此可见,在汉语写作中,汉字是一套非常独特而又复杂的系统,学习过程中需要记住大量的汉字,而且必须习惯其用法。汉语拥有的表达思想与讨论的力量,到现在也还不能用西方的标准来衡量。不过,我们可能怀疑,汉字的使用是否能像西方文明里简单快速的字母一样建立起一个广泛的共同意识形态?在中国,汉字造就了一个特殊的读书人阶级,这便是统治阶级与官僚阶级。他们将注意力集中在汉字本身和古典文学的形式上,而不是对思想和现实的关注。尽管在中国，社会是很太平的，中国人个人智慧素质很高，但似乎汉字却极大地阻碍了社会和经济的发展。在许多世纪中，中国一直都算是一个勤劳但缺乏进取心的国家，但不能算是世界上首屈一指的强国，之所以如此，大概是因为复杂的汉字与汉语体系，而不是其他任何可以想象到的原因。

16.2 音节文字

尽管中国人的思想为其自身创造了一种语言工具，但其结构可能过于复杂，使用起来过于费力，其形式也过于僵化，难以满足现代人对简单、快速、准确、清晰交流的需要。不过，逐步发展的西方文明正在尝试解决这样一个关于书写与记录的问题，这种书写方式有很大不同，总的来说，这个尝试会更加有利的。中国人并没有尝试对汉字进行改进，使其变得更易书写而又简单，上述的社会背景也不会敦促他们做出如此改变。对苏美尔人的象形文字而言，书写必须在泥板上进行，而且必须使用一种小尖笔，但这种笔难以准确地刻画出曲线符号，因此在随后的发展中，他们使用传统的楔形符号进行书写，原有字形的痕迹迅速变得非常难以辨认。对苏美尔人学习写字而言，这种变化大有裨益，他们必须学会这种不易辨认的文字。因此，在很短的时间内，他们就学会了中国的象形文字、会意字和谐音字，并在随后超过了它们。

大家应该都知道一种叫作"图片猜词"的游戏，其规则就是图画表示词汇组成的一部分，不直接画出该词所表达的事物。例如，画上两扇门（gate）和一个头（head）就是"gateshead"一词；又比如，画一条小河（beck）、一个戴着皇冠的国王（king）和一只火腿（ham）就是"buckingham"一词。苏美尔语是一种很好地适应这种表现形式的语言。很明显，苏美尔语是一门有大量多音节的语言，词汇由非常清晰但又不可变更的音节所组成，许多单独使用的音节是具体事物的名称。所以这种楔形文字很容易发展成一种音节的书写方式，在这种书写方式中，每个符号都表示一个音节，就像上述游戏中的每个图片都表示一个音节一样。当闪米特人征服苏美尔人时，他们根据这种音节系统调整了自己的语言，因此，这种文字完全成为一符一音，亚述人和迦勒底人就是这样使用的。不过需要注意的是，这是音节文字，而不是字母文字。在很长的时间里，亚述、巴比伦和近东地区（欧洲人指地中海东部沿岸地区）都流行着这种楔形文字，在我们今天的字母表中，有几个字母还残留着这种文字。

16.3 字母文字

但与此同时，在埃及和地中海沿岸，出现了另外一种写作体系。它的起源可能是在埃及祭司的图画书写（象形文字）中发现的，也以通常的方式成为一个声音符号系统。正如我们在埃及纪念碑上看到的那样，象形文字由装饰性的、僵硬的和精心制作的形式组成，但为了简化写信和开药方时的书写，埃及僧侣又对这种字体进行流利化的改变，成了僧侣体草书。另外一种与僧侣体草书同时兴起的字体已经失传，被埃及以外的地中海地区的非埃及人使用，例如腓尼基人、利比亚人、吕底亚人、克里特人和凯尔特伊比利亚人，广泛地在商业中出现。后期的楔形文字是其一些字母的缘起，可以说，在这些外国人手中，这种文字与其根源已经完全没有了关系，它几乎完全丧失了早期图片文字的一些痕迹。这种文字不再是象形文字或表意文字，它只是一个纯粹的声音符号系统，一个字母系统。

地中海有许多这样的字母，彼此差异很大。可以注意到的是，腓尼基字母表（也许还有其他字母）省略了元音，可能在他们发音时，辅音很重，元音则含糊不清，据说在阿拉伯南部的部落仍然如此。很有可能，腓尼基人起初使用字母表，与其说是为了写作，不如说是为了在他们的商业账目中使用一个首字母。在《伊利亚特》时代很久以后，其中一种地中海字母传到了希腊，希腊人就马上开始利用这种字母来表达希腊高度发展的清晰而又优美的雅利安语。它最初由辅音组成，希腊人加上了元音。他们开始为记录而写作，以帮助并延续其诗歌传统。

16.4 文字对于人类生活的意义

因此，写作是通过一系列非常自然的步骤从人类的生活中发展起来的。起初，在很长的一段时间里，这只是一个特殊阶层少数人的兴趣和秘密，仅仅是图片记录的辅助手段。但是，除情绪化与表现力的增加之外，文字比简单的图画更为隐晦，的确还具有一些显而易见的优点。其中一点便是，有了这种文字，发信人与收信人之间的书信传递变得更加安全，只有这两人才能知道内容，而没有经过学习的人是理解不到书信内容的。另外一点便是，人们可以通过文字记录对各种事情进行记录，帮助自己和朋友的记忆，而不会把太多的东西泄露给普通人。例如，在一些最早的埃及著作中，有关于医药处方和咒语经文的内容。最早的书面文件包括账目、信件、处方、名单、行程等内容。然后，随着书写和阅读的传播，一种奇怪的欲望产生了，这种人类普遍存在的可悲的欲望，包括希望将奇闻、秘密奇怪想法记录下来，将自己的名字写下来而让住在遥远地区并不相识之人感到惊异，希望自己死后很久也能被其他人所铭记。即使在久远的苏美尔时期,人们就已经开始在墙壁上书写了。我们所能看到的古代世界,包括岩石、建筑,都写满了帝王们关于自己名字和功绩的内容,他们是人类中极为明显的自吹自擂者。如果我们把墓志铭——这种在许多情况下是由死者在生前预先准备好的内容,也认为是属于这种留下名字和功绩的范畴,我们可以发现,古代世界的早期碑文中一半内容均属此类。

长久以来,以潦草签名展示自己,以及热衷于探索秘密,使写作的范围变得狭窄;但是,还有一种更为真实的社会欲望,即说出来的欲望,也起着重要作用。在很长的时间以后,使知识和传统极大扩展并使之明确、固定下来的可能性才逐渐明显起来。但在这一点上,我们在前面的章节中强调关于生命的某些基本事实是非常有意义的,因为这些事实不仅说明了写作在人类历史的整个领域的巨大价值,而且也说明了它在人类未来可能发挥的作用。

(1)我们应当记住的是,起初,生命就是老人死去、新人出生过程中意识的不连续的复演。

诸如爬行动物的大脑中可能会形成经验的意识,但当个体死亡时,它的经验也随之死亡。它的大部分动机都是纯粹的本能,它所有的精神生活都是遗传(出生继承)的结果。

(2)但是普通的哺乳动物增加了纯粹的本能传统,存在从模仿其母亲的行为而得来的经验传统。对于像狗、猫或猿这样的智力发达的动物,也存在一种无声的训诫,例如,母猫会惩罚其幼崽不规范的行为,母猿和狒狒也是如此。

(3)除了有传授经验的能力,原始人还有艺术和语言的能力,于是绘画和雕刻的记录和口头传统开始了。

语言被传统吟游诗人发展到了极致,他们做了很多事情才使语言成为当今世界的语言。

（4）文字是从绘图记事中发展而来的。随着文字的发明，人类的传统能够变得更加丰富和准确。迄今为止，在此前的世代更迭中，语言传统开始被固定下来，相隔数百英里的人们现在可以交流他们的想法。越来越多的人开始分享共同的书面知识和关于过去与未来的常识。人类的思维能在更广泛的范围里发生作用，在不同的地方，在不同年纪的人之间能够相互引起反应。

（5）几百代人以来，文字的全部力量并没有全部发挥出来，因为长期以来，对原稿进行翻印从而增加数量的尝试都没有实现。过去，增加数量的唯一办法是进行多次的抄写，因此书籍价格昂贵，而且数量很少。而且，对事物保密的倾向，是比一般人更有优势的倾向，也是更为神秘的倾向，在人们的头脑中一直是非常强烈的。只有到了今天，人类才开始学习阅读，开始努力在书中的知识和思想宝库中竭力发掘。

然而，从最初的文字开始，一种新的传统，一种持久而不朽的传统，在人们的头脑中开始了。生命，通过人类，在那之后，越来越明显地展示出其特征和体系。在回顾历史的过程中，我们能够发现人类知识发展的一条脉络。人类的知识最早出现在充满混乱的无知混沌的世界里，但后来，知识就像一丝光线一样从一扇开着门的射入黑暗的房间里，继而光线慢慢扩大，这个房间明亮起来。终于在欧洲的历史上，时机已到，随着印刷机出现，房间的门开始更快地打开了，知识之光开始耀眼。当其变得闪耀时，它不再是少数人的特权了。对我们来说，现在门开得更宽了，后面的光线也变得更亮了。虽然光线旁仍是雾蒙蒙的，但知识之光在满是尘灰的空气中熠熠生辉。

我们要明白，房间的门尚未半开，光线只不过是一盏新灯发出来的，我们今天的世界仅是知识的开端而已。

17. 众神与星辰、僧侣与国王

17.1 僧侣在历史中出现

当我们把注意力集中在开始于埃及和美索不达米亚的人类新的聚居地时，我们发现在所有这些城市中最引人注目和最常出现的事物之一是一座寺庙或一组寺庙。在某些情况下，在这些地区，会有一座皇宫出现在它的旁边，但在同样的情况下，神庙也会在皇宫上方耸立。神庙的存在同样真实地反映了腓尼基的城市以及希腊和罗马的崛起。克诺索斯的宫殿，以其舒适和享乐为标志，与爱琴文明类似的城市同样都设有神龛，在克里特岛也有庙宇，但与宫殿城市不在一起。在整个古代文明世界中，我们都能找到它们；无论原始文明在非洲、欧洲或西亚，凡是原始文明立足的地方，都会出现一座寺庙，在文明最古老的地方，在埃及和苏美尔，庙宇是最显著的事物。当汉诺到达了被认为是非洲的最西端时，他为了拜祭赫拉克勒斯①建立了一座神庙。文明的开始和寺庙的出现在历史上是同步

---

① 赫拉克勒斯：古希腊神话中的大力神。

的。历史中的城市常常是在寺庙周围兴起的。

在所有这些寺庙里都有一座神殿；神殿之下，通常有一个巨大的人物，通常是某种半兽形的怪物，在他面前有一座祭坛。然而，在希腊和罗马的寺庙中，这一形象通常是一种人类形式的神像，这个人像要么被视为神，要么被视为神的雕塑或象征。因为这个庙宇就是为供奉这个神而设立的。与庙宇相连的是许多男女祭司和圣殿之仆，他们通常穿着独特的服装，构成城市人口的一个重要组成部分。他们不属于任何家族，而是自成为一种新的家族。他们是另外一个种姓、另外一个阶级，是从普通市民中有智慧的人中吸收进来的。

这些祭司的主要职责是祭祀和祭祀神殿的神。这些事不是在任何时候，而是在特定的时间和季节里完成的。在人类的生活中，伴随着放牧和耕作，一种一年中不同时期的差异感和一天中不同时间的差异感应运而生。人们先开始工作，然后需要休息几天，于是这座庙宇便按着节日来计算时间。古代城市里的庙宇就像书桌上的时钟和日历一样。

但除了进行季节祭祀和历法记录这些主要的活动，寺庙还是其他功能的中心。古代寺庙中保存着记录的案件和记事的符木，在庙宇里也开始了文字和知识的发展。人们不仅一起去寺庙过节，而且还单独去寻求帮助。早期的牧师又是医生又是术士。在最早的寺庙里，我们已经找到了像为了某种私人的和特殊的目的而供奉的小祭品，这在目前天主教教会的小教堂里仍有出现。那些形如受慰的心脏和恢复的四肢的小模型，被用以表示对祈祷如愿以偿的感谢。

很明显，在早期游牧民的生活中，随着社会从野蛮状态发展到文明的定居状态，相对来说不重要的元素，如巫医、神龛管理者、术士，从随遇而安的生活发展成为有条不紊的工作。他们作为社会发展的一个部分，已成为极为重要的人物了。同样明显的是，那些原始的对异类的恐惧（以及想从它们那里求得援助的期望），对未知力量的渴望，对净化的原始渴望以及权力和知识的原始渴望，都促成了寺庙成为新的社会事实的具体化。

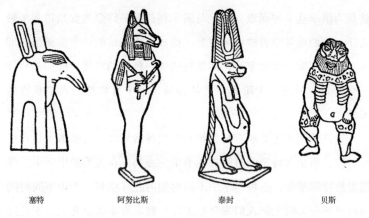

塞特　　　　阿努比斯　　　　泰封　　　　贝斯

埃及诸神

寺庙是由复杂的需求而积累形成的，它从许多根源和需求中成长起来，里面供奉的男女神是各种幻想的体现，是由各种冲动、观念和半成熟的观念创造出来的。

这个神受到这种观念支配，那个神则受到那种观念支配。我们有必要强调一下神在起源问题上的混乱而又纷杂的说法。因为目前存在着非常丰富的关于宗教起源的文献，因此某些作者坚持这一种主导思想，有些又坚持那一种主导思想——在本书"早期思想"一章中就指出过好几种——就好像他们的各自主张就是唯一的思想。例如，马克斯·穆勒教授在他那个时代就一直在喋喋不休地谈论太阳故事和太阳崇拜。他似乎想让我们认为，早期的人类从未有过欲望或恐惧、对权力的渴望、噩梦或幻想，但一直在冥想天空中仁慈的光和生命之源。现在，日出与日落是日常生活中的美景，但这不过是许多事实中的两个而已。早在三四百个世代以前，早期人的大脑和我们的非常相似。我们童年和青年时代的幻想也许是我们了解早期宗教的最好线索。任何能回忆起这些早期精神经历的人都很容易理解最初的神为什么是模糊不清、怪诞、毫不相同的了。毫无疑问，在神庙历史早期，有太阳神，也有河马神和鹰神，有母牛神，有奇形怪状的男神和女神，有恐怖的神和可爱的神，还有从天空掉落下来的陨石、什么都不是的神。而那些仅仅是天然石头的神，却恰巧有了一个奇特而令人印象深刻的形状。有些神，比如巴比伦的马尔杜克和腓尼基人与迦南人的巴力等，很可能就是最底层的传奇人，像今天的儿童们自己会虚构的那样。据说，定居下来的部族只要想出一个神，就会为神创造出一个妻子。埃及人和巴比伦的大多数神都是结婚了的。但游牧闪米特人的神就没有这种结婚的倾向。大草原上食物匮乏的游牧民似乎对孩子们不太喜欢。

与为神配妻相比，更为自然的便是为神寻找到一个寓所，然后可以把供奉的祭品送到那里。在这样的地方，像术士这样有见识的人，自然就成了看守人。某种隔离、某种冷漠，会大大增加神的威信。随着农业人口的定居并繁衍生息，早期的神殿和早期的僧侣地位的发展是很自然和可以理解的，一直发展到长形庙宇的阶段，这种建筑里神像、神龛和祭坛设在庙宇的一端，并设长形中殿，用来容纳站立的礼拜者。这种寺庙，因为有记录和秘密，因为是权力、告诫和教诲的中心，因为它寻求并吸引富有想象力和聪明的人来为它服务，所以便自然地成为成长中的社会的一种头脑。耕种和放牧的普通人对寺庙保持着纯粹的信任态度。在寺庙里住着神，但很少有人看见他。神的赞许给人们带来繁荣，神的愤怒则意味着不幸。人们可以得到一些小礼物的安慰，也可以得到神的帮助。神是了不起的,有如此这样的能力和知识,即使在思想上也不会有不尊重的想法。然而,在僧侣中,某些人在一个更高的层次上进行着一定程度的思考。

17.2 僧侣与星辰

我们可以在这里注意到一个关于埃及主要寺庙、我们所知道的巴比伦主要寺庙(因为其遗迹并不明显)的非常有趣的事实,那便是它们均为"定向"的,也就是说,相同类型神庙的神龛和入口始终朝向同一方向。在巴比伦的神庙里,通常朝着正东方,这个方向就是3月21日春分和9月21日秋分时的日出方向;值得注意的是,春分时幼发拉底河和底格里斯河开始泛滥。埃及的吉萨金字塔也是东西朝向的,狮身人面像朝向正东方,但尼罗河三角洲南部的许多埃及神庙并不是面朝正东,而是面朝夏至时的日出方向。在埃及,洪水就在夏至之后到来。不过,有的神庙的方向几乎朝向北方,而有些神庙又是面朝天狼星升起的方向,或其他引人注目的星辰升起的方向。方位的事实与早期出现的各种神与太阳以及各种固定的恒星之间的密切联系有关。不管外面的人在想什么,神殿的祭司们开始把那些天体的运动与神殿的力量联系起来。

他们在思考他们所服务的神,并在其身上思考新的意义。他们在琢磨星辰的奥秘。他们很自然地认为,这些光彩夺目的天体,如此不规则地分布着,如此庄严而安静地旋转着,必然为人类带来预兆。

除此之外,寺庙还在庆祝重大节日的庆典上发挥着作用。一年之中只有这一个早晨,在仲夏太阳升起的地方的神庙中,太阳的第一缕光线会穿透寺庙的阴暗处照进矗立着柱子的长廊,照亮祭坛上的神像，使其荣耀光辉。这座古老的神庙狭窄而黑暗，似乎是为达到这种效果而精心设计的。毫无疑问，在黎明前，人们聚集在黑暗中；在黑暗中，有人在吟唱，也许还供奉祭品；只有神像站着，无声也看不见。人们会做祈祷和召唤。然后，当太阳升起到祈祷者的身后时，由于黑暗人们的眼睛变得敏感，于是神像会突然发光。

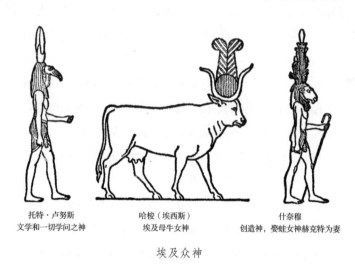

托特·卢努斯
文学和一切学问之神

哈梭（埃西斯）
埃及母牛女神

什奈穆
创造神，婴蛙女神赫克特为妻

埃及众神

关于这个问题，专门研究定向的天文学家诺曼·洛克耶[①]爵士至少能够给出一个解释。不仅在埃及、亚述、巴比伦和东方的大多数神庙中方位是如此的明显，希腊的庙宇也是如此。巨石阵面向仲夏日出，欧洲大部分巨石环也是如此，北京的天坛则面向冬至时日出的方向。直到20世纪初期，帝制时代的中国皇帝最重要的职责之一就是在冬至之日在这座寺庙里祭祀祈祷，以度过吉祥的一年。

埃及的祭司们已经将星辰绘制成了星座图，并在公元前3000年就将黄道带分为十二个星座了。

[①] 诺曼·洛克耶：英国科学家、天文学家。

17.3 僧侣与知识的曙光

对天文学的调查和天文学思想的发展,是古代寺庙内部存在相当活跃的思想活动的最明显证据。许多现代作家都有一种奇怪的倾向,即贬低僧侣,谈论牧师,就好像他们一直都是骗子,在压榨着淳朴的人们。但事实上,长期以来,他们是唯一的能够进行写作的人士,唯一的能够阅读的人士,唯一的有学问的人,唯一的思想家;他们都是当时的专业人士。除了通过神父的身份,你根本不会有知识方面的生活,也无法接触到文学或任何知识。这些寺庙不仅是天文台、图书馆和诊所,还是博物馆和宝库。《汉诺历险记》的原稿就挂在迦太基的一座神庙里,他描述的捉回来的"大猩猩"的皮被放在另一座神庙里。凡是在部族里能够发现的东西,都是有价值的东西。希罗多德,早期希腊历史学家(公元前485—公元前425年),从他旅行的国家的神父那里收集了他的大部分材料。这些神父对他十分慷慨,并把他们非常可观的资源完全交给了他。在寺庙外,世界仍然是知识贫乏、不懂世故的,人们每天都在为自己生活。此外,几乎没有证据表明,平民感觉到了被神职人员欺骗;或者说,除了对神职人员只有信任和感情,再也没有别的想法了。即使是后来的伟大征服者,也因为这些神父的广泛影响,急切地想让自己站在他们渴望征服的国家和城市的神父一边。

神庙与神庙、祭祀与祭祀之间,在神职人员的精神和素质上无疑存在着很大的差异。有些神职人员可能是残忍的,有些可能是恶毒贪婪的,但绝大部分都是死板且教条主义的,对传统的反应都是十分愚钝的,但必须记住,神职人员的退化或低效是存有着明显限制的。他必须牢牢抓住一般人的思想。他不能超越人们对黑暗或光明所能忍受的一般限度。最后,他的权威在于说服人们相信其活动是有益处的。

17.4 国王与僧侣的对抗

最早的文明政府基本上是僧侣政府。最初并不是国王或首领让人们耕耘，过上安定的生活的。这是通过神意传达了富足的思想，进而默许人们进行耕耘劳作。我们所知道的苏美尔早期的统治者都是神职人员，只是因为他们是神职人员的领袖才成为国王。僧侣政府既有其自身的弱点，又有其独特的根深蒂固的力量。神职人员的权力仅能统治其部族的人。这是通过神秘的恐惧和希望而屈服的。神职人员可以聚集起来发动战争，但是神职人员的传统和工作方式都不适合带领军队，没有了敌人，神职人员带领的百姓就是软弱无力的。

此外，神职人员是一个进行了宣誓、受训和奉献的人，是一个属于特殊军团的人，必然具有强烈的团队精神。他把自己的生命献给了他的神庙和神。这对他自己所处在的神职体系和寺庙的内在活力而言，是一件极好的事情。他生前或死都是为了纪念他的神。但在另一个城镇或村庄里，有另一座寺庙与另一位神同在，他总是全神贯注地不让他的子民接触其他地区的神。宗教崇拜和神职人员本质上是宗派主义者；他们会影响他人改变信仰，但他们永远不会联合。我们对苏美尔事件的第一印象是，在人类历史开始之前，在暗淡的不确定的光中，神职人员和神灵之间发生了冲突；直到苏美尔人被闪米特人征服，他们再也没有联合起来；同样无法缓和的神职人员间的冲突也伤及了埃及所有的神庙遗迹。

亚述国王及其宰相

正是由于所有神职人员的两个主要弱点,即缺乏有效的军事领导能力,以及他们不可避免地嫉妒所有其他宗教信仰,才产生了世俗王权。外敌要么占了上风,立了一个人民的王,要么不肯让步的神职人员立了一个共同的作战首领,在和平时期或多或少地保留着一些权力。这位世俗的国王培养了一批身边的官员,并开始参与军事组织方面和管理人民事务方面。因此,在神职人员的成长过程中,除神父之外,国王出现在人类历史的舞台上,而人类随后的大量经验只能被理解为在神庙与宫廷这两个体系之间的无意识的或蓄意的,精心、复杂和变幻莫测的关于人类控制权的斗争。正是在最初的文明中心,这种对立才得到最彻底的发展。野蛮的雅利安人最终成为东方和西方世界所有古代文明的主人,他们在走向文明的道路上从未经历过寺庙统治的阶段,他们进入文明的时间较晚,出场时这场斗争已经进行到一半了。他们从被征服的、但更为文明的含米特人或闪米特人手中接过了神庙和王权的思想，而这些思想已经被发展得很精细了。

在美索不达米亚文明的早期历史中，神和僧侣的重要性是非常明显的，但渐渐地宫廷占据了上风，最后处于一个争取绝对的最高权力的位置。起初，在这个故事中，宫廷面对神庙时，既没有知识也没有朋友，因为只有神职人员才有知识，而且人们非常害怕他们。但在各种崇拜之间的纷争中，宫廷的机会来了。从其他城市，从俘虏中，从被击败或被镇压的宗教崇拜中，宫廷得到了不仅能够读书还会巫术的人，因此宫廷也成为写作和记事的中心。国王为自己着想，变得有政治性。商人和外国人变得支持宫廷了，尽管国王没有完整的知识，也没有神父那样的学识，但他对许多事情的第一手知识会更广泛、更新鲜。神父很小的时候就进了神庙，并以一个新人的身份经历多年，而学习原始时代笨拙的字母的道路是缓慢而艰苦的。后来他变得博学而有偏见，但不是一个世俗的人。一些比较积极的年轻神职人员甚至会对国王的仪式投以嫉妒的目光。在这部古老的戏剧中，在神父和国王的外在冲突之下，在后天成才和天生有才的人之间，在博学和创新之间，在以既定的知识和固定的规则为一方而以创造性的意志和想象力为另一方之间，斗争的戏份正在上演着，这是一个复杂而变化的过程。正如我们稍后将要发现的那样，并非所有的神职人员都是保守而缺乏想象力的对手，有时国王会与狭隘且难应付的神职人员斗争，有时神职人员会与野蛮的、自私自利的或反动的国王维护文明的标准。

在政治斗争的初期，公元前4000年到亚历山大时代，有一两个突出事件是我们需要注意到的。

17.5 马尔杜克神是如何与国王斗争的

在苏美尔和阿卡德的早期，城邦的统治者是神职人员，而不是国王，只有当外国征服者试图在现行体制中确立自身地位时，牧师和国王的区别才变得明确。但他们所祭祀的神仍然是这片土地真正的霸主，也是国王的主宰。神职人员是全部领土的地主，他所拥有的财富、寺庙等设施的豪华程度胜于国王，尤其是在城墙内。汉谟拉比，第一个巴比伦帝国的创始人，是早期的国王之一，我们发现他牢牢掌握了社会事务。他对诸神非常客气，在记录他在苏美尔和阿卡德的灌溉工作的铭文中，他在开头写道："当阿努和柏儿委托我统治苏美尔和阿卡德时"。我们拥有同一个汉谟拉比制定的法典，这也是世界上已知最早的法典，在该法典的开头有一幅画，我们看到汉谟拉比从名义上的颁布者，即沙玛什神那里接受这部法典。

在征服任何一座城市的过程中，一个具有重大政治意义的行动是将该城的神像移到征服者的庙中作为一个从属的神。这是比一个国王征服另一个国王更为重要得多的事情。巴比伦的主神马尔杜克的神像，被埃兰人掠走，在它被送返以前，巴比伦一直没有感到独立自主过。但是，有时候征服者惧怕他所征服的神。在前面已经提到过的在埃及的泰尔-埃尔-阿马纳城收藏的写给阿梅诺菲斯三世和四世的信札中，有一封是米坦尼国王图什拉塔的信，他征服了亚述，并拿走了女神伊什塔尔的雕像。显然，他把这尊雕像送到埃及，一方面是为了承认阿梅诺菲斯的霸主地位，另一方面是因为他害怕阿梅诺菲斯的愤怒。在《圣经》中有这样的记载（《撒母耳记上》第五章第一节），腓力斯人把希伯来神的约柜，作为征服的象征,抢夺过来送到阿什杜德①的鱼神庙里去了,后来鱼神庙倒塌压坏了约柜,阿什杜德的人们随之受到了疾病的打击。尤其是在后一个故事中,神灵和神职人员占据了整个场景,国王的身影彻底消失不见了。

在巴比伦和亚述帝国的历史上,似乎没有一个君主感觉到在他"握过柏儿的手"之前,也就是说,在他被柏儿的神职人员所收养,变成神之子和代表之前,觉得他的权力在巴比伦是稳固的。随着我们对亚述和巴比伦历史的了解越来越清楚,我们越来越清楚地看到,这个世界的政治、革命、篡位、王朝更迭、与外国势力的勾结,很大程度集中在了富有的神职人员和日益增长但仍显实力不足的君主制之间的斗争。国王依靠自己的军队,这通常是一支由外国人组成的雇佣军,如果没有报酬或掠夺,他们很快就会暴动,而且很容易被收买。在亚述帝国君主中,我们已经提到过萨尔贡二世的儿子辛那赫里布的名字。辛那赫里布和巴比伦僧侣界曾陷入了剧烈的冲突,他从来没有"握过柏儿的手"。最后,辛那赫里布彻底摧毁了巴比伦城的圣地(公元前691年),把马尔杜克塑像移到亚述,以此打击巴比伦的神权力量。但他被一个儿子谋杀了,他的继位者阿萨尔哈东(他的儿子,但并不是杀害他的那个儿子)认识到,归还马尔杜克并为它重建神庙与之和好,这种做法对自己是有利的。

从僧侣界和国王关系的角度出发,阿萨尔哈东的儿子亚述巴尼拔(希腊语称"萨尔丹那帕勒斯")是一个非常有趣的人物。他的父亲与马尔杜克的牧师和好如初,以至让他接受了巴比伦的教育,而不受亚述人的军事教育。之后他成为一个伟大的泥板文献收

---

① 阿什杜德:以色列西岸港市,位于特拉维夫-雅法以南不远。

藏家。他的图书馆已经考古发掘出土，向世界展现出了最珍贵的史料。他虽学了许多，却仍紧紧抓住亚述人的军队；他暂时攻占埃及，镇压巴比伦的叛乱，又多次成功地远征。正如我们在第14章所说，他算是亚述王朝的最后一个国王。雅利安人的部族，他们对战争的了解比神职人员的手艺还多，尤其是斯基泰人、米堤亚人和波斯人，早就从北方和东北方向亚述施压。米堤亚人和波斯人与南方游牧的闪米特人中的迦勒底人结成联盟，以便联合起来毁灭亚述。公元前606年，亚述首都尼尼微被这些雅利安人攻陷了。

雅利安人攻占尼尼微，把巴比伦留给闪米特人中的迦勒底人67年之后，迦勒底帝国（第二巴比伦帝国）最后一个国王伯沙撒的父亲那波尼德斯，被波斯人居鲁士推翻了。这个那波尼德斯也是个受过高等教育的国王，他对世界有着太多的智慧和想象力，但面对国际事务时却缺乏智慧。他进行了古代研究，因此我们才能知道萨尔贡一世的年代是公元前3750年。至今这个时间仍为许多学术权威所接受，他本人也对于这个考证十分骄傲，并留下铭文将其记录下来。很明显，他是一个宗教创新者；他建造和重新安排了寺庙，并试图通过把一些当地的神带到马尔杜克神庙来集中巴比伦的宗教。毫无疑问，由于这些崇拜相互冲突，他意识到了帝国的软弱和不统一，并在他的头脑中形成了统一的概念。

事态发展得太快了，他的新观念显然引起了柏儿牧师的怀疑和敌意，他们站在波斯人一边。"没有经过战斗，居鲁士的士兵就进入了巴比伦"，那波尼德斯成了阶下囚。波斯哨兵被安置在柏儿神庙的大门前，"在庙内祭祀仪式在不间断地继续进行"。

事实上，居鲁士的确是由于得到了马尔杜克神的祝福才在巴比伦建立了波斯帝国。他把当地的神灵带回他们的祖庙，满足了神职人员的传统，又使犹太人回归耶路撒冷。这些对他来说只是直接的政策问题。但在引进不信教的雅利安人时，神职人员的古老智慧却在维护其神庙地位的事项上付出了过高的代价。更明智的做法是顺应那波尼德斯这个认真的异教徒的创新，倾听他的思想，满足不断变化的世界的需求。居鲁士在公元前539年进入了巴比伦，公元前521年，巴比伦再次起义。公元前520年，大流士，即另一个波斯国王，正在拆毁巴比伦的城墙。200年之内，关于马尔杜克神礼拜的庄严仪式完全结束了，神庙被建筑工人们用作了采石场。

17.6 埃及的神王

在埃及，神职人员和国王的故事与巴比伦的故事相似，但绝不是平行发展、完全一致的。苏美尔和亚述的国王是神职人员，他们都做了国王，他们是世俗化的神职人员。埃及法老似乎并没有完全遵循这条路线。在最古老的记录中，法老的权力和重要性超越了所有的神职人员。事实上，他是一个神，而不是神父或国王，我们不知道他是怎么到那个位置的。苏美尔、巴比伦或亚述的国王都不可能诱使他的人民为他做第四王朝的大金字塔建筑法老让他们的人民在这些巨大的建筑中所做的事。早期的法老可能被认为是主神的化身，因为巨大的齐夫林头部塑像后面踞坐着鹰神荷鲁斯。因此，在第十九王朝的拉美西斯三世的石棺（现存剑桥）上的像具有埃及体系三大神明的独特符号。他手上拿着日神和复活神奥西里斯的两个权杖，头上戴着代表母爱与幸运的女神哈梭尔的角，还有阿蒙拉神的日球和羽毛。这些神的象征在他的身上，不单单就像一个虔诚的巴比伦人戴上象征马尔杜克的饰品那样，它本身就是三神合一的。

我们还发现了一些雕塑和绘画来强化法老是真正的神之子的想法。例如，在卢克索发掘出来的一组雕刻非常细致地显示了阿梅诺菲斯三世（第十八王朝）出生和被天神认为子的情景。此外，有人认为法老是如此神圣的一个血统，不能与普通人结婚。因此他们习惯于在现在明确禁止的血缘关系范围内结婚，甚至与他们的姐妹结婚。

齐夫林像

关于阿梅诺菲斯四世与神职人员的斗争，尤其是卡纳克之主阿蒙拉神与神职人员之间的斗争，有一个非常有趣的描述。阿梅诺菲斯四世的母亲不是法老的后裔，他的父亲阿梅诺菲斯三世似乎与一个名叫提伊的美丽的叙利亚人相爱，马斯佩罗教授发现阿蒙拉神的神职人员可能会反对这位王后，也可能会对这位王后感到恼怒，这是争吵的开始。他认为，她可能激起了她儿子对阿蒙拉神的狂热仇恨。但阿梅诺菲斯四世可能有更广阔的视野，就像一千年后的巴比伦的那波尼德斯一样，他可能也考虑到了帝国内精神上统一的问题。我们已经注意到，从埃塞俄比亚到幼发拉底河，阿梅诺菲斯三世统治着幼发拉底河，在泰尔-埃尔-阿马纳城发现的他和他儿子的信件中显示出他非常广泛的兴趣和影响力。无论如何，阿梅诺菲斯四世下令关闭埃及和叙利亚的所有寺庙，结束他整个统治区的所有宗派崇拜，并在各地建立对一个神的崇拜，那就是太阳神阿吞。他离开了首都底比斯，因为那里比后来的巴比伦更像阿蒙拉神的城市，是马尔杜克神的城市，他在泰尔-埃尔-阿马纳建立了自己的首都，并把自己的名字从"阿梅诺菲斯"改为"埃赫那吞"，即意为太阳的荣耀，把自己奉献给了阿蒙（阿门）。他在18年里一直反对帝国的所有神职人员，几年后，法老去世了。

拉美西斯三世作为俄赛利斯的象征，左右是纳夫底斯和埃西斯两个女神。

被视为奥西里斯神的象征的拉美西斯三世（石棺浮雕）

在棺盖周围可以识别的雕刻铭文内容如下：

"奥西里斯，上埃及和下埃及的国王，两个国家的主……太阳的儿子，众神之爱，王冕之主，拉美西斯，赫利奥波利斯王子，胜利！你是在神的状态下，你会像我们一样出现。你所向披靡，我保佑你在他们的中间取得胜利……"

（巴奇，剑桥菲茨威廉博物馆埃及卷集目录）

人们对阿梅诺菲斯四世或埃赫那吞的看法分歧很大。有人认为他是他母亲憎恨阿蒙的产物，是一个美貌妻子的优柔寡断的配偶。当然，他非常热爱自己的妻子，他向她表示了极大的尊敬（埃及一直尊敬妇女，在不同的时期内还由几个王后统治过），这表现为一个妻子坐在他膝盖上的雕像的样子，而另一个雕像则被塑造成坐在战车上亲吻她的样子。但生活在女人支配下的男人，在面对一个伟大的帝国，面对他们国家中最有影响力的组织机构的强烈敌意时，是难以维系的。其他人则把他描述成一个"阴郁的狂热分子"，但婚姻幸福在忧郁的狂热者中是罕见的。把他当作拒绝做神的法老是更合理的，这不仅仅是他的宗教政策和对自然情感的坦诚表达，似乎还标志着一个强大的、非常原始的个性。他的美学思想是他自己的，他拒绝将自己的肖像画成法老神惯常的光滑而美丽，他的脸隔着34个世纪的时间注视着我们，这是一个神性冷淡的人。

18年的统治还不足以进行埃赫那吞所设想的革命，他的女婿继承了他的王位，回到底比斯，同阿蒙拉神达成了和解。

在故事的最后，国王的神性一直困扰着埃及的思想，并感染了理智上更健康的种族的思想。当亚历山大大帝到达巴比伦时，马尔杜克神的威望早已远去，但在埃及，阿蒙拉仍然是神，足以使进行征服的希腊人看上去庸俗无比。大约在第十八王朝或第十九王朝（约公元前1400年）时期，阿蒙拉神的神职人员在沙漠的绿洲中设立了一座寺庙和神谕庙。这里有一个神的形象，它可以说话，可以移动头，能够接受或拒绝在调查纸卷上写字。这个神谕在公元前332年仍然兴旺发达，与之相关的是，那位年轻的世界主宰即亚历山大对它进行了一次特别的访问，他来到了圣所，神像从黑暗中走出来迎接他。

阿克何纳托像

按照马斯佩罗教授的说法，他们互相行了礼，神说道："来吧，我所生下的儿子，你这样爱我，所以我把阿蒙拉神和荷鲁斯的王权交给你！我赐你勇敢，让你使万国万教都匍匐在你脚下，我赐你用你的行动将万民联合。"

于是埃及的神职人员征服了他们的征服者，一位雅利安人的国王首先成为一位神。

17.7 秦始皇焚诗书

中国僧侣和国王的斗争在这里就不展开讨论了。在中国，情况又是与埃及和巴比伦不同，但我们发现在统治者身上也出现了类似的努力，那就是试图打破将人民分裂开的传统。中国皇帝即天子，他自己就是大祭司，他的主要职责之一就有祭祀。在中国历史上更为混乱的阶段，他停止统治，只管继续祭祀。文人阶层很早就与僧侣阶层分离开了，它成为一个为当地国王或统治者服务的官僚机构，这是中国历史与西方历史的根本区别。当亚历山大统治西亚时，在周朝最后一位神权皇帝的统治下，中国陷入了一种混乱状态。每个身份都各自为政，推行着不同的传统，匈奴人则在各个领地之间蔓延。秦王（在亚历山大大帝死后约80年）对这片土地上由传统造成的祸乱印象深刻，他决心摧毁整个中国的文献，而他的儿子秦始皇（即世界第一个皇帝），则努力寻找并摧毁所有现存的经典。这些书籍在他统治的时候消失了，他没有按照传统进行统治，因此中国成为一个存在几个世纪之久的统一体。但当他去世后，隐藏的书籍又出现了。中国依旧保持统一，虽然不是在他后代的统治下。在经历了一个新王朝的内战后，汉朝（公元前206年）掌政，而且汉朝第一位皇帝没有支持秦始皇反对文人的运动，他的继任者与文人和睦相处，恢复了经典古书。

18. 农奴、奴隶、社会阶层与自由人

18.1 古代的普通人

在过去的4章中，我们已经描述了文明国家是从原始的新石器时代的农业发展起来的。这大约是从15000年前的美索不达米亚开始的。它最初是一种园艺而不是农业。最初也是先用的锄头再用的犁。它最初也是对绵羊、山羊和牛的补充，使得血缘部落的"生活"成为可能。我们已经追溯了从第一个定居村落发展成有较多人口的城镇的大致轮廓，以及了解了乡村神龛和巫医成长为城市寺庙以及祭司的轨迹。我们已经注意到了有组织的战争的出现。首先是村庄之间的零星械斗，然后就演变成了各个城市宗教领袖之间的更加有组织的斗争。我们的故事发展迅速。到了公元前6000或公元前7000年在苏美尔有了第一次征服，建立帝国，再成长为一个伟大帝国。它所拥有的道路和军队、铭文和书面文件以及受过教育的祭司、国王都是以古老的传统作为支撑的。我们已经追溯了这些伟大河流帝国的表象、冲突和更替。我们还应特别注意到更广泛的政治思想发展的证据，因为我们发现那波尼德斯和阿梅诺菲斯四世的

行为和言论有所流露。它概述了人类经历一万年或一万五千年的积累，与之后的历史相比，这段时间是非常长的，但是对于我们与第一个在更新世晚期使用燧石的人形生物之间的时代继承来说就是非常短暂的一刻。但是在此之前的4章中，我们几乎不写关于全体人类的内容，仅仅关注那些思考的人，那些会画画、读、写，以及那些改变了世界的人。在他们的活动之下，沉默的普通民众的生活又是怎样的呢？

当然普通民众的生活受到这些事物的影响并改变，就像家庭、动物和乡村的耕种都发生了变化一样。但在大多数情况下，在这片土地上的普通民众无法发声、没有意志，这更像一种苦难而不是一种变化。对他们而言，阅读和写作都不存在。他们继续照料自己的土地，关爱妻子和孩子，拍打狗，喂养牲畜，在困难时期抱怨，对祭司的神奇以及神灵的力量感到恐惧，除担心权力施加于他们之外别无所求。那是在公元前1万年。在亚历山大大帝的时代，他们的性情和外貌都没有改变，在今天的世界大部分地区依然存在。他们有着更好的工具、种子、方法、一个像样的房子。随着文明的进步，他们在一个更具规模的市场上出售产品。当人们不再徘徊时，某种自由和平等就会从人的生命中消失。人们为了安全、住所和充足的食物而献出了自由。不知不觉，人们发现园地不是自己的，它属于上帝，于是他们不得不将一小部分产品交给上帝，或者上帝把这个权力交给了国王，国王因此收取了他们的租金和税收。或者国王把它交给了一位官员，他就是普通民众的首领。有时上帝或者国王或者贵族都有一些工作需要完成，所以普通民众就不得不离开他们的土地，去为他的主人工作。

古代亚述人所耕种的土地到底有多大，对他们而言从来都不太清楚。这片土地似乎是作为一种永久产权被占有，而占据者需要纳税。在巴比伦土地是归神所有的，他允许农民在上面劳作。在埃及，寺庙或法老或法老之下的贵族是这些土地的拥有者和出租者。但这些土地的耕种者不是奴隶，他们是农民，只与土地相连。他们除自己以外别无他物，除耕种之外别无他法。他们住在一个村庄或城镇，然后出去工作。起初，这个村庄通常只是一个家族领袖下的相关人员的大家庭，早期的城镇是长老下的一群家庭成员。随着文明的发展，虽然没有任何奴役的过程，但是首领或长老在权力和权威中成长，普通人没有跟上他们的步伐，由此形成了依赖和从属的传统。

总的来说，普通民众很可能满足于生活在首领或国王或上帝之下并服从他们的吩咐。这种状态更为简单也更为安全。所有的动物和人一开始都是依靠别人生活的。大多数人从不怀疑对于"接受统治才能获得保护"的规则。

18.2 最早的奴隶

早期的战争并不涉及遥远或长期的战役，而是由普通民众的征费发动的。但是战争带来了新的财产来源即掠夺，和新的社会因素即俘虏。在早期的简单的战争中，留下被俘虏的人，只是为了被折磨或牺牲给得胜的神；被俘虏的妇女和儿童被吸收进了部落。后来，许多俘虏因为有特殊的才能或特殊的技艺而被释放为奴隶。这些奴隶最初是由国王和首领们控制的，他们很快就会明白，这些人比农民或者同种族的普通大众更能为我所用。奴隶可以被命令为他的主人做各种各样的事情；而这种事情一般人是不愿意做的，因为他们还拥有自己的一小块土地。早期的工匠常常是家庭奴隶，进行商品贸易或陶器、纺织品、金属制品等的制造，比如在克诺索斯的米诺斯的城市里,奴隶产业可能在此蓬勃发展。塞斯[①]在他的《古巴比伦人和亚述人》中,就引用了巴比伦人关于奴隶贸易和奴隶产品开发的协议。

奴隶的繁衍和债务奴隶的增加都会扩充奴隶的人口。随着城市的扩大,更多的新人口很可能就由这些奴隶工匠和大家庭中的奴隶仆人组成。他们绝不是卑贱的奴隶;在后来的巴比伦,他们的生命和财产受到详细法律的保护。他们也不都是外地人。

埃及农民(金字塔时代)

父母可能会把孩子卖给奴隶,失去父母的兄弟姐妹可能会把其中的女性卖为奴隶。没有谋生手段的自由人甚至会把自己卖为奴隶。变成奴隶是破产负债者的宿命。手艺学徒,又是一种固定期限的奴隶制度。在奴隶中,通过逆向的过程产生了自由的男人和自由的女人,他们为工资而工作,拥有更明确的个人权利。在巴比伦,奴隶可以拥有自己的财产,许多奴隶都存钱为自己赎身。城里的奴隶通常比耕种者过得更好,并且实际上和他们一样自由。而随着农村人口的增加,他们的子女开始与越来越多的工匠混在一起,并壮大他们的队伍,有些是受束缚的,有些是自由的。

[①] 塞斯:英国亚述学家、语言学家。

随着政府的规模和复杂性的增加，家庭的数量成倍增加。国王之下的大臣和官员在增加，寺庙之下的僧侣也在增加。不难看出，房屋和土地将越来越明显地成为占领者的财产，并越来越明显地与最初的所有者——神疏远。埃及和中国的早期帝国都进入了封建阶段，在这个阶段，原本是官方的家族，在一段时间内变成了独立的贵族家族。在巴比伦文明的后期，我们发现在社会结构中出现了越来越多的有产阶级，既不是奴隶，也不是农民，也不是牧师或官员，而是这些人的寡妇和后裔，或是成功的商人，以及一些随从。商人们从外地而来。巴比伦有很多阿拉姆人的商队，他们有许多财物，又有奴仆、自由人和各样的雇工。他们的记账是一项严肃的工作，涉及在一个巨大的陶罐中储存大量的陶片。在这些有着自由人的团体之外，还会有商贾、小商贩等职业，他们会满足这些人的日常生活所需。例如，塞斯提供了建立和储存酒馆和啤酒厂的协议的证明。那个当事件发生时碰巧在附近的行人，已经出现了。

但另外一种并不那么友善的奴隶制也出现在古老文明中，那就是帮派奴隶制。如果它没有在城市中占很大比例，那么在其他地方就很明显了。首先，国王是首席企业家。他建造运河并组织灌溉（如上一章提到的汉谟拉比的产业）；他利用矿山；他似乎（例如在克诺索斯）组织了出口制造业。第一王朝的法老们就已经开始开采西奈半岛上的铜矿和绿松石矿了。在许多这样的目的下，奴隶集团比国王自己的奴隶更加便宜也更易于控制。从很早的时候起，奴隶们就可能被用于大型船舶的划桨工作了，尽管托尔在《古代船舶》指出，直到伯里克利时代（公元前450年），自由的雅典人都不能胜任这项任务。国王还发现奴隶为他的军事远征提供了便利。他们是被选拔出来的人，他们不考虑回家，因为他们无家可归。法老们在努比亚狩猎奴隶，目的是组成黑人部队远征叙利亚。与这些奴隶部队密切相关的是野蛮的雇佣军，国王们不是强迫他们为自己服务，而是在需要的情况下，通过食物或许诺掠夺来贿赂他们。随着旧文明的发展，这些雇佣军逐渐取代了旧秩序中的义务征兵，被奴役的团伙劳动力成为经济体系中越来越重要和标志性的因素。从矿山、运河和修筑城墙开始，奴隶团伙逐渐发展为农耕者。贵族和神职人员在他们的土地上采用工奴制度，在这种情况下，种植园主开始驱逐一些主要工作是进行作物耕种的农奴……

船夫们的争斗（金字塔时代）

18.3 最早的自由人

接下来的几段，我们描述拥有简单社会结构并处于发展早期的苏美尔城市中复杂的城市人群。这些众多的个体有着不同种族、传统、教育和职能，拥有不同的财富、自由、权力和功能。在公元前几千年的大城市中最引人注目的是逐渐增加的不同的群体，我们可以称之为自由人。这些独立的人既不是牧师，也不是国王、官员、农奴、奴隶，他们都没有工作的巨大压力，他们也有时间阅读和交流。他们与社会保障和私有财产的发展相伴而生，制式货币和金融也随之发展起来。阿拉曼人和类似闪米特人的商人的活动导致了信贷和货币证券组织的建立。在早期，除了一些动产，几乎只有土地和房屋的所有权；后来，人们可以存款和贷款，可以远走并在返回时发现自己的财产依然忠实地且安全地被保管。希罗多德就是生活在波斯帝国中期的一个自由人，我们对他很感兴趣，因为他是用批判和智慧的眼光写史的第一批作家之一，他的作品与神学历史、宫廷编年史相比有很大的不同。这里有必要简要地回顾一下他的生活情况。

我们已经注意到公元前539年，居鲁士统治下的雅利安波斯人征服了巴比伦，也延伸到小亚细亚。大约公元前484年，希罗多德出生在小亚细亚的一个希腊城市哈利卡纳苏斯。这里当时处于波斯人的统治之下，并一直接受一个政治领袖或一个暴君的控制。没有任何迹象表明他必须工作谋生或花大量时间管理他的财产。我们不知道他的详细情况，但很明显，在这个希腊小城市里，在外国统治下，他能够获得、阅读和研究几乎所有在他之前用希腊语写成的东西的手稿。他在希腊群岛上自由自在地旅行着，他想住哪儿就住哪儿。他似乎找到了舒适的住处，于是去了巴比伦和苏萨，这是波斯人在底格里斯河以东的巴比伦建立的新都城。他沿着黑海海岸旅行，积累了大量关于斯基泰人的知识，即当时分布在俄罗斯南部的雅利安人。他去了意大利南部，探索了推罗的古迹，在巴勒斯坦沿海航行，在加沙登陆，并在埃及停留了很长时间。他在埃及各地参观寺庙和纪念碑，收集信息。我们不仅从他那里得知，并且从其他证据中佐证，在那些日子里，一群游客或者说一种扮演导游角色的特殊牧师参观了那些更古老的寺庙和金字塔（它们已经有近3000年的历史了）。游客们在墙上涂鸦的碑文至今仍保留着，其中许多已被破译并出版。

随着知识的积累，他设想写一部伟大的波斯征服希腊的历史书。

但为了介绍这一点,他写了一段关于希腊、波斯、亚述、巴比伦、埃及、斯基泰的历史,以及这些国家的风土人情。后来,据说他决定把自己的历史背诵给哈利卡尔那索斯的朋友们听,让他们知道他的历史,但他们无法欣赏。于是他去了雅典,那是当时希腊最繁华的城市。在那里,他的工作受到了热烈的欢迎。我们发现他是一个聪明、活跃的精英圈子的核心,城市管理者为表彰他的文学成就,投票给了他10塔兰特(相当于2400英镑)的奖金……

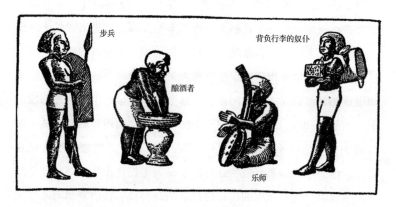

古代埃及下层社会的各种人物雕像(来自坟墓)

但我们不会完成这个最有趣的人的传记,也不会对他喋喋不休、讲故事和最有趣的历史进行任何批评。所有聪明的读者迟早都会读到这本书,书中充满了启发性的错误和博斯韦尔式[1]的魅力。我们在这里给出这些细节,仅仅是为了表明在公元前5世纪,人类事务中出现了一个新的元素。读书写字的专利早已从庙里和书记员的行列中消失了,记录不再局限于宫廷和寺庙。一种新型的人,这

---

[1] 博斯韦尔式:以博斯韦尔写传记的风格进行叙述。

些闲散而独立的人，在问问题，交流知识和观点，启发思想。因此，在军队的行军和国王的政策之下，在文盲和好奇心淡漠的人们的日常生活之中，我们注意到现在终于成为人类事务中占支配地位的力量，即人类的自由和智慧。

关于这种自由和智慧，我们将在下一章讲到爱琴海地区和小亚细亚各城邦的希腊人的时候，做更多的说明。

18.4 3000年前的社会阶层

我们可以在这里根据前两章的讨论，把2500年前到3000年前在巴比伦文明和埃及文明发展过程中构成人类复杂性所积累的主要元素加以分析。在五六千年的时间里，这些元素在世界上伟大的河谷中生长并彼此区别开来。他们发展了各自的精神气质、传统和思维方式。我们今天生活中的文明只是简单延续之前的发展，并让这些关系进行进一步的发展，或者进行重新安排。这是我们继承的世界。只有通过仔细研究它们的起源，我们才能使自己脱离我们所属的特定阶级的偏见和误解，并开始了解我们这个时代的社会和政治问题。

（1）首先是祭司制度，这是原始文明发展的核心和主导思想智慧。在后来的日子里，它仍然是世界上的一种巨大的力量，是知识和传统的主要宝库，对每个人的生活都有影响，它是把社会团结在一起的一种约束力。但它不再是全能的，因为它的本性使它变得保守和不适应。它不再垄断知识，也不再创新。学习已经泄露给了其他不那么有决心和控制欲的人，他们为自己着想。祭司制度有祭司、女祭司、文士、医生、术士、凡人修士、财务官、管理人员、理事，等等。它拥有巨大的财富，并且蕴藏着巨大的价值。

（2）最早反对祭司制度的是宫廷制度。宫廷由一个国王或万王之王领导，他是亚述和巴比伦的领袖，掌管一切。并在埃及有一个神人，他从控制他的牧师手中解放自己。国王身边聚集着他的抄写员、顾问、簿记员、代理人、队长和警卫。他的许多官员，特别是他的省级官员，都有很大的下属机构，并不断倾向于独立。古老河谷文明的贵族阶层起源于宫廷制度，因此，它的起源与早期雅利安人的贵族不同，后者是由长老和领袖组成的共和贵族。

（3）在社会金字塔的底部是社会中最庞大和最必要的阶层，即土地的耕种者。他们的地位因年龄和地域的不同而不同。他们是赋税的自由农民，或神的农奴，或国王与贵族的农奴或佃户，或付地租的佃户。在大多数情况下，税或租金是用农产品支付的。在河谷地区，他们是高水平的耕种者，耕种相对较少的土地；为了村庄的安全，他们住在一起，在维护灌溉渠道和村庄生活的集体意识方面有共同的利益。农耕是一项严肃的活动，四季和收获的夕阳不会等待人类。儿童在很小的时候就可以参与，所以农民阶级通常是受教育程度低、十分辛苦的阶级。因无知和迷信以及季节的不确定性，消息也不灵通，容易使他们吃苦耐劳、消极抵抗。但是他们没有其他目的，只有专注于农作物，同时也努力远离债务或囤积粮食以渡过艰难时节。欧洲和亚洲大部分地区的情况也是如此。

（4）工匠阶级在起源和品质上与土壤耕作者有很大的不同。起初，他们可能是城镇奴隶阶级的一个部分，或是由精通手艺的农民组成的。后来他们努力保持自己的艺术性和神秘感，这是一种在训练之前就应该拥有的技巧。每种技艺都可能发展出某种独立性和某种群体意识。工匠们能够比在土地上劳作的人更容易聚在一起讨论他们的事情，他们能够成立公会来限制产量，维持工资水平，保护他们的共同利益。

（5）随着巴比伦统治者的权力从原来的较好牧区扩展到普通牧区和较不肥沃的地区，出现了一个牧民阶层。就巴比伦而言，他们是游牧的闪米特人、贝都因人，就像今天的贝都因人一样。他们可能像加利福尼亚的牧羊人一样，在大片的土地上放牧羊群。他们中有些人的收入甚至高于农夫。

（6）世界上最早的商人是像推罗人和克诺索斯人那样的领袖，或者是游牧民，他们在原始文明的一个地区和另一个地区之间游荡，搬运和交易货物。在巴比伦和亚述人的世界里，商人主要是闪米特人中的亚兰人，即现代叙利亚人的祖先。他们成为社会生活中一个独特的因素，他们组成了自己的大家庭。高利贷在公元前的最后一千年里得到了很大的发展，商人们需要住所，庄稼人希望能提前收获。塞斯叙述了巴比伦的埃吉比银行，它历经几代人，比迦勒底帝国还要长寿。

（7）我们必须假设，在第一帝国的后期，随着社会的复杂化，出现了一个小零售商阶层，但它可能并不重要。

（8）越来越多的独立有产阶层。

（9）随着生活便利程度的提高，在宫廷、寺庙和繁荣的私人住宅中，出现了一批仆人、奴隶或被释放的奴隶，或被纳入家庭的年轻农民。

（10）劳工团体。这些人要么是战俘，要么是债务奴隶，要么是给人留下深刻印象的人，要么是被驱逐出境的人。

（11）雇佣兵也常常是俘虏或给人留下深刻印象的人。有时他们是从友好的外国人民中征募的，那里的军事精神仍然盛行。

（12）海员。

在现代政治和经济讨论中，我们倾向于相当圆滑地谈论"劳工"。劳工的团结及集体意识已受到很大的重视。值得注意的是，在这些最早的文明中,我们所说的"劳工"是由五个不同的阶层所代表的,这五个阶层在起源、传统和观点上是不同的,它包括第(3)、(4)、(5)、(9)、(10)类和第(12)类部分。当我们研究19世纪的工业革命时,就会发现在人类事务中劳工的团结将形成一种新的理念和一种新的可能性。

18.5 从阶级固化到等级制度

在我们结束对这些早期文明中正在发展的社会阶层的讨论之前,让我们稍微注意一下他们的固定性,他们彼此离得有多远,又如何流动?我们认为(9)、(10)、(11)、(12)这四类,比如仆人和奴隶、劳工团体、雇佣兵、海员或者小船的水手,他们大都是相同的阶层,他们很难轻松地拥有住处和食物,他们不是独有的。他们可能一代又一代地被限制,被其他阶层的衰落所补充,特别是被小零售商阶层的衰落所补充,以及被当权者的劝说和压迫所补充。但是,就水手们而言,我们必须分清仅仅是划桨者的水手,在推罗和西顿等港口领航和拥有船只的水手。毫无疑问,船主们是通过不清晰的分级进入商业阶层的,但是航海家们一定在那些伟大的海港里建立了一个特殊的群体,在那里安家,并把航海的秘密传授给他们的儿子们。我们所区分的第8个阶层当然是一个不稳定的阶层,由于有钱有势的人的继承人和受抚养人、寡妇和退休成员的加入而不断增加,由于这些人的死亡或投机损失以及他们财产的分散而不断减少。就整个印度以西的世界而言,祭司和女祭司也不是一个很有生育能力的阶层;许多牧师都是独身主义者,而这个阶层也可以算作是一个被招募的阶层。一般来说,仆人也不能生育。他们住在别人的家里,他们没有家庭,也没有自己的大家庭。这使我们意识到古代文明社会中真正重要的阶层有：

（1）王室和贵族阶层、官员、军官等；

（2）商业阶层；

（3）城镇工匠；

（4）土壤的耕种者；

（5）牧民。

每一个阶层都以自己的方式培养自己的孩子，因此自然而然地或多或少地保持着与其他阶层的不同。普遍的教育不是由那些古老的国家承担，教育的地点主要是一个家庭（如今印度许多地方依然是家庭教育），所以它是自然和必要的。儿子跟随父亲的脚步，出嫁的女性习惯于自己的家庭。因此，除非在重大的政治动乱时期，否则阶层之间就会自然地不断地分离；然而，这并不会阻止特殊的个体通婚或从一个阶层传递到另一个阶层。贫穷的贵族会和富有的商人结婚，雄心勃勃的牧民、工匠或水手会成为富有的商人。据我们所知，这就是埃及和巴比伦的大致情况。以前认为在埃及有固定的阶层，但由于对希罗多德的误读，这似乎是一种误解。在埃及，唯一不通婚的贵族阶层，和今天的英国一样，是半神圣的王室。

在社会体系的不同时期，可能有排他性，实际上是对闯入者的一种限制。例如，拥有秘密的特定工艺的工匠，在各个种族、各个年龄都倾向于发展工会组织，并限制工会组织外的人通过婚姻获取他们的工艺。征服者也倾向于与被征服的种族保持距离，并发展出一种贵族式的排他性，尤其是当种族间存在明显的生理差异时。在所有悠久的文明史上，这种限制自由交往的组织来了又去，千变万化。不同职业属性的天然边界总是存在的，但有时它们被尖锐地划定并加以强调，有时却很少得到重视。雅利安人普遍倾向于区分贵族家庭和平民家庭，它的痕迹在今天的欧洲文学和生活中都是显而易见的。门阀家谱学这一门"科学",它得到了一种独特的实施。即使在民主的美国,这一传统仍然很活跃。作为欧洲国家中最有条理的国家,德国在中世纪对这种差别的固定性有着非常清晰的概念。在王子们之下(他们自己构成了一个独特的阶层,不与地位低下的人通婚),有:

(1)第一阶层为骑士、军队和公职人员,他们以佩戴纹章为标志;

(2)第二、三阶层是市民、商人、船民和工匠;

(3)第四阶层是种植农奴或农民。

中世纪的德国和西方最早的伟大文明的继承者一样,都是阶层固定的。无论对说英语的人,还是对法国人和意大利人来说,这个想法都远不那么令人愉快。出于某种本能,这些人赞成阶层之间的自由流动。这种排他性的思想最初是在上层阶级中产生的,并且主要是由上层阶级推动的,但是这种思想的一种自然的反应和自然的结果是,大多数被排斥在外的人现在应该和他们的上级对立起来。正如我们将在本书最后几章看到的那样,在德国,在被剥夺继承权的大部分的群众(即在马克思主义思想下具有阶级意识的无产阶级)与统治者和商人之间,首先产生了一种自然的、必要的冲突的概念,即"阶级战争"。这是一个德国人比英国人或法国人更容易接受的想法……但是,在我们谈到这一冲突之前,我们必须穿越许多世纪的漫长历史。

18.6 印度的种姓制度

如果我们现在将目光从中亚和大西洋之间的世界文明转向东方,转向公元前2000年印度的社会发展,我们会发现一些广泛而有趣的差异。首先，我们发现，在建立社会的过程中，阶级的固定性是世界上任何其他地方都无法比拟的。欧洲人把这种阶层的固化称为种姓制度。它的起源至今仍完全不为人知，但在亚历山大大帝之前，它确实深深扎根于恒河流域。这是一个复杂的社会阶层或种姓的横向划分，不同种姓的人既不能一同聚食，也不能跨越种姓进行通婚，否则将受到惩罚：成为被驱逐者。他们还可能因为各种仪式上的疏忽和污辱而"失去种姓"。失去了种姓，一个人不会堕落到更低的种姓，他变得无家可归。种姓的各种细分非常复杂，许多实际上是贸易组织。每个种姓都有自己的地方组织，负责维持纪律，分配各种慈善事业，照料同种姓中的穷人，保护其成员的共同利益，并审查来自其他地区的新来者的资格。（对于一个旅行中的印度人来说，没有什么方法能够阻止他冒充为更高种姓的身份。）最初，四大种姓似乎是：

（1）婆罗门，即祭司和教师；

（2）刹帝利，即武士；

（3）吠舍，即牧场主、商人、放债者和地主；

（4）首陀罗。

在种姓之外，还有贱民。

但是，长期以来，由于被细分为许多小种姓而使这些主要的划分复杂化，这些小种姓都是排外的，每个小种姓的成员都有一种明确的生活方式和一群伙伴。在孟加拉，刹帝利和吠舍已经基本消失。但是这个问题太复杂了，我们无法在这里进一步描述细节。

除社会主体的这种不同寻常的分裂和复杂之外，我们必须注意到，印度世界的婆罗门、祭司和教师与许多西方教士不同，它是一个能够持续再生且排外的阶层，不接纳任何来自其他阶层的新成员。

在印度，无论这种对阶层的过分执着的最初动机是什么，婆罗门作为传统的守护者和民众的唯一老师，在维持传统方面所发挥的作用都是不容置疑的。有些人认为，最初的四个种姓中的三个，也被称为"第二次出生"，是印度的吠陀雅利安征服者的后代，他们建立了这些严格而快速的分离，以防止与被征服的首陀罗和贱民的种族融合。首陀罗代表了之前的一波北方征服者，而贱民则代表了印度原始的德拉威人。但这些猜测不被普遍接受。在漫长的几个世纪里，恒河流域所产生的生活方式，使人们看到了与西方各种社会状态下不尽相同的社会制度，虽然二者的阶级差异都是相当固化的。

无论种姓制度是如何产生的，它在印度人心中的非凡地位总是毋庸置疑的。在公元前6世纪乔达摩崛起，他是佛教的伟大的老师，宣称"四条支流汇入恒河，失去它们的名字，它们在圣河之中汇成一片，人们相信皈依佛教就不再分婆罗门、刹帝利、吠舍、首陀罗"。他的教导在印度盛行了几个世纪，它遍布中国、日本、缅甸、斯里兰卡、土库曼斯坦等地。今天，它是人类中很大一部分人的宗教信仰，但最终被婆罗门及其种姓观念的活力和坚持所击败，并从印度人的生活中被驱逐出去。

18.7 中国的官吏体系

在中国，我们发现一种社会制度沿着另一种社会制度发展，而这种社会制度与印度和西方文明的社会制度大致相同。中国文明比印度文明更注重和平，而武士在其社会体系中只占很小的一部分。与印度文明一样，领导阶层是知识分子，不像婆罗门那样是祭司，而是官员。但与婆罗门不同的是，中国有文化的官员并不是一个种姓。一个人不是天生就是官吏，而是受过教育。他们是由社会各阶层的教育和考试选拔而来，而他们的子女是无法继承其官职的。由于这些差异，当印度的婆罗门种姓作为一个阶层，甚至对他们自己的圣书都一无所知，思想懒散，充满了自命不凡的自信时，中国官吏却有来自艰苦的脑力劳动的能量。但由于对他们的教育基本上都是关于古典文学的研究，中国文学的影响一直是非常保守的。在亚历山大大帝时代之前，中国已经形成了自己的国家，并在公元1000年就已经站稳了脚跟。

中国传统的社会制度承认神权皇帝以下的四个阶层：

（1）士阶层，其中部分相当于西方世界的官员，部分相当于其教师和神职人员，孔子时期士阶层的教育包括礼、乐、射、御、书、数，统称为"六艺"。

（2）勤劳的农民；

（3）工匠；

（4）商人阶层。

但是，自从中国人把一个人的田产分给所有的儿子以来，中国历史上就从来没有出现过像其他大多数国家所展示的那样，把土地租给佃户的大地主阶层。中国的土地一直被分割成小块土地，主要是不动产，并进行了集约耕种。在中国，有些地主拥有一个或几个农场，然后把它们租给佃户，但没有大的、永久的地产。当一块土地经过反复分割，变得太小，不足以养活一个人的时候，它就会被卖给某个富有的邻居，而原来的主人就会背井离乡，来到中国的一个大城市，加入那里的劳动大军。在中国，几个世纪以来，大量的城镇居民几乎没有任何财产，他们既不是农奴，也不是奴隶，而是靠劳作维持着他们的日常工作。中国政府需要的士兵就是从这样的民众中招募来的，修筑运河、修筑城墙等需要的集体劳动，也是从这样的民众中拉来的。战争俘虏和奴隶阶级在中国历史上所占的比重，比基督教时代之前任何西方记录的都要小。

我们可以注意到，在这三个社会结构发展的故事中有一个共同的事实，那就是在国王或平民尚未接受教育的早期阶段，受过教育的阶层会行使巨大的权力，因此，他们开始独立思考。在印度，由于他们的排他性，婆罗门是受过教育的阶层，维持着他们的影响，直到今天；在中国的广大民众中，由于书写语言的复杂性，官吏占据了主导地位。在更加多样化的西方世界中，种族和传统的多样性已经推迟了，也许永远阻止了社会中任何与之平行的特殊知识分子组织成为一个阶层的优势。正如我们已经注意到的，在西方世界，早期的教育是"溢出的"，浸没在任何特殊阶层的控制之外，它摆脱了种姓、牧师和传统的限制，进入了社会的日常生活。写作和阅读已经被简化到不再可能对它们进行崇拜和神秘的程度。在中国，同样的事情并没有发展到同样的程度上，可能是由于汉字的特殊性，比较精细和难于识别，而不是由于任何种族差异。

18.8 5000年总结

综前所述，我们扼要地追溯了5000年或6000年之间的整个历程，也就是大约150代到200代人的时间。在这个时期，人类经过了新石器时代早期的农业阶段，以兽皮为衣的原始的家族部落用石镰收割野生饲料和带着谷子的草，贮藏在粗陋的泥棚里。在公元前4世纪，地中海沿岸、尼罗河上游、亚洲到印度，再到中国的冲积区，到处都是人类耕种的土地、繁忙的城市、宏伟的庙宇，以及人类商业的兴衰。远洋船和帆船进出拥挤的港口，小心翼翼地从海峡到海峡，又从海峡到岛屿，始终紧挨着陆地。在埃及人的统治下，腓尼基人的船只正驶向东印度群岛,甚至更远的太平洋,穿越非洲和阿拉伯的沙漠,穿越土耳其斯坦。通过商队辛勤的贸易,丝绸已经从中国进口,象牙从中非进口,锡从英国进口到世界新生活的中心。人类已经学会了编织细麻布和精致的彩色羊毛织物,它们可以被漂白和染色。他们使用的工具有金、银、铜、铁。他们做了最漂亮的陶器和瓷器。世界上几乎没有一种宝石不是他们发现、切割和抛光的。他们会读会写。他们还可以改变河流的方向。他们堆积金字塔,建造一千英里长的城墙。在五六十世纪里,所有这些都是必须实现的,与一个人十年的生活相比,这似乎是很长的时间,但与地质时代相比,这是完全微不足道的。上新世钩喙状石器,从亚历山大的这些城市可以一直追溯到出现第一批石器的石器时代,它给我们的时间跨度足足是石器时代的100倍。

上文的叙述中,我们试图借助图表,对这五六十世纪的秩序和形态给出一个公正的认识。我们的任务大致如此。我们只提到了几个人的名字,不过从今以后,人名的数目将不断增加。要是我们能看得更近一些,我们就会看到在这60个世纪中,生活的进程越来越像我们自己的生活。我们已经展示了石器时代的野蛮人是如何让位给新石器时代的耕种者的——在世界落后的地方仍然可以找到这类人。我们举了一个苏美尔士兵的例子,他们是从一块雕刻的石头上临摹下来的,这块石头是在闪米特人萨尔贡一世征服这片土地之前很久就竖立起来的。一天又一天,一些棕色皮肤的人忙碌地雕刻着这些雕像,毫无疑问,他们一边雕刻一边吹着口哨。在那些日子里,埃及三角洲的平原上挤满了成群的黑黝黝的工人,他们正在卸下尼罗河下游的石头,为现在的金字塔增添一条新的道路。人们可能会描绘出上千幅那个时代的场景。埃及的某个小贩在某个漂亮、富有的女士面前摊开他的巴比伦服装存货。在底比斯参加庙会的塔之间，挤满了形形色色的人群。像今天的西班牙人一样，克里特人是一群兴奋的、黑眼睛的观众，他们在观看斗牛，斗牛士穿着裤子，束着紧身衣，就像当代的任何斗牛士一样。在尼普尔学习楔形文字的儿童中，发现了一所学校的黏土练习砖。一个女人带着生病的丈夫溜进迦太基的一座大寺庙，祈求要让他康复。又或许是一只披着羊皮、手持青铜斧头的希腊野人，一动不动地站在伊利里亚山脉的某个山巅上。他第一次看见一条多桨的克里特岛大帆船，像一只巨大的昆虫，在亚得里亚海的紫水晶镜上爬行，不禁大吃一惊。他回家告诉他的家人一个奇怪的故事，关于一个怪物，布里阿留斯与他的100只手臂。在这200代人的每一代人身上，都编织了这段历史的数百万针。但是除非它们出现重要的线缝或接合处，否则我们现在就不能停下来对任何一针一线都加以研究。

19. 希伯来圣经和先知

19.1 以色列人在历史中的地位

现在我们可以把犹太人与人类历史的总的发展脉络，以及与世界上最杰出的古代文献——全部基督教徒都知道的旧约联系起来。我们在这些文件中发现了关于文明发展的最有趣和最有价值的启示，也最清楚地表明，在埃及和亚述争夺人类世界支配地位的斗争中，人类历史中一种新的精神正在形成。

构成《旧约》的所有书籍当然都存在，而且在很大程度上是以现在的形式存在的，最迟在公元前100年。这些神圣文献记载了除一部分平民之外，犹太人在公元前587年被迦勒底人尼布甲尼撒二世从他们自己的国家驱逐到巴比伦。他们回到了他们的城市耶路撒冷，在居鲁士的支持下重建了他们的圣殿。居鲁士是波斯征服者，我们已经注意到，他在公元前539年推翻了巴比伦最后一位迦勒底统治者那波尼德斯。巴比伦人被囚禁了大约50年，许多权威人士认为，在那段时期，巴比伦人的种族和思想都有相当大的混杂。

犹太国和其首都耶路撒冷的地理位置都是特殊的。这个国家是一个带状地带，西起地中海，东至约旦河外的沙漠；这条路的北边是赫梯人、叙利亚人、亚述人、巴比伦人，南边是埃及人。因此，这个国家注定要经历一段风雨交加的历史。整个埃及，以及任何在北方崛起的势力，都在为帝国而战，都在为贸易路线而战。犹太国本身既没有重要的地区、农业潜力，也没有重要的矿产资源。这些经文保存下来的故事，就像人们对南北两种文明体系和西部以海洋为生的民族更伟大的历史的评论。

这些经文由许多不同的元素组成。最初的五本书，摩西五经，在早期受到了特殊的尊重。它们以通史的形式开始，对世界和人类的诞生、人类的早期生活以及九次大洪水进行了双重叙述，除了某些受人喜爱的个人，人类被洪水毁灭了。这个洪水的故事在古代传说中广为流传，这可能是对发生在人类新石器时代的地中海河谷洪水的记忆。发掘工作揭示了巴比伦版本的创世故事和洪水故事，都发生在犹太国复辟之前，因此圣经评论家认为这些开篇章节是犹太人在被囚禁期间获得的。它们构成了创世纪的前十章。

希伯来人的祖先和奠基人亚伯拉罕、以撒和雅各的历史如下所述。他们以贝都因族长的身份出现，在巴比伦和埃及之间的地方过着游牧生活评论家们认为现存的圣经版本是由几个现存版本组成的。但是，不管它的起源是什么，这个故事，正如我们今天所看到的，充满了色彩和活力。当时，迦南人居住在闪米特人的土地上，他们与建立推罗和西顿的腓尼基人，以及占领巴比伦的亚摩利人关系密切。在汉谟拉比的统治下，他们建立了第一个巴比伦帝国。在亚伯拉罕的牛羊经过这片土地的时候，迦南人过着定居的生活。圣经中说，亚伯拉罕的神应许给他和他的子孙这片充满喜乐的土地，让他们拥有繁荣的城市。在《创世纪》中，我们必须读到亚伯拉罕没有孩子，是如何怀疑这个应许，以及以实玛利和以撒的出生的。

在《创世记》中，也要记着以撒之子雅各，就是改名叫以色列的，和以色列十二个儿子的名字。当大饥荒的日子，他们怎样逃到埃及去。就这样，《创世纪》，摩西五经的第一卷结束了。下一本书，《出埃及记》，是关于摩西的故事。

以色列儿童在埃及定居和被奴役的历史是一段艰难的历史。有一份埃及的记录，记载了法老拉美西斯二世在歌珊①定居的一些闪米特人，据说他们是由于缺乏食物而被吸引到埃及的。但关于摩西的生平和事业，埃及却没有任何的记载；没有埃及的灾殃，也没有法老被杀在红海里的事。

非常令人困惑的是，发现了一块由迦南一个城市的埃及统治者写给法老阿梅诺菲斯四世的泥板。阿梅诺菲斯四世是在拉美西斯二世之前的第十八王朝来到迦南的。显然，如果希伯来人在第十八王朝征服迦南，他们不可能在征服迦南之前被第十九王朝的拉美西斯二世俘虏和压迫。但是可以理解的是，《出埃及记》的故事，写在它所讲述的事件之后很久，可能已经浓缩和简化了，也许是人格化和符号化了，这实际上是一段漫长而复杂的部落入侵历史。一个希伯来人部落可能漂流到埃及成为奴隶，而其他的部落已经在攻击迦南人的边远城市。甚至有可能，希伯来人被掳掠之地并非埃及，而是阿拉伯半岛北部红海对岸的米斯林。这些问题在《圣经百科全书》中的《摩西》和《出埃及记》中得到了充分和尖锐的讨论，好奇的读者可以参考这本书。

摩西五经的另外两卷，《申命记》和《利未记》，是关于律法和祭司的规则。《民数记》讲述了以色列人在沙漠中的流浪，以及他们对迦南的入侵。

---

① 歌珊：离开埃及前以色列人住的埃及北部肥沃的牧羊地。

无论希伯来人入侵迦南的真实细节是什么，毫无疑问，自从几百年前对亚伯拉罕所作的传说中的应许以来，他们所入侵的国家已经发生了巨大的变化。那时，这里似乎很大程度上是一块闪米特人的土地，拥有许多繁荣的贸易城市。但是大量的异族人沿着海岸涌来。我们已经讲过意大利和希腊，伊比利亚或地中海的暗黑人种，一个在克诺索斯达到顶峰的基督教文明的种族，是如何被说雅利安语的种族（如意大利人和希腊人）的南下运动攻击的，以及大约公元前1400年克诺索斯是如何被洗劫的，直到公元前1000年才被完全摧毁。现在可以明显地看出，这些吉安海港的居民为了寻找更安全的陆地巢穴而漂洋过海。他们入侵埃及三角洲和西部的非洲海岸，与赫梯人以及其他雅利安人或雅利安化的种族结盟。这发生在拉美西斯二世之后，拉美西斯三世时期。埃及纪念碑记录了伟大的海战，也记录了这些人沿着巴勒斯坦海岸向埃及进军。他们的交通工具是雅利安部落特有的牛车，很明显，这些克里特人与一些早期雅利安入侵者结盟。在公元前1300年和公元前1000年之间没有这些冲突的继续叙述。从圣经叙事中很明显地得出，约书亚带领着希伯来人在缓慢地征服，在追求他们的被应许之地。他们遇到了新人，腓力斯人，他们并不知道亚伯拉罕。可能主要是来自大海深处或北方之地的克里特人，还有像希伯来人和新的外来者，就沿岸定居在一系列的城市，加沙、迦特、阿什杜德、阿什克伦，腓力斯成了主体民族。

不能说应许之地完全在希伯来人的手里。继《圣经》五经之后，又有《约书亚记》《士师记》《路得记》（一个枝节）、《撒母耳记上》《撒母耳记下》《列王纪上》《列王纪下》，还有《历代志》，它所叙述的事情有许多与《撒母耳记下》和《列王纪》相同，只是略有变动而已。在这些书中，我们发现腓力斯人坚定地占领了南方肥沃的低地，迦南人和腓尼基人在北方抵抗以色列人。约书亚的第一次胜利不再重现。《士师记》是一系列令人沮丧的失败。人们失去了信心。他们离弃自己敬拜的神耶和华，转而敬拜巴力和亚斯他录（也被称为柏尔和伊师塔）。他们与腓力斯人、赫梯人等混居，成为一个种族混杂的新种族。在一系列的智者和英雄的带领下，他们对敌人发动了一场场通常不成功的、从来没有团结一致的战争。他们相继被摩押人、迦南人、米甸人、腓力斯人所征服。这些冲突的故事，基甸和参孙，以及其他的英雄，他们不时地给以色列的苦难带来一线希望，都写在《士师记》中。《撒母耳记上》第一章讲述了当以利做士师的时候，他们在埃比尼泽遭遇的大灾难。

这是一场真正的激战，以色列人损失了3万人。在此之前，他们遭遇了挫折，损失了4000人，然后他们拿出了他们最神圣的象征——上帝的约柜。

> 耶和华的约柜到了营中，以色列众人就大声呼喊，地便震动。腓力斯人听见呼喊的声音，就说，在希伯来人营里有这样大的呼喊，是什么意思呢？他们知道耶和华的约柜到了营中。腓力斯人十分惧怕，说，有神到了他们营里。他们说，我们有祸了。因为从来没有这样的事。我们有祸了。谁能救我们脱离这些大能之神的手呢。这就是在旷野用各样灾殃击打埃及人的神。腓力斯人啊，你们要刚强，要做大丈夫，免得做希伯来人的奴仆，像他们从前做你们的奴仆一样。你们要做大丈夫，要争战。
>
> 腓力斯人争战，以色列人被杀，各回各家去了。以

色列人仆倒的步兵三万，被大肆杀戮。神的约柜被掳去了。以利的两个儿子何弗尼、非尼哈都被杀了。

一日，有一个便雅悯人从阵中逃跑，衣服撕裂，头蒙灰尘，来到示罗。当他到了，以利坐在道旁的位上观看，为神的约柜心里发颤。那人进城报信，合城的人都在喊着。以利听见呼喊的声音，就说，这喧嚷是什么缘故呢？那人急忙进来告诉以利。以利九十八岁了。他两眼昏花，看不见人。那人对以利说，我是从军中出来的，今天我从军中逃出来了。以利说："我的孩子，发生了什么事？"那人回答说，以色列人在腓力斯人面前逃跑，百姓中被杀的甚多。你的两个儿子何弗尼、非尼哈也死了，神的约柜被掳去了。他一提神的约柜，以利就从座位上往后仆倒，在门旁折断颈项而死，因为他年纪老迈，身体沉重。他做以色列的士师四十年。

他儿媳妇非尼哈的妻怀孕，将到产期，听见神的约柜被掳去，她公公和丈夫都死了的消息，就下拜，极其痛苦。将要死的时候，旁边站着的妇人对她说，不要怕，你生了一个儿子。她却不回答，也不放在心上。她给孩子起名叫以迦博（意思是"荣耀在哪里呢？"），意思说，"荣耀离开以色列了"。这是因为她公公和丈夫的原因造成神的约柜被掳去了。（《圣经·撒母耳记上》，第四章）

以利的继任者和最后一位法官是撒母耳，在他统治的末期，以色列历史上发生了一件事，那就是在周围大国的建议下推举了一个新国王。我们用生动的语言讲述了古老的祭司制度和人类事务的新风尚之间的简单问题。我们不可避免地需要二次引用。

> 以色列的长老都聚集到拉玛见撒母耳,对他说,你年纪老迈,你儿子不行你的道,求你给我们立一个王,审判我们。
>
> 撒母耳不喜欢他们说"求你为我们立一个王,审判我们"。撒母耳就祷告耶和华。耶和华对撒母耳说,百姓向你所说的一切话,你都要听。因为他们不是厌弃你,乃是厌弃我,使我不做他们的王。自从我领他们出埃及,直到今日,他们离弃我,事奉别神,照样向你行一切的事。现在你要听从他们的话,只是应当警戒他们,告诉他们将来有王怎样治理他们。
>
> 撒母耳将耶和华的话都告诉求他立王的百姓。他说,将来王必这样治理你们。他必拣选你们的众子,派他们为自己和他的车辆马兵。有人在他的车前奔跑。又派他做千夫长,五十夫长。使他们侧耳听他的地,收割他的庄稼,制造他的战器和战车。他也必娶你们的女儿为妻,使她们做饼,做饭,烤饼。他必夺你们最好的田地、葡萄园、橄榄园,赐给他的仆人。他必从你们的后裔和葡萄园中取十分之一,赐给他的臣仆。他必取你们的仆人、婢女、健壮的少年人和你们的驴供他差役。
>
> 他必取你们羊群的十分之一,你们就做他的仆人。当那日,你们必因所拣选的王哀求。到那日,耶和华必不应允你。
>
> 然而百姓不肯听从撒母耳的话。他们说,不然。但我们必有一位君王治理我们,使我们与万民一样。好叫

我们的王审判我们，在我们面前出战。（《圣经·撒母耳记上》，第八章）

19.2 扫罗、大卫与所罗门

但他们国土的位置好像天生就是要与希伯来人为敌似的，他们的第一位扫罗王也没有比他们的士师更强盛。《撒母耳记》第一章的其余部分讲述了冒险家大卫对扫罗的长期阴谋。扫罗在基利波山彻底失败，他的军队被腓力斯人的弓箭手所杀。

> 次日，腓力斯人来剥那被杀之人的衣服，看见扫罗和他三个儿子仆倒在基利波山。就割下他的首级，剥了他的军装，打发人往腓力斯地的四境去，传扬在腓力斯人的偶像的庙里和百姓中。又将扫罗的军装放在亚斯他录庙里。他们把他的尸首钉在伯沙纳的城墙上。（《圣经·撒母耳记上》，第三十一章）

大卫（约公元前990年）比他的前任更有策略，更成功，他似乎把自己置于推罗王希兰的保护之下。腓尼基人的联盟支撑着他，这也是他儿子所罗门的伟大之处。他的故事中充满了不断的暗杀和处决，读起来更像一个野蛮酋长的历史，而不是一个文明君主的历史。在《撒母耳记下》中，叙述得非常生动。

《列王纪》上始于所罗门王的统治时期（大约公元前960年）。从一般历史学家的角度来看，这个故事中最有趣的是所罗门与国教和祭司的关系，以及他与神龛、祭司撒督、先知拿单的关系。

所罗门的统治和他父亲的统治一样血腥。大卫的最后一段讲话安排了对圣经中的谋杀,他最后记录的单词是"血"。他说:"你要使他白头见血,一同下到阴间。"他又说:"大卫虽然还活着,向耶和华所许的愿保护老示每,在这事上却没有什么能约束所罗门。"所罗门开始谋杀他的兄弟,他的兄弟曾寻求王位,但最终屈服了。然后他自由地处理他兄弟的聚会。当时,宗教对希伯来人有关种族和思想方面的控制都很微弱,导致信徒撒督取代了敌对的大祭司。更加惊人的是约拿被所罗门的主要谋士贝纳雅谋杀。当时受害人已经宣称了庇护,并持有耶和华祭坛的角。随后具有现代精神的所罗门掌权,开始重新改造人们所信仰的宗教。他继续与西顿国王希兰结盟,希兰利用所罗门的王国作为通往红海的要道,并在红海上建造船只。劳工集团出现在以色列。所罗门差遣使者,前往黎巴嫩希兰的手下,砍伐香柏树,又在王国全境设立守门的人。(所有这一切让读者想起了一些中非领导人与一家欧洲贸易公司的关系。)所罗门为自己建造殿宇,又为耶和华建造一座不及这殿宇大的殿。从前,约柜,就是希伯来人的神,住在一个大帐幕里,这帐幕是从这高处挪到那高处的。约柜被抬进闪着金光的用香柏木装饰的石殿里,放在两个有翅膀的大石像中间,约柜是用镀金橄榄木做的。从今以后,只在柜前的坛上献祭。

这种集中的创新会让读者想起阿克纳顿和那波尼德斯。只有当祭司阶级的威望、传统和学识下降到非常低的水平时,这样的事情才能成功地完成。

又照着他父大卫所吩咐的,设立祭司的班次,使他们各尽其职,又派利未人在祭司面前颂赞事奉,每日尽一日的职责。守门的按着班次站在各门口。因为神人大卫曾这样吩咐。在一切事上,并在府库上,他们没有违背王的命令,去见祭司利未人。

所罗门在耶路撒冷建立敬拜耶和华的新基础,以及他在登基之初与神的异象和对话,都没有妨碍他在晚年发展出一种神学上的轻浮。他娶了很多妻子,即使只是为了地位,他也娶了很多妻子,他通过向他们种族的神献祭来进行取悦,比如西多尼亚女神亚斯他录、摩押神基抹、莫洛克,等等。《圣经》中所罗门的描述确实向我们展示了一个国王和一个困惑的种族,他们都很迷信,精神也不稳定,也没有比周围世界的其他种族有更虔诚的宗教信仰。

在所罗门的故事中,有一点非常有趣,因为它标志着埃及事务的一个阶段,那就是他与法老的女儿结婚。这一定是第三王朝的一位法老。在阿梅诺菲斯三世的伟大时代,正如泰尔-埃尔-阿马纳书信所证明的那样,法老可以屈尊接受一位巴比伦公主进入他的后宫,但他绝对拒绝将如此神圣的一位埃及公主嫁给巴比伦国王。它指出了埃及声望的不断下降,现在,三个世纪后,像所罗门这样的小国王可以与一位埃及公主平等结婚。然后,随着埃及第二十二个王朝的复兴,这样的平等也随之结束了;在大卫和所罗门的统治时期,以色列国和犹大国的分裂不断发展,开国元勋示撒趁这一分裂之机,攻取了耶路撒冷,洗劫了新圣殿和王宫,告别了这过于短暂的辉煌。

示撒似乎也征服了腓力斯。从这个时候起,腓力斯人的重要性就降低了。他们已经失去了克里特语,采用了被征服的闪米特人的语言,尽管他们的城市或多或少保持着独立,但他们逐渐融入了巴勒斯坦的闪米特人的生活。

有证据表明,所罗门的统治,他所使用的各种谋杀,他与希兰的关系,他的宫殿和寺庙的原始粗鲁但却令人信服的描述,以及削弱并最终毁灭他的王国的奢侈品,都已经有广泛的影响力。后来的作家介入后,就有了夸张,急于夸大他的繁荣,并赞美他的智慧。在这里我们对于圣经的起源不做评论，但是关于大卫和所罗门之间的事情的真实性和可靠性，与其认为是学术问题，不如说是常识问题。即便是最确凿的事实，如果现当代的作家能够确信这些事实无法被忽略的话，他们就会在叙述这些事实的过程中夸大其词，侃侃而谈。这是《圣经》中一个被美化的故事。不仅在基督教世界中，伊斯兰教世界也认为所罗门是最伟大、最聪明的人。人们将所罗门与图特摩斯三世、拉美西斯二世、尼布甲尼撒二世、沙达纳帕路斯相提并论，这些伟大的国王统治时期有着美丽奇幻的建筑和强盛的国家。与这些伟大的名字相比，所罗门是微不足道的。他的圣殿内部尺寸是20腕尺①宽，大约35英尺宽，一个小别墅的宽度是60腕尺，也就是说100英尺长。至于他的智慧和政治手腕，只要看看《圣经》就知道，所罗门不过是商人希兰诸多阴谋诡计的实施者，他的王国只是腓尼基和埃及之间的一颗棋子。他的重要地位在很大程度上是由于埃及的暂时衰弱，这鼓励了腓尼基人的野心，使得埃及不得不与掌握了通往东方贸易路线另一把钥匙的人达成和解。

随着所罗门王的统治，希伯来人短暂的荣耀结束了。所罗门王国的北部和较富裕的地区，长期受赋税的压迫，以维持他的辉煌，从耶路撒冷分裂出来，成为独立的以色列王国，这种分裂使西顿和红海之间的联系破裂，而所罗门的财富正是由于这一联系才有的。在希伯来历史上没有更多的财富。耶路撒冷仍然是犹大国的首都，那是一片贫瘠的山地，被腓力斯从海上隔绝，被敌人包围。

关于战争、宗教冲突、篡夺、暗杀和为夺取王位而进行的自相残杀的故事持续了三个世纪。坦白地说，这是一个野蛮的故事。以色列与犹大及其邻国开战；先与一方结盟，再与另一方结盟。叙利

---

① 腕尺：广泛用于埃及，也用于希腊和罗马，并作为他们的测量单位。一个希腊腕尺近似于18.22英寸，而一个罗马腕尺则大约为17.47英寸。

亚人的力量就像一颗邪星，燃烧在希伯来人国事之中，在其后建立起了强大和不断发展壮大的亚述最后一个帝国。

根据《圣经》的记载，一位"普拉"（显然就是指提格拉特·帕拉沙尔三世这个人）是第一位出现在希伯来人地平线上的亚述人国王，米拿现[①]用一千银子收买了他（公元前738年）。亚述的势力正直行到埃及地区，就是现今埃及荒废之地。提格拉特·帕拉沙尔三世回来了，沙勒曼色跟随他的脚步，以色列国王密谋与埃及寻求帮助，在公元前721年，正如我们已经指出的，他的王国被掳去，完全湮没在历史之中。犹大国也是这样，只是暂时得免了。辛那赫里布的军队在希西家王统治时期（公元前701年）的命运，他是如何被他的儿子们杀害的，我们已经提过了。后来亚述对埃及的征服在《圣经》中没有提到，但很明显，在辛那赫里布之前，希西家国王与反抗亚述萨尔贡二世的巴比伦（公元前700年）有过外交往来。在那里，以撒哈顿征服了埃及，亚述一度被自己的烦恼所占据。斯基泰人、米堤亚人、波斯人向北方攻击巴比伦，巴比伦就被攻破。我们已经指出，埃及暂时摆脱了亚述的压力，进入了复兴的阶段，首先是在普萨美提克统治下，然后是在尼科二世的统治下。

这个夹在中间的小国又在联盟中犯了错误，但归附哪边都不安全。约西亚与尼科争战，在米吉多争战中被杀。犹大国成为埃及的朝贡国。尼科推进到幼发拉底河，在尼布甲尼撒二世面前失守，犹大国也跟着失守（公元前604年）。尼布甲尼撒在审判了三个傀儡国王后，把大部分人掳到巴比伦（公元前586年），其余的人，在起义和屠杀巴比伦官员后，在埃及躲避迦勒底人的报复。

[①] 米拿现：古代中东国家北以色列王国的国王。

神殿里的大小器皿、耶和华殿里的国王和众首领的财宝，这一切都带到巴比伦去了。迦勒底人就焚烧神的殿，拆毁耶路撒冷的城墙，用火焚烧其中的宫殿，毁坏其中一切美好的器皿。从刀剑下逃脱的人把迦勒底王带到巴比伦去了；他们在那里做他和他儿子的仆人，直到波斯国的时候。

这样，4个世纪的希伯来王权就结束了。从始至终，这只是埃及、叙利亚、亚述和腓尼基历史上的一件小事。但是，这一事件产生了对全人类至关重要的道德和智力上的后果。

19.3 犹太人：血统混杂的种族

在赛勒斯时代，在耶路撒冷的以色列和犹大王国，经过两代以上的间隔，从巴比伦尼亚回到耶路撒冷的犹太人与崇拜好战的巴力神的人、崇拜耶和华的人、在耶路撒冷高处献祭的人是截然不同的。《圣经》叙述的一个明显事实是，犹太人去了巴比伦，成为野蛮人，然后文明地回来了。他们是一群混乱和分裂的人，没有民族自我意识，但是归来之时却拥有了强烈的排外精神。他们没有通常所知的普通文献，因为大约在被掳之前的四十年，约西亚国王才在圣殿里发现了一本《律法书》（《列王纪下》第二十二章）。除此之外，在任何书籍的阅读记录中都没有相关记载。他们带着《旧约》的大部分材料回来了。显然，摆脱了他们争吵不休、杀气腾腾的国王，摆脱了政治的束缚，摆脱了巴比伦世界那种刺激思想的氛围，犹太人的思想在被囚禁期间向前迈出了一大步。

这是巴比伦的一个历史探索和学习的时代。巴比伦人的影响使萨达纳帕拉斯在尼尼微收集了大量古代著作，这些影响至今仍在发挥作用。我们已经说过，那波尼德斯是如此专注于古物研究，以至于忽视了保卫他的王国对抗居鲁士。因此，这一切都促使流亡的犹太人去探究他们自己的历史。他们发现先知以西结是一位鼓舞人心的领袖。他们从自己的家谱、大卫、所罗门和其他国王的现代历史、传说神话中，编造和扩充了自己的故事，并把这些故事告诉了巴比伦人和他们自己。创世纪和洪水的故事，摩西的故事，参孙的故事，可能都来自巴比伦。当犹太人回到耶路撒冷的时候，只有摩西五经被放在一本书里，其余的历史书必然要被放在一起。

他们其余的文学作品作为独立的书籍保存了几个世纪，受到的尊重程度各不相同。坦白地说，后来的一些书是囚禁后的作品。在所有这些文献中都有一些主要的观点。第一，有一种观念，甚至在这些书中都已经一一否定了，那就是所有的人都是亚伯拉罕纯种的子孙。第二，耶和华向亚伯拉罕所作的应许，就是他要将犹太人高举在万民之上。第三，人们相信：首先，耶和华是部落中最伟大、最强大的神；其次，他是高于所有其他神的神；再次，他是唯一的真神；最后，犹太人确信了他们是普天之下唯一的神选之民。第四种思想很自然地从这三种思想中产生，那就是未来的领袖、救世主弥赛亚，将实现耶和华久已推延的应许。

在这70年中，犹太人彼此关联，彼此融合，成为一个传统的民族，这是人类历史上第一次有关于新事物的文字记载。这是一种精神上的巩固，其作用远远超过团结返回耶路撒冷的人民。这样的神选之民的种族观念是非常具有吸引力的。那些住在巴比伦尼亚①的犹太人，也被掳去了。它的文学传到了现在在埃及定居的犹太人那里。它影响了被安置在撒马利亚的混血人，当十个部落被驱逐到米堤亚的时候，撒马利亚是以色列国王的旧都。这种观念还鼓动了

---

① 巴比伦尼亚：Babylonia，亚洲西南部幼发拉底河谷的古代文化地区。

许多巴比伦人和其他的人宣称亚伯拉罕是自己的祖先,并且强行同返国的犹太人结成伴侣,因此阿莫尼特人和摩押人成了犹太教的信徒。《尼希米记》中充满了这种对上帝选民特权的侵犯所带来的痛苦。犹太人已经是一个分散在许多土地和城市的种族,当他们的思想和希望统一起来,他们成为一个排外的种族。但起初,他们的排他性仅仅是为了保持教义和敬拜的健全,正如所罗门王的那些可悲的过失所警告的那样。对于任何种族的真正的改宗者,犹太教长期以来都伸出欢迎的双臂。

对腓尼基人来说,在推罗和迦太基陷落之后,皈依犹太教一定是特别容易和吸引人的。他们的语言非常接近希伯来语。绝大多数的非洲和西班牙犹太人可能都是腓尼基人,也有大量的阿拉伯人加入,在俄罗斯南部,甚至还有蒙古犹太人。

19.4 希伯来先知的重要性

从《创世纪》到《尼希米记》的历史书籍无疑是犹太人精神统一的支柱,而《圣经》正是在这些历史书籍的基础上写成的。像《约伯》这样的书,据说是模仿希腊悲剧的。所罗门之歌、诗篇、箴言,和一些其他的作品,没有时间在这个概述中写,但有必要更加详细地描绘一些被称为"先知"的书,因为这些书几乎是人类事务中出现一种新型领导力量的最早、当然也是最好的证据。

这些先知并不是社会中的新阶层,以西结是祭司阶层,有祭司的同情心,阿摩司是牧羊人;但他们有一个共同之处,就是在祭祀和圣殿仪式之外,把一种宗教力量带入生活。早期的先知看起来最像早期的祭司,他们是神谕的,他们提供建议和预言事件。很有可能,起初,在这个国家许多高层和宗教思想相对不稳定的日子里,祭司和先知之间并没有很大的区别。先知们似乎有点像托钵僧的样子，跳着舞，说着神谕。一般来说，他们穿着一件与众不同的粗糙山羊皮披风。他们保持着游牧的传统，反对定居点的"新方式"。但是，在圣殿的建造和祭司的组织之后，先知的类型仍然在正式的宗教计划之外。他们可能总是或多或少地使牧师们感到烦恼。他们成为公共事务的非正式顾问，谴责罪恶和奇怪的行为。但正如我们所叙述的，这种行为没有他人约束，全靠自觉。"现在主的旨意下来了……"诸如此类的话就是他们的话术。

在犹大王国后期最动荡的日子里，当埃及、阿拉伯北部、亚述和巴比伦像罪恶一样被封杀的时候，这些先知变得非常重要和强大。他们呼吁的是焦虑和恐惧的心灵。起初他们的劝勉主要是悔改，推倒这个或那个高坛，恢复耶路撒冷的敬拜，或诸如此类。但通过一些预言，已经有了一个音符，就像我们现在所说的"社会改革时代"的音符。富人"欺压平民，搜刮钱财"，奢侈的人在吃孩子们的面包，有权势和富有的人与外国人交朋友，模仿他们的优点和缺点，并为这些新风尚牺牲普通百姓。这是耶和华所憎恶的，他必惩罚这片土地。

但是，随着被囚禁的人思想的扩展，预言的要旨也在扩大和变化。嫉妒的狭隘性破坏了早期部落对上帝的看法，取而代之的是现在普遍正义的上帝的看法。很明显，先知日益增长的影响力并不局限于犹太人，这是当时闪米特世界正在发生的事情。各个民族和王国的分裂形成了那个时代伟大的、不断变化的帝国，宗教和祭司制度的瓦解，在他们之间的竞争和争论中，一个寺庙接着一个寺庙地互相诋毁。寺庙虽然积累了大量的黄金器皿，但是却对人类的想象力失去了控制。很难估计，在这些不断的战争中，生活是否变得比以往任何时候都更加不确定和不幸福，但毫无疑问，人们已经更加意识到生活的痛苦和不安。除了弱者和妇女，在庙宇的祭祀仪式和正式的礼拜仪式中几乎没有什么安慰或保证。后来以色列的先知们开始谈论独一无二的神，谈论未来有一天这位神会带领世界上的人们走向和平、统一和幸福。人们现在所发现的这位伟大的神，住在一座"非人手所造，在天上永存"的圣殿里。毫无疑问，在巴比伦、埃及和整个闪米特东部都有大量这样的思想和言论。《圣经》作为预言书，也只不过是当时所有预言书的范本之一而已。

我们已经提醒注意，写作和知识从最初的局限中逐渐脱离祭司和寺庙的范围，逐步发展，逐步变化。我们把希罗多德作为我们所谓的人类自由智慧的一个有趣的例子。现在，我们正在面临一个类似的道德观念溢出到一般社会的问题。希伯来人的先知们，以及他们在全世界范围内对一位神的思想的不断扩展，是人类自由良心的平行发展。从这个时候起，人类的思想就贯穿其中。人类的思想时而软弱无力，时而朦胧不清，时而逐渐强大起来。犹太宗教从一种古老的寺庙宗教，在很大程度上成为一种新型的预言性和创造性宗教。先知成功预言。后来，我们将会讲到，诞生了一位具有空前力量的先知——耶稣，他的追随者创立了基督教伟大的普世宗教。再后来，另一位先知穆罕默德出现在阿拉伯，创立了伊斯兰教。

尽管他们各自的特点非常独特，但这两位老师在某种程度上确实是由这些犹太先知而来，并继承了他们的思想。历史学家不应该讨论宗教的真伪，而应该记录伟大的建设性思想的出现。2400年前，在第一批苏美尔人城市的城墙出现七八千年后，人类的道德统一和世界和平的思想已经来到这个世界上。

20. 史前时期的雅利安语族群

20.1 雅利安语族群的扩散

在之前的章节中我们已经提到，多瑙河和南俄罗斯地区似乎是雅利安语的起源地，这门语言随即从这两个地区开始向外传播。所谓的"似乎"，是因为多瑙河和南俄罗斯地区还未被明确证实到底是不是雅利安语的中心。关于这一点存在着很大的争论，各观点间差异很大，本书下面提出的是通说。起初，北欧人中的一支使用雅利安语，在之后的广泛传播中，便开始分化成许多支系的语言。在雅利安语传播到西方和南方时，与当时在西班牙地区盛行的巴斯克语交汇了，另外也有可能碰上了其他在地中海地区使用的语言。

在雅利安人从起源地向南和向西扩散之前，伊比利亚人分布在大不列颠、爱尔兰、法国、西班牙、北非、意大利南部，以及更文明的希腊和小亚细亚。他们与埃及人关系密切。从他们在欧洲的残迹来看，他们是一个相当小的人类类型，通常长着一张椭圆形的脸和一个长长的头。他们把他们的首领和重要人物埋在巨石室里，也就是用大土堆覆盖的大石头建造的；这些土堆的长度比宽度长得多，因此被称为长冢。这些人有时躲在洞穴里，也把他们的一些死人埋在洞穴里；从烧焦、破碎和切割人类骨头的痕迹，包括儿童的骨头，可以推断他们是食人族。

这些身材较小的暗白伊比利亚人（以及巴斯克人，如果他们是另外一个种族的话）被推回西边，被高而漂亮的说雅利安语的人缓慢前进的浪潮征服和奴役，他们向南和向西穿过中欧，被称为凯尔特人。只有巴斯克人抵制雅利安人的征服。渐渐地，这些说凯尔特语的人来到了大西洋，当时剩余的所有伊比利亚人都混入了凯尔特人中。凯尔特人的入侵对爱尔兰人的影响有多大，目前还存在争议；在那个岛上凯尔特人可能只是征服者的一个阶层，他们把自己的语言强加给了数量更大的被征服者。甚至令人怀疑的是，英格兰北部的人的血统中，雅利安人的成分多于凯尔特人。有一种矮而黑的威尔士人，和某些类型的爱尔兰人，他们也是伊比利亚人种。现代葡萄牙人也主要是伊比利亚人的血统。

凯尔特人说一种语言，即凯尔特语，凯尔特语又被用来区分高卢语、威尔士语、布雷顿语、苏格兰语、爱尔兰盖尔语和其他语言。他们把首领和重要人物的骨灰埋在圆冢里。当这些北欧凯尔特人向西扩展的时候，其他北欧雅利安人正在意大利和希腊半岛上压迫地中海暗白人种，发展拉丁语和希腊语的语言群。其他一些雅利安部落正朝着波罗的海漂去，跨过斯堪的纳维亚半岛，他们说的各种雅利安语后来成为古斯堪的纳维亚语，即瑞典语、丹麦语、挪威语、冰岛语的母语——哥特语以及低地德语和高地德语。

当原始的雅利安语向西方传播并分裂成子语言时，它也向东方传播并分裂。在喀尔巴阡山脉①和黑海以北，讲雅利安语的部落正

---

① 喀尔巴阡山脉：欧洲中部山脉，在多瑙河中游以北，西起奥地利与斯洛伐克边界多瑙河峡谷，向东呈弧形延伸。

在增加和传播,并使用一种称为斯拉夫语的独特方言,它来自俄罗斯、塞尔维亚、波兰、保加利亚和其他语言;雅利安语的其他变体也分布在小亚细亚和波斯,作为亚美尼亚人和印度-伊朗人的个体化,桑斯克里特人和波斯人的父母。在这本书中,我们使用了雅利安这个词来表示所有的语系,但是这个词在印欧语系里有时用于整个语系,"雅利安"这个词本身在狭义上局限于印度-伊朗语。

印度-伊朗语后来注定又分裂为几种语言,包括波斯语和梵语。梵语是肤色白皙、说雅利安语的某些部落的语言,他们大约在公元前3000年至公元前1000年之间向东方推进到印度,并征服了当时占有这块土地的肤色暗黑的达罗毗荼民族。

其他雅利安部落从最初的漂泊范围,向北部和黑海南部扩张,最终,随着这些海洋的萎缩,他们又向里海北部和东部扩张,因此开始与乌拉尔阿尔泰语系的养马的蒙古族之间发生冲突和融合。从这些蒙古族中,雅利安人似乎获得了骑马和打仗的机会。在欧洲和亚洲,有三到四种史前马的品种或亚种,但正是由于草原或半沙漠的土地类型,使马匹的体型适应了食用以外的用途。我们必须了解的是,俄罗斯和亚洲大草原上的所有这些民族必须进行频繁迁徙,一系列糟糕的季节可能会驱使他们走上几百英里,而我们现在只能极为粗略和暂时地指出他们活动的"游动区域"。每年夏天,他们向北走,每年冬天,他们又往南走。这个一年一度的迁徙有时能走上几百英里。在我们的地图上,为了简单起见,我们用一条直线来表示游牧民族的迁徙;但实际上,他们每年都在摇摆,就像清扫一条通道的仆人的扫帚随着她前进而左右摇摆。他们可能分布在黑海的北部或者里海的北部,从最初的中欧和中欧北部的日耳曼部落,到后来成为米堤亚人、波斯人和(雅利安人)印度教的伊朗人,都是部落混乱的放牧地,关于这些部落,我们了解甚少,情况说得模糊些反而更觉真实，例如辛梅里安人、萨尔马提亚人和在公元前1000年或更早之前同米堤亚人和波斯人一起与亚述帝国发生有效接触的斯基泰人。

黑海的东部和南部，多瑙河、米堤亚和波斯人之间，以及沿海和半岛的闪米特人和地中海民族的北部，分布着另一系列同样定义不清的雅利安部落，他们很容易从一个地方迁移到另一个地方，并自由地混合到历史学家的大混乱之中。例如，他们似乎已经瓦解并同化了赫梯文明，这可能是起源于雅利安人的文明。这些后雅利安人也许没有大平原的斯基泰人那么沿着游牧路线前进。

20.2 原始雅利安人的生活

这些史前雅利安人过着什么样的生活？这些北欧雅利安人是当今大多数欧洲人、大多数美国白人和欧洲殖民者，以及亚美尼亚人、波斯人和高级种姓印度教徒的主要祖先。

在回答这个问题时，除了我们在雅利安人的先辈身上不得不依赖的挖掘出来的遗迹，我们还有一个新的知识来源：我们有语言。通过对雅利安语的仔细研究，人们发现有可能对5000或4000年前雅利安人的生活做出一些结论。所有这些语言都有一个共同的相似之处，正如我们已经解释过的，每一种语言都在许多共同的词根上循环变化。当我们发现同一个词根贯穿所有或大部分语言时，我们就有理由得出这样的结论：词根所代表的东西一定是我们共同的祖先所知道的。当然，如果在这些语言中出现了确实相同的词，那就可能不是这么回事了。当然，如果他们的语言中有一个完全相同的词，情况可能就不同了：这可能是一个新事物的新名称，或者是一个最近在全世界传播的新想法的新名称。例如，"gas"这个词是荷兰人范·赫尔蒙特在1625年左右创造的，并传到了最文明的语言中，"tobacco"这个词又是美国印第安语的一个词，紧接着传播到几乎所有吸烟的地方。但是，如果同一个词出现在许多语言中，并且遵循每一种语言的特征性修改，我们可能会确信，它已经出现在该语言中，并且从一开始，该语言的一部分就与其他语言发生了同样的变化。例如，我们知道"货车"和"轮子"这两个词是通过雅利安人的语言以这种方式运行的，因此我们可以得出结论，原始的雅利安人，更纯粹的北欧雅利安人，有货车，尽管从没有任何共同的辐条、轮缘或轴的根源来看，他们的车轮似乎不是带辐条的车轮，而只是用斧头把树干两端之间砍成一定的形状。

这些原始的货车是用牛拉的。早期的雅利安人不骑马，也不开车，他们与马关系不大。新石器时代的蒙古利亚人是畜马的民族，而新石器时代的雅利安人是畜牛的民族，他们吃牛肉，而不是马；在许多年后，他们开始使用牛拉车。他们用牛来计算财富。他们像南非布尔人一样，在牛车里沿着牧场漫步，"搬运"他们的货物，当然他们的货车比当今世界上任何一辆都要笨重得多。他们可能分布在很宽的区域。他们是迁徙的，但不是严格意义上的"游牧民族"；他们以一种比后来更专业的游牧民族更慢、更笨拙的方式迁徙。他们是森林和公园里没有马的人。他们正从新石器时代早期定居的"砍伐森林"生活中发展出一种迁徙生活。气候的变化，以牧场取代森林，以及森林被火灾意外燃烧，可能有助于这一发展。

我们已经描述了原始雅利安人居住的房屋类型和他们的家庭生活，就瑞士的湖居住宅的遗迹而言，我们能够描述这些东西。他们的房子大多太单薄了，很可能是荆条和泥土制成的，根本无法长久保存下来，他们很可能因为一些很微不足道的原因离开了它们，继续徒步旅行。雅利安人会火化尸体，这是在印度仍保留的习俗，但他们的前辈，"长冢人"，即伊比利亚人，埋葬时死者侧卧屈身呈坐形。在一些古代雅利安人的埋葬土堆（圆冢）中，装有逝者骨灰的瓮形如房屋，表现为这些是带茅草屋顶的圆形小屋。

原始雅利安人的放牧对他们来说比他们的农业更重要。起初，他们用一个粗糙的木头犁耕地；后来，他们发现牛是可以用来拉犁的，于是他们开始真正地用牛耕作。起初，他们用一根适当弯曲的树枝作为犁。他们在那之前的第一次耕种肯定是在房子附近的花园，而不是在田里。他们的部族占领的大部分土地都是牛群一起吃草的公用土地。

直到历史记载快要出现的时候，他们才用石头建造房屋的墙壁。他们用石头做壁炉（例如在格拉斯顿伯里），有时还用石头做房屋的子结构。然而，他们确实在埋葬他们那著名死者骨灰的大土堆的中心建造了一座石头房子。他们可能从他们的伊比利亚邻居和前辈那里学到了这个习俗。至于布列塔尼的卡尔纳克或巨石阵这类的庙宇，建造它们的应该是巨石文化时代的暗白人，而不是原始的雅利安人。

这些雅利安人不是聚集在城市，而是聚集在牧区，作为宗族和部落社区。他们在选定的领导人的领导下结成了松散的互助联盟。他们有在危险时期可以与牲畜聚集在一起的中心。他们建造了带有土墙和栅栏的营地，其中许多仍然可以追溯到欧洲风景的历史磨损轮廓中。在战争中战斗的领袖们，往往和他们早期的祭司、祭祀净化者是同一个人。

青铜的知识在欧洲传播得很晚。北欧人在金属到来之前，已经在7000年或8000年的时间里慢慢地进步。到那时，他们的社会生活已经发展到有各种职业的男人和社会中不同阶层的男人和女人。男人做木头、皮革、雕刻陶器的工作，妇女纺纱、织布和刺绣。有一些首领和家族，他们被认为是有领导力的和高贵的。雅利安部落的人改变了他们放牧和流浪的单调，他们为某些事业奉献自己，并共同庆祝胜利。他们举行葬礼集会，并以节日来区分一年中的传统季节。他们食用的肉类，我们在前面已经提到，他们喜欢饮用烈酒。他们用大麦做蜜、又用葡萄做酒，正如说雅利安话的支派向南蔓延一样。他们喜欢饮酒到喝醉。我们不知道他们是先用酵母制造面包，还是先发酵饮料。

在他们的宴会上，有一些人有"耍傻子"的天赋，他们无疑赢得了朋友们的欢笑；但也有另一类人，在他们那个时代非常重要，对历史学家、某些歌曲和故事的歌手、诗人来说更重要，也就是弹唱诗人或史诗吟诵者。这些吟游诗人存在于所有说雅利安语的民族中；他们是口语发展的结果和口语进一步发展的因素，口语是新石器时代人类所有进步的主要因素。他们吟诵或背诵过去的故事，或者是当前部落首领及其人民的故事；他们讲他们创作的其他故事；他们背诵笑话和片段。他们发现并抓住并改进了语言中潜在的节奏、韵律、头韵等类似的可能性；他们可能在阐述和修正语法形式方面做了很多工作。他们是听觉方面最早的伟大艺术家，因为后来的奥里格纳西亚岩画家是视觉和手势最早的伟大艺术家。毫无疑问，他们使用了很多手势。也许他们在学习歌曲时学会了适当的手势，但语言的顺序、甜美和力量是他们最关心的。

他们标志着人类心灵的力量和范围又向前迈进了一步。他们在头脑中维持和发展了一种比他们自己、部落和延续到过去的生活更伟大的感觉。他们不仅回忆起旧的仇恨和战争，还回忆起旧的联盟和共同的遗产。死去的英雄们的壮举又重生了。雅利安人在思考中追溯出生之前和死后之事。

像大多数人类一样，这个吟游诗人的传统先是发展缓慢，然后发展得很快。当青铜进入欧洲的时候,没有一个雅利安人不经历这样一种弹唱诗人的专业训练。在他们的运用下,语言可能变得比以往任何时候都优美了。在他们口中,语言变得前所未有的美丽。这些吟游诗人是活生生的人类历史书,是人类生活中更新、更强大的传统的创造者和守护者。每一个雅利安民族都有如此悠久的诗歌记录,例如它的传奇(日耳曼)、它的史诗(希腊)、它的吠陀经(古老的梵文)等。最早的雅利安人实质上是个讲究声音的种族。即使在那些仪式性的和戏剧性的舞蹈中,朗诵似乎也占了主导地位,而且在大多数人类中,"盛装"也有助于传统的传承。

当时没有写作。当写作艺术如我们稍后将要说的那样,首先进入欧洲的时候,它一定显得太慢、太笨拙、太无生气了,这是一种记录的方法,人们在写下这些闪闪发光的、美丽的记忆宝藏时会非常费劲。写作最初是为账目和事实问题而保留的。吟游诗人在文字出现后很长一段时间都兴旺发达。事实上,他们在欧洲作为吟游诗人存活到了中世纪。

不幸的是,他们的传统没有固定的书面记录保存下来。他们经过修订和更正,形成了自己的风俗习惯。因此,我们现在所看到的只是史前口头文学的一些经过更正和修改过的痕迹。现存于希腊的《伊利亚特》是关于雅利安人的史前部分的最有趣和最有见地的文献之一。《伊利亚特》的早期版本可能是在公元前1000年吟诵的,但也许直到公元前700年或600年才写成。很多人共同组成作者和改编者,但最后一位整理它的是希腊的盲诗人叫荷马。同时他也整理了《奥德赛》,他在精神和外貌上并不相称。许多雅利安吟游诗人可能都是盲人。据J. L. 迈尔斯教授说,他们的吟游诗人被蒙蔽了双眼,以防止他们从部落中离开。劳埃德先生在罗得西亚见过一个当地舞蹈团的音乐家,这个音乐家就是因为这个原因被他的团长弄瞎了眼睛。斯拉夫人称所有的诗人为"斯列帕克",这也是他们对盲人的称呼。吉尔伯特·默里教授说,《伊利亚特》作为一部完整的诗篇要比《奥德赛》更古老,尽管形成《奥德赛》的大部分材料是日期无从考证的民间传说,比《伊利亚特》中的任何史料都要古老。史诗都可能是在后来写成的,或以同样的方式被重写。维多利亚女王的桂冠诗人丁尼生勋爵。在他的《国王的田园生活》中写了《亚瑟王之死》(这是托马斯·马洛礼爵士[①]在1450年左右根据以前的传说改写的作品),使演讲和情感及人物更多地按照自己的意愿。但《伊利亚特》和《奥德赛》的事件,所描述的生活方式,所记录的行为的精神,都属于史前时代的最后几个世纪。除了考古学和文献学,这些传说、史诗和吠陀经还提供了关于那些消失的时代的第三个信息来源。

例如,这里是《伊利亚特》的结尾处,非常准确地描述了史前冢的制作过程。(这里我们引用了查普曼的押韵翻译,在朗(Lang)、利夫和迈尔斯的散文版本的帮助下纠正了某些单词。)

> 因此,他们把牛、骡子套在马车上,开始了旅途
> 砍下了一堆无法测量的树木材料;
> 在车上度过九天,
> 但第十天的早晨一到,他们中最勇敢的最不幸的人
> 就会去被烧死
> 特洛伊泪流满面。在柴堆的最高处
> 他们放下尸体,点上火。它整天整夜地燃烧着。
> 但第十一天的清晨

[①] 托马斯·马洛礼:英国作家。

向大地伸出她的绯红的指尖,
人们围在这堆柴堆旁,
端着闪闪发光的酒,扑灭了所有的火焰。
然后,他的兄弟们和朋友们把雪白的骨灰
聚集在一个金缸里,仍然发出它们的悲吟。
把它们裹在柔软的紫色面纱里,挖出一个坑,
用砂砾把它填好,用石头筑起坟墓,然后很快地在上面堆了一个冢……
全城的人在普赖姆宫里,
举行了一场盛大而有趣的宴会,
因此,驯马的赫克托耳的葬礼仪式
把他的灵魂送去了安息。

还有一个古老的英国传奇故事,《贝奥武夫》是在英国人从德国进入英国之前很久写成的,最后以类似的葬礼结束。首先描述了火葬。它周围挂着盾牌和盔甲。尸体被运来,火葬炉被点燃,然后战士们用十天的时间建造了一个巨大的土丘,供海上或陆上的旅行者远眺。《贝奥武夫》比《伊利亚特》晚了至少一千年,也很有趣,因为它的主要冒险之一是掠夺当时已经很古老的冢的财宝。

20.3 早期雅利安人的日常生活

希腊史诗揭示了早期希腊人没有铁的知识,没有文字,土地上也没有任何在希腊建立的城市存在,他们显然是最近才作为征服者来到。他们从雅利安地区向南传播。他们似乎是一个公正的民族,是希腊的新来者,是这块迄今为止一直由地中海或伊比利亚民族占

据的土地上的新来者。

墨涅拉奥斯与赫克托耳的战斗

这可能是已知最早的刻有希腊文字的瓶画,希腊文学才刚刚开始。

让我们冒着略微重复的危险,再提一点。《伊利亚特》没有告诉我们原始的新石器时代雅利安人生活的起源,它使我们看到,生活已经很好地朝着一种新的事态发展。我们已经描绘过新石器时代的原始生活方式,包括驯养的动物、陶器和烹饪,以及短暂的粗放耕作。公元前15000年到公元前6000年之间新石器时代的生活方式已经随着雨期的森林和丰富的植被在旧世界的大部分地区传播开来,从尼日尔到黄河,从爱尔兰到印度南部。现在,随着地球大部分地区的气候再次转向更干燥、更开放的环境,更早、更简单的新石器时代生活正沿着两个不同的方向发展。一种是导致一种更加流浪的生活,最终在夏季和冬季之间不断迁徙,这就是所谓的游牧;另一种是在某些阳光明媚的河谷里,人类过着一种珍惜水资源的灌溉生活,在这种生活中,人们聚集在最初的城镇里,创造了第一种文明。我们已经描述了最早的文明及其对游牧民族不断征服的责任。我们已经注意到,数千年来,游牧民族对文明的征服几乎是有节奏地重复着。在这里,我们必须注意到,正如《伊利亚特》所描述的那样,希腊人既不是新石器时代的简单游牧民族,也不是文明人。他们是处于兴奋状态的游牧民族,因为他们刚刚来到文明世界,并将其视为战争和掠夺的机会。

这些《伊利亚特》中的早期希腊人是强壮的战士,但缺乏纪律。他们有马,却没有骑兵;他们使用马,这是一个相对较新的雅利安资源,以便拖动一个笨重的战车进入战斗。这些马还很新颖,本身就令人感到有些恐怖,就像我们刚才从《伊利亚特》上引用的那样,我们日常还用的是牛。

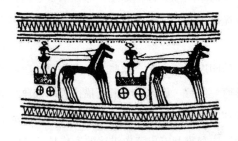

古代的马和战车

这些雅利安人唯一的祭司是神殿和圣地的守护者。也有首领,他们是家庭的首领,也做祭祀,但在他们的宗教中似乎没有太多神秘或神圣的感觉。当希腊人开战时,这些部落首领和长老们会聚在一起,任命一个国王。国王的权力非常松散,没有法律,只有习俗,也没有确切的行为标准。

早期希腊人的社会生活以这些主要人物的家庭为中心。毫无疑问,这里有供畜群居住的茅屋之类的,也有边远的农舍;但是部落首领的大厅是一个综合的中心,每个人都去那里吃饭,听吟游诗人的诗,参加游戏和锻炼。原始工匠聚集在那里。周围是牛棚、马厩和诸如此类的场所。不重要的人在任何地方睡觉,就像中世纪城堡里的仆人一样,也像印度家庭里的人们一样。除了相当数量私人的财产,这个部落里还有一种家长式共产主义的气氛。部落,或部落首领拥有牧场,森林和河流是无人认领的。

雅利安人的社会组织,由一些家族构成,通常一个家族往往就有几百人,实际上所有早期的族群似乎都没有构成今天西欧或美洲人口中大多数的独立的小家族。人类社会的开始,就像兽群在动物中开始一样,是家族推迟了它的分裂。如今,东非的狮子显然正以这种方式成为群居动物,幼狮成年后与母狮一起生活,并成群狩猎。如果现在的男人和女人不像过去那样依赖家族,那是因为国家和社区现在提供了安全、帮助和设施,而这些曾经只有在家族中才可能实现。

在今天的印度教社会中,这些人类社会早期阶段的大家族仍然存在。布彭德兰纳特·巴苏先生最近描述了一个典型的印度家族。这是一个雅利安人的家族,经过几千年的文明发展而变得文雅,但是它的社会结构和雅利安史诗中讲述的家族是一样的。

他说:"共同的家庭制度从远古时代就流传下来了,雅利安人古老的宗法制度仍然在印度占主导地位。这座建筑虽然古老,但仍然充满生机。共同家庭是一个合作的公司,在其中男人和女人有一个明确的位置。团体的领导是家庭的高级成员,通常是年龄最大的男性成员,但他不在的时候,高级女性成员往往承担控制权。"(《奥德赛》中的珀涅罗珀)

> 所有身体健全的成员都必须贡献他们的劳动和收入,不论是个人技能做的,还是务农或者经商;较弱的

成员、寡妇、孤儿和赤贫的亲属都必须得到维持和支持；儿子、侄子、兄弟、堂兄弟都必须平等对待，因为任何不适当的偏爱都有可能使家庭破裂。他们没有"表亲"这个词，他们不是兄弟就是姐妹，他们也不知道什么是远房表亲。表亲的孩子是你的侄子和侄女，就像你兄弟姐妹的孩子一样。除在马德拉斯的某些地方，一个人可以娶他叔母的女儿为妻以外，一个人不能娶一个远房表亲，正如不能娶自己的妹妹一样。家庭感情和家庭纽带总是非常牢固的，因此，在这么多的成员之间维持平等的标准并不像乍一看那么困难。此外，生活很简单。直到最近，鞋子才在家里普遍使用，但凉鞋没有任何皮革紧固件。我认识的几位富裕的中产阶级家庭的朋友有两双或三双皮鞋，这些鞋子只有当他们外出时才有机会使用。同样的行为仍然适用于更贵的衣服，像披肩，这种衣服已经持续几代人使用了，由于年代久远更被珍惜，因为在记忆中这是他们尊敬的祖先所使用的东西。

一个"联合家庭"有时会持续几代人，直到它变得过于庞大，当它分裂成更小的家庭时，你会看到整个村庄都住着同一家族的成员。我曾经说过，家庭是一个合作的社会，它可以被比作一个小国家，通过建立在爱和服从基础上的强有力的纪律来维持它的地位。你几乎每天都能看到年轻的家族成员来到家族的首领面前，把他脚上的尘土作为祝福的象征；无论他们什么时候从事一项事业，他们都会带着他的祝福离开……有许多纽带把家庭维系在一起——同情的纽带，共同欢乐的纽带，共同悲伤的纽带。死的时候，所有人都要哀哭；当孩子出生或举行婚礼时，全家人都很高兴。首先是家庭神，有一些保护神"毗瑟奴"的形象；他住在一个单独的房间里，通常被称为神的房间，或者住在富裕家庭里与房子相连的寺庙里，这个家庭每天都在这里做礼拜。在这个神的形象和家庭之间有一种个人依恋的感觉，因为这个形象通常来自过去的几代人，一个虔诚的祖先形象在许久之前就奇迹般地出现了。……与家庭神密切相关的是家庭祭司……印度教的牧师是他的信众家庭生活的一部分，他们之间的关系是世代相传的。牧师通常不是一个博学的人，然而，他知道他信仰的传统……他不是一个很重的负担，因为他只需要几把米饭、几根自家种的香蕉或蔬菜、村里做的一点粗糖，有时还需要几块铜板就够了……

如果没有仆人，他们的家庭生活就不完整了。女仆人在孟加拉语中被称为"杰西"或"女儿"——她就像家里的女儿一样；她叫主人和女主人爸爸妈妈，还叫家里的男女青年兄弟姐妹。她参与家庭生活；她和她的主母一起到圣所去，因为她不能单独去。她通常和她的主父母一起度过她的一生，她的孩子由家庭照顾。男仆的待遇非常相似。这些仆人，男性和女性，通常是普通阶层的人们，但在某种意义上说，他们与家庭成员之间产生了个人依恋，随着年岁的增长，他们被年轻人亲切的称为兄弟、叔伯、姑母等。在一所富裕的房子里，总是有一个常驻教师，他指导家里的孩子和村里的其他男孩。学校没有昂贵的教学楼，但在一些走廊或院子里的小棚子里，孩子们和他们的老师可以找到房间，低级种姓的男孩可以自由进入这所学校。这些土著学校的等级并不高，但它们为大众提供了一种教育机构，这在许多其他国家可能是无法得到的……

与印度教生活紧密相连的是它传统的好客习俗。凡在午前前来要求吃饭的外人，房主有义务为他提供食物；女主人直到所有的成员都吃饱了才坐下吃饭，而且，由于有时她的食物只够她一个人吃时，她要到中午过后很久才吃饭，以免一个饥饿的陌生人来认领她的食物。

在某些篇幅我们试图援引巴苏先生的观点，因为我们能从引文中对这种家庭得到更多的了解，这种类型的家庭自从新石器时代以就已经盛行，直到今天仍然流行于印度、中国和远东地区；而在西方，它却迅速地被国家的和地方的教育组织和大规模的工业制度代替了，后者有可能容许个人有较多的独立和自由，这在上述这些地方是不可能的事情。

现在让我们回到雅利安史诗中为我们保留的历史。

梵文史诗讲述了一个非常类似于《伊利亚特》背后的故事，一个皮肤白色吃牛肉的人的故事——直到后来他们才成为素食主义者——从波斯来到印度北部的平原，慢慢地征服了印度。他们从印度河传播到整个印度，但随着他们的传播，又从他们所征服的肤色暗黑的达罗毗荼人那里学到了不少东西，他们似乎已经失去了他们的吟游诗人传统。巴苏说，吠陀经主要是由妇女在家庭中传播的……

向西推进的凯尔特人的口头文学不如希腊人或印第安人的口

头文学保存得那么完整。《贝奥武夫》是在许多世纪后写成的，因此，就像野蛮、原始的英国《贝奥武夫》一样，凯尔特人也失去了任何明确的证据，以表明有一段时期的移民进入了先民的土地。如果说前雅利安人在其中有什么形象的话，那就是爱尔兰神话中的童话人物。爱尔兰与所有讲盖尔语的族群隔绝得最严重，直到最近还保留着原始的生活；《夺牛记》，即爱尔兰《伊利亚特》，描述了一种养牛的生活，在这种生活中仍然使用战车，还有战犬，被杀者的头颅被挂在马的脖子上带走。这个故事讲的是一场牛的袭击。这里也出现了与《伊利亚特》相同的社会秩序，首领们坐在大厅里大吃大喝，他们为自己建造大厅，那里有吟游诗人唱歌、讲故事、饮酒作乐。并没有太多的证据表明牧师已经很常见，但有一种巫医人员，他们会使用咒语和预言。

21. 希腊人与波斯人

21.1 希腊民族

希腊历史的黎明前出现在昏暗的灯光下（公元前1500年），作为一个流浪的不完全雅利安游牧民族的范围逐渐把他们的牧场向南扩展到巴尔干半岛，并跟以克诺索斯为顶峰的前爱琴文明发生冲突和混合。

在荷马史诗中，这些希腊部落说着一种共同的语言，史诗所坚持的共同传统使他们松散地团结在一起；他们用一个共同的名字来称呼他们不同的部落，即海伦人。他们可能是一波接一波地来的。古希腊语言的三种主要变体是有区别的，即爱奥尼亚语、爱奥利克语和多利克语，此外还有各种各样的方言。爱奥尼亚人似乎比其他希腊人更早，与他们征服的文明民族交往得非常密切。从种族上看，雅典和米利都等城市的居民与其说是北欧人，不如说是地中海人。显然，多利克人构成了最后一波最强大、最不文明的移民潮。这些希腊部落征服并在很大程度上摧毁了他们到达之前的爱琴文明，他们在它的灰烬上建立了自己的文明。他们到了海边，经过群岛,来到小亚细亚。他们在达达尼尔海峡和博斯普鲁斯海峡航行,把他们的殖民地向南扩展,现在又扩展到黑海的北部边界。他们还蔓延到意大利南部,最后被称为大希腊,以及地中海北部海岸。他们在早期腓尼基殖民地的旧址上建立了马赛镇。早在公元前735年,他们就开始在西西里定居,与迦太基人竞争。

在希腊人的后方,是同族的马其顿人和色腊基人;在他们的左翼,弗里吉亚人通过博斯普鲁斯海峡进入小亚细亚。

早期的希腊海战

我们发现,希腊人的这种分布在书面历史开始之前就受到了影响。到公元前7世纪,也就是说,到巴比伦人被犹太人掳去的时候,欧洲前希腊文明的古代世界的标志性建筑已经被抹去了。提林斯和克诺索斯是不重要的遗址,迈锡尼和特洛伊在传说中幸存下来;雅典、斯巴达(拉克代蒙的首都)、科林斯、底比斯、萨摩斯、米利都是这个新的希腊世界的伟大城市。我们的祖先称为"古希腊"的世界,是在一个被遗忘的更古老的希腊废墟上出现的,在许多方面都是文明和艺术的,而今天我们才刚刚开始通过考古发掘者的劳动来了解这个世界。但是我们这里所说的更新的古希腊仍然生动地存在于人类的想象中,这是因为它所说的优美而又富于表达力的雅利安语,和我们的语言是具有亲属关系的。又因为它已经接过了地中海的元音字母并对其进行了完善，所以，阅读和写作是容易学习和练习的艺术，大部分人都可以掌握并为后世进行记录。

21.2 希腊文明的显著特征

我们现在看到的这个希腊文明成长于公元前7世纪的意大利南部、希腊和小亚细亚，我们已经追溯了尼罗河和美索不达米亚两条河的文明发展历程。这些文明在它们被发现的地方经历了漫长的发展，他们从原始的农业中慢慢地发展出一种寺庙生活，祭司国王和神国王将这些早期城邦合并成帝国。但是野蛮的希腊牧民向南来到这里时，这里已经是一个古老的文明历史世界，航运、农业、城墙环绕的城市和文字早已存在。希腊人并没有发展自己的文明；他们毁灭了一个文明，并在废墟之上建立起来另一个文明。

对此，我们必须归因于这样一个事实：在希腊的历史中，没有庙宇国家阶段，也没有祭司国王阶段。希腊人立刻进入了城市组织，而城市组织在东方是围绕着神庙发展起来的。他们接管了庙宇和城市的联合，这个主意对他们来说是现成的。这座城市给他们印象最深的可能是它的城墙。他们是否能马上适应城市生活和公民身份是值得怀疑的。起初，他们住在城市废墟外的开阔村庄里，但那里有他们的榜样，即一个不断的暗示。他们首先想到的是一座城市在战乱时期是一个安全的地方，而圣殿则是这座城市的一个特征。他们继承了先前的文明，他们的思想和领地的传统仍然根深蒂固。《伊利亚特》的英雄社会体系占领了这块土地，并适应了新的环境。随着历史的发展，希腊人变得更加笃信宗教和迷信，因为被征服者的信仰从下层涌了上来。

我们已经说过，原始印欧语系的社会结构是一个两级系统的贵族和平民，这两个等级对于彼此而言并不是截然不同的。一个国王在战争只是一个贵族领导，这个国王不过是一个贵族家庭的同辈中居首位者，是和他身份相等的人中的首领。随着原著居民的征服和城镇的建立，这种简单的社会结构中又增加了两类人——下层农民、熟练工人和非技术工人，他们大多是奴隶。但并非所有的希腊族群都有这种"征服者"风格的类型。有些是代表破碎族群的"难民"城市，在这些城市里，原住居民的底层将会消失。

在以前的许多案例中，早期人口的幸存者形成了一个隶属阶级，即国家的奴隶，例如斯巴达的黑劳士。贵族和平民成为地主和绅士农民，正是他们指导了造船和贸易。但是，一些较穷的自由公民遵循机械技术，而且，正如我们已经指出的，他们甚至会为了报酬而在大帆船里划桨。在这个希腊世界里的祭司，要么是神殿和庙宇的守护者，要么是祭祀工作人员。亚里士多德在他的《政治学》一书中仅仅把他们当作官方阶级的又一个细分。这个公民年轻时是战士，成年时是统治者，老年时是牧师。祭司阶级，与埃及和巴比伦的同等阶级相比，是微不足道的。希腊真正的神，英勇的希腊人的神，正如我们已经提到的，是基于人类荣耀的神，他们没有受到太多的恐惧和敬畏；但是在这些征服自由的人的神之下，隐藏着被征服民族的其他神，他们在奴隶和妇女中发现了他们的秘密追随者。原始的雅利安神不被期望创造奇迹或控制人类的生活。但是希腊就像公元前1000年的大部分东方国家一样它沉迷于向神谕师或占卜师咨询。德尔斐以其神谕而闻名。当部落中最年长的人不能告诉你该做什么时，吉尔伯特·默里说，你就去找那些受祝福的死者。所有的神谕都在英雄的坟墓里。他们告诉你什么是"西弥斯"（掌管法律和正义的女神），什么是正确的应该做的事，或者用宗教人士现在的话说，去做上帝旨意该做的事情。

这些寺庙的祭司和女祭司没有统一成一个阶级，也没有作为一个阶级行使任何权力。正是贵族和自由平民这两个阶级，在某些情况下，合并成一个共同的公民团体，构成了希腊国家。在许多情况下，特别是在大城市里，奴隶和没有公民权的陌生人的数量大大超过了公民。但对他们来说，只有在受到礼遇的时候国家才是存在的，它仅为选定的公民团体而合法存在。它可能容忍也可能不容忍外来者和奴隶，但它在对待他们的问题上没有合法的发言权，"就像专制统治一样。"

公元前400年的希腊战舰

这是一种与东方君主政体截然不同的社会结构。希腊公民的特殊重要性使人想起以色列人在后来的犹太国家的特殊重要性，但在希腊方面，没有与先知和祭司同等的，也没有相当于一个君临一切的耶和华的观念。

希腊各城邦与我们迄今所关注的任何人类社会之间的另一个对比是，它们之间存在的是持续和无法挽回的分裂。

埃及、苏美尔、中国和北印度的文明都起源于一些独立的城邦，每个城邦外都有方圆几英里进行耕种的村庄。但在这个阶段后，它们开始了一个合并成为王国或帝国的过程。但直到独立历史的最后，希腊人还没有团结起来。这通常归因于他们生活的地理条件。希腊是一个被山峦和大海分割成众多山谷的国家，这使得相互交流变得困难；由于困难重重，很少有城市能够让其他许多城市长期处于从属地位。此外，许多希腊城市都在岛上，散布在遥远的海岸。直到最后，希腊最大的城邦仍然比英国的许多郡小，有些只有几平方英里。雅典是希腊最大的城市之一，在其鼎盛时期，人口大约有三十几万。希腊其他城市的人口很少超过5万，其中一半以上是奴隶和陌生人，三分之二是自由的妇女和儿童。

21.3 希腊的君主制、贵族政治与民主制

这些城邦的政府在性质上差别很大。当他们征服后定居下来，希腊人保持了一段时间的国王统治，但这些王国越来越回到贵族阶级的统治。在斯巴达（拉塞代蒙），国王在公元前6世纪仍然是杰出的。两个国王，来自不同的皇室家庭，进行共同的统治。但早在6世纪以前，希腊的城邦就已经成为贵族共和国。然而，在大多数以世袭权力统治的家庭中，有一种懒散和无效率的倾向，他们迟早会衰落；随着希腊人出海，建立殖民地，商业扩张，新的富裕家庭出现了，他们与旧的家庭竞争，并将新的人物带入权力。这些暴发户成为扩大的统治阶级的成员，这是一种被称为"寡头政治"的政府模式。不过，严格说来，寡头政治（即少数人执政）一词当然应该把世袭贵族作为一个特例。

在许多城市，精力异常充沛的人利用一些社会冲突或阶级不满情绪，在国家中获得了或多或少不规则的权力。这种个性和机会的结合在美国已经发生，例如，在美国，行使各种非正式权力的男性

被称为老板。在希腊,他们被称为僭主。但是僭主不仅仅是一个老板,他被承认为国王,并声称拥有国王的权威。此外,现代的老板在法律形式的背后寻求庇护,这些法律形式是他拥有的,并用于他自己的目的。僭主与国王不同,国王要求某种权力,例如某种家庭的支配地位,而僭主或许是由心怀不满的较穷阶层支持的。以庇西特拉图斯为例,他是雅典的僭主,在公元前560年至公元前527年间两次流亡,他得到了贫困潦倒的雅典山区居民的支持。有时就像在希腊西西里,僭主代表富人反对穷人。后来,当波斯人开始征服小亚细亚的希腊城市时,他们建立了亲波斯的僭主统治。

伟大的哲学导师亚里士多德出生在马其顿的世袭君主制度下,做过几年国王儿子的老师。在他的《政治学》一书中描述,国王与僭主之间的区别在于他的政治统治的承认和固有的权利,如马其顿的国王,他为未经被统治者同意而进行统治的僭主效力。事实上,如果没有许多人的同意,没有大量臣民的积极参与,很难想象会有一个僭主统治;而"真正的国王"的奉献和无私已经被认为会激起怨恨和质疑。亚里士多德还说,国王为国家的利益而统治,僭主为自己的利益而统治。在这一点上,亚里士多德认为奴隶制度是一件自然的事情,并认为妇女是不适合被赋予自由和政治权利的,这些观点与当时的普遍观点是一致的。

第三种形式的政府,在公元前6世纪到公元前4世纪的希腊日益盛行,被称为民主政体。由于现代世界一直在谈论民主,而现代的民主观念与希腊城邦的民主有很大的不同,因此,很有必要对民主在希腊的含义进行非常明确的阐述。那时的民主是由平民统治的,即人民大众;它是由全体公民组成的政府,由区别于少数人的多数人组成的政府。让现代读者把"公民"这个词标记出来吧,奴隶不在内,被释放的奴隶和外邦人也不在内,甚至出生在城邦里但其父辈来自距离城邦不到10英里远的海岬旁的城市的希腊人也被排除在外。早期的民主整体（但不是全部）甚至要求公民要具有财产，而当时的财产就是土地，但这个限制在随后被放宽了。看到这些，现代的读者肯定会明白，这里有一些与现代民主非常不同的东西。例如，在公元前5世纪末，雅典就废除了这种财产资格；但是，伯里克利，一位伟大的雅典政治家，我们将在后面详细介绍他，制定了一项法律（公元前451年），将公民身份限制在那些父母双方都具有雅典血统的人身上。因此，在希腊的民主政体中，就像在寡头政体中一样，公民们组成了一个紧密的团体，有时进行统治，就像雅典在其鼎盛时期那样，有大量的农奴、奴隶和"外来者"。一个现代的政治家习惯于这样一种观点，一种完全不同的观点，即完美的民主意味着每一个成年的男人和女人都应该在政府中有发言权，如果突然回到极端的希腊民主主义，他会把它看作是一种寡头政治。希腊寡头政治与希腊民主之间唯一真正的区别在于，前者中较贫穷、地位较低的公民在政府中没有发言权，而后者中每个公民都有发言权。亚里士多德在他的《政治学》中，非常清楚地揭示了这种差异的实际结果。寡头政治对富人的征税很轻；而民主国家向富人征税，并通常向贫穷的公民支付生活津贴和特殊费用。在雅典，甚至参加大会的公民也要付费。但是，在公民的幸福秩序之外，大多数人都在工作，都在做他们被告知要做的事情。如果有人想要得到法律的保护，他就会找一个公民为他辩护，因为只有公民在法庭上才有地位。任何一个公民都应该成为公民的现代观念都会使雅典那些享有特权的民主人士大为震惊。

公民阶级垄断国家的一个明显结果是，这些特权阶级的爱国主义表现为强烈而狭隘的形式。他们会结成联盟，但绝不会与其他城邦联合，那将抹杀他们赖以生存的一切优势。这些希腊国家地理上的局限，使他们的感情更加强烈。一个人对他的家乡、他的宗教和他的家的爱，加深了他对国家的爱，因为他们都是一位。当然，奴隶们并没有这种感觉，在寡头统治的国家里，被排斥的阶级往往克服了对外国人的厌恶，转而更加厌恶压迫他们的国内阶级。但总的来说，希腊人的爱国主义是一种个人激情，具有鼓舞人心和危险的强度。就像被拒绝的爱一样，它很容易变成某种很像仇恨的东西。希腊的流亡者就像法国或俄罗斯的流亡者一样，为了把它从人类形态的恶魔手中拯救出来，准备相当粗暴地对待他所热爱的国家。

公元前5世纪，雅典与许多其他希腊城邦形成了一套关系体系，历史学家常将其称为雅典帝国。但所有其他城邦都保留了自己的政府。雅典帝国增加的一个"新事实"是彻底而有效地镇压海盗活动，另一个是某种国际法的制度。法律确实是雅典的法律；但是现在可以采取行动，在联盟不同州的公民之间执行正义，这在以前当然是不可能的。雅典帝国实际上是在共同防御波斯的联盟中发展起来的；它的所在地原来是在德洛斯岛，而盟军在德洛斯贡献了共同的财富；德洛斯的财宝被带到雅典，因为它可能遭到波斯的袭击。然后一个又一个城市提供货币而不是兵役，结果雅典几乎做了所有的工作，得到了几乎所有的钱。它得到一两个较大岛屿的支持。就这样，"联盟"逐渐变成了"帝国"，但是同盟国的公民仍然存在，除非有特殊的异族通婚条约之类的，否则实际上彼此是外国人。是雅典的穷人用他们最积极和不断的个人服务维持了这个帝国。每一个公民只要是在18到60岁之间的，都有义务在国内或国外服兵役，有时是纯粹的雅典人的事务，有时是为了捍卫帝国的城市的市民会进行捐款。在雅典的公民大会上，几乎没有一个年过25岁的人不曾在地中海或黑海的不同地区参加过几次战役，而且不希望进行再次服务的。现代帝国主义的反对者谴责它是富国对世界的剥削，雅典帝国主义是雅典较穷的公民对世界的剥削。

由于希腊城邦的面积较小，与现代条件的另一个不同之处在于，在民主制度下，每个公民都有权参加人民大会，并在其中发言和投票。对大多数城市来说，这意味着只有几百人聚集在一起，最伟大的国家只有几千名公民。在一个拥有数百万选民的现代"民主国家"中，这类事情是不可能发生的。现代公民在公共事务中的发言权仅限于投票给摆在他面前的政党候选人之一的权利。然后，他或她应该对最终的政府"予以同意"了。亚里士多德敏锐地欣赏我们现代民主政体的选举方法，他非常微妙地指出，在民主政体中，由于过于频繁地要求人民大会定期出席，边远农民阶层的公民实际上是如何被剥夺公民权的。在后来的希腊民主国家（公元前5世纪），除非官员需要非常特殊的知识，否则任命公职人员的办法是抽签。这本来是为了保护享有特权的普通公民不受那些富有、有影响力和能力出众的人的持续支配。

一些民主政体国家（如雅典和米利都）制定了一种被称为"陶片流放制"的放逐制度，在危机和冲突时期，根据这种制度，决定一些公民是否应该流亡10年。对于现代读者来说，这可能是一个令人羡慕的机构，但这并不是它的本质。吉尔伯特·默里表示，在政治情绪分歧如此之大，甚至可能陷入僵局的情况下，这是一种达成裁决的方式。希腊民主国家中有政党和政党领导人，但没有正式的政府，也没有正式的反对派。因此，如果有一位强有力的领导人或一个强有力的集团站出来反对一项政策，尽管可能是一项受欢迎的政策，但也没有办法执行这项政策。但由于排斥，在这个分裂的社会中，最不受欢迎或最不受信任的主要领导人被迫退休一段时间，而不丧失荣誉或财产。默里教授认为，如果希腊的民主制度像大英帝国在1914年爱尔兰地方自治问题上那样，那么就会陷入僵局。

这种陶片流放制曾使雅典的民主政体中一个不出名的、没有受过多少教育的成员名垂不朽。有一个叫亚里斯泰迪兹的人因他的正直行为在法庭上赢得了很高的声誉。他与特米斯托克利斯在海军政策问题上发生了争执。亚里斯泰迪兹是军队的一员,特米斯托克利斯是一个主张建立"强大海军"的人,两方各执己见僵持不下,他们不得不采取陶片放逐制来决定他们之间的关系。普鲁塔克叙述说,当亚里斯泰迪兹在投票过程中穿过街道时,一个不熟悉书写艺术的农业环境的陌生公民向他打招呼,要求他在提供的瓦片上写下自己的名字。

"但为什么?"亚里斯泰迪兹问道,"亚里斯泰迪兹伤害过你吗?""没有,"这位公民回答,"我从来没有见过他。只是,啊!老听人把他叫作公正的亚里斯泰迪兹,我实在是厌烦了。"

普鲁塔克说,亚里斯泰迪兹于是不再多说,就按照这个人的意愿写了。

当一个人理解这些希腊宪法的真正含义,特别是一切权力的限制,无论是在民主国家或寡头政治,权力仅限制在当地一个特权阶级时,就会理解散布在地中海地区的数百个希腊城邦多么不可能做到任何有成效的联合,他们之间甚至也不可能为了一个共同的目的做到任何有成效的合作。每座城市都掌握在几百人手中,对他们来说,城市的独立意味着生活中一切值得拥有的东西。只有来自外部的征服才能使希腊人团结起来,而在希腊被征服之前,他们没有政治上的团结。当他们最终被征服的时候,他们就被完全征服了,他们的团结甚至对他们自己都不再重要了。这是被征服的统一。

然而,所有希腊人之间始终有某种统一的传统,基于共同的语言和文字,基于对英雄史诗的共同拥有,以及由于各国的海上地位而得以实现的持续交往。此外，还有某种统一的宗教纽带。例如，在德洛斯岛和德尔斐的阿波罗神的神殿，不是由单一的国家维持，而是由国家联盟或邻盟维持，在德尔斐神的神殿这样的例子中，邻盟变成了非常广泛的联盟。该联盟保护圣地和朝圣者的安全，保持通往圣地的道路畅通，在特殊节日期间确保和平，维护某些规则以减少其成员之间的战争行为，并打击海盗活动。希腊联合的一个更重要的环节是每四年在奥林匹亚举行一次的奥林匹克运动会。竞走、拳击、摔跤、投枪、投环、跳高、战车和赛马是主要的运动项目，并有胜利者和贵宾的记录保存。从公元前776年起，这些运动会定期举行了1000多年，它们极大地保持了一种超越城邦狭隘政治的普通希腊生活（泛希腊）感。

这些在情操和交际方面的链锁，对于抵制希腊政治制度上强烈的"分离主义"没有多大用处。从希罗多德的《历史》一书中，学者们将能够感受到使希腊处于长期战争状态的强烈而持久的宿怨。在过去（比方说，到公元前6世纪），希腊普遍存在着相当大的家族，古老的雅利安人大家族仍然保留着它强烈的宗族感情和维持长久世仇的能力。雅典文坛多年来的历史，围绕着阿尔克门尼和庇西特拉图两大家族的世仇展开；后者同样是一个贵族家族，但是，这个权力是建立在民众中较贫困阶层的支持和对平民不满的利用之上的。后来，在公元前五六世纪，生育受到限制，家庭缩小到两三个成员，这导致了古老的贵族家族的灭绝。亚里士多德提到过这一过程，但没有看出它的原因。此后发生的战争导致旧贵族家族的消失，而后来的战争引起的贸易纠纷与不满，引发了个人冒险家的家族仇杀。

鉴于希腊人的这种强烈的分裂主义，不难理解亚洲的爱奥尼亚人和各岛屿的人民是多么容易地首先落入吕底亚王国的统治之下，然后又落入波斯人的统治之下。居鲁士推翻了吕底亚国王克罗伊斯，他们奋起反抗，结果却被再次征服。接着轮到欧洲的希腊了。令人惊讶的是，希腊人自己也惊讶地发现，希腊并没有落入波斯人的统治之下，这些野蛮的雅利安人是古代西亚文明的统治者。但是，在我们讲述这场斗争之前，我们必须先注意一下这些与他们对立的亚洲人，特别是对公元前538年的米堤亚人和波斯人，已经征服了亚述和巴比伦的古代文明，而且即将征服埃及。

21.4 吕底亚王国

我们曾经有机会提到过吕底亚王国，在继续我们的故事之前，不妨先简单介绍一下吕底亚人。小亚细亚大部分地区的原住民可能与希腊和克里特岛的原住民相似。如果是这样的话，它属于"地中海"种族。或者，它可能是那些更广泛意义上的黑色人种的另一个分支。从他们那里，西方出现了地中海种族，东方出现了德拉维人。在小亚细亚上散落着区分克诺索斯和迈锡尼文明的同一种艺术的遗迹。但是，就像北欧的希腊人向南涌入希腊，征服并与土著居民融合一样，其他的北欧部落和他们的亲属也从博斯普鲁斯海峡涌入小亚细亚。在一些地区，这些雅利安人完全占了上风，成为居民的主体，并保留了他们的雅利安语。这就是弗里吉亚人，他们的语言几乎和马其顿语一样接近希腊语。但在其他地区，雅利安人并没有如此占优势。在吕底亚，原始的种族和他们的语言保持着自己的特色。吕底亚人是非雅利安人，他们说的是非雅利安人的语言，目前只有少量的词汇被理解。他们的首都是萨迪斯。

他们的宗教也是非雅利安化的。他们崇拜一位伟大的母神。弗里吉亚人也是如此。他们虽然保留了类似希腊的语言，但也受到了神秘宗教的影响,而后来在雅典盛行的许多神秘宗教和秘密仪式都起源于弗里吉利亚(当时还不是色雷斯人)。

起初,吕底亚人控制了小亚细亚的西部海岸,但由于爱奥尼亚希腊人的建立,他们被迫离开了小亚细亚。后来这些爱奥尼亚的希腊城市却被吕底亚国王征服了。

这个国家的历史并不为人所知,即使为人所知,也没有足够的重要性把它写进历史纲要中去。但是在公元前8世纪,一位名叫盖吉斯的国王变得很值得注意。在他统治下的国家遭受了另一支雅利安人的入侵。一些叫作辛梅里安人的游牧部落涌入小亚细亚,他们被盖吉斯和他的儿子、孙子艰难地赶回来。萨迪斯两次被这些野蛮人占领并烧毁。有记录显示,盖吉斯向萨达纳帕拉斯上贡,这使他与我们对亚述、以色列和埃及历史的一般认识相联系。后来盖吉斯背叛亚述,派遣军队帮助萨美提克一世将埃及从短暂的奴役中解放出来。

正是盖吉斯的孙子阿利亚特使吕底亚进入强盛期。他在位七年,征服了小亚细亚的大部分爱奥尼亚城市。这个国家成为亚洲和欧洲之间巨大贸易的中心。它一直盛产黄金,现在这位吕底亚国王被誉为亚洲最富有的国王。在黑海和地中海之间,在东方和西方之间,有着伟大的交流。我们已经注意到,吕底亚据说是世界上第一个铸造钱币的国家,并且为旅客和商人提供旅馆的便利。吕底亚王朝似乎与克里特岛的米诺斯型的贸易王朝一样,伴随着银行业和金融业的发展。关于吕底亚,在下一节的前言中,我们有更多需要注意的。

21.5 东方波斯人的崛起

我们已经描述了在希腊、麦格纳格雷西亚还有黑海海岸周围有一部分说雅利安语的入侵者已经在发展。另一个部分说雅利安语的人群，他们最初的北欧血统可能已经与蒙古元素混合，然后他们已经发展定居到亚述和巴比伦帝国的北部和东部。我们已经谈到北欧雅利安人在黑海和里海以北的弧形分散。也许正是通过这条途径，雅利安语系逐渐地进入今天的波斯王国，并向东传播到印度（大约公元前2000年至公元前1000年）。此外，波斯人的领地不断扩张，直到他们强大到足以先攻击亚述（公元前650年），然后是巴比伦（公元前538年）。

在过去的一万年里，欧洲和亚洲一直在发生着气候变化，关于这一点，还有很多不清楚的地方。最后一个冰河时期的冰逐渐消退，并让位于欧洲大平原上长时间的草原或类似草原的环境。据现在估计，大约在12000年或1万年以前，环境向森林转变。我们已经注意到，由于这些变化，梭鲁特的猎马者是如何让位给马格德林的渔民和森林猎鹿者的，接着，转变成了新石器时代的牧民和农学家。几千年来，欧洲的气候似乎一直比现在温暖。一片大海从巴尔干半岛的海岸蔓延到中亚，向北延伸到俄罗斯中部。同时第一批河谷文明的发展伴随着海洋的收缩，以及随之而来的南俄罗斯和中亚地区的气候变干。许多事实似乎表明，欧洲和西亚的气候比我们今天看到的要温和得多，而且3000至4000年前植物和蔬菜的生长比我们今天看到的更加繁茂。当时俄罗斯南部和现在的土耳其斯坦西部都有森林，现在那里到处都是草原和沙漠。此外，在1500年至2000年以前，咸海和里海地区可能比现在更干燥，海洋也比现在更小。

在这点上，我们需要提到的是，图特摩斯三世（公元前15世纪）在幼发拉底河之外的探险中，在该地区猎杀了120头大象。同时一把可以追溯到公元前2000年左右的来自迈锡尼的匕首显示正在进行猎狮行动。猎人们拿着大盾牌和长矛，一排一排地站着。第一个人用长矛刺向狮子，当受伤的野兽扑向他时，他在大盾牌的保护下倒下，留下下一个人重复他的动作，直到狮子被刺死。如今马赛人也在使用这种狩猎方法，只有生活在狮子繁盛之地的人才能做到。但是大量的狮子意味着大量的猎物，这也意味着大量的植被。我们已经提到在大约公元前2000年旧世界的中心部分的干燥气候，使得大象和狮子在小亚细亚、希腊地区灭绝，这也使游牧雅利安民族向南去往田野和森林定居，形成文明国家。

这些雅利安人从里海东部地区进入历史的视野，与此同时迈锡尼、特洛伊和克诺索斯落入希腊人之手。在记录他们第一次出现的记录和铭文中，以许多名字出现的不同的部落和种族是很难区分的，但幸运的是，这些区别在像现在的历史的大致轮廓中不需要区分。在雅利安人从亚美尼亚传播到埃兰后不久，乌尔米亚湖和凡湖地区出现了一个叫作辛梅里安人的民族。公元前9世纪，一个叫米底人的民族出现在亚述铭文中，他们与东边的波斯人关系非常密切。我们在这个故事中熟悉了提格拉特帕拉萨尔三世和萨尔贡二世，他们声称已经让米底人臣服了。他们在铭文中被称为"危险的米底人"。他们仍然是一个部落民族，没有统一在一个国王之下。

大约在公元前9世纪，埃兰和埃兰人突然从历史上消失了。埃兰的首都是苏萨，他们拥有至少和苏美尔人一样古老的传统和文明。我们不知道发生了什么。他们似乎已经被征服，人口被征服者所吸收。苏萨在波斯人手中。

与这些雅利安部落有关的第四类人，他们出现在希罗多德这个时期的叙述中，被称为"斯基泰人"。有一段时间，亚述的君王们挑拨这些不同的民族，辛梅里安人，米底人，波斯人，斯基泰人，使他们彼此争斗。亚述公主（例如，以撒哈顿的一个女儿）嫁给了斯基泰的酋长。

此外，尼布甲尼撒大帝娶了基亚克萨雷斯的一个女儿为妻。基亚克萨雷斯当时已成为所有米底人的国王。雅利安斯基泰人属于闪米特亚利安人。雅利安米底人是巴比伦的闪米特人。公元前606年，正因为基亚克萨雷斯占领了亚述人的首都尼尼微的缘故，巴比伦就从亚述人的枷锁中解放出来，在迦勒底人的统治下建立了第二个巴比伦帝国。此后，亚述的斯基泰同盟退出了这个故事。他们继续在北方过着自己的生活，不与南方的人有太多的牵扯。在过去三分之二的世纪里，巴比伦帝国像一只羊羔躺在狮子中间。

公元前550年，在米底人和波斯人的内部斗争中，最终使得居鲁士登上了基亚克萨雷斯的王位。我们对此就不深入了。那一年，居鲁士统治着一个疆域从吕底亚到波斯，也许还有印度的庞大帝国。我们已经说过，巴比伦最后一位统治者那波尼德曾在巴比伦挖掘旧日的记录，并建造庙宇。

21.6 克罗伊斯国王的故事

但世界上有一位国王意识到了居鲁士手中新力量的威胁，这是吕底亚王克罗伊斯。他的儿子以一种非常悲惨的方式被杀，希罗多德曾提到过，但我们在这里不会描述。希罗多德说：

> 于是有两年之久，克罗伊斯因为失去他的儿子，十分悲伤，沉默寡言。但是在这段时间之后，居鲁士推翻了基亚克塞雷斯之子的统治，以及日益增长的波斯人势力，导致克罗伊斯停止他的哀悼。并且他将使用各种可能的方式，削减波斯人的力量，即使它已经在成长，并赶在它变得更强之前。

接着他得到了那个著名的神谕。

克罗伊斯命令吕底亚人把这些礼物送到神庙,并让他们向神谕师们提出这样一个问题:克罗伊斯是否应该向波斯人进军?如果是的话,他是否应该亲自和自己的军队像朋友一样一起出征?吕底亚人到达神庙,并送上礼物和祷告。他们求问神谕,说:"吕底亚和其他国家的王——克罗伊斯,虔诚的遵守神谕,并按你所求向你供奉礼物以换取启示。问你现在是否应当对波斯人开战,如果应该出战,他又是否应当亲自加入军队作为盟友。"两个神谕有着相同的答案,向克罗伊斯宣布,如果他向波斯进军,他将摧毁一个伟大的帝国……所以当答案被带回来,克罗伊斯十分高兴,并认为,他肯定会破坏居鲁士的王国。他再次前往德尔菲,给每个祭司双倍的黄金。

因此克罗伊斯与斯巴达人和埃及人建立了防御同盟。希罗多德继续描述道:

> 克罗伊斯准备对抗波斯和部分吕底亚人。他在此之前被认为是一个聪明的人,但是吕底亚人中一位很有名的智者建议克罗伊斯:"王,你是准备对抗一些全身上下只有皮革的人,他们住在崎岖之地,所吃的,不是自己想要的,乃是自己所能得的。他们不喝酒,只喝水;也没有无花果当甜点,也没有别的好吃的。一方面,如果你战胜了他们,你将从他们身上得到什么呢?因为他们一无所有。另一方面,如果你被他们打败,想一想你将失去多少美好的东西。因为他们一旦尝过我们的好东西,就会紧紧抓住,不可能把他们赶走。就我个人而

言，我对诸神心存感激，因为他们没有让波斯人有反抗吕底亚人的想法。"他这样说并没有说服克罗伊斯。实际情况是波斯人在征服吕底亚人之前既没有奢侈品，也没有任何好东西。

克罗伊斯和居鲁士在帕提亚打了一场没有决定胜负的战斗，克罗伊斯撤退了。居鲁士追击，在他的都城萨迪斯外与他交战。吕底亚人的主要力量是骑兵，即使没有受过训练，他们也是优秀的骑兵，同时他们用长矛作战。

当居鲁士看到吕底亚人的战斗队列时，他担心自己的骑兵。在一个米底人哈尔帕格的建议下，他命令把军队中所有骆驼携带着的行李卸下，并在它们身上换上骑兵装备。在准备好了之后，就派它们"率领"其余的士兵，往克罗伊斯的骑兵那里去。他命令步兵跟在骆驼队后面，在步兵后面，他部署了他的全部骑兵。并且吩咐他们，凡看见的吕底亚人，一个也不要放过，唯有克罗伊斯一人，他们不能杀，即使他被俘虏，他们也不能虐待他。克罗伊斯归他负责。他用骆驼对抗骑兵的理由是因为马害怕骆驼和不能忍受看到它或者闻到它的气味，因为这个原因和诀窍，可使得克罗伊斯的军队变得无力。在吕底亚王的期待中，战斗开始。当它们一同出现在战场上的时候，马匹一见到骆驼，就仓皇逃窜，克罗伊斯的希望也随之破灭。

在十四天内，萨迪斯被攻破，克罗伊斯被俘虏了……

于是波斯人将他带到居鲁士面前。克罗伊斯和与他一起的吕底亚人被捆绑放在堆积的一个巨大柴堆上。他认为自己不应该被活活烧死，因为他是受神庇佑的，他也是一个虔诚的人，他期待有神来拯救他。当克罗伊斯站在火葬坛上的时候，他想起了梭伦的那句话，尽管他是那样的心安理得，活着的人没有一个可以被称为幸福的。当他想到这一点的时候，他们说，他深深地叹了一口气，大声地呻吟了一声，因为他已经很久没有说话了，他叫梭伦这个名字。居鲁士听了这话，吩咐翻译们去问克罗伊斯，他说的这个人是谁。他们就上前问。据说，当有人问克罗伊斯这个问题时，他沉默了一段时间，但后来，当被追问时，他说："他是一个比我拥有更多财富的人，我本想与所有国王交谈。"那么，既然他的话没有什么意义，他们又问他说了些什么。他们劝他不要沉默。他就说，有一次雅典人梭伦来视察他所有的财富，竟用这样的话把他的财富看得很轻。正如梭伦所说的，他的一切结果是怎样的呢？他说话并不是为了克罗伊斯本人，而是为了全人类，尤其是那些自认为是幸福的人。当克罗伊斯叙述这些事情的时候，火葬坛上已经点起了火，四周的边缘都在燃烧。然后他们说，居鲁士从翻译那里听到克罗伊斯所说的话，改变了他的想法，认为他自己也只是一个人，他要把另一个在幸福方面并不逊于他的人送到火里去。此外，他害怕遭到报复。他想到，人所拥有的东西，没有一样是安全的。因此，他命令他们尽快扑灭大火。在火中要把克罗伊斯和与他同在的人从柴堆上带下来十分困难。他们费了九牛二虎之力，还是没能把火扑灭。虽然居鲁士已经改变了主意，克罗伊斯和吕底亚人看到他们试图扑灭火，但是，他们不能改变情势，于是克罗伊斯大声喊道，天神阿波罗，如果上帝曾赐予他可以接受的任何礼物，他会来帮助他们，把他从身边的邪恶拯救出来。他流着眼泪恳求神。突然，他们说，在晴朗的天空和平静的天气之后，乌云密布，暴风雨来了，大雨倾盆，火被扑灭了。

居鲁士知道克罗伊斯是众神之爱和好人，于是把他从火葬坛上带下来，问他："克罗伊斯，告诉我，是谁说服你到我的土地上来成为我的敌人,而不是我的朋友?"他得到的回答是:"王啊,我这样做,是你的幸福和我自己的不幸。希腊人的神造成了这一切,他煽动了我和我的军队一起进军。因为在和平时期儿子埋葬父亲,而在战争中父亲埋葬儿子,所以没有人麻木到根据自己的意愿选择战争而不是和平。但我想,对神而言,这种事情的发生是令人高兴的。"

于是,克罗伊斯成为居鲁士的顾问并生活在巴比伦。吕底亚被征服之后,居鲁士的注意力就转移到了那波尼德斯和他的巴比伦。在巴比伦城外,居鲁士击败了伯沙撒率领的巴比伦军队,随后对巴比伦进行了围攻。公元前538年,居鲁士取得了胜利,正如我们已经提到过的,在柏尔神祭司的默许之下,居鲁士进入了巴比伦城。

21.7 大流士入侵俄罗斯

居鲁士的继位者是他的儿子冈比西斯。冈比西斯在公元前525年率领军队进入埃及。在三角洲地区发生了一场战斗,其中交战双方都有希腊雇佣兵参战。希罗多德宣称,五六十年后,他看到被杀者的尸骨仍然躺在战场上,并评论说波斯人的头骨相对较薄。这场战役之后,冈比西斯占领了孟菲斯和埃及的大部分地区。

据说,冈比西斯在埃及发了疯。他对埃及的庙宇做了很大的改动,并在孟菲斯挖掘古墓,查验尸骨。他在来埃及之前,就已经谋杀了吕底亚前国王克罗伊斯和他的兄弟斯默迪斯。他在回苏萨的途中在叙利亚死于一次意外伤害,没有留下继承人继承他的王位。不久,居鲁士的主要顾问之一,希斯塔斯普的儿子,米底的大流士(公元前521年)接替了他的王位。

大流士一世的帝国比之前任何一个帝国都要大。它包括所有小亚细亚和叙利亚，也就是说，包括古代的吕底亚和赫梯帝国、所有古代的亚述和巴比伦帝国、埃及、高加索和里海地区、米底、波斯。它还可能延伸到印度到达印度河。在今天所谓的近东的所有民族中，游牧的阿拉伯人是唯一没有向大流士的总督或省长进贡的。这个伟大帝国的组织似乎比它的任何前身都有高得多的效率，有一个皇家驿站系统作为大动脉连接各省，在规定的时间间隔内，驿站上的马总是随时准备把政府信使或有政府许可的旅者送到他旅程的下一站。除了这种帝国的通行权和对贡金的收取，地方政府还享有相当大的自由。他们避免了内部之间的自相残杀和冲突，这对他们来说都有好处。起初，亚洲大陆上的希腊城市向波斯献上贡品，分享着波斯的和平。

大流士首先被一位朝中的希腊医师煽动去攻击欧洲的希腊人，因为这个医师十分思乡，甚至想不惜一切代价回到希腊。大流士已经制订了进军欧洲的计划，目标不是希腊，而是横跨博斯普鲁斯海峡和多瑙河的希腊北部。他想袭击俄罗斯南部，他认为那里是他的北方和东北边境方向上对斯基泰游牧民族家园的巨大威胁。但是他受到诱惑，于是向希腊派去使者。

大流士的这次伟大远征使我们对这段历史有了新的认识，它揭开了希腊后面的巴尔干国家的帷幕，我们迄今对这部分只字未提。它带着我们越过多瑙河。他的精英军队从苏萨出发，集结特遣队前往博斯普鲁斯海峡。在这里，来自亚洲的爱奥尼亚希腊人盟友建造了一座船桥。当希腊人的盟友们乘船前往多瑙河时，军队渡河。两天后，在多瑙河河口，他们登陆并建造了另一座浮桥。与此同时，大流士和他的军队沿着现在的保加利亚海岸前进，当时叫作色雷斯。他们越过多瑙河，准备与斯基泰军队作战，夺取斯基泰人的城市。

但是，斯基泰人放弃了城市，他们逃跑了。战争变成了一场乏味无趣的追击战。水井被堵死，牧场被游牧民族毁坏。斯基泰人的骑兵游离在一支主要由步兵组成的大军的周围，他们负责清除散兵游勇和防止敌军寻找食物。他们尽最大努力说服那些建造并守卫着多瑙河上那座桥的爱奥尼亚希腊人，让他们拆掉那座桥，这样可以确保大流士的覆灭。然而，只要大流士继续前进，他的希腊人盟友的忠诚就不会动摇。

但是粮食短缺、疲劳和疾病阻碍并削弱了波斯军队。大流士失去了许多步兵，并且他的给养也耗尽了。最后，他终于产生了一种郁闷的信念，决定撤退到多瑙河对岸，这样才能使他免于彻底的疲惫和失败。

为了开始撤退，他牺牲了自己的病人和伤员。他告诉他们，他要在黄昏时分攻击斯基泰人。在这个借口的掩护下，他带着他的精锐部队偷偷地离开了营地，向南进发，只留下了燃烧的营火和营里惯常的喧闹声。第二天，留在营里的人意识到他们的国王欺骗了他们，在斯基泰人的怜悯下选择了臣服。但是大流士已经启程，在追兵赶上之前，他已经到达了浮桥。斯基泰人比大流士的部队更灵活，但是他们在黑暗中错过了他们的目标。在河边，撤退的波斯人"陷入了深深的恐惧中"，因为他们发现部分桥被毁，桥的北端被完全摧毁。

在这一点上，一个声音在我们耳边回响了几百年。我们看到一群沮丧的波斯人站在大河岸边，站在伟大的国王周围。我们看到大批停步不前的军队，他们饥肠辘辘，饱经风霜。一条破旧不堪的运输线一直延伸到地平线，随时都可能出现追兵的先头部队。尽管人很多，却没有什么喧闹声，而是一片寂静。浮桥的遗迹像码头一样矗立在大河的另一边，就像一个谜。我们不能辨别那边是否有人。

爱奥尼亚希腊人的船似乎还停留在更远的海岸上,但这一切都太远了。

这时在大流士身边有一个埃及人,他的嗓门比所有人都大,于是大流士命令他站在多瑙河岸边,呼叫米利都的希斯提亚埃乌斯。

我们马上就会知道,将来有一天,当希斯提亚埃乌斯的头被砍下来,会乘着一只小船,慢慢地越过水面,被送到苏萨的大流士那里。

我们认为他们进行的谈判是很顺利的。

希斯提亚埃乌斯的解释很复杂。一些斯基泰人曾经来过,现在又走了,也许他们是侦察兵。似乎在斯基泰亚人和希腊人之间有过一场讨论。斯基泰人想把桥拆掉,他们说,这样他们就可以消灭波斯军队,消灭大流士和他的帝国,亚洲的爱奥尼亚希腊人就可以再次使他们的城市重获自由。雅典人米提亚德赞成这个建议。但希斯提亚乌斯更为谨慎。他说,他更愿意看到波斯人被彻底摧毁,并完全放弃他们的主张。在希腊人摧毁这座桥之后,斯基泰人会回去消灭波斯人以确保他们的安全吗?无论希腊人最终站在哪一边,他都清楚摧毁桥的北端是明智的,否则斯基泰人可能会冲过去。事实上,在他们向希腊人示好的同时,希腊人也着手尽快切断他们与斯基泰人之间的联系。根据希斯提亚埃乌斯的建议,斯基泰人策马去寻找波斯人,因此无论如何希腊人都将安然无恙。如果大流士逃跑了,他们就会站在他这一边,如果他被打败了,斯基泰人也没有什么可抱怨的了。

希斯提亚埃乌斯并没有这样对大流士说。他至少保住了船舶和浮桥的大部分。他把自己描绘成波斯的忠实朋友,大流士没有过多地批评他。爱奥尼亚的船只过来了。带着一种巨大的解脱感,剩下疲惫的波斯人正在回头看着多瑙河,它如同钢铁洪流一般在他们和追兵之间奔流。

大流士对征服欧洲失去了兴趣。他回到苏萨,留下一支军队在色雷斯,由值得信赖的巴佐斯将军指挥。巴佐斯完成了对色雷斯的征服,像其他王国一样勉强地屈服在大流士手下。这即是第一次进入我们历史视野下的马其顿王国。这已经是一个与希腊人有着密切联系的国家,并且其中一个王子被允许参加奥林匹克运动会还获得了奖牌。

大流士倾向于奖励希斯提亚埃乌斯,让他在色雷斯为自己建立一座城市。但巴佐斯对希斯提亚埃乌斯对大流士的忠诚有不同的意见,并说服国王将他带去苏萨,给他一个议员的头衔,实际上像囚犯一样被软禁了。希斯提亚埃乌斯一开始对这个宫廷位置感到很荣幸,然后才意识到它的真正含义。波斯人的朝廷使他厌烦,他开始想念米利都。他在大陆上的爱奥尼亚希腊人中煽动了一场反抗波斯人的起义。这段曲折的故事包括爱奥尼亚人焚毁萨迪斯和希腊舰队在公元前495年的雷提亚战役中被击败。这太过复杂,无法在这里详述。这是一个关于背叛、残酷和仇恨的黑暗而复杂的故事,狡猾的希斯提亚埃乌斯之死在其中都算是闪耀着令人振奋的光芒的。波斯的萨迪斯政府中有许多人和巴佐斯对希斯提亚埃乌斯持相同的看法,也认为他欺骗了大流士。希斯提亚埃乌斯最终作为一个囚犯回到苏萨之后被杀,最后只将他的头交给了他的主人。

塞浦路斯和希腊诸岛被拖入这场由希斯提亚埃乌斯挑起的战争,最后是雅典。大流士意识到他所犯的错误,当他越过博斯普鲁斯海峡时,他转向了右边而不是左边,现在他决心征服整个希腊。他从岛屿开始。推罗和西顿受波斯统治,腓尼基人和爱奥尼亚希腊人的船只为波斯人提供了一支舰队,通过这支舰队,一个又一个希腊岛屿被征服。

21.8 马拉松战役

公元前490年,希腊本土受到了来自波斯的第一次袭击,这是一次有着长期精心准备,并在运输船中专门配备了运输马队的海上袭击。这支波斯部队在阿提卡的马拉松附近登陆,波斯人在原雅典僭主庇西特拉图之子西庇亚带领下,进入了马拉松,西庇亚叛变了雅典。如果雅典被攻陷,那么西庇亚就会成为受到波斯人保护的雅典僭主。

与此同时,在迫在眉睫的形势下,出现了一个人,一个长跑者。他作为先锋从雅典跑到斯巴达,放下一切成见说道:"斯巴达人,雅典人请求你们的帮助,请不要让一个最富有希腊精神的古城落入野蛮人之手。因为即使现在,埃雷特里亚仍被奴役着,而希腊也因这座著名的城市的沦陷而变得更加虚弱。"

他叫斐迪彼得斯,在四十八小时之内从雅典跑到了斯巴达,二者之间的直线距离将近100英里,如果把道路的曲折也计算在内,那将更远。

但在斯巴达人到达战场之前,雅典人就加入了战斗,向敌人发起冲锋。他们以令人难忘的方式进攻:因为他们是我们知道的希腊人中最先跑着去攻击敌人的。他们也是首次见到米底人的装束,之前希腊人只听过米底人的恐怖名声。

波斯人的两翼在这次猛烈的进攻前受到打击,但中部仍然守住了。然而,雅典人既冷静又充满活力,他们从两翼向中间进军,被击溃的波斯主力军队逃回到了船上。有七艘船落在雅典人手里,其余的人都逃走了。在军队返回之前,他们试图绕过雅典夺取这座城市,依然是徒劳的,最后舰队撤退到了亚洲。让希罗多德用一段话来结束这个故事,这段话进一步启发了我们,在这个时期,米底人有着何种崇高的威望："两千年来的一个月圆之夜，斯巴达人赶赴雅典，在离开斯巴达的第三天到达了阿提卡，他们怕来得太晚，希望雅典人能够抵御住米底人的进攻。结果是当他们到达马拉松之时，就只能观看被杀之人的尸首，然后便回家，称赞雅典人和他们所做的一切。"

21.9 温泉关战役与萨拉米斯海战

因此，希腊在恐惧中收获了对波斯的第一次胜利。这消息传到大流士的时候，埃及也传来了叛乱的消息，他还没有决定去哪里就死了。他的儿子和继承人薛西斯首先前往埃及，在那里设立了波斯总督。之后的4年里，他准备对希腊发动第二次进攻。希罗多德是一个爱国的希腊人，我们必须记住他在《历史》高潮部分所说的这段话："亚洲还有哪国没有被薛西斯带领来攻打希腊？除了大河，还有什么水没有被他的主人喝尽呢？对一些人来说，他们被指定服务于骑兵；对另一些人来说，当他们自己也在远征中服役时，他们被指定服务于运送马匹的船只；还有一些人奉命以渡船作为桥梁，再次为船只提供给养。"

薛西斯深入欧洲，到达了达达尼尔海峡，他不像大流士在博斯普鲁斯海峡半英里处那样。希罗多德为叙述大军的集结，以及大军从萨迪斯向达达尼尔海峡行军时所作的诗，吸引了历史学家。我们的历史学家说：伟大的领主在辉煌中经过特洛伊，薛西斯虽然是波斯人，也是野蛮人，但他似乎受过古典教育，他还去参观了普里安的城堡。达达尼尔海峡在阿拜多斯架起了一座桥，山上立着一个大理石宝座，以便薛西斯从上面俯瞰他的军队。

薛西斯看到达达尼尔海峡都被船只所覆盖，所有的海岸和阿拜

雅典步兵

多斯的平原上都挤满了人,这景象使薛西斯高兴地哭了。他的叔叔阿尔达班看到了,因此说和当初第一次的看法一样,建议薛西斯放弃攻打希腊。阿尔达班看到薛西斯哭了,问:"王,你现在已经不同以往了,你已经做了许多。我认为你是一个幸福的人,但你现在却流下了眼泪。"他说:"是的,因为在我思考过之后,我想到人类的一生是如此短暂,我感到很遗憾,因为一百年过去了,这许多人一个也活不了。"

这可能不是真实的历史,但它是伟大的诗歌。它和《列王纪》中的任何一章同样辉煌。

波斯舰队,从海岬航行到海岬,伴随着这片土地的人民一道向南行进,但是一场猛烈的风暴给舰队造成了巨大的损失,400艘船只遇难,其中包括大量的运输谷物的船只。起初联合起来的希腊人准备在奥林匹斯山附近的泰姆彼谷抵御入侵者,但是后来通过塞萨利地区撤退,最后选择了在一个叫温泉关的地方等待波斯人的推进。在那个时候,2300年以来地势发生了很大的变化,在陆地的一侧和大海的东部有一个巨大的悬崖,其中只有一条几乎不足以容纳战车的道路。希腊人的最大优势就是占据了温泉关这个位置,它阻止了骑兵或战车的使用,并缩短了战线,以尽量减少人数上的不平等。公元前480年的一个夏天,波斯人在那里与他们交战了。

三天来,希腊人以较小的战争损失抵御了这支庞大的军队,并给他们造成了很大的损伤。第三天,一支波斯人的小分队出现在希腊人的后方,他们从一个农民那里找到了翻山越岭的方法。希腊人进行了仓促的讨论，有些认为应该撤退，有些则认为应该坚守。列奥尼达是整个部队的首领，最后他决定留下来。据说，他将留下300名斯巴达人。与此同时，希腊军队的其他成员可以顺利撤退到下一个防御关口。然而，还有底比斯的700人拒绝撤退，他们宁愿留下来和斯巴达人一起死。还有一支由400名底比斯人组成的队伍留了下来。当底比斯后来加入波斯人的时候，有一个故事说这些底比斯人是在违背他们意愿的情况下被武力留下来的，这在军事和历史上似乎是不可能的。这1400人最后留了下来，并在这场英勇的战斗之后战死。两个斯巴达人因得了眼疾碰巧出去了，当他们听到这个消息时，一个人已经病得不能动弹了，另一个则让他的黑劳士引导他去战斗，盲目地攻击，直到他被杀死。那个病人，阿里斯托德摩斯，和撤退的军队一起被带走，回到斯巴达。在那里他并没有因为自己的行为而受到惩罚，而是被称为特瑞萨斯，意思就是一个"撤退者"，这足以使他区别于所有其他斯巴达人。一年后，他在普拉塔亚战役中牺牲了自己，表现出了不计后果的勇气……整整一天，这支小分队守住了山口，遭到了波斯人的全面进攻。他们掩护了希腊主要军队的撤退，给侵略者造成了巨大的损失，他们提高了希腊战士的威望，甚至超过了米底人，甚至超过了马拉松的胜利。

波斯骑兵和运输队慢慢地穿过狭窄的温泉关通道继续向雅典进军，同时海上发生了一系列的海军遭遇战。希腊舰队在波斯舰队的进攻之前就撤退了，波斯舰队由于对复杂的海岸和当地天气变化的相对无知而遭受了严重的损失。波斯大军向着雅典继续前进。现在，温泉关已经失守了，没有任何防线比科林斯地峡更接近了，这意味着包括雅典在内的所有中间领土都被放弃了，人们要么逃亡，要么臣服于波斯人。底比斯和整个维奥蒂亚地区都投降了，被编入波斯军队。只有一个叫普拉塔亚的镇除外，那里的居民逃到雅典去了。接下来轮到雅典人做决定了，虽然很多人都在努力劝服雅典人坚守，但最后所有雅典人都决定放弃雅典城而乘船离开了。妇女和非战斗人员被送往萨拉米斯和邻近岛屿。只有少数年纪实在太大的和少数持反对意见的人没有离开，留在这座最后被波斯人占领并被烧毁的城市里。当时被烧毁的圣物、雕像等，后来被返回雅典的雅典人埋在卫城里，直到今天才被挖掘出来，上面还能看到燃烧的痕迹。薛西斯派一个骑马的使者将信息带回苏萨。然后邀请那些他带回来的庇西特拉图的众子，照雅典人的规矩，在雅典卫城上继承正统，并进行献祭。

与此同时，希腊联盟舰队已经来到萨拉米斯。在战争会议上存在着激烈的意见分歧，科林斯和地峡之后的城邦都希望舰队能够撤退，放弃迈加拉和埃伊娜岛的城市。特米斯托克利坚持在萨拉米斯海峡作战。大多数人都坚定地支持撤退，但突然传来退路被切断的消息。波斯人绕过萨拉米斯，在另一边守住了大海。这个消息是公正的亚里斯泰迪兹带来的。我们已经讲过他被放逐的经历，他的理智和雄辩极大地帮助了特米斯托克利鼓舞那些犹豫不决的指挥官们。这两个人从前势如水火，但由于当时罕见的气度，他们在共同的危险面前忘记了他们的分歧。拂晓时分，希腊船只开赴战场。

在他们面前的是一支比他们自己更复杂、更团结的舰队，但他们的规模是对方的三倍。一侧是腓尼基人，另一侧是来自亚洲和岛屿的爱奥尼亚希腊人。后者中的一些人也在顽强地战斗着，其他人也记得他们是希腊人。另外，希腊的船只大多由为家园而战的自由人驾驶。战斗在开始的几个小时里混乱地进行着。薛西斯在观看战斗的时候，明显地感觉到自己的船队开始溃败。这次旅程变成了一场灾难。

薛西斯坐下来观看战斗。他看见他的桨帆船被别的桨帆船尖尖的船头撞坏了,他的战士被击落,他的船只被占领。那时候的大部分海战都是靠撞击来完成的,巨大的战舰以更大的冲击力压垮了对手,或者削掉了他们的桨,破坏了他们的机动能力,使他们束手无策。不久,薛西斯看到他的一些破船投降了。在水里,他可以看到希腊人的脑袋向陆地移动,但是"更多的蛮族死在海里,他们不知道如何游泳"。波斯舰队的第一道防线被压得很紧,他们笨拙的行动导致了难以形容的混乱。有些人被他们自己后方的船只撞了。以现代任何的标准来衡量,这种古老的船只都是很破烂、不适合航海的东西。这时刮起了西风,薛西斯的许多残破船只都从他的视线中飘走了,在对面的海岸上被击毁。

波斯护甲(来自苏萨地区的浮雕)

其他波斯人则被希腊人带向萨拉米斯。另外一些人伤势较轻,扔在战斗中,正在向下端的海滩撤退,这样就能受到波斯大部队的保护。在海的另一边,在海岬那边,有一些遥远而模糊的船只在航行,有一些希腊船只在追赶。慢慢地,一件一件,灾难在他眼前展开了。我们可以想象信使来来去去,发出无用的命令,整天改变计划。薛西斯早晨起来,拿出几张桌子,写下他最成功的将领,将进行封赏。在夕阳的金色余晖中,他看到波斯的海上力量被打败,被击沉,被摧毁,希腊舰队在萨拉米斯的对面坚不可摧,胜利在望,但仍然继续进攻,仿佛对胜利抱有怀疑。

波斯人的军队在这场海战现场附近徘徊了好几天,然后开始撤退到塞萨利,计划在那里过冬,继续作战。薛西斯和他之前的大流士一世一样,对欧洲的战争深恶痛绝。他害怕船和浮桥被毁。他带着一部分军队继续向达达尼尔海峡前进,把塞萨利的主力部队留在了一位名叫马铎尼斯的将军手下。关于他的隐退,历史学家叙述道:"他们无论往哪里去,到哪一国,就把那一国的庄稼夺来作食物。他们若找不着草,就把地上长出来的树拔下来,剥去树皮,又摘下叶子来吃。栽培的和野地生长的树木里都是如此。他们没有留下任何东西,都是因饥饿驱使他们这样做的。然后瘟疫和痢疾在军队中蔓延,这击垮了他们。国王在行军途中一有机会就留下部分病人,将他们安置在城市。其中有留在塞萨利的,有留在派奥尼亚的狄俄倪索斯的,有留在马其顿的……他们从色雷斯往前走,跨过了达达尼尔海峡,匆忙地搭船到阿拜多斯去,但他们没有发现仍然能够使用的浮桥,它们都被暴风雨摧毁了。当他们待在那里的时候,他们分发了比原来更加丰富的食物。为了不受约束地满足他们的饥饿,在那里许多维持安全的士兵死了,其余的随薛西斯到了萨迪斯。"

21.10 普拉塔亚战役与米卡利之战

在马铎尼斯的指挥下其余的波斯军队仍留在塞萨利,在一年的时间里，他继续对希腊人进行侵略。最后，他在普拉塔亚（公元前479年）的一场激战中被击败并被杀死。同一天，波斯舰队和陆军在亚洲大陆的以弗所和米利都之间的米卡利山的阴面遭受了灾难。波斯船只因为害怕希腊人，已经被拉到岸上，并在他们周围筑起了一堵墙。但希腊人下了船，猛攻这堵围墙。然后他们航行到达达尼尔海峡去摧毁剩下的浮桥，所以后来波斯逃亡者，要从普拉塔亚撤退，就不得不在博斯普鲁斯海峡渡船，这是很困难的。

希罗多德说，在帝国所受的这些灾难的鼓舞下，亚洲的爱奥尼亚城市第二次开始反抗波斯人。

这是希罗多德的第九部著作，也是他的《历史》的尾声。他出生于公元前484年左右。因此，在普拉塔亚战役的时候，他还是一个五岁的孩子。他的故事的大部分内容都是从他所讲述的重大事件的参与者和目击者那里收集来的。战争仍然持续了很长一段时间。希腊人支持埃及反抗波斯统治，并试图占领塞浦路斯，但没有成功，战争直到公元前449年才结束。当时小亚细亚的希腊海岸和黑海的希腊城市基本上保持自由，但塞浦路斯和埃及仍在波斯的统治下。在爱奥尼亚城市哈利卡那索斯，希罗多德以波斯臣民的身份出生，当时已经35岁了，他一定是在这次和平访问巴比伦和波斯之后，趁早抓住了机会。约公元前438年他带着他被传诵的历史可能去了雅典。

希腊联合起来侵略波斯的想法对希罗多德来说并不陌生。他的一些读者怀疑他写作是为了实施它。那时候确实存在。他描述他的女婿阿利斯塔哥拉斯向斯巴达人展示了"一块刻着所有的海洋和河流地图的铜版"。他让阿里斯塔哥拉斯说："这些蛮族在战斗中并不英勇。另外，你们现在已经掌握了最高超的战争技巧。他们拿弓、箭、短矛，穿着长裤，头戴帽子上阵。你们已经增强了武器和纪律。他们很容易被征服。并不是世界上所有的国家都有他们所拥有的金、银、铜、刺绣的衣物、牲畜、奴隶。'这一切，你们若愿意，你们都可以拥有。'"

这些建议过了100年才产生效果。

约公元前465年，薛西斯在他的宫中被谋杀之后，波斯不再试图征服欧洲。我们对伟大国王的帝国所发生的事情并不像对希腊中部小国所发生的事情那样了解。希腊突然开始创作文学作品，并为自己作传，这是迄今为止其他国家从未有过的。公元前479年（普拉塔亚）以后，这种精神似乎已经从米底人和波斯人的头脑中消失了。伟大国王的帝国进入衰退期。亚达薛西、薛西斯二世、大流士二世都先后上台。埃及和叙利亚有叛乱，米底反叛，又有亚达薛西二世和他的兄弟居鲁士二世为王权争战。这段历史就像古代巴比伦、亚述和埃及的历史一样：暴政之下，宫廷政变，富丽堂皇背后的血腥以及道德败坏又回来了。但是，最后一场战争却产生了一件希腊杰作，居鲁士二世召集了一支希腊雇佣军，进军巴比伦，在战胜亚达薛西二世的时候被杀了。由于没有人雇佣他们，于是这一万名希腊人，再次向海岸撤退（公元前401年），这次撤退被他们的领袖色诺芬写进了一本名为《万人远征记》的书中，这是第一本个人战争书籍。

谋杀，叛乱，惩罚，灾祸，狡猾的联盟，卑鄙的背叛，希罗多德都没有记录下来。这就是波斯历史的脉络。亚达薛西三世浑身沾满了鲜血，一时间登上权力的巅峰，一时间又堕入无尽深渊。据说亚达薛西三世是被巴高斯谋杀的，巴高斯把国王最小的儿子阿西斯推上王位，而当他似乎在考虑独立行动时，巴高斯却反过来杀了他。

雅典在波斯人的退让后一度繁荣昌盛，但却被瘟疫侵袭，其最伟大的统治者伯里克利死于瘟疫（公元前428年）。但是，在这些混乱之中，有一个值得注意的事实，那就是，一万像色诺芬一样的人现在分散在希腊的城市中，根据他们自己的经验，他们继续宣传阿里斯塔格拉斯的理念，说波斯帝国是一个非常混乱的地方，意志坚定的人是很容易征服它的。

22. 希腊思想与人类社会的关系

22.1 伯里克利时期的雅典

在普拉塔亚和米卡利之后的40年里,希腊的历史进入了一段相对和平与安宁的时期。有一些战争,但并不激烈。对于部分在雅典的富裕的人来说,在这段时间里,他们有了闲暇和机会。在一系列的意外和一小部分人的品格影响下,这些闲暇和机会创造了最令人难忘的结果。许许多多瑰丽的文学被创作,雕塑艺术蓬勃发展,早期爱奥尼亚希腊的城市中的哲学家们也使现代科学基础得到了巩固。然而,在50多年的间歇之后,雅典和斯巴达之间长期积累的敌意爆发成一场激烈而磨人的战争,这也使得这种创造力受到损害。

这场战争在历史上被称为伯罗奔尼撒战争,它持续了将近30年,耗尽了希腊的所有力量。起初雅典占上风,后来变成了斯巴达。

离雅典不到50英里的底比斯城拔地而起,使斯巴达黯然失色。雅典作为一个联盟的领袖,再一次变得举足轻重。这是一个关于狭隘的竞争和莫名的仇恨的故事。如果它没有被记录在伟大的作品之中，那么在很久以前，人们关于他的记忆就将完全消失。

在这段时间里，波斯一次又一次地作为盟友出现，先是和这个同盟，然后与那个同盟。大约在公元前4世纪中叶，希腊开始意识到马其顿国王菲利普的影响力。

马其顿确实是在希腊分裂的背景下崛起的，就像米底人和波斯人在迦勒底王国时崛起一样。有一段时间，希腊人的思想从争论中回过神来，共同以一种沮丧的眼光注视着马其顿人。

无序和激烈的争吵依然没有改变，即使修昔底德讲述了这个故事，即使一个新的文明的伟大开端被他们的混乱所破坏。在这篇概述中，我们没有办法讲述这些仇恨的具体细节，甚至是那些把天空都染红的希腊城市争斗。在人类短暂的历史上，在一英尺高的地球上的这个世纪，希腊变成了一个小得几乎认不出来的斑点。萨拉米斯和普拉塔亚时期以及菲利普国王的崛起之间的分歧越来越小，几乎令人无法分辨。这些机会对于国家和人民来说都稍纵即逝，但是，在这段时间所产生的希腊的文学作品都不会因为它已经进入了所有后续国家的历史中而变得无足轻重。因为它已经是我们精神生活中不可分割的一部分，它们都有着时代的印记。

吉尔伯特·默里教授说：事实上就像所有其他国家一样，他们的外部政治历史，充满了战争和外交，充满了残酷和欺骗。这是历史的内涵，是一种思想、情感和性格的历史。这是如此的伟大。他们有一些困难要克服，这些困难现在几乎超出了我们的能力范围。他们都是第一次做这些事情，没有任何经验，他们的物质资源极其匮乏，他们的情感，比如"欲望、恐惧和愤怒"可能比我们更狂野、更猛烈。然而，他们创造了雅典的伯里克利和柏拉图。

这种不寻常的具有长期创造力的希腊思想一直是从3世纪到20世纪人类智慧的向导以及过去年代的精神鼓舞。马拉松和萨拉米斯战役的爆发使得雅典自由并且无所畏惧。而且，没有任何强大的权力在雅典的世界中占据主导地位。这是一小群人的工作。它的许多公民在那一代的时间里生活得比较好。他们的生活条件使人们愿意从事美好的工作。他们是安全的，自由的，骄傲的。他们没有那种明显的、不容置疑的力量的诱惑，这种力量使我们所有人都倾向于对我们的同胞施加不公。当政治生活因浪费和犯罪以及与斯巴达自相残杀的战争而再次萎缩时，它使得广泛的智力活动在充分开展。它经历了这场风雨交加的战争并在以后超越了亚历山大大帝的短暂一生，这些都在战争后的百年同时展开。

雅典人民被胜利和自由的感觉所鼓舞，他们也获得了公正的胜利，他们一度成为贵族。在雅典大会的首席官员伯里克利的指导下，他们被派去重建他们的城市和扩大他们的商业。他同时也是一位伟大的煽动家，有一段时间，他们能够欣然地追随一位慷慨的领袖，而命运赋予了他们一位慷慨的领袖。在伯里克利心中，混杂着一种最奇特的政治才能和对深刻、崇高和美好事物的真正的生活激情。他执政超过30年。他是一个精力充沛、心胸开阔的人。他把这些品质铭记于心。正如温克勒所言，雅典民主曾一度是"伯里克利的脸面"。支撑他的可能是一段伟大而崇高的友谊。有一个名叫阿斯帕齐娅的女人，她来自米利都，有着不同寻常的教育程度。他不能娶她为妻，因为法律规定雅典的公民身份只能由家里的人享有，实际上影响了他的妻子。她在他周围聚集了许多才华出众的人，发挥了很大的作用。当时所有伟大的作家都认识她，有几个还赞扬过她的智慧。的确，普鲁塔克指责她煽动了一场麻烦和危险但最终成功的对萨摩斯的战争，但是，正如他后来所指出的，这是由于萨摩斯人在海上的敌意所引起的，这种敌意威胁到雅典的海外贸易，而这也是共和所努力维系的。

人们的野心往往反映出选择他们的密友的标准。无论如何，伯里克利满足于做雅典的领袖，而不是像暴君那样统治。在他的指导下建立了联盟，从意大利到黑海建立了新的殖民地和贸易站。提洛同盟的财宝也运到了雅典。伯里克利确信自己能从波斯得到安全，于是把盟国的战争储备都花在美化他的城市上。以我们现代的标准来看，这是一件不公正的事情，但这不是一件卑鄙或贪婪的事情。雅典人已经完成了提洛同盟的工作，难道这个工人不值得得到报酬吗？这些扣押下来的钱为建筑师和艺术家创造了一个难得的机会。雅典的帕台农神庙不过是伯里克利重建的雅典辉煌的建筑中的一个花冠。现存的菲迪亚斯、迈伦和波利克里托斯等雕塑，都见证了那个时代的艺术品质。

读者必须牢记温克勒的那句富有启发性的话，即雅典的复兴曾一度使伯里克利蒙羞。正是这个人的特殊才能和他的气场，使他周围人的才能得以释放，并吸引了具有极大智力活力的人来到雅典。雅典人有一段时间戴着他的面具，然后变得焦躁不安，想把他放在一边。普通雅典人很少有什么伟大而慷慨的地方。我们已经讲过一位代表阿里斯蒂德排斥主义的选民的精神，劳埃德（在他的《伯里克利时代》一书中）宣称雅典人不会容忍在马拉松之战中提到米提亚德的名字。普通选民坚定的自尊立刻使他们反感周围那些美丽的建筑物，反对像菲迪亚斯这样的雕塑家对同一行业的知名人士所表现出的偏爱，反对像哈利卡那索斯的希罗多德这样的外国人的捐款，反对伯里克利和一个米利都的妇女结伴和谈话，认为这种优待是一种侮辱。伯里克利的公共生活显然是井然有序的，这使这个人立刻想到他的私生活一定很腐败。有人猜测，伯里克利在举止上是一位"上级"，他有时流露出对他所服务的公民的蔑视。

伯里克利不仅情操高尚，而且远离低俗，举止高雅，面容庄严,很少有轻佻的举止。这些事情,以及其他类似的事情,在所有见到他的人心中都激起了钦佩之情。这就是他的行为,当一个卑鄙的、被遗弃的家伙一整天都在责备和辱骂他的时候,他忍耐着,默不作声,继续在公共场合处理一些紧急的事情。晚上他轻轻地走回家,这个无耻的可怜虫跟在后面,一路用最下流的语言辱骂他。当他走到自己家门口时,天已经黑了,他命令他的一个仆人拿一个火把把他带回家。然而,诗人伊翁说,他在谈话中骄傲自大,他的举止中夹杂着对他人的虚荣和轻蔑……他不上街,除非去参加论坛或去参议院。他谢绝了朋友们的邀请,谢绝了一切社交娱乐。因此,在他的漫长的执政岁月里,他只参加了他的外甥欧里普托勒摩斯的一次婚礼,从来没有和朋友们一起吃过晚饭,一直待在那里,直到洒酒祭神仪式结束。他认为娱乐的自由消除了所有职务上的差别,而这些举动与庄严的公职身份其实并不相符……

当时,还没有新闻报道向世人揭露那些引人注目的成功人士的卑劣行径。但是有点自负的普通人在喜剧艺术中得到了很大的安慰,喜剧艺术发展得非常好。喜剧作家们认为,几乎所有人都渴望贬低那些表面上很优秀,但实际上却冒犯了雅典人的自我悲悯之心的人。他们不断地、勤勉地向伯里克利和他的朋友们谩骂。伯里克利被画成了一个戴着头盔的人。人们担心他会知道,又画了一个可怕而扭曲得像洋葱一样的头。他的妻子阿斯帕齐娅的"行径"更加成为街谈巷议的资料。

厌倦了我们这个时代的粗俗的有梦想的灵魂,渴望被转移到伯里克利的崇高时代。但是,如果他们一头栽进雅典,就会发现自己置身于一种低级的当代音乐厅的气氛中,很像我们通俗报纸的风格。同样猛烈的诽谤、污蔑、贪婪的爱国主义精神和普遍的卑劣行径也会使他们受到打击,现代的印记也会追捕他们。就像记忆中的普拉提亚和萨拉米斯逐渐消失了，新建筑变得熟悉起来，伯里克利和雅典的骄傲变得越来越让人讨厌。他从来没有被排斥过，因为他在较为贫穷的市民中的声望使他免受排斥。但他受到的攻击越来越大胆，越来越坚定。他生前和死时都是一个穷人，他也许是最诚实的煽动家，但这并没有使他免于因侵吞公款而被起诉。他被打败了，敌人们采取了更狡猾的手段，他们开始杀害他的朋友。

帕特农神庙的雅典娜

他的朋友达蒙被排斥在外。菲迪亚斯因为不敬而受到攻击。在雅典娜女神的巨大雕像的盾牌上，菲迪亚斯竟敢在希腊人和亚马逊人之间的战斗中，把伯里克利和他自己的画像放在战斗人员中间。菲迪亚斯死于狱中。阿那克萨哥拉，一个受伯里克利邀请而来到雅典的陌生人。当时有很多诚实的人已经非常愿意满足任何合理的好奇心，他们谈论着关于太阳和星星的那些最奇怪的事情。并且他们暗示神并不存在，只有一种伟大精神存在世间。

喜剧作家们突然发现他们有很深的宗教感情，这可能是深刻的,甚至是危险的震惊,阿那克萨哥拉逃离了起诉的威胁。接着轮到阿斯帕齐娅了。雅典似乎一心要把她驱逐出境,而伯里克利被夹在他生命的灵魂伴侣和他所拯救的这座不文明的城市之间,这座城市比历史上任何一座城市都更美丽、更令人难忘。他站起身来,为阿斯帕齐娅辩护,他被一股人之常情的风暴攫住了,当他说话的时候,他哭了——这对乌合之众来说是一件幸事。他的眼泪一度拯救了阿斯帕齐娅。

雅典人满足于羞辱伯里克利,但他为他们服务的时间太长,他们不愿意没有他。他已经领导他们三分之一个世纪了。

公元前431年爆发了与斯巴达的战争。普鲁塔克指责伯里克利是罪魁祸首,因为他觉得自己的声望下降得太快了,需要一场战争才能让他变得不可或缺。

因为菲迪亚斯的缘故,伯里克利自己也成了人民的眼中钉,又害怕因此而受到质疑,所以他加速了这场尚未确定的战争,并点燃了在此之前一直被压抑的火焰。他希望用这种方法来消除威胁他的指控,减轻人们对他的嫉妒之情。因为他的尊严和权力如此之大,以至于在所有重要的事务中,以及在所有重大的危险中,共和国都能信任他。

但是这场战争是一场缓慢而危险的战争,雅典人民失去了耐心。克力翁站了出来,雄心勃勃地想把伯里克利赶下台。人们强烈要求迅速结束战争。克力翁开始做一个"赢得战争的人"。通俗诗人就是这样写的:"你是萨提斯之王……为何自夸你的勇猛,却不顾燃烧的剑尖,一听到锋利的剑声就战栗。"

在伯里克利领导下的远征没有成功,克力翁抓住了这个机会提出控拆。

伯里克利被推翻,并被罚款。故事是这样的:他的大儿子背叛了他，并用卑鄙的、令人难以置信的理由指控他。这个年轻人被瘟疫夺去了生命。然后伯里克利的妹妹死了，接着是他最后一个合法的儿子去世。当他按照当时的流行方式，把葬礼花环戴在幼子身上时，他放声大哭起来。不久，他自己也染上了瘟疫，在公元前429年去世。

这篇简短的摘要以及突出的事实显示伯里克利与他的城市的大部分生活是多么不协调。雅典的知识和艺术的爆发无疑受到当时条件的支持，但部分也由于一些非常不寻常的人的出现。这不是一场普通的运动，这是一群地位特殊、才华横溢的人的运动。

22.2 苏格拉底

在这场雅典运动中，另一个主要人物，一个与他周围的生活更加不协调的人物，是一个叫苏格拉底的人。他是一个石匠的儿子，比希罗多德晚出生大约16年，大约在伯里克利去世的时候，人们才开始听说他。他自己什么也没写，但习惯在公共场合讲话。在那些日子里，有许多人在寻求智慧。有许多被称为诡辩派的老师，他们对真理、美和正当的生活进行描述，指导年轻人发展好奇心和想象力。这是因为当时希腊没有伟大的祭司学校。就在他们谈话的时候，来了一个笨手笨脚、邋遢的人，他光着脚，有一群崇拜者和门徒围在身边。他就是苏格拉底。

他的方法饱受质疑。他相信，唯一可能的美德是真正的知识。他不会容忍任何不能通过终极严峻考验的信念和希望。对他自己来说，这意味着美德，但对他的许多较弱的追随者来说，这意味着失去能够抑制他们冲动的信仰和道德习惯。这些弱者变成了自我原谅、自我放纵的恶棍。在他的年轻伙伴中有柏拉图，他后来在一系列哲学对话中使苏格拉底的方法永垂不朽,并创立了持续900年的科学院哲学学派。其中有写出《万人远征记》的色诺芬;有伊索克拉底,他是希腊最聪明的政治思想家之一;但也有克里提亚,当雅典被斯巴达彻底击败时,他是斯巴达任命的30名暴君之一,负责管理这座被摧毁的城市;有查密迪斯,当那30个人被推翻的时候,他死在克里提亚旁边;还有亚西比德,一个聪明而奸猾的叛徒,他做了很多事情,带领雅典人进行了对锡拉库扎的灾难性远征,摧毁了它的力量,把它出卖给了斯巴达人,最后在去波斯宫廷的路上被暗杀了,原因是策划对希腊的破坏。这些年轻人并不是唯一有希望的,苏格拉底摧毁了他们庸俗的信仰和爱国主义,没有留下任何东西取而代之。苏格拉底最顽固的敌人是一个名叫阿尼图斯的人,他的儿子是苏格拉底的忠实信徒,后来成了一个无可救药的酒鬼。通过阿尼图斯,苏格拉底最终因"腐化雅典青年"而被起诉,并在公元前399年被判死刑。他的死在柏拉图的对话录中被命名为《斐多篇》,并被描述得非常动人。

22.3 柏拉图与他的学院

柏拉图出生于公元前427年,他活了80年。在精神气质上,柏拉图与苏格拉底完全不同。

他是一位极具艺术性和细腻的作家,而苏格拉底无法连续写出任何作品。他喜欢美好的事物,而苏格拉底却鄙视它们。他极其关心公共事务的秩序和幸福的人际关系,而苏格拉底不顾和他同类的各种冷热意见,把他的注意力集中在一种平静的幻灭上。苏格拉底说,生活是欺骗,只有灵魂活着。柏拉图非常喜欢这位严厉的老教师,他发现他的方法在解决和处理意见方面是最有价值的。柏拉图使苏格拉底成为不朽的对话录的中心人物，但是他自己的思想和性格使他完全摆脱了怀疑的态度。在许多对话中，声音是苏格拉底的声音，但思想是柏拉图的思想。

柏拉图生活在一个对所有人际关系都充满怀疑和质疑的时代。在公元前450年以前的伯里克利时代的雅典，人们似乎对社会和政治制度完全满意，然后似乎就没有理由再问了。人们感到了自由，还有社区的繁荣。一个人主要受嫉妒之苦。希罗多德的历史很少或没有表现出对雅典政治制度的不满。

但是柏拉图，是在希罗多德死后出生的，然后是在灾难性的战争、巨大的社会灾难和混乱的氛围中长大的，他从一开始就直面人类的不和谐和人类制度的不适应。他的头脑对这一挑战做出了反应。他的早期作品和最新作品都大胆而深入地探讨了改善社会关系的可能性。苏格拉底教导他什么都不要想当然，甚至夫妻或父母与孩子的共同关系也不要想当然。他的《理想国》是第一部乌托邦式的著作，是一个年轻人对一座城市的梦想，在这座城市里，人们的生活是按照小说和更好的计划来安排的。他最后一部未完成的作品《法律篇》，是对另一个乌托邦式的监管的讨论。柏拉图有很多东西我们甚至不能在这里看到，但柏拉图的思想是这段历史上的一个里程碑，是人类发展史中的一个新事物，这一乌托邦式的思想的出现，深刻且完全地重塑了人类的思维。到目前为止，人类一直生活在传统的对神的敬畏中。这里有一个人大胆地对我们的种族说，如同这是一个相当合理和自然的事情，他说道，"抓住你的生活。大多数困扰你的事情，你都可以避免，大多数支配你的东西，你都可以推翻。你可以对他们为所欲为。"

除当时的冲突之外，还有一件事也许在这个方向上激发了柏拉图的思想。在伯里克利时代，雅典人在海外建立了许多定居点，这些定居点的建立使人们认识到，一个社区不需要发展，也可以建立起来。

与柏拉图关系密切的是一个更年轻的人，他后来也在雅典开办了一所学校，并活到了更大的年纪。这是伊索克拉底。我们应该称他为公关，一个作家，而不是一个演说家。他特殊的工作便是发展希罗多德的思想，同时宣扬统一希腊反对波斯帝国。统一希腊的思想是作为希腊卑鄙混乱政治局面的补救，以及避免希腊自相残杀的内战所造成的浪费和破坏。他的政治视野在某些方面比柏拉图更宽广，在他晚年，他把君主政体，尤其是腓力的马其顿君主政体，视为比城市民主更统一、更广泛的政体。在我们已经提到过的那个色诺芬身上，也发生了同样的向君主主义思想的转变。色诺芬晚年写了《居鲁士的教育》，从理论上和实践上都证明了波斯帝国的绝对君主制是正确的。

22.4 亚里士多德与吕克昂学园

柏拉图在学院任教。他年老时，从马其顿的斯塔吉拉来了一个英俊的年轻人，名叫亚里士多德。他是马其顿国王御医的儿子，他的思想与伟大的雅典人截然不同。他天生就对想象中的意志持怀疑态度，对既定事实怀有极大的尊重和理解。后来，柏拉图死后，他在雅典的学堂创办了一所学校，并进行教学，对柏拉图和苏格拉底进行了一定程度的批判。当他教书时，亚历山大大帝的阴影笼罩着雅典的自由，而他支持奴隶制和君主立宪。

他曾在马其顿的腓力宫廷里当过几年亚历山大的导师。在那些日子里，聪明的人正在丧失信心，他们对人类创造自己生活条件的能力的信心正在消退。不再有乌托邦了。显然，这一连串事件的威力太大了，当时有才智的人们已经无法通过组织起可行的活动来应付了。当人类社会还是一个只有几千名公民的小城市时，我们有可能重新塑造人类社会，但他们身上发生的事情却是灾难性的。这是对整个已知世界的政治改造，对即使在当时也必定有5000万到1亿人的事务的改造。它正在一个人类头脑还没有掌握的尺度上重铸。它使人们回想起一种广阔而不可调和的命运。它使人们抓住任何看起来稳定团结的东西，例如君主政体，尽管它有种种明显的弊端，却是数百万人可以想象得到的政府。在某种程度上，这是有效的。在集体意志似乎不可能实现的情况下，它强加了一项裁决意志。一般知识分子情绪的这种变化与亚里士多德对现存事实天生的尊重相协调。一方面，亚里士多德赞成君主制和奴隶制，并赋予妇女权力；另一方面，他渴望了解事实，并有秩序地了解自然和人性的现实。这些现实现在明显地战胜了前一代人的创造性梦想。他非常清醒，非常聪明，有着自我牺牲的热情。当柏拉图要把诗人从自己的乌托邦驱逐出去的时候，亚里士多德提出了质疑，因为诗歌是一种力量。他将自己的精力引向一条与苏格拉底贬低阿那克萨哥拉截然相反的道路。在认识到有序知识的重要性时，他预见到了培根和现代科学运动。他着手把知识收集起来并记录下来。他是第一个自然历史学家。在他之前的人都曾对事物的本质进行过推测，但他和每一个年轻人一样，都能成功地完成这项任务，于是他开始对事物进行分类和比较。柏拉图说，实际上是"让我们把握生活，重塑它"。这个清醒的继任者则认为，"让我们首先了解更多的生活，同时为国王服务。"这并不是对老师的反驳，而是对老师做了极大的限定。

亚里士多德与亚历山大大帝之间的特殊关系使他能够为自己的工作获得一些资源，而这些资源在很长一段时间内都无法用于科学研究。他可以使用数以百计的塔兰特（1塔兰特约为2000美元）经费，甚至有一段时间，他手下有上千名人员分散在亚洲和希腊各地为他收集自然历史资料。当然，他们都是未经训练的观察者，他们只是收集故事而不是观察者。但据我们所知，在他之前，从未有过这样的尝试，甚至从未想过。政治学和自然科学一样也开始了，在他的指导下，该学园的学生对158部政治宪法进行了分析……

这是世界上有组织的科学的第一次闪光。亚历山大的英年早逝，以及其帝国几乎还没开始就瓦解了，使这样大规模的科学捐款中断了2000年。只有在埃及的亚历山大博物馆里，科学研究才得以继续，而且只持续了几代人，我们马上就会讲到。亚里士多德去世50年后，这个学园已经变得无足轻重。

22.5 哲学变得不世俗

在公元前4世纪的最后几年里，人们的思想既没有与亚里士多德同流，也没有朝着积累有序知识的方向发展。如果没有国王的远见，亚里士多德很可能在思想史上只是一个小角色。通过国王的资助，亚里士多德能够使他卓越的智慧有实质效果。普通人做事情总是会选择他们可以遵循的方式，但却不会去想是否走进死胡同。

当时，哲学教师们发现事态发展的力量太大，无法立即加以控制，于是他们从模范城市的规划和对新生活方式的规划，转向了对优美而令人宽慰的逃避体系的阐述。

也许这是把事情说得粗糙和不公平了。但还是让吉尔伯特·默里教授来谈谈这件事吧。

>愤世嫉俗者只关心美德和灵魂与上帝的关系。对他

们来说，世界、学问和荣誉都是糟粕。斯多葛学派和伊壁鸠鲁学派虽然乍一看相差甚远，但他们的最终目标却十分相似。他们真正关心的是道德：一个人应该如何安排自己的生活。事实上，他们都献身于某些科学，无论是伊壁鸠鲁学派、物理学、斯多葛学派、逻辑学和修辞学，都只是作为达到目的的一种手段。斯多葛学派试图通过抽象论点的微妙之处以及令人眼花缭乱的崇高思想和表达来赢得人们的心和信念。伊壁鸠鲁派决心让人类走自己的路，不向反复无常的神卑躬屈膝，也不牺牲自由意志。他把他的福音浓缩成四条箴言："神是不可怕的。死亡是感觉不到的。善是可以赢得的。我们所畏惧的一切都能被承受并征服。"

而与此同时，世事却与哲学互不影响，如河水滚滚，不舍昼夜。

22.6 希腊思想的性质和局限性

如果现代的人们想要阅读希腊经典著作并从中获益，就必须把它们当作我们这样的人的作品来阅读。必须注意它们的传统、它们的机会和它们的局限性。人类所有的赞美都有夸大的倾向。我们的大多数经典文本都是残破不堪的，它们最初都是处于困境中的人类的作品，生活在一个黑暗和狭隘的时代；相比之下，我们的时代是一个耀眼的光明时代。一旦想到若没有这些作品，我们会失去什么时，我们就会对这一群烦恼不安、具有不确定性而又非常现代的作家们产生同情。雅典的作家的确是第一批具有近代精神的作家。我们现在还在讨论他们讨论过的问题,他们同我们今天面临的重大问题作斗争,他们的著作是我们的曙光。

他们开始调查,但没有找到任何解决办法。我们今天不能说已经就他们提出的大部分问题找到了解决方法。我们已经表明希伯来人的头脑突然意识到生命的无穷无尽的痛苦和疾病,看到这些苦难和障碍主要是由于人的无法无天的行为,并认为拯救只能通过顺应自己信仰之神确定的规则。希腊人上升到同样的境界,却没有准备好接受同样的宗法神的观念。他生活在一个没有上帝,只有众神的世界里。如果他觉得上帝本身是有限的,那么他就会想到他们背后的命运——冷酷无情,没有人情味。因此,他把他的问题以探究什么是正确的生活的形式提出,而没有把人的正确生活模式和神的意志联系起来。对我们来说,如果从纯历史的角度来看这个问题,处于历史的目的而言,希伯来的历史和希腊的历史是具有共同点的。我们看到我们的种族从动物的无意识中崛起为持续的发展的种族自我意识,来实现我们多样化的目标的不幸,认识到个体自我追求的必然悲剧,盲目地走向某种联系和从属的观念,把它从单纯的个体性的痛苦和偶然中拯救出来。神,被神化的王,部落的观念,城市的观念,这些思想曾一度声称并持有人类的献身精神,在这些思想中,他们多少失去了个人的自私,逃到了实现更持久生活的道路上。然而,正如我们的战争和灾难所证明的那样,这些伟大的思想都还不够伟大。众神未能保护,部落证明了自己的卑鄙和残忍,城市排斥了一个人最好和最真诚的朋友,被神化的王自己创造了一只野兽。

当我们阅读这伟大的希腊时期的思辨文学时,我们意识到希腊人的思想有三个局限,它们很少能被避开,但我们现在也许正开始摆脱它们。

就像野蛮人的世界和梦中的世界。婴儿时期的思维和梦是史前和野蛮思维方式的再现。荣格说，神话是人们的集体梦想，也是个人的梦想。我们已经引导读者注意早期文明之神与儿童幻想的相似性。通过仔细分析希腊思想家开始并在中世纪由经院哲学家重新开始的词汇和陈述，进行艰苦而有纪律的思考，是现代科学发展的必要的先决条件。

第一个局限是希腊人痴迷于城市是终极国家的想法。在随后一个帝国取代另一个帝国的世界中，每一次的替代都强大于它的前身。在一个人的思想更加松散的世界中，在这样一个明显变得统一的世界中，因为他们独特的地理和政治，希腊人仍然不可思议地梦想着小型城市国家。他们希望不受外部影响，勇敢地对抗整个世界。柏拉图对完美国家的公民数量的估计在《理想国》中的1000人和《法律篇》中的5040人之间变化。这个城市要和其他同样规模的城市开战，并坚持自己的立场。而面临这个问题的时候，却仅仅是在薛西斯的军队渡过达达尼尔海峡以后不到两代人的时间里！

也许这些希腊人认为世界帝国的时代已经永远过去了，但它才刚刚开始。他们的思想充其量不过是结成联盟。在亚达薛西的宫廷里，一定有一些人，他们的思想远远超出了石溪、岛屿和群山环绕的山谷这些小小的概念。但是，希腊人的思想却故意无视统一的需要，反对那些走出讲希腊语世界的更强大的国家。这些外来者都是野蛮人，不必多想，他们现在被永远地排除在希腊之外。一个拿了波斯的钱，那每个都拿波斯的钱，这有什么关系？或者像色诺芬一样，在他们的军队中服役一段时间，并希望能和一个富有的囚犯交上好运。雅典在埃及事务中偏袒一方，并与波斯进行小规模战争，但希腊没有共同政策或共同未来的构想。直到最后一个声音在雅典开始呼喊"马其顿！"，呼声像一个警醒。"马其顿"这是演说家和煽动者的声音,狄摩西尼,投掷警告,威胁并谴责马其顿王国国王腓力。他不仅从柏拉图和亚里士多德,也从伊索克拉底和色诺芬,从巴比伦和苏萨那里,学了政治。他正准备悄悄地,巧妙地,坚决控制整个希腊,然后通过希腊征服已知世界。

还有第二件事束缚了希腊人的思想,那就是国内奴隶制度。奴隶制在希腊人的生活中是被默许的。没有它,人们会认为既得不到舒适,也得不到尊严。但是奴隶制不仅使一个人的同情心与他的同胞阶级隔绝,而且它把奴隶主置于一个阶级和组织中,反对所有的陌生人。柏拉图以其清晰的理性和崇高的精神理智超越了现实,他本想废除奴隶制,但许多潮流人物和新演出的戏剧都反对他的观点。斯多葛学派和伊壁鸠鲁派,他们中的许多人都是奴隶,谴责这种行为是不自然的,但他们发现这种行为太过强烈而不能被推翻,于是决定这种行为不影响灵魂,可以被忽略。有智慧的人,不应该被束缚,应该自由。对实事求是的亚里士多德来说,也许对大多数实干家来说,废除它是不可想象的,所以他们宣称世界上有"天生的奴隶"。

最后,希腊人的思想受到知识匮乏的阻碍,这种匮乏在今天看来几乎是不可想象的。他们对人类的过去一无所知,充其量,他们只是有一些精明的猜测。他们对地中海盆地和波斯边界以外的地理知识一无所知。今天,我们对伯里克利时代的苏萨、波斯波利斯、巴比伦和孟菲斯所发生的事情知道得比他们多得多。他们的天文思想还处于初步的推测阶段。阿那萨克哥拉非常大胆,他认为太阳和月亮是巨大的球体,巨大到以至于太阳可能有"整个伯罗奔尼撒半岛那么大"。他们在物理和化学上的思想是深刻思考的结果,令人惊叹的是他们能猜出原子结构。人们必须记住他们在实验设备方面的极度贫乏。他们有彩色的玻璃做装饰,但没有透明的玻璃,没有精确的时间间隔测量方法,没有真正有效的计数法,没有非常精确的刻度,没有望远镜或显微镜。如果一个现代科学家被扔在伯里克利时代的雅典,他会发现,要向他在那里找到的人展示他的知识,无论多么粗略,都是极其困难的。苏格拉底指出,用小孩钓鱼用的木头、绳子和金属碎片来寻求真理是荒谬的,而我们的科学教授也一直面临着因对神灵不敬而被起诉的危险。

我们今天认识的世界依赖于相对巨大的事实知识的积累。在伯里克利时代,我们所记录和证明的相对巨大的石冢中,几乎还没有一块石头被安放到位。当我们思考这种差异时,就不会奇怪,为什么希腊人虽然具有政治才能,却无视其文明的不安全感(无论来自外部还是内部的不安全感)以及有效统一的必要性,也对人类心智中最初短暂而自由的迅速发展视而不见,而这些迅速发展的事件将在漫长的岁月中渐渐终结。

这群希腊的演讲家和作家对于我们来说,真正的价值不在于他们所取得的成果,而在于他们所做的努力。不是他们回答了问题,而是他们敢于提出问题。人类从来没有挑战过自己的世界,也从来没有挑战过自己出生所带来的生活方式。他们从来没有说过他们可以改变自己的环境。传统和一种似乎是必然的东西使他们活了下来,因为他们发现,从远古时代起,这种生活就在他们的部落中形成了。到目前为止,他们对世界的看法就像孩子对他们所成长的家庭和习惯的看法一样。

所以我们认为上面这种情况,在公元前5世纪到公元前4世纪的犹太和雅典最为明显,但不限于这些中心。在人类道德和思想进程的开端,对正义的诉求,以及从激情、困惑和生存等的直接表现当中,表达出真理。这就像一个年轻人开始感受到责任感,他突然发现生活既不容易也没有目标。人类正在成长。二三百年历史的其余部分是与这些主要主导思想的传播、发展和相互作用以及更清晰和更有效的表述相联系的。慢慢地，越来越多的人认识到人类兄弟情谊的现实意义，领会到战争、残酷和压迫的不必要，领会到我们全人类实现共同目标的可能性。从那以后的每一代人都有迹象表明，人们在寻求他们认为我们的世界必须达到的更好的秩序。但是，无论在任何地方，在任何人身上，伟大的建设性思想已经生根，我们每一个人的本性中都存在着强烈的贪婪、嫉妒、猜疑和急躁。过去23个世纪的历史，就像某些冲动草率的不朽之人，努力清晰地思考，正确地生活。错误连着错误，充满希望的开端以怪诞的失望告终，需要送进人类干涸之口的生命之水都在盛水的杯子中染上了剧毒。但在每一场灾难之后，人们的希望最终会再次升起……

23. 亚历山大大帝的事业

23.1 马其顿的腓力

亚历山大故事中真正的英雄与其说是亚历山大，不如说是他的父亲腓力。一个作品的作者并没有像演员那样成为人们关注的焦点，正是腓力的计划才成就了他儿子的伟大事业，为他奠定了基础、铸造了工具。他在去世时确实已经开始了对波斯的远征。毫无疑问，腓力是世界上有史以来最伟大的国王之一。他是一个极其聪明能干的人，他的思想范围远远超出了他所处的时代。他与亚里士多德为友，他一定和他讨论过那些构成真正知识的内容，哲学家后来通过亚历山大的资助才实现了这些内容。就我们所能判断的而言，腓力似乎是亚里士多德笔下的"王"，亚里士多德仰赖他，就像人们仰赖他们所仰慕和信任的人一样。对腓力来说，伊索克拉底也是一位伟大的领袖，他整改了希腊混乱的公共生活。

在许多书中，人们都说腓力是个愤世嫉俗、贪恋无度的人。的确，在宴会上，就像他那个时代的所有马其顿人一样，他是个酒鬼，有时还会喝得酩酊大醉。但是，对于其他指控，并没有真正

马其顿的腓力

的证据。我们只有用诸如雅典煽动家和演说家狄摩西尼这样的对手的指责来作为证据,说腓力言辞鲁莽。引用一段或几段话,就能说明狄摩西尼的爱国之怒会给他带来什么。在《斥腓力》(即他对腓力的谴责)中,有一篇是这样写的:

"腓力他不仅不是希腊人,也不像希腊人,甚至不是一个来自体面国家的野蛮人。他是一个无法无天的人,在马其顿,我们甚至找不到一个像样的奴隶。"

事实上,我们知道马其顿人是雅利安人,与希腊人非常相似,腓力可能是他那个时代受教育程度最高的人。在这种精神的熏染下,人们写下了对腓力不利的描述。

在公元前359年,腓力成为马其顿国王。他的国家是一个小国,没有海港、工业或任何重要的城市。它的居民是农民,几乎全是希腊人,他们的语言是希腊文,他们在心理上认可希腊,但他们的血统是比南方任何民族都更纯的北欧血统。腓力把这个野蛮的小国家变成了一个伟大的国家。他创建了迄今为止世界上最高效的军事组织。在他去世时,他把希腊的大部分地区纳入了一个联盟。他有着卓越的品质,也有超越当前时代观念的思考能力。与其说表现在这些事情上,还不如说表现在让他的儿子接受训练以执行他所制定的政策方面。他是历史上少数关心他的继任者的国王之一。亚历山大和其他国王一样,都是受过特殊教育的国王,他受过帝国教育。亚里士多德只是他父亲为他挑选的几个有能力的导师之一。

腓力把他的政策交给他,并在他16岁的时候把指挥权和权威托付给他。他在父亲的眼皮底下指挥着喀罗尼亚的骑兵。他被"慷慨而毫不怀疑"地扶持上台。

对于任何一个细心阅读过他传记的人来说，亚历山大显然接受着前所未有的栽培和空前绝后的思想灌输。但当他长大后，他开始犯错误，行为不端，"有时甚至干出可怕的蠢事"。他性格上的缺陷早在他死之前就战胜了他的教养。

腓力是继承旧格局之后的一位国王，他是一位领袖国王，同龄中的佼佼者，具有古代北欧雅利安人的特征。他在马其顿建立的军队包括一些普通的士兵和一个叫作"同伴"的贵族骑士团。这些人都是农民和猎人，都有喝得醉醺醺的习惯，但他们可以用纪律来约束并形成良好的战斗素养。如果这些人是朴实的，那么政府也就算得上有才智的了。几代人以来，马其顿宫廷语言一直是雅典式的希腊文，而且马其顿宫廷的文明程度足以庇护和款待公元前406年去世的欧里庇得斯这样的伟人，和宙克西斯①这样的艺术家。此外，腓力在即位前曾在希腊做过几年人质，那时，他接受了希腊所能提供的最好的教育。因此，他非常熟悉我们可以称之为伊索克拉底的理念——即在欧洲建立一个由希腊国家组成的大联盟，以主导东方世界。他也知道，由于雅典的宪法和传统，雅典的民主制度是没有能力抓住摆在面前的机会的。因为这是一个必须共享的机会。对雅典人或斯巴达人来说，这将意味着允许大量外国人进入希腊，享受希腊公民身份带来的好处。也就意味着他们要将自己的身份降低到与马其顿人平等的水平，而马其顿人却是一个连体面的奴隶都得不到的民族。

除非采取一些革命性的政治行动，否则希腊人无法就这一计

---

① 宙克西斯：约活动于公元前5世纪前后，赫拉克勒斯城的画师之一。

划达成一致。希腊人并不是因为热爱和平才不去冒险的,这是他们的政治分歧。几个国家的资源在一系列互相残杀的战争中耗尽了,这些战争都是由一些微不足道的借口引起的,并被极端的情绪所煽动。例如,腓尼基人在德尔斐附近的某些圣地耕作,就是一场血腥战争的借口。

　　腓力登基后的头几年,一心一意训练他的军队。迄今为止,世界上大部分的主战部队都是由步兵组成的。在非常古老的苏美尔人的战斗中,我们看到长矛兵紧密地排列在一起,组成了主要战力,就像他们在19世纪的祖鲁人军队中所做的那样。腓力那个时代的希腊军队仍在以同样的方式作战。底比斯方阵是一群拿着长矛的步兵,后面的队伍把他们较长的长矛插在前线士兵之间,这样的阵型可能会被不那么有纪律的组织打败。

马其顿战士(来自佩拉地区的浮雕)

　　骑在马上的弓箭手当然会给这么多的人造成相当大的损失,

因此，当马进入战场时，双方的骑兵都作为辅助参加了这场战争。读者一定要记住，直到亚述人崛起，马才开始在西方战争中得到非常有效的使用，起初只是作为马车用的。战车全速向步兵群冲去，试图把他们打垮。除非纪律非常严格，否则战车就会成功。荷马战争是战车战争。直到公元前最后一千年，我们才开始发现骑着马的士兵在战争中扮演着不同于车夫的角色。起初，他们似乎以分散的方式战斗，每个人都有自己的专长。吕底亚人在与居鲁士的战争中亦是如此。似乎是腓力创造了冲锋的骑兵，他命令他的"同伴"像钻头一样集中冲刺。同时，他给后方的士兵比以往使用的更长的长矛，从而加深了方阵的纵深，提升了方阵战斗力。马其顿方阵只不过是底比斯方阵的一个更坚实的版本。这些密集的步兵编队都不够灵活，无法抵挡侧翼或后方的攻击。他们的调度能力很弱。因此，腓力和他儿子取得胜利的方法虽然不同，但基本上遵循骑兵和步兵之间合作的方案。方阵在中央前进，攻击敌人的主体，在左翼或者右翼的骑兵攻击敌人的骑兵，然后向敌人方阵的侧翼和后方猛攻，这时敌军的正面已经受到马其顿方阵的猛烈进攻了。敌军主力败下阵来，惨遭屠杀。随着亚历山大军事经验的增长，他还增加了在战场上使用的可以投掷大石块的弹射器，以击溃敌人的步兵。在他的时代之前，投石机曾用于围攻，但从未用于战斗。他发明了"炮击设备"。

腓力手握新式军队这个武器，首先把注意力转向马其顿北部。他远征伊利里亚和多瑙河，还把他的权力沿着海岸一直延伸到达达尼尔海峡。他获得了一个港口，安菲波利斯港和邻近的一些金矿的所有权。在几次对色雷斯人的远征之后，他非常认真地向南进发。他致力于德尔斐的神谕，反对那些亵渎神明的腓尼基人，因此他以希腊宗教的捍卫者自居。

必须理解，当时有一个强大的泛希腊政党，支持腓力担任希腊领袖。这一泛希腊运动的主要领导者是伊索克拉底。另外，雅典是反对腓力的先锋，雅典公开同情波斯，甚至派使者去见波斯国王，警告他统一的希腊对他有危险。12年来的来来往往，在这里是讲不完的。公元前338年，分裂派和泛希腊主义之间的长期斗争有了决定性的结果。腓力以惊人的慷慨条件给予雅典和平。他表现出坚定的决心，要安抚和恩典这个顽固不化的城市。公元前338年，希腊国会承认他为讨伐波斯战争的总司令。

腓力现在已经47岁了，仿佛整个世界都在他脚下，他把他的小国变成了希腊-马其顿联盟的主要国家。

这种统一是一个更大的统一的前奏，西方世界与波斯帝国的统一成为当时所有已知民族组成的一个世界国家。谁能怀疑腓力有过那样的梦想？伊索克拉底的著作使我们相信他有这种能力。谁能否认他可能已经意识到了呢？他有理由希望再活上四分之一个世纪。公元前336年，他的先头部队就已经进入亚洲……

但是，腓力没有随主力军一同前进，他被暗杀了。

23.2 腓力二世遇刺

现在有必要谈谈腓力二世的家庭生活。腓力和他儿子的生活受着一个女人的影响，她是亚历山大的母亲奥林匹娅斯，她的性格令人不安，十分邪恶。

她是伊庇鲁斯国王的女儿，伊庇鲁斯是马其顿西部的一个国家，和马其顿一样，也是半希腊化的地方。在萨摩色雷斯的一次宗教集会上，她遇到了腓力，或者说她是被放到了他的生命之路上。普鲁塔克宣称这桩婚姻是一场爱情的结合，他对腓力的指控似乎不止如此，即像许多精力充沛、富于想象力的人一样，他也容易产生爱情冲动。当他已经是国王时，他娶了她，三年后生下了亚历山大。

没过多久，奥林匹娅斯和腓力就彻底疏远了。她嫉妒他，还有另一个更严重的麻烦来源，她对宗教神秘的狂热。我们已经注意到，在希腊人所信仰的高雅而克制的北欧宗教之下，大地上充满了一种更黑暗、更古老的宗教教派，往往还有残酷和淫秽的仪式。在这些事情上，奥林匹娅斯是一位专家，也是一位狂热者。普鲁塔克提到，她在这些活动中使用驯养的蛇，从而获得了相当大的名气。蛇于是进入了她的家中。腓力最终对于出现在房间里的蛇到底是产生了愤怒还是宗教般的敬畏，历史并没有清晰的记载。他的妻子做的这些事情，一定给腓力带来了极大的不便，因为马其顿人民还处在社会发展的蓬勃阶段，既不崇拜狂热的宗教信仰，也不崇拜无法控制的妻子。

从历史上许多小事中都可以看出奥林匹娅斯和腓力之间的敌意。她显然嫉妒腓力的战利品。她讨厌他的名声。有许多迹象表明，奥林匹娅斯尽她最大的努力让她的儿子和他的父亲对立，并使他完全依附在自己身上。在普鲁塔克的《传记集》中流传着这样一个故事：

> 每当听到有关腓力的胜利、攻占一座城市或赢得某场大战的消息时，儿子似乎从来都不怎么高兴，相反，他常常对他的伙伴们说："伙计们，爸爸会提前把一切抢先准备好，他不会留下任何重大任务让我和你们一起去做……"

如果没有干预，一个男孩以这种方式嫉妒他的父亲是不自然的。那句话听起来像一个回音，不断重复。

我们已经指出，腓力计划亚历山大的继位是多么费心，他是多么渴望把名望和权力交到这个孩子的手中。他在构想他正在建立的政治结构，而母亲在想象那位了不起的奥林匹娅斯贵妇的荣耀和自豪。她以母亲对儿子前途的关心为幌子，掩饰对丈夫的仇恨。公元前337年，按照当时国王的做法，腓力娶了第二个妻子，她是马其顿人克里奥佩特拉，并且他深深地迷恋着她，为此奥林匹娅斯制造了许多麻烦。

普鲁塔克讲述了腓力与克里奥佩特拉结婚时发生的一幕令人同情的情景。宴会上大家都喝了很多酒，新娘的父亲阿塔卢斯已经喝得醉醺醺的了，他表达了对奥林匹娅斯和伊庇鲁斯的敌意，说他希望腓力和克里奥佩特拉能有个孩子，以便给他们一个真正的马其顿继承人。于是，亚历山大被这样的侮辱刺激了，喊道："那我是什么？"腓力勃然大怒，站起身来，拔出剑来，不料却绊了一跤。亚历山大因愤怒和嫉妒而失去了理智，他嘲笑和侮辱他的父亲。

"马其顿人，"他说，"你看这位将军，他要从欧洲到亚洲去！为什么！他甚至不能从一张桌子走到另一张桌子！"

那情景多么生动啊，那摊开的身躯，那通红的脸，那孩子愤怒的声音！第二天，亚历山大和他母亲一起走了，腓力也没有阻拦他们。奥林匹娅斯回到了伊庇鲁斯的家中，亚历山大动身前往伊利里亚。腓力最终说服他回到身边。

新的问题出现了。亚历山大有一个智力低下的兄弟阿里达依，卡里亚的波斯总督想要他做他的女婿。亚历山大的朋友和他的母亲现在又向他灌输一些错误的观念，说腓力是为了结交权贵，从而为了获得支持，他有意要把王位传给阿里达依，尽管这些说法完全没有依据。由于这些猜疑使亚历山大感到不安,于是他便派了一个叫萨鲁斯的人,到卡里亚去贿赂阿里达依。阿里达依是庶出,而且智力低下,亚历山大要把王位的合法继承人纳入他的联盟中去。皮克达勒斯对这个建议感到无比满意。但腓力没过多久就收到了情报,他带着亚历山大最亲密的朋友和同伴帕米尼奥的儿子菲洛塔斯,去了亚历山大的住处,当着他的面,斥责亚历山大堕落和下贱到想成为卡里亚人的女婿,成为一个蛮王的奴隶。与此同时,他写信给科林斯,坚持要他把萨鲁斯绑起来交给他。随后,他驱逐了哈帕拉斯、尼阿库斯、弗吕吉斯和托勒密,还有亚历山大的其他一些同伴。但是后来亚历山大把他们招了回来,并优待他们。

在这个故事中有一些非常感人的事情,即父亲恳求他显然深爱的儿子,却被围绕在男孩想象中的卑鄙行径所阻碍。

腓力是在他女儿嫁给她的舅舅(即伊庇鲁斯国王和奥林匹娅斯的兄弟)时被刺伤的。他穿着一件白色长袍,徒手走进剧院,被他的一名保镖砍倒。凶手已经备好马匹,他本想逃跑,但的马腿被一棵野藤绊住了,他从马鞍上摔下来,被追赶他的人杀死了……

亚历山大20岁的时候结束了对王位继承的焦虑,继承了马其顿王位。

后来,奥林匹娅斯再次出现在马其顿,她自豪地为自己辩护。据说,她坚持要像为腓力举行的葬礼一样,为纪念那位杀人犯而举行同样的葬礼。

在希腊,人们为这一喜事而欢欣鼓舞。当狄摩西尼听到这个消息的时候,虽然他的女儿才去世了七天,他却穿着华丽的服装,戴着一顶花冠,来到雅典的公众集会上。

无论奥林匹娅斯对暗杀她丈夫的凶手做了什么,历史都不会怀疑她对待她的顶替者克里奥佩特拉的态度。亚历山大一走了之,北方山区的人就立即进行惹人关注的起义，克里奥佩特拉的新生儿在母亲的怀里被杀死了，随后克里奥佩特拉无疑是在受到了一点嘲弄之后就被勒死了。据说，女人间过分的情感纠葛使亚历山大感到震惊，但这并没有阻止他让他的母亲在马其顿拥有足够的权威和地位。她给他写了许多关于宗教和政治问题的信，他表现出一种尽职尽责的态度，并总是把他所掠夺的大部分财物送给她。

23.3 亚历山大的首次征服

这些故事必须讲出来，因为没有它们，历史就无法理解。在印度和亚得里亚海之间，有一个伟大的人类世界，准备好了联合统一。那里有波斯帝国的广泛秩序，它的道路，它的驿站，它的普遍和平与繁荣，都成熟到足以接受希腊思想的影响。这些故事展示了人类的品质，而这些伟大的机遇正是来自这些人。其中包括腓力这个伟大而高贵的人，但是他经常喝得酩酊大醉，对于家里乱七八糟的事情不知所措。亚历山大在许多方面都比他那个时代的其他人更有天赋，但他虚荣、多疑、充满激情，他的思想被他的母亲引上了邪路。

我们开始了解这个世界会变成什么样子，我们的种族会变成什么样子。我们和亚历山大之间仅仅隔了70代人。在我们和我们的祖先，即把食物在灰烬上烤着吃或者生吃的野蛮的猎人，也就隔了四五百代人。一个物种在四五百代之内是没有多大的变异余地的。只要让男人和女人足够嫉妒、恐惧、醉酒或愤怒，穴居人炽热的红眼睛就会在今天瞪着我们。我们已经有了文字和教育，科学和权力，我们驯服了野兽，理解了闪电，但我们仍然蹒跚着走向光明。我们已经驯服并饲养了这些动物，但我们仍然要驯服和教养我们自己。

从亚历山大统治的一开始，他的行为就表明他很好地接受了他父亲的计划，他自己的能力有多强。起初，在希腊向他保证他将成为希腊军队的统帅之后，他穿过色雷斯向多瑙河进军，他过河烧毁了一个村庄，成为第二位袭击多瑙河对岸斯基泰国家的国王。然后再绕过去，向西行进，经过伊利里亚。那时底比斯城陷入叛乱，他的下一个目标是希腊。底比斯没有得到雅典的支持并被掳掠，它受到了暴力对待。除了神庙和诗人品达①的房子，所有的建筑都被夷为平地，3万人沦为奴隶。整个希腊都震惊了，亚历山大自由地继续他的波斯战争。

底比斯的毁灭暴露了人类命运的这个新主人的暴力倾向。这是一个沉重的打击。这是一件野蛮的事。叛逆的精神若被打击，那么帮助的精神也将消失。此后，希腊政府一直无所作为，既不制造麻烦也不帮忙。他们不给亚历山大运送货物，这对亚历山大来说是一件非常难堪的事。

普鲁塔克讲过一个关于底比斯屠杀的故事，似乎这是亚历山大的功劳，但实际上，这只表明他的理智和疯狂的一面是如何发生冲突的。他讲述了一个马其顿军官和一个底比斯女人。这个军官也是强盗之一，他进了这个女人的房子，对她进行了难以形容的侮辱和伤害，最后问她是否藏了金银。她告诉他，她所有的财宝都被放进了井里。她把他带到井边，正当他弯腰要往下看的时候，她突然把他推了进去，用大石头砸死了他。一些盟军士兵看到这一幕，立刻把她带到亚历山大那里接受审判。

面对亚历山大，她无视他。当他那股大屠杀的冲动退去后，他

---

① 品达：古希腊抒情诗人。

不仅赦免了她，而且恢复了她的家庭、财产和自由。普鲁塔克说这是一种慷慨，但问题要比这复杂得多。是亚历山大在蹂躏、掠夺和奴役整个底比斯。井里那个可怜的、被压扁的马其顿军官，只做了别人告诉他有充分自由做的事。难道一个指挥者就可以先下残酷的命令，然后宽恕和奖赏那些杀害他的工具的人吗？那个女人也许并不缺少悲剧性的尊严和美貌，但他在这件事上流露出的这种悔恨的神色，对于一个大城市的屠杀来说，是一种可怜的补偿。

在亚历山大身上，有奥林匹娅斯的疯狂，也有腓力的理智和亚里士多德的教导。底比斯的事当然使亚历山大感到不安。后来，每当他遇到底比斯家族时，他都试图对他们表示特别的优待。据他所说，底比斯一直困扰着他。

然而，底比斯的记忆并没有使其他三个大城市免于类似的风暴，亚历山大又毁灭了推罗、加沙和印度的一座城。在猛攻印度那座城市时，他在一场势均力敌的战斗中被击倒，受了伤。因此在亚历山大征服这个地方之后，没有一个人，包括孩子幸免。他一定是被吓坏了，才会如此恶毒地报复。

战争一开始，波斯人就拥有这种至高无上的优势，他们实际上是海洋的主人。雅典人和他们的同盟者的船只毫无帮助地生闷气。亚历山大要想到达亚洲，必须绕道达达尼尔海峡。如果他深入波斯帝国，他就有被完全切断与基地联系的风险。因此，他的首要任务是削弱海上的敌人，而这只能通过沿着小亚细亚海岸前进，夺取一个又一个港口，直到波斯人的海上基地被摧毁。如果波斯人避开战争，紧紧抓住他不断加长的交通线，他们很可能会摧毁他，但他们没有这样做。一支并不比他强大多少的波斯军队在公元前334年的格拉尼卡斯河岸作战，并被摧毁，这使他得以自由地夺取萨迪斯、以弗所、米利都，又经过激烈的斗争，夺取了哈利卡纳苏斯。与此同时，波斯舰队在他的右翼，在他和希腊之间，威胁重重，但毫无效果。

在公元前333年他继续向波斯人的海上基地发起进攻，沿着海岸前进，一直走到现在叫作亚历山大勒塔湾的海湾口。在伟大的国王大流士三世的统治下，一支庞大的波斯军队驻扎在他行军路线的内陆，与海岸被群山隔开。亚历山大在他或波斯人意识到他们已经接近之前就越过了这支敌军，希腊人和波斯人的侦察工作显然都做得很糟糕。波斯军队是一个由士兵、运输人员、营地追随者等组成的庞大而无组织的团体。例如，大流士由他的后宫陪伴，后宫里有大量的奴隶、音乐家、舞蹈家和厨师。许多主要的军官带着他们的家人来见证对马其顿入侵者的追捕。军队从帝国的每个省征召而来，他们没有联合行动的传统或原则。大流士突发奇想，要切断亚历山大与希腊的联系，于是他带领这群人翻山越岭，向大海进发。幸运的是，他顺利地通过了隘口，并在群山和海岸之间的伊苏斯平原上扎营。在那里，亚历山大转过身来，回头攻击了他。骑兵冲锋，方阵像石头砸瓶子一样，把这支脆弱的大军打得粉碎。一场溃逃！大流士逃离了"那个过时的工具"——他的战车，骑着马逃走了，甚至把他的后宫都留给了亚历山大。

亚历山大在这场战役后的所有记述都显示出他的最佳状态。他克制而宽宏大量。他对波斯公主非常有礼貌。他保持镇静，他坚持自己的计划。他让大流士逃脱，并不追击，进入叙利亚，继续向波斯人的海上基地进军，也就是说，向腓尼基人的港口推罗和西顿进军。

西顿向他投降，推罗则进行了抵抗。

这时我们就有了亚历山大伟大军事能力的证据。虽然他的军队是由他父亲一手打造的，但腓力从未在围城战中大放异彩。当亚历山大16岁时,他看到他的父亲在博斯普鲁斯海峡上的拜占庭要塞被击退,现在他面对的就是那座久攻不下,抵抗尼布甲尼撒大帝14年之久的城池。

相对于被围困者的地位,闪米特人掌握着主动权。那时推罗离海岸有半英里远,它的舰队是不败的。另外,亚历山大已经从围攻哈利卡那索斯城堡中学到了很多东西;那时,有塞浦路斯和腓尼基的一个工兵队,又有西顿人的船只跟随他。塞浦路斯王带着120艘船来见他,亚历山大派他管理海上的事务。此外,伟大的迦太基,既没有依靠母城的力量也没有对母城不忠,而且还卷入了西西里的一场战争,没有提供任何帮助。

亚历山大大帝采取的第一个措施是建造一个从大陆到岛上的大堤,一个至今仍存在的大堤。推罗的城墙临近了,他就在其上架起城楼和攻城锤。又将船只靠墙停泊,在船上竖起高塔和攻城锤。推罗人用火船攻击这支舰队,并从他们的两个港口出击。在他们对塞浦路斯船只进行的一次突然袭击中,他们的船只被袭击并受到严重伤害,许多船只都被撞坏了,一只五排桨和四排桨的大帆船被彻底捕获。最后,城墙被攻破了,马其顿人从他们的船上爬上残垣,攻进了这座城市。

围困持续了7个月。加沙则被围困了两个月。到处都有大屠杀,城市被掠夺,幸存者被卖为奴隶。公元前332年年底,亚历山大大帝进入埃及,大海的指挥权得到了保证。在这段时间里,希腊的政策一直摇摆不定,现在它终于决定站在亚历山大一边,在科林斯举行的希腊议会投票选举它的"将军",这是一顶胜利的金冠。从那时起,希腊人就和马其顿人站在一起了。

埃及人也和马其顿人站在一起。但他们从一开始就支持亚历山大,他们在波斯统治下生活了将近两百年,亚历山大的到来对他们来说只是换了一个主人。但总的来说，生活要比原来的好些。这个国家没有遭受打击就投降了。亚历山大非常尊重宗教信仰。他没有像冈比西斯那样打开木乃伊，也没有释放孟菲斯的圣牛。在这里，在巨大的寺庙规模上，亚历山大发现了宗教狂热的证据，神秘和非理性，提醒他这里的秘密和神秘氛围，曾娱乐他的母亲和印象深刻的童年。在埃及的4个月里，他对宗教充满了感情。

我们必须记住，他还是一个非常年轻的人，身上也体现着自相矛盾的东西。他从父亲那里继承的强大的理智使他成为一名伟大的军人；亚里士多德的教导使他对世界有了一些科学的看法。他摧毁了推罗；在埃及，尼罗河的一个河口，他建立了一个新的城市亚历山大，以取代古老的贸易中心。在推罗以北，靠近伊苏斯，他建立了第二个港口城市——亚历山大勒塔。这两个城市都繁荣至今，亚历山大可能一度是世界上最伟大的城市，因此，当初其选址肯定是明智的。但亚历山大也有他母亲那种不稳定的情感冲动和想象力，在进行这种创造性工作的同时，他沉迷于宗教冒险。埃及的神占据了他的心。他行路400英里，到了阿蒙神谕所的绿洲。他想澄清对他真正出身的某些疑问。他母亲对他的出身所做的一些暗示和含糊其词激怒了他。像马其顿的腓力这样平凡的人，真的是他的同类吗？

将近四百年来，埃及在政治上一直是一个被人蔑视的国家，时而被埃塞俄比亚人占领，时而被亚述人占领，时而被巴比伦人占领，时而被波斯人占领。随着对被征服的屈辱感逐渐地加深，过去和另一个世界在埃及人的眼里变得更加辉煌。傲慢的宗教宣传就像春天一样，来自民族不断溃烂的屈辱。对于胜利的被压迫者，他们可以说："在真神面前，这是虚无的。"因此，希腊的总指挥，马其顿的腓力之子，在巨大的庙宇中感到自己是一个渺小的人。他有一种年轻人特有的野心,想要给每个人留下深刻印象。他很快就发现自己不仅是一个成功的凡人,也不属于现代那些粗俗的希腊人,而是一个古老而神圣的人,一个神的儿子,法老的儿子,阿蒙拉神的儿子!

年轻的亚历山大信心十足的时候,当这件事几乎是一个笑话,他也有比较清醒的时候。在马其顿人和希腊人面前,他怀疑自己是否是神圣的。当雷鸣声响起时,粗俗的阿利斯塔克斯就会问他:"宙斯之子,你会做这样的事吗?"但是无论如何,这个疯狂的念头从此在他的脑子里生根发芽,随时可能被葡萄酒或奉承激发。

第二年春天,也就是公元前331年,他回到推罗,从那里绕到亚述,离开他右边的叙利亚沙漠。在被遗忘的尼尼微遗址附近,他发现一支庞大的波斯军队在等着他,这支军队自伊苏斯战役以来一直在集结。这又是一支庞大的混合部队,它的主要力量是现在已经过时的武器和战车。这支大流士的军队共有200人,拿着镰刀,安插在每辆车的车轮、车轴和车体上。每辆战车似乎有四匹马,很明显,如果其中一匹马被标枪或箭射伤,那辆战车就会停下。外部的马主要作用是缓冲,内部的马控制方向。它们被一条可以轻易切断的绳子拴住,因为一旦失去一匹马,整个战车就会受到影响。对于散兵或者一群独立作战的士兵而言,这样的车辆可能是可怕的。但大流士一开始就让他们冲击骑兵和轻装步兵。很少有人能到达敌军跟前,而那些确实到达跟前的人也很轻易地被击溃了。另外还有一些机动的人。训练有素的马其顿人迂回穿过波斯前线,维持着良好的秩序。波斯人沿着这条战线向侧翼推进,拉开了他们的阵形。突然,纪律严明的马其顿骑兵冲到其中一个地方,袭击了波斯军队的中心。步兵紧追不舍。波斯人的中路和左路崩溃了。有一段时间,波斯人右翼的轻骑兵逼近了亚历山大的左翼,但却被来自塞萨利的骑兵打得粉碎,此时塞萨利的骑兵已经几乎和马其顿的骑兵一样优秀了。波斯军队溃不成军。他们消失在巨大的尘土下,成了一大群逃亡者,没有一个人在炎热的平原上向埃尔比勒集结。战胜者骑着战马穿过尘土飞扬的人群,不断地杀戮,直到夜幕降临才停止。大流士带头撤退了。

这就是埃尔比勒之战。这场战争发生在公元前331年的10月1日,我们之所以非常清楚地知道它的日期,是因为据记载,在它开始的11天前,双方的占卜师都因发现有月食而担忧。

大流士逃到北方的米底人之地。亚历山大向巴比伦进军。与尼尼微不同的是,汉谟拉比古城(早在1700年前就统治了这里),尼布甲尼撒大帝和那波尼德仍然是一个繁荣而重要的中心。和埃及人一样,巴比伦人也不太在意统治者从波斯转向马其顿。贝尔–马杜克神庙已经成为一片废墟,变成了建筑材料的采石场,但是迦勒底祭司的传统仍然存在,最终亚历山大承诺重建这座建筑。

从那里,他继续向苏萨进军。苏萨曾经是消失和被遗忘的埃兰人的主要城市,现在是波斯首都。

他继续前往波斯波利斯[①],在那里,作为一场醉酒狂欢的高潮,他烧毁了万王之王的宫殿。事后他宣称这是希腊对薛西斯焚毁雅典的报复。

23.4 东征西战

现在,亚历山大的故事进入了一个新的阶段。在接下来的7年里,他带领一支主要由马其顿人组成的军队在当时世界的北部和东

---

① 波斯波利斯:波斯阿契美尼德王朝的第二个都城,位于伊朗扎格罗斯山区的一个盆地中。

部征战。起初是对大流士的追捕。后来成了什么呢？是对一个他打算统一为一个伟大秩序的世界进行的系统的考察，还是一场完全徒劳的追逐？他自己的士兵和亲信倾向于认为后者，并最终将征战的最远处留在了印度河。

对大流士三世的追捕很快就可怜地结束了。在埃尔比勒战役之后，大流士的将军们似乎对他的软弱无能进行了反抗，他们把他囚禁起来，并把他带走，尽管他很想依靠征服者的慷慨。他们推选大夏的总督贝苏斯为领袖。最终出现了一场激烈而刺激的追逐，追逐的是载着被俘虏的万王之王的队伍。黎明时分，经过整夜的追逐，它远远地出现在前面。这次的战役变成了一场溃逃。行李、女人，所有的东西都被贝苏斯和他的卫队抛弃了，他们还留下了另一个障碍。不久，一个马其顿士兵在离大路很远的一个水潭边发现了一辆废弃的骡车，骡子还在。大流士躺在这辆车上，身上被刺伤了几十处，流血过多而死。他拒绝和贝苏斯继续往前走，拒绝骑上送他来的那匹马。于是他的队长们用长矛把他刺穿，只留下他。他向俘获他的人要水喝。我们不知道他还可能说了些什么。历史学家们认为，为他编造一份完全不可能的临终遗言是合适的，但大概他没有说几句话。

日出之后不久，亚历山大赶来了，大流士已经死了……

对于世界史的学者来说，亚历山大的征战除了对他的性格有所启发，还有其自身的意义。大流士的活动揭开了希腊和马其顿的帷幕，给我们展示了一些沉默的背景下的一些北方文明的声响，使得这段历史得以传播，能够记录。现在亚历山大的活动把我们带到那些迄今为止一直没有可信记录的地区。

我们发现它们不是沙漠地区，而是有着自己的生活，一种群居生活。

他行军到里海沿岸，从那里向东穿过现在被称为西突厥斯坦的地方。他建立了一座城市，现在被称为赫拉特①。他从那里往北，经过喀布尔②，就是现今的撒马尔罕③，直到中土耳其斯坦的山地。他回到南方，从开伯尔山口来到印度。他在印度河上游与一位身材高大、风度翩翩的国王波鲁斯进行了一场伟大的战斗。马其顿步兵在战斗中遇到了一队大象，并击败了它们。也许他会向东越过沙漠到达恒河流域，但他的部队拒绝再往前走。也许，如果他没有这样做，那么或许迟些时候，他就会一直走下去，直到他向东消失在历史之外。但他被迫回头，转过身来。他建立了一支舰队，并顺流而下推进到印度河河口。他在那里分散了兵力。他带领主力部队沿着荒凉的海岸回到波斯湾，在途中遭受了可怕的灾难，许多人因干渴而丧生。舰队从海上跟随他，在波斯湾的入口处与他会合。在这六年的旅程中，他参加了战斗，接受了许多陌生民族的臣服，建立了城市。公元前330年6月，他看到了大流士的尸体，公元前324年，他回到苏萨，发现帝国处于混乱之中。地方总督们召集了自己的军队，大夏-希腊王国和米堤亚正在发生起义，奥林匹娅斯使马其顿无法建立政府。皇家财政大臣哈帕拉斯带着皇家财产中所有可以携带的东西逃走了，他一边行贿一边向希腊逃跑。据说，哈帕拉斯的部分资金也已经送到了狄摩西尼的手里。

但在我们讨论亚历山大故事的最后一章之前，让我们先谈谈他征战过的北方地区。很明显，在俄罗斯南部，从多瑙河地区到里海北部到里海东部，再到帕米尔高原的山区，东到东土耳其斯坦的塔

---

① 赫拉特：阿富汗赫拉特省，省会城市同名，是阿富汗西北部历史名城。
② 喀布尔：阿富汗首都，是丝绸之路上的重镇。
③ 撒马尔罕：位于乌兹别克斯坦，是中亚最古老的城市之一，丝绸之路上重要的枢纽城市。

里木盆地，然后传播到在同一文化阶段的一系列类似的野蛮部落和民族，他们大部分说雅利安语，可能源自北欧人种。他们几乎没有城市，大部分是游牧民族。有时他们临时定居下来耕种土地。他们肯定已经在中亚与蒙古部落混居，但那时蒙古部落并不盛行。

  在过去的1万年里，世界上的这些地区正在经历一个巨大的干旱和海拔上升的过程。一万年前，奥比盆地和里海之间可能有一个连续的水屏障。随着这片土地的干涸，沼泽地变成了阶梯式的国家，来自西方的北欧游牧民族和来自东方的蒙古游牧民族相遇并融合在一起，骑马又回到了西方世界。很明显，这一大片国土正在成为这些野蛮民族的聚集地。他们非常松散地依附于他们所占领的土地。他们住在帐篷和马车里，而不是房子里。经过短暂的丰年后，或在某个强势统治者的统治下停止部落战争，将导致人口的大量增加，然后两年到三年的艰苦生活就足够让这些部落再次四处流浪寻找食物了。

  从有记载的历史开始之前，多瑙河和中国之间的人类聚集区断断续续地向南和向西迁移。它好像是稳定的景色背后的云层一样，起先是把侵略者积聚起来，然后又把他摔倒下来。我们注意到凯尔特人的民族如何向西转移，意大利人，希腊人，和其中的伊庇鲁斯人、马其顿人，以及弗里吉亚家族如何南下。我们注意到，西米里族人向东推进，就像突然狂飙的野蛮人一样，前往小亚细亚。向南的有塞西亚人、米底人、波斯人，还有有着雅利安人血统的印度人。大约在亚历山大之前的一个世纪，有一支新的雅利安人进入意大利，和定居在波河流域的凯尔特人、高卢人融合。这些不同的种族从北方的黑暗中走出来，进入了历史的光辉之中。而同时在这束阳光之外，这个贮藏所里又在为新的输出做了积聚。亚历山大在中亚的进军给我们的历史带来了新鲜的名字：帕提亚人，一个有着弓骑兵的种族，他们注定在一个世纪后的历史上扮演重要的角色，以及凭借骆驼生活在沙地上的大夏人。他似乎在所有地方都遇到了讲雅利安语的人。蒙古的野蛮人在东北方向依然没有被发现，在中国的北部没有人可以想象到在斯基泰人之外还有一大群人类。他们不久又开始向西和向南流动，他们与北欧的斯基泰人以及其他和他们有着相同习惯的人融合在一起。到目前为止，只有中国知道匈奴，在突厥斯坦西部或其他任何地方都没有突厥人，世界上也没有鞑靼人。

这是对公元前4世纪突厥斯坦局势的一瞥，是亚历山大大帝漫游中最有趣的一个方面。另一个是他对旁遮普的突袭。从讲人类故事的人的观点来看，他没有继续进入恒河国家，因此我们没有古希腊作家对古孟加拉生活的独立记述，这有点令人气愤。但是，有相当数量的印度各种语言的文学作品涉及印度的历史和社会生活，仍然可以让欧洲读者了解。

23.5 亚历山大真的很伟大吗？

亚历山大毫无争议地控制波斯帝国6年之久。他当时31岁了。在这6年里，他创造的东西很少。他保留了波斯各省的大部分组织，任命了新的总督或保留了原来的总督。道路、港口和帝国的组织仍然和他伟大的前任居鲁士离开时一样。在埃及，他只是用新的省长取代了旧的省长。在印度，他打败了波鲁斯，然后让他继续掌权，就像他发现波鲁斯时一样，只是现在希腊人叫他总督。亚历山大确实规划了一些城镇，其中一些将发展成为大城市。他一共创立了17个亚力山大城。但是他摧毁了推罗，也摧毁了推罗的海上安全通道，这条海上通道一直是美索不达米亚向西的主要出口。历史学家说他使东方希腊化。但巴比伦和埃及在他之前就挤满了希腊人。他不是希腊化的原因,他本身就是希腊化的一部分。有一段时间,从亚得里亚海到印度河的整个世界都在一个统治者的统治之下。到目前为止,他已经实现了伊索克拉底和他父亲腓力的梦想。但他在多大程度上能使这里成为一个永久和持久的联盟?到目前为止,这只不过是他辉煌的自我意识下的一种耀眼而短暂的繁荣罢了。

他没有修路,没有建立可靠的海上交通。指责他放弃教育是徒劳的,因为必须由教育来巩固帝国的观点,对当时人们的思想来说仍然是陌生的。但是,他并没有在他周围形成一个政治家团体。他没有考虑继承人,他没有创造任何传统,他认为这"只不过是个人传奇"。那种认为世界将在亚历山大之后继续存在的想法,似乎超出了他的思维范围。亚历山大从事的工作,除讨论他的辉煌之外,没有别的。诚然,他当时还年轻,但早在腓力31岁之前,他就开始考虑亚历山大的教育问题了。

亚历山大究竟算不算一个政治家?

亚历山大大帝

研究他职业生涯的一些学者向我们保证,他是。现在在苏萨,他计划建立一个强大的世界帝国,不仅把它看作是马其顿征服世界,而且把它看作是种族传统的融合。无论如何,他做了一件事,使这个想法有了色彩。他举行了盛大的结婚宴会,在宴会上他与他的90位将军和朋友都娶了波斯新娘。他自己娶了大流士的一个女儿为妻,虽然他已经娶了撒马尔罕王的女儿罗克珊娜,也就是一个亚细亚妻子。这次大规模的婚礼是一个非常盛大的节日，同时他所有的马其顿士兵，成千上万的人，谁娶了亚洲新娘，谁就能得到结婚礼物。这被称为欧洲和亚洲的联姻。普鲁塔克写道，两大洲将以合法的婚姻和后代共同体的形式连接起来。然后他开始训练波斯和北方的新兵，帕提亚人，大夏人，等等，按照方阵和骑兵来进行这种独特的训练。这是为了同化欧洲和亚洲，还是使自己独立于马其顿人？亚历山大的军队更希望是后者。无论如何，他费了好大的劲儿才改变了他们的态度，并说服他们参加与波斯人共同举办的宴会。但是重点是如果不服从亚历山大就会命令马其顿人离开，但同时也没有允许他们从波斯返回到故乡。沮丧了三天之后，他们向他屈服了，请求他的原谅。

这是一个非常值得讨论的问题。亚历山大是真的在计划种族融合，还是只是爱上了一位东方君主的浮华和神威，并希望摆脱他只是一个国王领袖的欧洲人？他那个时代的作家，以及那些与他同时代的人，都非常倾向于后者。他们坚持认为他有极大的虚荣心。他们讲述了他如何开始穿波斯国王的长袍和王冠。一开始，他只是在野蛮人面前和私下里戴着它，但后来，当他坐下来处理公务时，他就在公共场合戴着它。不久，他要求他的朋友们对他进行东方的跪拜。

有一件事似乎支持亚历山大的巨大个人虚荣心。他的画像经常被绘画和雕刻，他总是被描绘成一个美丽的年轻人，有着宽阔的前额和向后飘动的漂亮的头发。以前大多数男人都留胡子，但亚历山大迷恋自己年轻时的可爱，不愿放弃它，他32岁时还认为自己是个小孩。他剃光了脸，并在希腊和意大利形成了一种持续了几个世纪的时尚。

在他生命的最后几年，他的暴力和虚荣的故事在他的记忆中堆积如山。他听着关于他最信任、最忠实的将军之一帕尔米尼奥的儿子菲洛塔斯的闲言碎语。据说，菲洛塔斯曾向一个亚历山大正在求爱的女人吹嘘，说亚历山大只是个男孩，要不是有他父亲和他自己这样的人，就不会征服波斯之类的国家了。这种断言有一定的道理。这个女人被带到亚历山大面前，亚历山大听信了她关于菲洛塔斯那些背信弃义之言。不久，菲洛塔斯被指控犯有谋反罪，在证据不足的情况下，被拷打之后进行了处决。这时亚历山大想起了帕尔米尼奥，他的另外两个儿子也在战斗中为他牺牲了。他趁老人还没听到儿子的死讯就派人把他刺杀了！帕尔米尼奥曾是腓力手下最值得信赖的将军之一。在腓力被杀之前，率领马其顿军队进入亚洲的正是帕尔米尼奥。这个故事的真实性不容置疑，关于亚里士多德的侄子——卡利斯提尼的处决也是如此。他拒绝亚历山大授予的荣誉，然后他"带着极大的骄傲走来走去，仿佛就像推翻了一个专制王权，而年轻人们则追随他，他成为众人中那唯一自由的人"。在这些事件中，我们可以看到一个很有启发性的故事，他在醉酒后的争吵中杀死了克利特斯。国王和他的随从们喝得酩酊大醉，然后酒精让他们畅所欲言，放浪形骸。很多人都在称赞这位年轻的神，同时贬低着腓力，亚历山大听了这话，脸上露出满意的微笑。有一些马其顿人实在受不了这种酒醉后的自满，例如他的养兄克利特斯就大为恼火。克利特斯指责亚历山大穿着米底人的服装，并称赞了腓力一番。他们大吵了一架。最后，克利特斯被他的朋友们赶出了房间。可是，他已经喝得烂醉如泥，又从另一个入口回来了。有人听见他在外面大胆无礼地引用欧里庇得斯的一段话：

这些是你们的习俗吗？
希腊就这样奖励它的战士吗？
一个人可以获得成千上万的奖杯吗？

于是亚历山大从他的一个卫兵手中夺过一支长矛,当克利特斯拉开帘子进来的时候,刺穿了他的身体。

人们不得不相信这就是年轻征服者生活的真实氛围。他对赫菲斯提安的疯狂、残忍的表现下的那些故事,不可能全是臆造的。如果这是真的,或者在某些方面是真实的话,它显示出一种不均衡的思维,显得完全被他个人的意志所掌握。对他来说,帝国不过是展示自我的机会,以及用来收集世界的全部资源的工具。那些慷慨的举动足以让一千人都嫉妒那一个人,但也同时让那个受赠人大吃一惊。

因为生病,赫菲斯提安严格地控制了饮食,但由于医生不在,他吃了一只烤鸡,喝了一壶冰酒,导致了他的死亡。

于是亚历山大决定表现出悲痛。这是一个疯子的悲痛。他把医生钉在了十字架上!他命令波斯的每匹马和每匹骡子都要剪毛,并拆毁了邻近城市的城垛。在很长一段时间里,他禁止在他的营地里播放任何音乐,并且占领了库萨人的一些村庄,屠杀了所有的成年人,作为对赫菲斯提安的牺牲的纪念。最后他拨出1万塔兰特(1塔兰特约等于240英镑)修建了一座坟墓。在那些日子里,这是一大笔钱。这些事情都没有给赫菲斯提安带来任何真正的荣誉,但它们却向一个被吓得胆战心惊的世界证明了亚历山大的悲伤是多么巨大的一件事。

最后这个故事和许多这样的故事可能是谎言、歪曲或夸大,但他们有一个共同点。在巴比伦痛饮之后,在公元前323年,亚历山大突然发烧,他病了,然后死了。那时他只有33岁。他掌握的那个世界帝国,就像一个孩子拿着的一个珍贵的花瓶一样,一下子倒在地上,摔得粉碎。

无论世人的想象中闪现出什么样的世界秩序，在他死后都消失了。这个故事变成了一个混乱的野蛮独裁的故事。各省的统治者到处为自己建立政权。在几年的时间里，整个亚历山大家族都被摧毁了。他的蛮族妻子罗克珊娜，迅速谋杀了她的对手大流士的女儿。不久她自己给亚历山大生了一个遗腹子，也叫亚历山大。几年后，在公元前311年，他和她一起被谋杀。亚历山大的另外一个也是仅存的儿子赫拉克勒斯也被杀了。智力低下的同父异母兄弟阿里达依也是如此。普鲁塔克描写了马其顿短暂掌权期间奥林匹娅斯将目光转向了别人，先是指控这个人，然后又指控这个人毒害了她出色的儿子。她在愤怒中杀死了许多人。在亚历山大死后，她叫人把他周围一些人的尸体挖出来，但我们不知道这些发现是否给他的死带来了新的解释。

最后，奥林匹娅斯在马其顿被她所杀之人的朋友们杀死。

23.6 亚历山大的继任者

从这混乱的犯罪中立刻出现了三个主要人物。波斯帝国的大部分地区，东至印度河，西至吕底亚，都由一位塞琉古将军统治，他建立了一个王朝，塞琉古王朝。马其顿落入另一位马其顿将军安提哥那之手。第三位即马其顿人托勒密控制了埃及，并把亚历山大作为他的主要城市，建立了足够的海军优势来保持塞浦路斯和腓尼基以及小亚细亚的大部分海岸。托勒密帝国和塞琉古帝国持续了相当长的时间。小亚细亚和巴尔干地区的政府形式更为不稳定。

安提哥那在伊普苏斯战役（公元前301年）中被击败并被杀，留下色雷斯的统治者利西马库斯以及马其顿和希腊的卡桑德，他们都是同样短暂的继承者。小政府瓜分了较小的城邦。与此同时，蛮族从西方和东方进入了一个支离破碎、软弱无力的文明世界。来自西部的高卢人与凯尔特人关系密切。他们突袭了马其顿和希腊，到达德尔斐（公元前227年），他们中的部分人越过博斯普鲁斯海峡进入小亚细亚，开始被雇佣为雇佣兵，然后自封为独立的掠夺者。他们几乎要到托罗斯山了，就在弗里吉亚的土地上定居下来，让周围的人向他们进贡。（这些弗里吉亚的高卢人后来成为圣保罗书信中的迦拉太人。）亚美尼亚和黑海南部海岸有着一个混乱的并且不断变化的统治者。具有希腊思想的国王出现在卡帕多西亚、本都（在黑海的南岸）、比提尼亚和帕加马。斯基泰人、帕提亚人、大夏人也从东边往南赶去。有一段时间，希腊统治的大夏变得越来越东方化。公元前2世纪，来自大夏的希腊冒险家们突袭印度北部，在那里建立了短命的王国，这是希腊人最后一次东进。然后，野蛮又一次降临，就像西方文明和印度之间的一道幕布。

23.7 帕加马王国：文化避难所

在所有这些希腊帝国泡沫破灭的碎片中，有一个小国脱颖而出，它至少自己有独特的一小部分，即帕加马王国。在以伊普苏斯之战为结束的斗争中，我们首先听说这个城镇是一个独立的中心。而在大约公元前277年到公元前241年之间的小亚细亚有着潮水般的高卢人的入侵，帕加马在一段时间内缴纳贡金。但它保留着一般性独立，在阿塔罗斯一世的统治下，拒绝了上贡并用两次决定性的战役击败了他们。在此后一个多世纪（直到公元前133年）帕加马仍然是自由的，也许在那个时期是世界上最文明的国家。雅典卫城的山上耸立着一群富丽堂皇的建筑物、宫殿、庙宇、一座博物馆和一座图书馆，它们与我们马上要讲的亚历山大城的建筑物不相上下，而且几乎是世界上第一座。在帕加马王子的统治下，希腊艺术重新繁荣起来，宙斯神庙祭坛上的浮雕，以及在那里雕刻的战斗和垂死的高卢人的雕像，都是人类伟大的艺术瑰宝。

不久，我们会讲到，地中海东部开始感受到一种新势力的影响，这就是罗马共和国的势力，它对希腊和希腊文明都很友好。在这种力量下，帕加马和罗兹的希腊族群找到了一个天然而有力的盟友和支持者，反对加拉太人和东方化的塞琉古帝国。我们将在最后讲述罗马的势力进入亚洲，它是如何在公元前190年于美格尼西亚打败了塞琉古帝国，把它赶出小亚细亚，然后越过了托罗斯山脉，以及在公元前133年最终结束。阿塔罗斯三世是帕加马最后的王，屈从于他的不可避免的命运，使罗马共和国统治了他的王国，成为罗马的"亚细亚"省。

23.8 作为世界统一先兆的亚历山大

几乎所有的历史学家都倾向于认为亚历山大大帝的一生是人类历史上的一个新纪元。它把所有已知的世界，除了地中海西部，都放在了一个舞台上。但是人们对亚历山大本人的看法却大相径庭。他们中的大多数人可以分为两种派别。有一种类型的学者被这个年轻人的青春和辉煌所吸引。这些亚历山大的崇拜者倾向于他有自己的价值。宽恕他每一种罪恶和愚蠢，要么把它们看作是一种丰富的天性上的单纯冲动，要么看作是某种宏大计划的痛苦必然，并且将他的一生看作是建立在一种政治家风范的计划之内的内容，后来时代所具有的更加广泛的知识和思想几乎足以使我们理解这些。另一方面，有些人认为他只是一个破坏者，他中断了自由和宁静的希腊化的世界逐渐成熟的可能性。

在我们把亚历山大或他的父亲腓力归入20世纪历史学家和哲学家所推崇的那种世界观之前，我们最好仔细考虑一下当时可能存在的最大范围的知识和思想。柏拉图、伊索克拉底和亚里士多德的世界实际上根本没有历史观点。直到最近几个世纪，世界上还没有历史这种东西，也就是说，历史与祭司的编年史不同。即使是受过高等教育的人，对地理和外国的看法也依然狭隘。对大多数人来说，世界仍然是平的，是无限的。唯一系统的政治哲学是建立在小城邦的经验基础上的，他们没有考虑过帝国的可能性。没有人知道文明的起源。在此之前，没有人用经济学进行过投机活动。没有人理解一个社会阶层对另一个社会阶层的反应。我们过于倾向把亚历山大的事业看作是某种长期酝酿的进程的顶峰，理解为一个渐强的高潮。毫无疑问，这是一种感觉，但更真实的是，与其说这是一个结束，不如说这是一个开始。这是我们对人类事务进行统一观念的第一次启示。在他之前，希腊思想的最大影响是一个希腊化的波斯帝国，在马其顿人和希腊人的世界上占主导地位。但在亚历山大死前，更在他死后，有足够的时间来考虑他之后，一个世界法律和组织的概念对人们的头脑来说是一个切实可行的、可以被同化的概念。

几代人以来，亚历山大大帝对人类来说是世界秩序和世界统治的象征和体现。他变成了一个传奇人物。他的头像装饰着半神赫拉克勒斯或阿蒙拉神的神圣符号，出现在那些自称是他的继承者的硬币上。后来，另一个伟大的民族，同时在几个世纪以来表现出相当大的政治才能的民族——罗马人也提出了统治世界的想法。另外一个引人注目的冒险家的形象即恺撒，在旧世界的西半球让亚历山大的形象黯然失色。

因此，到公元前3世纪初，我们已经在旧世界的西方文明中发现了统治当代人类思想的三大主体思想。我们已经追溯了写作和知识是如何逃离旧世界的秘密、神秘和启蒙的，以及普遍知识概念、普遍的可以理解的和可传播的历史和哲学思想的发展。我们已经把希罗多德和亚里士多德作为这一个伟大思想的典型代表，即科学思想。使用科学这个词，是从最广泛和最恰当的意义上，包括历史并表明一个清晰的人与他周围的事物的关系来考虑的。我们还追溯了巴比伦人、犹太人和其他闪米特人中宗教的泛化，从在一些地方或部落神的庙宇和圣地进行秘密崇拜，发展到对唯一的普遍的正义的神进行公开礼拜，他的圣殿就是整个世界。现在我们也追溯了世界政体理念的萌芽。人类历史的其余部分在很大程度上是科学思想、普遍正义思想和人类公益这三种思想的历史，从最初产生于零星的思维之中，再到成为人类的普遍意识，首先是一种新的思路，然后是一种新的精神，最后是人类事务的一个新方向。

24. 亚历山大城的科学和宗教

24.1 亚历山大城的科学

亚历山大大帝短暂的世界帝国中最繁荣的地区之一是埃及，它属于托勒密王国的一部分。我们已经提到过托勒密的名字，他是亚历山大的一个伙伴，并被腓力国王驱逐。这个国家离得太远以至于高卢或者帕提亚难以进行掠夺，推罗和腓尼基海军被摧毁，亚历山大城的建立使埃及在东地中海获得了暂时的海军优势。亚历山大城发展到堪比迦太基的规模。向东，它与阿拉伯和印度通过红海进行海外贸易，向西的交通与迦太基人竞争。在托勒密王朝的马其顿和希腊统治者身上，埃及人发现了一个更具同情心和容忍力的政府。事实上，与其说是马其顿人统治埃及，不如说埃及在政治上征服并吞并了托勒密王朝。

这是埃及政治理念的回归，而不是希腊化国家政府的任何尝试。托勒密成为法老，他的政府继续遵循佩比、图特摩斯、拉美西斯和尼科的古老传统。然而亚历山大城，在处理它的城镇事务中，一方面服从于神圣的法老统治，另一方面遵循希腊城市类型的宪法。法庭和行政部门的语言都是希腊文。希腊语成为埃及受过教育的人们的通用语言，以至于那里的犹太族群发现有必要把他们的圣经翻译成希腊语，许多他们自己的人不再能理解希伯来语。从亚得里亚海到波斯湾，在基督诞生之前和之后的几个世纪里，希腊雅典语一直是所有受过教育的人的语言。

在亚历山大城的青年群体中，托勒密似乎做了最多的工作来实现那些亚里士多德所熟悉的系统化的知识体系。托勒密是一个有着非凡的智力天赋的人，他既富有创造力又谦虚，在亚历山大的心目中，他对奥林匹娅斯的冷嘲热讽是某种可以理解的玩世不恭。他关于亚历山大战役的当代史记述已经亡佚，但它是那些流传下来的记述的源头。

他在亚历山大建立的学院（Museum）实际上是世界上第一所大学。正如它的名字所暗示的，它致力于缪斯女神（Muse）的研究，雅典的亚里士多德学派的学生也是如此。然而，它只是一个形式上的宗教机构，以便从法律角度应付一个从来没有预见到世俗知识进程的世界上的困难。它本质上是一个以研究和记录为主，但也在一定程度上从事教学的有学问的人的学院。从一开始，到两代或三代人，亚历山大学院展示的科学家群体，就连雅典在其鼎盛时期也无法匹敌。数学和地理方面的工作尤其出色。每一个学生都熟悉欧几里得的名字。还有埃拉托色尼，他测量了地球的大小，距离地球的真实直径不到50英里。阿波罗尼奥斯，他写下了圆锥曲线，引人注目。希帕克斯第一次尝试对恒星进行分类和绘制星图，以检查天空中可能发生的任何变化。希罗发明了第一台蒸汽机。阿基米德来到亚历山大城学习，并一直与学院保持联系。亚历山大医学院也同样有名，在世界历史上，第一次建立了专业知识的标准。据说亚历山大城最伟大的解剖学家希罗菲卢斯曾对死刑犯进行活体解剖。

其他教师，反对希罗菲卢斯，谴责解剖研究和发展相关的科学药物。但是亚历山大城的科学热潮并没有持续一个多世纪。学院的组织并不是为了保证其精神上的连续性。这是一所皇家学院，它的教授和研究员（我们可以这样称呼他们）是由法老任命和付酬的。它比雅典的学校或学院的那种私营企业的性质，要稳定得多，独立得多。只要法老是托勒密一世或托勒密二世，皇室的资助都是很充足的，但是环境退化了，埃及祭司技艺的悠久传统很快吞噬了托勒密王朝，彻底摧毁了亚里士多德式的学院精神。这座学院在它的科学能量消失之前已经有一百年没有存在过了。

在学院旁边，托勒密一世在伟大的图书馆里为自己建造了一座更为不朽的纪念碑。这是国家图书馆和国家出版的结合，其规模之大前所未闻。它将是一本百科全书。如果有陌生人把一本不知名的书带到埃及，他就必须让人把它复制过来收藏，而且相当多的抄写员不断地复制那些更受欢迎的和必要的作品。

图书馆就像大学出版社一样，有对外贸易，即是卖书。在托勒密二世和三世时期的图书馆馆长卡利马科斯的领导下，对藏书进行了系统的整理和编目。在那些日子里，它必须被标记。书没有页面，而是向现代钢琴演奏者的音乐一样滚动，为了引用任何特定的段落，一个读者必须非常单调地翻阅，一个过程同时损耗了书和人力。人们立刻想到可以发明一台简单的小机器，可以用来快速地翻转滚筒供人阅读，但似乎没有任何这样类似的东西被发明。每读一本书，后面都是两只翻阅到汗流浃背的手。为了尽量减少麻烦，避免时间的浪费，卡利马科斯把希罗多德的《历史》等长篇著作分成"编"，或者我们应该称之为"卷"，每编都放在一个单独的卷子上。亚历山大图书馆吸引而来的学生比学院的老师多得多。为来自世界各地的游客提供住宿和餐饮，成为亚历山大城居民的一项可观的商业收入。

令人好奇的是，对比英国中产阶级家庭的普通图书馆的设施，智力生活的机制改善得非常缓慢，比如当时作家的工作。由于亚历山大城作家的写作工具的不便和缺陷，人们意识到时间的巨大浪费，以及体力的消耗。在图书馆兴盛的几个世纪里，人们对它的关注持续不断。现在的作家面前躺着六本书，其中有三本书的索引很好。他可以拿起这六本书中的任何一本，快速查阅一份声明，验证一段引文，然后继续写作。与之形成鲜明对比的是单调乏味地展开一卷书稿，手边有两本百科全书、一本词典、一本世界地图集、一本传记词典和其他参考书，它们没有页边索引，这是真的。但这也许在目前要求过高。公元前300年，世界上还没有这样的资源。亚历山大城还得编纂第一部语法书和第一部词典。现在的书是用手写稿写就的，然后由打字员准确地打出来。于是，它可以极为便利地阅读，充分纠正，自由地重组，重新键入，并记录。亚历山大城的作家必须口授或抄写他写的每一个字。在他回过头来写之前，他必须在空中不断重复，或者在上面撒上沙子，留下记号。他甚至没有吸墨纸。一个作家写的任何东西都必须被一遍又一遍地重复，才能吸引到足够多的读者，而每个抄写者都会犯一些新的错误。每当需要地图或图表时，就会出现新的困难。例如，解剖学这样的科学，虽然有赖于精确的制图，但一定极大地受到了抄写者的自然限制。地理事实的传播一定又是非常单调乏味的。毫无疑问，总有一天，公元1919年的私人图书馆和写字台会显得出奇地笨拙和困难。但是，以亚历山大城的标准来衡量，它们有惊人的速度、效率，节约的费用和强大的精神能量。

亚历山大城似乎根本没有尝试过印刷任何东西。乍一看，这是一个非常显著的事实。世界迫切需要书，而不仅仅是书。公众迫切需要通知、公告之类的东西。然而，在西方文明的历史上，直到15世纪，还没有什么可以称之为印刷的东西。印刷是最明显的手段。原则上，这是众所周知的。正如我们已经说过的，有理由假设，旧石器时代男性可能在他们的皮衣上印了图案。古代苏美尔人的"标记"也是一种印刷工具。硬币是被印刷出来的。所有年龄段的文盲都使用木制或金属邮票签名。例如，英国诺曼征服者威廉一世就用这种带有墨水的印章来签署文件。在中国，经典著作是在2世纪开始印刷的。然而，无论因为墨水、纸莎草纸还是书的形式，或者因为通过奴隶抄写会带有某种保留，或者因为字体需要写得更迅速而容易使人思考如何写它更容易，就像汉字或哥特字母一样，或者因为有思想和知识的人与有技术的人在社会制度上的差距，印刷甚至没有被用于插图的精确复制。

毫无疑问，没能系统地发展印刷的主要原因是没有充足的可印刷材料供应。纸莎草纸的供应受到严格限制，首先纸莎草条必须相互固定，但纸莎草条没有标准尺寸。当时还没有来自中国的纸来解放欧洲的思想。如果有印刷机的话，他们也不得不在纸莎草纸卷慢慢制作的过程中闲置着。但是这个解释并不能说明为什么在插图和图表中没有使用雕版印刷。

这些限制让我们明白了为什么亚历山大城在知识上获得的成功是不同寻常的。对埃拉托色尼来说，考虑到他的贫乏的仪器，就足以把他与牛顿或巴斯德放在同一水平上了。它对周围人的生活和思想只有很小的政治影响力。它的学院和图书馆是光明的中心，但它是黑暗中隐藏在灯笼里的光明，不为世人所知。即便是对外国感兴趣的人来说，除非通过书写一封乏味的信，否则也没办法将全部的情况告诉所有人。学生们不得不以巨大的代价来到这个拥挤的中心，因为没有其他方法来收集哪怕是一丁点的知识。在雅典和亚历山大有书摊,在那里可以以合理的价格买到质量参差不齐的书稿笔记,但如果把教育扩展到更大的班级和其他中心,纸莎草纸就会立刻供不应求。教育根本没有普及大众。一个人要想获得比肤浅的教育更多的知识,就必须放弃那个时代的普通生活,来过漫长的岁月,在装备不良、工作过度的圣贤们的周围徘徊。学习并不应该完全脱离日常生活而成为一个祭司,但它仍然是那种性质的东西。

那种自由的感觉,即真正的知识分子能够坦率表达自己的想法的氛围,很快就从亚历山大城消失了。从一开始,即使有托勒密一世的庇护,也限制了政治讨论。现在,学校里的纷争使城市里的暴徒们的迷信和偏见进入了学术事务。

智慧离开了亚历山大城,只留下了迂腐。对书籍的使用取代了对书籍的崇拜。很快,博学的人就变成了一个特殊的怪人阶级,有着令人不快的特点。博物馆成立后不到六七代人之久,亚历山大城就被一种新的类型的人所盘踞了,他们胆小、偏执、不讲实际、不学无术,做学问时对一些琐碎的事情又异常吹毛求疵,对圈子内的同行和圈子外无学识的人即学究式的人一样地忌妒。他们虽然没有祭坛,却像牧师一样不宽容,虽然他们没有洞穴,却像魔术师一样无知。对他们来说,没有一种复制方法是足够乏味的,也没有一种珍本书籍是足够难以接近的。他们是人类智力发展的副产品。在很多时间里,人类智慧重新燃起的火焰会被这些副产品谨慎地封存起来。

正确的思维必然是一个开放的过程,对人来说唯一有充分价值的科学和历史是由众所周知的东西组成的。这当然是老生常谈,但我们仍需探索如何保护我们的哲学和研究中心不受狭隘和阴暗的专家们的束缚。我们仍然必须确保一个有学问的人同样是一个有实干精神的人,所有可以思考和知道的东西都要被清楚、诚实地保存下来,并让普通的人们能够轻松获得。

24.2 亚历山大城的哲学

起初,亚历山大城的精神活动以学院为中心,主要是科学的。哲学,在一个更加蓬勃发展的时代曾是一种对自我和物质世界的权力学说,但此时它没有放弃这些自命不凡,实际上却变成了一种秘密的安慰学说。兴奋剂变成了麻醉剂。就像俗人说的那样,哲学家撕裂了他所参与的那个世界,并以一种非常美丽和精致的形式安慰自己说,这个世界是幻象,在他身上有一种典型的、崇高的、超越世界的东西。雅典是这种哲学教学的合适的中心。在整个公元前4世纪里,雅典在政治上无足轻重,但仍然是一个庞大而拥挤的市场。从外表看,它几乎不知不觉地在衰败,世界上所有军事强国和冒险家都以一种奇怪的方式蔑视它。亚历山大学派在哲学讨论中变得如此重要,是在好几个世纪之后。

24.3 作为宗教工厂的亚历山大城

如果说亚历山大发展出一种独特的哲学是晚了,那么它早期作为一个伟大的工厂,以和宗教思想的交流而闻名。

学院和图书馆只代表了亚历山大城三面中的一面。他们代表亚里士多德、希腊和马其顿的元素。但是托勒密一世把另外两个因素也带到这个奇怪的中心。首先是大量的犹太人,部分来自巴勒斯坦,但大部分也来自那些从未返回耶路撒冷的埃及定居点中,这些在后者中散居的犹太人种族,在第19章我们已经注意到了他们,他们没有经受巴比伦之囚,但他们仍然拥有《圣经》以及他们同整个世界的密切联系。亚历山大城的四分之一都住着这些犹太人，以致亚历山大成为世界上最大的犹太人城市，那里的犹太人比耶路撒冷多得多。我们已经注意到，他们发现有必要把他们的《圣经》译成希腊语。最后，还有大量的埃及土著居民，他们大部分也说希腊语，但他们有着黑暗的白人的迷信气质，他们的内心深处有着4000年来的寺庙宗教和寺庙祭祀的悠久传统。在亚历山大城有三种类型的精神，也就是白种人的三个主要类型，希腊的雅利安人的明晰批评，闪米特犹太人的道德热情和一神论，以及地中海深处的神秘牺牲传统，我们已经在希腊的秘密崇拜和神秘实践中看到了。埃及的含米特人思想在白天的阳光下骄傲地统治着巨大的庙宇。

这三个元素是亚历山大城混合的永恒元素。但是在海港和市场上，不同种族的人混在一起，比较他们的宗教思想和风俗习惯。甚至有人说，在公元前3世纪，佛教传教士来自印度阿育王的宫廷。亚里士多德在他的《政治》中评论说，人们的宗教信仰往往倾向于从政治机构利用他们的形式，人们将神内化在自己的身体之中。在这个专制君主统治下的讲希腊语的伟大帝国时代，对那些仅仅是当地的名人没有什么影响，依然信奉那些古老的部落和城市的神。人们要求神灵的视野至少要和帝国一样宽广，除非强大的祭司的利益挡住了去路，否则就会有一种奇怪的同化神灵的过程。人们发现虽然有许多神，但他们都非常相似。在有许多神的地方，人们开始认为，在各种各样的名字之下，一定只有一个神，他用化名到处跑。罗马的朱庇特、希腊的宙斯、埃及的阿蒙（阿蒙是亚历山大想象中的父亲，是阿梅诺菲斯四世的宿敌）、巴比伦的马尔杜克神，都是十分相似的。

"一个被圣人、野蛮人、圣人、耶和华、朱庇特或上帝崇拜的、在任何时代、任何情况、任何环境中所有人的父亲。"

在有明显差异的地方，困难在于同一个神具有了不同的面。然而，贝尔-马杜克现在确实是一个非常颓废的神，几乎没有以笔名存在过。阿舒尔、大衮和类似的衰落民族的可怜的旧神，早已从人们的记忆中消失，并没有融合在一起。奥西里斯，一个在埃及平民中很受欢迎的神，已经被认定为孟菲斯神庙里的神牛阿庇斯，和阿蒙有点混淆。在塞拉匹斯的名义下，他成为伟大的希腊亚历山大神，他就是朱庇特·塞拉匹斯。埃及的牛女神，哈索尔或埃西斯，现在也以人类的形象出现，作为奥西里斯的妻子，她生下了婴儿荷鲁斯，荷鲁斯又长大成为奥西里斯。毫无疑问，在现代人看来，这些直白的语句听起来很奇怪。但是这些对一个神与另一个神的认同和混淆，很好地说明了人类的智慧在不断地增长，但仍在努力坚持宗教及其情感纽带和伙伴关系，同时使得神更加合理和普遍。

塞拉匹斯　　　　　埃西斯与荷鲁斯

这种一个神与另一个神的融合被称为神权政治，没有任何地方比亚历山大城更活跃。

在这一时期，只有两个民族抵制它：犹太人，他们已经相信天地唯一的神,耶和华;波斯人,他们崇拜一神论的太阳。

托勒密一世不仅在亚历山大城建立了学院,还建立了塞拉皮雍神庙,用来供奉三位一体的上帝,这代表了神权政治进程的结果,这一进程尤其适用于希腊和埃及的众神。

这三位一体包括神塞拉匹斯(即奥西里斯和阿庇斯的混合),女神埃西斯(即哈索尔和牛女神的混合)以及神童荷鲁斯。以这样或那样的方式,几乎每一个其他的神都认同一个神的这三个方面,甚至波斯的太阳神密特拉。他们就是彼此,他们是三个个体,但他们也是同一的。他们被狂热地崇拜着。一种特殊的乐器叉铃的叮当声是仪式上的一个独特的附属品。叉铃是一个装有铃铛的架子,在现代救世军的活动中,它的使用方式很像铃鼓。现在,我们第一次发现永生的理念成了超越埃及宗教的核心理念。无论是早期的雅利安人还是早期的闪米特人,似乎都没有过多地为永生而烦恼,它对蒙古人的思想影响甚微,但从最早期起,埃及人就对个人死后生命的延续有着强烈的关注。它现在在塞拉匹斯崇拜中起了很大的作用。在崇拜他的虔诚文献中,他被称为"灵魂的救世主和领袖,带领灵魂走向光明,并再次接受他们"。据说,"他叫死人复活,向那些看见他的人,就是那些坟墓里藏有许多圣书的人,显示出他们所渴望的太阳之光";以及"我们永远不能离开他,他会拯救我们,在我们死后,他仍会眷顾我们"。

仪式上点燃蜡烛和提供祭品,还有人体需要救治的某部分的小模型,这也是塞拉皮雍崇拜的一部分。埃西斯吸引了许多信徒,他们向她发誓要献出自己的生命。她的神像立在殿里,戴着天后的冠冕,怀里抱着两个小角。蜡烛在她的面前忽明忽暗地燃烧着,蜡烛在神龛的四周悬挂着。初入教的人经过了长时间的精心准备,他发誓要独身。当他刚入教的时候,他的头就被剃光了,穿着一件亚麻衣服。

　　这种对塞拉匹斯的崇拜，在公元前二三世纪广泛地传播到整个文明世界，我们看到了一种符合预期的引人注目的运用与表达，它们注定要统治整个基督教时代的欧洲世界。基督教的基本理念，即鲜活的基督教精神，正如我们现在将要指出的，是人类思想和意志史上的一个新事物。但仪式、符号、象征，甚至是基督教的衣着，在神庙中对着朱庇特、塞拉匹斯和埃西斯恭敬的时候就已经编制而成了，并且在现在的许多国家依然如此。

25. 佛教的兴起与传播

25.1 释迦牟尼的故事

我们从雅典和亚历山大的精神道德活动,以及地中海世界人类思想的发展,转向印度那几乎完全独立的知识生活,是很有趣的。印度的文明是这样一种文明,它似乎从一开始就建立在自己的根上,拥有自己的独特之处。巨大的山脉屏障和沙漠地区将这一文明与西方文明和东方文明隔断开来。雅利安部落来到这个半岛后,很快就与他们西部和北部的亲属失去了联系,于是他们建立了自己的部落。对于那些已经进入恒河国家以及更远地方的人来说,情况更是如此。他们发现一种文明已经散播到印度,那就是达罗毗荼文明。达罗毗荼文明是独立产生的,就像苏美尔人、克里特人和埃及人的文明那样,他们独立于已经广泛发展的新石器时代的文化,也就是太阳石器时代的文化。太阳石器时代文化的特点,我们之前已经描述过了。他们复兴并改变了达罗毗荼文明,就像希腊人复兴了爱琴文明,以及闪米特人和苏美尔人的文明一样。

这些印度雅利安人的生活条件与西北地区的人不同。他们生活在一个更温暖的气候中,吃牛肉、饮用经过发酵的酒是有害的,因此,他们被迫普遍吃素。几乎不需要他们的请求,肥沃的土地就会给予他们足够的食物。他们没有理由四处流浪,因为庄稼和季节都值得信赖。他们几乎不需要服装和房屋。他们的需求太少,所以贸易并未得到发展。在这个地方,每个人都可以耕种一小片地,并且耕种这一小片地就足够生活了。他们的政治生活很简单,并且相对来说比较安全;到目前为止,印度还没有出现过任何力量强大的征服军队,印度天然的屏障也足以防御它的西部和东部出现的早期帝国主义国家。有成千上万个小村庄大小的共和制和首领制部落散布在这片土地上,他们之间相对和平。这里没有海洋生物,没有海盗,也没有陌生的商人。有人可能会写到印度四百年前的历史,但也很少提到大海。

许多个世纪以来,比起其他任何历史来说,印度的历史一直都是愉快更多,暴力更少,更理想化的。贵族、首领们去狩猎,大部分生活里都是友爱的故事。在这里或者在那里,有一位首领在印度诸位首领中崛起,捕获并且驯服了许多大象,猎杀了许多老虎,组织辉煌而又壮观的队伍去游行成为一种传统。

在公元前500年到公元前600年中的某个时间里,克罗伊斯在吕底亚兴盛,居鲁士正准备从那波尼德斯手中夺取巴比伦。就在这时,佛教的创立者在印度出生了。他出生在喜马拉雅山脉下孟加拉北部的一个小型的共和制部落里,那里现在是尼泊尔边境上一个杂草丛生的丛林国家。这个部落是由一个家族统治的,这个家族就是释迦家族,释迦牟尼·乔达摩是这个家族的成员之一。乔达摩是他的个人名字,就像盖尤斯或约翰一样;释迦牟尼,或戈塔马,是他的姓,像恺撒或史密斯;萨迦是他所属部落的名字,就像朱利叶斯一样。当时在印度,种姓的制度并未完全建立起来,婆罗门家族虽然享有特权,也很有影响力,但也还没有绞尽脑汁地去成为这个体系的领袖;但是,在雅利安贵族和较黑的普通平民之间,已经存在着十分明显的阶级差别,而且那差别几乎是不可逾越的鸿沟。释迦牟尼是雅利安贵族,我们可以注意到,他的教义被称为"雅利安人的道路",或者是"雅利安人的真理"。

在过去的半个世纪里,对巴利语的研究不断增加。之后,世界上的人们才真正了解了释迦牟尼的生活和真实的思想,因为绝大多数的原始资料都是用巴利语写作的。在此之前,他的故事被大量的传奇故事所掩盖,他的教义也被严重地误解了。现在我们对他有了一个非常人性化的通俗易懂的理解。

释迦牟尼是一位幸运英俊的年轻人,直到29岁,他一直都过着那个时代普通的贵族生活。不过从知识的角度上看,那样的生活并不是非常的令人满意。除了传统口语的吠陀经,没有其他的文学,而吠陀经又被婆罗门所垄断,知识就更少了。世界被北边白雪皑皑的喜马拉雅山脉所束缚,并向南边无限延伸。拥有一位国王的城市,贝拿勒斯城,坐落在一百英里以外。当时最主要的娱乐方式是狩猎和恋爱。似乎生活所提供的一切好处,释迦牟尼都享受到了。19岁时,他就和美丽的侄女成婚了。不过过了许多年,他们都一直没有孩子。他在有花园、小树林和灌溉稻田的阳光世界里打猎,四处游玩。就是在这种生活中,他感受到一种巨大的不满足。这种不快乐来源于想要寻找工作的想法。他生活在丰富而美丽的环境中,经历着一次又一次的满足,但是他的灵魂却没有得到满足。他仿佛听到了种族的命运正在召唤他。他感受到他现在所过的生活,不是真正的生活,而是一个假期,一个持续了很久的假期。

当他处在这种心情里时,他看到了四件事,这四件事足以表明他的思想。在他外出游玩时,他遇到了一个年纪大的可怕的人。这个可怜的、弯腰驼背的、虚弱无力的家伙引发了他的思考。他的车夫车匿说:"这就是生活,我们大家都必须为此而来。"当他还在想着这件事的时候,他又偶然遇到一个人,这个人正遭受着某种可怕疾病的折磨。他的车夫车匿说:"这就是生活。"第三个景象是一具没有掩埋的尸体,肿胀着,没有眼睛,被飞过的鸟群和走过的野兽破坏着,所有的一切都让人感到恐惧。车夫车匿说:"这就是生活。"

疾病和死亡的感觉,以及在所有快乐中感受到的不安全感和不满足感,都落到了释迦牟尼的脑海中。然后,他和车匿看到一位流浪的苦行僧,当时在印度有许多这样的苦行僧。这些人生活在严格的规则下,并且会花许多时间来进行冥想和宗教讨论。释迦牟尼之前,在这片阳光普照的土地上,已经有许多人感受到生活的痛苦与不可思议。这些苦行僧应该是在生活中寻求某种更深层次的现实,而释迦牟尼也有同样强烈的愿望。

故事是这样说的,就在他考虑这个计划的时候,他得知他的妻子生下了第一个儿子。他说,"这是另一个需要解开的结"。

他在族人的欢腾中回到了村庄。为了庆祝新一代生命的出生,人们准备了盛大的宴会和舞蹈。夜里,释迦牟尼在一阵痛苦的情绪中醒来,就像一个人被告知他的房屋正在起火一样。在前厅里,跳舞的姑娘们躺在黑暗和月光中。他让车匿为他备马。然后他轻轻地走到妻子卧室的门口,一盏小油灯照着妻子,她睡得很甜,还用手臂怀抱着年幼的儿子,身边布满了花朵。在离开之前,他感受那十分强烈的渴望,渴望给孩子第一个也是最后一个怀抱,但是他担心妻子醒来会阻止他离开。于是他转身离去,走向印度世界里那明亮的月光中。月光下,车匿正牵着马匹在那里等他。然后,他们骑着马悄悄溜走了。

当他和车匿骑着马穿过黑夜时，他觉得人类的诱惑者波旬遍布天空，并且在与他争论。波旬说："回去吧，回去做你的国王吧，我会让你成为最伟大的国王。如果你继续往前走，那么你将会失败。我永远都不会停止跟随你的脚步，最后在某个不经意的时刻，淫欲、恶意或愤怒都会背叛你，你迟早会属于我。"

那天晚上他们骑马走了很远。第二天清晨，他在家族领地外停了下来，在一条沙河旁下马。在那里，他用剑削去了飘逸的长发，脱下佩戴的所有饰品，和马以及剑一起交给了车匿，让车匿把这些东西一并送回家中。之后他继续向前走。过了一会儿，他遇到一位衣衫褴褛的人，他就和那个人交换了衣物，至此，他摆脱了所有世俗的纠缠，可以自由地追寻智慧了。他向南走到一个隐士和教师的聚集胜地，那是一个丘陵地带，从温迪亚山脉向北延伸到孟加拉，靠近王舍城。在那里，许多智者住在一个洞穴里，他们进城去寻找简单的食物供应者，并把他们的知识通过口耳相传的方式传授给那些关心他们的人。

这种传授的方式一定与苏格拉底式的讨论非常相似，几个世纪后雅典开始进行苏格拉底式的讨论。释迦牟尼精通他那个时代的一切玄学，但他精准的智慧并不满足于现有的解决方案。

印度人的头脑总是倾向于相信，通过极端的苦行、禁食、失眠和自我折磨可以获得力量和知识。释迦牟尼的这些想法现在受到了考验。他与五个门徒同行，来到温迪亚山脉峡谷的丛林，在那里，他放弃了禁食和可怕的忏悔。他的声名远播，就像一个挂在天幕中的巨钟发出的声响可以传播到很远的地方一样。但是这并没有给他带来真实感。有一天，他在街上走来走去，努力的思考，不顾身体的虚弱。突然他跟跄了一下，失去了知觉。当他恢复过来时，他明白了那些试图获得智慧的半魔法式的方法是多么的荒谬。

他要求吃普通的食物，并且拒绝继续自我的苦行，这使他的五个同伴又惊又怕。他已经意识到，一个人想要探索任何真理，都只有在拥有健康的身体和营养充足的大脑时，才能达到最好的境界。他的这种观念和那个时代以及那个地方的观念完全不同，所以门徒离开了他，他垂头丧气地去了贝拿勒斯。这时，大钟的隆隆声停止了，奇妙的释迦牟尼倒下了。

有一段时间，释迦牟尼独自流浪，他是历史上最孤独的人物，独自为光明而战。

当大脑处理一个非常大且复杂的问题时，它会不断进步，并一步一步地找到自己的位置，但是它几乎没有意识到自己所取得的进步，直到突然有一刻，在照明灯的影响下，它意识到了自己的胜利。因此，这个过程似乎是突然发生在释迦牟尼身上的。当他有了这种清晰的认识时，他正坐在河边的一棵大树下吃东西。在他看来，生活似乎是平淡无奇的。据说他整天整夜都在沉思，直到有一天他站起来把他的想象告诉了世界。

25.2 教义与传说的冲突

这就是释迦牟尼平淡无奇的故事，这些故事是我们通过比较早期的作品汇集出来的。但是对于普通人来说，这是不值一提的奇迹。

这颗小星球的表面上出现一个人，一个思考过去、未来以及存在价值的人，对于普通人来说并不算什么。因此我们必须充分利用那些东西，那些巴利语抄写员所写的有价值的东西：

"当救世主和恶魔王子之间的冲突开始时，一千颗骇人的流星坠落下来……河流流向它们的源头，无数树木长年生长的山峰和高山滚到地上摇摇欲坠……太阳笼罩在可怕的黑暗之中,无头苍蝇在天空中乱飞。"

有关上述现象并不存在,却有历史证明保留下来。相反,我们只有一个孤独的人走向贝拿勒斯的身影。

人们将许多特别的关注给了那棵树,释迦牟尼就是在那棵树下悟到了清晰的认识。这是一棵无花果树,从一开始就受到人们特殊的尊敬。人们称它作菩提树。那棵树已经死了很久,但在它的附近,还有一棵大树,或许是它的后代。在锡兰有一棵树一直生长到今天,这是世界上最古老的历史树,我们确切地知道,在公元前245年,有人砍下菩提树的一部分,然后种下那棵树。从那时到现在,它得到了精心的照料和浇灌。它的大枝是由柱子支撑的,土地的周围有梯田,所以它能够不断地长出新的根。看到这棵树存在的时间跨越了那么多代人,我们意识到了人类历史的短暂。不幸的是,释迦牟尼的门徒们更关心的是保护他的树,而不是保护他的思想,他们从一开始就误解和扭曲了他的思想。

在贝拿勒斯,乔达摩找到了他的五个门徒,他们仍然过着苦行僧的生活。有一种说法是,当释迦牟尼走近他的门徒时,门徒犹豫着要不要接受他,因为他是一个反叛者。但是释迦牟尼身上有一种人格的力量战胜了门徒们的冷漠,他说服门徒们听听他的新信念。接下来的五天里,他们一直在讨论。最终他使门徒们相信他现在觉悟了,门徒们欢呼他为佛陀。在那些日子里,印度人们坚信,智慧会在很长一段时间内返回地球,并通过佛陀向人类阐述,这位佛陀是人们选出来的。

印度人的信仰表明当时有许多这样的佛陀,释迦牟尼佛陀只是这些佛陀中最新出现的那位。但是释迦牟尼本人是否认可那个称号,或者是否承认那个理论,这一点是值得怀疑的。在他的谈论中,他从未称自己为佛陀。

他和他重新找到的门徒们在贝拿勒斯的鹿园建立了一个学院。他们自己建造了小屋,并且渐渐地有了六十多位追随者。每逢雨季,他们常在这地方讲论;每逢旱季,他们就分散在各处,各自讲论自己的新教义。他们所有的教义似乎都是口口相传。当时印度可能根本就没有文字。我们必须记住,在佛陀的时代,《伊利亚特》这本书也不一定开始写了。或许地中海字母表还没有传到印度,地中海字母表是大多数印度文字的基础。因此,这位大师写出了简洁的诗句、格言和观点的清单,这些又在他的门徒们的讲论中得到了扩展。这极大地帮助了人们理解观点,并为格言编号。印度人的思想倾向于用数字来表述事物,比如"八正道""四圣谛",等等。现代人常常对此失去耐心,但在当时那个没有文字记载的世界里,这样的列举对于记忆来说非常必要。

25.3 释迦牟尼佛陀的教义

对原始资料的研究向我们阐明了释迦牟尼的基本教义,释迦牟尼的基本教义是清晰而简单的,与现代的观念十分的相似。毫无疑问,这是世界上已知的最具洞察力的智慧之一。我们几乎可以肯定的是,他对五个门徒所做的、最真实的论述,体现了他的基本教义。他认为生活中所有的痛苦和不满都是因为贪得无厌的自私。他教导说,痛苦来源于对个性的渴望,痛苦来源于贪婪欲望对人的折磨。一个人若不能克服对生活的种种私欲,他的一生就会充满烦恼和终于悲哀。对生活的渴望有三种主要形式,它们都是邪恶的。第一种是满足感官的欲望,第二种是对个人不朽的渴望,第三种是对繁荣、世故的渴望。我们必须克服所有的私欲,一个人只有不再为自己而活时，生活才会平静下来。当一个人的的确确已克服那些私欲时，当那些私欲不再操控着他的生活时，当"我"这个代词从他的心里消失得无影无踪时，这个人就拥有了更高的智慧，达到极乐世界，心灵得以平静。许多人认为涅槃意味着灭绝，这是错误的。涅槃实际上意味着那些毫无意义的个人目标灭绝，这些目标只会让生活变得卑贱、可怜或可怕。

在这里，我们对灵魂和平这一问题有了最完整地分析。每一种名副其实的宗教，每一种哲学，都告诫我们要迷失在比自己更伟大的事物中。凡是要救自己生命的，必会丧失其生命，这是同样的道理。

正如我们书中所展开的这样，历史的教义严格地遵循了佛陀的教义。正如我们所看到的那样，除非人们迷失在比自己更伟大的事物中，否则没有社会秩序，没有安全意识，没有和平或者幸福，也没有正义的领导或者王权。对生物进化的研究又一次揭示了相同的过程，"在一个更广阔的范围里，狭窄的个体经验世界的融合（可以与第14章、第16章的内容进行比较）。为大义而忘我，就如同从监狱中逃脱。"

自我克制必须是完全的。从释迦牟尼的视角来看，那种对死亡的恐惧，对卑贱的个人生活无休无止持续不断的贪婪，与欲望、贪婪或仇恨一样，都是致命的、丑陋的、邪恶的东西，那些恐惧和贪婪驱使着埃及人，那些向他学习的埃及人，带着安抚和魅力进入寺庙。释迦牟尼的宗教与永垂不朽的宗教是完全相反的。他的教义是石头般坚决地反对禁欲主义，只是为了赢得个人权力，而不是个人的痛苦。

但是当我们谈到生活规则，即"雅利安道路"时，我们通过这条路径就可以摆脱不遵循人类生活的三重基本渴望了，这时教义就不那么清楚了。这有一个非常明显的原因，就是释迦牟尼没有知识，也不能站在历史的角度去看问题。他没有清晰地意识到，在时间和空间上，生活延伸的宽广，以及生活中有多个方面的冒险。他的思维受限于那个时代以及当时人们的想法。当时人们的思想中塑造了永恒轮回的观念——世界跟随着世界，佛陀跟随着佛陀，宇宙停滞不前的循环。在正义之神的指引下，五湖四海的人都是兄弟一般，共同追求无止境的命运，尽管这种想法已经在巴比伦闪米特人的意识中出现了，但是在释迦牟尼的世界里却并不存在。然而，在这些局限之内，释迦牟尼对"八正道"的描述却包含着深刻的智慧。

让我们简要概括雅利安人之路的八个要素。首先是正确的观点。释迦牟尼将把观点和思想的严格检查，以及对真理的坚持作为他的追随者的第一项研究。没有必要拘泥于庸俗的迷信。比如，他谴责灵魂会轮回的普遍信仰。有一段早期佛教的对话广为人知，里面针对"个人灵魂会轮回"的想法，有一个颠覆性的分析。正确的观点之后是正确的渴望，因为自然憎恶真空，因为基本的欲望是要被驱逐的，所以必须鼓励人们拥有其他的渴望，比如热爱为他人服务，渴望伸张正义，等等。原始的还未堕落的佛教的目标不是毁灭渴望，而是改变渴望。投身于科学或者艺术，改善事物都是与佛教的正确的渴望相一致的。拥有那些追求就能让人们从嫉妒或者是对于荣誉的渴望中解脱出来，获得自由。正确的演说、正确的行动、正确的生活，这里就不一一展开了。八个要素中的第六个是正确的努力，因为释迦牟尼不能容忍好意和邋遢的行为，所以门徒们必须密切关注自己的行为。第七个要素是正确的警觉。对于已经做过或没有做过的事情，正确的警觉可以时时刻刻防范自己陷入个人情感或荣耀之中。最后一个是正确的狂喜。正确的狂喜似乎是针对那些虔诚的人毫无意义的狂喜,那种无趣的沾沾自喜,比如,就像那些去听亚历山大叉铃叮当声的人一样。

这里我们不讨论佛教的因果报应学说,因为它属于一个正在逝去的思想世界。人们认为每个人这一生的善恶,决定了他的后世是幸福还是痛苦,这在某种程度上与他的前身是一致的。今天我们意识到,一个生命在他自身的影响下一直延续,但我们没有必要假设任何特定的生命都会重新开始。印第安人的头脑里充满了循环往复的思想,他们认为一切都应该再来一次。这是人们做出的非常自然的假设,在我们进行分析之前,事物似乎一直是这样发展的。现代科学清晰地告诉我们,世界上并不存在确切的轮回,并不像我们所假设的那样。每一天都是一个无穷小的量,并且比前一天稍微长一点;没有哪一代人是上一代人精确的重复;历史从未重复过。我们现在认识到了,改变是无穷无尽的,所有的事物都是不断更新的。但是我们普通的观念和那些佛陀拥有的理念之间必定是不同的,这使得我们难以获得那些前所未有的智慧,就像在公元前6世纪,基督教前的某个时刻,释迦牟尼所说的那样,这是一个解放生命的伟大计划。

如果说在理论上释迦牟尼没能将所有的意志集中起来,即那些能将人类多样化的行为统一起来,在时间和空间上去挑战死亡的意志,那么他在实践中做到了,他将自己以及第一代门徒的生命引导到一个不断增加的冒险之中,那就是在我们这个狂热的世界里去宣传和传播涅槃以及心灵平静的教义和方法。至少对于他们来说,释迦牟尼的教义是完整而充实的。只是人不能都传讲教义,毕竟生活中有许多功能从根本上来讲都是正义的,而教义只是其中之一。在现代人看来,一个人虽然可能面临更大的困难,但他至少可以在完全忘却自我和平静的状态下,耕种土地、统治城市、修路、盖房子、建造发动机，或寻求和传播知识，这是同样可以接受的。正如释迦牟尼教义中的内在要求所指的那样，重点应该是在教育本身，在于摆脱，而不在于使人们的日常生活变得高贵。

在某些其他方面，这种原始佛教不同于我们迄今所考虑过的任何宗教。原始佛教主要是一种行为宗教，而不是一种仪式宗教或者祭祀宗教。因为没有祭祀，所以它没有庙宇，也没有祭司的神圣秩序。它也没有任何神学。那个时代，在印度，人们崇拜的是数不清的，且常常表情怪诞的众神。原始佛教既没有断言也没有否认这样的现实，它只是从这些现实旁经过。

25.4 佛教与阿育王

从一开始，人们就误解了这种新的教义。这种教义的教学本身或许就有破坏性。因为当时人类世界还没有意识到生活是在不断进步的，所以人们很容易从放弃自我的想法中，滑向放弃积极生活的想法中。就像释迦牟尼自己的经历那样，逃离世界比逃离自我更容易。释迦牟尼早期的弟子都是勤奋的思想家和教育家；不过，仅仅是闭门造车是很容易的，在印度的气候中这就更容易了，在当时的印度，极简的生活是很方便的，也很吸引人，比世界上任何地方都不费力。

这也是释迦牟尼早期的命运，因为这也是那个时代的大多数宗教创始人的命运。他的弟子不是那么聪明，但是他和弟子的努力创造了一个奇迹，这个奇迹给外界留下了很深的印象。我们已经提到过，一个虔诚的信徒不可能不相信，佛陀精神焕发的那一刻，一定是以癫痫发作为标志的。目前许多有关释迦牟尼的记忆涌现出来，这只是那些记忆中的粗俗奇迹的一个小例子。

毫无疑问，对于过去和现在的大多数人来说，自我解放这个想法就是一个很难理解的想法。很可能，即使是那些从贝拿勒斯来的教师佛陀，也有许多人未能领会，能够把其中要义传达给听众的佛陀就更少了。他们的教导更多的带着救赎的面貌，这不是来源于他们自己，而是来源于今世的不幸和苦难。自我解放的想法已经超出了他们自身。在当时的情况下，人们普遍存在着迷信的想法，而且人们相信死后灵魂可以轮回，虽然这些想法与佛陀自己的教义是相违背的，但是他们发现了这些想法能够克服一些恐惧。他们敦促人们要拥有美德，以免再次陷入堕落或悲惨的生活中，或是落入婆罗门佛陀早已熟悉的无数地狱折磨之中。他们把佛陀描绘成从几乎无限的痛苦中拯救出来的救世主。

谎言似乎不会停止，为了佛陀的荣誉，或者是为了他们认为的宣传的成功，忠诚但却愚蠢的学生会继续去说。那些在日常生活中不屑于说谎的人，一旦投身于宣传工作，就会成为肆无忌惮的骗子和说谎者。这是人性中令人困惑的荒谬之一。这些诚实的灵魂，他们中的大多数都是诚实的，会不停地向听众讲述佛陀诞生时所发生的奇迹。他们不再叫他乔达摩，因为人们对这个名字太熟悉。他年轻时候的英勇事迹，他日常生活中的种种奇迹，最后在他临死前的那一刻给他的身体带来了某种光明。我们当然不可能相信佛陀是一位平凡父亲的儿子。他的母亲梦见一头美丽的白象，然后就奇迹般地怀上了这个孩子。从前，他自己就是一头长着六根獠牙的了不起的大象。他慷慨地把六根獠牙都给了一位贫穷的猎人，甚至为他将獠牙锯下，等等。

此外，关于佛陀的一种神学思想也逐渐形成。人们发现他是神，他是诸神之一。诸神都有一种不死的精神，过去和未来都有很多佛陀。但我们不能再深入探讨亚洲神学的这些复杂性了。这些病态的想象有着压倒一切的影响，在这些影响之下，乔达摩的道德教义几乎被隐藏了起来。

这些理论不断发展繁荣。每走新的一步，每个新的假设，都需要其他的假设，直到整个天空充满了头脑的造作，直到宗教创始人更高尚、更简单的教诲被那闪闪发光形而上学的微妙之处所掩盖。

公元前3世纪，佛教获得了财富和权力。曾经在雨季里，教友会的教师聚集在一些小而简陋的棚屋里，现在取而代之的是众多的修道院建筑。这一时期是佛教艺术的开端。现在，如果我们还记得亚历山大的冒险是多么的近，旁遮普的所有地区仍然处于塞琉古王朝的统治之下，整个印度到处都是希腊的冒险家，印度与亚历山大港仍然有相当开放的海陆交流，那么发现这种早期佛教艺术具有强烈的希腊特色就不足为奇了。亚历山大大帝崇拜塞拉匹斯和埃西斯，这种崇拜对于佛教艺术的发展产生了巨大的影响。

犍陀罗王国位于白沙瓦附近的西北边境，在公元前3世纪，这个王国繁荣昌盛，是古希腊和印第安世界典型的交汇处。这里可以找到最早的佛教雕塑，与这些佛教雕塑交织在一起的是一些人物，可以认出是塞拉匹斯、埃西斯和荷鲁斯，他们已经进入了围绕佛陀的传奇网络。毫无疑问，来到犍陀罗的希腊艺术家们不愿意放弃这个熟悉的主题。但我们被告知，埃西斯已不再是埃西斯，而是一位名叫诃利帝的瘟疫女神，佛陀使她皈依并变得仁慈。富歇[①]追溯着埃西斯，从这个中心来到中国，但在这里，其他的影响依然在发挥作用。故事变得太复杂了，我们已经无法理清思路了。中国有一个道教的神，是神圣的母亲，也是天后，她的名字叫作观音（原来是一个男性的名字），观音的形象和埃西斯的形象非常接近。我们认

---

① 富歇：法国东方学家。

为，埃西斯这个人物一定影响了观音的地位。和埃西斯一样，她也是海洋女王，即斯特拉·马里斯。在日本，她被叫作观音圣者。在东方与西方之间，宗教的外在形式似乎一直在不断地变化。我们在于克·古伯察①的游记中读到，他和他的传教士伙伴们发现这种共同崇拜的传统时，有多么的困惑。

诃利帝像

中国观音像

他说："十字架、法冠、法衣，还有大喇嘛在旅途中或在寺庙外举行仪式时所穿的袈裟；仪式上的双重歌咏，赞美诗，驱魔的香炉，悬挂在五根链子上，你可以随意打开或关闭；喇嘛把右手放到信徒头上，给予他祝福；念珠、教会在独身主义精神上的隐退、对圣人的崇拜、斋戒、游行、礼拜、圣水，所有的这些佛教徒和我们自己之间都是相似的。"

人们对释迦牟尼的崇拜，以及释迦牟尼的教义，从婆罗门教和希腊教中吸收到了腐败和变异的内容，在公元前4世纪和公元前3世

---

① 于克·古伯察：法国天主教传教士。

纪,越来越多的教徒将它传播到了整个印度地区。至少在几代人的时间里,它保留着许多道德之美和开放阶段的简单。虽然许多人没有能力,从知识的角度去掌握理解自我克制和无私的内涵,但是他们却能欣赏到那些品质在现实生活中的光辉。早期的佛教的确是带来了一种高尚的生活,这不仅仅是因为在我们的脑海之中,高贵的品质对我们有了潜在的影响。它的传播不是由于它对庸俗的想象做出了让步,而是因为许多早期的佛教徒都是和蔼可亲、乐于助人、高尚可敬的人,他们说服人们相信自己的信仰。

在佛教发展的早期,它就与婆罗门教渐渐增加的自命不凡产生了冲突。正如我们已经提到的那样,在乔达摩时代,祭司这个阶层还只是在努力地控制印度人的生活。他们已经有很强的优势了,他们垄断了传统以及宗教祭祀。但是婆罗门教的权力正在受到挑战,王权日益发展,但是成为氏族首领和国王的人通常不是婆罗门姓。

波斯和希腊对旁遮普的入侵推进了王权的建立。我们之前提到过波鲁斯国王的名字,多亏了他的大象,亚历山大才败下阵来进而撤退。还有一个叫旃陀罗笈多·孔雀的冒险家,带着征服恒河的计划来到了印度河边的希腊营地。

但是马其顿人不喜欢这个计划,马其顿人反对再向印度进军,所以旃陀罗笈多·孔雀不得不逃离营地。旃陀罗笈多·孔雀在西北边境的部落中流浪,获得了他们的支持,在亚历山大离开后,占领了旁遮普,并将马其顿的领袖驱逐出境。之后他征服了恒河流域(公元前321年)。后来塞琉古试图收复旁遮普,并建立一个从西海到东海,横跨整个印度北部平原的伟大帝国。这时旃陀罗笈多·孔雀对塞琉古(塞琉古一世)发动了一场成功的战争(公元前303年)。之后,婆罗门教的权力日益增加,这位国王也陷入了与婆罗门教的权力冲突中,陷入了国王和祭司之间的冲突中。我们已经注意到这种冲突发生在巴比伦、埃及和中国。在佛教传播的教义中，国王看到了他的盟友，他们都反对祭司职业和种姓发展。所以钱德古拉国王支持并赋予佛教教义，鼓励佛教教义的传播。

国王的儿子继承了他的王位，他的儿子征服了马德拉斯，之后阿育王继承了他的王位（公元前264年—公元前227年）。阿育王是历史上最伟大的国王之一，他的领土从阿富汗延伸到马德拉斯。阿育王是历史上唯一一位在胜利后放弃战争的军事国王。公元前255年，阿育王入侵羯陵伽，羯陵伽是马德拉斯东部沿海的一个国家，这也许带有着征服印度半岛的意图。这次远征取得了成功，但是阿育王对战争的残酷和恐怖感到厌恶。在现存的一些碑文中，我们可以看到他宣称，他将不再寻求战争的征服，而是寻求宗教的征服，余生他都致力于佛教在全世界的传播。

阿育王似乎有很强的能力，来和平地统治他庞大的帝国。他不再是狂热的宗教分子。但是在他唯一一次大兴战事的那年，他以外行人的身份加入了佛教团体，几年后，他成为该教的正式成员，并致力于通过八正道达到涅槃。

那时的生活方式与他生活中所展现出来的最有用、最有益的活动是如此的匹配。正确的抱负、正确的努力和正确的生计成就了他的事业。

阿育王在印度组织了一次很大的打井活动，然后种植了树木来遮阴。他任命官员来监督慈善事业，建起了医院，还有公共花园。他用花园来栽种草药。如果有一位亚里士多德来激励他，那他肯定会资助大规模的科学研究。他设立了一个部门来照顾土著居民和受统治的种族，规定妇女必须接受教育。他试图教育他的人民，对生活的目的和方式有一个共同的看法，他是第一个这样做的国王。他对佛教教义做出了非常巨大的贡献，并且他还鼓励佛教徒要更好地研究佛教文学。遍地都是排演释迦牟尼教义的铭文，那些都是简单而人性的教导，而不是那些荒谬的内容。至今，有35份释迦牟尼的铭文留存了下来。此外，他还派遣传教士到全世界去，传播他师父高尚而合理的教义，传到了克什米尔、锡兰、塞琉古王朝和托勒密王朝。这其中的一项重要任务，就是把那棵菩提树的一枝砍下来，运送到锡兰。

这28年来，阿育王很有智慧，他为人们真正的需要而工作。历史的专栏里挤满了那些国王的名字，有成千上万位国王，历史写下了他们的威严、优雅、宁静和皇室的高贵，等等，但在其中，阿育王几乎是一颗独自闪耀的星星。从伏尔加河到日本，他的名字都受到尊敬。中国甚至印度，虽然已经抛弃了他的学说，但仍然保留着他伟大的传统。今天，活着的人对他的怀念之情，超过了听过君士坦丁或查理曼大帝名字的人。

25.5 中国的两位圣人

许多人认为阿育王大量的恩泽吸引了大量唯利是图和虚伪的信徒，这最终败坏了佛教。但毫无疑问，在很大程度上，佛教在亚洲的迅速扩展是由于阿育王的激励。佛教传到了阿富汗和土耳其斯坦之后，进入中亚，之后到达了中国。公元前200年之前，佛教在中国广泛传播。在中国，佛教发现了一种流行且受欢迎的宗教——道教，道教发展了非常古老而原始的巫术和神秘习俗。人们一般认为，道教是在汉代，由常道陵重新组织的一个独特的邪教。道，意为"道路方式"，与雅利安人之路的想法相一致。佛教和道教，这两种宗教交相辉映，经历了相似的变化，所以现在它们的外在实践是非常相似的。佛教也与儒学发生了碰撞，儒学带有更少的神学色彩，儒学更多的是指一种个人行为准则。最后，佛教受到了老子教义的影响。老子是一个无政府主义者，进化论者，也是和平主义者和道德哲学家。与其说老子的教义是一种宗教，不如说它是一种生活的哲学规则。后来，现代道教创始人陈抟老祖，将老子的学说与道教结合起来。

儒家的创始人——孔子，他和伟大的南方老师老子和乔达摩一样，也生活在公元前6世纪。他的生活与公元前四五世纪希腊哲学家的政治生活有一些有趣的相似之处。公元前6世纪是中国历史学家所指定的周朝时期，不过在那个时期，周朝的统治只是名义上的。皇帝按照传统祭祀上天之子，并受到一定礼遇。不过他名义上的国家，也不是今天中国的六分之一。在第14章中，我们已经大致了解了当时中国的状况。实际上，当时的中国是一个对北方蛮族开放的战国。

孔子是鲁国的臣民。他出身贵族，但很穷。在担任了许多官职之后，他在鲁国建立了一所专门研究和传授智慧的学院。我们还发现孔子在中国的各个国家游历，一直在寻找一位王，一位能让自己成为顾问的王，这位王会成为改革后的世界的中心。两个世纪后的柏拉图，也有相同的精神。柏拉图成了锡拉库扎的僭主狄俄尼修斯的顾问，狄俄尼修斯是一位暴君。之前我们已经注意到了，亚里士多德和伊索克拉底对马其顿国王腓力的态度。

孔子的教导以高尚的生活理念为核心要义，孔子将这个理念具体化为一种标准或者说理想，即君子。这个词经常在英文中译为"尊者"，但由于尊者这个词，早已成为半幽默的辱骂用语，所以这种渲染对儒家思想是不公平的。孔子确实向他的时代展示了一个献身于公众事业的人的理想。公众事业对他来说很重要。与释迦牟尼和老子相比，孔子更像一位具有建设性的政治思想家。他满脑子里都是中国的国情，他去寻找那些隐居的君子，并请他们出山，很大程度上就是为了建立一个有高尚品质的国家，一个大同世界。这里可以引用他的一句话：我们不可能离开这个世界，与那些和我们没有任何关系的鸟兽为伍。那么除了受苦的人，我还能和谁来往呢？世界需要我的努力去减少现在到处都存在的混乱。如果统治国家的准则是正确的，那么我就没有必要去改变它的现状了。

孔子教学的政治基础似乎具有中国道德观念的特点；与大多数印度以及欧洲的道德和宗教教义相比，孔子的教义中更直接地提到了国家。有一段时间，他被任命为鲁公国中都的地方长官，在这里，他设法以一种不同寻常的标准来管理人们的生活，想让每一种关系和行为都服从于一种精心制定的礼仪规则。仪式上的每一个细节，就像我们通常只在统治者的宫廷和达官贵人的家里看到的那样，这些礼节成了普通人的义务，人们日常生活中的一切事务也都要受到严格的管制，甚至是不同阶层的人可能吃的食物也受到了管制。大街上，男人和女人也需要分开走，甚至连棺材的厚度、坟墓的形状和情况都有相应的规定。

正如人们所说，这一切都非常的中国化。从来没有人通过礼仪这个途径来形成道德秩序，维护社会稳定。然而，无论如何，当时孔子的方法在中国产生了巨大的影响。今天，世界上没有任何一个民族能有如此普遍的礼仪和自我克制的传统。

后来，孔子对他的王的影响被削弱了，他又回归到了自己的生活中。在他生命的最后几天，一些最有前途的门徒去世了，这让他感到悲伤。孔子说："夫明王不兴，而天下其孰能宗予，予殆将死也。"

但是他是为了活着而死去。夏德①说:"毫无疑问,孔子对中华民族性格发展所产生的影响比许多帝王的影响加起来还要大。"因此,他是与中国历史有关的重要人物之一。在我看来,他能对他的国家产生如此大的影响,与其说是因为他自己的个性,不如说是因为这个国家的特殊性。如果他是生活在世界上的其他地方,那么无论是哪一个地方,他的名字都可能会被遗忘。正如我们所看到的,有一些文献与前几代人得出的道德哲学联系密切,孔子通过仔细研究这些文献,形成了自己的性格和对人生的个人看法。

因此,他对同时代的人讲述的并不全是他们所不熟悉的内容;但是,由于他自己在研究古老的记录时,听到了过去圣人们微弱的声音,所以,他就像一个留声机扩声器,向这个国家传播观点,这些观点是他从国家自身早期的发展中获得的……孔子的人格对中国人民生活的巨大影响,不仅仅是因为他的著作和别人所记载的学说,也是因为他的言谈举止。正如他的门徒和后来的作家所描述的那样,他的个人品质已经成为数以百万计的人的榜样,他们一心模仿这位伟大人物的言谈举止,尽管其中的一些可能完全是传说……他在公共场所做的任何事都受礼节的约束,一丝不苟;其实这并不是孔子自己的发明,因为这些礼仪生活早在孔子之前就有了,但他的权威和榜样极大地推动了他认为可取的社会实践的发展。

中国人把佛教、老子的学说以及孔子的学说称为三大学说。这三大学说共同构成了后来所有中国思想的基础和出发点。要在东方和西方的伟大人民之间形成任何真正的知识,建立真正的道德社会,对这三大学说的研究都是必要的前提。释迦牟尼、老子、孔子,这三位哲学家都有一些共同之处,但是释迦牟尼无疑是其中最

---

① 夏德:德国汉学家。

伟大、最深刻的一位，因为他的学说至今仍然影响着绝大多数人的思想，有的思想和情感很快就占据了西方世界。这三位老师的教义与这类思想情感相较而言有一些特点。这三大学说主要是针对个人的宽容的教义，是一种方式，一种途径，或者一种高尚生活的教义，而不是教堂里的教义或者一般的规定。这三种学说既不支持也不反对当前神的存在，以及人们对神的崇拜。值得注意的是，雅典哲学家也有同样的在神学之上的超脱！苏格拉底非常愿意礼貌地鞠躬，或者正式地向几乎任何神明献祭，与此同时又保留着他自己的看法。这种态度与犹太、埃及和巴比伦的犹太族群中成长起来的精神状态是完全对立的，因为在这些族群中，天主的思想是最重要的。释迦牟尼、老子和孔子都没有意识到嫉妒之神的存在，嫉妒之神是一个不愿有其他神存在的神，一个相信可怕的真理的神，一个不能容忍任何人对魔法、巫术或旧习俗有潜在信仰的神，他也不能容忍任何人对神王的献祭，或是任何人对万物严格统一琐事的轻视。

25.6 佛教的衰落

犹太思想中不宽容的一面确实保持了其基本信仰的明净。东方伟大的老师们对于神学既不赞同也不否认，其实从另一个角度来看，这种对神学的漠视从一开始就默认了可以解释经典，并从事某种仪式。只有释迦牟尼坚持了正确的观点，即要保持自我净化的因素，但是这一点常常被人们忽视。佛教，道教，或儒家的思想中都不存在自我净化的因素，当时，没有有效地去禁止迷信行为、灵魂升华、咒语、跪拜和礼拜。在早期阶段，这样的诟病就一直存在，并且还在不断继续。新的信仰几乎抓住了腐败宗教本身的每一个痛点，人们试图将腐败的宗教替换掉，于是他们搬走了那些佛像、庙宇、祭坛和香炉。

今天的西藏是一个佛教之地，但是如果释迦牟尼能回来，就算他从西藏的一端走到另一端，去寻找他曾经的教义，可能也会一无所获。他会发现，现在人类的统治者中最古老的一种类型是神王，是登上王位的达赖喇嘛，他是活着的佛陀。在拉萨，他会发现有一个巨大的寺庙，里面挤满了教士、僧徒和喇嘛，他们唯一的建筑是棚屋，没有一个祭司。在一个高高的祭坛上，他会看到一个巨大的黄金神像，他会知道这个神像的名字叫作释迦牟尼佛！他会听到在这位神面前吟诵的祈祷，以及一些他模模糊糊熟悉的训诫，作为回应，他喃喃低语着。钟、香火、祭拜，都会在这些奇妙的过程中发挥作用。在仪式的某一时刻，人们会敲响丧钟，举起一面镜子，而全体会众则会以一种崇敬的态度，鞠躬致敬……

毗瑟挐、婆罗贺摩（梵天）、湿婆（大自在天）

讫哩什那（黑天）、哥哩（复仇之神）、象头神

在这个佛教国家的乡村里，他会发现许多奇怪的小机械，小风轮和小水轮在旋转，上面刻着简短的祷文。每当这些东西旋转起来时，他就会明白，这就是一种祈祷的方式。他会问道："这是向谁祈祷？"此外，在这片土地上，还立着许多旗杆，旗杆上挂着美丽的丝绸旗帜，那些丝绸旗帜上写着"嘛呢叭咪"这种令人莫名

其妙的字，意思是"珍宝寓于莲花之中"。每当旗子飘扬时，他会意识到，这也是一种祈祷的方式，对买旗子的绅士和整个国家都非常有益。虔诚的人会雇用一群工人，这些工人将走遍全国，从悬崖和石头上切割这种珍贵的材料。他终于意识到，这就是世界对他的宗教的理解。雅利安人通往心灵宁静的道路就埋藏在这绚丽的闪光之下。

我们已经注意到，原始佛教没有任何进步的想法，这又和犹太教形成了对比。应许的观念赋予犹太教一种品质，这种品质是以前或者当代宗教都不具备的，这种品质使得犹太教具有历史性和戏剧性。这种品质为犹太教极端的不容忍做出了解释，因为这种品质指出了一个目标。虽然释迦牟尼教义的心理面是真实而深刻的，但是由于缺乏这种指导思想，佛教便停滞不前，走向堕落。必须承认，犹太教在其早期阶段，几乎不包括人的灵魂；它让他们保持了贪欲、贪婪、世俗或迷信；但因为犹太教相信有一个应许和一个神圣的领导来服务于神圣的目的，所以与佛教相比，犹太教仍然是明亮的和充满期待的，就像一把被照顾的剑。

25.7 目前佛教分布范围

佛家在印度兴盛了一段时间。但是印度的婆罗门教有它的许多神和各种无尽的邪教，婆罗门教总是在佛教的身边蓬勃发展。后来，婆罗门组织变得越来越强大，直到最后婆罗门教能够转而反对这种否认种姓的邪教，并将它从印度完全驱逐出境。关于这场斗争的故事就不在这里讲述了。那时有迫害，也有反击，不过等到了11世纪，除了奥里萨邦，佛教教义在印度已经绝迹。但是，佛教的许多温柔和仁慈已经融入了婆罗门教之中。

在世界的大部分地区，佛教依然存在；很有可能，在与西方科学的接触中，在历史精神的启发下，释迦牟尼的原始教义，经过复兴和净化，仍然在人类命运的方向上发挥着重要的作用。

但是随着印度的沦陷，雅利安人道路不再统治任何雅利安人的生活。令人好奇的是，雅利安人唯一的宗教现在几乎只局限于蒙古人，但雅利安人自己却受到基督教和伊斯兰教这两种宗教的支配。我们将看到，基督教和伊斯兰教这两种宗教，从本质上来看，都是闪米特人的。佛教和基督教都要穿着有仪式感的特定服装，这似乎是通过希腊化的渠道，来自有庙宇和祭司手艺的土地——埃及，来自有更原始和更基本的心态的棕色皮肤的含米特人。

26. 西方的两个共和国

26.1 拉丁人的起源

现在,我们有必要回顾一下西地中海的两个伟大共和国的历史,也就是罗马和迦太基的历史,并阐述一下罗马是如何在几个世纪里成功地维护了这样一个帝国,一个比亚历山大统治时期还要大的帝国。但是正如我们将要阐明的那样,这个新帝国是一个政治结构,它的本质与之前的任何一个伟大的东方帝国都有着深刻的不同。几个世纪以来,人类社会的结构以及社会相互关系的状况,一直都在发生着巨大的变化。货币的灵活性和可转让性正在成为一种力量,而且这就像所有非专业人士手中的力量一样,在人类的事务中也是一种危险。这种力量正在改变富人与国家的关系,以及富人与穷人之间的关系。这个新的帝国,罗马帝国,和以前所有的帝国不同,因为它并不是由一个伟大的征服者所创造的。它创建的源头不是萨尔贡,不是托特墨斯,不是尼布甲尼撒,不是居鲁士,不是亚历山大,也不是钱德拉古塔。它是由一个共和国创建的。罗马帝国的发展是由于一种必要性,即需要一种新的集中和统一的力量,这种力量是在人类事务中不断积累起来的。

但是在罗马出现在世界历史之前,意大利已经出现了,我们需要对意大利的情况做一些了解。

在公元前1200年,也就是说,在阿梅诺菲斯四世之后,在亚述人帝国崛起、特洛伊城被攻陷、克诺索斯城被最终摧毁之前,意大利和西班牙一样,可能仍然主要居住着黑皮肤的白人,这些白人属于更基础的伊比利亚或地中海人种。这些原住居民可能是一个又瘦又落后的民族。但就像在希腊一样,雅利安人已经在意大利南下了。到公元前1000年,来自北方的移民大部分已经定居在意大利北部和中部的地区,而且,就像在希腊一样,他们与肤色较深的前辈通婚,并建立起了雅利安语系。意大利人,比其他民族都更接近凯尔特语(盖尔语)。从历史的角度来看,其中最有趣的是拉丁部落所讲的语言,当时拉丁部落居住在台伯河以南和以东的平原上。与此同时,希腊人已经在希腊定居下来,现在他们要乘船到意大利南部和西西里岛,并在那里定居。后来,他们沿着法国里维拉建立了殖民地,并在一个更古老的腓尼基殖民地的旧址上建立了马赛。另一个有趣的民族也从海上来到了意大利,从他们留下的照片可以推测,这些人都很健壮,拥有棕色的皮肤。他们很可能是海恩黑色皮肤的白人的一个部落,希腊人把他们赶出了希腊和小亚细亚,以及中间的岛屿。

我们已经讲过克诺索斯的故事了(第15章),也讲过在巴勒斯坦的腓力斯人定居的故事(第19章第1节)。在意大利,这些人被称为伊特拉斯坎人。早在古代,人们就认为伊特拉斯坎人起源于亚洲。将这一传统与拉丁诗人维吉尔[①]的伪史诗《埃涅阿斯纪》联系

---

① 维吉尔:古罗马诗人。

起来是很吸引人的，但或许是不合理的。《埃涅阿斯纪》中认为拉丁文明来自小亚细亚的特洛伊移民（但特洛伊人本身可能是一个与弗里吉亚人结盟的雅利安人）。这些伊特拉斯坎人从散布在意大利各地的雅利安部落手中，夺下了意大利台伯河以北的大部分地区。也许是因为伊特拉斯坎人统治着被征服的意大利人，因此扭转了希腊的局势，因为从前在希腊，雅利安人居于首位。

腓尼基商人是沿着非洲和西班牙海岸活动的，其中迦太基城是最主要的活动地点。

在意大利所有的民族中，伊特拉斯坎人是最文明的。他们建造了坚固的迈锡尼式堡垒，他们有一个金属工业，他们使用的是进口的希腊陶器，样式非常精美。相比之下，台伯河对岸的拉丁部落是野蛮的。

拉丁人仍然是粗鲁的农耕民族。他们崇拜的中心是阿尔班山上的一座神庙，这座神庙里供奉着部落的神即朱庇特。拉丁人在那里举行主要的节日聚会，很像我们在埃夫伯里设想的早期部落的聚会。这个聚会的地方不是城镇，而是一个高地，那里没有常住人口。然而，拉丁联盟中有12个城镇。在台伯河的某个地方有一个渡口，拉丁人和伊特拉斯坎人之间的贸易在这里进行。罗马帝国的建立就是从这个浅滩开始的。商人们聚集在那里，来自12个城镇的难民们在这个贸易中心找到了避难所并将其占领。在渡口附近的七座山上，出现了许多定居点，这些定居点最后合并成一座城市。大多数人都听说过罗马的创始人罗慕路斯和雷穆斯两兄弟的故事，传说他们在婴儿时期，是由狼来庇护和哺育的。在现代历史学家眼里，这个故事几乎没有什么价值。一般认为公元前753年，是罗马成立的日子。但伊特拉斯坎人坟墓建立的时间比这要早得多，这些坟墓就在罗马广场的下面。所谓的罗慕路斯墓上有一段无法辨认的伊特拉斯坎铭文。

那时的意大利半岛还不是葡萄园和橄榄园的乐土。那里仍然是一个由沼泽和森林组成的蛮荒之地，农民们在那里耕作，清理出空地。罗马位于拉丁和伊特拉斯坎之间的边界上，在防御方面，它所处的地位不是非常的有利。起初，罗马的国王可能是拉丁人，后来，这座城市似乎落入伊特拉斯坎的统治者之手，伊特拉斯坎统治者的残暴行为最终导致他们被驱逐，于是罗马变成了一个讲拉丁语的共和国。在公元前6世纪，就在伊特拉斯坎国王被驱逐出罗马的这个时间，尼布甲尼撒的继承者们正在巴比伦遭受米堤亚人的迫害，孔子正在寻找一位国王来改革中国的混乱，乔达摩正在贝拿勒斯教导他的门徒雅利安人的道路。

关于罗马人和伊特拉斯坎人之间的斗争，我们无法在这里详细说明。伊特拉斯坎人的武器更精良，文明程度更高，人数也更多，如果罗马人孤军奋战的话，他们的处境可能会很艰难。但是，伊特拉斯坎人遭遇了两场灾难，这两场灾难削弱了他们的力量，最终使得罗马人完全征服了他们。第一次灾难是与西西里锡拉库扎的希腊人的战争，这场战争摧毁了伊特拉斯坎舰队（公元前474年），第二次灾难是高卢人从北方大举入侵意大利。高卢人涌入意大利北部，并在公元前5世纪末，占领了波河流域，几个世纪后，他们的亲属涌入希腊和小亚细亚，定居在加拉提亚。伊特拉斯坎人就这样被夹在铁锤和铁砧之间，经过一场漫长而断断续续的战争，罗马人终于占领了重城维爱。维爱城是一座伊特拉斯坎人的堡垒，离罗马只有几英里远，到目前为止维爱城对罗马人来说一直是一个巨大的威胁和烦恼。

每个小学生都很熟悉的麦考利对古罗马的描写，指的就是罗马这段与伊特拉斯坎国王、塔尔昆人斗争的时期。

伊特拉斯坎人的绘画——焚尸仪式（节图）

但是，高卢人的入侵是那些没有留下任何记载的民族动乱之一。高卢人的突袭一直延伸到意大利半岛，摧毁了整个伊特拉斯坎。他们夺取并洗劫了罗马（公元前390年）。根据罗马传说，朱庇特神庙的城堡依然屹立不倒。当然人们对这个传说产生了怀疑，如果不是某些鹅被他们偷偷摸摸的活动惊醒，并发出嘎嘎的叫声来唤醒守军，高卢人也许会在夜间大吃一惊。在那之后，高卢人在围城行动中装备不良，也可能是在他们的营地中患上了疾病，他们被收买了，又回到北方去了，尽管随后他们发动了突袭，但再也没有到达罗马。

洗劫罗马的高卢人首领，名叫布伦努斯。据他所述，当赎金的金子被称过的时候，关于砝码的公正性发生了争执，于是他把剑扔进了秤里，然后说："成王败寇。"这句话出现在了后来所有赎金和赔偿的讨论中，一直到现在。

在这段经历之后的半个世纪里，罗马卷入了一系列战争，以确立自己在拉丁部落中的领导地位。因为烧毁主要城市似乎激发了而不是削弱了它的能量。不管它遭受了多大的痛苦，它的大多数邻居，遭受的痛苦似乎都比它多。公元前290年，从阿尔诺河到那不勒斯南部，罗马是意大利中部所有城市的女主人。它已经完全征服了伊特拉斯坎人，它的疆域北与高卢人的疆域接壤，南与希腊人统治下的意大利殖民地为邻。沿着高卢人的边界，它建立了驻军和殖民城市，毫无疑问，正是由于这条防线，高卢人的偷袭事业只能向东转向了巴尔干半岛。

在我们已经讲述了希腊以及它城市组织的历史后，接下来要讲的内容就不会让读者惊讶了。西西里岛和意大利的希腊人被分成几个独立的城邦，其中锡拉库扎和塔兰托是主要的城邦，他们没有共同的方向或政策规则。但是现在，他们对罗马势力的扩张感到震惊，他们向亚得里亚海对岸寻求帮助，发现了伊庇鲁斯国王皮洛士的野心。此时希腊殖民地的希腊人在罗马人和皮洛士之间所处的位置，与半个世纪前，希腊人在马其顿人和波斯人之间所处的位置相同。读者会记得伊庇鲁斯，这是希腊的一部分。希腊的各个地方里，伊庇鲁斯离意大利最近，它是奥林匹亚斯的故乡，也是亚历山大的母亲。亚历山大死后，地图千变万化，伊庇鲁斯有时被马其顿淹没，有时又独立。这位皮洛士是亚历山大大帝的亲戚，是一位有才干、有进取心的国王，他似乎打算征服意大利和西西里。他指挥着一支令人钦佩的军队，这支军队最初是由相对不熟练的罗马人征募而来的。

皮洛士的军队包括当时所有已有的军事设施，一支步兵方阵，塞萨利的骑兵，以及来自东部的20头战象。公元前280年，他在赫拉克里亚打败了罗马人，随后紧追不舍，又在公元前279年，在奥斯库卢姆再次击败罗马人，奥斯库卢姆是罗马人的领土。之后，他没有继续追击罗马人，而是与罗马人休战，把注意力转向征服西西里，从而使迦太基的海上势力联合起来对付他。因为迦太基无法容忍，在如此接近自己的地方，建立起像西西里这样强大的势力。在那些日子里，罗马对迦太基人的威胁，似乎远没有另一个亚历山大大帝统治西西里的可能性那么严重。因此，一支迦太基舰队出现在台伯河口，鼓励或诱使罗马人重新开始战斗，于是罗马和迦太基毫无悬念地联合起来对抗入侵者。

迦太基的这种干涉对皮洛士是致命的。在还没有进行任何决定性战斗的情况下，皮洛士的力量就衰退了。在罗马的贝内文托战斗时，皮洛士经历了一次灾难性的失败，之后，他不得不退回到伊庇鲁斯（公元前275年）。

据记载，当皮洛士离开西西里时，他说他离开西西里是为了罗马和迦太基的战场。三年后，他在阿尔戈斯街头的一场战斗中丧生。迦太基舰队赢得了对皮洛士的战争，罗马获得了一半的胜利。西西里岛完全落入迦太基之手，罗马完全落入意大利之手，远眺着墨西拿海峡对岸的新对手。在11年的时间里（公元前264年）皮洛士的预言实现了，与迦太基的第一次战争，三次布匿战争中的第一次，开始了。

罗马为纪念战胜皮洛士和这场战争而铸造的大象钱币

26.2 一种新的国家

但我们写的是罗马和罗马人，所以我们仍然需要解释罗马人是怎样的一种人，他们扮演着征服者的角色，但在此之前，这类角色只由有能力、有侵略性的国王扮演。

他们的国家是公元前5世纪的雅利安共和国，雅利安类型的共和国与希腊贵族的共和国非常相似。罗马最早的社会生活是非常原始的雅利安人的族群生活，公元前5世纪下半叶，罗马仍然是一个由自由农民组成的贵族族群，占地近400平方英里，人口肯定不超过15万，几乎分散在乡间，被划分为17个区或农村部落。大多数家庭都只有一间小房子，父亲和儿子们在那里一起生活和工作，大部分时间种玉米，到处种着葡萄或橄榄。他们仅有的几头牛在邻近的公共土地上放牧；他们的衣服和简单的农具都是自己在家做的。只有在很少的时间段和特殊的场合里，他们才会进入这个设防的城镇，这个城镇是他们的宗教和政府的中心。

城镇里有神的庙宇、富人的房子、工匠和商人的商店，在那里他可以用少量的油或酒来交换盐或粗糙的工具和铁器。

商业之神

这个族群遵循着一般意义上的传统，人们分为贵族和普通公民，在罗马，他们分别被称为贵族和平民。这些贵族和平民是公民，奴隶或外地人在这个国家的地位并不比在希腊高。但是，这里的宪法与希腊任何宪法的不同之处在于，统治权力的很大一部分集中在一个称为参议院的机构手中，参议院既不是纯粹由世袭成员组成的机构，也不是直接由选举产生的代表组成的机构。它是一个提名机构，在早期，它仅仅是从贵族中提名的。这存在于国王被驱逐之前，在国王时期，是由国王来任命参议院的议员。但在驱逐国王之后（公元前510年），最高政府被授予两个民选统治者，也是执政官，执政官接管了任命参议员的工作。在共和国的早期，只有贵族才有资格担任执政官或参议员，而平民在政府中所拥有的权力仅仅包括为执政官和其他公职人员投票。即使是为了这个目的，平民的选票也不具有与其贵族同胞相同的价值。但无论如何，他们的选票有足够的分量，来促使许多贵族候选人或多或少地表达对平民疾苦的真诚关心。此外，在罗马国家的早期阶段，平民被排除在公职之外，而且平民也不能与贵族阶级通婚。显然，政府主要是贵族事务。

因此，罗马的事务在早期阶段是非常明显的贵族类型的事务。罗马的内部历史长达两个半世纪，其间驱逐了最后一位伊特拉斯坎国王——傲慢王塔尔昆。而第一次布匿战争（公元前264年）的开始，很大程度上，是贵族和平民这两个阶层之间争夺统治权的斗争。事实上，与此同时，希腊诸城中，贵族统治和民主统治之间的斗争也在进行。就像希腊的情况一样，社会上有许多阶级，奴隶、被解放的奴隶、没有财产的自由人、外地人，诸如此类的人，他们完全在斗争之外，在斗争之下。我们已经提到过，希腊民主与当今世界所谓的民主有本质差别。另一个被误用的罗马术语是无产阶级。在现代术语中，无产阶级是指所有在现代国家的无产者。在罗马，无产阶级是一个由完全合格的公民组成的投票组织，他们的财产不足1万铜阿斯①（相当于275英镑）。他们是一个登记在册的阶级；他们对国家的价值在于养育公民的家庭（无产者即后代），以及从他们的队伍中吸引殖民者去建立新的拉丁城市或驻防重要据点。但是，无产阶级民众的来源却截然不同，他们是奴隶，或者是自由人，或者是城镇贫民窟里杂七杂八的流民。非常遗憾的是，现代政治讨论被一个不准确的用语所混淆，这个用语没有确切的现代对等词，也没有在现代社会分类中表达任何其真正代表的含义。

贵族和平民间斗争的大量细节我们可以在这个大纲中忽略。这是一场斗争，它显示了罗马人是一个有着惊人精明性格的民族，他们从不把事情逼到毁灭性的危机中，而是在他们的判断力范围内抓住强硬的商人。贵族们卑鄙地利用他们的政治优势，通过征服国家而致富，其代价不仅是被击败的敌人，而且是更穷的平民百姓，他们的农场无人管理，他们在服兵役期间负债累累。在那些贵族已经征服的土地上，平民被驱逐了出去，贵族们将这些土地瓜分。货币的引入可能增加了高利贷者的便利和债务人的困难。

三种压力为平民赢得了国家政府的更大份额，随着平民的强大，罗马也迎来了美好的事物。第一种是平民大罢工。事实上，他们有两次直接走出罗马，威胁要在台伯河上游建立一座新城市，事实证明，这两次威胁都是决定性的。第二种向贵族施压的办法是暴政的威胁。就像在阿提卡（雅典是它的首都），庇西特拉图在较贫穷地区的支持下获得了权力。因此，我们会发现，在大多数平民不满的时期，都有一些野心勃勃的人准备成为领袖，并从参议院夺取权力。在很长一段时间里，罗马的贵族们都很聪明，他们在一定程

---

① 阿斯：古罗马货币。

度上屈服于平民,以此来打败每一个可能的暴君。最后还有一些有远见卓识的贵族坚持与平民和解。

公元前509年,执政官瓦列里乌斯·普布利乌斯颁布法令,规定任何公民的生命或权利受到威胁时,地方法官都应向大会提出上诉。瓦列里法是罗马的人身保护令,它将罗马平民从法庭上的阶级报复这个最大的危险中解放出来。

公元前494年发生了一次罢工。拉丁战争之后,债务的压力变得过大,平民们愤怒地看到他们的朋友,那些经常在罗马军团中勇敢地为国家服务的人,在贵族债权人的要求下被投入枷锁,沦为奴隶。战争向沃尔西安人展开;但是,军团士兵在凯旋后,拒绝服从执政官的命令,而是继续前进,到了圣山以外的阿尼奥(在台伯河上),而且没有造成任何的混乱。他们准备在那里建立一座新城市,因为在旧城市里,公民的权利被剥夺了。贵族被迫让步,那些第一次脱离联邦的平民又回到罗马,并且他们开始享有拥有自己的军官、护民官和民选行政官的特权。

公元前486年,一位叫作斯普里乌斯·卡修斯的执政官站了出来,他提出了一项土地法,为平民保障公共土地。但第二年,他被指控企图夺取皇权,并被判处死刑。他的法律从未生效。

在此之后,平民进行了长期的斗争,以便把罗马的法律写下来,因为他们不再相信贵族的记忆了。公元前451到公元前450年,《十二铜表法》出版,《十二铜表法》成为罗马法的基础。

但是为了制定《十二铜表法》,任命了一个十人委员会(十大执政官的职位)代替普通的地方法官。继第一个十人委员会之后任命第二个十人委员会,试图在阿庇乌斯·克劳狄的统治下进行某种贵族式的反革命。平民百姓第二次退到圣山,阿庇乌斯·克劳狄在狱中自杀。公元前440年爆发了一场饥荒,一个富有的平民百姓,斯普里乌斯·马埃利乌斯,第二次试图在普遍的错误上建立一个受欢迎的暴政,但最终以暗杀结束。

高卢人(公元前390年)洗劫罗马后,马古斯·曼里乌斯挺身而出,成为一位受欢迎的领袖。当被鹅惊醒而拯救朱庇特神殿的时候,马古斯·曼里乌斯是国会大厦的主人。平民百姓因战后高利贷和贵族牟取暴利而遭受着严重的苦难,在农场重建和重新进货时,平民们背负着沉重的债务。曼里乌斯把他的财产花在解放债务人上。他被贵族们指控有暴虐的意图,被判有罪。他在罗马遭受了被判有罪的卖国贼的命运,在他曾经保卫过的那座卡皮托利山的陡坡上,他从塔尔皮亚崖石被扔了下去。

公元前376年,李锡尼是代表人民的十位护民官之一,他与贵族们进行了长期的斗争,提出了一些提案,被称为李锡尼法律草案。草案中表明:任何一个公民占用公共土地的数量都应该有一个限制,所以给每个人留一些土地吧,未偿还的债务应该在偿还本金时免息,而且从现在开始,两个执政官中至少有一个应该是平民。

这引发了10年的斗争。在斗争中,平民们充分通过他们的代表,即护民官的否决权来阻止某些事务的进行。在极端的情况下,国家习惯上是把所有地方法官都放在一边,然后,任命一名领导人,即独裁者。罗马曾经在有军事需要的时候做过这样的事情,但是现在贵族们在和平时期任命了一个独裁者,想要彻底摧毁李锡尼。他们任命了卡拉米斯,他曾经包围了伊特拉斯坎人,并从伊特拉斯坎人手中夺取了维爱。但是卡拉米斯比他的支持者更聪明,他在两个命令之间做出了妥协,平民的大部分要求都得到了满足(公元前366年),他在康科德建起了一座神庙,并放弃了自己的权力。

此后,规则之间的斗争减弱了。它减弱的原因在于,在其他影响中，贵族与平民之间的社会差异正在缩小。随着罗马政治力量的增强，许多贸易来到罗马开展，许多平民变得富有，许多贵族变得相对贫穷。法律的改变使得异族通婚成为可能，社会也在发生混合。富有的平民百姓，虽然没有成为贵族，但是至少在习惯和接受程度上倾向于寡头政治。这时新的阶级正在罗马兴起，他们有大量的财富，却没有政治地位，其中大多是自由人、被解放的奴隶、工匠，但也有一些商人，他们变得越来越富有。参议院也不再是一个纯粹的贵族机构，因为各种各样的官职现在都向平民开放，而这些平民官员成了参议员。参议院现在正成为这个国家所有富有、能干、精力充沛和有影响力的人的集会。罗马的势力在扩张，随着它的扩张，早期拉丁社会的阶级对立变得毫无意义，它们正被新的联合和新的对抗所取代。各种出身的富人都被吸引到了一种共同利益之中，即反对穷人的共产主义理想。

公元前390年，罗马是埃特鲁里亚边境上一座可怜的小城，被高卢人洗劫一空；公元前275年，它统治并统一了从阿尔诺到墨西拿海峡的整个意大利。卡拉米斯的妥协（公元前367年）结束了内部的纷争，让罗马的精力转向了自由的扩展上。还有在国内作战中，它表现出来的那种精明和咄咄逼人的自私的古怪结合，使它的人民能够在没有任何灾难的情况下实现权力平衡，这也标志着它的对外政策。它明白盟友的价值，也能够同化外人。在那些日子里，对于国外和国内，它都至少能以一种公平和理智的态度做出让步。这就是罗马特有的力量。罗马的成功正是雅典等国明显失败的地方。

雅典的民主在它狭隘的爱国主义中遭受了重创，狭隘的爱国主义是所有国家走向毁灭的原因。雅典人不喜欢自己的帝国，而且嫉妒自己的帝国，因为它以公民利己主义的精神统治着它；雅典的臣民和城市并没有感受到它的灾难,也没有和它一起分担。第一次布匿战争之前,在罗马伟大的岁月里,那些精明的、高贵的参议院议员过分强调自己的道德力量,开始堕落,他们不愿意在最后关头与人民大众一起分享他们的特权,而是渴望在平等的条件下,将他们最坚定的对手纳入自己的阵营。他们谨慎而稳步地扩大公民身份。一些城市变成了罗马的一部分,甚至在政府中拥有投票权。其他人在没有完全罗马公民身份的情况下,也可以在罗马自治,并有权开展贸易,或者结婚。在战略要地,设立了完全由公民组成的驻军,在完全被征服的民族中,建立了具有各种特权的殖民地。一开始,就明显需要在这一庞大和不断增长的公民群体中保持交流的畅通。当时还没有印刷术和纸来帮助交流,但在拉丁语和罗马统治之后,出现了公路系统。第一个是亚庇古道,从罗马一直延伸到意大利的腹地。公元前312年,审查官阿庇乌斯·克劳狄(一定不要把他与一个世纪前罗马帝国的执政官阿庇乌斯·克劳狄混淆)开始修建这条路。

根据公元前265年的人口普查,在罗马的领土上,也就是说在阿尔诺以南的意大利,已经有30万居民。他们共同受益于国家的福利,他们都对共和国分散的王权有所触动。我们必须指出,这在历史上是一件绝对崭新的事情。到目前为止,所有较大的国家、王国和帝国都只是服从某个元首、某个君主的团体,公共福利完全依赖于他们的情绪和性格。迄今为止,没有一个共和国能成功地成为一个城邦。所谓的雅典帝国只不过是一个城邦,指挥着它的盟友及其征服的城市。在几十年的时间里,罗马共和国注定要把它的公民身份扩展到波河流域,同化同族的高卢人,用拉丁语取代他们的语言,并在亚得里亚海的顶端建立一个拉丁城市——阿奎莱亚。公元前89年,意大利所有的自由居民都成了罗马公民;到了公元212

年，公民权扩展到了帝国中的所有自由人。

这种非凡的政治增长显然是所有现代西方国家的先驱。因此，这对于学习政治学的学生来说，是很有趣的，就像学习动物学的学生认为石炭纪、两栖动物或始祖鸟有趣那样。它是占主导地位的新秩序的原始形态。它的经历为后来所有的政治史提供了线索。

在意大利的大部分地区，拥有成百上千位公民的民主国家的成长，形成了一个自然的结果，那就是参议院权力的增加。在罗马宪法的发展过程中，出现了各种形式的人民大会、平民大会、部落大会、世纪大会。诸如此类的各种形式的大会，我们在这里不能充分地加以讨论，但这个想法是建立在人民大会拥有制定法律的权力的基础之上的。值得注意的是，在这个体系中有一个平行的政府。按部落或按世纪划分的集会是全体公民的集会，其中包括贵族和平民，平民的集会当然只是平民阶级的集会，每一个集会都有自己的官员，前者是执政官，后者是护民官。虽然罗马是一个20平方英里的小国家，却有可能聚集起具有代表性的人民集会。但是我们可以清楚地知道，那个时候，意大利的交流方法是不可能让数量如此多的公民随时了解罗马的情况的，所以也就不能有效地在罗马参与政治生活。亚里士多德在他的《政治学》中已经指出，那些住在城市之外、专注于农产品的选民实际上被剥夺了选举权，而这种由技术困难而被剥夺权力的情况适用于绝大多数的罗马公民。随着罗马的发展，由于这些原因，一种意想不到的缺陷悄悄进入了政治生活：人民大会越来越成为政治投机客和城市里乌合之众的聚会，而越来越不代表普通的公民。在公元前4世纪，平民集会最接近权力和尊严，但也是从那时起，它的影响力逐渐下降，新参议院也不再是一个贵族机构，不再具有同质性和整体的高尚传统，那时的参议院已经变成了一个由富人、执政官、有权有势的官员、大胆的冒险家之类的人组成的团体,在回归世袭资格观念的强烈倾向的影响下,在3个世纪里成为罗马世界的统治力量。

自那以后,有两种事物为世人所知,它们可能使罗马的人民政府得以继续向前发展。它的高潮是在实行克劳迪斯审查的日子里,在公元前4世纪末,不过这两种事物都没有引起罗马人的注意。第一个是恰当地使用打印。在我们对亚历山大港早期的描述中,我们已经注意到一个奇怪的事实:在公元前4世纪或公元前3世纪,印刷书籍还没有问世。对罗马事务的叙述使我们重复这一事实。在现代人看来,很明显,作为稳定的必要条件,一个很受欢迎的政府需要稳定地向所有公民提供有关公共事务的准确信息,并维护其利益。在过去的两个世纪里,大西洋两岸的现代各国里涌现出许多民选政府,这些民选政府通过或多或少的真实消息,以及通过新闻媒体来完整地报道公共事务。但在意大利,罗马的政府只能派遣一名传令官到其他地方,与其他地方公民的任何团体进行交流,而与公民个人的交流则完全无法进行。

第二个事物几乎同样明显,那就是代议制政府。英国人在人类历史上对此负有主要责任,但罗马人从未使用过。对于旧的人民大会(三种形式),有可能可以用一种代表会议来代替。在后来的历史中,随着国家的发展,英国人意识到了这种必要性。一些人,比如夏尔骑士,被召集到威斯敏斯特,为当地的民众情感进行演讲和投票,夏尔骑士团或多或少是为了这个目的而正式选举出来的。以现代人的眼光来看,罗马人似乎曾大声疾呼过要这样去修改自身的处境,但却从来没有做过。

召集特里布大会的方法是由一个传令官宣布的,特里布大会是当时人民大会的三种主要形式之一。在会议召开的17天前,意大利的大部分人是听不到传令官的宣告的。占卜者,罗马从伊特拉斯坎人那里继承来的占卜祭司,会在正式集会的前一天晚上检查祭祀动物的内脏,如果占卜者认为有理由说这些血腥的预兆是不利的,那么特里布大会就会解散。但是,如果预言说内脏是吉祥的,国会大厦和城墙上就会响起巨大的号角声,集会继续进行。集会是在户外举行的,或者在国会大厦下面的小论坛里,或者在论坛外面的一个更小的休息间里,或者在军事训练场,或者在战神广场,现在是在现代罗马最拥挤的地方举行,但仍然是一个开放的空间。黎明时分,祈祷就开始了。那里没有座位,这可能有助于让市民接受一切都在日落时结束的规则。开幕词后,将对大会需审议的措施进行讨论,此时会宣读会议前的提议。这时没有分发印刷本难道不令人惊讶吗?如果分发任何副本,它们必须是原稿,并且每一份副本都有可能出现错误和故意伪造。会议上似乎不允许提出任何问题,但在主持会议的治安官的允许下,个人可以在会议上发言。

然后,人群开始进入像牛栏一样的圈地,根据他们所属的部落,之后每个部落都对正在考虑的措施投了赞成票。这一决定不是由大多数公民做出的,而是由大多数部落做出的,并由传令官宣布。

罗马数百年来的人民大会,或者叫特里布大会,都有非常相似的特点,只是除了在公元前3世纪的时候,由373个百人团取代35个部落。而且在开始的时候还会有祭祀和祈祷。后来的百人团,早已经和"100"这个数字毫无关联了。他们就像100个原始的英国地方政府,但有些百人团只有几个人,而有的百人团里的人特别多。这其中就有18个以骑士为代表的百人团,他们最初只是喂养马匹,并在骑兵队里服兵役,后来罗马骑士和英国骑士一样,都变成了一个普通的身份,并没有其他军事精神或者道德上的意义了。(随着罗马经商贸易导致的财富增长,这些骑士成为一个重要的阶层;曾经有一段时间,他们是社会上真正活跃的阶层。随着时间的推移,他们的骑士精神消失殆尽了,就像今天英国赐予爵士的荣誉勋章一样。从大约公元前200年开始,参议员就被排除在了贸易之外。因此,这些骑士阶层就成了伟大的商人、谈判家,并且他们作为公共部门,为税收推波助澜。)此外,还有80个富人的百人团(资产价值超过10万阿斯),22人的资产价值就超过75000阿斯,以此类推。机械师和音乐家各有两个世纪的历史,无产阶级又构成了一个世纪的历史。在几个世纪里,百年委员会的决定是由大多数人做出的。

　　随着罗马国家的发展和其事务的复杂化,权力从这样一个受欢迎的议会转移到参议院,这难道不奇怪吗?参议院是一个相对紧凑的机构,最低人数300人,最高900人,这是由恺撒提出的。这些人需要和大企业打交道,处理事务,他们或多或少都了解彼此,但是有政府和政策的传统吗?提名和召集参议员的权力首先授予共和国执政官,一段时间后,设立了审查员,执政官的很多权力被移交给了他们,因此审查员也被赋予了这种提名和召集的权力。阿庇乌斯·克劳狄是第一个实行这一制度的审查者之一,他把自由人登记到部落中,并把自由人之子召集到参议院。但是对于当时人们保守的本能来说,这是一个令人震惊的安排;执政官们不承认他的参议院,下一任审查者(公元前304年)把他的邀请搁置一旁。然而,他的尝试显示出,参议院已经取得了很大的进步,不再是最初的纯粹的贵族机构。和当代英国上议院一样,它也聚集了大商人、精力充沛的政治家、成功的冒险家、伟大的地主,等等;它的贵族尊严是一种奇特的伪装;但是,与英国上议院不同的是,除了我们已经描述过的效率低下的人民议会,以及由平民议会选出的护民官,它在法律上不受任何的约束。它对执政官和总督的法律控制并不大,它几乎没有行政权利，但它的声望和经验决定了它的力量和影响力。它成员的利益自然是与全体公民的利益相抵触的，但在几代人的时间里，广大的普通民众无力表达他们对这个寡头政治进程的异议。因此，在意大利，一个比城邦大的国家直接民选政府失败了，因为当时还没有公共教育，没有媒体，也没有代议制；在第一次布匿战争之前，尽管它没有机制上的困难，它还是以失败告终了。但它的出现引起了人们极大的兴趣，因为它是一系列问题中第一次出现的，这一系列问题是目前全球所有政治情报机构都在努力解决的问题。

参议院通常在参议院会议厅的论坛上开会，但在特殊场合下，它会被召集在这个或那个寺庙里开会。当它不得不与外国大使或自己的将军打交道时，它会聚集在城墙外的战神广场，因为将军在指挥军队时，不允许进入这座城市。

26.3 富人们的迦太基共和国

有必要相当充分地处理一下罗马共和国的政治结构，因为它至今仍具有巨大的重要性。迦太基的宪法不会耽搁我们太久。

罗马统治下的意大利是一个共和制国家，迦太基是一个更古老的共和国城市。迦太基有一个帝国，就像雅典的那个帝国一样，由不喜欢它的附属国组成，它有一大批生来就不怎么忠诚的工业奴隶。

在城市里，人们选出了两位国王，亚里士多德把他们称为"苏菲特"，他们相当于罗马的监察官；他们的闪米特名字和犹太法官的名字一样。那里有一个无能的公众大会和一个由重要人物组成的参议院；参议院的两个委员会，名义上是选出来的，但实际上是通过容易控制的办法选出来的，134人组成了一个紧密的寡头政治，由最富有最有影响力的人组成。他们尽可能少地告诉他们的盟友和同胞，尽可能少地征求他们的意见。他们推行的计划，使得迦太基的利益毫无疑问地服从于他们自己集团的利益。他们对新人或者新措施怀有敌意，他们相信延续了两个世纪的海上优势必然是自然的。

迦太基货币

26.4 第一次布匿战争

假想一下，如果罗马和迦太基能够解决他们之间的分歧，并在西方世界建立一个永久的联盟，那么人类世界将会发生什么？这是一件很有趣的事。如果亚历山大大帝还活着，那么他可能会向西而来，将这两个国家的利益融合在一起。不过这并不符合迦太基寡头政治的私人计划和辉煌，伟大罗马新成立的参议院越来越喜欢掠夺的味道，他们贪婪的目光穿过墨西拿海峡投向了对岸，也就是西西里迦太基人的领地。他们虽然贪婪，但却害怕迦太基人的海上霸权；罗马人的爱国主义也让他们嫉妒和害怕这些迦太基人，罗马人不太愿意计算战争的代价。皮洛士迫使罗马和迦太基结盟，这次结盟维持了11年。但罗马已经准备好了现代政治术语中所谓的攻守战争。这一事件发生在公元前264年。

当时西西里还没有完全掌握在迦太基人的手中。西西里的东端仍在希腊锡拉库扎国王希罗的统治之下，他是迪奥西尼的继承者，柏拉图曾是迪奥西尼的宫廷哲学家。公元前289年，曾在锡拉丘兹服役的雇佣兵控制了墨西拿海峡，抓住了墨西拿海峡，洗劫了锡拉丘兹的贸易。最后在公元前270年，希罗被迫采取措施镇压他们。迦太基人也非常关心镇压海盗的活动，所以迦太基人伸出援手，在墨西拿建立了迦太基驻军。这是一个完全正当的程序。现在推罗已经被摧毁了，在地中海地区，唯一有能力维护海法的人就是迦太基人，镇压海盗活动是它的任务，这是一种习惯，也是一种传统。

墨西拿海峡的海盗向罗马求救，迦太基人越来越多的嫉妒和恐惧让罗马人决定帮助他们。在执政官克劳狄的带领下，一支探险队被派往墨西拿。（第三个阿庇乌斯·克劳狄，我们在这段历史中提到过）

就这样，人类历史上最浪费、最灾难性的一系列战争开始了，这曾让人类的历史变得黑暗。这是一位浸透了我们这个时代奇妙政治思想的历史学家对这次邪恶远征的描述。罗马人知道他们要和迦太基开战了，但人民的政治本能是正确的，因为西西里海峡上的迦太基驻军对意大利的和平将是一个危险的威胁。因此，他们通过一场持续了近四分之一个世纪的战争，来保护意大利的和平免受这种威胁。在这个过程中，他们破坏了自己慢慢获得的政治道德。

罗马人占领了墨西拿，希艾罗从迦太基人那里逃到了罗马人那里。后来的一段时间，斗争集中在阿格里真托镇。这一次，罗马人被包围了,接着是一段时间的堑壕战。双方都深受瘟疫和供应不稳定的苦,罗马损失了3万人;但最后(公元前261年),迦太基人撤离了这个地方,撤退到了他们的设防城镇,这片设防城镇在西海岸线上,利利巴厄姆是设防城镇中最主要的城镇。他们可以很容易地从非洲大陆获得这些物资,而且只要他们在海上保持优势,他们就可以耗尽罗马人用来对付他们的一切力量。

现在,战争进入了一个新的并且非常不同寻常的阶段。罗马人来到了海上,令迦太基人吃惊的是,罗马人竟然打败了迦太基舰队。从萨拉米斯海战之后,海军建设已经有了长足的发展。当时的主流战舰是一艘三桅帆船,一艘有三排桨的大帆船;现在,迦太基的主力舰是一艘五格列姆战舰,这是一艘大得多的战舰,有五排桨,能把任何较弱的船只的桨撞断或剪断。罗马人参战时并没有这样的船只。现在,罗马人开始着手建造五艘帆船。据说,在他们设计的过程中,有一艘迦太基的船靠岸了。在两个月的时间里,他们建造了100个五桨木船和30个有三列桨座的战船。但他们没有熟练的领航员,也没有经验丰富的桨手。不过他们弥补了这些不足,部分得益于希腊盟友的帮助,部分得益于新战术的发明。他们决定登上敌人的船,而不是依靠撞击或折断敌人的桨,因为后者需要更多的航海技术,但是他们没有。他们在船上建造了一种长长的吊桥,用滑轮把它吊到桅杆上,桥头有钩子和尖钉。他们还把士兵装在他们的大船上。然后,当迦太基号撞到它的船舷上,或者在船舷上横冲直撞的时候,这座所谓的乌鸦吊桥就可以放下来,船上的人就可以蜂拥而上了。

尽管这个装置很简单,结果却证明这是完全成功的。它改变了战争的进程和世界的命运。对抗乌鸦吊桥所需的少量发明显然不在迦太基统治者的控制范围之内。在米莱战役(公元前260年),

罗马人获得了他们的第一次海军胜利，俘虏或者摧毁了50艘船。

在伟大的埃克诺穆斯战役（公元前256年）中，这可能是古代最伟大的海战，这场海战中有七八百艘大船，迦太基人表明，他们没有从过去的灾难中吸取任何教训。根据规则，他们智取先机，打败了罗马人，但乌鸦吊桥再次打败了他们。罗马人击沉了30艘船，俘获了64艘船。

此后，战争继续着，财富也在剧烈地波动，但是过程中不断显示出了罗马人的团结、主动和他们更大的力量。埃克诺穆斯角海战之后，罗马人从海上入侵非洲，并派遣了一支支援不足的军队，在多次胜利以及攻占了突尼斯（距迦太基不到10英里）后，军队被彻底击败。他们在一场风暴中失去了海上优势，但在3个月内又重新建立了一支由220艘船组成的第二舰队。他们占领了巴雷穆斯，并在那里击败了一支强大的迦太基军队（公元前251年），俘虏了104头大象，并在罗马举行了前所未有的凯旋游行。他们对西西里岛迦太基人的主要要塞利利巴厄姆进行了一次失败的围攻。他们在特拉帕尼的一场海战中失去了第二舰队（公元前249年），210艘船中有180艘沉没了；在那一年，第三舰队的120艘战船和800艘运输船也损失了，一部分损失在战斗中，一部分在风暴中损失了。

在7年的时间里，几乎精疲力竭的战斗人员之间展开了一场战争，一场突袭战和虚弱的围攻战，在这期间迦太基人在海上处于有利的地位。然后，经过最后的努力，罗马派出了由200艘乌鸦吊桥组成的第四舰队，并在公元前241年的艾加迪安群岛战役中击败了迦太基人最后的力量，之后迦太基人（公元前240年）要求讲和。

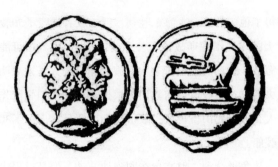

罗马铜币

根据这一和平协议,除锡拉库扎的希罗领地以外,所有西西里都变成了罗马人的领地。没有像意大利那样的同化过程,西西里岛变成了一个被征服的行省,像古代帝国的行省一样,它也向罗马人进贡并赚取利润。此外,迦太基还支付了3200人的战争赔款(约等于78.8万英镑)。

26.5 老加图及其精神

罗马和迦太基和平相处了22年,不过这是没有繁荣的和平。两名战斗人员都遭受着匮乏和无组织的痛苦,这种匮乏和无组织是所有伟大战争的必然结果。迦太基的领土充满了暴力混乱,回归的士兵拿不到工资,他们叛变抢劫,土地也荒芜了。我们读到了迦太基将军哈米尔卡镇压这些动乱的残酷行径,成千的人被钉在十字架上。撒丁岛和科西嘉岛起义了。意大利的平静并不比这幸福多少。高卢人起身向南进军,他们被打败了,4万人在特拉蒙被杀。很明显,意大利在包括阿尔卑斯山之前都是不完整的。罗马人在波河流域建立了殖民地,并且开始建造向北的大动脉——福拉闵那大道。但它显示了战后时期道德和智力的退化,当高卢人威胁罗马时,有人提出活人祭祀，而且执行了。古老的迦太基海法被打破了，亚得里亚海上挤满了伊利里亚海盗。古老的迦太基海法可能是自私的、垄断的，但至少是井然有序的。由于这种情况引起的争吵，两场战争之后，伊利里亚不得不被并入第二省。罗马人派遣远征队去吞并撒丁岛和科西嘉岛，为第二次布匿战争做准备。撒丁岛和科西嘉岛是迦太基叛乱的省份。

第一次布匿战争证明了罗马和迦太基的相对实力。只要双方都多一点智慧，只要罗马方面多一点宽宏大量，这场斗争就永远不可能重新开始。但是罗马是一个不仁慈的征服者，在没有任何正当理由的情况下，它占领了科西嘉岛和撒丁岛，增加了1200塔伦特的赔款，以埃布罗河为界限，限制了迦太基在西班牙的发展。迦太基有一支强大的队伍，由汉诺率领，目的是安抚罗马；但很自然的是，许多迦太基人对他们的民族敌人怀着绝望的仇恨。

仇恨是一种可以掌控生活的激情，有一种脾性很容易受到它的影响，随时准备用报复的情节剧来看待生活，随时准备在可怕的正义和复仇的表现中找到刺激和满足。在我们的生活中，从栖身洞穴的时代开始，人类就拥有了恐惧和嫉妒的情绪。从旧石器时代至今，我们还不到四百代人。正如所有欧洲人都知道的那样，伟大的战争把这种仇恨的秉性发挥到了极致，而第一次布匿战争所释放出来的贪婪、骄傲和残忍，现在正滋生出一大批反外国的偏执狂。迦太基的助手中最杰出的人物是一位伟大的将军和管理者，他叫作哈米尔卡·巴卡，他现在正准备绕过罗马，并且摧毁罗马。他是哈斯德鲁巴的岳父，也是一个小男孩汉尼拔的父亲，他注定要成为罗马参议院有史以来最可怕的敌人。摆在迦太基面前最紧迫的任务是重建其舰队和海军管理，恢复海上力量，但这一点，哈米尔卡似乎无法实现。作为另一种选择，他决定组织西班牙作为对意大利发动陆地进攻的基地。公元前236年,他以总督的身份前往西班牙,汉尼拔后来讲述到,当时他还是个11岁的孩子,父亲让他发誓要对罗马政权永远怀有敌意。

  这种近乎疯狂地将巴卡家族的天赋和生命都集中在复仇上的做法,不过是这场伟大斗争的压力和普遍的不安全感在人们心中所产生的狭隘而痛苦的生活的一个例子。四分之一个世纪的战争使整个西方世界变得悲惨而残酷。就在11岁的汉尼拔发誓永远仇恨的时候,图斯库伦的一个农舍里,有一个很小的孩子正跑来跑去,那就是两岁的叫马尔库斯·波尔基乌斯·加图的孩子,他很不讨人喜欢。这个男孩活到了85岁,他最大的激情似乎是憎恨除他自己以外的任何人类的幸福。他是个好士兵,政治生涯也很成功。他在西班牙担任指挥官,并以他的残暴而闻名。他以宗教和公共道德的捍卫者自诩,在这身方便的外衣下,对一切年轻、优雅或愉快的事物进行了一场毕生的战争。谁激起了他的妒忌,谁就招致他在道义上的非难。他积极支持和执行一切法律,一切反对衣着、反对妇女的个人装饰、反对娱乐和自由讨论的法律。他是如此幸运,成为一名审查官,这给了他很大的管理公众私生活的权力。因此,他能够通过私人丑闻毁掉公共对手。他把曼利乌斯赶出了参议院,因为曼利乌斯在白天当着他们女儿的面给了他妻子一个吻。他迫害希腊文学,直到晚年,他对这些文学也一无所知。那之后他阅读了德摩斯梯尼的作品,却对他赞赏有加。他用拉丁语写了一篇文章,是关于农业和罗马古老而失落的美德的,从这些著作中可以看出他的许多优点。他的格言之一是,当一个奴隶不睡觉时,他应该工作;另一个是,旧牛和奴隶应该被卖掉。为了节省运费,他回到意大利时,把那匹驮着他参加西班牙战役的战马留在了战场。他憎恨别人的花园,并切断了罗马花园的水供应。招待完客人后,晚饭结束时,他会用皮条去纠正服务中的任何疏忽。他非常欣赏自己的美德,并在他的作品中坚持了这些美德。在温泉关有一场与安条克的战斗,他写道,那些看到他向敌人冲锋,击溃并追击他们的人,宣称加图欠罗马人民的比罗马人民欠加图的少。在他年老的时候,加图变得好色了,和一个女奴发生了性关系。最后,当他的儿子抗议这种混乱的家庭生活时,他娶了一个年轻的妻子,这是他秘书的女儿,她不能拒绝他的提议。(没有人知道女奴后来怎么样了,也许他把她卖了。)这本关于罗马所有古老美德的总编在晚年去世了,受到人们的尊敬和敬畏。他最后的公开行动几乎是敦促第三次布匿战争的进行,并最终摧毁迦太基。他去迦太基当特派员,为了解决迦太基和努米迪亚之间的某些分歧;在那个国家,他发现了一些繁荣甚至幸福的迹象,这使他感到震惊和恐惧。

从那次访问开始,卡托在参议院发表的每一篇演讲的结尾,都是用低沉的声音高唱一段:"迦太基必毁无疑!"。

这就是在布匿战争时期,在罗马声名鹊起的人,这就是汉尼拔和迦太基复仇的主角,我们可以通过他和汉尼拔来判断这个时代的基调和品质。

第一次布匿战争的压力,使这两个西方大国(罗马或许比迦太基更强大)在精神和道德上都感到紧张。很明显,第二次和第三次布匿战争的历史(公元前219年—公元前201年,公元前149年—公元前146年),并不是完全理智的民族的历史。历史学家所写的罗马人或迦太基人的政治本能是无稽之谈。相当多的其他本能也是松散的。祖先类人猿的红眼睛又回到了这个世界;这是一个理智的人会被恐吓或被谋杀的时代;这个时代真正的精神表现在将人杀死之后仍热切地检查其心脏是否还在跳动,这些受害者在泰拉蒙战役之前的恐慌中,牺牲在了罗马。西方世界确实充斥着杀人狂,两个伟大的民族，对于世界的发展都是非常必要的，他们彼此发生了冲突，最后罗马成功地谋杀了迦太基。

26.6 第二次布匿战争

在这里，我们只能简要地谈谈第二次和第三次布匿战争的详情。我们已经讲过哈米尔卡是如何开始组织西班牙的，以及罗马人是如何禁止他越过埃布罗河的。哈米尔卡死于公元前228年，他的女婿哈斯德鲁巴于公元前221年遇刺身亡，汉尼拔继任了他的王位，当时汉尼拔26岁。真正的战争被引发是由于罗马人违反了他们自己的规定，干涉了埃布罗河以南的事务。于是汉尼拔径直穿过高卢南部，越过阿尔卑斯山（公元前218年）进入意大利。接下来15年的历史是历史上最辉煌的、也是最徒劳的一次突袭。汉尼拔在意大利坚持了十五年，所向披靡。罗马的将军们根本不是迦太基人的对手，他们一遇到他就会被打败。但罗马将军科尼利厄斯·西庇阿具有战略眼光，采取了一种路线，这一路线剥夺了汉尼拔所有的胜利果实。

战争爆发时，他被派往马赛去拦截汉尼拔。他比汉尼拔晚到三天，他没有追击汉尼拔，反而派遣军队进入西班牙，切断了汉尼拔的补给品和增援部队。在随后的所有战争中，这支西班牙罗马军队一直驻扎在汉尼拔和他的基地之间。汉尼拔被"悬空"了，无法进行围攻或征服。

每当汉尼拔在公开的战斗中遇到罗马人，他就打败他们。他在意大利北部取得了两次重大胜利，并获得了高卢人的支持。他向南推进到伊特拉斯坎，在特拉西默湖伏击、包围并彻底摧毁了一支罗马军队。公元前216年，瓦罗率领一支很强大的罗马军队在坎尼向他发起进攻,不过他将其彻底摧毁。据说有5万人被杀,1万人被俘。然而,由于没有攻城装备,他无法继续推进并占领罗马。但是坎尼战役之后还产生了其他成果。意大利南部的大部分地区都来投奔汉尼拔,包括规模仅次于罗马的城市卡普亚,马其顿人也与他结盟。此外,锡拉库扎人希艾罗,罗马的忠实盟友,现在已经去世了,他的继任者希罗尼玛斯把领地移交给了迦太基人。然而,罗马人以极大的韧性和决心继续进行战争;他们拒绝在坎奈事件后与汉尼拔交涉,他们对卡普亚进行了缓慢但最终成功的封锁和包围,一支罗马军队准备攻占锡拉库扎。锡拉库扎之围之所以值得纪念,主要是因为哲学家阿基米德的杰出发明。长期以来,阿基米德的发明使罗马人陷入困境。阿基米德这个名字,我们已经把他作为亚历山大城博物馆的一个学馆成员和通讯员而提到过,该镇最后陷落时他被杀死了。作为汉尼拔的主要港口和从迦太基得到补给的主要港口的塔兰托(公元前209年),在锡拉库扎(公元前212年)和卡普亚(公元前211年)陷落了以后,也沦陷了,导致汉尼拔的交通开始变得不正常。

西班牙也一点一点地从迦太基手中夺取了控制权。当汉尼拔的兄弟哈斯德鲁巴尔(不要和他被暗杀的同名妹夫混淆)带领的援军最终进入意大利时,他们在公元前207年的梅陶罗河战役中被摧毁了,汉尼拔听到的关于这场灾难的第一个消息是:他兄弟的头颅被扔进了汉尼拔的军营里。

此后,汉尼拔被封锁在意大利的腹地卡拉布里亚。他没有足够的兵力进行进一步的行动,最后他及时返回迦太基,在最后一场战役中指挥迦太基人。

最后一场战役,扎马之战(公元前202年),发生在迦太基附近。

这是汉尼拔经历的第一次失败。所以我们应该稍微关注一下这位征服者大西庇阿的性格，他是一位杰出的绅士，一位伟大的士兵，一位慷慨的人。我们已经提到了大西庇阿的父亲科尼利厄斯·西庇阿，他袭击了汉尼拔在西班牙的基地。大西庇阿是他的儿子，直到扎马之战以后，这儿子还叫西庇阿，这之后赐给他了"阿非利加"的名字（至于小西庇阿，他是大西庇阿的继孙，他结束了第三次布匿战争。）西庇阿·阿非利加是引起加图学派的旧式罗马人不信任、仇恨和反对的一切因素。他年轻，快乐，能干，花钱大手大脚，精通希腊文学，更喜欢弗里吉亚的宗教小说，而不喜欢罗马更为严厉的神灵。他不相信当时罗马统治者极端谨慎的战略。

在第二次布匿战争早期的失败之后，罗马的军事行动由一位名叫费比乌斯的将军主导，他把避免与汉尼拔作战的必要性上升为一种神圣的原则。费比乌斯战术在意大利盛行了十年。罗马人封锁、切断车队，攻击掉队的人，汉尼拔一出现就逃跑。毫无疑问，在他们第一次失败后的一段时间里，这样做是明智的；但也要做强国的事，罗马在第二次布匿战争中更强大，因此不应该容忍无休止的战争，而应该修复损失，发现有能力的将军，训练更好的军队，摧毁敌人的力量。

对于像西庇阿这样的年轻人来说，费比乌斯主义那种狡猾的、无效的方法是可憎的，这种方法使意大利和迦太基慢慢地流血而死。他叫嚣着要攻打迦太基。

但这一次，费比乌斯却给全城都发出了警告，仿佛西庇阿这个鲁莽轻率的年轻人要把联邦带进最危险的境地；简而言之，他没有做或说任何他认为可能劝阻他的同胞接受这一建议的事，他对此有些顾忌。他的观点在参议院通过了。但是人们相信他反对西庇阿要么是因为嫉妒他的成功，或者是出于一种内心深处的恐惧，如果这个年轻的英雄做了一些具有象征意义的事情,战争就会结束,甚至把战争赶出意大利,那么多年来他自己缓慢的进程可能会被归咎于懒惰或胆怯……他向西庇阿的同僚克拉苏求情,竭力劝说他不要把那个省让给西庇阿,但是,如果他认为以这种方式进行战争是正确的,那么他就应该亲自去攻打迦太基。不,他甚至阻碍了这次远征的资金筹集,因此西庇阿不得不尽他所能去寻找补给……他竭力阻止那些自告奋勇去当志愿者的年轻人说出自己的名字,并在参议院和论坛上大声宣布"西庇阿不仅自己避开了汉尼拔,还想带走意大利剩余的力量,劝说年轻人抛弃他们的父母、妻子和家乡,而一个强大的敌人还在他们的门前。"他的这些断言使人民惊恐万分,他们只允许西庇阿率领西西里的军团,以及在西班牙忠心耿耿为他服务的三百人……西庇阿到非洲后不久,罗马就收到了一份关于他辉煌成就的报告。大量的战利品证实了这一说法:一个努米迪亚国王被俘虏了;两个营地被烧毁和摧毁;里面有大量的人、武器和马匹;迦太基人向汉尼拔发出命令,要他放弃在意大利毫无结果的希望,返回祖国保卫自己的国家。所有人都在为西庇阿的功绩喝彩,费比乌斯提议任命他的继任者,没有任何理性的影子,除了这句名言所暗示的,"把如此重要的事情托付给一个人的运气是危险的,因为他不可能永远成功……"不,甚至当汉尼拔率领军队离开意大利时,费比乌斯也没有停止扰乱群众的欢乐,也没有停止挫伤罗马人的精神,因为他敢于断言,"联邦现在对它进行了最后的、最坏的审判;当汉尼拔到达非洲时,它有理由害怕他的努力,并在迦太基城墙下攻击它的儿子们;西庇阿需要一支充满罗马将军、独裁者和执政官鲜血的军队!"城市被这些宣言所震惊,尽管战争已经转移到非洲,但危险似乎比以往任何时候都更接近罗马。

在扎马之战之前,双方进行了短暂的休战和谈判,但由于迦太基人的过错,谈判破裂了。就像埃尔比勒之战一样,扎马之战的确切日期可以通过日食来确定,这次日食发生在战斗期间。罗马人与迦太基腹地的努米迪亚人联合起来,在他们的国王马西尼萨的带领下,他们在与汉尼拔的所有战斗中,首次获得了骑兵的巨大优势。汉尼拔的骑兵联队被击退了。而与此同时,西庇阿的步兵纪律更加严明,这使得他们能够在不陷入混乱的情况下,为冲锋迦太基战象开辟道路。汉尼拔试图扩大他的步兵线来包围罗马步兵,但是在坎纳的时候,所有的训练和机动的优势都在他这边,他能包围并屠杀一群步兵,现在,他发现在他对面有一条比自己的步兵线更好的步兵线。他自己的战线越拉越长,罗马军团冲回了家,这一天就这样完了。罗马骑兵在追捕到汉尼拔的御马后撤退了,把本来已经失败的局面变成了更具灾难性的溃败。

迦太基毫无反抗地投降了。投降的条件很苛刻,但是仍给迦太基留足了一个可以接受的未来。它不得不弃西班牙而去罗马,放弃了除十艘船外的所有舰队,支付1万塔伦特(240万英镑),而且,最困难的是,它同意在没有罗马允许的情况下,它不发动战争。最后增加了一个条件,汉尼拔,作为罗马的大敌,应该投降,但是汉尼拔逃到了亚洲,使他的同胞免于受这种耻辱。

这些过分的条件应该使罗马人满足。但是有些国家是如此的懦弱,他们不敢只是征服他们的敌人,他们要摧毁敌人。这一代罗马人看到了像加图这样的审查官身上的"伟大和美德",必然使他们的国家成为一个卑鄙的盟友和一个懦弱的胜利者。

26.7 第三次布匿战争

罗马的历史从扎马之战到这场悲剧的最后一幕经过了56年。期间第三次布匿战争,讲述了一场残酷无情的海外扩张,以及由于高利贷和富人的贪婪,导致国内自由农业人口的缓慢毁灭。

这个民族的精神变得严酷而卑鄙;没有进一步扩大公民身份,也没有更慷慨地试图去同化志趣相投的外国人民。西班牙管理得很糟糕,安定得缓慢而艰难。复杂的干预行动导致伊利里亚和马其顿沦为纳贡省份;很明显,罗马现在要向这个外国人征税,并且免去对本国人民的税收。公元前168年之后,意大利不再征收旧时的土地税,从意大利获得的唯一收入来自国家领地和对从海外进口的税收。来自亚西亚省的收入抵消了罗马政府的开支。国内,加图式的男人通过贷款和取消抵押品赎回权来获得农场,这些农场通常是那些因战争服役而一贫如洗的男人的农场;他们把自由的公民赶出他们的土地,用那些被无情驱使的廉价又充足的奴隶劳动力来经营他们的农场。这些人只把国外的外国人看作是不用进口的奴隶。西西里被移交给了贪婪的纳税人。有钱人可以用奴隶在那里种植玉米,然后把玉米出口到罗马,这样非常的有利可图,家乡的土地就用来饲养牛羊。因此,大批背井离乡的意大利人开始涌向城镇,特别是罗马。

关于罗马的扩张势力与塞琉西王朝的第一次冲突,以及它是如何与埃及结盟的,我们在这里所知甚少,也不知道在罗马势力前进的阴影下,直到它们真正被征服之前,希腊城市的跌宕起伏。一张地图必定足以显示罗马帝国在这个时候的扩张。

并不是没有声音抗议这个时代普遍的冷酷的卑鄙。我们已经讲述过了第二次布匿战争是多么浪费的一次疾病,就像人身体上的疾病有时会长出巨大的脓包那样,这种国家的疾病就产生了贪婪的富人,这种疾病最终被"非洲的征服者西庇阿"的活力消灭了。当人们还在怀疑参议院是否会让他以罗马将军的身份离开时,他威胁要向人民呼吁。此后,他成为参议院帮派的重要人物,参议院帮派的人正在逐步地把意大利从一个自由耕种的国家变成一个奴隶工作的牧场;他们企图在大西庇阿到达非洲之前就把他毁了;正如他们所希望的那样,他们并没给大西庇阿获得胜利的足够的力量;战后,他们也严格禁止他担任公职。利害关系和天生的恶意促使加图攻击他。

大西庇阿·阿非利加似乎是个性情豁达但有些急躁的人,不愿意利用公众对当前形势的不满和他自己的威望来为自己谋利。当他的兄弟卢修斯·西庇阿指挥第一支罗马军队进入亚洲时,他成为他兄弟的部下。公元前190年,塞琉西国王安条克三世统治下的一支庞大的综合军队在吕底亚的马格尼亚遭遇了140年前非常相似的波斯军队的命运。这场胜利使卢修斯·西庇阿遭到参议院的敌视,他被指控挪用安条克的钱。这让大西庇阿·阿非利加真正地充满了愤怒。当卢修斯站在参议院里,手里拿着他的账单,准备与指控他的人纠缠时,大西庇阿·阿非利加从他手里抢走了文件,并且把文件撕成碎片扔了出去。他说,他的兄弟已经向财政部支付了20万塞斯特里亚(20万英镑)。他现在会被这件或者那件事情纠缠和绊倒吗?后来,卢修斯受到起诉和谴责,大西庇阿·阿非利加用武力救了他。被弹劾后,卢修斯提醒人民这一天是扎马之战的周年纪念日,并在群众的掌声中蔑视当局。

罗马人似乎喜欢并支持西庇阿·阿非利,哪怕是两千年后,人们肯定还是会喜欢他。他能够把撕破的纸扔到参议院面前,当卢修斯再次受到攻击时,人民法庭的一名法官介入了他的否决,并取消了诉讼。但西庇阿·阿非利缺乏那种成为伟大民主领袖的更坚强的品格。他不是恺撒。他没有这样一种品质,可以使人屈服于政治生活的基本必需品质。在这些事件之后,他厌恶地从罗马回到自己的领地，公元前183年在那里去世了。

同年，汉尼拔也去世了。他在绝望中服毒自杀了。罗马参议院对他坚定不移的恐惧把他从一个宫廷追到另一个宫廷。尽管西庇阿愤怒地抗议，罗马在和平谈判中要求汉尼拔从迦太基投降，罗马还继续向庇护汉尼拔的每一个国家提出这个要求。当与安条克三世和谈时，这也是其中的一个条件。他最后在比提尼亚被人追杀；比提尼亚的国王想把他押送到罗马去，就扣留了他，但他早就把他需要的毒药装在戒指里了，就这样他死了。

给"西庇阿"这个名字增加更多荣誉的是另一个西庇阿——西庇阿·纳西卡，他把加图的"一定要毁灭迦太基"改成"迦太基一定要站起来"，作为他在参议院的所有演讲的结尾。他明智地认识到迦太基的存在和刺激将会促成罗马全面的繁荣。

然而，夺取并摧毁迦太基的却是第二个西庇阿，他是大西庇阿收养的孙子。迦太基人唯一的过错是他们继续进行贸易并且繁荣了起来，这引发了第三次也是最后一次布匿战争。他们的贸易不能和罗马竞争。当迦太基被摧毁时，它的大部分贸易随之消亡，北非进入了经济倒退的阶段；但是它的成功引起了嫉妒的情绪，这种情绪显然比旧式罗马人的贪婪还要强烈。富有的骑士团憎恨世界上除自己以外的任何财富。罗马通过鼓励努米迪亚人入侵迦太基来挑起战争，直到迦太基人被迫绝望地战斗。罗马突然袭击迦太基，宣布它违反了条约！罗马在未经允许的情况下，就发动了战争。

迦太基人派出罗马要求的人质，他们交出武器，他们准备交出领土。但是，顺从只会增加罗马的傲慢，以及富裕的骑士阶层无情的贪婪，这些都动摇了它的计划。罗马现在要求：迦太基人应该被抛弃，并且把居民转移到离大海至少10英里的地方。他们向几乎完全依靠海外贸易为生的人提出了这样的要求！

这个荒谬的命令使迦太基人感到绝望。于是迦太基人召回那些流放的人，准备抵抗。半个世纪以来，罗马人的政府心胸狭窄、卑鄙无耻，罗马人的军事效率一直在稳步下降，公元前149年，对迦太基的一次袭击几乎以灾难告终。在这次行动中，小西庇阿以一个小角色脱颖而出。接下来的一年，由于参议院的无能，所以也是失败的一年。然后，这个庄严的机构从一种恃强凌弱的情绪中转变成了一种极度恐慌的情绪。罗马民众则更加焦灼。小西庇阿虽然还不到法定年龄，在其他方面也不具备执政官的资格，但是主要因为他的名字的荣耀，他被任命为执政官，并匆匆前往非洲拯救他宝贵的祖国。

接着是最顽固、最可怕的围攻。小西庇阿在港口建造了一道防波堤，切断了所有的陆路和海上补给。迦太基人深受饥荒之苦，但是他们也坚持到了城镇被攻陷的那一刻。巷战持续了六天，当城堡里的人最终投降时，有50万人口的迦太基人，估计只剩下5万人。这些幸存者沦为奴隶，整个城市被烧毁，废墟上还用犁翻过以示最后的毁灭，并且极其严肃地诅咒说，任何人要是企图重建该城定遭天谴。

在同一年（公元前146年），罗马参议院和骑士阶层也攻陷了另一个伟大的城市，似乎是限制了他们的贸易垄断，这个城市就是科林斯。罗马人有充足的理由，因为科林斯人曾用兵器攻击他们，但是只是这还不够。

26.8 布匿战争是如何破坏了罗马的自由

我们必须在这里简短地指出，在第二次布匿战争之后，罗马的军事制度发生了变化，这对它后来的发展极为重要。在此之前，罗马军队一直向自由公民征税。战斗力与投票权紧密相连;几个世纪以来,公众集会一直伴随着军事动员,并在骑士兴盛的世纪里,一直游行到战神广场。这一制度与上次南非战争前布尔人的制度非常相似:普通的罗马公民,和普通的布尔人一样,也是农民,一接到国家的召唤,就去当了突击队员。在很多方面,布尔人的确是雅利安文化最后的幸存者。他们作战非常出色,但内心深处却渴望回到自己的农场。为了长期作战,比如围攻维爱,罗马人轮流增援和替换他们的军队,布尔人在围攻史密斯夫人城①时也做了同样的事。

第二次布匿战争后,征服西班牙的必要性需要另一种类型的军队。西班牙离定期救济的目标太远了,而战争却要求对这些士兵进行比可能的更彻底的训练。因此,男子被征募的期限更长了,所以他们得到了报酬。因此,向士兵支付报酬首次出现在罗马的事务中,还加上了战利品。加图在西班牙的司令部里分发银器;而且有记录表明,他还攻击了西庇阿·阿非利加,因为西庇阿在西西里向他的军队分发战利品。军饷的引入促成了一支专业化的军队,一个世纪后,普通罗马公民被解除了武装,他们现在正漂流在一个贫穷的国家,进入罗马和更大的城镇。伟大的战争已经胜利了。公元前200年以前,罗马四面楚歌的农民们就已经奠定了帝国良好的基础,但在战争的这个过程中,罗马四面楚歌的农民基本上已经消失了。在第二次布匿战争之后开始的变革已经完成了,公元前2世纪末,马略重新组织了军队,我们将在讲述到马略的时候加以说明。过了他的时代后,我们将开始写军队,然后是军团,我们将发现,我们所面对的是一种全新的军队,这种军队里的士兵不再以共同的公民身份团结在一起。当这种联系失败时,军团发现了另一个团队

---

① 史密斯夫人城:南非城镇。

精神,那就是他们反对一般团体而拥有的共同之处和共同利益。他们开始对他们的私人领导者产生更大的兴趣,这些领导人会确保他们得到报酬,带他们去掠夺。在布匿战争之前,野心勃勃的罗马人倾向于讨好平民;布匿战争之后,他们开始向罗马军团示好。

26.9 罗马共和国与现代国家的比较

到目前为止,罗马共和国的历史,在许多方面,尤其是对美国或西欧的读者来说,比它之前的任何历史都要现代得多。我们第一次有了一个类似自治国家的东西,一个比单纯的城邦更大的东西,它试图控制自己的命运。我们第一次在一个法律概念下有了广阔的农村。我们在参议院和人民议会中看到的是:群体和个人之间的冲突是一个在可控制的条件下争论不休的过程,比任何独裁政权都要稳定和持久得多,比任何神职人员都要灵活得多,可调整性也更强。我们也第一次遇到了类似于我们自己的社会冲突。货币取代了物物交换,金融资本开始自由流动,也许不是像今天这样自由流动,但也比以往任何时候都要好得多。布匿战争是各民族之间的战争,我们还没有记录过类似的其他战争。毫无疑问,我们当今世界的大方向、主要思想、主要反对意见都已经在那些日子里出现了。

但是,正如我们已经指出的那样,在布匿战争时期的罗马仍然需要一些基础设施和我们当代的一些政治理念。当时没有报纸,而且在人民议会中也没有民选代表。另外的不足之处就是没有任何基础的政治教育,我们现在可以理解,但当时任何人都无法理解。当罗马的平民坚持出版《十二铜表法》的时候,他们就表现出一种若隐若现的思想,即没有知识的选票就不能使人获得自由。但是他们从来没有能够做到,因为这是超越时代的想象,想象广大人民的知识能够得到任何进一步的延伸。直到现在，人们才开始充分理解"知识就是力量"这句格言的政治意义。例如，英国的两个工会最近成立了一所劳工学院，以满足有能力的工人的特殊需要，这些工人来自历史、政治和社会科学等领域。但在共和政体的罗马，教育是个体父母的怪癖，是富人和闲人的特权。它主要掌握在希腊人手中，但在很多情况下，他们是奴隶。有一股非常优秀的学问和思想的涓涓细流一直流到君主制的第一个世纪，卢克莱修和西塞罗见证过，但并没有传播到大众中。普通的罗马人不仅对人类历史一无所知，而且对外国人民的情况也一无所知，他对经济规律和社会可能性也一无所知，连他自己的兴趣他也不清楚。

当然，在希腊的小城邦和罗马帝国早期的四百平方英里的国土上，人们通过谈话和观察已经能够获得足够的知识来履行公民的普通职责了，但是在布匿战争开始时，这些事务对于文盲来说已经太大太复杂了。然而，似乎没有人注意到公民与国家之间正在拉开的鸿沟，因此，根本没有任何记录表明，当时有任何尝试来通过教育扩大公民群体，并让公民们履行其增加的职责。

公元2世纪以后，所有人都评论普通公民的无知和政治智慧的匮乏，由于这种无知，一切都因缺乏政治团结而受苦，但是没有人会继续得出我们现在认为必然的推论，也没有人会提议去摧毁我们所抱怨的无知。在共同的政治和社会理想中，没有任何方法可以指导人民群众。只有随着伟大的宣传宗教在罗马世界的发展，这种系统地指导广大人民群众的可能性才变得明显。宣传宗教发展的过程中，基督教是最主要的幸存者。六个世纪后的康斯坦丁大帝，这位伟大的政治天才，是第一个理解并试图利用这种可能性来维护被统治的国际社会，并使其在精神和道德上结合起来的人。

但是，罗马的这种政治制度不仅在新闻、教育和代议制政府的权宜之计方面有这些不足之处，而且也不同于我们自己的政治制度。诚然，它比我们迄今所考虑的任何其他国家都更像一个现代文明国家，但在某些方面，它却出奇地原始，也是亚文明的。罗马历史的读者会读到罗马的辩论、措施、政策和活动、资本和劳动力，时不时地就会受到一种冲击。如果他走到一个不认识的人的家里，伸出手去触碰尼安德特人那只畸形多毛的爪子，然后抬头看到一张没有下巴的野兽般的脸，他也会受到相同的冲击。我们注意到公元前3世纪出现了活人祭祀，我们对罗马共和国宗教的了解使我们远远超越了正派神的时代，直接回到了萨满教和魔法的时代。我们谈到立法会议，脑子里就飞到了威斯敏斯特；但是，如果我们去观看上议院会议的开始，却发现大法官大人手指流血，在一只新宰的羊的内脏中鬼鬼祟祟地摆弄着，那我们该作何感想呢？然后我们的思绪会从威斯敏斯特退到贝宁的风俗习惯。罗马的奴隶制是一种野蛮的奴隶制，而且比巴比伦的奴隶制还要可怕。我们已经了解到在公元前2世纪时，善良的加图对待奴隶的情形。此外，在公元前3世纪当阿育王以光明和温和的方式统治印度时，罗马人正在复兴伊特拉斯坎人的一项运动，即奴隶为他们的生命而战。这种娱乐的起源让人们再次想起了西非，它起源于史前在一位首领的葬礼上屠杀俘虏的习俗。这项运动带有宗教色彩；那些用钩子把尸体拖出竞技场的奴隶戴着面具，代表着地狱的摆渡神卡戎。公元前264年，也就是阿育王开始统治和第一次布匿战争开始的那一年，有记载表明第一次角斗发生在罗马的广场上，以庆祝古罗马家族布鲁图斯成员的葬礼。这只是三对选手的一场普通表演，但很快角斗士们就进行了上百场的打斗。人们对这些战斗的兴趣迅速增长，战争提供了大量的俘虏。古罗马的道德家们对接吻、妇女的装饰品和希腊哲学都很严格，但他们对这一新的发展只能说好话。只要遭受痛苦，罗马人的道德似乎就会得到满足。

如果说共和的罗马是第一个现代自治的民族共和体，那么它无疑是其中的尼安德特人。

罗马角斗者——来自庞贝壁画

在接下来的两三百年间，罗马的角斗表演发展到了空前的规模。在最开始，由于战争频繁，所以角斗士是战俘。他们带来了他们特有的民族武器，有文身的不列颠人、摩尔人、斯基泰人、黑人等，这些展览可能有一些军事价值。之后，被判死刑的下层罪犯也会被使用。古代世界不理解被判死刑的罪犯仍然有权利，不过不管怎么说，把一个罪犯当作角斗士，并不像把他当作亚历山大博物馆的活体解剖者的材料那样糟糕。但随着这类娱乐业利润的增长和对受害者需求的增加，普通的奴隶被卖给角斗士的驯兽师，任何引起主人怨恨的奴隶都可能发现自己在一个放角斗士出来的地方。放荡的年轻人挥霍了他们的财产，有勇气的小伙子们会自愿地在一段时间内从事贸易，相信他们的能力能够生存下来。随着商业的发展，人们发现角斗士有了一个新的用途，就是可以做全副武装的家仆；有钱人会买一支乐队，雇他们当保镖，或者在演出时把他们租出去赚钱。表演的庆祝活动开始于一个仪式游行和一场假的战斗。真正的战斗由喇叭声来宣告。人们用鞭子和熨斗把那些以任何理由反对战斗的角斗士赶出去。受伤的人有时会伸出食指来祈求同情。观众们要么挥舞手帕以示同情，要么伸出紧握的拳头，大拇指朝下，判他死刑。被杀的和几乎被杀的人会被拖到一个特别的地方，叫作剥夺所，在那里他们被剥夺了武器和财产，那些还没有死的人就会被杀死了。

这种把杀人作为一种娱乐和表演的组织，可以衡量罗马社会和我们自己的社会在道德标准上的巨大差距。毫无疑问，像这样对人类尊严的残酷践踏仍在世界上继续，但它们不是以法律的名义进行的，也没有一个反对的声音。在塞涅卡[①]加时代（公元1世纪）以前，确实没有任何对这一行业有明确抗议的记录。那时人类的良心比现在更软弱，更迟钝。

不久之后，通过基督教的传播，一种新的力量将进入人类的良知。基督教中耶稣的精神在后来的罗马帝国中成为这些残酷的表演和奴隶制的最大敌人，随着基督教的传播，这两种罪恶开始逐渐减少和消失。

---

① 塞涅卡：古罗马政治家，哲学家，作家，雄辩家。

27. 从提比略·格拉古到罗马的神格皇帝

27.1 挫败平民的科学

我们已经两次把罗马自治社区比作现代民主文明国家的尼安德特人的变种了,我们将再次提到这种比较。从形式上看,这两件事,第一篇伟大的原始散文与其后期的关系,是极其相似的;但是他们在精神上却大不相同。罗马的政治和社会生活,尤其是在迦太基人没落与恺撒以及君主政治崛起之间的这段生活,与今天美利坚合众国或大英帝国这些国家的政治和社会生活有很明显的相似之处。"参议院""民主""无产阶级"等术语的普遍使用增强了这种相似性,不过这些术语的使用在每种情况下都有一定的不准确之处。但罗马帝国的一切都更早、更粗糙、更笨拙,其中的不公正更明显,冲突也更加激烈。那里的知识相对较少,也没有什么普遍的思想。直到公元前1世纪,罗马人才开始阅读亚里士多德的科学著作。有一件真实的事情是这样的:弗雷罗想让恺撒熟悉亚里士多德的政治,因为他梦想能够建立一个伯利克里式的罗马,但是在这个过程里,费雷罗似乎陷入一种风景如画的浪漫主义之中,这种浪漫主义是所有历史作家的乐趣,也是他们的陷阱。

人们已经注意到,由于没有报刊,没有任何大众教育,也没有人民议会中的代表思想,罗马社会和现代社会的状况之间存在着深刻的差别。我们今天的世界仍然远未解决代表权的问题,也远未产生一个能够真正总结、具体化和表达群体思想和意愿的公众大会;我们的选举在很大程度上仍然是对普通选民的一种巧妙的嘲弄,普通选民会发现自己在面对政党组织时无能为力,这些组织把他自由选择一名代表的权利放到了两名不那么令人愉快的政客手中,但是,即使如此,他的投票,与一个普通诚实的罗马公民的投票相比,也是一个有效的工具。在这段罗马历史中,我们有太多的历史是关于人民党,关于人民投票的,等等,好像这些事情和今天一样,都是可行的现实。但是罗马参议院的议员和政客们却认为,这样的事情从来就不存在,从来就不存在干净又健康的现实。这些现代用语除非经过细致的界定,否则是很有误导性的。

我们已经描述过受欢迎的公民会议了;但是,在羊圈里笨拙的集会并不能充分说明,在罗马,不公正地划分人民代表选区的情况达到了哪种程度。每当意大利有一个新的公民获得选举权时,就千方百计地将新选民尽可能登记到30个旧部落里,或者登记到人较少的新部落里。由于投票是以部落为单位进行的,所以很明显,不管增加了多少新成员,如果他们都聚集在一个部落里,他们的意见只会被计入一个部落的投票中,如果他们被挤在几个部落里,那么不管是新部落还是旧部落,都会有同样的结果。另外,如果把他们放在许多个部落里,那么他们在任何一个特定部落中的影响可能都是微不足道的。这是一种让每一个聪明的政治流氓都着迷的工作。公民议会委员会有时也会起作用,让投票表决权与人民的普遍感觉背道而驰。正如我们已经提到的那样,意大利的广大选民也被距离剥夺了选举权。大约在迦太基战争中期，罗马公民超过了30万；大约在公元前100年，罗马的人口超过了90万。但实际上，人民大会的投票权仅限于居住在罗马及其附近的20万人，而且大多数是基层男性。罗马选民的组织情况使得纽约的坦慕尼协会①显得既朴实又忠诚。他们属于各联谊会，这些联谊会通常有雅致的宗教矫饰。这些在仕途上投机钻营的政治家，在通往官位的道路上，会先去找高利贷者，然后用借来的钱去这些俱乐部。如果外界选民受到任何问题的鼓动而涌进这座城市，总是有可能通过宣布不利的预兆来推迟投票。如果他们手无寸铁地进来，他们可能会被吓倒；如果他们武装起来的话，人们就会大喊有人阴谋推翻共和国，然后就会组织一场大屠杀。

  毫无疑问，在迦太基被摧毁后的一个世纪里，整个意大利，整个帝国都因不安、焦虑和不满而溃烂；少数人变得非常富有，但大多数人却发现自己陷入了一个由不确定的价格、动荡的市场和债务组成的无法解释的网中；但是，根本没有办法解释和消除普遍的不满。没有任何记录表明有任何一次尝试，来使人民大会成为一个直接可行的公共机构。在公共事务的表面之下，有一个沉默的公众舆论和公众意志的巨人在挣扎着，他有时做出了巨大的政治努力，比如急着去投票之类的，有时又会爆发出暴力。只要没有真正的暴力，参议院和金融家们就会继续以他们自己灾难性的方式行事。只有当他们受到严重惊吓时，执政集团或政党才会停止一些邪恶的政策，然后开始关注共同利益。在当时的意大利，大众真正的表达方式不是部落大会，而是罢工和暴动，这是所有被欺骗或被压迫的人民正义和必要的表达方式。我们今天在英国已经看到，议会政府的

---

① 坦慕尼协会：美国民主党在纽约市的中心组织。

威信下降了，而且由于完全相同的原因，大众也逐渐倾向于采用违宪的方法来表达，政客们无可救药地操纵选举机器，直到社会被逼到崩溃的边缘。

出于革命的目的，不满的人民需要一个领袖，而罗马共和主义最后一个世纪的政治史就是革命领袖和反革命领袖的历史。前者大多是肆无忌惮的冒险家，他们试图利用公众的需要和不幸来谋求自己的进步。这一时期的许多历史学家都倾向于偏袒某一方，他们要么语气高贵，要么极度民主；但事实上，在这些错综复杂的争端中，双方都没有一个明确的目标，也都不清白。参议院和富有的骑士阶层的灵魂都是庸俗而贪婪的，对穷苦的乌合之众充满敌意和轻蔑；而民众也是无知的，不稳定的，至少也是同样贪婪的。相比之下，西庇阿们在这些所有的记录中闪耀着光芒，他们是一群绅士。至于当时一个或另一个人物的动机，例如提比略·格拉古的动机，我们也许可以假定他是无罪的。至于剩下的其他人，他们只不过是说明了人是多么聪明和狡诈，争论是多么微妙，伪装是多么聪明，他们在精神上是多么的缺乏智慧和优雅。一种蹒跚的，多毛的，粗野的，但很可能是非常狡猾的动物，后面有一个大脑袋，这种人，我想哈里·约翰斯顿[①]爵士描述的是尼安德特人。

直到今天，我们仍然必须使用类似的术语来描述政治家的灵魂。历史仍然要记录人类的尊严。

27.2 罗马国家的财政

罗马制度在另一个方面就是我们现在制度的一个粗略的预演，

---

① 哈里·约翰斯顿：英国探险家，植物学家，语言学家。

它不同于我们以前考虑过的任何政治制度,它是一种现金和信贷使用制度。货币在这个世界只存在了几个世纪,但货币的使用在不断增加;它为贸易和企业提供了流通媒介,并深刻地改变了当时的经济条件。在共和政体的罗马,金融家和货币利息的作用开始和他们今天的作用明显相似。

我们已经注意到,"在我们对希罗多德的描述中",金钱的首要作用是给一些本来无法享受这些特权的人以行动和休闲的自由。这就是金钱对人类的特殊价值。金钱不是以实物支付给工人或帮工,而是让他们在享受劳动的同时,也受到同样多的束缚。金钱让他们可以自由地做自己喜欢做的事,可以买到各种各样的帮助、方便和放纵。他可以用钱去吃,用钱去喝,或者把钱捐给寺庙,或者把钱花在学习上,或者存起来以备不时之需。这就是货币的好处,它可以自由兑换。但是,金钱给穷人的自由与金钱给富人的自由相比是微不足道的。富有的人不再被束缚在土地、房屋、商店、羊群和牛群上,他们可以用一种闻所未闻的自由方式来改变他们财产的性质和地点。在公元前3世纪和公元前2世纪,这种解放,这种对财富的解放,开始影响到罗马和希腊化世界的一般经济生活。人们开始购买土地之类的东西,不是为了使用,而是为了再次卖地赚钱;人们借钱买房,投机盛行。毫无疑问,公元前1000年的巴比伦也有银行家,但他们以一种更为有限和可靠的方式借出金条和货物储备。早期的世界是一个物物交换的世界,由于这个原因,早期世界发展得很慢,但也更稳定。在这种状态下,中国辽阔的疆域几乎一直延续到今天。

罗马之前的大城市都是贸易和制造业城市,如科林斯、迦太基、锡拉库扎。但是罗马从来没有出现过非常多的工业人口,它的仓库也从来没能与亚历山大匹敌。奥斯提亚的小港口就能满足它的需要。罗马是一个政治和金融中心，至少从后者的角度来说，它是一个新型的城市。国外向它输送利益，它从国外进口贡品，但是从它身上输出的利益却不多。奥斯提亚的码头主要忙于从西西里和非洲卸下谷物，并从世界各地掠夺战利品。

迦太基陷落后，罗马人的想象力随着迄今为止仍然未知的金融可能性而疯狂起来。货币，像大多数其他发明一样，曾经发生在人类身上，人们需要发展（今天他们仍然需要完善）货币的科学和道德。在审查官加图的生活记录和著作里，我们可以看到这一点。在他早年的日子里，他在放高利贷这件事情上，还是非常有道德的；在他的晚年，他正在为安全的高利贷设计巧妙的计划。

在这个令人好奇且有趣的罗马历史世纪里，我们发现人们在不断地发问："罗马发生了什么？"对此有各种各样的答案，比如宗教的衰落，罗马祖先美德的衰落，希腊知识分子的堕落，等等。我们这些能够从大的视角来看待这个问题的人，能够看到罗马所发生的一切就是货币的出现，货币带来了新的自由、机会和机遇。钱让罗马人离开了坚实的土地，每个人的手上都有了钱，大多数人只是为了简单的权宜之计而负债；帝国向东边的扩张，很大程度上是为了在坚固的房间和寺庙里寻找宝藏，以满足新的需求。特别是骑士团变成了金钱权势的拥趸。每个人都在发财致富，农民们放弃了玉米和牛，借钱买奴隶，开始更密集地种植油和酒的农作物。此时，货币在人类的经验中还很年轻，而且很狂野，没有人能控制它。钱的波动很剧烈，它时而丰富，时而稀少。人们制定了狡猾却粗糙的计划，把它逼入困境，囤积起来，通过释放囤积起来的金钱来抬高其价格。一小群非常精明的人变得非常富有。许多贵族越来越穷，越来越愤怒，越来越肆无忌惮。在社会地位中处于中间的人民，充满了希望、冒险，但更多的是失望。越来越多的被征用的人被一种模糊的、困惑的、无望的、莫名其妙被打败的感觉所渗透,这是一切伟大革命运动的准备条件。

27.3 共和政体的余晖

第一个引人注目的革命领导者是提比略·格拉古,他呼吁聚集在意大利的革命情绪。在这段历史中,除了大西庇阿,他看起来比其他任何人物都更像一个诚实的人。起初,提比略·格拉古是一个相当反动的温和派改革者。他希望恢复自耕农阶级的财产,这很大程度上是因为他相信自耕农阶级是军队的支柱,在迦太基被摧毁前后,他在西班牙的军事经历使他深刻认识到罗马军团的效率正在下降。他就是我们今天所说的"回归土地派"的人。他不明白,当然现在也很少有人明白,把人口从农村转移到城镇,要比让他们回到艰苦而简单的农业生活中要容易得多。他想要恢复利西尼亚的法律,这些法律是在将近两个半世纪前卡美卢斯建造他的协和神庙时制定的,这些法律分割了大片土地,限制了奴隶的劳动。

这些利西尼亚的法律一再被重新提起,又一次次地成为一纸空文。只有当参议院的大股东们反对这一提议时,提比略·格拉古才转向人民,开始了一场对民选政府的激烈鼓动。他设立了一个委员会来调查所有土地所有者的所有权。在他的活动中发生了历史上最不寻常的事件之一。小亚细亚富有的帕加马国的国王阿塔洛斯去世(公元前133年),并把他的王国留给了罗马人。

我们很难理解这笔遗产的动机。帕加马国是罗马的盟友,因此相对安全,未受到侵略。这种遗愿的一个很自然的结果就是在参议院帮派之间挑起一场暴力冲突,并在他们和人民之间挑起一场为争夺新获得的战利品而出现的争端。实际上,阿塔洛斯把他的国家交给了劫掠者。当然，有许多意大利商人在这个国家建立了企业，和与罗马关系密切的当地富人组成了强大政党。毫无疑问，对他们来说，与罗马体系合并是可以接受的。约瑟夫斯见证了叙利亚富人这种吞并的欲望，这种欲望违背了国王和人民的意愿。这种帕加马国的遗赠本身就很惊人，但在其他方面却产生了更惊人的模仿效果。公元前96年，托勒密·阿皮翁将北非昔兰尼加遗赠给罗马人民；公元前81年，埃及国王亚历山大二世也效仿前人的做法，但是对于参议院人的胃口来说，这份遗产太大了，他们没有勇气接受，所以他们拒绝了；公元前74年，比提尼亚的国王尼克美狄斯将比提尼亚分开。关于这些在遗嘱上的奇怪的事情，我们在这里就不多说了。不过很明显，提比略·格拉古从阿塔洛斯的遗赠中得到了一个很大的机会，他可以指控富人贪婪，并提议将阿塔洛斯的财宝分发给平民。他提议用这些新财富来提供种子、牲畜和农业工具，以便重新安置土地。

他的运动很快就陷入了罗马选举制度的复杂之中，"没有一种简单而直接的选举方法"，每个时代的所有民众运动都必然在错综复杂的宪法中陷入混乱和疯狂，几乎必然会导致流血。如果他的工作要继续下去，提比略·格拉古必须继续担任保民官，但他连续两次担任保民官不符合法律的。他超越了法律的界限，然后第二次担任保民官；从乡下来给他投票的农民都带着武器来了；他针对暴政的呼喊声，很久以前就摧毁曼利厄斯的呼喊声，在参议院中被提出来，"法律与秩序"的朋友们，在一群手持棍棒的家属的陪同下，前往朱庇特神庙；当时发生了一场冲突，或者更确切地说是一场对革命者的大屠杀，有近三百人被杀，提比略·格拉古被两位参议员破板凳的碎片打死了。

于是参议院的议员们企图进行反革命，把提比略·格拉古的许多追随者都放逐了；但是公众的意见是如此反对和具有威胁性，以至于这个运动被放弃了。大西庇阿与提比略·格拉古的死有关，虽然他担任的是祭司长的职位，本应留在罗马，但他为了避免麻烦而出国了。祭司长的职责是为了公众而牺牲。

意大利的不安又激起了小西庇阿的斗志，他提议解放整个意大利。但是，在他能把这个建议付诸实施之前，他突然去世了。

然后是提比略的弟弟盖约·格拉古模糊的职业生涯，他遵循了一些至今仍在历史学家脑海中萦绕不去的曲折政策。他增加了各省的赋税负担，据说是为了让现代的金融家（骑士团）反对参议院的地主们。他把亚洲遗赠的新税收赠给骑士团去用于农业，更糟糕的是，他让他们控制了为防止敲诈勒索而设立的特别法庭。他开始了大量的公共工程，尤其是新公路的建设，他被指控利用这些合同进行政治活动。他重新提出了赋予意大利公民权的建议。他增加了分配给罗马市民的廉价玉米补贴……在这里，我们依然不能试图解开他的阴谋，更不用说对他进行评判了。但是无论怎样，他的政策确实冒犯了控制参议院的团体。公元前121年，他在罗马的大街上被法律与秩序的捍卫者和大约3000名追随者屠杀，他的头被砍下来，然后用长矛顶着送到了参议院。

（普鲁塔克说，元老院为这一胜利纪念物提供了与其重量相当的黄金作为奖赏：俘获它的人，本着"大事业"冠军的真正精神行事，在通往天平的道路上用铅填满了大脑。）

尽管已经采取了这些迅速而坚定的措施，参议院还是不能长期享受和平的好处和控制帝国资源的好处。10年之内，人民又造反了。

公元前118年，在北非文明迦太基政权的废墟上兴起了一个半野蛮的王国，叫作努米迪亚，努米迪亚的王位被一个能干的人夺取，这个人叫朱古达，他曾在西班牙罗马军队中服役，了解罗马人的性格。他挑起了罗马的军事干预。但是罗马人发现他们的军事力量，在一个由金融家和地主组成的参议院的统治下，甚至与年轻的西庇阿时期都大不相同。朱古达收买了派去监视他的专员、负责起诉他的参议员和反对他的将军们。有一句错误的罗马谚语："金钱没有臭味"，但是为了朱古达的钱，金钱在罗马已是臭气熏天。一阵愤怒的骚动发生了；在民愤的浪潮中，出身卑微但却很能干的士兵马略被推上了执政官的职位（公元前107年）。马略不打算以格拉古家族为榜样，通过恢复自耕农阶级来恢复军队的骨干力量。他是一名职业军人，工作效率很高，喜欢抄近路。

他只是从穷人中招募军队，无论是乡下人还是市民，给他们丰厚的报酬，执行严格的纪律，并在公元前106年，结束了与朱古达七年的战争，把那个酋长铐在铁链上带到了罗马。谁也没有想到，马略还顺便组建了一支职业军队，除工资之外，没有任何利益来维持它的稳定。然后，他或多或少非法地担任了几年的执政官，在公元前102年和公元前101年击退了日耳曼人的一次威胁（他们因此第一次出现在我们的历史上）日耳曼人穿过高卢向意大利进军。他赢得了两场胜利，其中一场发生在意大利本土。他被誉为他的国家的救世主，第二个卡米卢斯（公元前100年）。

当时社会的紧张局势嘲笑这种与卡米卢斯的比较。参议院受益于马略在外交事务上投入的更大的精力以及军事效率的提高，但是，广大人民群众的强烈的、不满的情绪仍然在寻求某种有效的发泄途径。富人越来越富，穷人越来越穷。想用政治诡计来扼杀这个过程的后果是永远不可能的。意大利人民仍然没有获得公民权。两名极端的民主党领袖，萨蒂尼努斯和格劳西亚被暗杀，但参议院熟悉的补救措施却未能在这次事件中安抚民众。公元前92年，一位贵族官员鲁蒂尔斯·鲁弗斯曾试图限制小亚细亚金融家的敲诈勒索行为,但后来他因为一项显然是捏造出来的、没有欺骗任何人的腐败指控而受到谴责;公元前91年,利维乌斯·德鲁索,新当选了人民的保民官,他从鲁蒂尔斯·鲁弗斯的审判中获利,但是被暗杀了。他曾提议给予意大利人普遍的选举权,他不仅预示着另一部土地法的出台,而且预示着债务的全面废除。然而,尽管参议员篡夺者、土地掠夺者和先驱者们精力充沛,饥饿和焦虑的人们仍然会成为叛乱分子。德鲁斯之死是注入民众起义的杯子里最后的一滴血,意大利燃起了奋不顾身的起义的熊熊烈火。

接下来是两年激烈的内战,即社会战争。这是一场统一意大利的理念与罗马参议院角色的理念之间的争斗。这不是现代意义上的社会战争,而是罗马和它的意大利盟友之间的战争。受过殖民战争传统训练的罗马将军们在意大利残酷地进进出出,焚烧农田,洗劫城镇,掳走男人、女人和孩子,把他们卖到公开市场上,或者让他们在自己的土地上成群结队地劳动。马略和他在非洲的同乡、他的死对头、贵族将军苏拉,都是罗马方面的指挥官。虽然叛乱分子经历了失败和抢劫,但这两位将军都没有结束战争。公元前89年,战争实际上结束于罗马参议院对思想改革的彻底投降。参议院在原则上答应了他们的要求,所以起义的精神消失了;然后,叛乱分子一散去,我们在本章第一节中已经解释过的欺骗新选民的手段又重新开始了。

到了第二年(公元前88年),老回合又开始了。这次里面还掺杂着马略和苏拉之间的个人阴谋。但是,由于马略的军队改革,斗争呈现出另一种面貌,产生了一种新型的军人,一种没有土地的职业军人,他们对生活没有兴趣,只关心金钱和掠夺,他们只对一个成功的将军忠诚。一位广受欢迎的保民官,萨尔皮西乌斯,提出了一些影响债务的新法律，执政官们宣布暂停公共事务以躲避风暴。接着，通常的暴力手段来了，萨尔皮西乌斯的追随者把执政官赶出了论坛。但现在的情况是，新军队使现在的力量发挥了作用。本都的米特拉达梯国王，比提尼亚黑海南部海岸的希腊化国王，正在把罗马推向战争。萨尔皮西乌斯提出的一条法律是，马略应该指挥军队攻打米特拉达梯。于是苏拉率领他在整个社会战争中指挥的军队向罗马进军，马略和萨尔皮西乌斯逃跑了，一个新的时代，一个军事的时代开始了。

苏拉是怎样成为攻打米特拉达梯的指挥官的，又是怎样离开的，当时对马略友好的军团是如何夺取政权的，马略是怎样回到意大利，彻底屠杀他的政治对手，死去了，满足了，其中的种种细节我们无法得知。但是，在马略恐怖统治的时期，有一项措施大大缓解了社会的紧张局势，那就是废除所有未偿还债务的四分之三。我们也不知道苏拉是怎样和米特拉达梯（他曾在小亚细亚屠杀了十万意大利人）达成了一种难以置信的和平，以便把他的军团带回罗马，在罗马高兰门战役中击败马略军队，并推翻了马略安排的。苏拉通过对5000多人的禁制和处决恢复了法律和秩序。他摧毁了意大利的大部分地区，恢复了参议院的权力，废除了最近的许多法律，尽管他没能恢复被取消的债务负担。之后，他对政治感到厌倦，积累了巨大的财富，他带着一副体面的神气，隐退到私人生活中去，不久便死去了，敌人们说他是死于由沉湎酒色而引起的某种恶疾。

27.4 冒险家将军们的时代

意大利的政治生活与其说是平静，不如说是被马略和苏拉的屠杀和没收所震惊。写这段历史的篇幅，将不允许我们在这里过多地讲述伟大的冒险家,他们越来越依赖于罗马军团的支持,现在又开始策划在罗马独裁政权。公元前73年,整个意大利都被奴隶的崛起吓坏了,尤其是角斗士,这些角斗士由一个来自色雷斯的角斗士领导,他叫作斯巴达克斯。他和另外70个人从卡普亚的一个角斗士农场逃了出来。西西里岛也曾发生过类似的崛起。斯巴达克斯统治下的军队必然成为一支来自东方和西方的杂七杂八的队伍,他们除了分散和回家的想法,没有任何共同的想法;然而,他还是在意大利南部坚持了两年,利用当时看来已经灭绝的维苏威火山作为天然堡垒。意大利人,虽然热爱角斗表演,却没有意识到整个国家已经变成了一个竞技场,这些把角斗之剑带到了门口。当斯巴达克斯最终被推翻时,他们的恐惧变成了疯狂的残忍,斯巴达克斯的6000名被捕的追随者被钉在十字架上,沿着阿庇亚大道,数英里长都是被钉死的受害者。

在这里,我们根本无法与卢库勒斯打交道,他入侵本都,与米特拉达梯作战,并把培育出来的樱桃树带到欧洲;我们也不知道伟大的庞培是如何巧妙地窃取了胜利和卢库勒斯在本都以外的亚美尼亚赢得的大部分威望。卢库勒斯和苏拉一样,隐退到奢华的私人生活中,但他的生活更优雅,结局也更优雅。我们无法详细叙述恺撒大帝是如何通过征服高卢,击败莱茵河上的德国部落,并穿过多佛尔海峡推动惩罚性的袭击进入英国,从而在西方积累了声誉的。使军团壮大起来变得越来越重要了,参议院和罗马议会的重要性越来越小了。但是,克拉苏的故事中有一种我们不能完全忽视的冷酷幽默。

这个克拉苏是一个伟大的放债者和先驱者。他是一个典型的新骑士类型的人,相当于一个现代的军火商人。他首先通过买下苏拉所禁止的人的财产而致富。他在这片土地上最早的功绩是针对斯巴达克斯的,经过长期且昂贵的战役,他最终以巨大的代价和努力击败了斯巴达克斯。之后,经过复杂的讨价还价,他获得了在东部的指挥权,并准备仿效卢库勒斯和庞培的辉煌。卢库勒斯从帕加马和比提尼亚向东推进到本都,庞培则完成了对亚美尼亚的掠夺。

  他的经历证明了当时罗马人在处理他们的事务时是完全无知的。他跨过幼发拉底河,希望在波斯找到另一个像本都一样的希腊化王国。但是,正如我们已经说过的那样,游牧民族从多瑙河,穿过俄罗斯,一直延伸到中亚,游牧民族的巨大蓄水池像雨点一样,源源不断地回到里海和印度河之间的土地上,亚历山大为了希腊主义征服了这片土地。克拉苏发现自己又与斯基泰人作对了,对抗由穿着中等大小服装的国王率领的流动骑兵部落。他所遇到的特殊种类的塞西亚人叫作帕提亚人。帕提亚人的蒙古(图拉尼亚)元素现在有可能与雅利安元素混合了;但是,幼发拉底河对岸的克拉苏战役,就像多瑙河对岸的大流士战役一样奇怪,步兵也能对难以捉摸的轻骑兵有同样的猛烈攻击。但是克拉苏没有大流士那么快意识到撤退的必要性,比起大流士遇到的那些斯基泰人来说,帕提亚人是更好的弓箭手。他们似乎有某种具有不同寻常强度和力量的、不同于普通的箭。这场战役的高潮是两天来对炎热、口渴、饥饿和疲惫的罗马军团的屠杀,这场战争被称为"卡莱战役"(公元前53年)。他们艰难地穿过沙漠,冲向一个总是躲避他们的敌人,骑着马绕过他们,并把他们打得粉碎。其中2万人被杀,1万人作为囚犯向东进军,成为伊朗的奴隶。

  克拉苏后来怎么样了还不清楚。有一个故事,很可能是为了我们的道德利益而编造的,由他的陪审团提出,说克苏拉死于帕提亚人之手,被熔化的金子灌进了喉咙。

  但是,这场灾难对于我们人类的通史来说确实具有非常重大的意义。它提醒我们，从莱茵河到幼发拉底河，一直到阿尔卑斯山脉、多瑙河和黑海的北部，连绵不断地散布着游牧民族和半游牧民族，罗马帝国的政治手段无法给他们带来和平和文明，罗马的军事科学也永远无法征服他们。我们已经注意到一幅地图，上面显示了第二个巴比伦帝国，迦勒底帝国，是如何像一只羊羔一样躺在中等势力的怀抱中的。同样，罗马帝国也像羊羔一样被新月形分布的野蛮人包围着。罗马不仅永远无法击退或同化这一上冲的新月，也不能在帝国的一部分和另一部分之间，把地中海组织成一个安全有序的交通系统。

罗马人还不知道，来自东北亚的蒙古部落，匈奴人和他们的族人，他们被西汉王朝隔离并驱逐出中国，所以他们正向西漂流，他们或与帕提亚人，斯基泰人，条顿人等混在一起，或赶在他们前面。

罗马人从来没有成功地把他们的帝国推出过美索不达米亚，他们对美索不达米亚的控制也从来没有很牢固。在共和国结束之前，曾经是他们成功秘诀的同化力量正在让路给爱国的排他性和爱国的贪婪。罗马掠夺和破坏小亚细亚和巴比伦王国，而小亚细亚和巴比伦王国是一个向东扩展到印度的必要基础，正如它破坏和抢劫迦太基，所以没有将立足点扩展到非洲，正如它摧毁了科林斯，所以减少了一种到达希腊核心的简单方式。给西欧作家留下深刻印象的事实是，后来罗马使高卢和英国南部罗马化，文明化，并恢复了西班牙早期遭受破坏之前的繁荣景象。它倾向于忽视在南部和东部的更广阔的地区，在那些地区它的影响力正在减弱，因此，对希腊文明的更广泛的征服恢复到了野蛮的状态。

27.5 共和国的终结

但在公元前1世纪意大利的政治家中，没有德国、俄罗斯、非洲和中亚的地图，即使他们存在，也没有足够的智慧来研究。罗马从来没有发展出让汉诺和尼科法老的水手们到非洲海岸探险的那种好奇心。当时，在公元前1世纪，汉朝的使节们到达里海的东部海岸时，他们只发现了一个文明已经衰落的故事。亚历山大的记忆仍然存在于这片土地上，但罗马人只知道庞培已经来到里海的西部海岸，然后又消失了，克拉苏也被摧毁了。罗马全神贯注于国内事务。在罗马公民们在追求个人财富和人身安全的过程中，剩下的精神力量还要去应付冒险家们的计谋、打击和反打击，很明显这些冒险家是在争夺最高的权力。

尤利乌斯·恺撒

历史学家的习惯是极其尊重这些斗争，特别是尤利乌斯·恺撒的形象被树立起来了，仿佛他是人类历史上一颗极其明亮和重要的星星。然而，冷静地考虑已知事实的时候，并不能完全证明恺撒的这种半神论是正确的。即使是那个突然出现的，可能毁灭了一切美好可能性的人，亚历山大大帝，也没有被如此的夸大，如此的精心打扮,以博得粗心大意、不加批判的读者的赞赏。平心而论,有一种学者,他们坐下来去为历史上那些更引人注目的人物创造了绝妙的世界政策,只因为一点点理由,或者根本没有理由。我们听说亚历山大计划征服迦太基和罗马,彻底征服印度,不过他的死粉碎了这些计划。我们可以肯定的是,他征服了波斯帝国,之后从未越过波斯帝国的边界;事实上,当他应该制订这些宏伟而崇高的计划时,他还沉浸在一些荒唐可笑的举动之中,比如为他最爱的赫菲斯顿而哀悼,比如他最喜欢的爱好,把自己喝得烂醉如泥。因此,尤利乌斯·恺撒得到认可也是因为做了一件并非不可能的事,那就是确保罗马帝国免于最终崩溃,即有系统地征服欧洲,并使其文明化,直到波罗的海和第聂伯河。普鲁塔克说,他要向德国进军,穿过帕提亚和斯克提亚,绕过里海和黑海的北部。然而,我们必须与这一明智而宏伟的计划达成和解的事实是,这是他权力的顶峰,恺撒已经是一个秃顶的中年男子,已经过了青春爱情的风华和冲动,他在埃及度过了一年的大部分时间,与埃及女王克利奥帕特拉共进晚餐,谈情说爱,自娱自乐。后来他把她带到了罗马,在那里她对他的影响引起了强烈的不满。与女性的这种复杂关系,标志着他已经成为一个年长的感性主义者或多愁善感者,而不再是男性的主宰。这件事发生时,他已经54岁了。

站在超人尤利乌斯·恺撒的立场上,我们不得不数一数那不勒斯博物馆的半身像。它代表着一张精致而智慧的脸,表情非常高贵,我们可以把这个故事与他的头联系起来,甚至在他出生的时候,他的头就异常的大而且形状很好。但没有令人满意的证据表明,这一著名的半身像确实代表了恺撒,而且,半身像身上那种严肃的宁静与他身上那种暴烈的冲动和混乱的名声是很难调和在一起的。这很可能是另外一个人的半身像,被说成是他的了。

毫无疑问，恺撒是一个放荡不羁、挥霍无度的年轻人。他从苏拉那里逃走后，寄居在提比尼亚。那段日子里，关于他的丑闻不断。他是堕落的克洛迪乌斯和阴谋家喀提林的同伙，在他的政治生涯中，没有什么比他自己的权力晋升，以及权力所带来的个人荣耀与放纵更高或者更远的目标了。在这里，我们不打算讲述他职业生涯的转折和手段。虽然他出身于一个古老的贵族家庭，但是他作为人民的宠儿进入了政界。为了举办最盛大的公众节日，他花了大量的钱，还背负了沉重的债务。他反对苏拉的传统，怀念他的姑父马略。有一段时间，他与克拉苏和庞培一起工作，但是克拉苏死后，他和庞培发生了冲突。公元前49年，他从西而来，庞培从东而来，各自带着自己的军团，公开争夺罗马的统治权。他违反法律，带领自己的军团越过卢比肯河，卢比肯河是他的司令部与意大利之间的边界。公元前48年，在塞萨利的法萨洛斯战役中，庞培被击溃，于是他逃到了埃及，不过后来又被人谋杀了。于是恺撒掌控了罗马世界，他的权力范围甚至比苏拉那个时候还大。

公元前46年，恺撒被任命为独裁者，之后他做了10年独裁者，早在公元前45年，他就被封为终身独裁者。这就是君主制，虽然不是世袭君主制，但至少是选举终身君主制。这是他为世界尽最大努力的无限机会。在这四年里，他运用了独裁权力的精神和品质，我们一定要对他进行评判。他对地方行政进行了某种改组，他似乎采取了当时很有效的措施，即重建科林斯和迦太基这两个被屠杀过的海港，因为摧毁科林斯和迦太基毁坏了地中海的海上生活。但更明显的是埃及艳后克里奥佩特拉和埃及对他思想的影响。就像他之前的亚历山大一样，他的头脑似乎被王神的传统改变了，毫无疑问，在他身边，必定有迷人的世袭女神克里奥帕特拉的奉承作为辅助。我们在他和他的朋友之间，找到了关于他自命不凡的冲突的证据，这一点我们已经在亚历山大的例子中讲述过了。就希腊化的东方而言，赋予统治者神圣的荣誉是一个常见的想法；但是它仍然排斥罗马挥之不去的雅利安文化。

安东尼是他在法萨罗的二把手，是他的马屁精中最重要的一个。普鲁塔克描述了一个公共游戏的场景，当时安东尼尝试着把王冠强加给恺撒，之后恺撒有些害羞，但是面对着观众们明显的不满，恺撒只能拒绝了。但他使用了象牙权杖和王位，这是古罗马国王的传统徽章。在竞技场的开幕式上，他的形象与众神的形象混在一起，他的雕像竖立在一座刻有铭文的寺庙里，铭文上写的是"献给不可征服的神！"，甚至为他的神任命了祭司。这些都不是伟大思想的表现，而是普通人狂妄自大的表现。记录里描述了恺撒对个人崇拜的最粗俗的讽刺的计划，这个关于恺撒的记录是愚蠢又可耻的记录；这与"他是一个聪明而出色的超人，他让世界走上正轨"这个想法是不相符合的。

最终，在公元前44年，他被自己的一群朋友和支持者暗杀了，因为对于他们来说，这些神圣的抱负已经变得无法忍受了。他被困在参议院里，全身被刺伤了23处，最后死在了他的对手庞培大帝雕像脚下。这一场景标志着旧罗马统治机构的彻底堕落。凶手的头目布鲁图斯本想向参议院的议员们发表演说，但面对这场危机，他们只得从四面八方溜走。在这一天的绝大部分时间里，罗马人都不知道该怎样处理这一事件；凶手带着血腥的武器在一座前途未卜的城市里游行，没有人出来反对他们，但是加入他们的人也很少；然后公众舆论转向反对他们的一方，他们的一些房子受到攻击，他们不得不躲藏起来，去逃命。

27.6 元首制产生

但当时的形势是君主专制。又过了13年，人格的斗争仍在继续。西塞罗，作为一个应当被提及的人，他的思想博大精深，雄心勃勃，但又不是完全以自我为中心。他虽出身卑微，但雄辩的口才和文学才能使他在参议院赢得了显赫的地位。他有点被德摩斯梯尼的虐待传统影响了，尽管如此，他还是脱颖而出，是一个高贵而又可悲的无能人物，他向现在已经完全堕落、卑鄙和懦弱的参议院祈求共和国的崇高理想。他是一位非常细心又杰出的作家，他留给我们的演讲和私人信件，使他成为这个时期对于现代读者来说最真实生动的人物之一。公元前43年，他被放逐并杀害了，就是尤利乌斯·恺撒被谋杀后的一年，他的头和手被钉在罗马广场上。屋大维，最终成为罗马的元首，他似乎在努力拯救西塞罗，不过那起谋杀案肯定不是他的罪行。

在这里，我们无法追溯结盟和背叛的纠葛，这些结盟和背叛的纠葛在屋大维统治时期结束了。屋大维是尤利乌斯·恺撒收养的继承人。这些主要人物的命运与克利奥帕特拉的命运交织在一起。

恺撒死后，她开始去获得安东尼的情感和虚荣心，安东尼是一个比恺撒年轻得多的人，她可能已经认识他了。有一段时间，屋大维和安东尼，还有第三个人物，雷必达，分裂了罗马世界，就像恺撒和庞培在最后的冲突前分裂了罗马世界一样。屋大维占领了更为艰苦的西部，巩固了他的力量；安东尼有更华丽的东方艳后和埃及艳后。落到雷必达手里的是那块带着宿怨的骨头，即迦太基的非洲。他似乎是一个有着良好传统的好人，致力于迦太基的复辟而不是追求财富或个人的虚荣。安东尼的思想屈服于那些古老的神权思想，事实证明这些思想对尤利西斯·恺撒的思想平衡能力来说是太多了些。在克利奥帕特拉的陪伴下,他把自己献给了爱情和娱乐以及一个关于感官荣耀的梦,直到屋大维觉得结束这两个埃及神灵的时机已经成熟。

公元前32年,屋大维劝服参议院将安东尼从东方的指挥权上撤下,并开始攻击他。在亚克兴(公元前31年)的一场伟大的海战中,克利奥帕特拉带着60艘船突然地离开了战场。我们现在完全不可能断定这是因为预谋而来的背叛,还是由于一个迷人的女人的突发奇想。这些船只的离开使安东尼的舰队陷入绝望的混乱,这位模特爱好者在追逐中的仓促航行增加了这种混乱。他没有通知他的指挥官,就乘一艘快速的小艇跟在她后面走了。他离开了他的追随者,让他们按照自己认为合适的方式战斗和死亡,有一段时间,他们甚至不相信他已经离开了。普鲁塔克讽刺地推测了这对恋人后来的相遇以及他们之间的和解。

屋大维的网慢慢地包围了他的对手。屋大维和克利奥帕特拉之间存在某种理解并非不可能,也许在尤利西斯·恺撒的时代,王后和安东尼之间就有过这样的关系。安东尼在他这出小戏的最后一场里,由于爱情场面的不同,他的姿态也变得很悲哀。有一段时间,有时他装作好嘲弄人的泰蒙的仿效者,一个对人类失去了全部信仰的人,尽管人们可能认为他在阿克提姆遗弃的水手有更好的理由采取这种态度。最后,他发现自己和克利奥帕特拉在亚历山大被屋大维包围。还是有一些小的成功,安东尼大声挑战屋大维,要他通过个人斗争来决定这件事。由于被误导相信克利奥帕特拉是自杀的,这位浪漫之星竟然刺伤了自己,但却毫无效果,最后他苟延残喘地死去了,他在她的面前被抬走了(公元前30年)。

普鲁塔克对安东尼的描述,很大程度上来自亲眼见过和认识他的目击者,他把安东尼描述成一个英雄式的人物。他被比作半神的赫拉克勒斯，他本身也自称是大力神的后裔，也是印度酒神巴克斯的后裔。参议院里有一段令人作呕但发人深省的描述，说是有一回他喝醉了酒，正想讲话，却被一次最失仪的醉后狂吐搞得话都讲不下去。

有一小段时间，克利奥帕特拉暂时还活在世上，也许她希望能把屋大维降为尤利西斯·恺撒和安东尼所扮演的那种神圣的角色，她接受了屋大维的采访，在采访中，她把自己描绘成一个痛苦中的美人，穿着的衣服很轻浮。但是她发现屋大维缺乏神一般的火花，他关心她的舒适和幸福，主要是因为他想在罗马街头举行的凯旋游行中把她展示出来，所以她也自杀了。一条毒蛇从罗马哨兵那里被偷运到她身边，藏在一篮无花果里，她被毒牙咬死了。

屋大维似乎完全摆脱了恺撒和安东尼的神圣愿望。他既不是上帝，也不是浪漫的英雄，他只是一个人。在罗马共和党戏剧的最后一幕中，他比任何一个演员都要宽广和有能力。如果考虑到所有的事情，那么他也许是当时罗马发生的最好的事情。他自愿放弃了自公元前43年以来他所拥有的非凡权力，他说："把共和国移交给参议院和罗马人民！"旧的宪法机构又一次启动了；参议院、议会和地方法官恢复了他们的职能，屋大维本人被誉为"共和国的恢复者和自由的拥护者"。想要确定他自己，即罗马世界的真正主人，对这个复兴的共和国应该有什么关系，这并不容易。从任何实际意义上讲，他的退位都会使一切重新陷入混乱。为了和平与秩序的利益，他至少应该保留他的大部分权力；这个目标实际上已经实现了，皇帝的统治建立在一种历史上前所未有的方式上。国王头衔的任何复兴都是不可能的，屋大维本人明确拒绝独裁统治。也没有为他设立任何新的官职或任何新的官衔。但是，在参议院和人民的支持下，他按照旧的宪法形式被赋予了一定的权力，就像他之前的许多公民一样，他也在共和国合法任命的治安官的支持下取代了他。首先，只是为了纪念他至高无上的尊严，参议院命令他应该把"奥古斯都"作为额外的同姓，从此以后，按照一般的说法，他被称为元首，这是一个简单的礼貌性的头衔，为共和党人所熟悉，所传达的无非是一种公认的高于他的同胞的首要的地位和优先的地位。西塞罗在其《共和政体论》一书中，描绘的自由共和国宪法总统的理想显然实现了，但是这只是停留于表面。因为事实上，屋大维所享有的特殊特权使他在实质上恢复了他已经辞职的专制政权，而在恢复的共和国和新元首之间，权力的天平压倒性地偏向后者。

27.7 罗马共和国为何失败

就这样，罗马共和主义以一位元首或元首统治而告终，而在一个比部落或城市规模更大的自治社区中进行的第一次伟大试验，也以失败告终。

失败的本质原因在于它不能保持持久的统一。在它的早期阶段，它的公民，无论是贵族还是平民，都有一定的正义和诚信的传统，所有公民对法律忠诚，法律对所有公民善良；它坚持认为法律重要和看重守法精神的想法几乎一直延续到公元前1世纪。但货币的不可预见的发明和发展，帝国主义扩张的诱惑和干扰，纠缠的选举方法，让这一传统削弱淹没。因为它以新的面貌呈现旧的问题，但法官却不承认这些问题；它使人们能够忠于公民的职业，但却不忠于公民的精神。罗马人民的联系一直是一种道德上的联系，而不是一种宗教上的联系；他们的宗教是祭祀和迷信的，它没有体现出犹太教正在发展的神圣领袖和神圣使命的伟大思想。在新的时代到来之前，由于公民意识的失败和消退，没有内在的东西，也就是说，没有形成真正的、统一的制度，每个人都越来越倾向于做自己眼中正确的事。

在这种情况下，没有选择，要么混乱，要么回归君主制，接受一些被选中的个人作为国家统一的意志。当然，在回归中隐藏着期望，君主会变得像魔法一样，不再仅仅是一个微不足道的人，而是认为自己是一个更伟大、更高尚的人，实际上是一个国家人物；当然，君主政体总是不能满足这种期望。我们现在对罗马皇帝做一个简要的回顾，我们将简略地回顾一下这种失败的程度。最后我们就会发现其中一位更具建设性的皇帝，康斯坦丁大帝，他意识到自己作为统一国家的权力是有不足的，于是他转向信仰，组织，和教学的网络，即帝国新宗教运动之一的教学网络，为人们的思想提供了渗透的和相关的因素，当时这些因素在人们的思想中明显的缺乏。

在恺撒的带领下，欧洲和西亚的文明回到了君主政体，通过君主政体，在目前有组织的基督教的帮助下，它在近18个世纪里寻求实现和平、正义、幸福和世界秩序。然后，几乎是突然之间，它开始回归共和主义，先是在一个国家，然后在另一个国家，在印刷、出版和有组织的普通教育的新权力的帮助下，在世界几代人都浸透在普遍的宗教思想的情况下。现在看来，罗马人似乎又重新开始努力建立一个共和的世界国家和一个世界性的经济正义计划。罗马人过早地制订了这一计划，彻底地、灾难性地失败了。

我们开始察觉到，某些条件对这样的创造是绝对必要的，这些条件是基督教出现前的任何一个罗马人都无法想象的。我们可能仍然认为，实现这些条件是一项非常艰苦、困难和不确定的任务，但是，我们理解，必须做出这种努力，因为在我们面前没有任何其他前景，甚至没有任何幸福、尊严或维护我们同类的希望。这些条件中的第一个条件是，在所有人的头脑中都应该有一个共同的政治思想，一个国家观念的思想，作为每个人的个人财产，并作为其职责安排的主要事实。在罗马的早期，当它还是一个小的可见的国家，只有20平方英里的时候，这样的观念可以从家里的孩子身上开始发展，通过去看和听他们父亲的政治生活；但在一个更大的国家里，比如罗马，这在与皮拉斯的战争之前就已经形成了，如果想要保持这种道德的统一，就需要有组织地教授历史、主要法律和国家对每个人的一般意图。但是这种需要从来没有被意识到，也从未尝试过这样的教学。在那个时候，它不可能被制造出来，因为这是不可想象的。知识并不在那里，也不存在任何一门课可以教授出所需的教师，也不存在一种组织的概念，可以用来进行像基督教的教学组织这样有系统的道德和智力训练，基督教的教学组织目前提供了基督教的信条、教义问答、讲道和证实。

此外，我们现在知道，即使是这种全民教育，也只是一个健康的共和国家的基础。教育之外，还必须有关于这个国家正在发生的事情的丰富的、迅速的、真实的信息，以及对当时问题的坦率的自由的讨论。即使是在今天，我们所拥有的新闻界、宣传人员和政治家所履行的这些职能也非常不完善和糟糕；但是，尽管做得很糟糕，事情还是做了，而且事实证明，他最终可能会做得很好。这在罗马，甚至没有人尝试过。罗马公民从谣言和偶尔出现的演说家那里得到政治事实。他挤在演讲台边，听不完全远处人的演说。他可能对他所投票的每一个问题都有误解。

我们已经讲述了罗马选举制度非常的无效。

由于无法克服或消除这些障碍，建立一个健全有效的人民政府，罗马人思想的政治本能转向君主政体。但那个当时被安装在罗马的君主政体，不是后来欧洲式的君主制，也不是世袭的君主制。元首真的很像美国战时的总统，但他不是被选了四年，而是被选了一辈子，他能够任命参议员，而不受民选参议员的限制，并在众议院召开群众大会。他也是祭司长，这在华盛顿是一个没有的职能；在实践中，他通常指定和训练他的继承人，并为这个荣誉选择一个他可以信任的儿子、领养的儿子或近亲。王子的权力本身是巨大的，在没有任何适当制约的情况下，就把权力交给了一个人，但它进一步加强了君主制的传统，这种传统现在已经从埃及蔓延到整个希腊化的东方，每一个东方奴隶和移民将这种传统带到了罗马。天皇的思想在自然和不可察觉的情况下支配了整个罗马化的世界。

现在只剩下一件事需要提醒天皇他是凡人，那就是军队。在罗马帕拉蒂尼的奥林匹斯山上，神皇从来没有安全过。只有当他是他的军团所热爱的队长时，他才是安全的。因此，只有那些勤奋的皇帝才能长期统治罗马帝国，他们让自己的军队保持活跃，并与自己保持密切联系。那把剑悬在皇帝的头顶上，激励他不断地活动。因为如果他把事情交给他的将军们去做，其中一位将军很快就会接替他的位置。这种刺激也许是罗马帝国制度的可取之处。在一个更大、更紧凑、更安全的中国里，对军团的需求并不相同，因此，对于懒惰、放荡或年轻的君主来说，就不像在罗马那样有迅速被替代的结局。

28. 海洋和大平原之间的罗马诸位皇帝

28.1 罗马皇帝简史

由于爱国主义倾向，西方国家往往高估了奥古斯都·恺撒即位后在罗马建立起来的绝对君主制的组织、文明的教化和国家的安全。我们从中汲取了英国、法国、西班牙、日耳曼和意大利的政治传统，而这些国家在欧洲作家的眼中显得举足轻重。从世界历史的范围来看，罗马帝国似乎不再那么重要了。它总共持续了大约四个世纪才被完全摧毁，拜占庭帝国并不是它的真正延续，这是希腊亚历山大帝国的复辟，它的人民讲的是希腊语，毫无疑问，它的君主有罗马头衔，但就此而言，已故的保加利亚沙皇也有罗马头衔。在四个世纪的历史中，罗马帝国经历了分裂和完全混乱的阶段；如果把它繁荣的年代聚集起来，加起来也不过是几个世纪。相较于同时代的中国平静稳定的扩张安全和文化事业，或者和公元前4000年到公元前1000年的埃及相比，或者在闪米特人征服苏美尔之前，这只是历史上的一件小事。从达达尼尔海峡到印度河的居鲁士波斯帝国也有同样高的文明水平，它在200多年的时间里没有被征服，仍然相当繁荣。它的前身米堤亚帝国已经存在了半个多世纪。在亚历山大大帝短暂的覆灭之后，它又重新崛起，成为持续了几个世纪的塞琉西帝国。塞琉西帝国的领土最终缩小到幼发拉底河以西，成为罗马帝国的一部分；但波斯在帕提亚人的复兴下成为一个新的波斯帝国，先是在阿萨西德统治下，后来又在萨珊王朝统治下，比罗马帝国更长寿。萨珊王朝多次向拜占庭帝国发动战争，并牢牢控制着幼发拉底河的防线。616年，在霍思劳二世的统治下，他们占领了大马士革、耶路撒冷和埃及，并威胁着达达尼尔海峡。但是没有任何传统来保持萨珊王朝的辉煌。罗马的声誉因其后嗣的繁荣而得以发扬光大。罗马的传统大于现实。

历史上区分出两大罗马皇帝群体，他们都是伟大的管理者。第一组皇帝如下。

奥古斯都·恺撒（公元前27—14），就是上文所提到的屋大维，他致力于省政府的改组和财政改革。他在官僚机构中建立了一定的守法和诚实的传统；他给了这个省的公民向恺撒上诉的权利，从而遏制了更可怕的腐败和暴政。但他划定了莱茵河和多瑙河沿岸帝国的欧洲边界，因此日耳曼沦为野蛮之地，当时日耳曼是安全繁荣的欧洲的必要支柱。他在东部幼发拉底河也做了类似的限制，让亚美尼亚独立，这成为与安息王朝和萨珊王朝不断争论的焦点。值得怀疑的是，他是否认为自己是在沿着这条线确定帝国的最后边界，或者他是否认为在进一步扩张尝试之前，有必要巩固几年。

提比略（14—37）也被描述为一个有能力的统治者，但他后来在罗马变得非常不受欢迎，似乎是因为他沉迷于粗鄙可憎的恶习。但是，他在这些方面的放纵和他个人的暴虐和残忍并没有妨碍帝国的普遍繁荣。判断他很难，我们几乎所有能得到的资料都对他怀有明显的敌意。

卡利古拉（37—41）患精神病症，但是帝国仍然在这种状态下持续了四年的时间。最后他在宫殿里被他的仆人谋杀了。似乎有人试图恢复参议院政府，但这一企图被皇帝的御林军迅速镇压了。

克劳狄（41—54），卡利古拉的叔父，是一个粗野的人，士兵们拥戴其为帝，但他似乎是一位工作努力、能力相当强的管理者。他吞并了英国的南半部，从而推进了帝国的西界。他是被他养子尼禄的母亲阿格里皮娜毒死的，她是一个极具魅力和人格力量的女人。

尼禄（54—68），像提比略那样，被认为极其荒淫和残忍，但是帝国已经获得了足够的资源，使他在十四年的权力中拥有继续前进的动力。他确实谋杀了他那忠诚但麻烦不断的母亲和妻子，他谋杀妻子是为了表示对一位名叫波佩亚的女士的忠诚，这位女士后来嫁给了他。但是恺撒家族在国内的恶行并不是我们现在故事的一部分。对犯罪细节如饥似渴的读者，可以查阅苏埃托尼维斯所写的古典资料。这些不同的恺撒及其后继者和他们的女人们，在本质上可能并不比大多数软弱而充满激情的人差多少，但他们没有真正的宗教，因为他们自己就是神；他们没有广博的知识来建立远大的抱负，他们的女人凶狠，而且常常目不识丁，他们不受法律或习俗的约束。他们周围的生物随时准备激发他们最轻微的愿望，并把他们最模糊的冲动转化为行动。因此，我们大多数人的黑色思想和愤怒冲动，只不过是过去的东西变成了行动。在一个人谴责尼禄是与自己不同的物种之前，他应该非常仔细地审视自己的秘密想法。尼禄在罗马非常不受欢迎，有趣的是，他变得不受欢迎，并不是因为他谋杀和毒害了和自己有亲密关系的人，而是因为在英国发生了一场由布狄卡女王领导的起义，罗马军队遭受了巨大的灾难（61年），因为意大利南部发生了毁灭性的地震。罗马人忠于伊特拉斯坎人的本性,从不信教,总是迷信,他们并不介意一个邪恶的恺撒,但是他们强烈反对一个不吉利的人。西班牙军团在一位73岁高龄的将军加尔巴的领导下起义,他们拥立他为皇帝。他乘轿子向罗马进军。尼禄绝望地自杀了(68年)。

然而此时的罗马有一群想成为皇帝的人,加尔巴只是其中的一个。莱茵河军团、帕拉提尼军队和东部军队的将军们都尝试着去夺取政权。罗马一年中出现过四位皇帝:加尔巴、奥托、维特里乌斯和韦帕芗。第四个皇帝是韦帕芗(69—79),来自东部司令部,掌握着最牢固的控制权,并持有和保管着战利品。但是随着尼禄的出现,恺撒们的出生和收养也结束了。恺撒不再是罗马皇帝的姓,而是一个头衔,即神性恺撒。君主政体进一步坚持对统治者的崇拜,进而向东方主义迈进了一步。

韦帕芗(69—79),他的儿子提图斯(79年),还有图密善(81年),他们建立了第二个王朝,弗拉维王朝;在图密善被暗杀之后出现了一群皇帝,他们之间没有血缘关系,而是收养关系,即收养的皇帝。涅尔瓦(96年)是这群皇帝中的第一位,图拉真(98年)是第二位。之后是不知疲倦的皇帝哈德良(117年)、安敦尼·庇护(138年)、马可·奥勒留·安敦尼(161—180)。在弗拉维到安敦尼的统治下,帝国的疆界又向前延伸了。北不列颠于84年被吞并,莱茵河和多瑙河的夹角被填进了罗马帝国的版图,现在特兰西瓦尼亚变成了一个新的省。达西亚·图拉真也入侵帕提亚,吞并了亚美尼亚、亚述和美索不达米亚。在他的统治下,帝国达到了鼎盛时期。他的继任者,哈德良的性格是谨慎而知道进退的。他放弃了图拉真对东部地区的征服,他也放弃了北不列颠。他采纳了中国人的观点,认为要筑一道限制野蛮行为的城墙,这一个很好的想法,但要皇城这边的人口压力大于外界的压力,否则就是一文不值。他建造了横跨英国的哈德良长城,并在莱茵河和多瑙河之间建了一道栅栏。罗马扩张的高潮已经过去了,在他的继任者的统治期间,北欧边境已经处于积极地防御日耳曼人部落和斯拉夫人部落侵略的状态。

马可·奥勒留·安敦尼是历史上的人物之一。在一些批评人士看来,他似乎是一个自命不凡的人。他涉猎宗教,喜欢穿着祭司的服装主持祭司的仪式,这有冒犯普通人的倾向。他们对他未能制止他妻子法乌斯蒂娜的恶行表示不满。然而,关于他家庭生活不幸的故事,并没有很好的根据,因为他有一个好家庭,尽管他的儿子康茂德令人吃惊。另外,毫无疑问,他是一位忠诚而勤奋的皇帝,他在一系列灾难性的岁月里维系着社会秩序,即恶劣的天气、大洪水、歉收和饥荒、野蛮的掠夺和叛乱,最后是一场可怕的世界性瘟疫。弗雷德里克·法勒[①]在《不列颠百科全书》中说过,"事实上,他认为自己是所有人的仆人。公民登记、制止诉讼、提高公共道德、关心未成年人、削减公共开支、限制角斗和表演、关心道路、恢复参议员的特权,只任命有价值的地方法官,甚至管制街道交通,这些以及无数的其他工作使他全神贯注,尽管他的健康状况不好,但这些工作仍然常常使他从清晨到午夜很长一段时间都处于繁重的劳动中。事实上,他的职位经常需要他参加比赛和表演;但在这些场合,他要么忙于读书,要么听人给他读书,要么写笔记。他是那种认为什么事都不应该匆忙做的人之一,认为浪费时间是最坏的罪行。"

但现在人们对他的记忆不是来自这些行业。他是斯多葛学派哲学最伟大的倡导者之一,这些学问在他的冥想中,他在营地和庭院

---

① 弗雷德里克·法勒:英国传教士,作家。

里草草记下了《沉思录》，他记录了许多人类的灵魂，在每一代人里都为自己培养了一批新的朋友和崇拜者。

随着马可·奥勒留·安敦尼的去世，这个团结和相对良好的政府阶段宣告结束，他的儿子康茂德开创了一个混乱的时代。实际上，此时帝国在其内部已经和平了200年。现在，一百年来，罗马历史的学生必须掌握一些不称职的皇帝的各种犯罪学，而边疆在野蛮人的压力下崩溃和退却。只有一两个名字似乎是能人的名字：塞普蒂米乌斯·塞维鲁、奥勒良和普罗布斯。塞普蒂米乌斯·塞维鲁是一个迦太基人，他妹妹一直学不懂拉丁文。她用双关语管理她的罗马家庭，这一定让老加图在坟墓里辗转不安。这一时期的其他皇帝主要是冒险家，对于我们要注意事情的总体计划来说，他们太不重要了。有时，在分心的帝国的不同地区有不同的皇帝统治。德基乌斯皇帝，在251年哥特人大举入侵色雷斯时被打败并杀害，瓦勒良皇帝，连同伟大的安条克城，在260年被波斯的萨珊王朝国王俘虏。从我们的观点来看，这两位皇帝都值得关注，因为他们标志着整个罗马体系的不安全性，以及帝国外部存在的压力，当然，克劳迪斯也是这样（他是哥达的占领者），因为他在塞尔维亚的奈苏斯战胜了这些人（270年），因为他像伯里克利一样死于瘟疫。

在这几个世纪里，间歇性的瘟疫在弱化种族和改变社会环境中起着一定的作用，这是历史学家们仍需适当研究的部分。例如，在164—180年，马库斯·奥勒留皇帝统治时期，整个帝国遭受了一场大瘟疫。这场瘟疫很可能扰乱了社会生活，并且为康茂德加入后的麻烦准备了道路。正如我们将在本章第4节中指出的，同样的瘟疫摧毁了中国。在第一个和第二个世纪，气候也发生了相当大的波动，造成了人口的压力和迁移，这些也迫使历史学家对其进行评估。但在我们继续讲述野蛮人的入侵和戴克里先等后世帝王的企图

(284年),以及君士坦丁大帝(312年)将国家起伏和分裂的船只聚集在一起之前,我们必须描述一下罗马帝国两个世纪繁荣时期人类的生活状况。

28.2 全盛时期的罗马文明

不耐烦的历史读者可能会把公元前27年到180年这两个世纪的秩序看作是人类浪费的机会之一。那是一个消费的时代而不是创造的时代,是一个建筑和贸易的时代,在这个时代里,富人越来越富有,穷人越来越穷,人的灵魂和精神也在衰退。从表面上看,就像一个人从两千英尺高空的飞机上看它一样,那里是相当繁荣的。从约克到昔兰尼①,从里斯本到安条克,无论在哪里,他都能注意到大而建得很好的城市,有寺庙、剧院、圆形剧场、市场等等;成千上万的这样的城市,由巨大的渡槽提供水源,由华丽的公路提供服务,这些庄严的城市至今仍让我们感到惊讶。他会注意到一种丰富的耕作方式,并且由于他已经飞得太高了,所以以至于没有发现这种耕作方式是奴隶的勉强劳动。在地中海和红海可以看到大量的交通;在那个高度上,如果看到两艘船并排,并不能说明其中一艘是海盗的,而且这些海盗正在掠夺另一艘船。

而且,即使观察家们进行更仔细的审查,仍会有许多累积的需要改进的地方值得注意。自从恺撒大帝时代以来,人们的举止温和而文雅。有了这一点,人类的感情真的增强了。在安敦尼时期,保护奴隶免遭极端残忍的法律应运而生,不再允许把奴隶卖给角斗士学校。不仅城市的外观更加华丽,而且在富人的家中,装饰艺术

---

① 昔兰尼:利比亚著名古城。

也有了很大的进步。罗马早期繁荣时期的粗俗宴席、放纵动物和粗俗表现，现在已被某种文雅所缓和。衣服变得更丰富、更精致、更漂亮了。此时与遥远的中国有很大的丝绸贸易，因为桑树和桑蚕还没有开始向西迁移。当丝绸结束了它漫长而多变的罗马之旅时，它的价值已经非常高了。不过，丝绸仍被大量使用，并且有稳定的贵金属向东来流动交换。在烹饪和娱乐艺术方面有了很大的进步。彼得罗纽斯描述了一个富有的人在早期的恺撒时期所举行的宴会，有一系列令人惊叹的菜肴，有的非常美味，有的令人惊叹，甚至超越了现代纽约的辉煌和想象力所能产生的一切；音乐和绷紧的绳舞、杂耍、荷马背诵等表演也使这个节日形形色色。我们可以说，在整个帝国有非常多的"富人文化"。这时的书要远远多于恺撒时期之前的书。人们为自己的藏书感到自豪，即使是在财产的关心和责任使他们太忙，除了通过考试，无暇顾及文学珍品的时候。希腊的知识向东传播，拉丁的知识向西传播，如果这个或那个英国或高卢城市的杰出人物本身缺乏深刻的希腊文化的话，他们总是可以找一些奴隶来弥补他们的不足，因为奴隶贩子保证他们的学习质量是最高的。

加图那一代人曾鄙视希腊人和希腊语，但现在一切都变了。在安敦尼统治下的罗马，一种得到认可和确立的希腊学问的声望，与维多利亚时代英国的牛津和剑桥一样高。有相当数量的希腊学术，以及书面的批评和评论。事实上，人们对希腊文学的崇敬之情几乎摧毁了希腊精神；记录下来的亚里士多德的观察是如此珍贵，以至于排除了任何模仿他组织进一步研究的企图。值得注意的是，虽然亚里士多德的希腊语原文像种子一样落在罗马世界的石质土壤上，但他用叙利亚语和阿拉伯语进行的翻译，极大地刺激了一千年后的阿拉伯文明。在希腊博学的全盛时期，拉丁语的美学主张也没有被忽视。就像希腊有史诗一样，罗马人认为他们也必须有自己的史诗。奥古斯都时代是模仿文学的时代，维吉尔在《埃涅阿斯记》中表现出的谦逊而坚定，优雅而成功地将自己与《奥德赛》和《伊利亚特》相提并论。

所有这些广泛传播的富人文化都要归功于早期罗马帝国。吉本满怀赞扬地回顾安敦尼时代的光辉，并以此作为他的《罗马帝国衰亡史》的开端。在这本书中，他开启了罗马帝国的衰亡。他为那部伟大的作品所做的设计需要一个辉煌和宁静的序曲。但他太过精明和微妙，以至于无法对他所描述的条件做出明显的肯定。他写道："在罗马帝国统治下，勤劳和聪明的人们，其劳动形式不同，但是他们在不停地为富人服务。在他们的衣服、桌子、房子和家具上，财富的宠儿把便利、优雅和华丽的每一种精致结合在一起，无论怎样都能抚慰他们或满足他们的感官享受。这种以奢侈为可憎之名的精致，受到了各个时代道德家的严厉指责；如果人人都有生活必需品，而没有人拥有生活的多余之物，也许对人类的美德和幸福更有好处。但在目前不完美的社会条件下，奢侈，虽然它可能来自罪恶或愚蠢，但它似乎是唯一的可以纠正不平等的财产分配的手段。勤劳的机械师和灵巧的艺术家，虽然没有分到土地，但是却能从地主那获得一些税收；而后者则受到一种兴趣的驱使，去改善那些产业，用这些产业的产品可以买到额外的乐趣。每一个社会都能感受到这种行动的特殊影响，在罗马世界，这种行动的能量更加分散。各省的财富很快就会耗尽，如果奢侈品的生产和贸易没有不知不觉地把金钱还给勤劳的人民的话，因为这些金钱是罗马军队和当局从人民的身上榨取的。"如此等等，在华丽的描写中，每一处都带着讽刺的刺。

如果能比盘旋的飞机更广泛地观察地球上种族的运动，或者比参观街道、露天剧场更近一点，宴会进入人们的灵魂和思想，我们将发现，这种令人印象深刻的物质繁荣的展示，只不过是一件无视内外事物、无视未来的政体的闪亮外衣。例如，如果我们比较罗马两个世纪的优势和机会，1世纪和2世纪，公元前466年左右，随着伯里克利在雅典的统治，希腊和希腊人的生活开始了两个世纪，我们惊讶于我们不能称之为下等的，这是完全缺乏科学的。罗马富人和罗马统治者的入侵甚至比他们的建筑还要庞大和不朽。

在一个特定的知识领域，我们可能期望罗马人保持警惕和进取精神，那就是地理。他们的政治利益要求对其国境以外的情况进行坚定的调查，但这样的调查从未进行过。罗马人的旅行文学几乎没有超越帝国疆域的，希罗多德对斯基泰人、非洲人以及类似的人所做的描述，并没有如此敏锐而奇特。在拉丁语中，没有什么能与早期对印度和西伯利亚的描述相比，而这些都是在汉语中可以找到的。罗马军团曾一度进入苏格兰，但对皮克特人①或苏格兰人的描述却没有真正的智慧，更不用说远眺大海了。汉诺和尼科法老的探险似乎完全超出了罗马人的想象范围。迦太基被摧毁后，通过直布罗陀海峡进入大西洋的船只数量可能下降到了微不足道的程度。在这个充斥着庸俗的财富、被奴役的智力和官僚统治的世界里，亚历山大的天文和地理的任何进一步发展都是不可能的。罗马人似乎甚至没有询问过是什么样的人织成丝绸，调制香料，收集琥珀和珍珠进入他们的市场。但是，调查的渠道是开放且容易的，通往各个方向的小路是探险者可以想象到的最方便的起点。

古代世界最偏远的国家被洗劫一空，以供应罗马的豪华和美味。西亚的森林提供了一些珍贵的毛皮。琥珀是从波罗的海沿岸经

---

① 皮克特人：苏格兰国家还没建立之前，高地上就分布着皮克特民族。

陆路运到多瑙河的，野蛮人对他们用如此无用的商品换来的价格感到惊讶。罗马对巴比伦地毯和其他东方产品有相当大的需求，但是对外贸易中最重要的分支还是与阿拉伯和印度的贸易。每年，大约在夏至的时候，一支由120艘船组成的船队从埃及红海沿岸的港口莫斯出发。在季风的周期性帮助下，他们在大约四十天的时间里穿过了海洋。马拉巴尔海岸，或者锡兰岛，是他们航行的习惯用语，正是在这些市场上，来自亚洲较偏远国家的商人们期待着他们的到来。舰队返回埃及的时间定在12月或1月，他们的丰富货物用骆驼驮着，从红海运到尼罗河，顺流而下，一直流到亚历山大港，源源不断地运往帝国的首都。

然而，罗马人满足于大吃大喝，讲究细节，发财致富，观看自己的角斗表演，丝毫不去学习印度、中国、波斯或西亚、佛陀或琐罗亚斯德，也不去学习匈奴人、黑人、斯堪的纳维亚人或西海的秘密。

当我们意识到社会氛围的沉闷时（这种沉闷使罗马人的冷漠成为可能），我们就能够解释罗马在错过物理或化学科学发展时机时的失败，并因此增加了对物质的掌控力。罗马的医生大多是希腊人，其中有许多是奴隶，因为罗马的富人甚至不明白买来的头脑就是被宠坏的头脑；然而，这并不是因为罗马人民缺乏天赋，这完全是由于他们的社会和经济条件。从中世纪到今天，意大利培养了一大批杰出的科学家。意大利人卢克莱修是科学作家中最精明和最有灵感的一位，他生活在马略和尤利乌斯·恺撒之间的时间里（公元前100年—约公元前55年）。这个了不起的人具有莱昂纳多·达·芬奇（也是一个意大利人）或牛顿的品质。他写了一首关于自然过程的拉丁长诗，即《物性论》。在这首诗中，他对物质的构成和人类早期历史有着惊人的洞察力。奥斯本在他的《旧石器时代》一书的引语中,充满赞赏地引用了卢克莱修关于原始人的长篇大论,这些话到今天仍然是那么的好,那么的真实。但这是一个单独的展示,一粒没有结果的种子。罗马科学仍然诞生于一个令人窒息的环境中,充斥着邪恶的财富和军事压迫。真正代表罗马人对科学的愚昧态度的人物不是卢克莱修,而是那个在锡拉库扎之战中把阿基米德砍死的罗马士兵。

如果说物理和生物科学在罗马繁荣的石质土壤上枯萎死亡,那么政治和社会科学就永远没有机会发芽。政治讨论将是对皇帝的背叛,社会或经济调查将威胁到富人。因此,罗马,直到灾难降临到它身上之前,它从来没有审视过它自己的社会健康,从来没有质疑过它强硬的官方主义的最终价值,没有人意识到它未能发展出任何智力想象力来维系它的帝国的严重性,实际上任何关于共同理念的通识教育都能让人们为帝国而战,就像人们为宝贵的财产而战一样。但是罗马帝国的统治者根本不希望他们的公民为任何精神上的东西而战。富人吃掉了普通百姓的心,而且他们对自己做的这顿饭很满意。军团里挤满了日耳曼人、英国人、努米迪亚人,等等;直到最后,富有的罗马人认为他们可以继续购买野蛮人来抵御外部的敌人和内部的穷人。罗马人在教育方面做得有多少,"通过对所做事情的描述"就可以看出。斯图尔特·琼斯[①]说,尤里乌斯·恺撒被以"人文之师"的名号授予罗马公民身份,韦帕芗则因希腊语和拉丁语的雄辩术在罗马广受尊敬;后来的皇帝,尤其是安敦尼·庇护,把同样的利益扩展到了各省。当地的企业和慷慨给予也致力于教育事业;我们从小普林尼的书信中得知,公立学校是在意大利北部的城镇建立的。但是,尽管在帝国统治下,知识广泛传播,当时

---

① 斯图尔特·琼斯:英国历史学家。

却没有真正的智力进步。诚然，奥古斯都聚集了他那个时代最杰出的作家，新君主政体的诞生恰好赶上了罗马文学的黄金时代；但这只是一个短暂的时期，基督教时代的开始见证了古典主义的胜利和衰落的第一步，等待着所有的文学运动着眼于过去而不是未来。

在2世纪、3世纪、4世纪的某个地方，希腊作家写了一篇论述崇高的论文，其中对那个时代的知识分子的堕落做了一种诊断，这位作家可能是隆吉奴斯·非罗罗古，他清楚地说明了罗马世界精神疾病中的一个明显因素。吉本引用了他的话："崇高的隆吉奴斯在后来的某个时期，在叙利亚王后西诺比娅的宫廷里，保存了古雅典的精神，他观察并哀叹同时代人的堕落，这种堕落使他们的感情堕落，使他们的勇气衰弱，使他们的才能消沉。""同样地，"吉本说，"就像有些孩子总是像小猪一样，他们的婴儿的四肢被紧紧地束缚着，我们柔弱的心灵也是如此；由于受到公开的奴役的偏见和习惯的束缚，他们既不能扩展自己，也不能达到我们羡慕的同古人相称的伟大境界。即生活在一个受欢迎的政府之下，写作和行动都享有同样的自由。"但这位批评家只抓住了精神活动受到限制的一个方面。使罗马人的思想永远处于幼稚状态的牵引线构成了双重的奴役，这既是经济上的，也是政治上的，吉本对生活在哈德良时代的希罗德·阿提卡斯的生活和活动进行的描述表明了：普通公民在当时的辉煌外表中所占的份额是多么的微不足道。这个阿提卡斯有一笔巨大的财产，他对各个城市巨大建筑的捐助使他感到快乐。雅典有一个赛马场，为了纪念他的妻子，他在那里建起了一座雪松剧院，雕刻很奇特；科林斯建了一座剧院，德尔斐建了一个马场，温泉关建了一个浴池，卡努西姆建了一条引水渠，等等。但奴隶和平民生活的世界则是令人震惊的，没有人征求他们的意见，这些事情也没有他们的任何参与，这个富人沉溺于他"品位"的展示。希腊和亚洲的许多碑文仍然保存着希罗德·阿提卡斯的名字,他是一位"赞助人和恩人",他的足迹遍布帝国各处,仿佛这里是他的私人花园,用这些装饰来纪念自己。他不拘泥于华丽的建筑物。他也是一位哲学家,尽管他的智慧已经荡然无存。他在雅典附近有一座大别墅,在那里,哲学家们是受欢迎的客人,只要他们能使他们的赞助人相信他们的自命不凡是可靠的,对他的谈话表示尊重,并且没有因为无礼的争论而冒犯他。

很明显,在罗马繁荣的这两个世纪里,世界并没有进步。但它在停滞中快乐吗?有一种很明显的迹象表明,在帝国的广大人民中,大约有1亿到1.5亿的人民,在其外表的辉煌之下,是不幸福的,也许是非常痛苦的。诚然,帝国内部没有发生过大规模的战争和征服,也没有什么饥荒、火灾或刀剑来折磨人类;但是,政府对几乎每个人的自由活动都有一种可怕的限制,尤其是富人的财产。对于绝大多数既不富裕也不当官的人,他们既不是女人,也不是富人和官员的寄生虫,他们的生活一定是艰苦的、乏味的,缺乏兴趣和自由,这种匮乏的程度之大,是现代人难以想象的。

有三件事特别可以用来支持这个观点,即这段时期是普遍不快乐的时期。首先是民众对政治事件的极度冷漠。他们看到一个自命为帝国的暴发户毫无顾忌地接替了另一个暴发户。这些事情对他们似乎无关紧要,他们早就失去了希望。不久之后,野蛮人涌入罗马帝国,面对他们的只有军团,根本没有反对他们的群众起义。实际上,只要人民反抗,哪里的野蛮人都一定能被消灭,但是人民并没有反抗。很明显,对罗马帝国的大部分居民来说,罗马帝国似乎不值得他们为之战斗。对于奴隶和普通百姓来说,野蛮人似乎承诺了更多的自由和更少的侮辱,而不是帝国官员的浮夸统治和为富人辛苦劳动。对宫殿的掠夺和焚烧以及偶尔的屠杀并没有使罗马下层社会的人们感到震惊,而是使富有和有文化的人们感到震惊,因为我们所知道的帝国制度的种种崩溃都归咎于那些富有的和有文化的人。大量的奴隶和平民可能加入了野蛮人的行列,他们对种族或爱国主义知之甚少,对任何有前途的新兵都是敞开大门的。毫无疑问,在许多情况下,人们发现野蛮人比收税者和奴隶主还要残酷。但这一发现来得太迟了,人们已经无法抵抗了,也无法恢复旧秩序。

其次是第二个症状,它指出了同样的结论,即在安敦尼时代,对于穷人、奴隶和大多数人来说,生活是不值得的,我们必须考虑到帝国人口的不断减少。人们拒绝生孩子。我们认为,他们这样做是因为他们的家园并未安全到能够不受压迫,因为站在奴隶的角度上看,丈夫和妻子不能分开这一点是没有保障的,因为孩子们不再有骄傲和合理的希望。在现代国家,大的繁殖地一直是农业农村,那里或多或少都有稳定的农民;但在罗马帝国统治下,农民和小庄稼人要么是忧心忡忡的债务人,要么,他被囚禁在一个束缚他的网络中,使他成为一个没精打采的农奴,要么,他被一伙奴隶贩子完全赶下了台。

第三个迹象表明,这个表面繁荣的时期对广大人民来说是一个极度不快乐的和精神痛苦的时期,这可以从新的宗教运动在全国各地的蔓延中看出来。我们已经看到,在朱迪亚这个小国里,整个国家都可能受到这样一种信念的影响,即生活是不令人满意的,是错误的,需要采取一些措施来纠正它。正如我们所知,犹太人的思想已经明确了,他们认为只有一位真神的应许,救世主或弥赛亚即将到来。不同的思想在罗马帝国传播开来。这些思想只是对一个普通问题的不同答案:我们必须为救赎做些什么?对现实生活感到厌恶的一个常见而自然的后果,就是把想象抛向来世,而来世就是为了弥补今生的一切不幸和不公。对这种补偿的信念是针对目前痛苦的一剂良药。长久以来，埃及的宗教充满了对永生的期望，我们已经看到，在亚历山大港，对塞拉匹斯神和埃西斯神的崇拜有多么重要。古老的德墨忒尔和俄耳甫斯之谜，地中海种族的谜团，随着这些新的邪教，复活并形成了一种神权政治。

第二个伟大的宗教运动是密特拉教，它是琐罗亚斯德教的发展，是一个非常古老的雅利安起源的宗教，可以追溯到印伊人分裂成波斯人和印度人之前。我们不能在这里详细研究它的奥秘。密特拉是光明之神，是正义的太阳，在邪教的神殿里，他总是被描绘成杀死了一头圣牛的形象，圣牛的血就是生命的种子。密特拉的崇拜吸收了许多其他成分，搞得很复杂，我们只需说约在庞培大将时传入罗马，开始在罗马诸帝和安敦尼治下广泛流行就够了。就像埃西斯神的宗教一样，它承诺永生。它的追随者主要是奴隶、士兵和受苦受难的人。在敬拜的方式上，它有在祭坛前点燃蜡烛等方面，与后来罗马世界第三大宗教运动——基督教的仪式发展有某种表面上的相似。

基督教也是一种永生和救赎的教义，它最初也主要传播给地位低下和不幸的人。基督教被现代作家谴责为"奴隶的宗教"。它过去是这样的。它带走了奴隶和被压迫者，它给了他们希望，恢复了他们的自尊，以至于他们能够像人一样，为正义站起来，忍受逼迫和痛苦。不过关于基督教的起源和性质，我们将在后面的章节中更详细地讲述。

28.3 罗马人思想的局限性

我们已经表明了我们说法的理由，即罗马帝国的政治制度非常不健全。那么写它的治国之道就是荒谬的，因为它什么也没有。

在最好的情况下，它有一个官僚政府，在一段时间内维持了世界和平，却完全没能保住它。

让我们在这里指出其失败的主要原因。

其全部失败的线索在于缺乏任何自由的精神活动和任何增加、发展和应用知识的组织。它尊重财富，却轻视科学。它把政府交给了富人，并设想在需要的时候，可以在奴隶市场上收买聪明人，并且讨价还价。因此，这是一个非常无知和缺乏想象力的帝国，它没有任何预见性。

它没有战略眼光，因为它完全不懂地理和民族学。

它对俄罗斯、中亚和东方的情况一无所知。它满足于保留莱茵河和多瑙河作为它的边界，而不努力使日耳曼罗马化。但是我们需要看看欧洲和亚洲的地图，让罗马帝国看到一个心甘情愿的统一的日耳曼对西欧的生活和安全至关重要。但若将日耳曼排除在外，那么日耳曼就会成为一个楔子，只需要用亨奈苏斯之锤冲击就能分裂整个体系。

而且，罗马人对将边界向北推到波罗的海这一计划的忽视，使得这片海和北海成为斯堪的纳维亚半岛、丹麦和佛里西亚海岸的北欧人进行航海试验、培训和指导的区域。但罗马却愚蠢地继续着自己的道路，没有注意到北部地区更新的、更强大的海盗活动的增加。

同样缺乏想象力的特质使得罗马人离开了地中海的海上通道。不久，当野蛮人挤到了温暖的海水里时，我们读到罗马没有从西班牙、非洲或亚洲迅速运送军队来拯救意大利和亚得里亚海沿岸。相反，我们看到汪达尔人成为西地中海的主人，甚至没有一场海战。

罗马人在幼发拉底河被一队骑在马上的弓箭手拦截住了。很明显，由于军团是有组织的，所以军团在广阔的野外毫无用处，同样清楚的一点是，东日耳曼、南俄罗斯或帕提亚的游牧民族迟早要与帝国作斗争。但是，在恺撒时代的200年后，罗马人仍然在四处游行，他们仍然是那些训练有素、刀剑叮当作响的队伍，他们很容易就能骑着马四处游走，重新出发。帝国甚至没有从卡莱战役里学到任何东西。

在运输方式上，罗马帝国主义创新能力的不足又一次令人惊讶。很显然，他们的力量和统一依赖于军队以及物资从帝国的一个地方到另一个地方的快速转移。共和国修建了宏伟的道路，帝国却从未改善过这些道路。早在安敦尼王朝出现的四百年之前，亚历山大的英雄就制造了第一台蒸汽机。这些科学起源的美丽记录是帝国各个领域富人图书馆里被忽视的珍宝。它们是撒在硬土上的种子。马可·奥勒留的军队和信使在公路上艰难地行进，和3个世纪前西庇阿的军队所做的一样。

罗马作家总是为这个时代的衰落而哀悼。这是他们最喜欢的长篇小说。他们认为森林、草原和沙漠中的自由人比他们的公民更难、更绝望，但是，他们从来没有想到过，可以利用他们积累的人口发展工业力量来制造一种具有抵消作用的设备，尽管这是一个很自然的推论。相反，他们把野蛮人带进了他们的军团，教他们战争的艺术，让他们在帝国里游行，送他们回去的时候，他们把学到的教训交给自己的人民。

鉴于这些明显的缺点，难怪罗马人会忽视了更微妙的东西，即帝国的灵魂，并且不做出任何尝试去教导、训练或者使普通人有意识参与到其中的努力。因为这样的教学或训练，的确违背了富人和皇帝的所有思想。他们制造了一种宗教工具；他们把科学、文学和教育托付给奴隶，奴隶像狗或马一样被饲养、训练和出售；在罗马，无知、自负和卑鄙的金融和财产的冒险家们建立了帝国，他们以最大的安全感统治着它，而他们的毁灭却在帝国内外聚集。

到了公元2世纪和3世纪，税收过度的和超负荷的帝国机器已经摇摇欲坠地走向崩溃。

28.4 大平原上的骚动

如果我们要清楚地了解罗马帝国的真实情况，那么现在我们有必要把我们的目光投向北方和东部边界以外的世界，那是一个平原的世界，从荷兰横跨日耳曼和俄罗斯，绵延到中亚和蒙古的山脉，其间几乎没有间断，稍微关注一下同时期在中国发生的事情，它正在巩固和发展一个更为严格和持久的道德和智力统一，这比罗马人所取得的成就还要大。

帕克先生说，这是一种实践，即使是在我们欧洲受过高等教育的人当中，也要用铿锵有力的语句讲述做"世界的集大成者"，"使地球上所有的国家都受到它的支配"，等等，实际上只包括地中海的某一角落，或者对波斯和高卢的短促突击。居鲁士和亚历山大、大流士和薛西斯、恺撒和庞培，他们固然都做过十分有趣的远征，但是，他们肯定没有像在亚洲另一端所进行的运动那样，在更大的范围内进行，或者控制更多人类的利益。西方文明在艺术和科学上占有很大的地位，而中国却从未关注过，但是，中国人发展了一种历史性的和批判性的文学，一种谦逊的举止，一种奢侈的衣着，以及一种欧洲可能引以为豪的管理体制。总而言之，最东边的历史与最西边的历史一样有趣，只是需要我们能够去阅读它。当我们轻蔑地无视发生在鞑靼平原上的巨大事件时，我们不能过分责怪中国人，因为他们不关心地中海和里海周围那些看起来微不足道的国家的所作所为，而在那个时候，这些国家几乎就是我们在欧洲所知道的全部世界。

在第14章和其他地方,我们已经提到过秦始皇的名字,他巩固了一个比中国现在的疆域小得多的帝国,但这个帝国仍然非常庞大,而且人口众多,从黄河和长江的山谷蔓延开来。公元前246年,他成为秦王,公元前220年[①],他又成为皇帝,他统治到了公元前210年,在这三分之一个世纪里,他所做的巩固工作与两个世纪后恺撒在罗马所做的工作大致相同。在他死后,王朝经历了四年的动荡,公元前206年,出现了一个新的王朝,汉人建立了自己的王朝,统治了229年。篡夺者给四分之一世纪的基督教时代带来了麻烦;在中国,后来的汉朝恢复了政权,又统治了一个半世纪,此时,西方在安东尼统治时期,被11年的瘟疫破坏得非常严重,以至于陷入混乱。我们可以注意到,同样的瘟疫也导致了西方世界一个世纪的混乱(见第1节)。

但总的来说,在这发生之前,400多年来,中国中部一直处于和平的状态,总体上统治良好,这是一个实力与繁荣的循环,是西方世界的经验无可比拟的。

只有汉朝的第一个皇帝才继续秦始皇反对文人的政策。他的继任者恢复了经典,因为旧的分离主义传统被打破了,他看到,整个帝国统一的学问奠定了中国统一的基础。而罗马世界仍然对任何普遍的精神组织的需要视而不见,汉朝皇帝却在中国各地建立了统一的教育和文学学位制度,保持了这种伟大的智力团结,并且不断地使国家向现代化扩张。罗马的官僚主义起源和传统最为复杂;中国的官僚们过去和现在都是同一个模式,都是同一个传统的成员。自汉朝以来,中国经历了政治财富的巨大变迁,但他们从未改变过它

[①] 我国历代纪元表中为公元前221年。后同。

的基本品格；虽然它也会分裂，但它总是可以恢复团结；它虽然会被征服了，但它总是能够吸收和同化它的征服者。

但是从我们现在的观点来看，在秦始皇和汉代皇帝统治下中国的巩固，最重要的结果在于它对中国北部和西部边界上动荡不安的部落的反应。在秦始皇之前的整个混乱世纪里，匈奴人占领了蒙古和中国北方的大部分地区，他们自由进入中原，干涉中国的政治。中华文明的新力量和新组织开始永久性地改变这种状况。

在我们对中国起源的第一次记述中，我们就已经注意到这些匈奴人的存在了。现在我们有必要解释一下他们是谁，以及他们是怎样的人。即使在使用"HUN"这个词作为一般意义上的"胡人"时，我们也踏入了一个有争议的领域。在我们对西方世界发展的叙述中，我们有机会提到斯基泰人，也有机会解释清楚区分辛梅里安人、萨尔马提亚人、米堤亚人、波斯人、帕提亚人、哥特人，以及其他或多或少是游牧民族、或多或少是雅利安人的困难之处，这些人在多瑙河和中亚之间的大片地区来回迁徙。当部分雅利安人向南迁移，获得文明和发展文明时，其他雅利安人则在发展迁徙和游牧，他们正在学习有帐篷、马车和牛群的生活，他们也在学习以牛奶为基础食物，而且可能变得不像以前那么农业化了，他们甚至不像以前那样愿意抢庄稼了。他们的发展得益于气候的缓慢变化，这种变化正在把俄罗斯南部和中亚的沼泽、森林和公园用草原取代，取而代之的是广阔的牧场，也就是有利于健康和不稳定生活的牧场，并且是每年在夏季和冬季之间放牧时所需要的牧场。这些民族只有最低级的政治形式。他们分开了，之后又混在一起，不同的种族有了相同的社会习惯。因此，他们之间就不可能有明显的区别，区分他们之间的差别就有困难了。现在蒙古人的情况与北方和西北的中华文明是非常相似的。毫无疑问，匈奴、胡人，以及后来的蒙古人,都是非常相似的民族,不久,突厥人和鞑靼人就从这支游牧的蒙古民族中分离出来了。卡尔梅克人和布里亚特人也是同种民族后来发展出来的。在这里,我们赞成使用"HUN"一词作为这些部落的通称,就像我们在西方自由而广泛地使用斯基泰语一样。

对于这些胡人来说,中国的统一是一件非常严重的事情。迄今为止,他们过剩的人口已经冒险南下,进入分裂中国的混乱状态之中,就像水进入海绵一样。现在他们发现有一堵墙挡住了他们,这是一个坚固的政府,纪律严明的军队把他们从草原上剪除。虽然这堵墙挡住了胡人的去路,却没有挡住中国人。中国人在几个世纪的和平中不断增加和繁衍,随着他们的增加和繁衍,他们在土壤允许的地方筑房和犁地,稳步地扩张。他们向西延伸到西藏,向北和西北或许延伸到了戈壁沙漠的边缘。他们蔓延到匈奴游牧民族的家园、牧区和狩猎场,正如美国的白人向西扩展到印第安人的狩猎场一样。尽管发生了突袭和屠杀,但他们还是一样不可战胜,因为他们有着巨大的压力,背后有一个强大的复仇政府。即使没有后者的支持,中国文明的培育也具有巨大的渗透力和延伸力。它在3000年的时间里一直在缓慢持续地传播。它今天也在满洲和西伯利亚传播。它在传播的地方深深扎根。

部分匈奴人被中国人文明化和同化了。越往北的匈奴人就越受牵制,他们的过剩能量就向西转移。南方的匈奴人就并入了帝国人口。

如果读者想看看中亚的地图,他将看到巨大的山脉屏障将亚洲南部、西部和东部的人民分隔开来。他会发现,三大山系从中央山脉向东辐射;喜马拉雅山向东南,西藏以南,昆仑向东,西藏以北,天山向东北与阿尔泰山相接。再往北就是大草原,仍在不断地融化和干燥。在天山和昆仑之间有一个地区,塔里木盆地(大致相当于东土耳其斯坦），在这里，河流永远无法到达大海，而是以沼泽和断断续续的湖泊为终点。这个盆地过去比现在肥沃得多。塔里木盆地西部的高山屏障很高，但并不可怕；有许多可行的路线向下进入西土耳其斯坦，可以沿着库仑北麓或塔里木谷地向西从中国到喀什噶尔（这里是到路交汇处），这样他们就能越过高山，到达浩罕、撒马尔罕和布哈拉。这里是雅利安和蒙古历史上自然的会合地。他们原就在这里，或者由海上绕道到这里。

我们已经注意到亚历山大大帝是如何在公元前329年到达屏障的一边的，在土耳其斯坦山脉的高处，有一个湖泊保存着他的名字。实际上，他的大劫掠传统是如此的生动，以至于中亚几乎所有的石头废墟都归咎于伊斯坎德尔。在这短暂的一瞥之后，这个地区的历史之光再次暗淡下来，当历史之光再次变得明亮时，它已经是在东方，而不是在西方了。在遥远的东方，始皇帝击溃了胡人，并将他们隔离在中原之外。一部分人仍留在中国北方，在汉人的统治下，他们是注定要与中原人的生活相融合的残余势力，但是很大一部分人都向西边去了（公元前1世纪和公元前2世纪）。在胡人之前还有一个称为月氏的民族，把这部分人从东端驱赶到昆仑的最西端，最后越过屏障进入了土耳其斯坦西部曾经的雅利安地区。这些月氏人征服了稍微希腊化的巴克特里亚王国，与那里的雅利安人混在了一起。后来这些已经成为雅利安人的月氏人，或者是混合了雅利安元素的月氏人成为一个民族，这个民族叫作印度斯基泰人，斯基泰人沿着开伯尔山口，征服了印度北部的地区，远至贝拿勒斯（100—150），消灭了希腊统治在印度的最后残余。这是蒙古民族向西的一次大爆发，这很可能不是那些大爆发中的第一次，但是这是有记录的第一次大爆发。

胡人的前方是月氏人，后方是中国蓬勃发展的汉朝，汉朝正将胡人向北推进。在汉朝最伟大的皇帝武帝统治的时期，即公元前140年至公元前86年，胡人被向北驱赶出整个东突厥斯坦，或者被征服，塔里木盆地里挤满了中国的定居者，商队带着丝绸、漆器和玉石向西行驶，以换取亚美尼亚和罗马的金银。

月氏的爆发被记录了下来，但是很明显，胡人许多向西的运动却没有被记录下来。从公元前200年到公元200年，中国一直保持着向游牧民族前进的强硬、坚定的阵线，游牧民族剩余的部分逐步向西漂移。不像我们在莱茵河和多瑙河看到的罗马人那样，中国人没有在最后的边界上安定下来。在中国大举进攻之前，游牧民族一个世纪又一个世纪地向南迁徙，他们最初是向巴克特里亚方向迁移。公元前1世纪的帕提亚人可能融合了塞西亚人和蒙古人的元素。摧毁克拉苏军队的鸣箭似乎来自阿尔泰和天山。

公元前1世纪以后，更大的吸引力和最小的阻力线向里海北部延伸了一段时间。在一个世纪左右的时间里，所有被称为西突厥斯坦的国家都被蒙古化了，直到今天仍然如此。在公元75年左右，中国开始了第二次大举进攻，加快了游牧民族向西迁徙的速度。公元102年，中国将军从其在里海的高级营地（或者，如一些权威人士所说，波斯湾）派出探险家，去了解罗马政权的详情，但他们的报道使他决定不继续下去。

到了公元1世纪，游牧的蒙古人明显地出现在欧洲东部的边界上，此时他们已经与北欧游牧民族和从里海–帕米尔地区连根拔起的北欧元素极大地混合在一起了。里海和乌拉尔之间建立起了匈奴民族。他们的西部是阿兰人，也可能是混合了北欧元素的蒙古人；公元前65年，庞培大帝在亚美尼亚时，他们曾与之作战。到目前为止，这些人是蒙古人新攻势中向西到达最远的民族，直到公元4世纪，他们才进一步向西推进。在西北部，芬兰人，一个蒙古民族，在遥远的西部波罗的海建立已久。

在顿河之后,胡人的西部,那里有纯粹的北欧部落,哥特人。这些哥特人从他们的发源地斯堪的纳维亚向东南方向传播。毫无疑问,他们在向黑海扩散的过程中同化了许多斯基泰人。在公元1世纪,他们主要分为两个部分:东哥特人,介于顿河和第聂伯河之间,西哥特人,在第聂伯河以西。在第一个世纪,大平原上一片寂静,但是此时人口在增加,部落在发酵。第2、3世纪,那似乎是一个季节相对湿润、青草葱郁的阶段。到了4、5世纪,天气越来越干燥,草地越来越稀少,游牧民族又重新活跃起来。

但有趣的是,在基督教时代的开放世纪,中国强大到足以将这种蒙古游牧民族的剩余人口驱逐,并驱逐到它的北部,蒙古游牧民族目前征服了北印度,聚集了力量并与雅利安游牧民族融合在一起,最后就像雪崩一样落在衰弱的罗马帝国上。

在我们继续讲述罗马帝国现在开始遭受的打击,以及一个或两个伟人为阻止崩溃所做的努力之前,我们或许可以谈谈这些向西漂流的野蛮蒙古人的生活习惯和品质,这些野蛮蒙古人正在从中国的边界向黑海和波罗的海扩散。欧洲人仍然习惯跟随罗马作家的引导,把这些匈奴人和他们的同伴描述成具有难以置信的破坏性的和残忍的人。但是我们从罗马人那里得到的这些记载都是在恐慌时期写成的,罗马人可以自由而有力地对他的敌人撒谎,这一定会引起甚至现代宣传家的嫉妒。他可以把"迦太基的信用"说成是背信弃义的代名词,却对迦太基犯下了最可恶的背信弃义。他对这些人进行了系统的残酷的谴责,或者那些通常是他自己进行某种可怕的屠杀、奴役或抢劫的前奏和借口。他对自我辩解有着相当强烈的现代激情。我们必须记住,这些关于匈奴野蛮和可怕的描述来自一个民族,而这个民族的主要乐趣是角斗表演,这个民族处理叛乱和煽动叛乱的主要方法是把罪犯钉在十字架上处死。从始至终，罗马帝国一定用这种方法杀死了成千上万的人。这个帝国的大部分人口都能抱怨侵略者的野蛮行径，而这些人实际上是奴隶，他们几乎听命于奴隶主的淫欲或任性。在我们为罗马帝国被野蛮人淹没而感到悲哀之前，最好把这些事实牢记在心，就好像生活中一切美好的东西都被一切邪恶丑陋的东西消灭了一样。

事实似乎是，匈奴人相当于东方的原始雅利安人，尽管他们有着深刻的种族和语言差异，他们与多瑙河和波斯北部说雅利安语的游牧民族和半游牧民族的残余可以非常容易和成功地融合在一起。他们没有杀戮，而是参军并与他们侵略的民族通婚。他们拥有所有注定要在政治上占主导地位的民族需要具有的必要的天赋，即宽容的同化。他们来得相当晚，他们的游牧生活比原始雅利安人更发达。原始的雅利安人是森林和牛车族，他们是后来才骑了马。大约在公元前1200年或公元前1000年，他们开始骑马。钻头、马鞍、马镫，这些都不是原始的东西，但是如果人要和马长时间地移动，那么它们是必要的。骑马是多么时髦的一件事情，记住这一点很好。总的来说，人类已经有3000多年没有骑马了。我们已经注意到在这段历史中逐渐出现了战车、骑兵，最后出现了纪律严明的骑兵。这些东西都来自亚洲的蒙古地区。直到今天，中亚的男人还是宁愿骑马也不愿用脚走路。拉策尔[①]说："在大草原上发现了大量强壮的长颈马。对蒙古人和土库曼人来说，骑马不是奢侈品，甚至蒙古牧羊人也在马背上放羊。孩子们从小就被教导骑马；这个3岁的男孩经常在一个安全的孩子用的马鞍上进行他的第一堂骑马课，而且进步很快。"

---

① 拉策尔：德国地理学家、民族学家。

我们不可能假设匈奴人和阿兰人在性格上与现在草原地区的游牧民族有很大的不同，几乎所有的观察人士都同意将这些人描述为开放而快乐的人。他们非常诚实，而且自由奔放。拉策尔说："当他们还纯粹的时候，中亚牧民的特点是不善言语、坦率、粗暴的善良、骄傲，但也有懒惰、易怒和报复的倾向。他们的脸上流露出坦率的神情和有趣的天真。他们的勇气与其说是冷酷的大胆，不如说是突然爆发的好斗。他们没有宗教狂热，普遍好客。"这并不是一副完全令人不快的画面。他进一步说，他们个人的举止比土耳其斯坦和波斯的城镇居民更安静、更高贵。此外，游牧生活阻止了任何巨大的阶级不平等或奴隶制的广泛发展。

当然这些来自亚洲的人完全不识字，在艺术上也不发达。但是，我们绝不能因此就认为他们是原始的野蛮人，他们的生活状态同农业文明很久以前产生的水平相当。并不是这样的。他们也发展了，但他们沿着不同的路线发展，一条知识不那么复杂的路线，也许是更有个人尊严的路线，当然也更接近风和天空。

28.5 西罗马帝国（真正的罗马）的崩溃

日耳曼部落第一次严重入侵罗马帝国始于公元3世纪，当时中央政权正在衰落。我们不打算在这里再纠缠读者关于各个日耳曼部落的名称、身份和相互关系的复杂而又麻烦的问题。历史学家们发现，要把他们区分开来有很大的困难，而这些困难又因为他们自己很少注意把自己区分开来而变得更大。我们发现，在236年，一个叫法兰克的民族在莱茵河下游冲破了边界，另一个叫阿勒曼尼人涌入阿尔萨斯。哥特人向南推进的力度要大得多。我们已经注意到这些人在俄罗斯南部的存在，以及他们被第聂伯河分为西部哥特人和东部哥特人。他们变成了一个海上民族——又回到了黑海上——他们从瑞典出发的传统上的迁徙可能是沿着水路进行的，因为仍然可以划船，用几个还可行的港口，从波罗的海穿过俄罗斯到达黑海或里海，他们从罗马的控制下夺取了东海的指挥权。他们不久就袭击了希腊海岸。247年，他们还在一次大规模的陆地突袭中越过多瑙河，在如今的塞尔维亚打败并杀死了德基乌斯皇帝，达契亚省从罗马历史上消失了。270年，他们在塞尔维亚的奈苏斯被克劳迪斯打败了。276年，他们袭击了本都。这是帝国无脊椎动物的特点，高卢军团发现对付法兰克人和阿勒曼尼人最有效的方法是在高卢立一个单独的皇帝，让他们自己管理自己的事。

然后野蛮人被制止了一段时间。276年，皇帝普罗布斯强迫法兰克人和阿勒曼尼人返回莱茵河。这些袭击造成的普遍不安全气氛的一个重要表现就是奥勒良加强了罗马的防御，在270年至275年，罗马在帝国早期一直是一个开放安全的城市。

321年，哥特人再次越过多瑙河，掠夺了现在的塞尔维亚和保加利亚。他们被君士坦丁大帝赶了回去，关于君士坦丁大帝的内容，我们将在下一章详细叙述。大约在他统治末期（337年），汪达尔人，一个与哥特人关系密切的民族，在哥特人的压力下，获得了通过多瑙河进入潘诺尼亚的许可，潘诺尼亚现在是匈牙利河以西的一部分。

但到了4世纪中叶，东部的匈奴人再次变得咄咄逼人。他们长期以来征服了阿拉尼人，现在把东哥特人变成了他们的附属国。西哥特人效仿汪达尔人，计划越过多瑙河进入罗马领土。关于这个解决方案的条款有一些争论，西哥特人变得越来越凶猛，并且开始进攻，在阿德里安堡打败了瓦伦斯皇帝，瓦伦斯皇帝在这场战役中阵亡了。他们被允许在现在的保加利亚定居，他们的军队名义上变成了一支罗马军队，尽管他们保留了自己的首领，其中最重要的是阿拉里克人。它表明了罗马帝国的完全野蛮化已经发生了，哥特人阿拉里克的主要对手斯提利科是潘诺尼亚的汪达尔人。高卢的军团由一个法兰克人指挥，狄奥多西一世皇帝（379—395）是一个西班牙人，主要由哥特式辅助部队支持。

帝国最终分裂为东半部（讲希腊语）和西半部（讲拉丁语）。狄奥多西大帝的继任者是他的儿子，在君士坦丁堡的阿卡迪厄斯和在拉文纳的霍诺里厄斯。阿拉里克把东方君主和西方的斯提利科变成了傀儡。匈奴人第一次出现在帝国内部是作为斯提利科手下招募的辅助部队。在这场东方与西方的斗争中，边疆被征服了，如果我们还可以说边疆是在未经授权的野蛮人和在其境内工作的野蛮人之间的地方的话。新的汪达尔人，更多的哥特人，阿兰人，日耳曼人，自由地向西行进，生活在这个国家。在这些混乱中发生了一件大事。哥特人阿拉里克向意大利进军，在短暂的围攻后占领了罗马（410年）。

到425年左右，汪达尔人（我们最初在东日耳曼提到过）和一部分阿拉尼人（我们首先在俄罗斯东南部提到过）穿越了高卢和比利牛斯山脉，在西班牙南部合并并定居下来。达尔马提亚地区有匈奴人和哥特人。斯拉夫民族的捷克人（451年）来到波希米亚和摩拉维亚定居。西哥特人和苏维人则定居在葡萄牙和西班牙汪达尔人的北部。高卢人分为西哥特人、法兰克人和勃艮第人。不列颠被日耳曼人的朱特人、盎格鲁人和撒克逊人入侵，在他们之前是凯尔人。西南部的英国人当时正飞越大海飞往现在的法国布列塔尼。通常给出的入侵日期是449年，但可能更早。这是两个帝国政客之间勾心斗角的结果，西班牙南部的汪达尔人，在国王根塞里克的统治下，集体登船前往北非（429年），成为迦太基的统治者（439年），夺取了对海洋的控制权，并突袭、俘虏和掠夺罗马（455

年),穿越西西里岛,并在西西里岛西部建立了一个王国。这个王国在那里存在了一百年(直到534年),在其最鼎盛时期(477年),汪达尔王国还包括科西嘉岛、撒丁岛、巴利阿里群岛,以及北非的大部分地区。

关于这个汪达尔王国的事实和数字清楚地显示了这些野蛮人入侵的真实性质。他们并不是一个民族或种族被另一个民族征服和取代;所发生的事情是非常不同的,这是一场社会革命,但是这场社会革命从一开始就被表面的外国征服所掩盖。例如,从西班牙到非洲的整个汪达尔人国家,包括男人、女人和孩子,数量没有超过8万人。我们知道这一点,是因为我们有运输问题的详情。舒尔茨博士告诉我们,在他们为北非而战的过程中,居民们没有任何强烈抵抗的迹象;波尼法斯(北非的罗马总督)用哥特雇佣兵保护希波,而当地居民却没有提供任何可观的援助,这个国家的游牧部落要么采取可疑的态度,要么利用罗马统治者的困难进行攻击和掠夺性探险。这种士气低落是由于社会条件造成的,这种社会条件在非洲的发展也许比在罗马帝国的其他地区更为不利。自由的农民在很久以前就变成了大地主的农奴,他们的地位并不比到处可见的广大奴隶优越多少。而大地主们反过来又成了肆无忌惮的统治者所推行的敲诈性政策的牺牲品,其程度之大前所未有,与帝国权力尊严下降的程度成正比。任何一个不想要失去任何东西的人,现在都不会在大城市的参议院中占有一席之地,因为参议员们被要求弥补财政收入的所有不足,而参议院曾经是雄心勃勃的人的目标,这种缺陷现在经常出现,而且相当严重……血腥的起义一再爆发,其爆发的原因始终可以追溯到最后的税收压力……

显然,汪达尔人的到来是对这种制度的一种积极的宽慰。他们消灭了大地主,还清了罗马放债人的所有债务,废除了最后的兵役制度。农民们发现他们的生活变得更好了，小官员们保住了自己的位置；与其说这是一场征服，不如说这是一场摆脱无法忍受的僵局的解放。

汪达尔人还在非洲的时候，匈奴人中间出现了一位伟大的领袖阿提拉。他的政府坐落在多瑙河以东的平原上。有一段时间，他动摇了一个由匈奴和日耳曼部落组成的庞大帝国，他的统治范围从莱茵河一直延伸到中亚。他与中国皇帝在平等的条件下谈判。他欺负拉文纳和君士坦丁堡达10年之久。霍诺丽亚——狄奥多西二世的女儿，东罗马帝国的皇帝，是诸位热情的年轻女士们中的一位，她在世界上造成许多麻烦，不过已经受到限制，这是因为与宫廷侍从的恋情，她把戒指送给阿提拉，并要求他做她的丈夫和拯救者。他还被西方和东方帝王联盟的汪达尔人盖塞里克敦促进攻东方帝国。吉本说，他向南袭击君士坦丁堡的城墙，彻底摧毁了70座城市，并强迫皇帝实现艰难的和平，这显然这并不包括解放霍诺丽亚，和成为她的英雄。

时间隔得这么远，我们已经无法猜测这种疏忽的动机了。阿提拉继续说她是他的未婚妻，并利用这种关系作为侵略的借口。在随后的谈判中，有一个叫普利斯库斯的人随同一个使节来到了匈奴国王的营地，他所写的故事中残存的片段让我们得以一窥这位伟大征服者的营寨和生活方式。

这个使团本身就是一个结构奇特的组合。它的头是马克西姆，一个诚实的真诚的外交家。当时，远征队的翻译维吉利对普利斯库斯一无所知，他还从狄奥多修斯的宫廷中接受了一项秘密任务，就是通过贿赂暗杀阿提拉来保证安全。这支小探险队经过奈苏斯；它用独木舟横渡多瑙河，这艘独木舟是从一棵树上挖出来的，并且这是由沿途村庄的捐款提供的。饮食上的差异很快引起了使节们的注意。普利斯库斯提到用蜂蜜酒代替葡萄酒，用谷子代替玉米，以及用大麦蒸馏或酿造的饮料。《匈牙利之旅》将使读者回想起维多利亚时代中非旅行者的许多旅行经历。当地人会有礼貌地为这些旅行者提供临时妻子。

阿提拉的首都是一个巨大的营地和村庄，而不是一个城镇。那里只有一座石头建筑，一座按照罗马模型建造的浴池。人们住在茅屋和帐篷里；阿提拉和他的首领们住在木制的宫殿里，周围有许多的妻子和侍从。

这里陈列着大量的战利品，但阿提拉本人却表现出一种游牧的简朴，他使用木制的杯子和盘子，并且从来没有吃过面包。他工作很努力，宫门一直大开，而且经常骑马。雅利安人和蒙古人在大殿里举行盛大宴会的原始习俗仍然保持良好，饮酒也很厉害。普利斯库斯描述了在阿提拉之前吟游诗人是如何吟唱的。他们背诵了他们所写的诗，以庆祝他的英勇和他的胜利。舞会上鸦雀无声，宾客们的注意力都被那和谐的声音吸引住了，这使他们对自己英勇事迹的回忆又复活了，而且永远保持着；战士们的眼里闪现出一股尚武的热情，他们迫不及待地想要战斗；老人的眼泪表达了他们慷慨的绝望，他们再也不能分享战场上的危险和荣耀了。这种娱乐可以被认为是一种军事美德的学校，但随之而来的却是一场贬低人性尊严的闹剧。一个摩尔人和一个斯基泰人的小丑接连不断地以他们畸形的身材、可笑的衣着、滑稽的手势、荒谬的演说，以及拉丁、哥特和匈奴语的那种奇怪的、难以理解的混乱，逗得粗野的观众哈哈大笑，大厅里回荡着放肆的哄笑声。在这场放纵的骚乱中，只有阿提拉一个人面无表情地保持着他那坚定不移的严肃。

虽然阿提拉通过暗杀者的供述，知道了维吉利的秘密行动，但他还是允许大使馆的人安全返回君士坦丁堡，并带着许多马之类的礼物。然后，他派了一位大使到狄奥多西二世那里，向这位皇帝——正如人们所说——表达自己的不满。特使说，狄奥多西是一位杰出而可敬的父亲的儿子；同样，阿提拉也是贵族后裔；他的行动支撑了他从父亲蒙祖克那里继承来的尊严；但狄奥多西已经丧失了他的父母的荣誉，并同意缴纳贡品，使自己堕落到奴隶的地位。因此，他应该尊敬一个财富和美德都置于他之上的人，而不是像一个邪恶的奴隶一样，偷偷地密谋背叛他的主人。

这种直截了当的恃强凌弱遭遇了卑贱的屈服。皇帝请求赦免，并支付了一大笔赎金。

451年，阿提拉向西罗马帝国宣战。他入侵高卢。就帝国军队而言，他为所欲为，他洗劫了法国最南部的奥尔良城。然后法兰克人、西哥特人和帝国军队联合起来反对他，在特鲁瓦（451年）爆发的一场伟大而激烈的战斗中，双方都有超过15万人被杀，最终以阿提拉的失败告终，并将欧洲从蒙古霸主手中拯救了出来。这场灾难并没有耗尽阿提拉的资源。他把注意力转向南方，向意大利北部进发。他烧毁了阿奎利亚和帕多瓦，洗劫了米兰，但在教皇利奥一世的恳求下，他实现了和平。他死于453年。

此后，匈奴人，就像这个名字在欧洲一样，阿提拉的匈奴人，从历史上消失了。他们溶解在周围的人群中。他们可能已经是混血儿了，与其说是蒙古人，不如说是雅利安人。他们并没有成为匈牙利的居民，尽管他们可能在那里留下了许多后裔。大约一百年后，另一个匈奴人或混血儿阿瓦尔人从东方来到匈牙利，但这些人在791年至795年被查理曼大帝再次赶向东方。现代匈牙利人，马扎尔人后来向西迁移。他们是土耳其-芬兰民族。马扎尔语是乌拉尔阿尔泰语系芬兰-乌干达语支的一种语言。马扎尔人在伏尔加河上大约550年。他们大约在900年定居匈牙利……但是我们的故事讲得太远了，我们必须回到罗马。

493年，哥特人迪奥多里克成为罗马的国王，但已经有17年没有罗马皇帝了。因此，正是在完全的社会衰败和崩溃中，神性皇帝和罗马富人统治世界的伟大奴隶时代走到了尽头。

28.6 东罗马帝国（复兴的希腊）

虽然整个西欧和北非的罗马帝国体系已经崩溃，信贷消失了，奢侈品的生产也停止了，钱也被藏了起来，债主们没有工资，奴隶们也没有主人，但是恺撒的传统仍在君士坦丁堡流传。我们已经有机会提到两位杰出的恺撒，戴克里先（284）和君士坦丁大帝（312），正是由于后者，世界才在君士坦丁堡建立了一个新的帝国中心。早在罗马帝国时期，由于罗马人没有利用海洋，人们就感到罗马作为世界首都的地位不合适。

迦太基和科林斯的毁灭摧毁了地中海的主要航线。对于一个没有正确使用海洋的民族来说，在罗马拥有行政中心意味着每一个军团，每一个官员的征兵，每一个命令，都必须向北行进半个意大利，然后才能转向东方或西方。因此，几乎所有更有能力的皇帝都把他们的总部设在一个更方便的下属中心。塞尔曼（在赛瓦河上）、米兰、里昂和尼科米堤亚（在比推尼亚）是陪都的一部分。在戴克里先统治下的一段时间里，都拉斯一直是帝国的首都。拉文纳，靠近亚得里亚海的源头，是阿拉里克和斯提利科时期最后一批罗马皇帝的首都。

君士坦丁大帝决定将帝国权力的中心永久地转移到博斯普鲁斯海峡。我们已经注意到拜占庭城的存在，君士坦丁选择将其发展成为他的新首都。它在错综复杂的组织的故事中起了一定作用（第21章第4节），它击退了马其顿的腓力（第23章第3节）。如果读者仔细观察它的地位，就会发现它掌握在一群能干的皇帝手中，作为一个具有某种团结精神和航海精神的民族的中心（这两种精神都不是赋予它的），它的地位特别好。它的战舰可以穿过河流到达俄国的心脏地带，包抄住野蛮人的每一次进攻。它控制着通往东方的切实可行的贸易路线，它距离美索不达米亚、埃及和希腊都很近，那些地方是当时世界上所有更加繁荣和文明的地区。即使是在一系列无能皇帝的统治下，在社会风气低落的情况下，以君士坦丁堡为中心的罗马帝国的遗迹也保存了近1000年。

君士坦丁大帝的明确意图是君士坦丁堡应该成为一个统一帝国的中心。但是，考虑到当时可用的旅行和运输方法，欧洲和西亚的地理条件并未表明有任何一个必要的政府中心。如果罗马面朝西，而不是向东，因而无法越过幼发拉底河，那么君士坦丁堡与高卢将会遥不可及。衰弱的地中海文明在为意大利进行了一定的斗争之后，实际上完全放弃了西方，而集中精力于实际是亚历山大帝国的中心遗迹上。希腊语恢复了它的统治地位，而官方使用拉丁语从未严重削弱过这种地位。这个东罗马帝国或拜占庭帝国通常被认为是罗马传统的延续。这更像是亚历山大王朝的复辟。

拉丁语言背后没有智力活力，也没有文学和科学，使拉丁语成为聪明人的必要语言，从而保持对希腊语的优势。因为无论官场如何运作，任何一种语言都无法与一种语言竞争，即一种可以提供伟大的文学作品或百科全书式信息的语言。侵略性的语言必须带来礼物，而希腊语的礼物比拉丁语的礼物要大得多。东罗马帝国从分离之初就是讲希腊语的，它是希腊传统的延续，虽然是堕落的延续。它的知识中心不再是希腊，而是亚历山大。它的心态不再是思想自由、说话直率的公民的心态，也不再是舞台派亚里士多德和希腊柏拉图的心态；它的心态是学究和在政治上无能的人的心态；它的哲学是对真实事物的一种浮夸的逃避，它的科学冲动已死。不过，它是希腊语，不是拉丁语。罗马人来了，又走了。事实上，他也从西方走了很多地方。到了6世纪，欧洲和北非的人口像沉淀物一样被搅动起来。现在，在7、8世纪的时候，沉积物开始重新沉淀下来，人口开始呈现出一定的地方性，罗马人只能在罗马附近的地区通过名字找到。在西罗马帝国的大部分地区，我们发现罗马的拉丁语语言不断变化；在高卢，法兰克人正在学习高卢语形式的拉丁语，并在此过程中发展法语；在意大利，在日耳曼入侵者伦巴第人和哥特人的影响下，拉丁语被修改成各种意大利方言；在西班牙和葡萄牙，它正在变成西班牙语和葡萄牙语。这些地区语言的拉丁精神使我们想起了，各种法兰克、汪达尔、阿瓦尔、哥特式和类似讲日耳曼语的入侵者的数量其实是不重要的，并证明了我们的说法，即发生在西方帝国的征服的事情不是很多，而多是一场政治和社会革命，由一种人口取代另一种人口。瑞士南部的瓦莱地区也保留了基本的拉丁语演讲，格劳宾登州也是；更奇怪和有趣的是，在达西亚和下莫西亚，多瑙河以北的大部分地区变成了现代的罗马尼亚。虽然这些地区加入帝国较晚，而且很快就消失了，但拉丁语也保留了下来。

在英国，拉丁语几乎被征服的盎格鲁-撒克逊人消灭了，从他们的各种方言中，英语的词根很快就长出来了。

虽然罗马社会和政治结构的瓦解就这样完成了，在东方，它被古老而强大的希腊传统所抛弃，在西方，它被分裂成碎片，开始呈现出一种新的、独立的生命，但是有一样东西没有消亡，而且还成长起来了，这就是罗马帝国和恺撒统治世界的传统。当现实被摧毁时，传说有了扩展的自由。一个宁静而辉煌的罗马世界霸权的思想，由于没有得到证实的可能性，在人类的想象中成长起来，直到今天仍然存在。

自亚历山大时代以来，人类的思想一直被可能的政治上的种族统一所困扰。野蛮人的所有强壮的首领、领袖和国王，他们在腐朽的、衰败的、混乱不堪的帝国进行掠夺，他们能够设想出一个比他们自己更强大的王中之王，给所有的人制定一个真正的法律，他们愿意相信，在时空的其他地方，恺撒曾经是这样一位万王之王，并且能够马上回来恢复他的霸主地位。因此，恺撒的头衔远远超过他们自己的头衔，他们尊重也嫉妒恺撒的头衔。从此以后，欧洲的国际历史在很大程度上就是由国王和冒险家们组成的，他们想要成为恺撒和皇帝。我们将在他们的地方讲述他们中的一些人。这种恺撒统治变得如此普遍，以至于1914—1918年的第一次世界大战消灭了不下四位恺撒：德皇称Kaiser（等于恺撒），奥皇亦称Kaiser，俄皇称Tsar（沙皇，也等于恺撒），还有个更异想天开的人物，保加利亚皇也号称沙皇。法国皇帝（拿破仑三世）在1871年就已经倒台了。这个世界上最后一个继续保持皇帝称号和神性恺撒传统的是英王，他直到第二次世界大战以后还被称为"印度的恺撒"（但印度是个从来没有真正的恺撒亲临过的国家），这个称号是从莫卧儿大皇帝那里继承来的。

29. 亚洲700年（约公元前50—650）

29.1 查士丁尼大帝

带有西欧偏见的作家很容易低估以君士坦丁堡为中心的东方帝国的坚韧。这个帝国体现了比罗马更古老的传统。它实际上是希罗多德梦想中的、并由亚历山大大帝创立的希腊帝国。毫无疑问，他们称自己为罗马人，直到今日，现代的希腊人也被称为罗马人。事实是君士坦丁大帝并不懂希腊语，查士丁尼大帝的口音也很差。这些表面的名称和形式并不能改变帝国的实质。君士坦丁大帝统治时不可避免的希腊化已经经历了6个世纪，而真正的罗马帝国在4世纪就已经完全崩塌。这个希腊化的罗马帝国从君士坦丁大帝开始统治的312年到1453年君士坦丁堡陷落在奥斯曼土耳其的手中，维系了超过11个世纪。

虽然我们不得不在此之前叙述西方完全崩溃的社会，但东方社会的情形却全然不同，城镇蓬勃发展，乡村收成稳定，贸易持续发展。几个世纪以来，君士坦丁堡是世界上最宏伟和最富有的城市。我们并不会为了皇帝传说中的流言蜚语、阴谋诡计而自寻烦恼。就像许多伟大国度的君主一样,他们并不指导他们的帝国,而是被帝国裹挟。我们已经了解了君士坦丁大帝(312—337),也已经提到过狄奥多西大帝(379—395),他使帝国归于统一,还有查士丁尼一世(527—565),也许我们也该聊聊希拉克利乌斯(610—641)。查士丁尼和君士坦丁一样也许有着斯拉夫的血统。他具备雄心壮志,还有着组织才能。同时他还幸运地与一个女人结婚,她年轻时是一个声名狼藉的女演员,但有着和他相同的才能,即后来的皇后西奥多拉。但他雄心勃勃,希望重塑帝国的昔日光辉,这可能让他不堪重负。正如我们所说,他从汪达尔人手中夺回了非洲行省和哥特人控制的大部分意大利。他也控制了南西班牙。他还在君士坦丁堡建立了宏伟美丽的圣索菲亚大教堂、创立大学、汇编法典。但我们必须反对的是他关闭了雅典的学校。与此同时,一场巨大的瘟疫席卷全球,在他死后,这个巨大的重新扩张中的帝国也如同一个被刺破的气球一般崩溃了。伦巴第人重新占据了他控制下的大部分意大利。意大利当时几乎像一个沙漠,伦巴第历史学家声称他们进入了一个空白的国家。阿瓦尔人和斯拉夫人从多瑙河向亚得里亚海进攻,斯拉夫人在塞尔维亚、克罗地亚和达尔马提亚建立国家,成为今天的南斯拉夫人。此外,波斯的萨珊帝国开始了一场艰苦卓绝的斗争。

但在我们谈论这场斗争之前,波斯曾三次迫近君士坦丁堡,最终结果取决于627年在尼尼微之战中拜占庭大败波斯,所以探讨波斯的帕提亚时代也是十分必要的。

29.2 波斯的萨珊王朝

我们已经把400年的罗马帝国主义和两河流域具有顽强的生命

力的帝国主义做了一个简要的比较。我们非常短暂地提及了希腊化的大夏和塞琉古王朝的君主，亚历山大的东部地区3个世纪的征服，并告诉读者帕提亚是如何到美索不达米亚的。在公元前1世纪我们已经描述了他在克拉苏战斗的结束。此后两个世纪半的时间里，安息的帕提亚王朝统治着东方，罗马王朝统治着西方，亚美尼亚和叙利亚位于两者之间。我们已经标出了图拉真（第28章第4节）统治下罗马帝国向东延伸的最大范围（第28章第3节），我们还注意到大约在同一时期印度-斯基泰人（第1章）大量涌入印度。

227年发生了一场革命，安息王朝让位给了一条更有活力的萨珊王朝，阿达希尔一世统治下的波斯民族路线。阿达希尔试图通过坚持宗教统一来巩固它，并将古老波斯信仰的琐罗亚斯德教作为国教，关于这一点我们以后将有更多的论述。

这个新的萨珊帝国立刻变得咄咄逼人，在阿达希尔的儿子和继承人沙普尔一世的统治下，安条克被攻占。我们已经注意到瓦勒良皇帝是如何被击败（260年）并被俘的。但是，当沙普尔在进军小亚细亚的征途上节节败退时，他被巴尔米拉沙漠贸易中心的阿拉伯国王奥德纳图斯打败了。

在奥德纳图斯和他的遗孀西诺比亚的统治下，巴尔米拉一度是一个相当大的国家，夹在两个帝国之间。后来，奥勒良皇帝毁灭了这个国家，他把西诺比亚铐起来带回罗马，为他的胜利增色（272年）。

我们将不再试图追溯萨珊王朝在未来3个世纪中不断变化的命运。在这段时间里，波斯和君士坦丁堡帝国之间的战争就像一场热病一样吞噬了小亚细亚。基督教广泛传播，并受到迫害，因为在罗马基督教化后，波斯君主仍然是地球上唯一的神也就是君主，他在基督教中只看到他的拜占庭对手的宣传。君士坦丁堡成为基督徒和琐罗亚斯德教波斯的保护者。在422年的条约中，一个帝国同意容忍琐罗亚斯德教和另一个基督教。公元483年，东方的基督徒从东正教会分裂出来，成为景教教会；我们已经注意到，它的传教士遍布中亚和东亚各地。这种与欧洲的分离，使东方的基督教主教从拜占庭先祖的统治中解放出来，也使人们不再怀疑基督教在政治上的不忠，从而使波斯完全容忍了基督教。随着霍思劳一世（531—579）的到来，萨珊王朝展现出最后的活力。他和查士丁尼是同时代的。他改革了税收制度，恢复了正统的琐罗亚斯德教，把他的权力扩展到阿拉伯南部（也门），把那里从埃塞俄比亚基督徒的统治下拯救出来，把他的北部边境推进了土耳其西部的斯坦，并与查士丁尼进行了一系列的战争。作为一个开明的统治者，他享有很高的声誉，以至于当查士丁尼关闭雅典的学校时，最后一批希腊哲学家都来到他的宫廷。他们在他身上寻找哲学家国王的幻影，正如我们所指出的，孔子和柏拉图在他们那个时代所寻求的幻影。哲学家发现正统拜火教比正统基督教的氛围更淡，549年霍思劳十分友善地在与查士丁尼签订的停战协议中增加了一个条款，即允许他们回到希腊，并确保他们不应该骚扰异教徒的哲学或暂时的亲波斯行为。

我们现在听说中亚有一个新的匈奴民族，土耳其人，他们首先与他结盟，然后又与君士坦丁堡结盟。

霍思劳二世（590—628），是霍思劳一世的孙子，经历了极盛极衰的命运。在他的职业生涯的开始，他在反对君士坦丁堡帝国方面取得了惊人的成功。他的军队三次（在608年、615年和627年）到达了对君士坦丁堡的卡尔西顿，他占领了安条克、大马士革和耶路撒冷（614年），并从耶路撒冷带回了一个十字架，据说是钉死耶稣的"真十字架"，拿到他的首都泰西封。（其他很多盛传是"真十字架"已经被罗马帝国掳去了。）据说，它是由海伦娜皇后从耶路撒冷带来的，海伦娜皇后是君士坦丁理想化的、被封为圣徒的母亲，吉本对这个故事并不怎么重视。

619年，霍思劳二世征服了那个容易对付的国家——埃及。这场征服至少被希拉克利乌斯皇帝（610年）制止了，他着手恢复君士坦丁堡被摧毁的军事力量。有一段时间，希拉克利乌斯在集结兵力时避免了一场大战。623年，他很认真地参加了这场战争。波斯人经历了一系列的失败，最终以尼尼微之战（627年）告终，但双方都没有足够的力量彻底击败对方。

在战争结束时，尽管美索不达米亚的拜占庭军队取得了胜利，但在博斯普鲁斯海峡上仍然有一支不败的波斯军队。628年，霍思劳二世被他的儿子废黜并谋杀。大约一年之后，这两个精疲力竭的帝国之间达成了一种胜负未决的和平，恢复了它们原来的边界，真正的十字架被送回希拉克利乌斯那里，希拉克利乌斯在耶路撒冷用盛大的仪式放置了十字架。

29.3 萨珊王朝统治下叙利亚的衰落

所以我们简要介绍一下波斯和拜占庭帝国历史上对我们来说更有趣而不太熟悉的主要事件。在那个时期，这些伟大帝国的普通民众的生活发生了变化。我们所知道的在这个时代的2世纪到6世纪席卷世界的大瘟疫，现在的作者几乎找不到任何确切的描述。当然，这种变化耗尽了人口，可能它扰乱了这些地区的社会秩序，就像我们所知的罗马帝国和中国一样。

已故的马克·赛克斯[①]爵士（1919年，流感爆发，赛克斯爵士

[①] 马克·赛克斯：英国旅行家。

在巴黎英年早逝)在《哈里发的最后遗产》中生动地回顾了我们正在考察的这段时期邻近亚洲地区的总体生活。在当今时代的最初几个世纪,他说,在人们的心目中,军事管理和帝国财政的方向完全脱离了实际的政府。尽管有最邪恶的那些酒鬼、暴君、疯子、野蛮人和被遗弃的妇女的暴政,他们不时地掌握着政府的控制权,但是美索不达米亚、巴比伦和叙利亚有巨大的人口,巨大的运河,堤坝仍能维修,商业和建筑繁荣。尽管敌对军队源源不断地涌现,不同国籍的总督也你方唱罢我登场,但是每个农民的切身利益都围绕着城镇,每个公民的利益都在于他所在城市的进步和繁荣,如果敌人的胜利得到了保证,如果他的契约得到了肯定的履行,那么敌人军队的出现有时甚至会令人满意。

另外,来自北方的袭击一定让人感到恐惧。然后,村民们必须躲在城市的城墙后面,从那里他们可以看到游牧民族的入侵和破坏的景象。然而,只要这些运河没有被破坏(事实上,它们建造得如此坚固和谨慎,以至于它们的安全得到了保证),就不可能造成无法弥补的损害和影响……

在亚美尼亚和本都,生活条件则完全不同。这些地区都是山区,是在公认的国王统治下由强大的本地贵族领导的野蛮部落,而在山谷和平原上,和平的耕种者提供了必要的经济资源……西里西亚和卡帕多西亚现在完全受希腊人的影响,除了拥有大量的商船,还有许多富有的、高度文明的城镇。从西里西亚到卡帕多吉亚,整个地中海沿岸都挤满了富裕的城市和希腊殖民地,在思想和语言上都完全是国际化的,有着希腊人所固有的市政和地方野心。希腊语区从卡利亚一直延伸到博斯普鲁斯海峡,并沿着海岸一直延伸到黑海的辛诺普,在这个地方就开始模糊不清了。

叙利亚被分裂成一个奇怪的像被子一样的模式,由公国和城邦组成,从北部的科马基尼国和埃德萨国这两个近乎野蛮的国家开始。在这些国家的南面是班比斯国,有着巨大的庙宇和祭司般的统治者。在沿海地区,人口密集的村镇集中在独立的安条克、阿帕米亚和埃梅萨等城市周围,当伟大的闪米特商业城市巴尔米拉还在荒野中时,作为帕利西亚和罗马之间的中立贸易地,它正在获得财富和伟大的地位。在黎巴嫩和反黎巴嫩之间,我们发现,赫利奥波利斯(巴贝克)在其鼎盛时期,它的残垣断壁甚至到现在仍值得我们钦佩。转向加利利以内,我们找到了奇妙的城市格拉撒和费城(安曼),两座城市之间连接坚实的道路砖石,配备了巨大的水管道……这个时期叙利亚仍然满是断壁残垣,不难想象其文明本质如何。很久以前引进的希腊艺术已经发展成近乎粗俗的辉煌。装饰的丰富性,奢侈的花费,炫耀的财富,所有这些都告诉我们,当时的闪米特人的品位和现在一样。我曾站在巴尔米拉的柱廊上,也曾在塞西尔旅馆里吃过饭,虽然塞西尔旅馆是用铁建造的,上面涂着假木头、假灰泥、假黄金、假天鹅绒和假石头,但效果是一样的。在叙利亚,有足够数量的奴隶来建造真正的建筑,但艺术精神就像机器制造的任何东西一样堕落。在城市的对面,村子里的人一定和现在的人住得差不多,住在土墙和干石墙的房子里;在遥远的牧场上,贝都因人在他们自己种族的纳巴提国王的统治下自由地放牧羊群,或者担任着大商队的守护者和代理人。

在牧人的后面是炎热的沙漠,它是幼发拉底河后面的帕提亚帝国的不可逾越的屏障和防御工事,在那里矗立着泰西封、塞琉西亚、哈特拉、尼斯宾、哈伦等数百个城市,这些城市的名字都已被遗忘了。这些伟大的城镇以美索不达米亚巨大的谷物财富为基础,当时运河灌溉着这些谷物,而运河的制造者的名字甚至已经在古代的迷雾中消失了。巴比伦和尼尼微已经过去,波斯和马其顿的继承者已经让位给帕提亚，但是人民和耕种方式与征服者居鲁士第一次征服这片土地时是一样的。许多城镇的语言都是希腊语，塞琉西亚有文化的公民可能会批评雅典的哲学和悲剧；但数以百万计的农业人口对这些事情的了解，可能并不比今天埃塞克斯郡的许多农民对大都市的了解更多。

与之相比，7世纪末的情况是这样的。

叙利亚现在是一片贫困和受灾的土地，它的大城市虽然仍然人口众多，但一定已经被公共基金无法清除的废墟所填满。大马士革和耶路撒冷还没有从长期可怕的围困中恢复过来，安曼和基拉什在贝都因人的统治下沦落成悲惨的村庄。浩兰人也许仍显示出图拉真时代的繁荣景象，但是，这一时期破烂的建筑和粗陋的碑文都表明了令人沮丧的衰落。在沙漠中，帕尔米拉空无一人，除了城堡里的守军，这里一片荒凉。在海岸和黎巴嫩之间还能追寻到商业和财富的痕迹，但是在北方，荒凉与遗弃肯定是普通状态，这地方的国家曾陆续被定期的侵袭骚扰了100年以上，现在敌人又统治了15年。农业一定是衰落了，人口也明显地减少了，因为瘟疫和灾难横行乡野。

卡帕多西亚不知不觉地陷入野蛮状态，还有大教堂和城市，那些粗鲁的乡下人既不能修理也不能恢复的地方，已经被夷为平地了。安纳托利亚半岛已经被波斯军队蹂躏和劫掠，大城市被洗劫一空。

29.4 来自伊斯兰的第一封书信

希拉克利乌斯在霍思劳二世死后，在与波斯达成最后的和平之前，正忙于在这个已经满目荒凉的叙利亚恢复秩序的时候，有人给他带来了一个奇怪的消息。送信人骑着马来到大马士革南部旷野的波斯帝国前哨。这封信是用阿拉伯语写的，这是南部沙漠游牧民族的一种晦涩的闪族语言，希拉克利乌斯可能只有一份译本，这个译本中译员大概采用了祈求宽恕的口气。

这是一个自称"真主的使者穆罕默德"的人发出的奇怪而华丽的挑战。这个穆罕默德呼吁希拉克利乌斯承认唯一的真神，并为他服务。此外文件中没有其他明确的内容。

目前没有收到这封信的记录，据推测这封信没有得到回复。皇帝大概耸了耸肩，对这件事感到有点好笑。

但在泰西封，他们对这个穆罕默德了解得更多。据说他是一个令人讨厌的假先知，煽动阿拉伯南部富裕省份也门反叛万王之王。卡瓦德忙于他废黜并谋杀他父亲霍思劳二世的事务，他试图重组波斯军队。又有话传给他，与先前传给希拉克利乌斯的是一样的。这件事激怒了他们。他把信撕成碎片，扔向使者，叫他滚蛋。

当有人把这件事告诉远在肮脏的麦地那小镇上的寄件人时，他非常生气，他喊道："啊，真主！就这样吧，请你将他的王国夺走吧。"（628年）

29.5 中亚和印度的匈奴各族

很明显，在5、6世纪，不仅波斯，现在的突厥斯坦和阿富汗地区的文明都比当时的法国和英国要先进得多。在过去20年中，这些地区的历史已被揭开了神秘的面纱，并发现了大量用土耳其语写成的文学作品。这些现存的手稿可追溯到7世纪以后。字母表是由摩尼教传教士引入的叙利亚语改编而成的。人们发现糊在窗户上的羊皮纸上的文字，写得非常漂亮，和任何本笃会修士抄本相比也毫不逊色。其中，混合在一起的资料还有摩尼教、佛教和基督教的资料，不过这些资料还有待考察。

一切都表明，这几个世纪是欧洲灾难和倒退的世纪，相对而言，从中亚向东以迄中国，这几个世纪是进步时期。

6世纪时，匈奴人（现在被称为鞑靼人和突厥人）仍在不断地向西向里海北部漂移，但这必须被看作是一种溢出，而不是整个民族的迁徙。从多瑙河到中国边境，世界基本上仍是一个游牧世界，城镇在主要的贸易路线上发展起来。我们不需要在这里详细说明土耳其西部突厥斯坦人民与南部波斯人之间持续不断的冲突，以及图拉尼亚人和伊朗人长期以来的争吵。我们没有听到任何关于波斯人向北方进军的消息，却听到在3、4世纪的一系列大规模运动之前，东面的图兰人和里海以西的阿兰人在南边进行了伟大而令人印象深刻的突袭，这个行动把阿兰人和匈奴人带到了欧洲的心脏地带。同时，一个游牧民族迁徙到了波斯东部，并南下通过阿富汗向印度迁徙，同时也向西北迁徙。这些游牧民族的溪流从波斯的两侧流过。我们已经提到过月氏人（第28章第4节），他们最终在2世纪作为印度斯基泰人进入印度。这些月氏人的一个落后的、仍然游牧的部分留在中亚，并在突厥斯坦的大草原上逐渐繁衍成为嚈哒人和白匈奴人。在成为波斯人的麻烦和危险长达3个世纪之后，他们终于在470年，也就是阿提拉死后大约四分之一个世纪，跟随他们的族人的脚步，开始入侵印度。他们没有移民到印度；他们来来回回，在印度抢劫，然后带着战利品回到自己的国家，就像后来匈奴人在多瑙河平原建立了自己的地盘，并袭击了整个欧洲一样。

在我们现在回顾的这7个世纪里，印度的历史被两次入侵打断，一次是月氏人的入侵，我们说过，月氏人消灭了希腊统治的最后痕迹，另一次是以弗所人。在这些人之前，印西提亚人，也就是一波背井离乡的萨卡人，已经被赶走了。印度总共经历了三次野蛮入侵，分别是100年、120年和470年，但只有第二次入侵是永久性的征服和定居。印度-斯基泰人把他们的总部设在西北边境，建立了一个王朝，贵霜王朝——统治着印度北部的大部分地区，远至贝拿勒斯。

嚈哒货币

在这些贵霜君主中，主要的是迦腻色伽一世（约125—约150），他加入了印度北部的喀什、莎车和和田。和阿修王一样，他也是一位伟大而充满活力的佛教倡导者，这些征服，这个西北边境的伟大帝国，一定使印度与中国西藏建立了密切而频繁的关系。

我们不想在这里麻烦地记录印度权力的分裂和联合，也不想记录贵霜之后的朝代，因为从我们目前的观点来看，这些事情对我们来说意义不大。有时整个印度是由各州拼凑而成的，有时像笈多王朝这样的帝国统治着大片地区。这些事情对印度人的思想、宗教和日常生活方式没有什么影响。婆罗门教反对佛教，但是两种宗教却共同繁荣。当时的大多数人的生活和今天的生活一样，穿衣、耕种和建造房屋的方式都大同小异。

对嚈哒人的入侵之所以令人难忘，与其说是因为其永久性的影响，不如说是因为侵略者所犯下的暴行。这些以弗所人在野蛮程度上与匈奴人非常相似，他们只是掠夺，没有建立像贵霜王朝这样的王朝；他们的首领保留了他们在突厥斯坦西部的总部。他们最有能力的领导人米希拉古拉被称为印度的阿提拉。据我们所知，他最喜欢的娱乐之一，就是把大象从悬崖上滚下来，看它们受苦，这是一种昂贵的娱乐。他的可憎激起了他的印度臣子的反抗，他被推翻了（528年）。但是，嚈哒人突袭印度的最终结局并不是印度人造成的，而是土耳其人与波斯人结盟，不断壮大的力量摧毁了他们在俄克苏斯河上建立的嚈哒人中心据点。在这次分裂之后，嚈哒人迅速地完全融入周围的人群中，就像一百年前阿提拉死后的欧洲匈奴人一样。没有中央牧场的游牧民族必须分散，没有别的可能。今天在印度北部的拉吉普塔纳，一些主要的拉吉普特部落据说是这些白匈奴人的后裔。

29.6 中国的盛世

这7个世纪见证了罗马皇帝的开始和结束，也见证了西欧社会、经济、政治和宗教生活的彻底崩溃和重塑，还见证了中国世界的深刻变化。一般中国、日本和欧洲的历史学家都假设这么一种情况：在此期间我们发现中国王朝的开端——汉朝，它的结束——唐朝，大体是呈上升趋势的。并在汉朝结束到唐朝开始这四个世纪期间，经历的分裂并不是一种根本性的因素，只是干扰。中国分裂的仅仅是政治和领土，起决定的因素是其中相同的文化、精神和血缘、思想。他们所控制的广大的亚洲地区，其实是和中国展示出来的与西欧完全平行的一种经验。

的确，中国的社会崩溃从未像欧洲那样彻底。在整个时期内，仍然有相当多的领域可以进行生命艺术的阐述。在装饰、艺术和文学作品方面，并没有像我们在西方所记录的那样完全恶化，也没有放弃任何对优雅和快乐的追求。例如，我们注意到茶出现在世界上，并在中国广泛使用。中国在6世纪开始喝茶，中国诗人会愉快地写出第一杯、第二杯和第三杯茶的味道等。汉朝灭亡后的很长一段时间里，中国仍在创作美丽的绘画。在2、3、4世纪，一些最美丽的风景是由人类绘制的。大量漂亮的花瓶和雕刻品也在继续生产。精美的建筑和装饰继续进行。木版印刷术和饮茶差不多是在同一时期开始的。到了7世纪，诗歌出现了显著的复兴。

东西方各大帝国之间的某些差异都有利于前者的稳定。中国没有通用的货币。西方世界的现金和信贷体系既高效又危险，并没有让它的经济生活陷入紧张。并不是说货币政策不为人知。对于小额交易，各省都使用穿孔的锌和黄铜现金，但对于大额交易，则只使用盖章的银锭。这个伟大的帝国仍在以以物易物为基础，进行着它的大部分商业活动，就像在亚兰商人的时代巴比伦盛行的那样。这种情况一直持续到20世纪初。

我们已经看到，在罗马共和国的统治下，经济和社会秩序是如何被金钱带来的流动性过大的财产所破坏的。金钱变得抽象，与它应该代表的真正价值失去了联系。个人和社会荒谬地陷入债务之中，而这个世界则被一群富人所拖累，这些人是债权人，他们不处理和管理任何真正的财富，但有权筹集资金。中国没有出现这样的金融发展。中国的财富依然真实可见。中国不需要任何利希尼法，也不需要提比略·格拉古。在中国，财产的概念并没有远远超出有形的东西。没有劳动奴役，没有群体奴隶的奴役。

土地的占用人和使用者在大多数情况下实际上是土地的所有

人，须缴纳土地税。有一定数量的小规模地主，但没有大的地产。在古巴比伦，没有土地的人以实物支付工资。

中国的地理位置有利于稳定，有利于统一。然而，汉代的活力下降，当最后结束时，2世纪世界灾难一般的大瘟疫袭击了他们，罗马帝国经历了一个世纪的混乱，王朝就像腐烂的树在大风中摇摇欲坠。

同样的分裂成几个战国的倾向，同样的野蛮统治者的爆发，在东方和西方都有同样的表现。在中国，就像在西罗马帝国一样，信仰已经腐朽了。傅斯年认为，中国在这一时期的政治上缺乏勇气，在很大程度上要归咎于享乐主义。他认为，享乐主义源于老子的怀疑主义、个人主义。这一阶段的分裂被称为三国时期。4世纪，一个多多少少有点文明的魏王朝在陕西省建立了统治。这个匈奴王国不仅包括中国北方，还包括西伯利亚的大片地区；它的王朝吸收了中华文明，它的影响把中国的贸易和知识带到了北极圈。傅先生把这个西伯利亚君主制比作欧洲的查理曼帝国；野蛮人被中国化了，就像查理曼被罗马化了一样。从这些西伯利亚人与中国本土北方元素的融合中诞生了隋朝，它征服了南方。这个隋朝标志着中国复兴的开始。在隋炀帝的统治下，琉球群岛被并入中国，并出现了一段伟大的文学活动时期。据我们所知，当时帝国图书馆的藏书已增加到54000册。7世纪的黎明见证了大唐王朝的开始，大唐王朝持续了3个世纪。

傅斯年坚持认为，中国的复兴始于隋朝，最终在唐朝达到高潮，这是一个真正的新生。他写道，这种精神是一种新的精神，它标志着唐代文明具有完全不同的特点。4个主要因素被融合在一起：①中国的自由文化；②中国经学；③印度佛教；④北方人的勇敢。一个崭新的中国诞生了。唐代的地方体制、中央集权制和军事组织都与前代大不相同。艺术在印度和中亚的影响下得到了很大的影响和复兴。文学不仅仅是旧的延续，也是随时在更新，向前发展的。佛教的宗教派别和哲学派别具有鲜明的特色。这是一个重大变革的时期。

将中国的这一成就与罗马帝国后期的命运进行比较可能会很有趣。正如罗马世界被分为东西两半一样，中国世界也被分为南北两部分。罗马和中国的野蛮人也进行了类似的侵略。他们建立了类似的领土。查理大帝的帝国与西伯利亚王朝（后魏）的帝国相对应，查士丁尼对西帝国的暂时收复与刘裕对北方的暂时收复相对应。拜占庭线与南朝相对应。但从这一点上看，两个世界出现了分歧。中国恢复了统一，欧洲则仍在努力统一中。

唐太宗（627年）是唐朝的第二位皇帝，他的领土向南延伸至安南，向西延伸至里海。他在那个方向的南部疆界与波斯疆界并驾齐驱。他的北方从戈壁沙漠以北的吉尔吉斯大草原沿阿尔泰河而来。但这并不包括高丽，他的儿子征服了高丽并使其缴纳贡品。这个唐朝使南方所有的中国人都开化了，并融入了中国的民族之中。正如北方的中国人自称汉人一样，南方的中国人也自称唐人。唐朝编纂法律，修改文学考试制度，出版了完整、准确的中国古典文学全集。太宗的朝廷迎来了拜占庭的使节，更重要的是，波斯也来了一批景教传教士，太宗对后者表示出了极大的尊重，并聆听了他们所叙述的有关景教信仰的主要内容，并命令将经文翻译成中文，以便他进一步检查。638年，他宣布，他发现新宗教完全令人满意，可以在帝国内部传播。他还允许修建教堂和修道院。

628年，还有一个更引人注目的大使馆来到太宗朝廷，比景教派早了5年。这是一群阿拉伯人，他们从阿拉伯的麦地那港延布乘船来到广州。（顺便说一句，有趣的是，当时也有这样的船只从事东西方贸易。）这些阿拉伯人是我们已经提到的自称为上帝先知的穆罕默德派来的,他们带给太宗的信息很可能与同年发给拜占庭皇帝希拉克利乌斯和泰西封的卡瓦德的召唤是一致的。但这位中国皇帝既没有像希拉克利乌斯那样忽视这一信息,也没有像弑君者卡瓦德那样侮辱使节,他很好地接待了他们,对他们的神学观点表达了极大的兴趣。据说,他还帮助他们在广东为阿拉伯商人建造了一座清真寺,这座清真寺至今仍然存在。它是世界上最古老的清真寺之一。

29.7 中国智慧的桎梏

唐初统治者统治下的中国的城市、文化和权力与西方世界的衰败、混乱和分裂形成了鲜明的对比,这不禁让人想起文明史上一些最有趣的问题。为什么中国没有保持它通过迅速恢复统一和秩序而赢得的巨大领先优势?为什么它今天不在文化和政治上主宰世界?

在很长一段时间里,它确实保持领先。只有一千年之后,在16和17世纪,美国发现,印刷书籍的传播和教育在西方,现代科学发现的黎明,我们可以满怀信心地说,中国开始领先于西方世界。唐朝是它最伟大的时期,宋朝(960—1279)和明朝(1358—1644)都是艺术颓废时期,中国的繁荣、幸福和艺术活动远远超过了任何一个当代国家。既然它取得了这么多成就,为什么没有取得更多呢?中国的船只在海上航行,在那个时期有大量的海外贸易。为什么中国人从来没有发现过美洲和澳大利亚?的确,中国也有许多独立的观察、独创性和发明。中国人在6世纪就知道火药了,他们用煤和煤气取暖,比欧洲早了几个世纪;他们的桥梁建设和水利工程令人钦佩;他们在陶瓷和漆器上所表现出来的材料知识是非常丰富的。为什么他们从来没有组织起一套记录与合作的探究体系,而正是这种体系造就了世界现代科学?为什么尽管他们受过良好的礼仪和自我约束的普遍训练,智力教育却从来没有渗透到大众之中呢?为什么今天的中国大众,尽管他们的天赋才智非常高,但为什么他们之间文盲居多呢?

用相当陈腐的答案来回答这类问题是司空见惯的。我们被告知,中国人是人类中最保守的,与欧洲人不同,他们的思想倾向于过去,他们是礼仪和先例的心甘情愿的奴隶,这在某种程度上是西方人无法想象的。他们被描述为拥有一种如此独特的心态,以至于人们几乎可以指望找到大脑结构的差异来解释它。人们经常引用孔子对古人智慧的呼吁来证实这一观点。

然而,如果我们更仔细地研究这个概括,它就会消失在空气中。优越的智力主动性,自由的进取心,实验的倾向,被认为是西方思想的特征,只有在特定的阶段和特殊的情况下,才会在西方思想的历史中表现出来。对于其他国家,西方世界则表现出与中国一样的传统和保守。此外,在经济刺激的条件下,中国人的思维和欧洲人一样具有创造性和多面性,日本人的思维更是如此。公元前6世纪到公元前2世纪,托勒密王朝晚期,由于大动乱,希腊文明出现了衰退。但在拜占庭帝国一千年历史之前,希腊文明和当时的中国一样停滞不前。我们已经注意到,意大利人在罗马时期的思想是比较贫乏的,而自文艺复兴以来,意大利人的思想是丰饶的。我们马上就会讲到,阿拉伯人的思想,在伊斯兰教出现之后,像一颗星星一样,在五六代人的时间里闪耀着,从来没有取得过任何重要的成就。另外,中国一直存在着大量零散的创造性,中国艺术的进步见证着新的运动和蓬勃的创新。我们夸大了中国人对他们父亲的崇敬;在中国皇帝中,弑君是一种比波斯统治者更普遍的罪行。此外，中国有过几次解放运动，有过几次反对古道的斗争。

真正的知识进步在任何族群似乎都与超然存在的男性密不可分。他们有足够的自由，不必为世俗的物质需求而操劳或担忧，也不必因为富有、强大而去放纵欲望、炫耀或显示残忍。他们必须有安全感，而不是优越感。我们已经进一步暗示过，这个阶级必须能够自由交谈和轻松交流。它不应被视为异端邪说，也不应因其可能表达的任何思想而受到迫害。在希腊最繁荣的时期，这种幸福的状态当然占了上风。只要有大胆的哲学或有效的科学进步的记录，历史上就会出现一个聪明、自由的上流社会阶层。

在中国人心中唐朝和明朝的日子一定是丰富和愉快的。存在这样的阶级，正如为雅典的柏拉图学院供应大多数青年，或者为意大利文艺复兴时代供应显赫的才智之士，近代科学鼻祖的伦敦皇家学会提供会员的那种阶级。然而，中国并没有在这些机遇时期开始创造出如此大规模的记录和分析事实。

如果我们拒绝有一些深刻的种族差异在中国和西方之间使中国天生保守和西方进步的想法，那么我们被迫在其他方向寻找引起这种差异的先进性。许多人倾向于发现引起的原因，而这恰恰就是中国思想开始逐渐禁锢在复杂的文学理论和表达之中，尽管这是它最初的优势。中国的发展在过去四五个世纪被延缓了，国家的精神能量主要消耗在控制它。这一观点值得研究。

我们已经在第16章叙述了中国文字和中国语言的特点。日语的书写起源于汉语，由一套更为快速的书写体系构成。这些形式中，有大量的表意文字是从汉语中继承过来的，它们的使用方式与汉语表意文字的使用方式完全相同，但也有一些符号是用来表达音节的。有一种日本的音节表，类似于我们在第16章中描述的苏美尔语的音节表。日本的文字仍然是一个笨拙的系统，像楔形文字一样笨拙,但不像汉语那样笨拙。日本也有一场采用西方字母表的运动。很久以前,韩国走得更远,从同样的中国起源发展出了一个真正的字母表。除了这些例外,现在世界上使用的所有伟大的书写系统都是基于地中海字母表的,相比之下,它们比汉语更容易学习和掌握。这意味着,当其他民族只学习一种相对简单和直接的方法来设置他们所熟悉的语言时,中国人必须掌握大量复杂的单词符号和单词组。他不应该简单地学习这些符号,而应该学习这些符号的组合,以代表不同的含义。因此,他必须熟悉一些典型的古典作品。因此在中国,你会发现大量的人知道某些频繁的和熟悉的人物的重要性,你会发现只有少数的知识足够广泛掌握报纸段落的意思,还有更少的人可以阅读任何微妙的意图或罚款的意义。日本在一定程度上也是如此。毫无疑问,欧洲读者,特别是像英语或俄语这样词汇丰富的语言的读者,在他们能读懂的书的范围和他们能读懂的书的程度方面存在着很大的差异;他们的力量因词汇而异;但是,中国人之间相应的理解水平,在达到这些水平时,所花费的时间和劳力要多得多。中国士大夫的教育主要是学习阅读。

这可能是因为,受教育阶层在其最易受影响的岁月里对中国古典文学的痴迷,使他们偏向于这种花费了大量时间和精力的传统学习。在他们的头脑中辛苦建立任何知识体系的人,很少会心甘情愿地抛弃它,去追求一些新奇的东西;这种性格在西方和东方都是一样的,英美大学的学者和现在的任何中英官员都是如此。尽管在民众教育和国民宣传上,将蛮族的缀字法改变为标音字母和按音拼写法会使宣传得到巨大而明显的便利,但现在的英国人还不肯这么做。中国文字的独特之处,以及由此产生的教育体系,一定是一个经久不衰的过滤器,有利于塑造和学术的头脑,而不是倔强和原始的头脑,使后者远离影响和权威的位置。这种解释是很有道理的。

近些年来中国已经有几次采用字母系统来尝试简化中文写作的尝试了。在佛教传入中国的早期，有大量的梵文翻译，印度的影响接近于达到这一目的；中国确实发明了两种字母，每一种都有一点用处。但是，今天的中国所使用的语音系统阻碍了这些原则的普遍采用。虽然文学脚本和措辞是一样的，但在中国的一端到另一端，在每个省中，百姓的口语、发音和在其熟悉的成语的使用中都不相同。因此，人们可能会难以理解从另外一个省来的人。然而，有一个标准的汉语，一个相当书生气十足的口语、通用语，一般为受过教育的人所理解。当代中国现代教育改革家的希望，正是建立在对这种标准汉语采用字母体系的可能性之上。因为现在正在进行新的尝试，试图把中国人的思想从这种古老的纠缠中解放出来。

中国的字母表（汉语拼音表）已经形成；它在普通学校里教授，并在学校里发行报纸和小册子。僵化的考试制度扼杀了智力上的创新活动，并影响至今。在将口语习语引入书面汉语的方向上，也有了相当大的简化。这有助于放松和清晰；即使是在旧体字中，这样的中文也更容易读和写，而且比文言文更适合现代文学表达的需要。

中国过去的成功、早期的繁荣和普遍的满足，一定在这片土地上证明了人类所有自然的自满和保守主义是正当的。当动物的生存条件足够好时，它们是不会改变的。在这个问题上，人类仍然是一种动物。直到19世纪，2000多年来，中国历史上很少有什么东西可以在一个中国人的心目中，对其自身文明相较于世界其他地方的普遍优越性产生怀疑，因此就失去了对文明做出任何改变的理由。中国创造了大量美丽的艺术，一些令人愉快的诗歌，惊人的烹饪，以及成千上万的令人愉快的一代又一代的生活方式。它的船只沿着美丽的内河航行，很少出海，后来只到印度或婆罗洲去探险。在16

世纪以前，我们必须记住欧洲水手从来没有到过大西洋。北欧人发现美洲，腓尼基人环游非洲，都是非凡的壮举。这些都是在没有任何普遍的无聊、奴役、侮辱和痛苦的情况下实现的，而这些正是罗马帝国富人统治的基础。有很多贫困，很多不满，但这不是大规模的贫困，不是必要的普遍的不满。1000多年来，中国的制度虽然有时摇摇欲坠，但似乎没有衰落的迹象。王朝更迭，叛乱，混乱；饥荒，瘟疫；两次伟大的侵略，使外国王朝登上了天国之子的宝座，但却没有使日常生活秩序发生革命性的变化。皇帝和朝代可能来来去去；官吏、科举、典籍、传统和习惯生活依然存在。中国的文明在7世纪已经达到了顶峰，它的鼎盛时期是唐朝；尽管它继续缓慢而稳定地传播到安南、柬埔寨、暹罗、西藏、尼泊尔、朝鲜、蒙古和满洲，但在这1000年的历史中，再也没有比这一地理进程更能将其记录下来的了。

29.8 玄奘西行

629年，穆罕默德的使节到达广州后的第二年，教皇格里高利的传教士在英国登陆30多年后，有一个博学而虔诚的佛教徒名叫玄奘，从太宗的都城西安出发，踏上了去印度的伟大旅程。他离开了16年，645年又回来了，他写了一篇游记，这篇游记被奉为中国的经典。关于他的经历，这里有一两点值得注意，因为它们有助于我们对7世纪世界状况的全面回顾。

玄奘和希罗多德一样，渴望奇迹，也一样容易轻信，但没有希罗多德的历史感，他只要经过一个纪念碑或废墟，就会去追问其背后的故事。中国人对文学尊严的观念也许使他无法向我们详细讲述他是如何旅行的，谁是他的随从，他是如何住宿的，他吃了什么，他是如何支付他的费用的——这些细节对历史学家来说是珍贵的；尽管如此，他还是为我们提供了一系列有关中国、中亚和印度在当时阶段的图景。

他的旅行是一次艰辛的旅行。他从帕米尔高原绕道而行。他走的路线穿过沙漠北部戈壁，穿越天山南部，穿越深蓝的伊克塞湖，以及塔什干和撒马尔罕，然后向南追寻亚历山大大帝的开伯尔山口和白沙瓦。他从南部路线返回，穿越帕米尔高原从阿富汗到喀什，然后沿月氏、莎车，翻越昆仑山重新进入他之前走过的路，并沿着沙漠附近的长城行进。每条路线都要攀登一些艰苦的山。他在印度的旅行是无法追溯的，他在那里待了14年，从尼泊尔到锡兰，他走遍了整个半岛。

当时有一项禁止出国旅行的诏书，玄奘就像一个逃犯一样从西安出发。有人企图阻止他执行计划。他是如何购得一匹认识沙漠小道的瘦红马，怎样在一个"外国人"的帮助下躲过边塞的瞭望台，并在下游造了一架浮桥过河，怎样靠人畜遗骸作为指引翻越了沙漠，怎样看到了一座蜃楼，怎样在瞭望台附近的沙漠小道上打水时两次幸免于被箭射中，等等，读者都可以在他的《三藏法师传》一书中看到。他在戈壁旷野走迷了路，有四昼夜没有水喝。当他在冰川之间的山上时，他的12个同伴被冻死了。这一切都在上述这本书中有提及，但他在自己的旅行记录即《大唐西域记》中很少提到这一点。

他向我们展示了突厥人，即匈奴超越传统的新发展，他们不仅拥有现在的突厥斯坦地区，而且也占据了北面的地区。他提到了许多城市和大量的耕作之地。他受到各种或多或少名义上向中国进贡的盟国统治者的款待，还有突厥可汗的款待。可汗穿着绿色缎子衣服，长长的头发用丝绸扎着。

这个大帐篷的金色刺绣闪耀着耀眼的光彩；在场的大臣们都穿着华丽的锦缎长袍，坐在两旁的席子上，排成一长排，其余的侍从都站在后面。你可以看到，虽然这是一个边境统治者，但却有一种高贵优雅的气质。可汗从他的帐篷里出来大约30步，遇见了玄奘，玄奘礼貌地问候了一番，进了帐篷……过了一会儿，来自中国和高昌的使节被接纳，并出示了他们的公文和证件，可汗仔细阅读了这些文件。他非常高兴，让使节们就座。然后他为自己和他们点了酒和音乐，为朝圣者点了葡萄水。这时，大家互相进酒，先斟满酒，再倒出来，发出一阵嘈杂和喧闹之声，各种乐器混在一起，音乐高亢地响起来。虽然演奏的曲调是外国人最喜欢的，但它们使人的感官愉快，使人的精神振奋。过了一会儿，一堆堆的烤牛肉和烤羊肉被端上了餐桌，还有净食，如蛋糕、牛奶、糖果、蜂蜜和葡萄，供朝圣者享用。宴会结束后，又上了葡萄糖浆，可汗邀请玄奘为这场宴会说上几句，在此基础上，他阐述了"十德"、对动物生命的同情以及波罗蜜多和解脱的教义。可汗举起双手，鞠了一躬，欣然接受了这个教导。

玄奘对撒马尔罕的描述是：一个繁荣的大城市，一个巨大的商业中心，周围的土地非常肥沃，树木繁盛，鲜花盛开，出产许多骏马。这里的居民都是技艺精湛的工匠，聪明能干。在那个时候，我们必须记住，在盎格鲁-撒克逊人的英格兰几乎没有一个这样的城镇。

然而，当他的叙述接近他在印度的经历时，旅行者玄奘则更像是一个虔诚而博学的朝圣者，书中充斥着令人难以置信的奇迹。然而，我们得到的印象是房屋、服装等，与今天的印度很相似。当时和现在一样，印度人群的千变万化与中国人群的蓝色一致性形成了鲜明对比。在佛陀的时代，印度是否有读写是值得怀疑的，但现在阅读和写作则相当普遍了。玄奘对纳兰达一所伟大的佛教大学做了有趣的描述,那里的遗迹最近被发现和挖掘。早在雅典的学校开办之初,纳兰达和塔西拉似乎就是相当大的教育中心。尽管有佛陀的存在,玄奘发现种姓制度已经完全建立起来,婆罗门现在完全处于优势地位。他列举了我们在第18章第4节中提到的四个主要种姓,但是他对他们的作用的描述却大不相同。他说,首陀罗是土壤的耕种者,印度作家们却说他们的职责是侍候在他们之上的三个种姓。

但是,正如我们已经提到的,玄奘对印度现实的描述被他所积累的传说和虔诚的发现所淹没。因为他来了就很欢喜。其余的,我们将看到这是一个任务,就是他要开始着手的工作。佛的信仰在阿育王的日子,甚至是迦腻色迦时期,还是可以纯洁到成为一个高贵的灵感;我们现在发现完全迷失在荒野的荒谬的废话之中,不断轮回的哲学,奇迹显灵的故事像圣诞哑剧,六颗牙的象奇迹般地怀孕,慈善王子舍身被饥饿的老虎吃掉,寺庙建在一片剪下的神圣指甲上,等等。我们不能在这里讲这样的故事;如果读者喜欢这样的东西,他必须去阅读皇家亚洲学会或印度学会的出版物,在那里他会发现这样想象的谵妄。玄奘不无遗憾地指出,在与这种佛教的竞争中,婆罗门教在各个地方重新获得了地位,尽管它现在在智力上受到了削弱,并被镀金的装饰所窒息。

与这些印度知识分子大量衰败的证据相对照,我们可以注意到玄奘在描写时多次提到被毁坏和遗弃的城市。该国大部分地区仍然遭受着嚈哒人对他们的蹂躏和由此造成的混乱。一次又一次我们发现这样的段落,他通过一个东北大森林,道路狭窄而危险,野生水牛和野生大象与其同路,强盗和猎人总是在伺机杀死旅行者,走出森林他终于到达了释迦牟尼涅槃处——拘尸那揭罗国[①]。但是这里的城墙成了废墟，城镇和村庄都荒废了。"老城"（即曾经的都城）只剩砖石地基，方圆十里以内居民很少，城市的内部一片荒凉。然而，这种毁灭绝不是普遍的，书中至少同样提到了拥挤的城市和村庄都有着忙碌的景象。

《三藏法师传》讲述了他在归途时的许多艰难困苦，他落在强盗手里，那头驮着他大部分财物的大象淹死了，他很难找到新的交通工具。在这里我们不能详细地描写这些冒险了。

人们聚集在一起，认为玄奘返回中国国都长安是一个胜利。预先送信的人一定已经知道他来了。长安经历了一个公共假日，街道上装饰着欢乐的旗帜，音乐使人高兴。他被隆重地护送进城。20匹马被用来运送他旅途中的收获，他带来了数百本用梵文写的佛教书籍，这些书是用修剪过的棕榈叶和桦树皮一层层串在一起做成的；他有许多大大小小的佛像，有金的，有银的，有水晶的，有檀香木的；他有圣像，以及不少于150件被证实是真迹的佛陀遗物。唐朝皇帝把他当作自己的朋友，把他带进了皇宫，每天都要问他在这片陌生的土地上待了这么久的奇迹。但当皇帝问起印度时，这位朝圣者只愿意谈论佛教。

唐朝以后的历史包含了两件事，这两件事揭示了这位伟大的太宗皇帝的思想活动。笃信一门宗教的专家的问题在于，他们太了解自己的宗教以及它与其他宗教的不同之处；但像太宗和君士坦丁大帝这样有创造力的政治家，其优点或缺点在于，他们对这类事情的了解相对较少。显然，所有这些宗教的根本利益，在太宗看来，似乎都是同样的根本利益。因此，他很自然地提出，玄奘现在应该放

---

① 拘尸那揭罗国：位于现今印度北方邦戈勒克布尔镇卡西亚(Kasia)村，相传释迦牟尼在此涅槃，是佛教的四大圣地之一。

弃宗教生活，进入他的外交部门，这是一个玄奘不会接受的建议。过了一段时间，皇帝坚持至少要他写一篇游记，于是得到了这本经典著作。最后，太宗向这个高度虔诚的佛教徒提议，他现在应该用他的梵文知识翻译伟大的中文老师老子的作品，以便让印度读者能够读到。毫无疑问，对皇帝来说，这似乎是一种公平的回报，是对所有宗教的根本利益的有益服务。总的来说，他认为老子很可能与佛祖地位相当，甚至略高于佛祖，因此，如果把他的作品放在婆罗门面前，他们会欣然接受。本着同样的精神，君士坦丁大帝竭尽全力使阿利乌斯和亚他那修斯友好地定居在一起。但是，玄奘自然拒绝了这个建议。他隐退到一座寺院里，用余生尽其所能地把他带来的佛教文学翻译成优美的中文作品。

30. 成吉思汗及其继任者的大帝国

30.1 12世纪末的亚洲

我们现在必须讲述游牧主义对东方和西方文明的最后和最大的冲击。我们在这段历史中追溯了这两种生活方式并驾齐驱的发展历程,并指出,随着文明的发展变得更加广泛和有组织,游牧民族的武器、机动性和智力也得到了提高。游牧民族不仅仅是一个未开化的民族,它是一个沿着自己的路线专业化的民族。从历史的一开始,游牧民族和定居民族就对此做出了反应。我们讲过闪米特人和埃兰人袭击苏美尔。我们目睹了西部帝国被大平原的游牧民族摧毁,波斯被征服,拜占庭被阿拉伯的游牧民族动摇。每当文明似乎窒息在财富和债务和奴役的杂草中,当信仰似乎腐烂成玩世不恭,当权力的进一步增长的力量无可救药地纠缠在衰减的公式中,游牧民们像犁一样,打破了恶化的停滞,让世界重新开始。从13世纪开始的蒙古人的侵略是历史上规模最大、也是迄今为止对人类造成破坏性最大的行动。

蒙古人在12世纪末突然从一片混沌中进入了历史。他们出现在中国北部的一个国家，这是匈奴和土耳其人的发祥地，他们显然和这些民族属于同一种族。他们聚集在一个首领的手下，我们没有能够记下他的名字，但在他的儿子成吉思汗的统治下，他们的权力以惊人的速度增长。

读者们已经感觉到了伊斯兰世界正在走向分裂。在13世纪初，西亚有许多独立的、不和谐的伊斯兰国家。有埃及（与巴勒斯坦和叙利亚）萨拉丁的继任者，在小亚细亚有塞尔柱王朝的势力，在巴格达还有一个阿巴斯哈里发国，在这片土地的东面又出现了一个非常庞大的花剌子模帝国。土耳其王子的希瓦曾从恒河流域到底格里斯河征服了许多零碎的塞尔柱公国。他们对波斯和印第安人进行控制，并认为这是不巩固的。

中国的文明状况同样吸引着有进取心的侵略者。在这段历史中，中国的最后一瞥是在唐朝开放时期的7世纪。精明能干的太宗皇帝正在权衡景教、基督教、伊斯兰教、佛教、道教各自的优点，并整体上倾向于认为老子是最好的老师。我们已经描述了他接待玄奘的情况。太宗容忍一切宗教，但他的几位继任者对佛教信仰进行了无情的迫害；尽管受到了这些迫害，它仍然繁荣昌盛，它的寺院在起初支持学习，后来又阻碍学习方面，发挥了类似于西方基督教修道院组织的作用。到了10世纪，大唐王朝已经处于极度衰败的状态；通常的退步过程通过一系列的荒淫无度和无能为力继续进行着，中国再次在政治上分裂成不同数量的国家，"十国"，一个混乱的时代一直持续到10世纪上半叶。

然后，北宋（960—1127）建立了一个王朝，建立了某种统一，但不断与来自北方的匈奴人进行斗争，匈奴人向东海岸进发。有一段时间，其中一个民族，契丹人占了上风。12世纪时，这些人被征服，并被另一个匈奴帝国——金国所取代。金国的首都在北京，南界直抵黄河。宋朝在金国面前萎缩了。1138年，首都从现在离北方边境太近的南京转移到沿海城市杭州。从1127年到1295年，宋朝被称为南宋。在它的领土的西北，现在是亚洲鞑靼帝国；北方是金国，这两个国家的中国人都处于游牧传统依然强大的统治之下。因此，在东方，亚洲人的主要群体也处于不和睦的统治者统治之下，即使不欢迎征服者的到来，他们也乐于接受。

我们已经注意到，印度北部在13世纪初也是一个被征服的国家。起初，它是希瓦帝国的一部分，但在1206年，一个富有冒险精神的统治者，库巴特，他曾是一名奴隶，后来作为奴隶升为印度省的省长，在德里建立了一个独立的伊斯兰国家印度斯坦。婆罗门教很早以前就从印度传入佛教，但皈依伊斯兰教的人在印度仍只是少数统治阶级。

13世纪初，成吉思汗开始巩固他在巴尔卡什湖和贝加尔湖之间的游牧民族中的权力，这就是亚洲的政治状况。

30.2 蒙古人的崛起与胜利

成吉思汗和他的直接继承者的征服事业震惊了世界，也许没有人比这些蒙古可汗更令人震惊。

蒙古人在12世纪是一个部落，臣服于那些征服了中国东北的亲戚。他们是一群游牧骑兵，住在帐篷里，主要以马奶和马肉为生。他们的职业是放牧和狩猎，因战争而异。当冰雪融化成为夏季牧场时，他们向北漂流，按照大草原的习俗，他们向南漂流到冬季牧场。他们的军事教育始于一场成功的反近亲起义。血缘帝国背后拥有半个中国的资源，在这场斗争中，蒙古人学到了很多中国的军事科学。到12世纪末，他们已经是一个战斗品质卓越的部落。

在成吉思汗统治生涯的最初几年，他致力于发展自己的军事机器，将蒙古人和周围的部落同化为一支有组织的军队。当鞑靼吉尔吉斯人和维吾尔人（他们是塔里木盆地的鞑靼人）没有被征服，而是被迫加入他的组织时，他的第一个相当大的权力扩张是向西的。随后，他进攻金国，夺取了北京城（1214年）。蒙古人征服了金人，获得了全部财产，这对蒙古人来说帮助很大。定居的金人继续耕种和贸易，不受王朝更替的影响。

我们已经提到了最近的突厥斯坦、波斯和北印度的花剌子模帝国。这个帝国向东延伸到喀什，它一定是当时最进步和最有希望的帝国之一。成吉思汗还在与金王朝作战，就派使节到花剌子模。使节被处死，这简直是不可思议的愚蠢。用今天的政治术语来说，花剌子模政府决定不承认成吉思汗，并采取了这一积极的行动。在那里（1218年），成吉思汗集结并训练的骑兵大军横扫帕米尔高原，进入土耳其斯坦。它装备精良，可能有一些用于攻城的枪支和火药，因为中国人当时肯定在使用火药，蒙古人从他们那里学会了使用火药。喀什格尔、浩罕、布哈拉相继沦陷，然后是撒马尔罕，花剌子模帝国的首都。在那里，蒙古人毫无根据地占领了花剌子模的领土。他们向西到达里海，向南到达拉合尔。在里海北部，一支蒙古军队遇到了来自基辅的俄军。在一系列的战斗中，俄国军队最终被击败，基辅大公被俘。

蒙古人出现在黑海北部海岸。君士坦丁堡陷入恐慌，开始重建防御工事。与此同时，其他军队也在中国征战亚洲帝国。它被吞并了，只有金帝国的南部还没有被征服。1227年，成吉思汗在事业的辉煌中去世。他的帝国已经从太平洋到达第聂伯河。这是一个仍在蓬勃扩张的帝国。

就像游牧民族建立的所有帝国一样，它一开始纯粹是一个军事和行政帝国,是一个框架,而不是规则。它以皇帝的人格为中心,它与所统治的广大人民的关系仅仅是维持部落的税收。但成吉思汗却召来了一位非常能干、经验丰富的金朝统治者来帮助他,他通晓中华民族的一切传统知识。

在成吉思汗死后很长一段时间里,这位政治家耶律楚材能够继续处理蒙古人的事务,毫无疑问,他是历史上最伟大的政治英雄之一。他缓和了他主人的野蛮残暴,把无数的城市和艺术品从毁灭中拯救出来。他收集档案和碑文,当他被指控腐败时,他唯一的财富是文件和一些乐器。对他来说,蒙古军事机器的效率或许和成吉思汗一样重要。在成吉思汗的统治下,我们可以进一步注意到,我们在整个亚洲范围内发现了最彻底的宗教宽容。

在成吉思汗死后,新帝国的最高权力机关仍然是部落议事会。在这里他们选举成吉思汗的儿子窝阔台汗为他的继承人。他们发动战争对金国残余势力进行清扫,直到金被完全征服(1234年)。在宋朝统治下的南方中国帮助蒙古人完成了这一任务,从而摧毁了他们自己抵御宇宙征服者的堡垒。蒙古军队随后横扫亚洲,到达俄罗斯(1235年),这是一次惊人的行军。基辅在1240年被摧毁,几乎所有的俄罗斯人都成为蒙古人的附属国。1241年,波兰遭到蹂躏,一支由波兰人和日耳曼人组成的混合军队在下西里西亚的列格尼茨战役中全军覆没。腓特烈二世似乎没有做出任何努力来阻挡前进的潮流。

直到最近,欧洲的历史学界才开始认为,公元1241年春天,蒙古军队占领波兰和匈牙利所取得的胜利是通过完美的战略取得的,而不仅仅是通过数量上的绝对优势。但这一事实尚未成为常识;把鞑靼人描述成一个野蛮的部落,只靠他们的数量就能把所有的东西都带到他们面前,没有战略计划地驰骋在东欧,冲过所有的障碍,仅仅靠重量就能克服它们,这种粗俗的观点仍然盛行……

令人惊奇的是,在从维斯瓦拉下游到特兰西瓦尼亚的行动中,指挥官的安排是如此及时和有效。这样一场战役远远超出了当时任何欧洲军队的力量,也超出了任何欧洲指挥官的想象。欧洲没有将军,从腓特烈二世开始,一直到现在,他在战略上和速不台相比都不是新手。还应该注意到,蒙古人在开始这项事业时,完全了解匈牙利的政治局势和波兰的情况,他们小心地通过一个组织良好的间谍系统来通知自己;另外,匈牙利和基督教势力就像幼稚的野蛮人一样,对他们的敌人几乎一无所知。虽然蒙古人在列格尼茨取得了胜利,但他们没有继续向西推进。他们进入了林地和丘陵地带,这与他们的战术并不相符;因此,他们转向南方,准备在匈牙利定居,屠杀或同化同族的马札尔人,就像他们之前屠杀并同化混合的斯基泰人、阿瓦尔人和匈奴人一样。从匈牙利平原出发,他们可能会像9世纪的匈牙利人,7、8世纪的阿瓦尔人和5世纪的匈奴人那样,向西和向南发动袭击。但是在亚洲,蒙古人正在与宋人进行一场艰苦的征服战争,他们也在袭击波斯和小亚细亚;窝阔台突然去世,1242年,蒙古人的继位出现了问题,由此蒙古军队被召回,蒙古人不败的军队开始从匈牙利和罗马尼亚向东方大举撤退。

令欧洲大为宽慰的是,哈拉和林王朝的动乱持续了好几年,这个庞大的新帝国出现了分裂的迹象。蒙哥汗于1251年成为大汗,他任命他的兄弟忽必烈为中国的统治者。慢慢地,整个宋朝被征服了,随着它被征服,东部蒙古人在文化和方法上变得越来越中国化。西藏被满族入侵破坏,波斯和叙利亚也被入侵。蒙哥的另一个兄弟旭烈兀指挥了这场战争;他把他的武器转向哈里发政权,夺取了巴格达,在那里他屠杀了所有的人。巴格达仍然是伊斯兰教的宗教首都,蒙古人对穆斯林充满敌意。这种敌意加剧了游牧民族和城镇居民之间的天然不和。1259年蒙哥去世，1260年蒙古领袖花了一年的时间将这个巨大帝国的各个角落聚集起来，匈牙利、叙利亚、印度和中国，忽必烈被选为大汗。他已经对中国事务产生了浓厚的兴趣；他让首都北京取代了哈拉和林，波斯、叙利亚和小亚细亚在他的兄弟旭烈兀的统治下实际上独立了，而俄罗斯和毗邻俄罗斯的亚洲的蒙古人部落，以及突厥斯坦的各种规模较小的蒙古人群体实际上也独立了。忽必烈死于1294年，随着他的去世，甚至连名义上至高无上的大可汗也消失了。

忽必烈死后，有一个主要的蒙古帝国，首都是北京，包括整个中国和蒙古；还有第二个伟大的蒙古帝国，在俄罗斯的钦察汗国；第三个是在波斯的伊利汗帝国，由旭烈兀建立，小亚细亚的塞尔柱突厥人是它的附属国；在钦察汗国和蒙古之间有一个西伯利亚国家；另一个独立的国家"大突厥"在突厥斯坦。尤其值得注意的是，在旁遮普之外的印度在此期间从未受到蒙古人的入侵，埃及苏丹统治下的一支军队在巴勒斯坦（1260年）彻底击败了旭烈兀的将领怯的不花，阻止了蒙古人进入非洲。到1260年，蒙古人征服的冲动已经达到顶峰。此后，蒙古的故事就是一个分裂和衰败的故事。

忽必烈在中国建立的蒙古王朝——元朝，从1280[①]年持续到1368年。后来，蒙古人在西亚的复兴注定要在印度建立一个更加持久的君主政体。

30.3 马可·波罗游记

蒙古人征服的故事无疑是历史上最引人注目的。亚历山大大帝

[①] 我国历代纪元表中，元朝从1206年开始。后同。

的征服在程度上无法与他们相比。他们在传播和拓宽人们的思想方面所起的作用，虽然这类事情更难估计，但至少可以与和亚历山大的冒险有关的希腊文明的传播相媲美。有一段时间，整个亚洲和西欧都享有开放的交往；所有的道路都暂时开放，每个国家的代表都出席了喀喇昆仑法庭。基督教和伊斯兰教之间的宗教宿怨为欧洲和亚洲之间设置的壁垒被降低了。罗马教皇对蒙古人皈依基督教抱有很大的希望。到目前为止，他们唯一的宗教是萨满教，一种原始的异教。教皇的使节，印度的佛教僧侣，巴黎的、意大利的和中国的工匠，拜占庭的和亚美尼亚的商人，以及阿拉伯官员、波斯和印度的天文学家和数学家，都聚集在蒙古宫廷。我们在历史上听到了太多关于蒙古人的运动和屠杀，却没有听到足够多的关于蒙古人毫无疑问的求知欲和学习热情。作为知识和方法的传播者，他们对世界历史的影响是巨大的。我们从成吉思汗和忽必烈的模糊而传奇式的人格上所能看得到的一切，都倾向于证实我们的印象，那就是这些人至少和那浮华而自负的人物即亚历山大大帝，或那政治幽灵的招魂者、那精力充沛而又目不识丁的神学家查理大帝一样，都是些聪慧而有创造力的君主。

罗马教皇在蒙古的传教事业以失败告终。基督教正在失去它的说服力。蒙古人对基督教没有偏见，但基督教所赋予他们的使命是利用耶稣伟大教义的力量推动教皇对世界的统治，因此显然蒙古人起初更喜欢伊斯兰教。

在蒙古人的心中，被污染了的基督教是不够好的。将蒙古帝国变成上帝王国的一部分的想法，可能还比较贴近他们的心意。但决不能把帝国变成一群法兰西和意大利教士的采邑。这些教士要求得到的东西很多，但他们的实力和前景却很虚弱，他们有时是日耳曼皇帝的傀儡，有时是法兰西国王任命之人，有时又是自己无聊怨恨和虚荣的牺牲者。1269年，忽必烈向教皇派遣了一项任务，显然是想与西方基督教世界找到某种共同的行动模式。他要求派一百个有学问和能力的人到他的宫廷里达成某种一致。他的特使发现西方世界没有教皇，并卷入了教皇历史上频繁发生的关于继承权的争论之一。整整两年没有教皇。当教皇最终被任命时，他派遣了两名多明我修士将亚洲最强大的力量转化为他的统治。这些可敬的人对他们面前的旅程之长和艰辛感到震惊，并早早找到了放弃远征的借口。

但这一失败的使命只是许多沟通的尝试之一，而且总是软弱无力、意志薄弱的尝试，与早期基督教使命的征服之火完全不同。英诺森特四世已经派了一些多明我修士到哈拉和林，法国的圣路易也派了传教士，并经由波斯来到这里；蒙哥汗的朝廷中有许多景教基督徒，后来教皇的使节实际上到达了北京。我们听说曾有各种使节和主教被派到东方去，但其中许多人似乎在到达中国之前就迷失了自我，甚至失去了生命。1346年，北京有一位教皇公使，但他似乎只是一位教皇外交家。随着蒙古（元）王朝（1368年）的灭亡，基督教传教的机会逐渐减少。元朝之后是明朝，一个强烈的民族主义王朝，起初对所有的外国人都非常敌视。这可能导致了基督教传教士遭受到了灭顶之灾。到了明王朝晚期（1644年），基督教在中国几乎很少听到，无论景基督教还是天主教。后来，耶稣会士在中国进行了一次新的、更为成功的天主教传播的尝试，这第二次传教浪潮从海上到达了中国。

1298年，热那亚人和威尼斯人之间发生了一场海战，威尼斯人被打败了。在热那亚人俘虏的七千名俘虏中，有一位名叫马可·波罗的威尼斯绅士，他是一个伟大的旅行家，他的邻居们普遍认为他爱夸大其词。他参与了第一次出使拜访忽必烈的活动，当那两个多明我修士回来时，他又继续赶路了。当这个马可·波罗在热那亚被囚禁的时候,他向一个名叫拉斯蒂西亚诺的作家讲述了他的旅行经历,以此来打发他的无聊。我们不打算在这里讨论拉斯蒂西亚诺这个故事的真实性如何,这是一个令人烦恼的问题,我们也不知道它是用一种什么样的语言写的。但毫无疑问的是,这个非凡的故事在14世纪和15世纪极为流行。《马可·波罗游记》是一部伟大的历史著作。它把13世纪的这个世界,这个见证了腓特烈二世统治和宗教裁判所开始的世纪,以历史学家编年史所不能达到的想象,描绘在我们的眼前。它直接导致了美洲的发现。

故事从马可的父亲尼科罗·波罗和叔叔马菲奥到中国的旅程开始。这两个人都是威尼斯的商人,住在君士坦丁堡。1260年左右,他们去了克里米亚,从那里到了喀山。他们从那里出发,前往博卡拉。在博卡拉,他们遇到了忽必烈在中国的使节,他们要到波斯去见他的兄弟旭烈兀。这些使节催促他们去见大可汗,那时他从未见过拉丁民族的人。他们便去了,很明显,他们给忽必烈留下了非常好的印象,使他对基督教文明产生了极大的兴趣。他们被委托携带延聘百名教师和博学之士的请求信。这些被延聘的"有才能的人要精通七艺,可以参与到辩论中,并能清楚地向偶像崇拜者和其他人等证明基督的律法优于一切"。我们刚刚提到过这些内容。但是,当他们回到基督教世界时,正处于一片混乱之中,他们只是在推迟了两年之后才得到授权,在那两个胆小的多明我修士的陪伴下,他们再次启程前往中国。他们带走了年轻的马可,正是由于他的存在和后来在热那亚被囚禁的无聊,我们才得以保留这一最有趣的经历。

这三个波罗家族的人的起点是巴勒斯坦,而不是像前一次探险那样由克里米亚出发。他们随身携带着一块金板和来自大汗的其他指示,这一定极大地促进了他们的旅程。伟大的卡恩曾向耶路撒冷圣墓里燃烧的油灯要过一些油；他们先往那里去，又经过基利家往亚美尼亚去。他们向北走了这么远，是因为当时埃及的苏丹正在入侵伊尔汗的领地。他们从那里取道美索不达米亚，来到波斯湾的奥木斯，仿佛在考虑一次海上航行。在奥姆斯，他们遇到了来自印度的商人。由于某种原因，他们没有乘船，但是相反，他们向北穿过波斯沙漠，经过巴尔赫，越过帕米尔高原到达喀什，并经由和阗和罗布泊（这样步着玄奘的后尘）进入了黄河流域，到达北京。波罗称北京为"汗八里"，称北中国为"契丹"，称以前宋朝的南中国为"蛮子"。在北京有大汗，他们受到盛情款待。马可让忽必烈特别高兴；他年轻又聪明，很明显，他已经非常彻底地掌握了鞑靼语。他得到了一个正式职位，并被派往若干特派团，主要是在中国西南部。他讲的故事是一望无垠的康乐繁荣的国家，优秀的旅行者设置好的旅馆和葡萄园，田野和花园，佛教僧人的许多庙宇，织锦和许多精美的绸缎的大量制造以及连绵不断的城市和邑镇。这些故事先让欧洲十分怀疑，然后便激起了整个欧洲的想象力。他讲述了布尔玛的故事，讲述了拥有数百头大象的庞大军队，讲述了这些动物是如何被蒙古弓箭手打败的，还讲述了蒙古人征服毗古的故事。他谈到了日本，并大大夸大了该国的黄金数量。更奇妙的是，他讲述了中国的基督徒和基督教统治者，还有一个叫长老约翰，他是一个基督徒的国王。那些他没见过的人。显然他们是蒙古的一个鞑靼人部落。应当是由于一种能够理解的兴奋，在他看来肯定是整个故事中最可惊叹的一件事，使得鲁斯蒂恰诺对其过分强调了。长老约翰成为14世纪和15世纪最激动人心的传说之一。这极大地鼓舞了欧洲冒险事业，让人们认为，在遥远的中国，有一个由他们的宗教信徒组成的团体，想必准备好欢迎和帮助他们。马可·波罗治理扬州三年，给中国居民留下的印象很可能是，和其他鞑靼人相比，他更像是一个外国人。他也可能被派往印度执行任务。中国曾记载1277年,统治者的政府中曾有一个叫波罗的人,这就是对马可波罗故事真实性的一个非常重要的支撑。

波罗一家花了大约三年半的时间才来到中国。他们在那里待了16年以上,然后开始想家。他们是忽必烈的恩宠,他们可能觉得他的恩惠引起了某种嫉妒,在他死后可能会产生不愉快的结果。他们请求他允许他们回去。他拒绝了一段时间,然后有了一个机会。波斯伊利汗国的君王阿鲁浑,他是忽必烈兄弟旭烈兀的孙子,失去了他的蒙古妻子,在她临终前,他曾许诺不娶任何其他女人,只娶她部落的蒙古人。他派使者到北京去,选了一位合适的公主,一位十七岁的姑娘。为了不让她在商队路线上劳累不堪,决定让她在合适的护送下坐船去。负责她的贵族们要求和波罗一家做伴,因为他们都是经验丰富的旅行家和精明之人,波罗一家抓住了这个回家的机会。探险队从华南东部的某个港口出发;他们在苏门答腊和印度南部停留了很长时间,经过两年的航行,他们到达了波斯。他们把这位年轻女士安全地交给了阿鲁浑的继任者——因为阿鲁浑已经死了——她嫁给了阿鲁浑的儿子。然后,波罗一家经过大不里士到特拉布宗,航行到君士坦丁堡,大约在1295年回到威尼斯。据说,返回的旅行者穿着鞑靼服装,被拒绝进入他们自己的房子。他们过了一段时间才确立了自己的身份,但许多人仍然倾向于认为他们就是衣衫褴褛的流浪者。为了消除这种疑虑,他们特地设宴,在宴会高潮时,他们打发走仆人,撕开了旧衣服,于是令人难以置信的红宝石、蓝宝石、翡翠、钻石眼花缭乱地出现在了人们眼前。即使在这之后,马可对中国人口和规模的描述也遭到了许多暗中的嘲笑。聪明人给他起了个绰号叫百万先生,因为他总是在谈论成千上万的人和成千上万的金币。

这个故事先是在威尼斯引起了轰动，然后传遍了整个西方世界。欧洲文学，尤其是15世纪的欧洲传奇故事，满是马可·波罗故事中的名字，例如契丹、汗八里，等等。

30.4 奥斯曼土耳其人与君士坦丁堡

马可·波罗的这些旅行仅仅是一次非常重要的交往的开始。这种交往给欧洲带来了许多革命性的思想和许多革命性的东西，包括纸张和印刷术的广泛应用，火药在战争中的革命性应用，以及航海指南针的发明。公众的想象总是倾向于把每一个如此惊人的结果都归因于马可·波罗。他已经成为所有这些交换的类型和符号。事实上，没有证据表明他参与了这三项进口。有许多无名无姓的旅行者像马可·波罗一样曾四处游历，但他们没有遇到自己的拉斯蒂西亚诺，所以没能将其故事付诸笔尖，历史也没有保留他们的名字。然而，在我们继续描述欧洲精神视野被急剧地扩宽之前，马可·波罗的这本书所描述的旅行实实在在地打开了人们的眼界。首先要注意蒙古今方便征服的副作用。奥斯曼土耳其人在达达尼尔海峡上的出现，一般而言，就是对金帐汗国的几部分的分裂和发展。

奥斯曼土耳其人是一小群逃亡者，在成吉思汗第一次入侵西部突厥斯坦之前，他们从西南部逃亡。他们从中亚远道而来，越过沙漠和高山，穿过陌生的人群，寻找可以定居的新土地。马克·赛克斯爵士说，一小群外来牧民在十字军东征和反十字军东征、君主国、帝国和国家中自由游荡。他们在哪里安营扎寨，他们如何移动和保护他们的羊群和牛群，他们在哪里找到了牧场，他们如何与他们所经过的地方的酋长们和平相处，这些都是我们可能会好奇地问的问题。

他们终于在小亚细亚的高原上找到了安身之处，在塞尔柱土耳其人中找到了志同道合的邻居。这个国家的大部分，也就是现在的安纳托利亚，在语言上主要是土耳其人，在宗教上主要是穆斯林，除了在城镇人口中有相当比例的希腊人、犹太人和亚美尼亚人。毫无疑问，赫梯人、弗里吉亚人、特洛伊人、吕底亚人、爱奥尼亚人、希腊人、辛梅里安人、迦拉太人和意大利人（从帕加马时代开始）的各种血统仍在人们的血液中流淌，但他们早已忘记了这些祖先的元素。他们确实是古代地中海黑白色人种、北欧雅利安人、闪米特人和蒙古人的混血儿，与巴尔干半岛上的居民一模一样，但他们认为自己是一个纯粹的图拉尼亚种族，完全优于博斯普鲁斯海峡对岸的基督徒。

渐渐地，奥斯曼土耳其人变得重要起来，并最终在塞尔柱帝国（即鲁姆帝国）沦陷的小诸侯国中占据统治地位。几个世纪以来，他们与日益衰落的君士坦丁堡帝国的关系一直相当敌对。他们没有进攻博斯普鲁斯海峡，而是在欧洲的达达尼尔海峡站稳了脚跟，他们利用这条路线，即薛西斯的路线，而不是大流士的路线，稳步挺进马其顿、伊庇鲁斯、伊利里亚、南斯拉夫和保加利亚。在塞尔维亚人（南斯拉夫人）和保加利亚人当中，土耳其人发现他们的文化非常相似，尽管双方都没有意识到这一点，但很可能在种族混合方面也非常相似，与土耳其人相比，暗地中海和蒙古血统少了一点，北欧血统多了一点。但这些巴尔干民族都是基督徒，而且内部分裂得很厉害。另外，土耳其人只说一种语言；他们有更强的团结意识，他们有穆斯林的节欲和节俭习惯，总的来说，他们是更好的士兵。他们尽其所能使被征服的人民皈依伊斯兰教；他们解除了基督徒的武装，赋予他们垄断纳税的权利。奥斯曼王子们逐渐巩固了一个从东部的托罗斯山脉到匈牙利和西部的罗马尼亚的帝国。阿德里安堡成为他们的主要城市。他们包围了君士坦丁堡帝国。

奥斯曼人组织了一支常备军，即"禁卫军"，与统治埃及的马穆鲁克军相当。这些部队由每年1000人的基督教青年组成，是隶属于贝克塔西的苦行僧，虽然起初没有义务接受伊斯兰教，他们中的每一个都充满了强烈的神秘主义和兄弟般的想法。待遇优厚，纪律严明，作为一个亲密无间的秘密团体，他们为新成立的奥斯曼帝国提供了一支由训练有素的步兵组成的爱国部队，在轻骑兵时代，这支部队雇用的大批兵力是一笔无价的财富。

奥斯曼苏丹和皇帝之间的关系在穆斯林和基督教国家的历史上是独一无二的。土耳其人曾参与过君士坦丁堡的家族纷争和王朝纷争，与统治家族血脉相连，经常为保卫君士坦丁堡提供军队，有时还雇用部分驻军协助他们进行各种战役；皇帝和拜占庭政治家的儿子们甚至跟随土耳其军队在战场上，但奥斯曼帝国从未停止吞并帝国在亚洲和色雷斯的领土和城市。奥斯曼家族和帝国政府之间这种奇特的交往对这两个机构都产生了深远的影响；由于军事上的软弱，希腊人不得不对邻国采取一些手段和诡计，希腊人变得越来越堕落和灰心丧气。自相残杀和弑亲，这两种罪行最频繁地玷污了皇宫的历史，最终成为奥斯曼帝国政策的一部分。穆拉德一世的一个儿子与希腊皇帝的儿子安多尼库斯密谋谋杀他们各自的父亲……

拜占庭人发现与奥斯曼帝国的帕夏人谈判比与教皇谈判更容易。多年来，土耳其人和拜占庭人通婚，并以奇怪的外交途径结对狩猎。奥斯曼帝国用欧洲的布尔加人和塞尔维亚人来对抗皇帝，就像皇帝用亚洲的阿米尔来对抗苏丹一样；希腊和土耳其的王子们互相同意把对方的对手当作俘虏和人质；事实上，土耳其和拜占庭的政策是如此紧密地交织在一起，以至于很难说土耳其人是把希腊人看作他们的盟友、敌人还是臣民，或者希腊人是把土耳其人看作他们的暴君、破坏者还是保护者……

1453年，在奥斯曼苏丹穆罕默德二世的统治下，君士坦丁堡最后落入穆斯林手中。他从欧洲方面对它发动了猛烈的炮火攻击。希腊皇帝被杀，城市里发生了很多抢劫和屠杀。查士丁尼大帝建造的圣索菲亚大教堂（532年）被洗劫一空，立刻改成了一座清真寺。这一事件在整个欧洲掀起了一股激动人心的浪潮，有人试图组织一次十字军东征，但十字军东征的日子已经过去了。

马克·赛克斯爵士说：对土耳其人来说，占领君士坦丁堡是天大的幸事，但也是致命的打击。君士坦丁堡曾是土耳其人的导师和指引者。只要奥斯曼人能够从他们领土中心的一个活生生的文明源泉中汲取科学、知识、哲学、艺术和宽容，奥斯曼人就不仅拥有野蛮的力量，也拥有智慧的力量。只要奥斯曼帝国在君士坦丁堡拥有一个自由港、一个市场、一个世界金融中心、一个黄金储备、一个交易所，奥斯曼帝国就永远不会缺少资金和财政支持。穆罕默德是一位伟大的政治家，从他进入君士坦丁堡的那一刻起，他的雄心壮志就已经造成了巨大的破坏。他支持东正教的牧首，安抚希腊人，尽其所能继续君士坦丁堡的统治。但致命的一步已经迈出，君士坦丁堡作为苏丹的城市不再是君士坦丁堡；市场消失了，文化和文明消失了，复杂的金融从人们的视线中消失了；土耳其人失去了他们的统治者和支持。另外，拜占庭的腐败依然存在，官僚、太监、宫廷守卫、间谍和理发师，这些都是奥斯曼人的中间人，他们都活得很滋润。土耳其人在夺取伊斯坦布尔时，让一件宝物溜掉了，挣得却是一场瘟疫……

占领君士坦丁堡并没有满足穆罕默德的野心。他也把目光投向罗马。他占领并洗劫了意大利的奥特兰托，很可能是由于他的死（1481年）才避免了一场非常激烈的、也许是成功的征服意大利的企图，因为意大利半岛内部出现了分裂。他的儿子们自相残杀。在他的继任者巴耶济德二世（1481—1512）的统治下，战争进入波兰。希腊大部分被征服。巴耶济德之子塞利姆（1512—1520）将奥斯曼帝国的势力扩展到亚美尼亚，并征服了埃及。在埃及，最后一个阿拔斯哈里发生活在马穆鲁克苏丹的保护下，因为疲惫不堪的哈里发已经成为过去。塞利姆从这个堕落的阿拔斯手中买下了哈里发的头衔，并获得了神圣的旗帜和先知的其他依靠。因此奥斯曼苏丹也成为伊斯兰教的哈里发。紧随塞利姆之后的是苏莱曼大帝（1520—1566），他在东部征服了巴格达，在西部征服了匈牙利的大部分地区，差点就占领了维也纳。

苏莱曼的舰队也占领了阿尔及尔，使威尼斯人遭受了许多挫折。在他与帝国的大部分战争中，他都与法国结盟。在他的统治下，奥斯曼帝国的势力达到了顶峰。

30.5 为何蒙古人没有被基督教化

现在让我们简要地回顾一下大汗国主要部分的发展历程。基督教在任何情况下都没有成功地抓住这些蒙古国家的想象力。基督教正处于道德和智力滑坡的阶段，没有任何集体的信仰、精力和荣誉。我们谈到了胆小的多明我修士的悲惨遭遇，这是教皇对忽必烈的呼吁所作的答复，我们还注意到13和14世纪陆上任务的普遍失败。在教会里，那能使万民都进入天国的使徒的热情已经死了。

1305年，教皇成为法国国王的教皇。13世纪教皇们把皇帝从意大利驱逐出去的所有诡计和政策，只不过是让法国人来代替他而已。从1305年到1377年，教皇们一直住在阿维尼翁；他们所做的这种微不足道的传教努力，仅仅是西欧政治策略的一部分。1377年，教皇格里高利十一世确实重返罗马并死在那里，但法国的枢机主教在他的继任者的选举中脱离了其他枢机主教，选出了两位教皇，一位在阿维尼翁，一位在罗马。这次分裂，即大分裂，从1378年持续到1418年。每一个教皇都诅咒对方，并禁止他的所有支持者。这就是基督教的状态，这就是现在拿撒勒人耶稣教导的守护者。全亚洲就像一片成熟的庄稼，但是却没有人愿意收割。

当教会最终重新统一，传教士的精力随着耶稣会的建立而恢复时，拥有机会的日子结束了。通过基督教在世界范围内实现东西方道德统一的可能性已经消失了。中国和中亚的蒙古人转向佛教；在俄罗斯南部、土耳其斯坦西部和伊利汗帝国，他们信奉伊斯兰教。

30.5.1 忽必烈建立元朝

到忽必烈时期，中国的蒙古人已经被中华文明所浸染。1280年后，中国编年史把忽必烈视为中国的皇帝，也是元朝（1280—1368）的创始人。这个蒙古王朝终于被中国民族主义运动推翻了，建立明朝（1368—1644），这是一个有教养、有艺术的王朝。在这之后，一个满族人征服了北方，就像元推翻金一样，最后征服了中国，建立了一个王朝，最后它在1912年为一种本土的共和政体形式让位。

满族人强迫中国人扎辫子以示顺从。扎着辫子的中国人在历史上是一个近期才出现的人物形象。随着民国的到来，扎辫子不再是强制的，许多中国人也不再扎辫子了。

30.5.2 蒙古族回归到部族制度

在帕米尔高原，在东突厥斯坦和西突厥斯坦的大部分地区，以及北部，蒙古人退回到曾被成吉思汗推翻的部落状态。从那时一直到现在，许多较小的可汗能够继承的东西越来越少。17世纪和18世纪，卡尔梅克人建立了一个相当大的帝国，但在它的势力扩展到中亚以外之前，王朝的动乱就把它瓦解了。中国在1757年左右从他们手中收复了东突厥斯坦。西藏与中国的联系越来越紧密，成为佛教和佛教寺院的伟大家园。在中亚西部、波斯和美索不达米亚的大部分地区，游牧民和定居人口的古老区别一直延续到今天。城镇居民鄙视和欺骗游牧民，游牧民则虐待和鄙视城镇居民。

30.5.3 钦察汗国和莫斯科公国的沙皇

伟大的钦察汗王国的蒙古人仍然是游牧民族，他们在俄罗斯南部和毗邻俄罗斯的西亚的广阔平原上放牧他们的牲畜。他们不再是虔诚的穆斯林，保留了许多早期野蛮萨满教的痕迹。他们的首领是钦察汗国的可汗。在西部，广袤的开阔地，尤其是现在的乌克兰，古老的斯基泰人（带有蒙古血统的斯拉夫人）恢复了类似的游牧生活。这些基督教游牧民族，哥萨克人，形成了一种对抗鞑靼人的边境屏障，他们自由和冒险的生活对波兰和立陶宛的农民极具吸引力，因此必须通过严格的法律来阻止大规模的移民从农田迁移到大草原。因此，波兰的农奴地主对哥萨克怀有相当大的敌意，波兰骑士和哥萨克之间的战争就像哥萨克和鞑靼人之间的战争一样频繁。

在钦察汗帝国，就像在突厥斯坦一样，几乎直到现在，当游牧民族在广阔的地区游荡时，一些城镇和耕作区域维持着定居人口，通常会向骑着马的可汗投降。在基辅、莫斯科等城镇，蒙古人之前的基督教城镇生活在俄国公爵或鞑靼统治者的统治下，他们为钦察汗国的可汗收税。莫斯科大公获得了可汗的信任，并在他的统治下逐渐取得了对其他周边国家的统治权。在15世纪，在大公伊凡三世的统治下，伊凡大帝（1462—1505）放弃了对蒙古的效忠，拒绝再进贡（1480年）。君士坦丁的继承者不再统治君士坦丁堡，伊凡得到了拜占庭的双头鹰作为武器。他声称自己是拜占庭的继承人，因为他与帝国血统的佐伊·帕豪洛格斯在1472年结婚。这个野心勃勃的莫斯科大公国攻击并征服了北方古老的以贸易为主的诺夫哥罗德共和国，从而奠定了波罗的海现代俄罗斯商业生活的基础。然而，伊凡三世并没有声称自己是君士坦丁堡基督教统治者的继承人，以至于他没有获得帝国头衔。这一步是他的孙子伊凡四世（伊凡雷帝，因为他疯狂和残忍，1533—1584）采纳了。尽管莫斯科的统治者因此被称为沙皇（即恺撒），但他的传统在很多方面都是鞑靼人，而不是欧洲人；在无限制的亚洲模式之后，他是独裁的，他影响的基督教形式是东方的，宫廷统治的，正统的形式，在蒙古征服之前很久就通过君士坦丁堡的保加利亚传教士到达了俄罗斯。

在钦察汗国的西部，在蒙古人的统治范围之外，在10世纪和11世纪期间，斯拉夫人在波兰建立了第二个巩固中心。蒙古人的浪潮曾席卷过波兰，但从未征服过它。波兰不是东正教，而是罗马天主教；它使用拉丁字母而不是奇怪的俄罗斯字母，而且它的君主从来没有假定自己是绝对独立的。事实上，波兰的起源是基督教世界和神圣帝国的外围地区，俄罗斯从来就不是这样的国家。

30.5.4 帖木儿

伊利汗国的性质和发展在波斯、美索不达米亚和叙利亚，在所有这些蒙古势力的故事中也许是最有趣的，在这些地区，游牧制度曾试图消灭定居制度，并也在很大程度上消灭了定居制度。当成吉思汗第一次入侵中原的时候，我们被告知蒙古首领们正在进行一场严肃的讨论，是否所有的城镇和定居人口都应该被摧毁。对于这些简单的户外生活实践者来说，定居的居民似乎是腐败的、拥挤的、恶毒的、文弱的、危险的和不可理解的，定居是一种可恨的人类的繁盛，本来这些地方是很好的牧场，城镇对他们毫无用处。早期的法兰克人和征服英国南部的盎格鲁-撒克逊人似乎对城镇居民有着同样的感受。但只有在美索不达米亚叙拉古的统治下，这些思想才得以体现在一项深思熟虑的政策中。蒙古人在这里不仅烧杀抢掠，他们还摧毁了持续了至少8000年的灌溉系统，随之整个西方世界的文明之母走到了尽头。自从苏美尔王国的教士国王时代起，这些肥沃的土地上就有了持续的耕种，传统的积累，人口众多，接连不断的繁忙的城市，如埃里杜、尼普、巴比伦、尼尼微、泰西封、巴格达。现在富饶停止了，美索不达米亚变成了一片废墟和荒凉之地，大片的水从这里流到荒野，或者溢出河岸，形成了疟疾肆虐的沼泽。后来，摩苏尔和巴格达复苏了，却无力地成为二流城镇……

如果不是旭烈兀的大将怯的不花在巴勒斯坦的失败和死亡（1260年），同样的命运可能会降临埃及。但埃及现在是土耳其的苏丹国；统治它的是一群士兵，马穆鲁克人，他们的队伍就像他们的模仿者奥斯曼帝国的禁卫军一样，是通过购买和训练少年奴隶而招募和保持活力的。一个能干的苏丹就会使之臣服，而一个软弱或邪恶的苏丹则会被取代或推翻。在这种统治下，埃及直到1517年落入奥斯曼土耳其人手中之前一直保持着独立。

旭烈兀蒙古人最初的破坏性力量很快就消退了，但在15世纪，在瘸子帖木儿的领导下，西突厥斯坦兴起了最后一股游牧主义的旋风。他是成吉思汗的女性后裔。他在撒马尔罕建立了自己的政权，并把他的权力扩展到钦察汗国（突厥斯坦到俄罗斯南部）、西伯利亚和南至印度河。他于1369年被封为大可汗。他是野蛮学派的游牧民族，他建立了一个从印度北部到叙利亚的荒凉帝国。头骨金字塔是他独特的建筑风格；攻占伊斯法罕后，他成为7万人中的一员。

他的野心是恢复成吉思汗设想的帝国，但在这个计划中，他完全失败了。他将祸患散布四方。在君士坦丁堡沦陷之前的鼎盛时期，奥斯曼土耳其人和埃及向他进贡；他摧毁了旁遮普；德里向他投降了，然而，在德里投降后，他对当地居民进行了可怕的屠杀。在他死的时候（1405年），几乎没有留下什么可以见证他的权力，除了一个恐怖的名字，废墟和荒凉的国家，和一个萎缩和贫困的波斯领土。

由帖木儿在波斯建立的王朝在五十年后被另一个土库曼部落消灭。

30.5.5 印度的莫卧儿帝国

1505年，一个土库曼小酋长，巴布尔，帖木儿的后裔，因此是成吉思汗人，在经过几年的战争和暂时的成功之后，他被迫在一段时间内控制了撒马尔罕，并带着几个追随者飞越兴都库什山脉飞往阿富汗。在那里他的军兵增多，就立自己做喀布尔的主人。他组建了一支军队，积累了大量枪支，然后宣称对旁遮普拥有主权，因为帖木儿在107年前就征服了旁遮普。他把自己的成功推向了旁遮普之外。印度处于分裂状态，随时准备欢迎任何承诺和平与秩序的有能力的侵略者。经过多次胜负变化后，巴布尔和德里的苏丹会战于该镇北10英里的帕尼帕特（1525年），虽然他只有25000人，但用来对抗1000头战象和四倍于他兵力的是枪炮等武器，他获得了一个完整的胜利。他不再自称是卡布尔国王，而是成为印度斯坦的皇帝。他写道，这是一个与我们两国截然不同的世界，它更精致，更肥沃，而且更富有。他征服了远至孟加拉的地方，但他在1530年的英年早逝，使蒙古人征服的浪潮停滞了25年，直到他的孙子阿克巴继位后，这股浪潮才再度高涨。阿克巴征服了整个印度直到贝拉尔，他的曾孙奥朗则布（1658—1707）实际上是整个半岛的主人。

巴别尔王朝（1526—1530）、胡马雍王朝（1530—1556）、阿克巴王朝（1556—1605）、贾汉吉尔王朝（1665—1628）、沙贾汗王朝（1628—1658）和奥朗则布王朝（1658—1707）是伟大的王朝，在这个王朝中，儿子继承了父亲的王位达六代之久。阿克巴，也许仅次于阿育王，是印度最伟大的君主之一，也是少数几个接近伟人地位的皇室人物之一。

对于阿克巴，我们有必要像对待查理曼大帝或君士坦丁大帝那样，给予同样独特的关注。他是历史的枢纽之一。他在印度进行的许多整合和组织工作一直延续到今天。

当英国人成为莫卧儿王朝的继承者时，它被英国人接管并延续下来。实际上，这位英国君主现在把莫卧儿王朝皇帝的头衔凯萨里-欣德作为他的印度头衔。成吉思汗后裔在俄罗斯、在整个西亚、中亚和中国的所有其他伟大政权，都早已解体，让位给其他形式的政府。他们的政府实际上只不过是向政府征税，为满足中央统治者的需要而征收的一种税收制度，如俄罗斯南部的钦察汗国或位于喀喇昆仑或北京的皇城。他们对百姓的生活和思想漠不关心，只要他们能够定居下来并且纳贡就足够了。经过几个世纪的征服，一个信奉基督教的莫斯科、一个信奉什叶派的波斯，以及一个完全属于中国的中国，从蒙古的覆灭中重新崛起。但是阿克巴建立了一个新的印度。他向印度的王子和统治阶级透露了一些至少与他们有共同利益的蛛丝马迹。如果印度现在不仅仅是一群杂乱无章的邦和种族的乌合之众，是每一个来自北方的不速之客的猎物，那很大程度上要归功于他。

他独特的品质是他的开放的思想。他决心使印度的每一个有能力的人，不论他的种族或宗教信仰，都能为印度人的公共事业服务。他的本能是真正政治家的综合本能。他的帝国既不是伊斯兰帝国也不是蒙古帝国,既不是拉其普特人、雅利安人、达罗毗荼人、印度教徒,也不是高种姓或低种姓;那就是印度人。在他多年的训练中,他享受了许多机会,注意到那些印度教王子的优良品质、忠诚、奉献,往往是灵魂的高贵,因为他们是梵天的追随者,他的穆斯林朝臣们在精神上献身于永恒的折磨。他指出,这些人,以及"和他们想法相似的人,构成了他作品的绝大部分。"此外,他还指出,他们当中的许多人,以及那些最值得信赖的人,虽然从世俗的观点来看,信奉朝廷的宗教显然能让他们获得很多好处,但他们坚持自己的信仰。因此,他的思考性的头脑从一开始就不愿意接受这样的理论,因为他,征服者,统治者,恰好是一个穆罕默德教徒,因此,穆罕默德教对全人类来说是真实的。渐渐地,他的思想在他的话语中找到了文字:"我为什么要在自己被引导之前就宣称自己是引导人的呢?"当他听其他学说和信条的时候,他的真诚的怀疑得到了证实,他每天都注意到宗派主义的极端狭隘,无论什么宗教形式,他越来越坚持对所有人宽容的原则。

埃米尔·施米特博士说,作为一个逃亡皇帝的儿子,他出生在沙漠中,在名义上的监禁中长大,他从小就知道生活的艰辛。命运给了他一个强有力的框架,他训练这个框架来支撑他竭尽全力。体育锻炼是他的爱好;他全身心地投入狩猎中,尤其热衷于捕捉野马、大象或杀死危险的老虎时的激烈刺激。有一次,当必须劝阻乔德布尔的拉贾放弃强迫他已故儿子的遗孀登上火葬坛的打算时,阿克巴在两天内骑了220英里。他在战斗中表现得极为勇敢。在一场危险的战役中,他亲自率领他的军队,把结束战争的重任留给了他的将军们。在每一次胜利中,他都向被征服的人展示人性,坚决反对任何残忍的行为。他摆脱了一切使社会分裂和产生纷争的偏见,容忍其他信仰的人,公正对待其他种族的人,不论是印度人还是德拉维人，他显然是注定要把他王国的冲突因素结合成一个强大和繁荣的整体的人。

他一本正经地投身于和平事业。他对一切乐趣都很节制，只需要很少的睡眠，而且习惯了极其精确地分配时间，所以在完成了国家的职责之后，他有空闲时间致力于科学和艺术。他将著名人士和学者引入法特普尔-锡克建造的首都，并以朋友之礼相待；每周四晚上，都会有一群这样的人聚集在一起，进行学术交流和哲学讨论。他最亲密的朋友是两个才华横溢的兄弟，法伊兹和阿布·法兹尔，他们的父亲是一位博学的自由思想家。年长的是一位著名的印度文学学者，在他的帮助下，在他的指导下，阿克巴把最重要的梵语作品翻译成了波斯语。另一位，即法兹尔，是阿克巴的一位特别亲密的朋友，他是一位将军、政治家和组织者，他对阿克巴王国的主要贡献是促成了王国内部的团结。

（这就是过去在法代普尔西格里宫殿里聚会的圈子的性质，这些建筑仍然矗立在印度的阳光下，但现在空荡荡的，十分荒凉。法代普尔西格里宫，就像安巴尔城一样，现在是一座死城。几年前，一位英国官员的孩子在一条寂静的街道上被黑豹杀死了。）

我们所引用的这一切都揭示了一位卓越的君主。但是阿克巴和所有的人一样，无论大小，都生活在他所处的时代及其思想圈子的局限之中。一个统治印度的土库曼人，对于欧洲千百年来痛苦地学习到的许多东西，必然一无所知。他对欧洲大众意识的发展一无所知，对教会在西方所创造的广泛的教育机会也知之甚少，甚至一无所知。他在伊斯兰教中的成长经历和他的天赋使他清楚地认识到，一个伟大的印度只有在统一宗教思想的基础上才能成长壮大。但是关于这样一种团结怎样能得自普遍设立学校、出版廉价的书籍和创设既有组织又有自由思想的大学制度和知识体系，对他而言是不可能的，就像他不可能知道蒸汽船或飞机的知识一样。他最了解的伊斯兰教形式是狭隘的，极端不宽容的土耳其逊尼派。穆斯林只占人口的一小部分。他所面临的问题和君士坦丁大帝的问题非常相似。但他自己也有特殊的困难。他一直试图让伊斯兰教适应更广泛的诉求，取代只有一个上帝，穆罕默德是他的先知，宣言，只有一个上帝，皇帝是他的摄政。他认为这样的印度可能会是一个兼容各种信仰的大平台，这里是宗教的万花筒。他把这个信仰与一个简单的仪式联系起来，这个仪式是从波斯琐罗亚斯德教（帕西人）那里借来的，至今仍在印度存在。然而，这种现在的国教却随着他的去世而消亡，因为它在他周围的人的思想中没有根基。

世界逐渐认识到，组织一种生活状态的基本因素是组织一种教育。

这个阿克巴从来没有理解过。没有任何阶层的人愿意向他提出这样的想法，或者帮助他实现这个想法。印度的穆斯林教师与其说是教师，不如说是极端偏执的保护者，他们不希望印度有共同的思想，而希望伊斯兰教有共同的不宽容。婆罗门在印度教徒中独霸教学大权，他们具有世袭特权的一切自负和懈怠。尽管阿克巴没有为印度制订普通教育计划，他还是建立了一些穆斯林和印度教学校。在这些问题上，他比接替他的英国人知道得少，为印度做得多。一些英国总督模仿他的辉煌，他的昂贵的帐篷和遮阳篷，富丽堂皇的建筑物和大象，但是，没有什么能比这个中世纪土库曼人的政治观点更为深入的了，他尝试普及教育，这对印度来说是绝对必要的，在此之后印度才能在人类公共事务中发挥其影响力。

30.5.6 蒙古人与吉卜赛人

这些后来的蒙古人的动乱（帖木儿王朝是14世纪的动乱的中

心）产生了一个奇怪的副作用，那就是欧洲东部一批奇怪的难民吉卜赛人的出现。大约在14世纪末和15世纪初，他们出现在希腊，在那里他们被认为是埃及人（后逐渐演化成吉卜赛人），一个非常普遍的说法，他们自己也接受和传播。然而，他们的领导人却标榜自己是小亚细亚的一员。在帖木儿大屠杀将他们逼上达达尼尔海峡之前，他们可能已经在西亚漂流了几个世纪。他们可能已经被驱逐出了他们最初的家园——就像奥斯曼土耳其人被成吉思汗的大灾难所驱逐一样，甚至更早。他们像奥斯曼土耳其人一样四处漂泊，却少了些好运。他们慢慢地向西扩散到整个欧洲，在一个充满耕田和城市的世界里，他们是游牧主义的奇怪碎片，从他们古老的两河流域栖息地被驱赶到欧洲公地上、灌木篱墙旁、野生林地和被忽视的土地上。日耳曼人叫他们匈牙利人和鞑靼人，法国人叫他们波希米亚人。他们似乎没有保持其起源的真正传统，但他们有一种独特的语言，表明他们失去的历史，它包含了许多北印度语的单词，很可能起源于北印度语。他们的讲话中也有相当多的亚美尼亚语和波斯语成分，今天在所有的欧洲国家都有。他们是小炉匠、小贩、马贩子、表演家、算命师和乞丐。对许多有想象力的人来说，路边的露营地，冒着烟的篝火，圆圆的帐篷，蹒跚的马匹，以及被太阳晒伤的孩子们的吵闹，都有很强的吸引力。文明在历史上是一种全新的东西，而且在大多数时间里，它是一种非常本土化的东西，因此它仍然需要征服和吸收我们的大多数本能以适应它的需要。我们大多数人都被它的传统和复杂性所困扰，这激起了游牧民族的紧张情绪。我们只是半心半意的守护家业之人，我们血管里的血液是在草原上和耕地上共同形成的。

31. 西方文明的复兴

31.1 基督教与大众教育

13世纪初到15世纪末的3个世纪是基督教世界衰退的时代。这几个世纪属于蒙古人的时代。已知的世界被来自中亚的游牧主义所统治。在这几个世纪的鼎盛时期，统治着中国、印度、波斯、埃及、北非、巴尔干半岛、匈牙利和俄罗斯的是蒙古人或土耳其人和游牧传统。奥斯曼土耳其人甚至出海，在属于威尼斯人的地中海水域与其作战。1529年，土耳其人围攻维也纳，但击败他们的并不是守军，而是恶劣的天气。

查理五世的哈布斯堡王朝向苏丹进贡。直到1571年的勒潘托战役——《堂吉诃德》的作者塞万提斯就是在这场战役中失去了左手，用他的话来说，基督教世界"打破了奥斯曼人的骄傲，破除了世人认为土耳其舰队无法战胜的幻象"。基督教唯一有所发展的地区是西班牙。一个有远见的人在16世纪早期观察世界时，很可能会得出这样的结论：整个世界都将变成蒙古人的，或许是穆斯林的，而这只需要几代人的时间。正如今天大多数人似乎理所当然地认为，欧洲的统治和某种自由主义的基督教注定会传播到整个世界一样。似乎很少有人意识到欧洲的崛起是多么近期的事。直至15世纪接近尾声时，西欧真正活力的迹象才变得明显起来。

我们的历史正在接近我们身处的时代，我们的研究越来越成为对现状的研究。读者所处的欧洲或欧洲化的体系，与我们看到的在15世纪早期遭受蒙古威胁、崩溃的欧洲发展起来的体系是相同的。当时的问题就是今天问题的雏形。只讨论那段时期而忽略我们当下所处的时代是不可能的。我们不由自主地都变成了政治家。J.R. 西利爵士说过："政治无历史则无根基，历史无政治则无果实。"

让我们尝试着，以我们所能达到的最大程度的公正，去发现在这次蒙古人惊人的爆发时期，是什么力量在分裂和抑制着欧洲的精力，我们又该如何解释在这个明显的衰退时期欧洲无疑在积累它的精神和物质能力，且它是怎样在这个时期结束之时爆发得如此令人印象深刻。

现在，就像在中生代一样，当大型爬行动物统治着地球的时候，那些毛茸茸的哺乳动物和有羽毛的鸟类在偏僻的角落里发展进化，它们最终将因更强大的能力完全取代了那些庞大的动物群落，因此，在中世纪西欧有限的领土上，当蒙古人的诸国在世界上统治着从多瑙河到太平洋，从北冰洋到马德拉斯、摩洛哥和尼罗河的区域时，一个新的、更坚固的、更有效的人类共同体正在形成。

这种类型的共同体，仍然只是处于形成阶段，仍然在发展和试验阶段，我们或许可以称之为"现代国家"，我们必须承认这是一个模糊的表达，但我们将努力在继续探讨的过程中阐明它的意义。我们已经提到过，"现代国家"的主要根本观念出现在希腊共和国，尤其出现在雅典、大罗马共和国、犹太教、伊斯兰教，以及西方天主教的故事中。从本质上说，这个现代国家，正如我们今天看到它在我们眼前成长的那样，是一个实验性的联合体（由两个显然相互矛盾的观点结合而成，即信仰和服从共同体的观点——最早的文明毫无疑问就是这样，以及意志共同体的观点——就像北欧和匈奴人的原始政治集团）。几千年来定居下来的文明民族（最初大多是暗白肤色的高加索人，或达罗毗荼人或南蒙古利亚人）似乎沿着崇拜和个人服从的路线发展他们的思想和习惯，而游牧民族则沿着个人自力更生和坚持己见的路线发展。在这种情况下，游牧民族总是为文明提供新的统治者和新的贵族也就很自然了。这是所有早期历史的节奏。历史在因游牧民族的征服而精神振奋、发展文明、衰落式微和新的征服之间循环，仅仅在经历了数千年这样的周期性变化之后，目前这种"文明"和"自由"两种倾向相互融合成一种新型社会的进程才开始，它现在需要我们加以注意，这是当代历史的实质。

在这部历史中，我们追溯了从旧石器时代家族部落时期开始，日益增大的"文明"人类共同体的缓慢发展。我们已经看到耕作的好处和必要性、对部落神的恐惧、祭司王和神王的思想是如何在最肥沃的地区不断巩固并发挥强大的社会方面的作用。我们已经注意到了在这些早期文明中，通常是土著居民的祭司和征服者的君主之间的相互关系；写作传统的发展及其摆脱祭司的控制，以及我们称之为人类的自由智慧和自由良知的新生力量的发展，起初显然是偶然的、次要的。我们看到河谷原始文明的统治者扩大他们的地区和影响，同时，在地球上较不肥沃的地区，我们看到仅是野蛮的部落发展成为一个越来越统一和政治能力越来越强的游牧民族。人类稳步而多样地追求这两条线中的这一条或那一条。很长时间以来，所有的文明都是沿着君主制的路线，即沿着君主专制政体的路线成长和发展起来的，在每一个君主制的王朝，我们都看到了这个似乎很必要的过程，励精图治让位于浮华、懒惰和衰落，最终屈服于来自沙漠或草原的更有朝气活力的血统。早期耕种文明及寺庙、宫廷和城市的故事在人类历史上占有重要地位，但要记住，这个故事出现的场景只不过是地球陆地的很小的一部分。在地球的大部分地区，直到最近，直到2000年前，森林里和稀树高原上的更加吃苦耐劳、人数更少的部落民族和季节性牧场上的游牧民族还在维持并发展着自己的生活方式。

我们可以说，原始文明是"服从的共同体"：对神王或神授的服从是他们之间的黏合剂；另外，游牧的趋势总是朝向另一种类型的结合，我们在这里称之为"意志的共同体"。在一个流浪、斗争的群体中，个人必须既能自力更生又能遵守纪律。这些群体的首领必须是被追随的首领，而不是强迫他人服从的主人。这种意志共同体在整个人类历史中都可以找到；在任何地方，我们都能发现所有游牧民族的原始性格是相似的——北欧人、闪米特人或蒙古人——从个人来说，他们比定居民族更积极肯干也更刚毅。北欧民族在国王的领导下进入意大利和希腊；他们没有带来任何系统的神庙崇拜，他们在被征服的土地上发现这些东西，并适应了他们。希腊人和拉丁人很容易再次沦为共和国，印度的雅利安人也是如此。早期的法兰克王国和日耳曼王国也有选举的传统，尽管这个决定通常是在"我"或其他高种姓或贵族家庭成员之间做出的。早期的哈里发是被选举出来的，以色列的士师、迦太基和推罗的"国王"是被选举出来的，蒙古大汗直到忽必烈成为中国的皇帝前也是如此……在定居的地区，我们同样接连不断地发现了相反的观点，即国王身上不依选举产生的神圣性，以及他们天生的、固有的统治权……随着我们历史的发展，我们注意到在人类社会的故事中出现了新的、复杂的因素；我们看到游牧民变成中间人——商人出现，我们注意到航运在世界上日益重要。航海似乎不可避免地会使人们在心灵上获得自由，就像在狭窄的地平线上定居会使人们变得胆怯和卑躬屈膝一样……但是，尽管存在着所有这些复杂情况，服从的方法和意志的方法之间明显的对立却贯穿了历史，一直延续到我们自己的时代。直到今天，他们的和解还是不完整的。

文明即使以其最屈从的形式，也总是提供给人类大量极具吸引力的、极方便和适宜的事；但是我们种族中某种不安分和不驯服的东西不断地努力将文明从原有的服从依赖转变成一个参与意愿的共同体。我们的血液中，尤其是君主和贵族的血液中潜伏着游牧主义，我们还必须把这种急于向更广阔的地域拓展疆土的无休止的紧迫感归因于此，它迫使每个国家尽其所能扩大疆域，并将其利益扩展到世界的尽头。倾向于将整个地球置于一个统治之下的游牧不安定的力量，似乎与使我们大多数人在被指手画脚和约束时的恼怒和设法参与我们所能容忍的无论什么样的政府的精神是一致的。人类为了使文明与自由和谐相处而进行的这种自然的、气质上的斗争，由于历史上存在过的每一个"服从的共同体"在军事和政治上的无能而一代又一代地延续下去。服从这样东西，一旦人们屈从于它，它就可以很容易地被俘获和转移；埃及、美索不达米亚和印度这些被动角色，这些原始和典型的归顺的土地，这些"文明的摇篮"，都是证人，因为他们的统治已经从一个转移到了到另一个。奴性的文明是对掠夺成性的自由人的长期邀请。但是，一个"意志共同体"需要将那些难以对付的人融合起来，这是一个更难实现的共同体，而且维持它是难上加难。亚历山大大帝的故事展示了马其顿统帅们的"意愿共同体"在他要求他们崇拜他之前就逐渐瓦解了。谋杀克里托斯的事件是典型的自由和奴役传统之间的斗争，每当一个新的征服者从旷野来到一个古老的君主的宫殿时,这种事件就会发生。

以罗马共和国为例子,历史记载了世界历史上第一个巨大的意愿共同体,第一个远大于城市的自由共同体,以及它是如何随着成长而衰弱,并沉溺在胜利中,直到最终让位于古代君主制,并迅速衰败成为一个在一小撮侵略者面前溃败的最弱小的奴役共同体。在这本书中,我们已经注意到了导致这种情况的因素,因为它们在人类历史中是极其重要的。其中最明显的一个因素就是缺乏广泛的教育组织,使普通公民的思想建立在为共和国服务和承担义务的理念之上,也就是说,使他们愿意这样做;另一个因素是缺乏信息媒介,使人们的活动保持和谐,使他们能够作为一个整体表达意愿。意愿共同体的大小受到知识共同体可能性的限制。财产集中在少数人手中、自由劳动者被奴隶取代都变成了可能,这些都是由于局限带来的公共精神的衰退和公共智慧的混乱造成的。此外,在罗马国家背后并没有有效的宗教理念;罗马人所狂热崇拜的黑暗的伊特鲁里亚人不适应一个大的共同体的政治需要,就像与其非常相似的蒙古人的萨满教一样。事实上,基督教和伊斯兰教,以各自独特的方式,至少在人类经验中,第一次承诺填补罗马共和制度和游牧制度中的显然的空白,为广大民众提供共同的道德教育,为他们提供共同的过去历史,以及关于人类目的和命运的共同的理念,这就是它们极其重要的历史意义所在。正如我们所指出的,亚里士多德将理想的共同体限制在几千公民内,因为他无法想象如何通过一个共同的观念把更多的人聚集起来。除了他那个时代的辅导方法,没有任何其他的教育经验。希腊的教育几乎是纯粹的口头教育,因此它只能触及有限的贵族阶级。基督教会和伊斯兰教都证明了亚里士多德的这种局限性是不健全的。我们可能会认为他们在广阔的机会领域里粗略或糟糕地完成了他们的教育任务,但是我们感兴趣的是他们都做到了。两者都维持着几乎全球范围内的思想和灵感的传播。两者都成功地依靠文字的力量,将众多不同的人联合在一项共同的事业中。到了11世纪,正如我们所看到的那样,作为一个团结和鼓舞人心的概念,基督教世界的概念被强加于所有被摧毁和粉碎的西方帝国庞大的战乱混合体之上,强加于远远超出其限度的欧洲。它在空前广大的地区,在空前众多的人群中,形成了一个浅薄但有效的意愿共同体。在此之前,只有一件类似的事情发生在大部分人类身上,那就是文人在中国传播的因良好行为结合而成的共同体的理念。

  天主教会提供了罗马共和国所缺乏的东西,一套大众化的教学系统,一些大学和知识交流的方法。这一成就为人类政府的新可能性开辟了道路,这些可能性现在这部纲要中已经变得明显起来,它仍然在我们所生活的世界中被理解和实现。迄今为止,国家政府要么是在祭祀和君主联合统治下不受批判的、不受挑战的权威政体,要么是民主的,人民没有受过教育,没有知识,它随着规模的大幅扩大而堕落,就像罗马和雅典那样,沦为暴民和政客的统治。但是到了13世纪,一种理想政府的暗示开始出现,人们还在为实现它而努力,这是一种现代的理想,一种人人都享有教育的政府的理想,在这种政府中,普通人既不是专制君主的奴隶,也不是煽动者统治的国家的奴隶,而是一个见多识广的、品质优秀的、能参与协商的共同体的一部分。着重点必须放在教育这个词上,必须有在协商之前了解信息的观点。在这一理念的实际实现中,教育是一件集体的事务,而不是私人事务,这是"现代国家"与其任何先驱者的一个根本区别所在。现代市民正在逐渐意识到这一点,他们必须首先了解情况然后参与协商。在他投票之前,他必须听取证词;在他做出决定之前，他必须知道实情。打开奴役和混乱到现代理想的自愿合作状态的道路，不是设立投票站，而是设立学校和使人们能普遍地接触到文学、知识和新闻。选票本身是毫无价值的东西。在格拉古兄弟时代，意大利人民就能投票了。他们的投票对他们并没有什么帮助。除非一个人受过教育，否则投票权对他来说就是一件无用而危险的东西。我们走向的理想共同体不是一个简单的意愿共同体；它是一个知识和意愿的共同体，取代一个信仰和服从的共同体。教育是适应器，它将游牧的自由、自力更生的精神与文明的合作、富裕和安全相适应。

31.2 欧洲开始为自我思考

尽管天主教会通过它的宣传，它对民众的呼吁，成立的学校，开启了欧洲现代教育国家的前景，但同样可以肯定的是，天主教会从来没有打算做任何这样的事情。它不是带着祝福传递知识，而是在不经意间使知识传播。教会并不认为自己是罗马共和国的继承者，而认为是罗马皇帝的继承者。它的教育观念不是解放思想，不是邀请人民参与政事，而是禁锢人民的思想。中世纪最伟大的两位教育家——查理曼大帝和英国的阿尔弗雷德大帝——实际上根本不是教会人士，而是利用了教会组织的君主和政治家。但是是教会提供了这个组织。教会和君主在他们相互争夺权力的过程中，都向平民的思想寻求帮助。面对这些相互冲突的诉求，普通人出现了，他们是非官方的、独立的、为自己思考的人。

早在13世纪，我们就看到教皇格里高利四世和皇帝腓特烈二世展开了一场激烈的公开争论。当时已经有一种感觉，认为一个比教皇或君主更伟大的新的仲裁者已经来到这个世界上，那就是读者和公众舆论。教皇们到阿维尼翁的撤退以及14世纪教皇统治的分裂和混乱，极大地激发了整个欧洲对这种权威的审判。

当时对教会的批判，起初只是针对道德和物质方面的东西。高级神职人员的财富和奢侈以及教皇的重税是引发人们怨言的主要原因。而且早期试图恢复基督教的纯朴性，例如建立方济会，不是分离的运动，而是复兴的运动。直到后来，一种更深刻、更独特的批评才得以发展，这种批评攻击了教会教义的核心事实和祭司重要性的辩护，即弥撒中的献祭。

我们已经勾勒出了基督教早期的大致轮廓，并且我们已经展示了上帝之国这个艰深而严肃的概念——这是耶稣教义的中心思想——是如何迅速地被古代祭祀思想的复兴所压制，献祭这个思想确实是一种更难理解的教义，但是更容易与近东地区人民日常生活的习惯、性情和顺从的精神相协调。我们已经提到在犹太教、基督教、赛拉潘神殿和密特拉教崇拜以及其他相互竞争的崇拜之间是如何发生着一场诸神的混合崇拜，通过这种混合崇拜，密特拉教的星期天，犹太人以血液作为宗教本质的观念，亚历山大式对圣母的重视，削发禁斋的牧师，自我折磨的禁欲主义，以及许多其他信仰、仪式和惯例都嫁接到这个发展中的宗教上。毫无疑问，这些改编使新的教义在埃及和叙利亚等国更易于理解和接受。它们是地中海暗白种人思维方式中的东西，它们与那种类型的思想很相投。但是，正如我们在穆罕默德的故事中所展示的，这些获得物并没有使基督教更能被阿拉伯游牧民所接受；对他们来说，这些特征使基督教变得令人厌恶。因此，那些穿着长袍、削去头发的僧侣、修女和牧师似乎激起了北方和西方北欧蛮人的本能的敌意。我们已经提到过早期盎格鲁-撒克逊人和北方人对僧侣和尼姑的特殊成见，他们似乎觉得这些皈依者的生活和习惯是奇怪和不自然的。

我们所说的"暗白人"的因素和基督教中较新的因素之间的冲突,毫无疑问被教皇格雷戈里七世在11世纪时对天主教牧师强制实行独身制而加剧。东方人认识宗教独身主义者已有数千年的历史,而西方人则对此持怀疑态度。

在13世纪、14世纪,随着北欧人的世俗人开始学习、阅读、写作和抒发己见,随着他们与阿拉伯人开始进行思想交流,我们发现了一场更加可怕的对天主教的批判活动开始了,人们从理性上对作为神甫的牧师进行攻击,对作为宗教生活核心事实的弥撒仪式进行攻击,以及同时提出对回归福音书中记载的耶稣个人教义的要求。

我们已经提到了英国人威克里夫的职业生涯(约1320—1384),以及他如何将圣经翻译成英文,以便建立一个反对教皇的权威。他谴责教会关于弥撒的教义,认为它是个灾难性的错误,特别是那个仪式中吃的神圣面包会以某种神奇的方式变成基督的真实身体的教义。我们不追求圣餐变体的问题,因为这个圣餐元素神秘变化的过程被称为圣餐的错综复杂。这些都是神学专家的事情。但是显而易见的是,任何教义,比如天主教教义,它使圣礼中献祭的元素成为一个由且只能由神父才能完成的神奇的程序,并且把圣礼变成宗教体系中的核心必要,这极大地增强了神父命令的重要性。另外,一种典型的"新教"观点认为,这个胜利仅仅是吃面包和喝酒以表达个人对耶稣的纪念,这种观点最终完全摒弃了对神圣牧师的任何特殊需要。威克里夫本人并没有走到这种极端;他是一名牧师,且终生都是一名牧师,他认为上帝存在于精神上,并不是存在于圣餐仪式中的面包里,但他的教义提出了一个将人们带到远超过他观点的问题。从历史学家的角度来看,威克里夫开启的反对罗马的斗争很快变成了一场可以称之为理性或俗人的宗教的斗争,它诉诸人类的自由智慧和自由良知,反对权威的、传统的、仪式的和祭司的宗教。这场复杂斗争的最终结果是除去基督教中古代祭司职业的一切痕迹，就像除去伊斯兰教中的那样干净，要恢复圣经文献的权威性，而且如果可能的话，要恢复耶稣的原始教义。直到今天，基督徒仍然没有解决其中的大部分问题。

威克里夫的作品对波希米亚的影响最大。大约在1396年，一位博学的捷克人，约翰·胡斯，在布拉格大学发表了一系列以这位伟大的牛津教师的教义为基础的演讲。胡斯成为大学校长，他的教导激怒了教会，使得他被教会开出教籍（1412年）。这是在大分裂时期，就在聚集讨论令教会丢脸的混乱的康斯坦茨大公会议（1414—1418）之前。马丁五世的当选结束了分裂。委员会希望基督教世界能够完全统一，但是它寻求这种重新团聚的方法却与我们现代的良知不相一致。威克里夫的尸骨被判处烧毁。在得到安全通行证的保证下，胡斯被诱骗到康斯坦茨那里，随后以异端罪名受到审判。他被命令收回某些主张。他回答说，在他确信自己的错误之前，他不能收回。他被告知，如果他的上司要求他放弃，无论他是否被说服，他都有责任收回自己的意见。他拒绝接受这种观点。尽管有皇帝的安全通行证，他还是被活活烧死了（1415年），他不是为了任何特定的教义而殉道，而是为了人类的自由智慧和自由良知。

祭祀与反祭祀之间的问题没有比在约翰·胡斯受审之案上看得更清楚的了，神职者权谋的邪恶精神也不可能有比这场审讯展示得更彻底的了。第二年，胡斯的一位同事——布拉格的杰罗姆被烧死。

在这些暴行之后，1419年一次胡斯派信徒的起义在波希米亚爆发，这是标志着基督教世界解体的一系列宗教战争中的第一次。

1434年胡斯派内讧再次爆发，其中极端和最勇敢的部分失败了。1436年，巴塞尔委员会和温和的胡斯派达成了一项协议，其中就有规定波希米亚教会被允许保留一些区别于一般的天主教的地方，这一点一直持续到16世纪的德国宗教改革。

31.3 大瘟疫和共产主义萌芽

胡斯派的分裂很大程度上是由于激进的一部分向原始共产主义流去，这惊动了更富有和更有影响力的捷克贵族。类似的倾向已经出现在英国的威克里夫派当中。每当有人试图回到基督教的基本原则时，就会很自然地出现遵循平等的人类兄弟情谊的教义。

这种思想的发展，在很大程度上是由一场席卷全世界的巨大灾难所激发的，即一场前所未闻的大瘟疫，这场灾难将社会的基础暴露无遗。它被称为黑死病，它比其他任何灾祸都更接近于人类的灭绝。它远比伯里克利的瘟疫、马可奥勒利乌斯的瘟疫、查士丁尼和格雷戈里一世时期为隆巴德人入侵意大利铺平道路的瘟疫浪潮更加致命。它出现在南俄罗斯或中亚，并通过克里米亚和一艘热那亚的船，传到热那亚和西欧。它通过亚美尼亚传到小亚细亚、埃及和北非。它于1348年到达英格兰。据说牛津大学有三分之二的学生死亡；据估计，在这个时候，英格兰四分之一到一半的人口死亡。赫克估计，在整个欧洲，死亡人数大约有2500万。它向东蔓延到中国，中国的记录显示，在那里有1300万人死亡。在中国，社会的混乱导致了对河堤的疏忽，结果大洪水毁坏了人口密集的农业地带。

人类从来没有受到过这样明显的一次警告，人类应当去寻求知识，停止争吵，团结起来对抗大自然的神秘力量。旭烈兀和帖木儿的一切大屠杀都比不上这个。J. R. 格林说："黑死病的灾害在比较大的城镇是最凶猛的，那里肮脏不洁的、不能排水的街道常常成为麻风病和热病的出没地。在沃尔特·曼尼爵士出于虔诚为伦敦市民购买的墓地里，据说埋葬了五万多具尸体，这个地方后来修建了卡尔特修道院作为标志。成千上万的人在诺里奇丧生，而在布里斯托尔，活人几乎都来不及埋葬死者。但是几乎和城镇一样黑死病猛烈地袭击了村庄。约克郡超过一半的牧师已经死亡，在诺尔主教区三分之二的教区更换了他们的牧师。整个劳动组织都瘫痪了。由于缺少人手，小佃农很难为他们的土地提供应有的服务，土地所有者只有临时放弃一半的租金，才能使农民不放弃他们的农场。有一段时期，耕作都变得不可能。一位当时的人说：'牛羊在田间和玉米地里走来走去，但已经没有人能赶得动它们了。'"

14世纪的农民战争就是因为这些灾难才爆发的。劳动力严重短缺，商品严重短缺，拥有大量土地的富有的修道院院长和修道士，以及贵族和富有的商人对经济法律一无所知，以至于他们不明白在这个普遍困难的时期，是不应该压迫劳动者的。

他们看到自己的财产衰竭，土地荒芜，所以他们制定了暴力的法令，强迫人们工作然而不增加工资，防止他们为寻找更好的工作而外流。这自然而然地引发了"一场对整个社会不平等制度的新的反叛，这种制度在此之前一直被毫无疑问地视为世界的神圣秩序。穷人的哭喊在被谦和而有威严的弗鲁瓦萨尔称作'肯特疯狂的牧师'的讲话中得到了令人可怕的吐露，20年（1360—1381）来，他无视禁令和监禁，在聚集在肯特教堂院子里的强壮的自耕农那里找到他布道的听众。地主们称他为'疯子'，而正是在约翰·鲍尔的布道中，英国的民众第一次听到了关于人生而平等和人权的宣言。'善良的人们，'这个传教士大声说，'只要商品不公有，只要有农奴和绅士，英国的事情就永远不会好起来。他们凭什么被我们称为比我们更伟大的领主？他们凭什么依此拥有这个权利呢？他们为什么把我们当作农奴？如果我们都来自同一个父亲和母亲，亚当和夏娃,他们怎么能说或证明他们比我们好,如果不是他们驱使我们,以我们的辛勤劳动为他们赚钱,他们拿什么去骄傲得意地任意挥霍?他们穿着天鹅绒的衣服,温暖着他们的皮毛和貂皮,而我们却披着破布。他们有酒,有香料,有白面包,我们吃的是燕麦饼、麦秸,喝的是生水。他们有闲暇和漂亮的房子,我们有痛苦和辛劳,沐雨在田野里劳作。然而,正是我们和我们的劳动使这些人保持了他们的地位。'一种对整个中世纪体系来说是致命打击的精神在流行的韵律中被吐露了出来,这种韵律凝结了约翰·鲍尔的平等主义:'当亚当耕作而夏娃纺织时,那时谁是绅士呢?'"

瓦特·泰勒,英国起义者的领袖,当着年轻的国王理查二世(1381年)的面被伦敦市长刺杀,他的运动溃败了。胡斯派运动的共产主义方面是同一骚乱系统的一部分。法国的"扎克雷起义"(1358年)爆发的时间比英国早一点,当时法国农民起义,烧毁了城堡,摧毁了农村。一个世纪之后,同样的紧迫状况将德国卷入了一系列血腥的农民战争。这些战争开始于15世纪晚期。经济和宗教的动乱相交错的情况在德国比在英国更为明显。在德国这些麻烦的一个显著阶段是再洗礼教徒的爆发。再洗礼教派于1521年在三位"先知"的带领下出现在威腾堡,并于1525年爆发起义。1532年至1535年间,起义者们占领了威斯特伐利亚的明斯特,并竭尽全力实现了他们宗教的共产主义思想。他们被明斯特的主教包围,在被围困的危难下,一种疯狂的行为在城里盛行,据说发生了食人行为。有个来自莱顿、叫约翰的人夺取了权力,宣称自己是大卫王的继承人,并效仿那个君主的坏榜样实行一夫多妻制。在城市投降后,胜利的主教对再洗礼派的领袖进行了残酷的折磨,并在集市上处决了他们,将他们残缺不全的尸体挂在教堂塔上的笼子里,向全世界证明明斯特现在恢复了正派和秩序……

14世纪和15世纪西欧各国的普通劳动者的这些动乱比历史上任何时期都更为严重和持久。之前与他们最接近的是波斯的某些共产主义的伊斯兰教运动。1000年左右，诺曼底发生了农民起义，后来的罗马帝国也发生过农民起义，但这些起义远没有那么令人震惊。它们显示了正在人类事务中生长的一种新精神，这种精神完全不同于文明起源地区农奴和农民无人质疑的冷漠，也不同于罗马资本家手下的农奴和奴隶劳动的无政府主义的绝望。我们前面提到的所有这些早期的工人起义都被残酷镇压了，但这场运动本身从未被完全扑灭。从那时到现在，在文明金字塔的底层一直存在着一种反抗的精神。起义有过几个阶段，镇压有过几个阶段，妥协和相对和平有过几个阶段，但从那时起至今，斗争从未完全停止过。我们将看到它在18世纪末的法国大革命期间爆发，在19世纪中叶和最后四分之一世纪开始时再次起义，并在今天的世界上取得巨大的成就。19世纪的社会主义运动只是持续反抗的一个说法。

在许多国家，例如法国、德国和俄罗斯，这种工人运动有时会对基督教持敌对态度，但毫无疑问，这种西方平民对辛勤劳动和卑躬屈膝的生活持续增长的压力与基督教教义密切相关。教会和传教士也许并不打算传播平等主义的教义，但是在教会的背后是拿撒勒的耶稣不可消灭的个性，甚至这位基督教传教士不由自主地携带了自由和责任的种子，迟早他们会在他所在的地方发芽。

劳工的这种不稳定的和不断增长的动荡，它作为一个阶级的自我意识的发展和对整个世界提出明确的要求，与学校的出现，大量的印刷书籍和科学研究的发展和扩展过程一样，都是从人类社会的任何先前存在的状态中划分出来的现在的文明类型，即"现代文明"，并且尽管它被标记为一次偶然的成功，但它还是一件未完成的和暂时的事情。它是一个胚胎，或者是注定要死的东西。它也许能够解决协调辛劳和幸福这个复杂的问题，并因此调整自己以适应人类灵魂的需要，或者它可能会失败，并像罗马体系那样以灾难告终。它可能是某种更加平衡和令人满意的社会秩序的开始阶段，也可能是一个注定要被某种不同构想的人类交往方式所瓦解和取代的系统。像它之前的文明一样，我们现在的文明可能只不过是像农民播种通过从空气中固定氮来改善土地的那些作物中的一种；它可能只是生长起来，积累某些传统，会再次被犁入土壤，以便长出更好的东西。这些问题是历史的实际现实，在接下来的所有叙述中，我们将发现这些问题变得越来越清楚和重要，直到在最后一章中，随着我们所有的日子和岁月的结束，我们将扼要重述我们的希望和恐惧，并以疑问结束。

31.4 纸是如何解放了人类思想的

印刷书籍的出现极大地刺激了在这个纷纷扰扰的时代欧洲的自由讨论的发展。正是从东方引进纸张，使得长期潜在的印刷方法变得可行。至于使用简单便利的印刷方式来成倍增加书籍的荣誉应该归谁仍然是难以确定的。这是一个引起过可笑的辩论的琐碎问题。显然，这种荣誉是属于荷兰的。在1446年前的某个时候，就有一位叫科斯特的人在哈勒姆开始用活字印刷了。几乎就在同一时间，古腾堡也在美因茨从事印刷。1465年意大利有了印刷工，1477年卡克斯顿在威斯敏斯特建立了他的印刷厂。但是在此之前很久，印刷术就已经被部分地应用了。早在12世纪的手稿就展示了大写的字母，这些字母可能是用木制邮票印制的。

更重要的是纸张的生产问题。说纸张使欧洲的复兴成为可能并不过分。纸起源于中国，在那里它的使用可能要追溯到公元前2

世纪。751年，中国人攻击了撒马尔罕的阿拉伯国家，但他们被击退了，从被抓走的中国俘虏中有一些熟练的造纸工人，阿拉伯人从他们那里学到了造纸术。9世纪以前的阿拉伯纸质手稿仍然被保留着。在基督教重新收复西班牙期间，造纸术通过希腊或者摩尔人的造纸厂进入基督教世界。但在基督教西班牙人的统治下，纸张的质量可悲地下降了。直到13世纪末，基督教的欧洲才制造出好的纸张，后来是意大利领先世界。直到14世纪造纸业才传到德国，直到那个世纪末，纸张才丰富和便宜到足以使印刷成为一项实际可行的生意。于是，印刷业自然而然地应运而生，世界的知识生活进入了一个新的、更加充满活力的时期。它不再是思想之间的涓涓细流，它变成了滔滔洪流，成千上万的人和成千上万的思想加入其中。

印刷术的这一成就的一个直接结果是世界上出现了大量的《圣经》，另一个结果是学校课本的贬值。阅读的知识迅速传播。世界上不仅书籍大量增加，而且现在制作的书籍更易于阅读，也更容易理解。读者现在可以一边阅读一边思考，而不是埋头苦读一篇晦涩难懂的文章，然后反复推敲它的意义。随着阅读便利性的提高，阅读群体的人数也随之增长。书不再是一个精心装饰的玩具，也不再是一个学者的秘密。人们开始写书供普通人阅读（以及观看）。随着14世纪欧洲文学真正的历史的开始，我们发现当地方言迅速被标准意大利语、标准英语、标准法语、标准西班牙语，以及后来的标准德语所取代。这些语言在这几个国家成为文学语言，他们经过使用的考验，变得准确而有活力。他们终于像希腊文或拉丁文一样，能够承担起哲学讨论的重任。

31.5 贵族的新教与民众的新教

在这里，我们将专门用一节来讨论15世纪、16世纪人类宗教观念运动的一些基本论述。它们是接下来的17世纪和18世纪政治史的必要介绍。

我们必须明确区分两种完全不同的反对天主教会的体系。他们非常混乱地混杂在了一起。教会正在失去它对王公贵族和有钱有能力的人的良心的控制，它也正在失去普通人的信仰和信心。它对前一阶级精神力量衰落的影响是使他们憎恨它的干涉、它的道德束缚、它对君主制的要求、它对税收的要求以及它对解除平民对贵族忠诚的要求。他们不再尊重教会的权力和财产。这种对君主和统治者的不服从一直持续了整个中世纪，但是直到16世纪教会开始公开支持它的老对手皇帝，当它向他提供支持并接受他的帮助时，在反对异端的运动中，君主们才开始认真考虑脱离罗马教会，而各自建立教会。如果他们没有察觉到教会对人类大众的控制已经放松，他们就绝不会这样做。

王侯们的反叛实质上是对教会世界统治的非宗教性的反叛。皇帝弗雷德里克三世以及他给他同辈的王侯们的书信，是这个反抗运动的先驱。另外，人们对教会的反抗本质上是宗教性的。他们反对的不是教会的权力，而是教会的弱点。他们需要一个非常正义和无畏的教会来帮助他们，组织他们反抗有权势的人的邪恶。他们反对教会的运动，无论是在教会内部还是在教会外部，都不是为了摆脱宗教的控制，而是为了获得更充分、更丰富的宗教控制。他们不想减少宗教控制，而是想要更多——但他们要确信这些控制是宗教控制。他们反对教皇，不是因为他是世界的宗教领袖，而是因为他不是这种领袖；因为他本应是他们的精神领袖，而他却是一个富有的世俗君主。

因此，从14世纪开始，欧洲的斗争就是一场三角斗争。王子们想利用人民的力量来对付教皇，但为了他们自己的权力和荣耀而不想让这些力量变得过于强大。很长一段时间，教会在王侯之间奔走以寻求同盟，却没有意识到它需要挽回的盟友是受到普遍尊敬的。

由于在14世纪、15世纪和16世纪正在进行着的精神和道德上冲突的三重三面性，一系列随之而来的变革——这些变化在历史上被统称为宗教改革——呈现出三个方面。有根据王侯们的意愿的宗教改革，他们想要阻止资金流入罗马，夺取精神上的权威、教育权力以及教会在他们领土内的物质财产。有根据人民意愿的宗教改革，他们试图使基督教的权力对抗非正义的行为，特别是对抗有权势的人的不正义的行为。最后是以方济各会为先驱的教会内部改造，旨在恢复教会的美德，并通过其美德，恢复其权力。

根据王侯们的意愿，他们的宗教改革采取的形式是由王侯取代教皇，成为宗教的领袖和人民良心的控制者。王侯们不知道也不打算让他们的臣民自由地进行判断，特别是侯赛因斯特教徒和再洗礼教徒的实际案例在他们眼前；他们企图建立依靠国王的国家教会。随着英格兰、苏格兰、瑞典、挪威、丹麦、德国北部和波希米亚脱离了罗马教会，王侯们和大臣们表现出了极大的关心，一定要保证这一运动被很好的控制。他们只允许能切断他们与罗马的联系，除此之外，任何与耶稣的原始教义或对圣经的粗略直接解释的危险分裂，他们都会抵制。英国国教是最典型和最成功的妥协结果之一。它仍然是遵从圣礼和祭祀制的；但它的组织集中在宫廷和大法院，虽然颠覆性的观点可能、也确实，爆发在地位较低和不太走运的祭司阶层，他们是不可能斗争到任何有影响力和权威的地位的。

根据平民意愿的改革在精神上与王侯们的改革有很大的不同。我们已经讲述了一些在波希米亚和德国流行的宗教改革的尝试。当时广泛的精神动荡比王侯们的改革更加诚实、更加混乱、更加持久、更加不成功。很少有宗教信仰的人敢于脱离或厚颜地承认他们已经脱离了所有的权威教义，而是完全依靠自己的思想和良心。这需要非常大的思想上的勇气。在这一时期，欧洲平民的普遍倾向是建立新收藏品《圣经》，作为反对教会的根据。德国新教的伟大领袖马丁·路德（1483—1546）尤其如此。在整个德国，甚至整个西欧，这时都有人在逐字逐页拼读新译和印刷的《圣经》的黑字页，钻研《利未记》和所罗门的《雅歌》，以及圣约翰的《启示录》这些奇怪而令人费解的书一样——同样也在钻研福音书中简单而鼓舞人心的耶稣记录。很自然地，他们产生了新奇的观点和怪诞的解释。令人惊讶的是，他们并不是门外汉和怪人。但人类的理性是一种顽固的东西，尽管是他自己的决定，还是会去批判和选择。这些新的圣经读者的大多数是根据他们良心所认可的东西从圣经中吸取，而忽略了它其中的难解和矛盾的地方。在整个欧洲，不管王子们的新教是在哪里建立起来的，都有一批生气的、非常活跃的新教徒的残余，他们拒绝以这种方式改造他们的宗教。这些是非国教徒，一个混杂的教派，除了共同抵制无论是教皇还是国家的权威宗教以外，没有任何共同点。这些非国教徒中的大多数，但并非全部，都认为圣经是神的启示和权威的向导。这是一个战略位置，而不是一个持久的立场，现在非国教的倾向已经离开了最初的圣经崇拜，走向仅对拿撒勒的耶稣的教义的缓和的、情感上的承认。在非国教教派和自称信奉基督教的范围之外，现在在现代文明中还有一个巨大的、不断增长的平等主义信仰和利他主义冲动，正如我们已经断言的那样，它的精神当然要归功于基督教，基督教开始在欧洲出现时教会已经失去了对大众心灵的控制。

现在让我们来谈谈宗教改革进程的第三个阶段——教会内部的

宗教改革。这项改革在12世纪、13世纪随着黑衣托钵僧和灰衣托钵僧的出现已经开始，在16世纪，在最需要它的时候，出现了一种同样的新的动力。这是由伊尼戈·洛佩兹·德·雷卡尔德创立的耶稣会，今天更为世人所知的名字是罗耀拉的圣依纳爵·罗耀拉。

依纳爵作为一个非常坚强勇敢的年轻西班牙人开始的他的事业。他聪明灵巧，为勇气、刚毅和展示神的荣耀所鼓舞。他的风流韵事豪放生动。1521年，法国人从皇帝查理五世手中夺取了潘普洛纳，依纳爵就是其中一个守卫者。他的腿被炮弹击中，他被俘虏了。一条腿伤势严重，不得不重新弄断，这些痛苦而复杂的手术几乎要了他的命。他接受了最后的圣餐礼。从那以后，到了晚上，他开始恢复健康，不久他就康复了，并且面临着一种可能永远是跛子的生活前景。他的思想转向宗教的奇遇。有时候他会想到有某位伟大的女士，尽管他身体残废了，他怎样还能通过一些惊人的行为赢得她的赞赏；有时候他会想到自己是以某种特殊的个人方式成为基督骑士。他告诉我们，在这些困惑之中，在一个不眠之夜，一个新的伟大的女人吸引了他的注意，他看到了玛利亚抱着婴儿基督的幻象。"他立刻对自己以前的行为产生了厌恶"，他决心放弃对世俗妇女的一切想法，过一种绝对纯洁和奉献给圣母的生活。他计划举行大规模的朝圣活动，过上僧侣般的生活。

他所采取的最终的宣誓方式标志着他是堂吉诃德的同类。他已经恢复了体力，正漫无目的地骑着马云游四方。他是一个身无分文的士兵，除了武器和骑着的骡子，几乎一无所有。这时他遇到了一个摩尔人。他们一起继续谈论，不久就在关于宗教的问题上产生了争论。摩尔人受过更好的教育，他在辩论中占了上风，他说了一些关于圣母玛利亚的难以回答的无礼的话，他得意扬扬地和依纳爵分开了。年轻的圣母骑士羞愧不已，义愤填膺。他犹豫着是去追杀摩尔人,还是继续他心目中的朝圣之旅。在一个岔路口,他干脆任凭骡子走它的路,就这样放过了摩尔人。他来到曼雷萨附近的蒙特塞拉特的本笃修道院,在这里他模仿了中世纪传奇中无与伦比的英雄,即阿玛迪斯,在圣母玛利亚的祭坛前守了一整夜。他把骡子送给修道院,把世俗的衣服给了乞丐,把剑和匕首放在祭坛上,穿上粗麻布衣服和麻鞋。然后他来到附近的一家收容所,接受折磨和简朴的生活。他绝食了整整一个星期。从那里他继续去圣地朝圣。

几年来,他徘徊不定,满脑子都是建立一个新的宗教骑士制度的念头,却不知道如何开始这项事业。他越来越意识到自己是个文盲,宗教裁判所开始注意到他的行为,要求在强制学习四年之前,禁止他再次传教。宗教裁判所被认为是如此残酷和不宽容,但在处理这个任性的、富有想象力的年轻狂热者时,我们很高兴地从记录上看到,它表现出了自己的同情和理智。它认识到他的活力和可能的用处,它看到他无知的危险。他曾在萨拉曼卡和巴黎等地学习。1538年,他被任命为牧师。一年后,他梦寐以求的骑士团以"耶稣会"的名字成立。就像现代英格兰的救世军一样,它把军事组织和纪律的慷慨传统服务于宗教,做出了最直接的尝试。

罗耀拉

这个建立耶稣会秩序的罗耀拉的依纳爵是一个47岁的人；他是一个非常不同的人，比起那个模仿高卢人、在曼雷萨修道院守夜的相当荒谬的年轻人，他要聪明得多，也要稳健得多；他现在创建的传教士和教育组织供教皇使用，是教会有史以来运用过的最有力的工具之一。这些人把自己完全奉献给了教会，被任意使用。明朝灭亡后，耶稣会士再次将基督教传入中国，耶稣会士是印度和北美的主要基督教传教士。关于他们在南美洲印第安人中进行的文明开化工作，我们现在即将提及。但他们的主要成就在于提高了天主教的教育水平。他们的学校长期以来一直是基督教世界最好的学校。维鲁拉姆勋爵说（弗朗索瓦·培根爵士）："关于教学方面……要去咨询耶稣会的学校，因为已经付诸的实践中没有比这更好的了。"他们提高了智力水平，他们鼓舞了整个天主教欧洲的良知，他们刺激了新教欧洲在教育上做竞争的努力。也许有一天我们会看到耶稣会的新秩序，他们发誓不为教皇服务，而是为人类服务。

与此同时，教会的基调和质量也大大提高了，教义有了澄清，组织和纪律得到了改革，这都是由特伦托会议做出的。在1545年至1563年间，这个会议在特伦托或博洛尼亚断断续续地举行，它的工作至少与耶稣会在制止导致一个又一个国家脱离罗马教会的罪行和错误方面的努力同样重要。罗马教会内部的宗教改革所带来的变化，与新教脱离母体所带来的变化一样巨大。从今以后，再也不会有公开的丑闻或分裂记录在案。但是，如果说还有什么区别的话，那就是教义的狭隘性被强化了，这种以格列高利大教皇，或者与格列高利七世和乌尔班二世有关的教皇集团，或者以英诺森三世开始的那批教皇集团为代表的富于想象力的阶段不再会有了，这些都不再使冷静而平庸的叙述活跃起来。1914—1918年的世界大战对教皇来说是一个独特的机会；这一机会清楚地表现为一些强有力的声音宣布对正义的普遍义务、人类的兄弟情谊、对人类福祉的要求高于爱国热情。这样的道德引导也不再给出。教皇似乎正在权衡其传统上对忠诚的哈布斯堡家族的依赖和其与共和制的法国之间的不和。

31.6 科学再觉醒

读者一定不要认为，对天主教会和天主教派的基督教的破坏性批评，以及对《圣经》的印刷和研究，是14世纪和15世纪唯一甚至是最重要的思想活动。这仅仅是当时知识复兴最流行和最显著的方面。在这种明显的大众思维和讨论的觉醒背后，还有其他一些不那么引人注目但最终更为重要的精神发展正在进行。关于这些事态发展的趋势，我们现在必须作一些简要说明。它们早在书籍被印刷出来之前就开始了，但是正是印刷使它们从朦胧中解放出来。

我们已经谈到过人类事务中自由智慧、探索和坦白陈述精神的第一次出现。其中一个名字，在第一次尝试系统性知识的记录中居于核心，那就是亚里士多德。我们也提到了亚历山大城短暂科研工作的阶段。从那时起，欧洲和西亚复杂的经济、政治和宗教冲突阻碍了思想的进一步发展。正如我们所看到的，这些地区被东方式的君主制和东方宗教传统长期影响。罗马尝试过一种奴隶制度的工业，但之后又放弃了。第一个巨大的资本主义体系发展了起来，但由于自身固有的腐朽而陷入混乱。欧洲再次陷入普遍的不安定状态。闪米特人起来反对雅利安人，阿拉伯文化取代了整个西亚和埃及的希腊文明。整个西亚和半个欧洲都在蒙古人的统治之下。只有到了12世纪和13世纪，我们才发现北欧的智慧经过挣扎努力再次表现出来。

然后我们发现在不断发展的巴黎、牛津和博洛尼亚的大学里，哲学讨论越来越多。在形式上它主要是讨论逻辑问题。作为这个讨论的基础，我们发现了亚里士多德的部分教义，不是他留下的全部著作，而只是他的逻辑学。后来，他的作品通过阿威罗伊注释的阿拉伯语版本的拉丁语译本而才更为人所知。除这些糟糕透顶的亚里士多德的译本之外，直到15世纪，在西欧希腊哲学文献很少有人阅读。富有创造力的柏拉图——与崇尚科学的亚里士多德不同——几乎是无人知晓的。欧洲有希腊式的批评精神，却没有希腊式的冲动。一些新柏拉图派作家是闻名的，但新柏拉图派与柏拉图的关系和基督教科学与基督的关系大致相同。

将中世纪"学者"的哲学讨论贬斥为乏味无用是近代作家的惯例，但这根本不是那么一回事。它必须保持严格的技术上的形式，因为教会无知且不宽容的权贵在警戒着异端。因此，它缺乏无所畏惧的思想所具有的那种可喜的明朗。它常常用暗示来表达它不敢说的话。但是它涉及的都是根本上重要的事情，它是一场清除和纠正某些人类思想固有的缺陷长期和必要的斗争，今天有许多人因为忽视了学者讨论的问题而危险地犯了错误。

人类思想中有一种自然倾向，就是夸大分类所依据的差异和相似之处，假设不同名称的事物是完全不同的，而同一名称的事物实际上是相同的。这种夸大分类的倾向造成了无数的罪恶和不公正。例如，在种族或民族方面，一个"欧洲人"常常把一个"亚洲人"当作另一种动物来对待，而他却倾向于认为另一个"欧洲人"必然和他自己一样善良和迷人。他当然会站在欧洲人这一边而反对亚洲人，但是，这部历史的读者必须意识到，这些名字的对立并不意味着什么不同。这是由两个名称造成的错觉的差异……

中世纪的主要争论是在"唯实论者"和"唯名论者"之间，我们有必要警告读者，中世纪讨论中的"唯实主义"一词的含义几乎与现代批评术语中的"现实主义"截然相反。现代的"现实主义者"是个坚持唯物主义细节的人;中世纪的"现实主义者"更接近于现在我们所说的理想主义者,他对偶然性的细节是十分轻视的。唯实论者在夸大分类的意义的倾向上超过一般人。他们认为在一个名称中,在一个普通名词中,有一些东西本质上是真实的。例如,他们认为存在一个典型的"欧洲人",一个理想的欧洲人,比任何个别的欧洲人都要真实得多。每一个欧洲人,都是这个更深刻的实体的一个有失败了的、背离了的、有缺陷的样本。而唯名论者认为,这种情况下唯一的实体是个别的欧洲人,"欧洲"这个名称只是一个适用于所有这些情况的一个名称。

没有什么比简化哲学争论更困难的了,因为哲学争论本质上是浩繁多样的,并且带有各种思想的色彩。由于唯实论者和唯名论者的明显不同,正如我们在这里所说的,不习惯于哲学讨论的现代读者可能倾向于立即跳到唯名论者的一边。但是这个问题并不是简单到可以被一个实例所覆盖,在这里我们故意选择了一个极端的实例。名称和分类的价值和实际意义各不相同。然而,认为那些叫托马斯的人和那些叫威廉的人能在类别上有深刻的差异,或者认为存在一个理想的、典型的托马斯或威廉是荒谬的;但是,一个白人和一个霍屯督人之间可能存在更加深刻的差异,智人和尼安德特人之间的差异就更大了。同样,供玩赏的宠物和实用性的动物之间的区别取决于习惯和使用上的细微差别,但是猫和狗之间的差别是如此之大,以至于用显微镜可以在一滴血或一根头发中追踪到它们的踪迹。当考虑到这个问题的这个方面时,就可以理解为什么唯名论最终放弃了和名字或标签一样微不足道的想法,以及唯名论在经过修正和改善,是怎样产生了一种系统性的尝试,去试图找到对事物和物质的真正的——最重要和最有成效的分类——即所谓的科学研究。

几乎同样明显的是,唯实论(这是每一个未受教育的头脑的自然倾向)变得教条主义、分歧严重、刻板决断和态度强硬,而唯名论变得发言谨慎、检验特殊性、进行调查实验并提出怀疑。

因此,当人们在市场和日常生活中质疑神职人员的道德和正义、他们独身的真诚和恰当以及教皇课税的公正性时,当神学人士在神学界思考圣化问题时,他们思考大众的面包和葡萄酒是否神圣的问题,他们在对普通天主教教学方案进行研究后提出了更为广泛的批评。在这里,我们无法估量彼得·阿伯拉(1079—1142)、艾尔伯图斯·麦格努斯(1193—1280)和托马斯·阿奎那(1225—1274)这些名字在这个过程中的意义。这些人试图用更健全的推理系统重建天主教。他们转向唯名论。他们主要的批评者和继任者是邓斯·司各脱(?—1308),一个牛津方济各会会员,从他周密的思想和细致入微的表现来判断,他是一个苏格兰人。另一个是奥卡姆(?—1347),一个英国人。上述的两者,就像阿威罗伊一样,把神学和哲学真理做出了明确的区分;他们把神学置于顶峰,但他们把它放在使它不能再阻碍研究的地方。邓斯·司各脱宣称,不可能通过推理证明上帝或三位一体的存在,或证明上帝创世是可信的;奥卡姆更加坚持这种分离,这显然使科学探究摆脱了教条的控制。后来的一代人,享受到了这些先驱者为之奋斗的自由的益处,却不知道这种自由的来源,忘恩负义地把司各脱这个名字用作一个表示愚蠢的术语,所以我们有了英文单词"Dunce"。普林格勒·帕丁森教授说:"奥卡姆仍然是一个经院哲学家,他给我们提供了经院哲学家对精神的辩护,这种精神已经占据了罗杰·培根的心灵,并将在15世纪、16世纪时得势。"

罗杰·培根(约1210—1293)也是英国人,因为他与众不同的天赋而傲然独立。他是牛津的一个方济各会会员，且的确是一个典型的英国人，脾气暴躁，性急，诚实而精明。他比他的世界先进了两个世纪。H. O. 泰勒谈到他说：

"培根的事业是一场智力上的悲剧，符合悲剧艺术的古老原则：主人公的性格应该是高尚的，但并不是完美的，因为致命的终结必须来自性格，而不是偶然发生。他死去时已经是个老人，正如他年轻的时候一样，在他年老时，他还是一个热衷于具体知识的人。他对知识的追求并不完全是学问式的，却受到他所属的教团的阻碍，他是这个教团的一个不快乐的、叛逆的成员；同样致命的是，他的成就由于他那个时代所接受的原则而从内部变形了。但是他应该为自己接受当时对他的意见负责；随着他的观点引起了他同辈修士的不信任，他倔强的脾气招致了他们的敌意。一个人需要说服力和机智，才能让同伴被自己新奇的观点所打动，才能在13世纪因为泄露而逃避迫害。培根攻击死者和活着的知识分子时，不讲策略，愚蠢，不公平。关于他的一生，人们除了从他对自己和他人的暗示能有所知，其他几乎一无所知；这些暗示甚至不足以构成一个连续的叙述。出生，就读于牛津大学，去巴黎，做研究，做实验，再次回到牛津，成为一个方济各会修士，做研究，教书，怀疑命令，被送回了巴黎，一直在监视之下，收到一封来自教皇的信，之后便是一直不停地写作，并完成了三部最著名的作品。之后又出了麻烦，被监禁了许多年，被释放，然后死去。培根死得那么彻底，身名俱没，直到5个世纪后才有部分被发掘出来。"

这"三部最著名的作品"大部分措辞激烈，有时相当粗暴，但完全是对无知时代的公正解读，还结合了为丰富知识而提出的建议。在他热情地坚持实验和收集知识的需要性时，亚里士多德的精神在他的身上复活了。"实验，实验"，这就是罗杰·培根的职责。然而对于亚里士多德本人，罗杰·培根也顶撞了。这是因为人们没有勇敢地面对事实，而只是坐在房间里仔细研读那些拙劣的拉丁文译本，那些当时能找到的这位大师的所有东西。"如果我以我的方式，"他用激烈的笔调写道："我应该烧掉亚里士多德所有的书籍，因为研读它们只会浪费时间，产生错误，并增加无知。"如果亚里士多德可以回到人世间，看到他的作品不是被人们阅读而是被崇拜，并且如罗杰·培根所指出的那样是通过这些最糟糕的译本，他大概会对这种感情产生共鸣。

虽然由于害怕被监禁或更糟糕的情况，他必须在表面上和正统观念达成一致，以进行伪装，但在他的著作中，罗杰·培根对人类大声疾呼："不要再被教条和权威统治了，看看这个世界吧！"他谴责的无知的四个主要来源是：对权威的崇敬、习惯的势力、无知群众的感觉，以及我们虚荣的傲慢和不可教化的态度。克服了这些困难，一个全新的世界将会向人们敞开：

"没有桨手的航行机器是可行的，因此，在一个人的指引下，这样的大船比满是船员的船舶能更快速地在江河湖海中航行。同样地，也可以制造出无须畜力的汽车，它以不可估量的力量牵引移动，就像我们想到的古代战斗所用的镰刀战车一样。飞行器也是可能的，这样人就可以坐在里面转动某个装置，通过这些装置，人工翅膀可以像飞鸟一样拍打空气。"

奥卡姆、罗杰·培根，这些都是欧洲从"唯实论"走向现实的伟大运动的早期先驱者。有一段时间，旧的影响力与新唯名论者的自然主义作斗争。1339年，奥卡姆的书籍遭到禁止，唯名论对其进行了猛烈攻击。到了1473年，巴黎教师们组织了一次有关教授宣讲唯实论的尝试，但那次尝试却为时已晚且并不成功。直到16世纪，随着书籍的印刷和智慧的增长，从绝对主义走向实验的运动才壮大起来，研究者们之间也开始相互合作了。

在整个13世纪和14世纪，用物质的东西进行的实验在增加，人们赢得了一个个知识项目，但没有相互间的推进。这项工作是以一种相互分离的、偷偷摸摸和不光彩的方式进行的。一种孤立调查的传统由阿拉伯人传入欧洲，炼金术士进行了大量的私下的、秘密的研究，现代作家有点过于轻视他们。这些炼金术士与玻璃工人、金属工人以及当时的草药师和制药师有着密切的联系；他们钻研大自然的许多秘密，但他们太过痴迷于"实用"的思想；他们追求的不是知识，而是权力；他们想找出如何用更便宜的材料制造黄金，如何用长生不老药使人不朽，以及诸如此类的庸俗梦想。在他们的研究中，他们偶然地学到了很多有关毒物、染料、冶金等方面的知识；他们发现了各种各样的难熔物质，并努力研制出透明玻璃、镜片和光学仪器；但是，正如科学家们不断告诉我们的那样，由于"实用"的人仍然拒绝学习，只有当人们为知识而求知识的时候，它才会给它的仆人们带来丰富而意想不到的礼物。今天的世界仍然多倾向于把钱花在技术研究上，而不是花在纯科学上。在我们的科学实验室里，有一半的人仍然梦想着专利和秘密工艺。尽管我们想起炼金术士时会嘲笑他们，但我们今天主要生活在炼金术士的时代。今天的"商人"仍然认为研究是一种炼金术。

与炼金术士关系密切的是占星家，他们也是一个"实用"的种族。他们通过研究星星来算命。他们缺乏那种使人只是单纯地研究星星的更广泛的信仰和理解。

直到15世纪，罗杰·培根第一次表达的思想才开始在现在的知识和广阔的视野中产生初步成果。随着16世纪的到来，随着世界从14世纪大瘟疫之后的社会动乱风暴中恢复过来，西欧突然间爆发出一大批闪耀的名字，它们的光芒盖过了希腊最辉煌时期的最高科学声誉。读者会注意到，几乎每个国家都做出了贡献，科学是无国界的。

这灿烂的群星中最早也是最辉煌的一个是佛罗伦萨人，莱昂纳多·达·芬奇（1452—1519），他对现实有着近乎奇迹般的洞察力。他是一位自然学家、解剖学家、工程师，同时也是一位伟大的艺术家。他是第一个认识到化石真正本质的现代人，他记录下的观察记录至今仍让我们感到惊奇，他相信机械飞行的可行性。另一个伟大的名字是波兰人哥白尼（1473—1543），他第一次清楚地分析了天体的运动，并表明地球围绕太阳运动。第谷·布拉赫（1546—1601），一个在布拉格大学工作的丹麦人，拒绝接受后一种观点，但是他对天体运动的观察对于他的继任者，特别是对于德国的开普勒（1571—1630）来说，是非常有价值的。伽利略（1564—1642）是力学这门科学的奠基人。在他那个时代以前，人们认为一个比另一个重100倍的物体落下的速度是另一个的100倍。伽利略否认了这一点。他没有像一个学者和一个绅士那样争论，而是通过把两个不等重的重物从比萨斜塔的上层走廊扔下来，从而对实验进行粗略的检验，这让所有有学问的人大吃一惊。第一台望远镜应该就出自他手，他发展了哥白尼的天文学观点；但是教会仍然顽固地反对这个观点，相信地球比太阳微小的话会使得人类和基督教变得无足轻重，并且会削弱了教皇的重要性；因此，在可怕的惩罚威胁下，伽利略在他69岁的时候，被迫放弃了这个观点，把地球放回到它不可移动的宇宙中心的位置。他穿着猩红色的衣服跪在十位红衣主教面前，这种庄严的仪式足以使真理本身肃然起敬，同时他还修改了他所破坏的创造物。故事是这样的，当他站起来的时候，在重复了一遍他的悔过之后，他喃喃地说："Eppur si muove"——"尽管如此，它还是动了。"

牛顿（1642—1727）出生于伽利略去世的那一年。由于他发现了万有引力定律，我们今天完成了对星空的清晰的观察。

但牛顿把我们带到了18世纪。对于这一章来说，他把我们带得太远了。在早期的名字中，科尔切斯特的吉尔伯特博士（1540—1603）是最杰出的。罗杰·培根宣扬实验，吉尔伯特是第一个实践实验的人。毫无疑问，他的工作，主要是关于磁学，这对弗朗索瓦·培根，即维鲁拉姆勋爵（1561—1626），英国詹姆斯一世的大法官的思想的形成是有所帮助的。这位弗朗索瓦·培根被称为"实验哲学之父"，但他在科学工作的发展中所起的作用却远远不止于此。R. A. 格列高利爵士说，他不是科学方法的创始人，而是传教使徒。他对科学最大的贡献是一本奇妙的书——《新大西洋》。弗朗索瓦·培根在他的《新大西洋》一书中，用有些稀奇古怪的语言规划了一座发明宫殿，一座伟大的科学殿堂，在这座殿堂里，各个学科对知识的追求将按照最高效率的原则组织起来。

这个乌托邦式的梦想催生了伦敦皇家学会，该学会于1662年获得了英国查理二世颁发的皇家宪章。这个学会的基本用途和价值从过去到现在都是出版物。它的形成标志着从孤立的探究到合作，从炼金术士的秘密研究和孤立的调查到坦率的报告和公开的讨论，这是现代科学进程的生命所在。因为真正的科学方法是这样的：不相信任何未经证实的陈述，尽可能严格地检验所有的事情，不保守秘密，不企图垄断，以最谦虚和坦率的方式发表自己最好的成果，只为知识服务。

哈维（1578—1657）恢复了长期沉睡的解剖学，他证明了血液的循环。不久，荷兰人列文虎克（1632—1723）带来了第一台粗糙的显微镜，用来观察生活中隐藏的细节。

从15世纪到我们这个时代，越来越多的人，以越来越集体的能量和活力，点亮了我们对宇宙的看法，增强了我们支配生活条件的能力。

31.7 欧洲城镇的新发展

由于科学研究在人类事务中的极端重要性，我们已经对中世纪科学研究的复兴进行了充分的叙述。从长远来看，罗杰·培根对人类的意义超过了他那个时代的任何君主。但是，当代世界大多数人对这种在研究室、演讲室和炼金术士实验室里正在酝酿的改变生活条件的活动一无所知。教会的确注意到了正在发生的事情，但那只是因为这些正在发生的事无关它的结论性决定。它认为大地是上帝创造的中心，而教皇是神任命的大地的统治者。它坚持认为，人们在这些要点上的观念不应该被任何相反的教义搅乱。然而很快，当教会一迫使伽利略说地球没有运动时，它就满足了；它似乎没有意识到，这对它来说是多么不吉利，因为地球确实是运动着的。

在整个中世纪后期的这段时期，西欧的社会和知识发展都取得了巨大的进步。但是人类的头脑对事件的理解要比对变化的理解生动得多，而且人类在大多数情况下，就像现在一样，尽管环境在不断变化，他们仍然保持着自己的传统。

在这样一个大纲中，不管那些事件是多么光明和美丽，我们都不可能将大堆的并不能清楚地表示人类历史发展主要过程的事件塞进去。我们必须记录下从第一次十字军东征到16世纪期间在西欧发生的城镇和城市的稳步增长、贸易和货币力量的恢复、法律和习俗的逐步重建、安全的扩大、私人战争的废弃。在我们的国家历史中，有许多东西赫然耸现，我们却一无所知。我们没有篇幅讲述英格兰国王多次尝试征服苏格兰并试图自立为法兰西国王的故事，也没有篇幅讲述诺曼英格兰人如何不安全地在爱尔兰（12世纪）定居，以及威尔士如何与英格兰王室联系在一起（1282年）。整个中世纪，英格兰与苏格兰和法国的斗争一直在进行中；有时苏格兰似乎最终被征服，英国国王在法国拥有的土地远远超过其名义上的国王。在英国历史上，与法国的这场斗争常常被描绘成一次单枪匹马、几乎成功的征服法国的进发。事实上，这是一项联合行动，首先是与弗莱芒人和巴伐利亚人合作，然后是与强大的法国附庸国勃艮第联合，以共同征服和分割休·卡佩特的遗产。关于英格兰人在班诺克本①被苏格兰人击败（1314年），和苏格兰的民族英雄威廉·华莱士和罗伯特·布鲁斯的克雷西战役（1346年）、普瓦捷战役（1356年）和阿金库尔战役（1415年），都在英格兰人的想象中闪耀着星光，其实只是强壮的弓箭手在阳光明媚的时刻穿着盔甲，予以法国骑士重创，关于黑王子和英国亨利五世，还有一个农家女孩——奥尔良的圣女贞德，是如何将英格兰人再次赶出她的国家（1429—1430），这些历史都与本书无关。因为每个国家都有这样珍贵的国家大事。它们是历史的装饰织锦，而不是建筑的一部分。拉杰普塔纳或波兰、俄罗斯、西班牙、波斯和中国都可以匹敌或超越西欧最浪漫的国家——同样拥有富有冒险精神的骑士和勇敢的公主，以及勇敢的战斗。我们也不知道路易十一是如何使勃艮第臣服并奠定了中央集权的法国君主制的基础的。意义更重大的是在13世纪和14世纪，蒙古人的礼物——火药，来到了欧洲，使依靠不断增长的城镇获得支持的国王（包括路易十一）和法律，能够摧毁中世纪早期半独立的强盗骑士和贵族的城堡，统一成一个更加集中权力的国家。野蛮时期的战斗贵族和骑士在这几个世纪里逐渐从历史上

---

① 班诺克本：位于澳大利亚维多利亚州。

消失；十字军东征消耗了他们，诸如英国玫瑰战争之类的王朝战争杀死了他们，英国的长弓从一码以外发射的箭头刺穿了他们，全副武装的步兵将他们从战场上扫了出去；他们开始从事贸易，改变他们的本性。在他们从德国消失之前，他们在欧洲西部和南部名存实亡。德国的骑士直到16世纪仍然是职业战士。

11世纪到15世纪之间，在西欧，特别是在法国和英国，像花朵一样出现了大量非常独特和美丽的建筑，大教堂、修道院等类似的哥特式建筑。这个可爱的风格标志着一开始就会与教会亲密联系的一群工匠的出现。在意大利和西班牙，世界又开始自由而美好地建设起来。起初是教会的财富提供了建造这些建筑物的大部分资金，然后国王和商人也开始建造。

从12世纪开始，随着贸易的增加，整个欧洲的城镇生活出现了巨大的复兴。这些城镇中最著名的有威尼斯及其附属城镇拉古萨和科孚岛、热那亚、维罗纳、博洛尼亚、比萨、佛罗伦萨、那不勒斯、米兰、马赛、里斯本、巴塞罗那、纳博讷、图尔、奥尔良、波尔多、巴黎、根特、布鲁日、布洛涅、伦敦、牛津、剑桥、南安普敦、多佛尔、安特卫普、汉堡、不来梅、科隆、美因茨、纽伦堡、慕尼黑、莱比锡、马格德堡、布雷斯劳、什切青、但泽、柯尼斯堡、里加、普斯科夫、诺夫哥罗德、维斯比和卑尔根。

"在1400年至1500年间，一座西德城镇体现了当时所有的进步成就，尽管从现代的角度看，似乎还有很多不足之处……街道大多狭窄，建筑不规则，房屋主要是木头的，而几乎每个市民都把他的牲畜养在里面。城里的牧民每天早上赶着一群猪到牧场去，这是城市生活中不可少的一部分。在美因河畔的法兰克福，1481年后在城里养猪是违法的，但在诺伊施塔特和萨克森豪森，这种习俗理所当然地保留了下来。在1556年的一次相应尝试失败后，直到1645

年,莱比锡内城的猪圈才被拆除。有钱的市民偶尔也会参与大型贸易公司,他们都是非常富有的地主,在城墙内有大面积的庭院和大谷仓。他们中最富裕的人拥有那些我们今天仍然羡慕的华丽的贵族房子。但是,即使在较老的城镇,15世纪的大多数房屋也已经消失了,只有偶尔这里或那里有一些带有开放式木结构和悬垂层的建筑,比如巴哈拉赫或米尔腾堡那样,让我们想起了当时市民房屋的建筑风格。大部分靠乞讨为生或靠低劣工业谋生的下层民众,居住在城外肮脏的茅舍里;城墙往往是这些破旧建筑的唯一支撑。根据现代思想,即使是在富裕人群中,房屋的内部装修也存在严重缺陷;哥特式风格不适合奢华物品的细节,而适合用于建造教堂和市政厅。文艺复兴的影响大大增加了房子的舒适度。

"14世纪和15世纪,欧洲各地建造了许多哥特式市镇教堂和市政厅,其中大多数仍然起着它们最初的作用。城镇的权力和繁荣最好的表现在这些建筑以及它们的坚固的塔楼和城门上。16世纪或以后的每一张城镇的图画都明显地显示了这些后来为了保护城镇荣誉的建筑。城镇做了许多在我们这个时代由国家做的事情。社会问题由城镇管理部门或相应的市政机构处理。贸易管理规则由行会与理事会共同协商,穷人由教会组织教育,而理事会则负责保护城墙和非常必要的消防队。考虑到自己的社会责任,市政府对市政仓库的填充进行了监督,以便在物资短缺的年月里获得补给。15世纪期间,几乎每个城镇都建起了这样的仓库。所有商品的销售税额都维持在高位,足以使每个工匠过上好日子,并保证购买者的商品质量。城镇本身也是主要的资本家,作为养老和遗产年金的销售者,它是一个银行家,享有无限的信用。作为回报,它获得了建造防御工事的方法,或从一个贫穷的王子手中获得主权的手段。"

这些欧洲城镇大部分是独立的或半独立的贵族共和国。大多数人都承认教会、皇帝或国王有一种模糊的领主地位,其他的则是王国的一部分,甚至是公爵或国王的首都。在这种情况下,他们的内部自由由皇家或帝国宪章来维持。在英格兰,泰晤士河上的皇城威斯敏斯特与有城墙的伦敦紧密相连,国王只有得到许可和通过仪式的情况下才能进入这座城市。完全自由的威尼斯共和国依照雅典共和国的方式,统治着一个由附属岛屿和贸易港口组成的帝国。热那亚也是独立的。波罗的海和北海的德国市镇,从里加到荷兰的米德尔堡、多特蒙德和科隆松散地结成了一个联盟,即汉萨城镇联盟,由汉堡、不来梅和吕贝克领导,这个联盟又更加松散地附属于帝国。它总共包括七十个城镇,在诺夫哥罗德、卑尔根、伦敦和布鲁日都有仓库,在清除北部海域的海盗方面做了大量工作,这些海盗是地中海和东部海域的祸害。从14世纪到15世纪初,奥斯曼帝国征服了欧洲腹地,直到1453年东罗马帝国灭亡,东罗马帝国实际上只有一个贸易城镇君士坦丁堡——一个类似热那亚或威尼斯的城镇国家——除了它被腐败的帝国法庭所控制。

中世纪后期,最丰富、最豪华的城市生活的发展发生在意大利。在13世纪霍亨斯陶芬线结束后,神圣罗马帝国对意大利北部和中部的控制减弱了,尽管像我们将讲述的那样,德国皇帝在意大利仍然被加冕为国王或皇帝,直到查理五世(约1530年)为止。在教皇的首都罗马以北,出现了许多半独立的城邦。然而,南意大利和西西里岛仍然处于外国统治之下。热那亚和它的竞争对手威尼斯,是当时最大的贸易港口;它们富丽堂皇的宫殿,它们高贵的绘画仍然赢得我们的赞赏。米兰,在圣哥萨德山口的山脚下,也恢复了财富和权力。在内陆的佛罗伦萨,是贸易和金融中心,15世纪在美第奇家族的几乎是君主制的统治下,享受了第二个"伯里克利时代"。但早在这些有教养的美第奇"老板"的时期之前,佛罗伦萨已经产生了许多优美的艺术。乔托（1266—1337）的塔和布鲁内列斯基（1377—1446）的大教堂已经存在。到了14世纪末，佛罗伦萨成为重新发现、修复和仿制古代艺术（狭义上的"文艺复兴"）的中心。艺术作品，不同于哲学思想和科学发现，它是历史的装饰和表达，而不是创造性地实践，在这里我们不能试图追溯腓力·里皮、波提切利、多纳泰罗（死于1466年）、莱昂纳多·达·芬奇（死于1519年）、拉斐尔（1475—1564）和米开朗基罗（死于1520年）的艺术的发展。关于达·芬奇的科学推测，我们已经有机会谈过了。

31.8 美国进入历史

1453年，君士坦丁堡陷落了。整个下一个世纪，土耳其对欧洲的压力是沉重而持续的。蒙古人和雅利安人之间的边界线，在伯里克利时期曾位于帕米尔高原以东的某个地方，现在已经退回到了匈牙利。君士坦丁堡长期以来只是一个由土耳其人统治下的巴尔干半岛中的一个基督徒的岛屿。它的沦陷极大地中断了与东方的贸易。

在地中海的两个相互竞争的城市中，威尼斯与土耳其人的关系一般比热那亚友好得多。每一个聪明的热那亚水手都对威尼斯的贸易垄断都感到烦恼，并试图找出一条航线来渡过或绕过它。之后有新的民族开始从事海上贸易，他们愿意寻找新的途径进入旧的市场，因为古老的通道已经对他们关闭了。例如，葡萄牙人正在发展大西洋沿岸贸易。自罗马人谋杀迦太基以来，大西洋经历了一段漫长的被忽视的时期，现在又苏醒了。究竟是西欧人向大西洋推进，还是直到勒潘托战役（1571年）一直统治着地中海的土耳其人把西欧人推进了大西洋，这是一个相当微妙的问题。威尼斯人和热那亚人的船只正悄悄驶向安特卫普，汉萨城镇联盟的海员们正向南驶去，扩大他们的活动范围。航海技术和造船技术也有了相当大的发展。地中海是适合单层甲板大帆船沿岸航行的。但是在大西洋和北海，风刮得更加频繁，海平面更高，海岸往往是一个危险的地方，而不是一个避难所。外海需要帆船，在14世纪和15世纪出现了按罗盘和星位航行的帆船。

到了13世纪，汉萨城镇联盟的商人已经定期从卑尔根航行，穿越灰暗寒冷的海洋，到达冰岛的北欧人那里。在冰岛，人们知道了格陵兰岛这个地方，且喜欢冒险的旅行者很久以前就发现了一个更远的地方——文兰，那里的气候宜人，如果人们选择与世隔绝，他们可以在那里定居。这个文兰要么是新斯科舍，要么更有可能是新英格兰。

15世纪时，整个欧洲的商人和水手都在思考通往东方的新途径。葡萄牙人并不知道法老尼科在很久以前就解决了这个问题，他们还在问是否能沿着非洲海岸绕道去印度。他们的船只按照汉诺前往佛得角的航线前进（1445年）。

他们向西航行，发现了加那利群岛、马德拉群岛和亚速尔群岛。那是跨越了大西洋的相当长的一段距离。1486年，一个名叫迪亚兹的葡萄牙人报告说，他绕过了非洲南部……

一个名叫克里斯托弗·哥伦布的热那亚人开始越来越多地思考，对于我们来说，这是一个显而易见的、自然而然的事业，但这极大地耗费了15世纪人们的想象力——一次向西横跨大西洋的航行。当时没有人知道美洲是一块独立的大陆。哥伦布知道世界是一个球体，但他低估了它的大小；马可·波罗的游记给了他一个亚洲范围的夸张的想法，因此他认为，大西洋那边以盛产黄金闻名的日本，在大约墨西哥的位置。

他曾多次在大西洋航行，他去过冰岛，也许听说过文兰，这一定极大地鼓励了他的这些想法,这个向日落之处航行的计划成为他一生的主要目标。他是一个身无分文的人,一些记载说,他是一个破产户,他获得船只的唯一方式就是找到一个委托他指挥的人。他先去拜访了葡萄牙国王约翰二世,约翰听了他的计划,但是他没有谈拢。然后在他不知情的情况下,哥伦布安排了一次纯粹葡萄牙的远征。这个抢占倡议者先机的企图失败了,因为它应该是失败的;船员开始叛乱,船长失去了信心,然后返航回来(1483年)。然后,哥伦布去了西班牙宫廷。

起初,他没有船,也没有权力。西班牙正在攻击格拉纳达,这是穆斯林在西欧的最后一个据点。在11世纪到13世纪之间,西班牙的大部分地区已经被基督徒收复;然后是一个间歇;现在,整个西班牙,由于阿拉贡的费迪南和卡斯蒂尔的伊莎贝拉的婚姻而联合在一起,正着手完成基督教的征服事业。由于对西班牙的帮助感到绝望,哥伦布派他的兄弟巴塞洛缪去见亨利七世,但是这个冒险事业并没有吸引那个精明的国王。最后,1492年格拉纳达陷落了,然后,在帕洛斯的一些商人的帮助下,哥伦布得到了他的船,三艘船,其中只有一艘,载重100吨的圣玛丽亚号装上甲板了,另外两艘是那种一半吨位的敞篷船。

这支小探险队共有八十八人。他们向南前往加那利群岛,然后在美丽的天气和顺风中穿越未知的海洋。

必须阅读细节才能欣赏这个历时两个月零九天的重要航行的故事。船员们充满了疑虑和恐惧,他们害怕会永远航行下去。他们看到了一些鸟儿,后来又看到一根人工制的杆子和一根长着奇怪浆果的树枝,这使他们感到安心。1492年10月11日晚上10点钟,哥伦布看到了前方的一道曙光;第二天早晨,人们看到了陆地,天刚亮,哥伦布就穿着华丽的服装,手举西班牙的皇家旗帜,登上了新大陆的海岸……

1493年年初，哥伦布返回欧洲。他带来了金子、棉花、怪兽和鸟类，还有两个将要接受洗礼的怒目而视着的、文着花纹的印第安人。人们认为，他发现的不是日本，而是印度。他发现的这些岛屿因此被称为西印度群岛。同年，他带领17艘船只和15000人的远征队再次远航，并得到教皇的明确许可，可以替西班牙王室接管这些新的土地……

我们不能讲述他作为这个西班牙殖民地的总督的经历，也不能讲述他是如何被取代并被束缚住的。不久，一群西班牙冒险家开始探索这片新大陆。但有趣的是，哥伦布到死都没有意识到他发现了一块新大陆。他至死都相信自己已经环游世界到达了亚洲。

他的发现引起了整个西欧的极大兴奋。它促使葡萄牙人重新尝试通过南非路线进入印度。1497年，达伽马与一名阿拉伯领航员从里斯本出发，穿过印度洋到达桑给巴尔的卡利卡特。1515年，在爪哇和摩鹿加群岛已有葡萄牙船只。1519年，葡萄牙水手麦哲伦受雇于西班牙国王，向南美洲航行，穿过黑暗险恶的"麦哲伦海峡"，来到太平洋，这里已经被穿越了南巴拿马地峡的西班牙探险家们发现。

麦哲伦的探险队继续向西穿越太平洋。这是一次远比哥伦布更为英勇的航行；在98天的航程中，麦哲伦毫不畏惧地航行在辽阔空旷的海洋上，除了两个小小的沙漠岛屿什么也看不见。船员们得了坏血病，开始溃烂；几乎没有淡水可以喝，只有腐烂的饼干可吃。人们急切地猎杀老鼠，啃咬牛皮，吃掉锯屑来缓解饥饿的痛苦。在这种情况下，探险队到达了拉德龙群岛。他们发现了菲律宾群岛，麦哲伦在这里与当地人的战斗中被杀死了。其他几个船长也被杀害了。1519年8月，有5艘船与麦哲伦一起出发，船上共有80人；1522

年7月,只剩下31人的维多利亚号从大西洋上返航,回到它在瓜达尔基维河上的塞维利亚防波堤附近的锚地——这是有史以来第一艘绕行这个星球的船。

英国人、法国人、荷兰人以及汉萨城镇联盟的水手们较晚才开始这项新的探险活动。他们对东方贸易没有那么浓厚的兴趣。当他们真的来到这里时,他们的第一个目标是航行绕过美洲北部,像麦哲伦航行绕过南部那样;并想绕过亚洲北部,像达伽马航行绕过了非洲南部那样。从事物的本质来看,这两项事业都注定要失败。在美洲和东方,西班牙和葡萄牙比英国、法国和荷兰的起源早了有半个世纪之久,而德国从未开始。在那些关键的年代,西班牙国王是德国的皇帝,教皇把美国的垄断权交给了西班牙,不仅仅是简单地西班牙,而是卡斯蒂利亚王国。这必然在最初阻止了德国和荷兰在美洲的冒险。汉萨城镇联盟是半独立的,没有君主支持,也没有统一起来开启像海洋探险这样大的事业。这是德国的不幸,也许是全世界的不幸,正如我们即将讲述的,当所有的西方列强都去这个公海上新开的贸易和行政学校时,一场战争的风暴使它筋疲力尽。

慢慢地,整个16世纪,卡斯蒂尔巨大的财富展现在眼花缭乱的欧洲眼前。它已经发现了一个新的世界,充满了金银和定居的美好可能。这一切都是它的,因为教皇是这么说的。进入鼎盛时期的罗马教廷,将这片向欧洲敞开想象力的奇妙土地分割了,西班牙人分得佛得角群岛以西的370里格的所有地方,葡萄牙人分得了这条线以东的所有地方。

起初,西班牙人在美洲遇到的只有蒙古人体型的野蛮人。这些野蛮人中有许多是食人族。科学界的不幸之处在于,第一批到达美洲的欧洲人是那些相当不好奇的西班牙人,他们没有任何科学热情,对黄金充满渴望,对最近的宗教战争充满盲目的偏见。

他们很少对这些原始人的本土方法和思想做出明智的观察。他们屠杀他们，抢劫他们，奴役他们，为他们施洗；但是在他们的攻击下，改变了的和消失的风俗和动机却很少被他们注意到。他们和在塔斯曼尼亚的英国人一样具有破坏性和鲁莽性，他们射杀了最后一个旧石器时代的人，并拿出有毒的肉让他们吃。

美国内陆的大部分地区是大草原，那里的游牧部落靠大群现已灭绝的野牛为生。在他们的生活方式中，在他们着色了的服装和他们对颜料的自由使用中，在他们的一般的身体特征中，这些草原印第安人显示出与欧洲梭鲁特时代晚期的旧石器时代的人惊人的相似。但是他们没有马。他们似乎没有从那个原始状态，即很可能是他们的祖先到达美洲时的状态，取得很大的进步。然而，他们懂得金属，尤其是自由使用天然铜，但还不懂铁。随着西班牙人渗透到这片大陆，他们发现并进攻、掠夺、摧毁了在美洲发展起来的两个独立的文明体系，这两个体系也许完全独立于旧世界的文明体系，其中一个是墨西哥的阿兹特克文明，另一个是秘鲁的亚文明。他们很可能起源于日石文明，这个亚文明从附近的发源地，一个岛屿一个岛屿，一步一步，一代又一代，穿越太平洋传播。我们已经提到，在这些独特的发展中有一两点令人感兴趣的地方。按照他们自己的发展路线，这些文明的美洲人已经达到了一种与前王朝时期的埃及或早期苏美尔城市的文化大致平行的状态。在阿兹特克人和秘鲁人之前，还有更早的文明开端，要么被他们的继承者摧毁，要么自行兴衰灭亡。

阿兹特克人似乎是一个文明程度较低的好征服的民族，统治着一个更文明的共同体，就像雅利安人统治着希腊和北印度一样。他们的宗教是一个原始的、复杂的、残忍的系统，在这个系统中，人类的献祭和仪式上的食人行为占了很大部分。他们满脑子都是罪恶的念头,以及需要血腥的挽回祭。

阿兹特克文明被科尔特斯率领的一支探险队摧毁。他有十一艘船,400个欧洲人,200个印第安人,16匹马,14把枪。但是在尤卡坦半岛,他遇到了一个流浪的西班牙人,这个人已经被印第安人俘虏了好几年,他或多或少地学会了印第安语言,而且他知道阿兹特克人的统治深受许多印第安人的憎恨。科尔特斯联合了这个人,越过群山进入墨西哥的山谷(1519年)。至于他是如何进入墨西哥,他的国王蒙特祖马是如何因为支持西班牙人而被自己的人民杀害的、科尔特斯是如何在墨西哥被围困,又是如何带着他的枪支和马匹逃脱的,以及他是如何在一次可怕的撤退后回到海岸并征服了整个大陆的,是一个浪漫而独特的故事,我们甚至无法在这里讲述。直到今天,墨西哥的人口大部分是本地人,但是西班牙语已经取代了本地语言,现存的文化是天主教和西班牙语。

更加奇怪的是秘鲁人的国家陷落了,成为另一个冒险家皮萨罗的牺牲品。1530年,他率领一支168人的西班牙探险队从巴拿马地峡出发。就像墨西哥的科特斯一样,他利用当地的纷争来占有这个注定要灭亡的国家。就像科尔特斯一样,他曾经俘虏了蒙特祖玛,并对其加以利用,以背信弃义的手段抓住秘鲁的印加人王,并试图以他的名义统治。在这里,我们再一次无法公正地评价随后发生的一系列事件:当地人计划不周的叛乱,从墨西哥来的西班牙增援部队,以及将这个国家变为西班牙的一个省。我们也无法更多地讲述西班牙冒险家在葡萄牙人保护的巴西以外的美洲其他地区迅速扩散的情况。首先,几乎每个故事都是冒险者残忍和掠夺的故事。西班牙人虐待土著人,他们之间争吵不休,西班牙的法律和秩序离他们越来越远;暴力和征服阶段进入政府和定居阶段的过程非常缓慢。但是,早在美国秩序井然之前,源源不断的黄金和白银就开始跨越大西洋，流向西班牙政府和人民。

在初期激烈的寻宝活动之后，人们开始种植和采矿。由此产生了当今世界上最早的劳工问题。起初，印第安人受到许多残暴和不公正的奴役，但是为了西班牙人的荣誉，这种做法并没有受到批评。当地人在多米尼加教会发现了勇敢的先驱者拉丝·卡萨斯牧师。拉斯·卡萨斯曾是古巴的种植园主和奴隶主，直到他的良心谴责了他。从西非运进黑人奴隶也在16世纪早期就开始了。经过一些衰退之后，墨西哥、巴西和西班牙控制的南美洲开始发展成为大的奴隶拥有地和财富生产地……

在这里，我们很愿意但不能谈论，在美洲，特别是在当地人当中，方济各会和不久后的耶稣会士的细致的文明开化工作，他们是在16世纪后半叶（1549年之后）来到美洲的……

因此，西班牙在世界事务中获得了暂时的权力和突出地位。这是一个非常突然和令人难忘的崛起。从11世纪开始，这个贫瘠、动乱的半岛就一直处于分裂状态，它的基督徒居民与摩尔人持续不断地发生冲突；然后，由于一个似乎是偶然的事件，它及时地实现了统一，赶上了因美洲大陆的发现而带来的第一次收获。在那之前，西班牙一直是一个贫穷的国家；今天，它还是一个贫穷的国家，它唯一的财富就是它的矿藏。然而，一个世纪以来，通过垄断美国的黄金和白银，它支配了世界一个世纪。欧洲的东部和中心仍然在土耳其人和蒙古人的影响之下；美洲的发现本身就是土耳其征服的结果，很大程度上是通过蒙古人的指南针和纸张的发明，以及在亚洲的游历和对东亚财富和文明的日益增长的知识的刺激下，"大西洋边缘"的精神、物质和社会能量才有了这种惊人的燃烧。紧随葡萄牙和西班牙而来的是法国和英国，然后是荷兰，它们轮流承担扩张和建立海外帝国的角色。曾经位于累范特的欧洲历史的兴趣中心现在从阿尔卑斯山和地中海转移到大西洋。几个世纪以来,土耳其帝国、中亚和中国相对而言被欧洲历史学家所忽视。然而,世界的这些中心地区仍然是中心地带,它们的福利和参与对人类的永久和平是必要的。

31.9 马基雅维利如何思考世界

现在让我们思考一下,随着科学的新发展、对世界的探索、通过纸张和印刷术传播知识以及对自由和平等的新渴望的传播,欧洲思想在14世纪和15世纪的大规模解放和扩张所带来的政治后果。它是如何影响了指挥人类正式事务的宫廷和国王的心态的?我们已经指出,当时天主教会对人类良知的控制是在削弱的。只有刚刚结束了一场长期而最终成功了的反伊斯兰教的宗教战争的西班牙人,对教会还有着极大的热情。土耳其的征服和已知世界的扩张剥夺了罗马帝国以前普遍性的威望。欧洲旧的精神和道德框架正在瓦解。在这个变革的时代,旧体制的公爵、王子和国王发生了什么?

在英格兰,正如我们将在后面将讲述的那样,一种非常微妙和有趣的趋势正在导致一种新的政府方式,即议会方式,这种方式后来几乎传遍了全世界。但是,整个世界在16世纪实际上还没有意识到这些趋势。

很少有君主留给我们私人日记,做一个君主又要做到坦率是难以两全的,君主制本身必然是一种伪装。历史学家不得不尽其所能地推测戴着王冠的脑袋里的内容。毫无疑问,帝王心理学随着时代而变化。然而,我们有这个时代的一个非常能干的人的著作,他致力于研究和阐述15世纪后期人们所理解的王道艺术。这就是著名的佛罗伦萨人尼科洛·马基雅维利(1469—1527)。他出身名门,家境相当富裕，在25岁的时候就已经在共和国担任公职。他在佛罗伦萨外交部门工作了18年，于许多大使馆任过职，并于1500年被派往法国与法国国王打交道。从1502年到1512年，他是佛罗伦萨行政长官（终身总统）索代里尼的得力助手。马基雅维利重组了佛罗伦萨的军队，为长官写了演讲稿，他确实是佛罗伦萨事务中的统治的智慧之人。当依靠法国人的索代里尼被西班牙人支持的美第奇家族推翻时，马基雅维利尽管试图转而为胜利者服务，却遭到拷打和驱逐。他在离佛罗伦萨大约十二英里的圣卡西亚诺附近的一座别墅里住了下来，在那里他一边替罗马的一个朋友收集和写一些淫秽的故事，一边写一些关于意大利政治的书，但他再也不能参与其中。正如我们将马可·波罗的游记归功于他的监禁，我们也将马基雅维利的《君主论》《佛罗伦萨史》和《战争的艺术》归功于他的失意和圣卡西亚诺的无聊。

这些书籍的持久价值在于它们清楚地告诉我们这个时代统治思想的品质和局限性。他们的气氛就是他的气氛。如果他给统治者的事务带去了异常敏锐的智慧，那只不过是让我们能够更加透彻地理解这些事务。

他作为一个使者曾在瓦伦蒂诺公爵，卡萨尔·博尔吉亚的营房里待了几个月，恺撒·博尔吉亚的狡猾、残忍、大胆和野心给他敏感的头脑留下了深刻的印象。在他的《君主论》中，他把这个耀眼的人物理想化了。恺撒·博尔吉亚（1476—1507），读者必须了解，恺撒·博尔吉亚是教皇亚历山大六世（即罗德里戈·博尔吉亚，1492—1503）的儿子，读者可能会对教皇有个儿子的想法感到震惊，但是我们必须记住，这是一个改革前的教皇，当时的教皇正处于一种道德放松的状态，尽管亚历山大作为一个牧师发誓要单身生活，但这并不妨碍他公开地与一个未婚妻子生活在一起，并将基督教世界的资源用于提高他的家庭地位。即使在他所生活的时代，恺撒也是一个桀骜不驯的年轻人；他很早就害死了自己的哥哥，也害死了自己的妹妹克雷齐亚的丈夫。他确实背叛和谋杀了许多人。在他父亲的帮助下，当马基雅维利拜访他时，他已成为意大利中部广大地区的公爵。他几乎没有或根本没有军事才能，却有非常好的斡旋和管理能力。他的显赫是最短暂的。过了不久，他的父亲去世了，他像刺破的囊一样塌了下来。他的不健全对马基雅维利来说并不明显。我们对博尔吉亚的主要兴趣在于他实现了马基雅维利的最高理想———一位卓越而成功的君主。

已经有很多文章表明，马基雅维利在他的政治著作背后有着远大而崇高的意向，但所有这些试图使他崇高化的努力都会让持怀疑态度的读者对他冷淡，他们坚持读懂字里行间的意思，而不是阅读马基雅维利作品字里行间想象出来的东西。这个人显然不相信任何公义，不相信上帝统治世界，也不相信人心中的上帝，不懂得良心在人心中的力量。对他来说，没有全世界人类秩序的乌托邦式愿景，也没有实现上帝之城的企图。他不想要这样的东西。在他看来，要获得权力，满足一个人的欲望、情感和仇恨，在世界上趾高气扬，必须有人类欲望的王冠。只有君主才能完全实现这样的生活。他的一些胆怯或者他对自己个人要求的贫乏的感觉显然已经使他放弃了这样的梦想，但是至少他希望为一个君王服务，靠近荣耀生活，分享掠夺、欲望和满足的恶意，他甚至可能使自己成为不可或缺的人物。因此，他立志成为君王权术的"专家"。他协助索代里尼失败了。当他受到美第奇家族的折磨和拒绝，并且再也没有希望成为一个成功的宫廷寄生虫时，他写了这些狡猾的手册来表明一些君主失去了一个多么聪明的仆人。他的统治思想，他对政治文学的巨大贡献，就是对普通人的道德义务不能约束王公贵族。

有一种倾向认为马基雅维利拥有爱国的美德，因为意大利是软弱和分裂的——它曾被土耳其人入侵，仅仅因为穆罕默德苏丹的死才免于被征服，它正在被法国人和西班牙人争夺，仿佛它是某种无生命的东西，而他建议意大利统一并强大起来。但他认为这种可能性只是一个为君主提供的大好机会。他主张建立一支国家军队，只是因为他认为意大利雇用外国雇佣军进行战争的方法是毫无希望的。在任何时候，这些军队都可能去找一个更好的军需官，或者决定掠夺他们所保护的国家。瑞士人打败米兰人的胜利给他留下了深刻的印象，但是他从来没有弄清楚使这些胜利成为可能的自由精神的秘密。佛罗伦萨的民兵组织是一次彻底的失败。他是一个天生盲目的人，他无视了使人民自由和国家伟大的品质。

然而，这个道德盲人生活在一个道德盲人的小世界里。很明显，他的思想风格就是他那个时代宫廷的思想风格。在那些从帝国的残骸和教会的失败中成长起来的新国家的王子们的背后，到处都是马基雅维利式的总理、部长和被信赖的大臣们。例如，亨利八世的大臣克伦威尔在与罗马决裂后，将马基雅维利的君主政治视为政治智慧的精髓。

当君王们自己足够聪明的时候，他们也是不择手段的。他们密谋超越对方，抢劫较弱的同时代人，消灭对手，以便能够在短暂的时间内趾高气扬。他们很少或没有比他们的相互玩弄权术的对手更伟大的关于人类命运规划的远见。

31.10 瑞士共和国

有趣的是，令马基雅维利印象深刻的瑞士步兵并不属于欧洲王权体系的一部分。在欧洲体系的中心，出现了一个小小的自由国家联盟——瑞士联邦，在名义上附属于神圣罗马帝国的几个世纪之后，于1499年公然成为共和国。早在13世纪，生活在卢塞恩湖附近三个流域的农民们就已经认识到，他们应该摒弃统治者，以自己的方式管理自己的事务。他们的主要麻烦来自阿尔河谷的一个贵族家庭，哈布斯堡家族。1245年，施维茨人烧毁了在卢塞恩附近建立起来的新哈布斯城堡，使他们望而生畏，那里的遗迹至今仍然可见。

这个哈布斯堡家族是一个不断发展和贪得无厌的家族，在整个德国都有它的土地和财产。1273年，在霍亨斯陶芬家族灭亡之后，哈布斯堡家族的鲁道夫被选为德国皇帝，这个荣誉实际上被他的家族世袭了。尽管如此，乌里、施维茨和翁特瓦尔登人并不想被任何哈布斯堡人统治，他们在1291年组成了一个永恒联盟，从那时起直到今天，他们在山中保持了自己的地位，首先是作为帝国的自由成员，然后是作为一个绝对独立的联邦。关于威廉·退尔的英雄传说，我们在这里没有篇幅可以讲，也没有篇幅可以追溯联邦的逐渐扩展到现在的版图。这个勇敢的小共和团体不久又加入了罗马语、意大利语和讲法语的盆地。日内瓦的红十字会旗已经成为战争中国际人道主义的象征。明亮而繁荣的各个瑞士城市成为自由人躲避多次暴政的避难所。

31.11 新教徒

31.11.1 查理五世皇帝生平

历史上的大多数人物，都是通过某种特殊的个人素质脱颖而出的，无论是好是坏，这使得他们比其他人更有意义。但是1500年出生在比利时的根特，一个能力平平、性情忧郁的、其母亲是个精神有缺陷的男人,因为国家的原因而结婚,虽然不是他自己的错,他却成为欧洲不断累积的压力的焦点。历史学家必须给他一个非常不合适的和意外出众的、与亚历山大、查理曼大帝和腓特烈二世等一样显著的个性。这个人就是查理大帝五世,他一度被认为是自查理曼大帝以来欧洲最伟大的君主。他和他虚幻的伟大都是他祖父马克西米利安一世(1459—1519)婚姻治国之术的结果。

一些家族曾经通过战斗,另一些家族则通过阴谋取得世界霸权,哈布斯堡家族却以通婚的方式取得。马克西米利安靠从奥地利、斯蒂里亚、阿尔萨斯的一部分和其他地区的哈布斯堡王朝继承遗产开启他的发迹之路,他迎娶了来自荷兰和勃艮第的两位妻子,而妻子的名字对我们来说已无关紧要。在他第一任妻子去世后,勃艮第的大部分土地都从他手中溜走了,但是他仍然保住了荷兰。后来他想娶布列塔尼,但没有成功。1493年,他继承父亲腓特烈三世成为皇帝,并通过婚姻得到了米兰公国。最后,他让儿子娶了费迪南和伊莎贝拉的低能的女儿,哥伦布的费迪南和伊莎贝拉,他们不仅统治了新近统一的西班牙,还统治了撒丁岛和西西里岛上的两个王国,而且通过教皇赠给卡斯蒂尔的大礼,统治了整个巴西以西的美洲。因此,他的孙子查理继承了美洲大陆的大部分土地,以及土耳其人留给欧洲的三分之一到一半土地。查理的父亲于1506年去世,马克西米利安竭尽全力确保他的孙子当选为皇帝。

1506年查理继承了荷兰;当他的外祖父费迪南于1516年去世时,因为他的母亲是个低能人,实际上是他成为西班牙的国王;他的祖父马克西米利安于1519年去世,他在1520年被选为皇帝,当时年仅20岁。

1515年,他的当选遭到了年轻而才华横溢的法国国王弗朗索瓦一世的反对,弗朗索瓦于1515年继承法国王位,时年21岁。弗朗索瓦的候选人资格得到了利奥十世（1513年）的支持，他也要求我们给他冠以才华横溢的称号。那确实是一个英明君主的时代。在印度是巴贝尔（1526—1530）的时代，在土耳其是苏莱曼（1520年）的时代。当查理的当选受到威胁时，利奥和弗朗索瓦都担心权力会集中到一个人手中。在欧洲似乎唯一重要的另一位君主是亨利八世，他在1509年18岁时成为英格兰国王。他还提出自己是帝国的候选人，富有想象力的英国读者可以自娱自乐，推测这种选举可能产生的后果。

在这个国王的三角关系中有很大的施展外交手段的空间。查理在从西班牙前往德国的途中访问了英格兰，并通过贿赂他的大臣红衣主教沃尔西，赢得了亨利对他反抗弗朗索瓦的支持。

亨利也大肆夸耀了同弗朗索瓦的友谊；在一次被历史学家称为金缕地（1520年）的宫廷郊游中，亨利王子与弗朗索瓦王子举行了盛大的宴会、锦标赛和诸如此类的在法国常见的老套的礼貌行为。在16世纪，骑士身份正成为一种别致的装模作样的形象。皇帝马克西米利安一世仍被德国历史学家称为"最后的骑士"。

值得注意的是，通过大量的贿赂，查理的当选成功了。他的主要支持者和债权人是德国庞大的富格尔家族企业。随着罗马帝国的崩溃，欧洲的政治生活中已经没有了我们称之为金融的大量的货币和信贷，现在却又恢复了权力。富格尔人的房子和宫殿比皇帝的还要耀眼，他们的出现标志着两三个世纪前在法国的卡奥尔、佛罗伦萨和其他意大利城镇开始的势力上升。钱、公共债务、社会动荡不安和不满情绪重新进入这部纲要的微型舞台。与其说查理五世是一位哈布斯堡皇帝，不如说他是一位富格尔皇帝。

这个皮肤白皙的、长相不太聪明的、有着厚厚的上嘴唇、长长的臃肿的下巴——这些特征仍然折磨着他的后代的年轻人，有一段时间基本上成了大臣们手中的傀儡。起初，干练的仆人们在马基雅维利的关于怎样做君主的权术上辅佐他。然后，他以一种缓慢而有效的方式开始表明自己的意见。在他执政伊始，他就面临着来自基督教世界的复杂纷争。自从胡斯和威克里夫时代以来，反对教皇统治的斗争就一直在进行，最近，一种新的、不同寻常的、使人讥笑的出售赎罪券为罗马的圣彼得教堂的竣工筹集资金的行为激怒了民众。一个名叫路德的修道士，曾经被授任为牧师，并研读过《圣经》，当他因为教会的事务访问罗马时，被教皇的轻浮和崇尚世俗的显赫华贵所震惊，他在维威腾堡教堂站出来反对教皇的这些权宜之计（1517年），提出辩论和某些论点。一场重要的争论随之而来。起初，路德用拉丁语进行这场争论，但不久就使用了德语，很快引起人们的骚动。当查理从西班牙来到德国时，他发现这场争论非常激烈。他在莱茵河畔的沃尔姆斯召集了一次会议，或者说帝国的"议会"。路德被召参加，他曾被教皇利奥十世要求撤回他的看法，但路德拒绝这样做。他来了，并且完全遵照胡斯的精神，拒绝放弃，除非他通过逻辑论证或圣经的权威来确信自己的错误。但是由于他有强大的王侯作保护，他没有遭到约翰·胡斯那样的命运。

路德

对年轻的皇帝来说,这是一个令人为难的情况。有理由认为,他最初倾向于支持路德反对教皇。利奥十世反对查理的当选,并与他的对手弗朗索瓦一世关系友好。但查理五世不是一个善于权谋的人,他在西班牙已经获得了相当大的宗教诚意。他决定反对路德。许多德国王侯,尤其是萨克森选帝侯,都站在改革者一边。路德在萨克森选帝侯的保护下躲藏起来,查理发现自己正处于一个裂缝之中,这个裂缝将基督教世界分裂成两个竞争的阵营。

紧接着这些动乱,或许还与之有关,德国各地发生了广泛的农民起义。这次爆发使路德感到非常恐惧。他对宗教改革的过分行为感到震惊,从那时起,他所倡导的宗教改革不再是人民认为的宗教改革,而是王侯认为的宗教改革。他对自己曾经那样勇敢拥护的自由判断失去了信心。

弗朗索瓦一世

与此同时,查理意识到他的大帝国正处于来自西方和东方的非常严峻的危险之中。他的西边是他的劲敌弗朗索瓦一世,东边是匈牙利的土耳其人,他们与弗朗索瓦结盟,并要求奥地利领土向他进贡。查理有西班牙的钱和军队供他支配,但要从德国得到任何有效的资金支持是极其困难的。他的祖父已经按照瑞士的模式发展了一支德国步兵,非常符合马基雅维利的《战争的艺术》中阐述的路线,但是这些军队必须发军饷,他的帝国补贴必须得到无担保借款的补充,这最终导致他的支持者富格派家族破产。

亨利八世

  总的来说,查理与亨利八世结盟,成功地打败了弗朗索瓦一世和土耳其人。他们的主要战场是意大利北部,两边的将军都很笨拙,他们的进攻和撤退主要看增援部队是否到来。德国军队入侵法国,没能攻下马赛,退守意大利,失去了米兰,被包围在帕维亚。弗朗索瓦一世对帕维亚进行了长时间的围攻,但没有成功,他被新的德国军队抓获,战败,受伤,被俘。他给女王回了一封信,说一切都"失去了,只剩下荣誉",并发表了一份屈辱的和约,但一获得释放,他就立刻毁约,因此,即使挽救了的荣誉也只是暂时的了。亨利八世和教皇遵循马基雅维利主义战略的原则,为了防止查理变得过于强大,现在转而站在法国一边。米兰的德国军队,在波旁巡警的指挥下,由于没有报酬,是被迫而不是跟随他们的指挥官突袭罗马。他们攻占了这座城市并掠夺了它(1527年)。教皇在圣安吉乐城堡避难，而洗劫和屠杀仍在继续。他最后用四十万达克特的钱收买了德国部队。

历时10年的这种愚蠢和混乱的战斗使整个欧洲陷入贫困，使得皇帝掌控了米兰。1530年，他在博洛尼亚被教皇加冕——他是受教皇加冕的最后一位德国皇帝。人们想到的是那张相当呆板的金发面孔，长长的嘴唇和下巴，肤色白皙的脸上带着一种忍受一次虽然可能值得尊敬但却令人怀疑的仪式的庄严表情。

与此同时，土耳其人在匈牙利取得了巨大的进展。他们在1526年击败并杀死了匈牙利国王，占领了布达佩斯，1529年，正如我们已经提到的，苏莱曼一世几乎占领了维也纳。皇帝非常关心这些进展，并尽最大努力赶走土耳其人，但他发现即使强敌压境，最大的困难也是让德国王公团结起来。弗朗索瓦一世有一时间难以和解，于是正在进行一场法国战争；但在1538年，查理通过对法国南部的蹂躏，赢得了对手的支持，转而采取了更友好的态度。弗朗索瓦和查理随后结成联盟对抗土耳其人，但是新教的王侯们，那些决心脱离罗马的德国王侯们，却组成了一个联盟——施马尔卡尔登联盟（根据黑森的施马尔卡尔登小镇命名，其宪法就是在那里制定的）来反对皇帝。为了替基督教国家夺回匈牙利，查理不得不把注意力转向德国内部的集会斗争。在这场斗争中，他只看到了开始的战争。这是一场斗争，一场血腥的、毫无理性的王侯们争夺统治地位的争吵，时而正在燃烧成战争和毁灭，时而又回到了阴谋和权术上；这是一个阴险狡诈的马基雅维利式的政策，将不可救药地一直延续到19世纪，一次又一次地将中欧弄得荒废凄凉。

皇帝似乎从来没有抓住在这些聚集的麻烦中真正起作用的力量。就他的时代和地位而言，他是一个非常值得尊敬的人，他似乎把那些将欧洲撕成碎片的宗教纷争看作是真正的神学分歧。他召集活动和议会，徒劳地试图和解。他试过了多种套话和忏悔。研究德国历史的学者必须纠结于纽伦堡宗教和平、拉蒂斯邦议会解决方案、奥格斯堡临时政府之类的细节。在这里，我们只是把它们作为这位处于盛世皇帝忧虑生活的细节来提及。事实上，欧洲五花八门的王侯们和统治者们几乎没有一个表现出诚意。世界上广泛传播的宗教纷争，老百姓对真理和社会正义的渴望，当时知识的传播，所有这些东西只不过是王权外交的想象中的筹码。英格兰的亨利七世以一本反对异端邪说的书开始了他的事业，他曾被教皇授予"信仰的捍卫者"的称号，他急切地想与他的第一任妻子离婚，娶了一位活泼的年轻女士，名叫安妮·博林，他还希望反对皇帝，支持弗朗索瓦一世，掠夺英格兰教会的大量财富，他于1530年加入了新教王侯的行列。瑞典、丹麦和挪威已经站到了新教一边。

德国的宗教战争开始于1546年，也就是马丁·路德去世后的几个月。我们不必详述运动中发生的事情。新教的萨克森军队在洛豪遭到了惨重的打击。就像违背信仰一样，皇帝的主要对手黑森的腓力被抓起来关进了监狱，土耳其人以每年都要纳贡的方式被收买。1547年，弗朗索瓦一世去世，皇帝大为宽慰。因此，到了1547年，查理获得了一种解决方案，并做出了最后的努力，以实现没有和平的和平。

1552年，整个德国再次陷入战争，从因斯布鲁克的仓促逃亡使查理免于被捕，同年，随着帕绍条约的签订，又出现了另一个不稳定的平衡。查理现在已经完全厌倦了帝国的繁荣和荣耀，他从来没有一个健康的身体，又天生懒惰，痛风病大发作。他退位了。他把他在德国的所有主权都让给了他的兄弟费迪南，把西班牙和荷兰让给了他的儿子腓力。然后他退隐到塔霍山谷北面的山丘上的橡树和栗树林中的尤斯特的修道院里，于1568年在那里去世。

这位疲惫、威严、厌世的巨人，在这种退休的情感脉络中写下了许多东西——对人世的厌倦,想在严肃的孤独中寻求与上帝的和平的心境。但是他的隐居地既不是孤独的,也不是严肃的;他有将近150个随从;他的府邸里有宫廷的全部享乐却没有宫廷的劳累,且腓力二世是一个孝顺的儿子,他父亲的忠告就是对他的命令。至于他的苦行,让普雷斯科特见证:"在基萨达或加泽卢,和在巴利亚多利德的国务卿之间的日常信件中,几乎没有一封信不多少提到关于皇帝的饮食或疾病的。一个话题似乎很自然地跟在另一个后面,就像时事评论那样。这样的话题很少成为国家议事大会上沟通的负担。对于秘书来说,在阅读政治和美食如此奇怪地混合在一起的文章时保持自己的严肃性一定不是一件容易的事情。从巴利亚多利德到里斯本的信使被命令绕道前往,以便在他的路线中经过哈兰迪利亚为皇家用膳采办。每逢星期四,他都要带些鱼来招待下一天斋日的客人。查理认为附近的鳟鱼太小了,所以要从巴利亚多利德运来一些较大的鳟鱼。每种鱼都符合他的口味,事实上,任何与鱼的本性或习性有关的他都爱吃。鳗鱼、青蛙、牡蛎在皇家菜单上占有重要地位。罐装鱼,尤其是凤尾鱼,深受他的喜爱。他后悔没有从低地国家带来更多的鱼,他特别爱吃鳗鱼馅饼……"

查理五世

1554年，查理从教皇尤利乌斯三世那里得到了训谕，准许他免除斋戒，甚至允许他在领圣餐时可以在清晨的时候进食。

"查理并非完全不在意他在尤斯特穿的衣服，这可以由以下事实推断出来，他的衣橱里至少有16件丝绸和天鹅绒的长袍，里面衬着貂皮绒，或者羽绒，或者巴巴里山羊的绒毛。至于他公寓的家具和室内装潢，只要看一眼他的遗物清单，就可以知道关于这些遗物的报告是多么不可靠。这些清单是在他们的主人死后不久由基萨达和加泽卢准备的。在这些物品中，我们发现了来自土耳其和阿尔卡雷兹的地毯、天鹅绒檐篷和其他物品、精致的黑布帷幔，自从他母亲去世以来，他一直选择这些帷幔作为自己的卧室，而其余的公寓则配备了不少于25套来自佛兰德织布机的挂毯，上面绣有丰富的动物形象和风景。""在不同的盘子中，我们发现了有些是纯金的，另一些则以其奇特的工艺而引人注目；由于这是一个贵金属加工艺术达到最完美的时代，一些最好的样品无疑已经归入了皇帝的手中。所有餐具的重量估计在12000到13000盎司之间。"

查理从来没有养成过读书的习惯，只是在吃饭的时候，仿效查理大帝的样子，让人大声朗读，并发表出会被一个记述员描述为"优秀而绝好的评论"。他还玩一些技术玩具，听听音乐或布道，处理一些仍在他眼前浮现的帝国事务，以此来消遣自己。他非常依恋的皇后的逝世，使他将思想转向宗教，在他的宗教采取了一丝不苟和仪式的形式；每个星期五在大斋节，他善意地同其他修士一起抽血来鞭笞自己。

这些活动和痛风病使查理对宗教的偏执得到了发泄，这种偏执一直受到政策考虑的限制。在巴利亚多利德附近出现的新教教义激怒了他。"告诉宗教大法官和他的委员会，我要他们各就各位，在邪恶进一步蔓延之前，把斧头放在邪恶的根源上"……在这样一个黑暗的事件中毫不留情地免去一般的司法过程，是否是一件好事，查理是表示怀疑的。"罪犯如果得到赦免，恐怕将有机会重犯他的罪行。"他举了一个例子，建议采用他自己在荷兰的处理方式，"所有仍然固执地不承认自己错误的人都被活活烧死，进入监狱的人都被斩首。"

这位天主教君主在退休期间的两餐之间主要享受的乐趣之一就是葬礼。他不仅参加了每一个在尤斯特举行的葬礼，而且还为不是在当地去世的死者举行了葬礼，在他妻子去世的周年纪念日举行了悼念仪式，最后他还举行了自己的葬礼。"小教堂里挂满了黑色的帘子，几百盏蜡烛的光亮几乎不足以驱散黑暗。那些教友们都穿上修道院的衣服，全体皇室成员都穿着丧服，聚集在一个巨大的礼拜堂周围，礼拜堂的中央也被黑布盖着。葬礼随后开始：在僧侣们凄惨的哀号声中，祈求死者的灵魂能够进入受祝福的府邸的祷告升起。当主人死去的样子呈现在他们的脑海里时，悲伤的侍从们都热泪盈眶——或者他们也许被这种可怜的软弱行为所感动了。查理裹在黑色的斗篷里，手里拿着一支点燃的蜡烛，夹在他的家人之中，做他自己葬礼的旁观者；悲伤的仪式结束时，他把蜡烛放在牧师的手里，表示他将自己的灵魂交给全能的上帝。"

还有一些说法是，查理穿上裹尸布，躺在棺材里，独自一人留在那里，直到最后一个哀悼者离开小礼拜堂。

不到两个月，他就死了。神圣罗马帝国的伟大也随他而去。神圣罗马帝国确实一直奋斗到拿破仑时代，但它是一个残废和垂死的东西。

31.11.2 符合贵族意愿的新教徒

1555年，查理五世的兄弟费迪南接手了他放弃的工作，并在奥格斯堡议会会见了德国的王侯们，又为建立宗教和平做出了尝试。没有什么比这种解决所采取的形式更能表明这种企图的性质，以及其中有关的王公和政治家对当时更深刻和更广泛的进程的盲目性。对宗教自由的承认应适用于各州，而不是适用于公民个人；谁的国家就信奉谁的宗教，即"所在地域的主人的信仰影响臣民的信仰"。

31.11.3 知识分子的逆流

我们对马基雅维利的著作和查理五世的个性给予了尽量多的关注，因为它们有助于我们理解下一个历史时期的各种对抗。本章讲述了人类视野的广泛拓展和知识的大量增加和传播的故事，我们看到普通人的良知开始觉醒，并预示着一种新的、更深刻的社会正义正在整个西方文明中蔓延。但是这个觉醒和思想的过程没有触及宫廷和世界的政治生活。马基雅维利所写的，几乎没有什么不是出自霍思劳一世或秦始皇，甚至萨尔贡一世或丕平的宫廷里某个聪明的秘书。当世界在其他一切事物上都在向前发展的时候，政治理念，国家与国家的关系，主权与公民的关系却停滞不前。不，它反而正在后退。因为天主教会作为上帝的世界之城的伟大理念已经在人们的心目中被教会本身所摧毁，而称霸世界的帝国主义梦想被查理五世本人作为偶像从欧洲带到了地狱的边缘。在政治上，世界似乎回落到亚述或马其顿模式的个人君主制。

这并不是因为西欧人新近觉醒的思想活力过于专注于神学重述、科学研究、探索和商业发展，而忽视了统治者的主张和责任。普通人不仅从现在可以理解的《圣经》中描绘出神权或共和或共产主义的思想，而且对希腊经典的重新研究也将柏拉图富有创造性和丰富性的精神带到了西方人的头脑中。在英国，托马斯·莫尔爵士在他的《乌托邦》中模仿了柏拉图的《理想国》,建立了一种独裁的共产主义。一个世纪后,在那不勒斯,一位名叫坎帕内拉的修士在他的《太阳城》中同样大胆。但这种讨论对政治安排没有立即产生影响。与这项工作的艰巨性相比,这些书的确显得诗意、学术和脆弱。(然而后来的《乌托邦》在英国的《济贫法》中结出了果实。)西方思想的智力和道德的发展,以及欧洲对马基雅维利君主制的趋向,曾一度在同一个世界同时进行,但它们几乎是独立进行的。政治家们仍然诡计多端,好像除了谨慎而幸运的国王的力量什么也没有增长似的。只是到了17世纪和18世纪,这两股潮流——一股普遍的思想潮流和一股传统的、自私的君主外交潮流——才相互干扰和冲突。

32. 君王、议会与诸强

32.1 贵族与对外政策

在前一章中,我们已经追溯了一种新文明的开端,这种文明属于"现代"类型,目前已成为世界性的文明。它仍然是一个巨大的未成形的事物,今天只是在增长和发展的开始阶段。我们已经看到以神圣罗马帝国和罗马教会作为普遍法律和秩序的形式的中世纪思想,在新文明的黎明中逐渐消失。它们消失了,似乎有必要在全世界范围内重新规划那种关于一种法律和一种秩序的思想。虽然在几乎所有人类利益相关的领域都有所进步,但是这些教会和帝国的一般政治思想的消失在一段时间内导致了政治上仅仅存在马其顿式的个人专制和君主制民族主义。可以说,在人类事务的整合过程中,出现了一个被中国年鉴学家称为"混乱时代"的阶段。这个空白期一直持续到西罗马帝国的衰落和查理曼的加冕为止。我们今天就生活在这段时期里。我们还不能说它可能快要结束了。旧的主导思想已经瓦解,一系列新的和未经实践的项目和建议使人们的思想和行动困惑,与此同时,整个世界不得不退回到依靠君主个人的古老传统来取得领导权。没有明显的新路可供人们遵循,而君主们仍在那里。

16世纪末,世界各地君主制盛行,并趋向专制主义。德国和意大利境内的众多国家都是在君主专制统治之下,西班牙实际上是专制政体,军权在英国从未如此强大,随着17世纪的到来,法国君主制逐渐成为欧洲最大和最稳固的权力。我们无法在这里叙述它的兴衰波动。

在每个宫廷里都有一群大臣和部长,他们与外国竞争对手玩着不择手段的游戏。外交政策是法宫廷君主政体的自然使命。可以说,在17世纪和18世纪的所有历史中,外交部门都是主要角色,他们使欧洲陷于战争的狂热之中。战争变得越来越昂贵。军队不再是未经训练的征兵,不再是带着他们自己的马匹、武器和家臣的封建骑士的集会;他们需要越来越多的大炮;军队是有偿的,必须发饷;他们是专业的、缓慢的、精心设计的,进行长时间的围攻,需要精心设计的防御工事。各地的战争开支都在增加,赋税不断上升。在这里,这些16世纪和17世纪的君主政体与社会中新的、不成形的自由力量发生了冲突。实际上,君主们发现他们并不是他们臣民生命和财产的主人。他们发现征税受到麻烦的抗拒,如果他们的外交侵略和联盟要继续下去,税收必不可少。财政成为每个议会会议室里的一个令人不快的幽灵。理论上,君主拥有他的国家。詹姆斯一世(1603年)宣称:"因为质疑上帝的能力是无神论和亵渎神明,所以质疑一个国王的能力或者说一个国王不能做这个或那个是傲慢和高度蔑视。"然而,实际上,他发现,他的儿子查理一世(1625年)更深刻地发现,在他的领地上有许多地主和商人,他们都是实力雄厚、才智过人的人,他们对君主和大臣们的来访和场合设定了非常明确的限制。他们准备容忍他的统治,如果他们自己也作为这些人的土地、商业和贸易等的君主,不然就不行。

欧洲各地都出现了类似的发展。在国王和王侯之下是这些小的君主,即私有主、贵族、富有的公民等,他们对君主的抵抗就像德国国王和王侯对帝国皇帝的抵抗一样。他们希望尽可能地限制税收,要求对自己的房子和庄园有自主权。书籍、阅读和交流的普及,使得这些小君主,这些拥有所有权的君主,能够形成这样一个思想共同体,形成这样一种抵抗上的团结,这在世界历史上以往的阶段是不可能的。无论在哪里,他们都倾向于反抗王侯;无论在哪里他们都倾向于反抗王侯,但不是在所有地方他们都有能够与王侯相抗衡的组织力量。尼德兰和英格兰的经济环境和政治传统使这两个国家率先将这种君主制和私有制的对立问题提出来。

起初,这个17世纪的"公众",这个财产所有者的公众,很少关心外交政策。他们一开始并不知道这对他们有什么影响。他们不想被这件事打扰,他们承认这是国王和王侯的事。因此,他们没有试图控制外国的纷争。他们反对重税,反对干涉贸易,反对任意监禁,反对君主控制良心。正是在这些问题上,他们与国王发生了争执。

32.2 尼德兰共和国

尼德兰脱离专制君主制是整个16世纪和17世纪一系列此类冲突的开始。这些冲突因为地方性和种族特点在细节上有很大的不同,但本质上他们都反对占主导地位的"君主"个人的思想和他的宗教与政治方向。

在12世纪,整个莱茵河下游的国家被一些小的统治者瓜分,那里的人口是一个以凯尔特人为基础的说低地德语的人,混合了后来很像英国人那样混血的丹麦人的成分。它的东南边缘讲法语方言；大部分讲弗里斯兰语、尼德兰语和其他低地德语。尼德兰在十字军东征中扮演了重要角色。占领耶路撒冷（第一次十字军东征）的布永的戈弗雷是比利时人；在君士坦丁堡（第四次十字军东征），所谓的拉丁皇帝王朝的创始人是佛兰德斯的鲍德温（他们被称为拉丁皇帝，因为他们站在拉丁教会一边）。在13世纪和14世纪，相当多的城镇在尼德兰成长起来：根特、布鲁日、伊普尔、乌得勒支、莱登、哈勒姆，等等，这些城镇发展出半独立的市政府和受过教育的城镇居民阶层。我们不会讲述那些将尼德兰与勃艮第（法国东部）联系在一起的王朝事件，以免麻烦读者，而这些事件最终使皇帝查理五世继承为尼德兰的大君主。

正是在查理的统治下，新教教义现在在德国盛行，并蔓延到尼德兰。查理在迫害上有一些魄力，但在1556年，正如我们所说的，他把这个任务交给了他的儿子腓力（腓力二世）。腓力当时正在同法国打仗，他强势的外交政策成了同荷兰贵族和市民之间的第二桩麻烦事，因为腓力必须从他们那里获得补给品。由奥兰治亲王沉默者威廉、埃格蒙特和霍恩两个伯爵领导的大贵族们使他们自己成为一个广受欢迎的抵抗运动的领袖，在这个运动中，现在已不可能将对纳税的反对和对宗教迫害的反对分开了。最初的贵族并不是新教徒。因为斗争日渐激烈，他们成了新教徒。人民往往是激烈的新教徒。

腓力决心统治尼德兰人的财产和心灵。他派遣精挑细选的西班牙军队进入这个国家，并任命一位名叫阿尔瓦的贵族为总督，阿尔瓦是那些残忍的"强壮人物"之一，他们破坏政府和君主制。有一段时间，他用铁腕统治着这片土地，但在铁腕掌控的身体中生出了钢铁般的灵魂。1567年，尼德兰开始公开反抗。阿尔瓦徒劳地进行暗杀、洗劫和屠杀。埃格蒙特伯爵和霍恩伯爵被处决。沉默者威廉成为尼德兰的伟大领袖，一个事实上的国王。在很长一段时间里，伴随着许多复杂的情况，争取自由的斗争仍在继续。值得注意的是，在这一过程中，叛乱分子继续坚持认为腓力二世是他们的国王——如果他能成为一个通情达理的受限制的国王的话。但是君主立宪制的想法在当时的欧洲君主看来是令人反感的，最后腓力把我们现在称之为尼德兰的联合省推向了共和政体。荷兰，不是尼德兰的全部，而是尼德兰南部，即我们现在称之为比利时的国家，直到这场斗争结束，它仍然是西班牙控制的天主教国家。正如莫特利所描述的，1573年对阿尔克马尔的围困，可以看作为小尼德兰人民与天主教帝国主义巨大的资源之间长期而可怕的冲突的一个样本。

"如果我拿下阿尔克马尔"，阿尔瓦写信给腓力说，"我决不留下一个活人，刀将插在每个人的喉咙里……"

"现在，在他们眼前的是一个被摧毁的荒凉的哈勒姆，也许是他们自己即将到来的命运的一个预言性的幻影。少数被关在阿尔克马尔的人做好了最坏的打算。他们主要的希望寄托在了友好的海洋上。被称为楚普的巨大水闸离我们只有几英里远，通过它，整个北部省份可以很快被洪水淹没。通过打开这些闸门和堤坝，就可以使海洋为他们作战了。然而，要取得这样的结果，必须征得居民的同意，因为毁坏所有现存的作物是不可避免的。这座城市被紧密地包围着，冒险前进是生死攸关的事情，因此，很难为这个危险的任务找到一个使者。最后，城里一个名叫彼得·范德梅的木匠承担了这个风险……

"这个陷入困境的城市的危机很快临近了。城墙外每天都发生没有取得决定性的结果的小规模冲突。最后，9月18日，在持续了将近12个小时的炮轰之后，唐·腓特烈在下午3点下令发动进攻。

尽管他在哈勒姆待了7个月，他仍然相信他会暴风般拿下阿尔克马尔。进攻立即发生在弗里斯兰大门和对面的红塔上。最近从伦巴底抵达的两个精兵团率先发起进攻，他们呼声震天，对轻松取得胜利充满信心。他们得到了一支纪律严明的压倒性部队的支持。然而，即使在哈勒姆近代史上，也从未受到过比这更勇敢无畏的抵抗。每个活着的人都守在城墙上。冲锋队遭到大炮、步枪和手枪的猛烈攻击。每时每刻都有沸水、沥青和油、熔化的铅及生石灰浇在他们身上。几百个涂有柏油的燃烧着的铁环被巧妙地套在了敌军的脖子上，他们挣扎着想从这些燃烧的环中脱身，但徒劳无功，任何入侵者刚一上了缺口，他们就会遭到市民们的正面攻击，头朝下地被扔进护城河里。

"这次进攻以越来越大的怒火重新燃起，但三次被坚定不移的毅力击退。暴风雨般的进攻持续了四个小时。在这段时间里，没有一个防御者离开他的岗位，直到他死亡或受伤……收兵的号角响起，西班牙人完全被击溃，退出城墙，留下至少一千人死在战壕里，而只有13名市民和24名驻军失去了生命……索利斯少尉爬上缺口一刻，从城垛上跳下后又奇迹般地逃了出来，他报告说：当他俯视城市时，他'既没看到盔甲也没看到马具'，只有一些普通的人，一般穿着像渔民。然而，就是这些长相平平的渔夫打败了阿尔瓦的老兵……

"与此同时，由于索诺伊总督已经破坏了许多堤坝，虽然受到威胁的洪水还没有发生，但是营地附近的土地开始变得泥泞。士兵们已经非常不舒服而且难以管控。那个木匠使者并没有闲着……"

他带着急件回城去了。不知是出于什么原因，他在进城的路上丢失了这些急件，结果落入了阿尔瓦的手中。它们包含了奥兰治公爵的一个明确承诺，那就是淹没这个国家，以便淹没整个西班牙军队。顺便说一句，这也会淹没大部分尼德兰人的收成和牲畜。但是，当阿尔瓦读完这些文件时，他并没有等到更多的水闸打开。不久，阿尔克马尔的壮汉们又欢呼又嘲笑地看着西班牙人倒塌了的营地。

被解放的尼德兰政府采取的形式是一个以奥兰治家族为首的贵族共和国。将军在代表全体公民方面远不如我们接下来讲述的英国议会。

尽管在阿尔克马尔战役之后，最糟糕的斗争结束了，但到1609年，尼德兰都没有取得实际上的独立，直到1648年，《威斯特伐利亚和约》才完全承认尼德兰的独立。

32.3 英国的共和体制

私有财产所有者反对"君主"侵犯的公开斗争可以追溯到12世纪的英格兰。我们现在必须研究的这一斗争阶段，是亨利七世和八世及其继任者爱德华六世、玛丽和伊丽莎白试图使英格兰政府成为欧洲式的"个人君主制"的阶段。当因为王朝意外事件苏格兰国王詹姆斯一世成为苏格兰和英格兰的国王（1603年），并开始用我们已经引用过的方式去谈论使自己可以为所欲为的"君权神授"时，情况变得更加严重了。但是英国君主制的道路从来都不是一帆风顺的。入侵帝国的北方人和日耳曼人所建立的君主国，都有一个由有影响力和有代表性的人组成的群众集会的传统，以维护他们的一般自由，其中最活跃的莫过于英国。法国有举行三级会议的传统，西班牙有等级会议的传统，但英国会议在两个方面是特殊的：它背后有一个关于某些基本和普遍权利的宣言，其中包括选举产生的"州郡骑士"，以及从城镇选举产生的市民。法国和西班牙议会有后者，但没有前者的成分。

这两个特点使英国议会在与王位的斗争中获得了独特的力量。这里所谈论的文件是《大宪章》，这是1215年贵族起义后，狮心王查理的兄弟和继承人约翰王强制颁布的一项宣言。它列举了一些基本权利，使英国成为一个法治的国家，而不是一个君主国家。它拒绝了国王控制每一类公民的个人财产和自由的权力，除非得到与其平等的人的同意。

当选的郡议员出现在英国议会中，这是英国情况的第二个特点，这是一个非常简单而显然无害的开端。骑士们似乎被召集到国民议会，以证明他们所在地区的纳税能力。早在1254年，他们就被地区的少数士绅、自由主义者和村里的长老们所派遣，每个郡各有两名骑士。这个想法激发了蒙特福特的西蒙，他正起来反抗约翰的继承人亨利三世，他从每个郡召来两名骑士，从每个城市或自治区召来两名市民。亨利三世的继任者爱德华一世继续这种做法，因为这似乎是与不断发展的城镇进行财务接触的一种方便的方式。起初，骑士和城市居民相当不愿意参加议会，但渐渐地，他们逐渐认识到了这样他们能拥有将申冤与准许补助金相联系起来的权力。很早以前，即使不是从一开始，这些城镇和乡村的一般财产所有者的代表，即下议院，就与伟大的上议院和主教们分开辩论。因此，在英格兰成长起了一个具有代表性的议会——下议院，旁边是一个主教派的贵族议会——上议院。这两个议会的人员之间并没有什么深刻而根本的区别：许多郡骑士都是实力雄厚的人，他们可能和贵族以及贵族的子弟一样富有和有影响力，但总的来说，下议院是更为平民化的议会。

从第一次会议开始，这两个议会，特别是下议院，表现出要求获得全部土地税收权力的倾向。渐渐地，他们把他们的抱怨范围扩大到对王国所有事务的批评。我们不会讲述英国议会在都铎王朝时期（即亨利七世和八世、爱德华六世、玛丽和伊丽莎白）权力和威望的波动起伏，但是，从已经说过的话中可以看出，当詹姆斯·斯图亚特最终公开宣称独裁时，英国商人、贵族和私人绅士们发现自己有一种久经考验的、可靠的传统手段来抵抗他，这种手段在欧洲没有其他人拥有。

英国政治冲突还有一个特点是，它与天主教徒和新教徒之间正在全欧洲进行的伟大斗争相对脱离。的确，在英国的斗争中混杂着非常独特的宗教问题，但在其主要路线上，这是一场国王反对体现了拥有私有财产的公民阶级的政治斗争。皇室和人民从形式上来说都是改革了的新教徒。诚然，后一方面的许多人是尊重圣经的而非尊重牧师的那种类型的新教徒，代表按照人民的意愿进行宗教改革，国王作为一个特殊的领袖，他尊重牧师，尊重注重圣事的教会，代表根据君主意愿进行宗教改革，但这种对立从未完全掩盖冲突的实质。

在詹姆斯一世（1625年）去世之前，国王和议会的斗争已经达到了一个激烈的阶段，但只有在他的儿子查理一世统治时期内战才达到高潮。鉴于国会对外交政策缺乏控制权，查理的所作所为完全符合人们对国王的期望：他将国家卷入了与西班牙和法国的冲突之中，然后向国民寻求物资供应，希望爱国情绪能够战胜人们对给他钱的普遍厌恶。当议会拒绝提供物资时，他要求各方面提供贷款，并试图进行类似的非法勒索。1628年，英国议会发表了一份非常令人难忘的文件——《权利请愿书》，它引用了《大宪章》，并列举了对英国国王权力的法律限制，否认他有权在没有正当法律程序的情况下对任何人征收费用，或者监禁、惩罚任何人、或在民间征兵。《权利请愿书》陈述了英国议会的情况，喜欢"陈述论点"常是一种极为显著的英国人的特点。在1914年至1918年的第一次世界大战期间,当威尔逊总统在他的政策的每一个步骤前面加上一个"注释"时,他是按照英国最受尊敬的传统执行的。查理对这个议会态度很严厉,他在1629年解散了这个议会,11年来他没有召开任何议会。他非法地征收金钱,但不足以满足他的需求;他意识到教会可以被用作驯服的工具,于是他让劳德,一个咄咄逼人的高级神职人员,一个非常虔诚的牧师和"君权神授"的坚定信仰者,坎特伯雷大主教,成为英国国教的领袖。

1638年,查理试图将英格兰教半新教、半天主教的特点延伸到他的另一个苏格兰王国,那里与天主教的分离更加彻底,并且建立了一种无牧师、无圣事的基督教形式——长老会,作为国家教会。苏格兰人起来反抗,查理召集起来的英国军队也起来造反了。在任何时候都是"生机勃勃"的外交政策,其自然破产的结果迫在眉睫。查理没有钱,也没有值得信赖的军队,最后不得不在1640年召开议会。这个议会,也就是短期议会,在同一年被他解散了;他在约克(1640年)审判了一个贵族委员会,然后在那年的11月召开了他的最后一届议会。

这个机构,即长期议会,是冲突的情绪的集合。它抓住了坎特伯雷大主教劳德,并指控他犯有叛国罪。它发表了一篇"大抗议书",这是它对查理案件的长而全面的陈述。一项法案规定,无论国王是否召开议会,每三年至少召开一次议会会议。它起诉了国王的首席大臣们,他们帮助国王在没有议会的情况下统治了这么长时间,特别是斯特拉福德伯爵。为了拯救斯特拉福德,国王密谋让军队突然占领伦敦。这件事被发现了,在群情激愤的情况下,斯特拉福德的法案被匆忙通过。查理一世可能是英国王位有史以来最卑鄙、最奸诈的王位占有者之一,他被伦敦的人群吓坏了。在斯特拉福德通过正当法律程序被处死之前，国王有必要表示同意。查理表示了同意，斯特拉福德被斩首了。与此同时，国王正在密谋从不可思议的方面——从信奉天主教的爱尔兰人和叛国的苏格兰人那里寻求帮助。最后，他诉诸无力的暴力行动。他到议会大厦逮捕了五名最活跃的反对者。他走进英国下议院，坐在议长的椅子上。他准备了一些关于叛国罪的演讲稿，但是当他看到他的五个对手的位置空缺时，他感到困惑，混乱，语无伦次。他得知他们已经离开他的皇家威斯敏斯特，在伦敦城避难，而伦敦反抗他。一周后，五名议员在伦敦训练有素的乐队的护送下，得意扬扬地回到威斯敏斯特的议会大厦，为了避免当时的喧闹和敌意，国王离开白厅前往温莎。

然后双方公开准备战争。

国王是传统的军队首领，士兵习惯于服从国王。议会拥有更多的资源。1642年8月的一个风雨交加的黑暗傍晚，国王在诺丁汉树立了他的旗帜。接着是一场漫长而顽固的内战，国王控制了牛津，议会控制了伦敦。双方有胜有负，但是国王永远无法逼近伦敦，议会也无法击败牛津。每一个对立派都被那些"不想走得太远"的温和信徒削弱了力量。议会指挥官中出现了一个叫奥利弗·克伦威尔的人，他召集了一小队骑兵，升到了将军的位置。与他同时代的沃里克勋爵形容他是一个质朴的人，穿着一套"由一个坏心眼的乡下裁缝缝制"的衣服。他不仅仅是一个善战的士兵，而且是一个军事组织者；他意识到许多议会部队品质低劣，并着手进行补救。国王的骑士拥有骑士精神和忠诚的独特传统；议会是一个新的和难做的东西，没有任何可比的传统。克伦威尔说："你的军队大部分是腐朽的服务人员和酒吧老板。你认为这些卑鄙的、刻薄的人的精神能敌得过有荣誉、有勇气、有决心的绅士吗？"但在这个世界上，还有比骑士精神、宗教热情更好、更强大的东西。他着手组建了一个"敬虔"的军团。他们将成为认真、严肃的人。最重要的是,他们要成为有坚定信念的人。他不顾一切社会传统,从各个阶层选拔军官。"我宁愿要一个长相平平、穿着黄褐色衣服、知道自己为什么而战、热爱自己所知道的东西的上尉,也不愿要一个你们所谓的绅士。"英格兰在其中发现了一股新势力——铁骑兵,在这股势力中,侍者、马车夫和船长与世家子弟肩并肩地掌握着最高指挥权。他们成为议会试图重建其整个军队的类型。铁骑兵是这种"新模范军"的支柱。从马斯顿沼泽到内斯比,这些人横扫骑士队。国王终于成了议会手中的俘虏。还有一些尝试,可能会使国王成为某种国王,但查理是一个注定要面临悲剧性问题的人,他不断地搞诡计,"他是如此虚伪,以至于不值得信任。"英国人正在走向世界历史上的一个新局面,一个君主因叛国罪被正式审判并定罪。

大多数革命,就像这次英国革命一样,都是由统治者的过分行为,以及超越法律范围的力量和强硬的尝试所促成的;大多数革命都会因为某种必然性而转向一个极端的结论,而这个结论超出了最初争吵所保证的范围。英国革命也不例外。英国人天生就是一个妥协甚至犹豫不决的民族,他们中的大多数人可能仍然希望国王是国王,人民是自由的,所有的狮子和羔羊在和平与自由中躺在一起。但是新模式的军队无法回头。如果国王回来的话,那些骑在国王头上过的绅士们的车夫和侍者就不会受到什么怜悯了。当议会开始再次与这位国王骗子谈判时,新模范军介入了;普莱特上校从英国下议院选出了80名支持国王的议员,以及非法剩余部分,即残余的议会,对国王进行审判。

但事实上,国王已经被判了死刑。英国上议院否决了这项法令,而残余议会随后宣布:"在上帝的领导下,人民是一切公正权力的源头","英格兰下议院……在这个国家拥有最高权力",并假定它本身就是下议院进行审判。国王被判为"暴君、叛徒、杀人犯和国家的敌人"。1649年1月的一个早晨,他被带到白厅他自己宴会厅窗外的一个脚手架上。他在那里被斩首。他带着虔诚和某种崇高的自怜而死——在斯特拉福德被处决八年之后,在毁灭性的内战结束六年半之后,这场内战几乎是由他自己的无法无天造成的。

这的确是议会所做的一件伟大而惊人的事。世界上这种事是闻所未闻的。国王们互相残杀的次数已经足够多了;弑亲、弑兄、暗杀,这些都是王公贵族们特许的权宜之计;但是一部分人民竟然站了起来,以不忠、恶作剧和背叛的罪名严肃而有意地审判他的国王,并且审判和处死他,这在欧洲的每一个宫廷里都引起了恐慌。残余议会已经超越了它那个时代的思想和良知。这就好像一群丛林鹿抓住并杀死了一只老虎,这是反大自然的犯罪。俄国沙皇将英国使节逐出宫廷。法国对尼德兰公开采取敌对行动。英格兰对自己的亵渎感到困惑和良心不安,在世人面前孤立无援。

但有一段时间,奥利弗·克伦威尔的个人品质,以及他创建的军队的纪律和力量,使英格兰保持在它所走的共和路线上。爱尔兰天主教徒在爱尔兰对英国新教徒进行了大屠杀,这时克伦威尔大力镇压了爱尔兰的叛乱。除在德罗赫达暴风雨中的某些修道士之外,没有人被他的军队杀害,只有手持武器的人;但是大屠杀的暴行在他的脑海中记忆犹新,因此在战斗中没有给予任何宽容,所以关于他的记忆仍然在爱尔兰人的脑海中挥之不去,他们对自己的错误有着长久的记忆。爱尔兰之后是苏格兰,克伦威尔在1650年的邓巴战役中粉碎了保皇军。然后他把注意力转向尼德兰,这个国家利用英国人之间的分歧作为伤害贸易对手的借口。尼德兰人当时是海洋的统治者,英国舰队以寡敌众;但在一系列顽固的海战之后,尼德兰人被逐出英国海域,英国人取而代之,成为上升的强大海军力量。尼德兰和法国的船只遇到它们必须降旗。一支英国舰队进入了地中海——这是第一支进入这些水域的英国海军部队；它解除了英国运货人对托斯卡纳和马耳他的种种不满，轰炸了阿尔及尔的海盗巢穴，摧毁了海盗舰队，在查理管理松懈的日子里，海盗船队经常来到康沃尔和德文郡的海岸拦截船只，把奴隶运到非洲。英格兰的强大力量也介入了法国南部来保护新教徒，他们被萨沃伊公爵迫害致死。法国、瑞典、丹麦都发现，克服他们最初对弑君的厌恶，与英国结盟更为明智。英国与西班牙开战，伟大的英国海军上将布莱克在特纳里夫以几乎令人难以置信的勇气摧毁了西班牙无敌舰队。他与陆上炮台交战。他是第一个"以舰船来侮辱岸上堡垒"的人。（他于1657年去世，葬于威斯特敏斯特教堂，但是君主制复辟后，他的遗骨被查理二世挖出，移至威斯敏斯特的圣玛格丽特教堂。）在它短暂的共和国时期，英格兰在世人眼中的形象就是如此。

1658年9月3日，克伦威尔死于一场巨大的风暴之中，这令迷信者们感触良多。一旦他的强硬手段停止，英格兰就放弃了过早地实现自由人的正义的共和国的尝试。1660年，"烈士"查理儿子查理二世受到英国人的热烈欢迎回到英格兰，表达了英格兰人心中所珍视的个人忠诚。这个国家从军事和海军的高效率中得到了放松，就像一个沉睡者在做了一个过于强烈的梦后醒来、伸伸懒腰、打哈欠一样。清教徒倒下了，英国又变回了"快乐的英格兰"。1667年，尼德兰人，再次成为海洋的主人，沿着泰晤士河航行到格雷夫森德，并在梅德韦焚烧了一支英国舰队。"在我们的船被尼德兰人烧毁的那个晚上，"丕平斯在他的日记中写道，"国王和我的卡斯特曼夫人共进晚餐，他们都疯了，在那里猎捕一只可怜的飞蛾。" 1670年，他与路易十四签订了一项秘密条约，根据这项条约，他承诺英国的外交政策将完全服从于法国的外交政策，并获得每年10万英镑的退休金。克伦威尔取得的敦克尔克已经被卖回法国。国王是一位优秀的运动员，他有着真正的英国人对看赛马的热爱，纽马基特的赛马中心也许是他最有特色的纪念碑。

查理活着的时候，他随和的幽默使他能够保住英国王位，但是他这样做是出于谨慎和妥协。1685年，他的兄弟詹姆斯二世继承了王位。詹姆斯二世是一位虔诚的天主教徒，由于头脑过于迟钝而无法认识到英国君主制的潜在局限性，议会和王室之间的旧问题变得尖锐起来。詹姆斯决心迫使他的国家与罗马在宗教方面重新结合。1688年，他逃往法国。但是这一次，那些贵族、商人和绅士们太小心翼翼了，他们不会让这次反抗国王的叛乱把他们交给第二个普莱特或第二个克伦威尔。他们已经请来了另一位国王，奥兰治亲王威廉取代詹姆斯。这种变化发生得很快。除爱尔兰以外，在英国没有发生内战，也没有释放出这个国家更深层次的革命力量。

关于威廉王子对王位的继承权，或者更确切地说是他的妻子玛丽的继承权是如何取得的，我们不能在这里说明，它的利益纯粹是技术上的，也不能说明威廉三世和玛丽是如何统治的，也不能说明在鳏夫威廉独自统治一段时间后，王位是如何传给玛丽的妹妹安妮（1702—1714）的。安妮似乎对重建斯图亚特王朝持赞成态度，但目前主宰英国事务的上议院和下议院更倾向于选择一位能力较弱的国王。汉诺威的选帝侯成了英格兰的国王，成为乔治一世（1714—1727）。他完全是德国人，不会说英语，他把一大群德国女人和德国侍从带到了英国宫廷；他的到来使这片土地上的知识生活变得枯燥乏味，黯然失色。

但是，宫廷与英国生活的这种隔绝，对这些把他带过来的大地主和商业利益集团来说，有不容置疑的可取之处。英格兰进入了一个贝肯斯菲尔德勋爵称之为的"威尼斯寡头政治"的阶段；最高权力属于议会，而现在由上议院主导，因为贿选手段的盛行，与此同时，罗伯特·沃波尔爵士也在高调地进行选举工作的研究，从而剥夺了英国下议院最初的自由和活力。通过巧妙的手段，议会投票被限制在人数越来越少的选民中，人口很少或根本没有人口的老城镇可以选出一个或两个成员（老萨拉姆有一个非居民选民，没有居民，却能选出两个议员），而新的人口稠密的中心则根本没有代表。由于坚持要求议员具有较高的财产资格，下议院使用平民语言表达众人需求的机会更加受到限制。乔治一世之后是与他非常相似的乔治二世（1727—1760），直到他去世，英格兰才又有了一位出生在英格兰的国王，他的孙子乔治三世，他的英语讲得相当好。关于这位国王试图恢复一些更大的君主权力，我们将在后面的章节中谈论。

这就是17世纪和18世纪英格兰在"现代国家"问题上三个主要因素之间斗争的故事；这三个因素就是王权、私有财产所有者和那种模糊力量，即仍旧盲目无知的普通人的力量。最后一个因素只有在国家最动荡混乱的时候才会出现，然后它沉入深渊。但故事的结局，到目前为止，是英国私有财产所有者对马基雅维利式专制主义的梦想和阴谋的彻底胜利。随着汉诺威王朝的建立，英格兰成为《泰晤士报》所称的"加冕共和国"。它制定了一种新的治理方法，议会政府在许多方面让人想起了罗马的参议院和平民大会，但是由于使用了代议制方法，尽管还受到限制，却更加坚定和有效。它在威斯敏斯特召开的会议将成为全世界的"议会之母"。英国议会一直拥有并且仍然保持着法国宫内宰相对墨洛温王朝诸王的那种关系。国王被认为是仪式性的和不负责任的，是皇家和帝国制度的活的象征。但是，许多权力仍然潜伏在传统和威望的皇冠里，相继在位的四个汉诺威王朝的乔治、威廉四世（1830年），维多利亚（1837年），爱德华七世（1901年），和彼时的国王乔治五世（1910年），完全不同于软弱和短命的墨洛温王朝。在教会、军事和海军组织以及外交事务中，这些君主都在不同程度上施加了影响，虽然这些影响是难以明确的，但这种影响仍然很重要。

32.4 德意志的分裂和混乱

在欧洲的任何一个地方，统一基督教世界的想法的崩溃所带来的灾难性后果都比不上德国。人们自然会认为，无论是在早期战线还是哈布斯堡王朝，皇帝作为一个德国人的后裔，都会发展成为一个统一的德语国家的国王。这是德国的一个意外的不幸，它的皇帝从来都不全是德国人。腓特烈二世，最后的霍亨斯陶芬王朝的皇帝，正如我们所看到的，是一个半殖民化的西西里人；哈布斯堡家族，由于婚姻和爱好倾向，以查理五世来说，先是在精神上成为勃艮第人，然后是西班牙人。查理五世去世后，他的兄弟费迪南夺取了奥地利和帝国，他的儿子腓力二世夺取了西班牙、荷兰和南意大利；但是奥地利人固执地信奉天主教，他们的遗产主要集中在东部边境，因此与匈牙利事务深深纠缠在一起，像费迪南和他的两位继承人一样向土耳其人进贡，但是处于德意志北部的国家并不会同样进贡，因为德意志北部的国家更加倾向于新教。

至高无上的王公、公爵、选举人、亲王、主教，等等，他们的领土将中世纪的德国地图切割得乱七八糟，实际上他们并不等同于英格兰和法国的国王，他们更像拥有大片土地的法国和英格兰的公爵和贵族。直到1701年，他们都没有"国王"的头衔。他们的许多领土在面积和价值上都比不上英国贵族的大地产。德国国会就像国会或议会，没有选举产生的代表。因此，不久在德国爆发的大规模内战——"三十年战争"（1618—1648）的本质更接近于英国内战（1643—1649）和"投石党运动"（1648—1653），或法国封建贵族反对王室的联盟的运动。

在所有这些情况下，王室要么是天主教徒，要么倾向于成为天主教徒，而那些顽固的贵族们发现他们的个人意向倾向于新教。但是在英格兰和荷兰，新教贵族和富有的商人最终获得了胜利。而在法国，皇室的成功更加彻底。在德国，皇帝不够强大，新教王侯之间也缺乏足够的团结和组织以确保取得决定性的胜利。它最终以一个四分五裂的德国结束。此外，各种非德国人、波希米亚人和瑞典人（他们在古斯塔夫·瓦萨领导时期建立了一个新的新教君主政体，这是宗教改革的直接结果）都卷入了这场斗争，这使得德国问题更加复杂。最后，法国君主制凌驾于贵族之上，虽然它是天主教的，但是它站在了新教的一边，显然是想取代哈布斯堡王朝，成为帝国的一脉。

这场战争持久不熄，且不是沿着一条明确的边境线进行的，而是遍及整个由小块拼成的帝国，这里是新教徒，那里是天主教徒，这使它成为自蛮族入侵以来欧洲所知道的最残酷和最具破坏性的战争之一。其独特的危害不在于战斗，而在于伴随战斗而来的东西。它出现的时候，军事战术已经发展到一定程度，使普通军队在训练有素的专业步兵面前毫无用处。在几十码的范围内使用毛瑟枪齐射能够消灭单个的盔甲骑士，但是训练有素的骑兵大军仍然可以驱散任何没有被训练得钢铁般坚强的步兵。步兵们带着毛瑟枪无法保持足够稳定的火力，以至于他们无法在坚定的骑兵们冲进来之前击退他们。因此，他们不得不站在或跪在刺刀或刺刀组成的密密麻麻的墙后面，以面对突袭。为此，他们需要严明的纪律和丰富的经验。铁炮体积还比较小，且数量不多，在战争中还没有起到决定性的作用。

他们可以在步兵中"掘出一条道路来",但是如果步兵是坚固且训练有素的,他们就不能轻易地粉碎和驱散步兵。在这种情况下,战争完全掌握在经验丰富的职业军人手中,他们的工资问题对当时的将军来说,就像食物或弹药问题一样重要。随着长期斗争逐步展开,境内的财政困难加剧,双方指挥官被迫抢劫城镇和村庄,以获得补给和补偿其拖欠士兵的军饷。

因此,士兵们越来越多地变成了靠国家养活的土匪,"三十年战争"创造了一个传统,把抢劫作为战争中的合法行动,把暴行作为一个士兵的特权,一直到1914年的第一次世界大战这一直玷污着德国的好名声。笛福的《一个骑士的回忆录》的前几章生动地描述了马格德堡的大屠杀和大火,比任何正式的历史都能让读者更好地了解这个时代的战争。土地被践踏得使农民停止耕种,那些可以收割的农作物被隐藏起来,成群的饥饿的妇女和儿童成为军队的营地追随者,为粗暴的掠夺者提供了一条偷窃的尾巴。战斗结束时,整个德国都被毁坏了,一片荒凉。一个世纪以来,中欧并没有完全从这些抢劫和破坏中恢复过来。

在这里,我们只能提到蒂利和瓦伦斯坦,他们是哈布斯堡一侧的大掠夺的头子,还有古斯塔夫·阿道夫、瑞典国王、北方狮子、新教徒的战士,他们的梦想是把波罗的海变成一个"瑞典湖"。1632年,古斯塔夫二世·阿道夫在吕岑战胜瓦伦斯坦的决定性胜利中被杀。1634年,瓦伦斯坦被杀害。1648年,王侯们和外交官们在他们所制造的破坏中聚集在一起,召开威斯特伐利亚和会修补中欧事务。通过这次和会,皇帝的实权被剥夺了,法国获得阿尔萨斯,并使其边界达到莱茵河。一个德国的王侯,勃兰登堡的霍亨佐伦选帝侯,获得了如此之多的领土,以至于成为仅次于皇帝的德国最强大的力量，不久（1701年）他就成立了普鲁士王国。该条约还承认了两个长期的既成事实，即荷兰和瑞士脱离帝国而完全独立。

32.5 欧洲强权政体的辉煌

我们以尼德兰和英国这两个国家的故事作为本章的开篇，在这两个国家里，普通公民对这种新型君主政体，即马基雅维利式君主政体的抵抗取得了成功，这种政体是由于基督教世界道德崩溃而产生的。但是在法国、俄罗斯、德国以及意大利的许多地方——比如萨克森和托斯卡纳，个人君主制并没有受到限制和被推翻；在17世纪和18世纪，它确立了自己作为欧洲统治体系的地位；甚至在荷兰和英国，在18世纪君主政体正在恢复权力。

（波兰的情况很特殊，这些问题将在以后的章节中讨论。）

在法国，没有《大宪章》，也没有如此明确和有效的议会制传统。王室与地主和商人之间存在着同样的利益对立，但地主和商人没有得到公认的聚会场所，也没有庄严的统一方法。他们组成了反对王权的联盟，他们把反抗的联盟称为"投石党"，当查理一世在英国为他的生命作战时，这个联盟正与年轻的国王路易十四和他的大臣马萨林进行着斗争，但最终（1652年），在一场内战之后，他们被彻底击败了。当英格兰在汉诺威王朝建立之后，上议院和屈从的下议院统治着这个国家，相反，1652年之后的法国，宫廷完全统治着贵族阶级。马萨林站起来的基础是与英格兰国王詹姆斯一世同时代的黎塞留为他准备的。在马萨林之后，我们没有听说过任何法国的贵族了，除非他们是宫廷里的仆人和官员。他们已经被驯服，但付出了代价，那就是把税收的沉重负担扔给那些无法发出声音的普通百姓。神职人员和贵族从许多税收中获得"每一个确实拥有头衔的人"免税。最终，这种不公平变得无法忍受。但有一段时间，法国君主制像诗人笔下的绿色月桂树一样繁荣昌盛。到了18世纪，英国作家已经开始关注法国下层阶级的苦难和当时英国穷人的相对的繁荣。

路易十四

在这种不义的条件下，我们可以称之为"君主制"的东西在法国建立起来了。号称大君主的路易十四，统治长达72年之久（1643—1715），并为所有欧洲的国王树立了一种模式。起初，他受到他那马基雅维利式的大臣马萨林的辅佐；在红衣主教去世后，他本人就成为理想中的"君主"。在他的能力范围内，他是一个非常能干的国王；他的野心比他卑鄙的激情更强烈，通过一种至今仍让我们钦佩不已的精致的尊严与生气勃勃的外交政策合在一起，他带领他的国家走向破产。他眼下的愿望是巩固和扩张法国到莱茵河和比利牛斯山脉，并吞并西班牙的尼德兰；他更远的意图是，在一个重塑的神圣罗马帝国中，法国国王成为查理曼大帝可能的继承者。他把贿赂作为一种几乎比战争更为重要的国家手段。英国的查理二世和大多数波兰贵族都受过他的收买,现在我们将要描述一下。他的钱,或者更确切地说是法国纳税阶层的钱,送往各处。但是占据他内心的主要是富丽堂皇的样子。他在凡尔赛宫的宏伟宫殿,有沙龙,有走廊,有镜子,有露台,有喷泉,有公园和远景,令全世界羡慕不已。他引起了普遍的模仿。欧洲的每一位国王和小王侯都在力所能及的范围内建造自己的凡尔赛宫。各地的贵族都效仿新的式样重建或扩展了他们的城堡。制造美丽而精致的织物和家具的大产业发展起来了。奢华的艺术无处不在,雪花石膏雕塑、彩陶、镀金木制品、金属制品、压花皮革、大量的音乐、华丽的绘画、美丽的印刷和装订、精美的烹饪、精美的葡萄酒。在镜子和精美家具中间,出现了一群奇怪的"绅士",他们头戴巨大的扑着粉的假发,穿着有花边的丝绸袍子,脚穿红色高跟鞋,手扶令人惊奇的手杖,泰然自若地站在那里;还有更奇妙的"女士们",她们梳着扑着粉的高高的发髻,身上穿着由金属架子支撑的鼓起来的丝绸衣裙。在这一切装模作样的中间是伟大的路易斯——他是这个世界的太阳,他一点没有注意到那些在他的阳光没有穿透的黑暗中注视着他的瘦弱、闷闷不乐和苦涩的面孔。

我们不能在这里详细讲述这位国王的战争和所作所为。在许多方面,伏尔泰的《路易十四的传记》仍然是最好和最有益的叙述。他创建了一支法国海军,足以对抗英国和荷兰,这是一项非常了不起的成就。但是,由于他的智慧并没有超越幻境的诱惑,他沉浸于一个全世界的神圣罗马帝国的梦想,那个欧洲政治的玩笑话,他在他的晚年趋向讨好那些过去一直与他敌对的教皇。他反对那些独立和分裂的精神,即新教王侯,他在法国发动了反对新教的战争。他的最清醒和最有价值的臣民被他的宗教大量迫害驱赶到国外,带走了他们的艺术和工业。例如，英国的丝绸制造业就是由法国新教徒创立的。在他的统治下实施了"龙骑兵"，这是一种特别恶毒和有效的迫害形式。粗暴的士兵进驻新教徒的房子，他们可以随心所欲地扰乱主人的生活，侮辱他们认为合适的女人。不会屈服于酷刑和焚烧的人们也都屈服于这种压力了。下一代新教徒的教育被破坏了，父母不得不给予孩子们天主教教育，或者什么都不给。毫无疑问，他们给予它的嘲笑和语调破坏了人们对它的所有信心。虽然更宽容的国家主要是虔诚的天主教徒或新教徒，但受迫害的国家，如法国、西班牙和意大利，破坏了诚实的新教教义，使这些民族主要成为天主教徒或天主教无神论者，随时准备在有机会时爆发成为完全的无神论者。第二代统治，路易十五，是卓越的嘲弄者伏尔泰（1694—1778）的时代，在这个时代，法国社会的每个人都遵守罗马教会，但几乎没有人信仰它。

赞助文学和科学是君主专制装模作样姿态的一部分，并且是一个很好的部分。路易十四建立了科学院，用来与查理二世的英国皇家学会和类似的协会在佛罗伦萨竞争。他用诗人、剧作家、哲学家和科学家装饰宫廷。即使科学进程没有从这种赞助中得到什么灵感，但它无论如何确实为实验和出版物获得了资源，并在平民的眼中获得了一定的威望。

路易十五是路易十四的曾孙，一个他前辈的富丽堂皇的不合格的模仿者。他摆出自己是国王的样子，但他主要贪恋女色，以及对地狱的迷信恐惧。像沙特鲁公爵夫人、蓬帕杜尔夫人和杜巴里夫人这样的女人是如何主宰着国王的快乐，由于这些女人的虚荣和怨恨，战争和联盟是如何发生的，省份是如何被摧毁的，成千上万的人是如何被杀害的，以及因为她们，法国和欧洲的所有公众生活是如何被阴谋、卖淫和欺诈所玷污的，读者必须从当时的回忆录中学习。在路易十五统治时期，朝气蓬勃的外交政策一直稳步推进，直到最后彻底崩溃。

1774年，这个饱受奉承者爱戴的路易斯死于天花，他的孙子路易十六（1774—1793）继承了王位。路易十六是一个迟钝而善良的人，他的枪法很好，还是一个有些独创性的业余锁匠。关于他是如何跟随查理一世来到断头台的，我们将在后面的章节讲述。我们现在关心的是君主立宪制的辉煌时期。

在法国以外的大君主制的主要实践者中，我们不能排除第一个普鲁士国王，费雷德里克·威廉一世（1713—1740）及他的儿子和继承人，费雷德里克二世，即腓特烈大帝（1740—1786）。统治着普鲁士王国的霍亨佐伦家族从不起眼的起点慢慢崛起的故事，对我们来说太过乏味和无足轻重，不值一提。这是一个关于运气和暴力的故事，关于冒失的声明和突然的背叛的故事。这些在卡莱尔的《腓特烈大帝》一书中已得到了充分的评价。到了18世纪，普鲁士王国已经重要到足以威胁到帝国；它有一支强大的、训练有素的军队，而且它的国王是马基雅维利的杰出的学生。腓特烈二世在波茨坦完善了他的凡尔赛宫。那里的无忧宫，同喷泉、林荫大道、雕像都是仿造着凡尔赛宫的模型；还有新宫殿，一座耗资巨大建造起来的巨大砖建筑，有意大利风格的桔园，里面收藏很多绘画，是一座大理石宫殿，等等。腓特烈把文化发扬光大，与伏尔泰通信并招待他，直到两人关系恶化为止。

奥地利的领土在法国的铁锤和土耳其的铁砧之间，它忙于应付，直到玛丽亚·特蕾莎统治时期（1740—1780）才发展出真正的君主风格（玛丽亚作为一个妇女，没有皇后的头衔）。1765—1792年做了皇帝的约瑟夫二世，在1780年继承了她的宫殿。

随着彼得大帝（1682—1725）的到来，莫斯科帝国从它的鞑靼传统中挣脱出来，进入了法国的魅力范围。彼得剃掉贵族的东方式胡须，引进西方服饰。这些只不过是他向西方发展的外在和显而易见的象征。莫斯科像北京一样，有一个神圣的内城克里姆林宫，为了使其摆脱亚洲的情调传统，他在涅瓦河的沼泽地上建立了自己的新首都彼得格勒。当然还有他的凡尔赛宫，他雇用了一名法国建筑师，在距离这个新巴黎18英里的地方建起了彼得霍夫宫，那里有露台、喷泉、瀑布、画廊、公园，以及所有公认的特色。他更杰出的继承人是伊丽莎白（1741—1762）和德国公主叶卡捷琳娜二世，后者通过传统的东方方式谋杀她的丈夫——合法的沙皇——而获得皇位，在1762年至1796年间恢复了先进的西方理想并强有力地进行统治。她建立了一所学院，并与伏尔泰通信。她亲身目睹了欧洲和路易十六的处决和君主制度的终结。

我们甚至不能在这里列出当时佛罗伦萨（托斯卡纳）、萨沃伊、萨克森、丹麦和瑞典的小君主。凡尔赛宫，以20个名字标了星号，游客在他们的宫殿里呆住了。我们也无法谈论西班牙王位继承战争。西班牙，被查理五世和腓力二世的帝国企业过度压迫，被对新教徒、穆斯林和犹太人的偏执迫害所削弱，在整个17世纪和18世纪，西班牙从在欧洲事务中的暂时重要性下降到二等国的水平。

这些欧洲君主统治着他们的王国，就像他们的贵族统治着他们的庄园一样；他们相互勾结，在虚幻的方式下他们在政治上精明而有远见，他们发动战争，他们把欧洲的实质花费在荒谬的侵略和抵抗的"政策"上。最后，一场大风暴从深渊中向他们袭来。那场风暴，即第一次法国大革命，以及欧洲平民的愤怒，这使他们的制度措手不及。这只不过是一场政治和社会风暴爆发的开始，这场风暴仍在继续，或许将持续到世界上所有民族主义君主制的残余都被清除，人类联邦的伟大和平再次得到恢复为止。

32.6 列强观念的发展

我们已经看到世界一统和人类共同体的概念是如何首次进入人类事务中的,我们也已经追溯了基督教教会未能维持和确立其创始者的观念是如何导致政治事务的道德崩溃和导致利己主义的恢复和信仰缺失的。我们已经看到了马基雅维利君主制是如何与基督教世界的兄弟情谊精神作对的,以及马基雅维利君主制是如何在整个欧洲发展成为17世纪和18世纪的君主大国和议会君主制的。但是人类的头脑和想象力是不断活跃的,在大君主的影响下,一系列的观念和传统被编织成一张网,用来捕捉和纠缠人们的思想,国际政治的概念不是王公之间的交易,而是一种不朽的东西,即列强之间的交易。君主们来了又走,路易十四后面跟着贪图女色的路易十五,路易十五后面跟着那个愚钝的业余锁匠路易十六。彼得大帝让位于一连串的女皇;哈布斯堡王朝在查理五世之后的主要延续,无论是在奥地利还是在西班牙,都是厚嘴唇、有笨拙的下巴和迷信的人;积极的文学、讨论和恰当的批评经验将这些君主的形象修正成了和蔼可亲的模样。普通人的真实生活是他的日常生活,他也有感情、恐惧、饥饿、欲望和想象力的小圈子。只有当政治事务对他的个人圈子产生重大影响时,他才会勉强把注意力放在这些事情上。普通人尽可能少地考虑政治问题,尽可能早地停止思考政治问题,这样说并不过分。只有那些非常好奇和杰出的头脑,或者那些通过实例或受过良好教育的头脑,养成了想知道为什么的科学习惯,或者那些为某些公共灾难而感到震惊和苦恼并引起对危险的广泛恐惧的头脑,才不会承认一个不论多么不合但没有直接烦扰过他们的政府和制度是令人满意的。直到他被唤醒之前,普通人都会默许对他自己所处的这个世界中正在进行的任何集体活动,或者他隐约能感受到的任何需要——他个人的事务和个人小圈子得以寄托于一个更大的东西——的词汇或象征。

如果我们牢记这些对我们本性的明显限制，它就不再是一个谜，由于神职人员乃至教皇与掌握权力的王公贵族纠缠在一起，因此基督教"同一个世界同一个兄弟"的想法受到了质疑。人们把他们生活的参照物从上帝的王国和人类的兄弟情谊转移到这些显然更为现实的东西上，如法国和英国、神圣的俄罗斯、西班牙和普鲁士，这些东西至少体现在活跃的宫廷中，这些宫廷维护法律，通过陆军和海军行使权力，挥舞着令人信服的庄严的旗帜，以完全合乎人情和可以理解的方式一意孤行和贪婪。当然，像黎塞留和儒勒·马萨林这样的人，自认为他们服务的目的比他们自己或他们的君主的目的更大；他们服务的是他们想象中的半神圣的法兰西。当然，这些思维习惯也从他们身上渗透到他们的下属身上，渗透到大众身上。在13世纪和14世纪，欧洲平民是信教的并只是模模糊糊地爱国的，17世纪和18世纪出现的欧洲列强完全是虚构的统一体。俄罗斯实际上是一个最不协调的集体，它包括了哥萨克人、鞑靼人、乌克兰人、莫斯科人，以及在彼得时代之后加入的埃斯托尼亚人和立陶宛人；路易十五的法国包括了德国的阿尔萨斯和刚被同化的勃艮第地区，它是一个被压制的胡斯派的监狱和一个汗流浃背的农民的房子的所在地。在"英国"，英格兰背负着汉诺威王朝在德国、苏格兰的领土，这里完全是外来的威尔士人和充满敌意的爱尔兰天主教徒。比如瑞典、普鲁士，还有波兰和奥地利，如果我们在一系列历史地图中看它们，会看到它们会缩小、扩张、延伸，像变形虫在显微镜下游走于欧洲地图之上。

如果我们按照国际关系心理学在我们周围世界中的表现来考虑它，并按照现代欧洲"权力"思想的发展来考虑它，我们就会认识到关于人的本质的某些历史上非常重要的事实。亚里士多德说过，人是一种政治动物，但在我们现代意义上的，政治这个词，现在涵盖了世界政治。他不是那种人，他仍然具有家族部落的本能，除此之外，他还倾向于将自己和家族与更大的事物联系在一起，与一个部落、一座城市、一个民族或一个国家联系在一起。但是，这种倾向，留给他自己，是一种模糊的，非常不加批判的倾向。如果说有什么区别的话，那就是他倾向于害怕和不喜欢批评那些包围着他的生活和他给予自己的东西，并且避免这样的批评。也许他潜意识里害怕孤立会随之而来，如果这个系统被破坏或者名誉扫地的话。他认为自己所处的环境是理所当然的；他接受自己的城市或政府，就像他接受命运赐予他的鼻子或消化能力一样。但是在政治事务上，他的忠诚，他的立场，并不是与生俱来的，而是教育的结果。对于大多数人来说，他们在这些问题上所受的教育就是对有关他们的事物进行无声的连续教育。人们发现自己是快乐的英格兰或神圣的俄罗斯的一部分；他们在这些奉献中长大；他们接受这些奉献作为他们本性的一部分。

政府和外交部门的理想化，这种关于"列强"及其爱恨与冲突的神话，是如此困扰着欧洲和西亚的想象力，以至于为其提供了"思想形式"。几乎所有的历史、所有过去两个世纪以来的欧洲政治文学，都是其措辞写成的。然而，有远见的一代人读到这些会感到困惑，在西欧的共同体里，到处都是由北欧、伊比利亚人、移民的闪米特人和蒙古人的成分的微小变异所组成，几乎到处都在说着各种变形的雅利安语，人们如此自由地通婚，以至于没有人能够确切地说出任何一个曾孙的"国籍"。男人们对于"法国"的崛起、"德国"的崛起和统一、"俄罗斯"和"希腊"对君士坦丁堡拥有主权的相互竞争的问题可能会兴奋不已。这些冲突在当时看来就像那些死去的、现在看来难以理解的"绿党"和"蓝党"的争斗一样无理和疯狂，这些争斗曾经以喊叫和流血充斥着拜占庭的街道。正如历史清楚地表明的那样，尽管这些幻影、权力仍在统治着我们的思想和今天的生活，但它们仅仅是过去几个世纪的事物，仅仅是我们这一类人广泛的历史中的一个小时、一个偶然阶段。他们标志着一个倒退的阶段，一股逆流，如同马基雅维利君主制的兴起标志着一股逆流一样；他们是人类思想道德重新结合的过程中，使信仰摇摇欲坠的漩涡的一部分，这个过程的一般趋势总的来说是更加广大且完全不同的。一段时间以来，人们再次拜倒在他们的这些民族或帝国的神祇之下；但这只是一时的。世界国家的概念——每个活着的灵魂都应成为普遍的正义王国的公民——早在两千年前就已经存在于世界之中，也不会再离开。人们知道它存在，即使他们拒绝承认它。在今天人们关于国际事务的著作和谈话中，在当前历史学家和政治记者的讨论中，都有一种像醉汉变得清醒，但又非常害怕变得清醒的感觉。他们仍然大声谈论他们对法国的"爱"、对德国的"恨"、"英国在海上的传统优势"，等等，就像那些已经开始清醒和感到头痛，却仍然歌唱着美酒的人一样。他们侍奉的是死了的神。在海上或陆地上，人们不需要权力的支配，只需要法律和服务。那无声的、不可避免的挑战，在我们所有人的心里，就像渐渐破晓时的晨光，透过百叶窗照进一间杂乱的屋子里一样。

32.7 波兰第一共和国及其命运

在欧洲，17世纪是路易十四的时代，他与法国的优势和凡尔赛宫是故事的中心主题。同样，18世纪是普鲁士崛起为大国的世纪，故事中的主要人物是腓特烈二世，即腓特烈大帝。波兰的故事与他的历史交织在一起。

波兰的情况很特殊。与它的三个邻国普鲁士、俄罗斯和哈布斯堡王朝的奥匈帝国不同，波兰并没有发展成为一个大君主国。它的政府系统可以最好地描述为拥有一位国王的共和国，国王是一位选举产生的总统，终生任职。每个国王都是分别选举产生的。事实上，它比英国更倾向于共和主义，但它的共和主义在形式上更具贵族政治的气质。波兰的贸易很少，制造业也不发达；它是农业国，仍然有大片的牧场、森林和荒地；它是一个贫穷的国家，它的地主是贫穷的贵族；它的大部分人口是受压迫的无知的农民，它还庇护了大批非常贫穷的犹太人；它仍然是天主教的。可以说，它是一个内陆的、贫穷的、天主的不列颠，完全被敌人包围而不是被大海包围着。它根本没有明确的边界，既没有海，也没有山。更加不幸的是，它选举出来的一些国王却是聪明而具有侵略性的统治者。它的势力向东微弱地扩展到几乎是由俄国人居住的地区，向西则与德国人重叠。

因为它没有大量的贸易，所以它没有什么大城市可以和西欧的城市相比，也没有什么有生气的大学可以团结思想。它的贵族阶层靠他们的地产生活，没有多少知识上的交流。他们是爱国的，他们有一种贵族式的自由意识，这种自由意识与农奴制度上的贫困完全相容，但他们的爱国主义和自由却不能有效地合作。当战争需要大量的人力和马力，波兰是一个相对强大的国家；但是它无法跟上军事艺术的发展，而军事艺术使职业士兵的常备部队成为战争中必不可少的武器。然而，尽管它四分五裂，没有战斗力，它仍然有一些值得称道的胜利。土耳其对维也纳的最后一次进攻（1683年）被约翰·索别斯基国王，即约翰率领的骑兵击败。（同样是这个索别斯基，他在被选为国王之前，曾被路易十四收买，也曾为瑞典人攻打过他的祖国。）不用说，这个软弱的贵族共和国，连同反复进行的王室选举，招致了所有三个邻国的侵略。在每次选举中，"外国资金"以及各种外部干预都来到这个国家。就像古希腊人一样，每一个心怀不满的波兰爱国者都会跑到某个外国敌人那里，把他的愤怒发泄在这个忘恩负义的国家身上。

即使当选波兰国王，由于贵族们相互嫉妒，他也没有多少权力。像英国贵族一样，他们更喜欢外国人，也是出于同样的原因，因为外国人在这片土地上没有权力根基；但与英国人不同的是，他们自己的政府没有团结一致，而定期在伦敦召开的议会会议——"来到城里"——给了英国贵族团结一致的力量。在伦敦有一个"上流社会"，有影响力的人和思想不断地交织在一起。波兰没有伦敦，也没有"上流社会"，所以实际上波兰根本就没有中央政府。没有国会的同意，波兰国王不能发动战争，也不能求和，不能征税，也不能改变法律，任何一个国会成员都有权否决国会面前的任何提案。他只要站起来说"我不赞成"，事情就算过去了，他甚至可以更进一步使用他自由的否决权。他可以反对国会的集会，这样国会就解散了。波兰不仅仅是一个像英国那样的君主贵族共和国，它还是一个瘫痪了的君主贵族共和国。

对腓特烈二世来说，波兰的存在尤其具有挑衅性，因为波兰的一只手在丹齐格向波罗的海伸出援手，将他祖先在东普鲁士的领土从帝国内部分割出去。是他激起了俄罗斯的叶卡捷琳娜二世和奥地利的玛丽亚·特蕾莎——由于他夺去了她的西里西亚而获得了她的关注——联合进攻波兰。

1772年波兰第一次发生暴行后，人们的心态发生了巨大的变化。波兰确实是在解体前夕作为一个国家诞生的。教育、文学和艺术的发展很仓促，但是相当可观；历史学家和诗人如雨后春笋般涌现，使波兰软弱无能的、难以忍受的宪法被扫地出门。自由否决权被废除，为了使波兰免受每次选举都会出现的外国阴谋的影响，王位被世袭，并仿效英国成立了一个议会。然而，波兰有些旧秩序的拥护者憎恨这些必要的变化，这些阻碍自然得到了普鲁士和俄罗斯的支持，他们不希望波兰复兴。接下来是第二次分治，经过一场始于被普鲁士吞并地区的激烈爱国斗争——这场斗争在科西阿斯科找到了一位领导人和民族英雄，波兰最终从地图上消失。因此，议会对东欧君主立宪制的威胁暂时结束。但是波兰人的爱国主义随着镇压变得越来越强烈。120年来，波兰像一个被政治和军事网络压制下沉没的生物一样挣扎着。1918年，第一次世界大战结束时，它再次崛起。

32.8 帝国在海外的第一次掠夺

我们已经给出了一些关于法国在欧洲的优势，西班牙实力的迅速衰退及其与奥地利的分离，以及普鲁士的崛起。就葡萄牙、西班牙、法国、英国和荷兰而言，他们争夺欧洲优势的竞争由于海外统治权的斗争而扩大和复杂化。

人烟稀少、未开发并非常适合欧洲人定居和开发的巨大的美洲大陆的发现，还有到成书之时欧洲人仍不甚了解的非洲赤道以南大片未开发地区的发现，以及逐东海上尚未受到西方文明影响的广大岛屿地区逐渐被人知晓，给人类提供了历史上前所未有的机会。欧洲各国人民仿佛获得了豪华的遗产。他们世界的面积突然翻了两番。人人有比需要还多的土地，他们只需要占领这些土地，继续好好经营它们，他们拥挤的贫困就会像梦一样消失。他们像没有教养的继承人一样接受了这一光荣的遗产，对他们来说，这不过是一个发生残暴争端的新机会。但是，有哪个人类共同体曾经偏爱创造而不是阴谋呢？在我们所有的历史中，哪个国家，当它不惜一切代价去损害另一个国家时，还肯与之合作呢？欧洲列强开始对新土地提出疯狂的"要求"。他们继续进行令人筋疲力尽的冲突。第一个宣称拥有最多土地，并一度是美洲三分之二土地的"女主人"的西班牙，没有更好地利用自己的财产，几乎在那里流血致死。

我们已经讲述了教皇在其最后一次行使世界统治权时，将美洲大陆分给了西班牙和葡萄牙，而不是维持整个基督教世界在新土地上创造一种伟大的共同文明这一责任。这自然激起了被排除在外的国家的敌意。英格兰的水手对这两种要求都不以为然，他们特别反对西班牙人；瑞典人把他们的新教教义也变成了类似的说法。荷兰人一摆脱了他们的西班牙主人，也扬帆向西，无视教皇，去分享新世界的美好事物。法国最虔诚的天主教徒陛下和任何新教徒一样不犹豫。所有这些大国很快就忙着在北美和西印度群岛宣示主权。

无论丹麦王国（当时包括挪威和冰岛），还是瑞典人，都没有在这场掠夺中占据多少土地。丹麦人吞并了一些西印度群岛。瑞典什么都没有得到。当时，丹麦和瑞典都深深地卷入了德国的事务之中。我们已经提到了古斯塔夫·阿道夫，新教的"北方之狮"，还提到了他在德国、波兰和俄罗斯的战役。这些东欧地区是巨大的消耗精力的地方，瑞典的力量本来可以使它在新世界中占有很大份额，但在欧洲却收获了贫瘠的名气。像瑞典人在美洲建造的这样小的定居点不久会落入荷兰人的手中。

荷兰人也是如此，在法国君主黎塞留和路易十四的统治下，他们穿过西班牙的尼德兰，向他们的边境蚕食，他们没有英国在它的"银带"（即英吉利海峡）背后可以投入海外冒险中的那种不受干扰的资源。

此外,詹姆斯一世和查理一世的厉行专制主义,以及查理二世的复辟,有效地将许多意志坚定、共和主义的新教徒驱逐出英国,这些有钱有势、有品格的新教徒在美洲建立了家园,特别是在现在的英国,他们认为英国国王和英国赋税无法影响他们了。五月花号只是移民潮的拓荒船之一。这些移民在精神上有分歧,他们还是留在英国国旗之下,这是英国的幸运。荷兰人从来没有派遣过数量和质量相同的殖民者,首先是因为他们的西班牙统治者不允许他们这样做,其次是因为他们已经拥有了自己的国土。虽然由于龙旗兵和路易十四的迫害,新教胡格诺派教徒大量移民出境,但他们近在咫尺的荷兰和英格兰成了避难所,他们的勤奋、技能和冷静主要用于巩固这些国家,尤其是英格兰。他们中的一些人在卡罗来纳州建立了殖民地,但这些殖民地不再是法国的,它们先是落入西班牙人手中,最后落入英国人手中。

荷兰殖民地,连同瑞典,也屈服于英国;新阿姆斯特丹在1674年为英国所有,其名称改为纽约,读者可能会非常高兴地在华盛顿·欧文的《尼克伯克的纽约史》中了解到这些。英国的势力沿着东海岸从萨凡纳到圣劳伦斯河、纽芬兰和相当多的北部地区建立,而哈德孙湾公司的领土,是通过条约从法国获得的。英国在1605年占领了巴巴多斯(几乎是他们在美洲最古老的领土),并从西班牙人手中收购了牙买加、巴哈马群岛和英属洪都拉斯。但是法国正在进行一个非常危险和令人担忧的游戏,这个游戏在地图上比在现实中更加危险和令人担忧。

它在北部的魁北克和蒙特利尔以及南部的新奥尔良建立了真正的殖民地,它的探险家和代理人向南北推进,与大平原的美国美洲原住民签订条约,提出了领土要求,而没有在整个大陆上建立仅次于英国的城镇。但是，现实情况没有以这种方式得到充分的体现。当时的英国殖民地已经有一大批人稳固地定居下来，他们的人口已经超过了一百万，而当时的法国人还不到这个数字的十分之一。他们有许多才华横溢的旅行家和传教士在工作，但他们身后没有人口作保障。

这一时期的许多古老的美洲地图仍可被发现，这些地图的设计是为了恐吓和"唤醒"英国人对美洲"法国设计"的认识。1754年战争爆发，1759年英国和殖民部队在沃尔夫将军的领导下占领了魁北克，并在第二年完成了对加拿大的征服。1763年，加拿大最终割让给英国。（但是在南部以路易十四的名字命名的不固定的路易斯安那州的西部地区，仍然不属于英国的领域。它被西班牙接管，1800年被法国收复。最后，在1803年，它被美国政府从法国买了过来。）在这场加拿大战争中，美洲殖民者获得了相当丰富的军事艺术经验，以及对英国军事组织的了解，这对他们以后有很大的用处。

32.9 英国统治印度

法国和英国的权力不仅在美洲发生了冲突。当时印度的情况对欧洲的冒险家来说是非常有趣和有吸引力的。巴贝尔、阿克巴和奥朗则布的莫卧儿帝国现在已经衰败不堪。发生在印度的情况与发生在德国的情况非常相似。印度德里的莫卧儿皇帝，就像德国的神圣罗马帝国皇帝一样，在法律上仍然是统治者，但奥朗则布死后，除了在首都附近地区，他只是行使了名义上的权力。在西南部有一个信印度教民族，叫马拉他人，他们起来反对伊斯兰教，恢复婆罗门教作为统治的宗教，一时将他们的势力扩展到了整个印度南部三角地区。在拉吉普塔纳，伊斯兰教的统治也被婆罗门教取代，强大的拉其普特王侯统治着布尔特普尔和斋普尔。在奥德，有一个什叶派王国，其首都是勒克瑙，而孟加拉也是一个独立的穆斯林王国。在北面的旁遮普邦出现了一个非常有趣的宗教团体——锡克教徒，他们宣布一个神的普遍规则，并攻击印度的《吠陀经》和伊斯兰教的《古兰经》。锡克教最初是一个和平的教派，但不久就遵循伊斯兰教的榜样来寻求用武力建立上帝的王国，这在最初对他们自己也有灾难性的损害。不久（1738年）从北方来了一个入侵者，波斯的土库曼统治者纳迪尔沙（1736—1747），进攻了这个混乱无序的印度，他横扫了开伯尔山口，打散了所有挡在他前面的军队，夺取并洗劫了德里，带走了一大批战利品。他将印度北部彻底摧毁，以至于在接下来的20年里，至少有六次从阿富汗对北印度成功掠夺，在纳迪尔沙死后，阿富汗成为一个独立的国家。有一段时间，马拉他人为了北印度的统治与阿富汗人战斗；然后马拉他的权力分裂成一系列的公国，印多尔、瓜廖尔、巴罗达和其他国家……

这就是18世纪时法国人和英国人涌入时的印度。自瓦斯科·达·伽马完成了从开普敦到卡利卡特令人难忘的航行之后，一连串其他欧洲强国一直在印度和东部地区努力打造商业和政治基础。印度的海上贸易以前一直在红海的阿拉伯人的手中，葡萄牙人在一系列的海上战斗中从他们手中赢得了它。葡萄牙船只体型更大，携带的武器也更重。葡萄牙人曾一度将印度的贸易据为己有，里斯本作为一个东方香料市场比威尼斯更加光彩夺目；然而，在17世纪，荷兰人攫取了这种垄断地位。在他们权力的顶峰时期，荷兰人在好望角有定居点，他们控制着毛里求斯，他们在波斯有两个定居点，在印度有12个，在锡兰有6个，在整个东印度群岛都有他们的堡垒。但是他们自私地决定排除任何其他欧洲国籍的商人，迫使瑞典人、丹麦人、法国人和英国人进行敌对的竞争。第一次有效打击他们的海外垄断是在欧洲水域的英国海军上将布莱克的胜利；到了18世纪初，英国和法国都在与荷兰争夺整个印度的贸易和特权。英国人在金奈、孟买和加尔各答建立了他们的总部，本地治里和昌德纳戈尔是法国人的主要定居点。

起初，所有这些欧洲列强只是作为商人来到这里，他们试图建立的唯一机构是仓库；但是这个国家不稳定的状态，以及他们的对手肆无忌惮的手段，使他们自然而然地加强和武装他们的定居点，这种军备使他们成为现在分裂印度的各种敌对王侯们的有吸引力的盟友，在完全符合新的欧洲民族主义政治精神的前提下，当法国站在一边时，英国就会站在另一边。

英国方面的伟大领袖是罗伯特·克莱武，他出生于1725年，1743年去了印度。他的主要对手是迪普莱克斯。整个18世纪上半叶这场斗争的故事太长，太复杂，不能在这里讲。到了1761年，英国人发现自己在印度半岛上完全占据了主导地位。在普拉西（1757年）和伯格萨尔（1764年），他们的军队打败了孟加拉军队和奥德军队，取得了令人瞩目的胜利。莫卧儿皇帝名义上是他们的统治者，实际上成了他们的傀儡。他们对大片地区征税，他们向真正的或幻想的反对派索取赔偿。

这些成功不是由英格兰国王的军队直接取得的，而是由东印度贸易公司取得的，该公司最初在伊丽莎白女王统治时只是一个海上冒险家的公司。他们被迫一步一步地集结军队，武装他们的船只。现在这家贸易公司，以其盈利的传统，发现自己不仅经营香料、染料、茶叶和珠宝，而且还经营王公贵族的收入和领土，以及印度的命运。它开始买卖，发现自己成了一个巨大的海盗集团。没有人质疑它的行动。难怪它的将领、指挥官和官员，甚至是它的职员和普通士兵，都带着战利品回到英格兰。在这种情况下，一块富饶的土地任由他们摆布，人们无法决定他们可以做什么或不可以做什么。对他们来说，这是一块奇异的土地，有着奇异的阳光；这里的棕色人种是不同的种族，超出了他们同情的范围；这里的寺庙和建筑物似乎是以奇妙的行为准则来维持的。当这些将军和官员回来互相指责对方的勒索和残酷时，国内的英国人感到困惑。议会通过了对克莱武的谴责案，他于1774年自杀。1788年，印度第二位伟大的行政官沃伦·黑斯廷斯被弹劾并宣告无罪（1792年）。这是世界历史上前所未有的奇怪局面。英国议会发现自己统治着伦敦的一家贸易公司，而这家公司又控制着一个比英国王室所有的领地更大、人口更多的帝国。对于大多数英国人来说，印度是一片遥远、荒凉、几乎难以接近的土地，穷苦的年轻人冒险到这里来，在许多年后归来时，他们变成了非常富有、非常暴躁的老绅士。对英国人来说，很难想象在东方的阳光下，无数棕色皮肤的人的生活会是怎样的。他们就拒绝再去想象这些。印度依然是浪漫不真实的，因此，英国人不可能对公司的运作进行有效的监督和控制。

32.10 俄罗斯进军太平洋

当亚洲南部这个巨大的半岛落入英国海上商人的统治之手时，发生在北部的欧洲对亚洲的反应同样引人注目。我们在前面已经叙述过，俄罗斯的基督教国家如何从金帐汗国中恢复独立，莫斯科的沙皇如何成为诺夫哥罗德共和国的主人；在本章的第5节，我们讲到彼得大帝加入了大君主的圈子，可以说，把俄罗斯拖入了欧洲。旧世界的这个既不完全属于东方，也不完全属于西方的中心力量的崛起，对我们人类的命运至关重要。我们还在同一章中讲述了信奉基督教草原民族哥萨克人的出现，他们在西边的波兰和匈牙利的封建农业与东边的鞑靼人之间形成了一道屏障。哥萨克人占据欧洲荒凉的东部，在许多方面与19世纪中期美国荒凉的西部没有什么不同。所有在俄国待不下去的人，罪犯以及受迫害的无辜者、反叛的农奴、宗教教派、小偷、流浪汉、杀人犯——都在南方草原寻求庇护，在那里重新开始，为生命和自由与波兰人、俄罗斯人和鞑靼人进行战斗。毫无疑问，来自东部鞑靼人的逃亡者也加入了哥萨克混合部队。这些新的游牧部落的首领是第聂伯河的乌克兰哥萨克人和顿河的顿河哥萨克人。慢慢地，这些边疆民族被纳入俄罗斯帝国军队，就像苏格兰高地部落被英国政府改编成军团一样。亚洲提供了新的土地。它们成为抵御蒙古游牧民族日渐衰落的力量的武器，先是在土耳其斯坦，然后穿越西伯利亚一直到达阿穆尔河。

17世纪和18世纪蒙古能量的衰退是很难解释的。从成吉思汗和帖木儿时代开始的两三个世纪内，中亚从一个在世界上崛起的时期重新陷入了极端的政治无能的地位。气候变化、未记录的瘟疫、疟疾的感染可能在这次衰退中发挥了作用——这次衰退，按中亚各国人民普遍历史规模来衡量，可能只是一次暂时的衰退。

一些权威人士认为，来自中国的佛教教义的传播也对他们产生了安抚作用。无论如何，到了16世纪，蒙古鞑靼人和土耳其人不再向外推进，而是被信奉东正教的俄国和东方的中国侵略、征服和赶了回去。

整个17世纪，哥萨克人从欧洲的俄罗斯向东扩张，在他们发现农业条件适宜的任何地方定居下来。由堡垒和哨所组成的警戒线形成了四条向南移动的边界，在那里土库曼人仍然强大而活跃；然而，在东北方向，俄国没有边界，可以一直到达太平洋岸边。

与此同时，中国正处于扩张阶段。1644年，明朝在一种艺术衰败的状态下，被日本侵略者大大削弱，败给了满族征服者，这个民族显然与前金国相同，金国统治北京直到成吉思汗时代。满族人把辫子作为中国人民政治忠诚的标志。他们为中国事务注入了新的活力，他们的北方利益导致中国文明向北扩张，并影响到满洲和蒙古。所以到了18世纪中叶，俄国人和中国人在蒙古有了接触。在这一时期，中国统治着东突厥斯坦、西藏、尼泊尔、缅甸和安南……

我们提到过日本侵略中国（或者更确切地说是侵略高丽）。除这次侵略中国以外，日本在我们19世纪以前的历史上没有任何地位。与中国在明朝时期的统治一样，日本坚决反对外国人干涉其内政。它是一个过着自己文明生活的国家，不可思议地封闭起来以防入侵者。迄今为止，我们对它的情况知之甚少，因为没有什么可说的。它那如画般浪漫的历史与人类事务的一般戏剧性有所不同。它的人口主要是蒙古人，在北部岛屿上有一些非常有趣的北欧白人——多毛的虾夷人。它的文明几乎全部来自韩国和中国，它的艺术是中国艺术的特殊发展，它的文字改编自中国文字。

32.11 爱德华·吉本如何看待1780年的世界

在前面的十节中，我们讨论的是一个分裂的时代，一个各民族分离的时代。我们已经把17世纪和18世纪的这个时期描述为人类朝着全世界统一的方向进步的过渡期。在这一时期，人们的思想中没有统一的观念。帝国的冲动已经衰退，直到皇帝只不过是众多相互竞争的王侯中的一个，基督教世界的梦想也成为一个逐渐消失的梦想。发展中的"大国"在世界各地相互推挤，但有一段时间，它们似乎可以无限期地相互推挤而不给人类带来任何巨大的灾难。16世纪的重大地理发现如此扩大了人力资源，尽管战争和政策造成了种种浪费，但欧洲人民享有相当程度的不断增长的繁荣。中欧从"三十年战争"的破坏中稳步恢复过来。

回顾这个在18世纪达到顶峰的时期，回顾过去，正如我们现在可以开始做的那样，看到它发生的事件与它之前的几个世纪以及当今的伟大运动是有关的，我们能够认识到它的政治形式是多么不稳固，它的安全是多么不稳定。其他时代都没有这样的不稳固。它是一个同化和恢复的时代，一个政治上的停顿，一个人类更努力地将思想和科学资源聚集的时代。但是当时的人并没有从这个角度来看待这个问题。中世纪已形成的伟大的创造性思想的失败使人类思想一度缺乏创造性思想的指导；即使是受过教育和富有想象力的人也平庸地看待这个世界，不再将世界看成是努力和命运的相互作用，而是看作寻求平凡的幸福和微小的善行得到回报的场景。在这个瞬息万变的世界里，不仅仅是那些心满意足、思想保守的人受到这种对人类状况已达到稳固状态的支持倾向，即使是高度批判性和反叛性的智士，在社区灵魂中缺乏任何持续的运动时，也流露出同样的倾向。他们觉得，政治生活已经不再像过去那样是紧迫和悲剧性的思考了，它已经变成了一出文雅的喜剧。18世纪是一个喜剧世纪，到了最后变得残酷起来。不可思议的是，18世纪中叶的世界竟然产生了一个拿撒勒的耶稣、一个乔达摩、一个亚西西的弗朗索瓦和一个依纳爵·罗耀拉。如果你可以想象一个18世纪的约翰·胡斯，那么你就不可能想象一个人有足够的热情去烧死他。在英国发展出开始复兴的卫理公会教派之前，我们几乎察觉不到会有人怀疑我们的种族仍然面临着巨大的任务，巨大的干扰近在咫尺，或者人类穿越时空的道路是黑暗的，充满无数的危险，并且还得将极难的事业保持到最后。

在这段历史中，我们一次又一次地引用吉本的《罗马帝国衰亡史》。现在,我们最后一次引用它,向它告别,因为我们已经到了它被写下的时代。吉本出生于1737年,这本书最后一卷出版于1787年,但我们引用的这段话可能是写于1780年。吉本是一个年轻人,健康状况良好,相当富有;他在牛津受过部分教育,但中断了学业,然后在日内瓦完成了学业;总的来说,他的观点是法国的,世界性的,而不是英国的,他受到那个伟大的法国人的知识影响,那个著名的名字是伏尔泰。伏尔泰是一个非常勤奋的作家;本作者书架上就摆放着他的七十卷全集,伏尔泰的另一版本的作品有九十四卷之多;他谈论的大部分是历史和公共事务,他曾与俄罗斯的叶卡捷琳娜二世、普鲁士的腓特烈二世,路易十五和大多数杰出的人物通信。伏尔泰和吉本都有强烈的历史感,他们都非常清楚和充分地阐述了他们对人生的愿景。很明显,对于他们两人来说,他们所处的体制——君主制、悠闲和上流人士的体制、相当鄙视的工业和贸易人员、受压迫和微不足道的劳动者以及贫穷和普通人所构成的政体——似乎是世界上所见过的最稳固的一种。他们有点像共和主义者,嘲笑君主制的自命神圣;但是吸引伏尔泰的共和主义是那个时代英国君主的共和主义,在那个时代,国王只是官方的首脑,是最高贵的绅士。

他们所坚持的理想是一个有礼貌和优雅的世界,在这个世界里——有素质的人,没有其他人——会因为残忍、粗俗或热情而感到羞耻,在这个世界里,生活的境遇是宽敞而优雅的,他们对嘲笑的惧怕是法律的强大辅助,能维持生活的礼仪与和谐。伏尔泰对不公正可能怀有强烈的仇恨,他代表受迫害或受虐待的人进行干预,这是他漫长而复杂的人生故事的亮点。这就是吉本和伏尔泰的心理倾向,也是他们所生活的时代的心理倾向,他们自然会发现世界上宗教的存在,特别是基督教的存在,这是一个令人费解和难以解释的现象。在他们看来，整个生活的那一面就像是人类性格中的一种疯狂。吉本的历史巨著实质上是对基督教的攻击，他认为基督教是导致衰落的主要原因。他把罗马粗野的富豪统治理想化为一个以18世纪为模范的绅士的世界，并且讲述了由于基督教内部的衰败，罗马是如何从外部沦落到野蛮人的。在我们这里的历史中，我们曾试图将这个故事置于一个更好的角度去说明。对伏尔泰来说，官方的基督教是"邪恶的"，它限制人们的生活，干扰人们的思想，迫害无辜的异议者。事实上，在那个新旧交替的时期，无论是罗马的正教，还是在俄罗斯的东正教教堂和新教君主那里，都鲜有生气和光明。在新旧交替的时候，有许多狡猾的牧师和僧侣在场，很难意识到，基督教的核心曾经燃起过什么样的火焰，什么政治和宗教激情的火焰还会在人们的心中燃烧。

在他的第三卷结束时，吉本完成了他关于西部帝国解体的叙述。然后他提出了文明是否会再次经历类似的崩溃的问题。这使他回顾了现存的事态（1780年），并将其与罗马帝国衰落时期的事态进行了比较。在这里引用这一比较中的一些段落对我们的总体设计将是非常方便的，因为没有什么能够更好地说明在大国时代政治空白期的顶峰时欧洲自由派思想家的心理状态，在那些政治和社会分裂力量的第一次暗示之前，这种力量最终产生了对我们自己时代的戏剧性的审问。

吉本在谈到西方的崩溃时写道："这场可怕的革命，可以有效地应用到当今时代的有益教育中。一个爱国者有责任去追求和促进他祖国的独有利益和荣耀；但是一个哲学家可以扩大他的视野，并且把欧洲看作一个大的共和国，其各种居民已经达到了几乎同样的礼貌和教养水平。权力的平衡将继续波动，我们自己或邻国的繁荣可能会使人们时而高兴，时而低落；但这些局部事件不能从本质上损害我们的总体幸福状态、艺术体系、法律和礼仪，这些有利地区别于其他人类、欧洲人及其殖民地。地球上的野蛮国家是文明社会的共同敌人；我们可以焦急地好奇地询问，欧洲是否仍然面临着重演以前压迫罗马军队和制度的灾难的威胁。也许同样的思考会说明这个强大帝国的衰落，并解释我们实际安全的可能原因。

"罗马人不知道他们的危险程度和敌人的数量。越过莱茵河和多瑙河，欧洲和亚洲的北部国家布满了无数的猎人和牧羊人部落，他们贫穷、贪婪、动荡不安，勇敢地拿起武器，急不可耐地掠夺勤劳的果实。野蛮的世界被战争的冲动所激动，高卢或意大利的和平被中国的革命所动摇。匈奴人在敌人胜利之前逃跑了，他们向西进军；随着俘虏和盟友的逐渐加入，人群的洪流越来越汹涌。那些向匈奴人投降的部落认为轮到他们采取征服精神了；无穷无尽的野蛮人纵队用累积的重量压在罗马帝国身上，如果最前面的部落被摧毁，空位会立即被新的攻击者补充。这种令人生畏的移民不再从北方发展出来，被归咎于人口减少的长期的宁静其实是艺术和农业进步的幸福结果。德国不再是一些散落在森林和沼泽中的简陋村庄，它现在有了2300个有围墙的城镇；丹麦、瑞典和波兰的基督教王国先后建立了起来；汉萨商人和条顿骑士团沿着波罗的海沿岸扩张了他们的殖民地，一直延伸到芬兰湾。从芬兰湾到东海，俄罗斯现在呈现出一个强大而文明的帝国形态。犁、织布机和锻造机被引进到伏尔加河、奥比河和莉娜河的河岸，最凶猛的鞑靼人也受到教训而颤抖和服从……

"罗马帝国是由其成员非凡和完美的联盟牢固地建立起来的……但是这个联盟是以失去了民族自由和军事精神而得以建立起来的；而那些奴性的省份，由于缺乏生命和行动，希望从受遥远的宫廷的命令指挥的雇佣军和统治者那里得到安全。亿万人的幸福取决于一两个人的个人价值,而也许他们还是孩子,思想却被教育、奢侈和专制的权力所腐蚀。

"欧洲现在分为十二个强大但不平等的王国,三个值得尊敬的共和国,以及各种较小但独立的国家;国王和大臣们施展才能的机会成倍增加,至少与其统治者的数量成倍增加;朱利安或塞米勒米斯可以统治北方,而阿卡迪乌斯和霍诺里乌斯再次高卧在波旁王朝的宝座上。暴政的滥用受到恐惧和羞耻的相互影响的制约;共和国已经获得了秩序和稳定;君主政体已经被灌输了自由的原则,或者至少是温和的原则;一些荣誉感和正义感也被时代的一般方式引入甚至最不完善的宪法中去了。在和平时期,许多积极的竞争加速了知识和工业的进步;在战争时期,欧洲的军事力量由于适度的、非决定性的交锋而受到锻炼。如果一个野蛮的征服者要从鞑靼的沙漠发动进攻,他必须不断地征服俄罗斯强壮的农民、德国众多的军队、法国英勇的贵族和英国勇敢的自由民;他们也许可以联合起来共同防御。

"如果野蛮人带着奴隶制和荒凉远渡大西洋,还是可以用1万艘他们追赶不上的船只将文明社会留下的人运走;欧洲将在已经充满了它的殖民地和制度的美洲世界复兴和繁荣。

"寒冷、贫穷、危险和疲劳的生活强化了野蛮人的力量和勇气。在每一个时代,他们都在压迫文明的和爱好和平的国家,比如中国、印度和波斯,这些国家忽视了,现在仍然忽视用军事艺术的资源来制衡这些自然力量。古希腊、马其顿和罗马这些好战的国家,教育了一个种族的士兵,锻炼了他们的身体,训练了他们的勇气,通过定期的演习增强了他们的力量,并且把他们拥有的铁器变成了坚固耐用的武器。但是这种优越感随着他们的法律和礼仪而不知不觉地衰落了,康斯坦丁和他的继任者们的软弱政策也随之衰落了，他们武装和训练野蛮雇佣兵的粗暴英勇，以致帝国灭亡。火药的发明改变了军事艺术，使人类能够控制自然界中两种最强大的力量：空气和火。数学、化学、力学、建筑学都被用来为战争服务，敌对各方相互对抗最复杂的进攻方式和防御方式。历史学家可能会愤怒地注意到，准备围城的费用足以维持一个繁荣的殖民地。然而，我们不能因此不高兴，一个城市的攻克应该是一项付出代价和困难的工作，一个勤劳的民族应该受到这些艺术的保护，这些艺术生存下来，在军事美德衰败之后弥补缺憾。现在，大炮和防御工事构成了对付鞑靼骑兵的坚不可摧的屏障；欧洲在未来将免遭野蛮人的侵略，因为在他们能够征服别人之前，他们自己必须停止野蛮行径。

"如果这些猜测被认为是可疑或谬误的，仍然有一个更谦卑的安慰和希望的来源。古代和现代航海家的发现，以及最开明国家的国内历史或传统，说明了野蛮人的身心都是赤裸裸的，缺乏法律、艺术、思想，几乎连语言都没有。

"从这种卑微的状态，也许是人类的原始和普遍的状态，逐渐上升到会驯服动物，给土地施肥，横渡海洋，测量天体。他在提高和锻炼他的智力和身体机能方面的进步是不规则的和各种各样的，开始是无限缓慢的，之后以加倍的速度逐渐增加；艰难攀登的时代之后是迅速衰落的时刻；世界上的几个地方都感受到了光明和黑暗的变迁。然而，4000年的经验扩大了我们的希望，减少了我们的忧虑；我们不能决定人类在向完美进步方面可以追求到什么程度，但是，我们可以有把握地假定，除非自然的面貌被改变，否则没有人会重新回到他们原来的野蛮状态。

"自从第一次发现艺术、战争、商业和宗教热情以来，这些不可估量的天赋就已经在新旧世界的野蛮人中不断地传播开来，永远不会消失。因此，我们可以默认这样一个令人愉快的结论，即世界上每一个时代都会增加，而且仍在增加真正的财富、幸福、知识，或许还有美德。"

32.12 社会变革开始

在17世纪和18世纪早期的大议会君主制时期，欧洲这个故事最有趣的一个方面是农民和工人的相对沉静。14世纪、15世纪和16世纪的起义之火似乎已经熄灭了。由于大体上的调整，早期严重的经济冲突得到了缓解。美洲的发现彻底改变了商业和工业的规模，为欧洲带来了大量的贵金属，增加了各种就业机会。有一段时间，对穷苦群众来说生活和工作不再是无法忍受的了。当然，这并没有阻止很多个人的痛苦和不满；穷人一直和我们在一起，但是这种痛苦和不满是分散的，它变得听不见了。

在早期，普通人有一个明确的想法，那就是基督教共产主义。他们在威克里夫式的一些持不同意见的牧师和学者中找到了受过教育的领导者。随着基督教复兴运动的力量耗尽，随着路德教离开耶稣依靠新教君主，受过教育的阶层的新鲜思想对文盲群体的冲击和影响被打断。无论受压迫的阶级人数多少，无论他们的苦难多么极端，他们永远不能提出有效的抗议，除非他们通过发展某种共同的普遍思想来实现团结。受过教育的人和有思想的人对民众政治运动比对任何其他政治进程都更加必要。君主通过统治来学习，任何类型的寡头政治在政务中受到教育；但是普通人，无论是农民还是拖拉工，在大事上都没有经验，只能通过受过教育的人的服务、奉献和引导才能在政治上存在。宗教改革，成功的宗教改革，亲王们的宗教改革，通过破坏教育设施，在很大程度上摧毁了贫穷的学者和牧师阶层，而他们对群众的信仰使宗教改革成为可能。

当新教各国的君主们夺取了国家教会的时候，很早就意识到了掌握大学的必要性。他们的教育理念是抓住聪明的年轻人为他们的上级服务。除此之外，他们倾向于把教育看作是一种有害的事。因此，对于一个穷人来说，受教育的唯一途径就是别人的资助。当然，所有大君主国都说它们鼓励学习，建立书院和皇家学会，但这些只使一小部分屈从的学者受益。教会也学会了不信任受过教育的穷人。在英国这个伟大的贵族"君主共和国"里，教育的机会也同样缩水。"这两所古老的大学，"哈蒙德在他对18世纪的描述中说，"都是富人的大学。"在麦考利的书中有一段描述了17世纪末期牛津的状况和盛况，当时它的校长、尊敬的奥尔蒙德公爵，穿着绣花披风，在谢尔登剧院绘有彩饰的天花板下坐着，穿着不同等级长袍的毕业生围在他的身边，而英格兰最高贵的年轻人则作为学术荣誉的候选人被庄严地呈现给他。大学是一种力量，不是指像旧的巴黎大学那样的力量，巴黎大学的学识可以使教皇颤抖，而是指大学被公认的贵族机器的那部分力量。大学的真实情况和公立学校的真实情况是一样的。英国的教育不是一个社会的摇篮，而是一种等级的摇篮；不是一个国家的摇篮，而是一个所有者统治者的摇篮。传教士精神已经整个与欧洲的教育分离了。对于这一点，正如扩散的繁荣使事物得到改善一样，下层社会中阶级流动的停滞是有原因的。他们失去了大脑和语言能力，他们只得到了食物。在统治阶级的手中，这个社会就像一只被抽去脊髓的动物。

此外，阶级之间的比例也发生了相当大的变化。对于历史学家来说，最难追踪的事情之一就是社会中任何特定阶级在任何时候所拥有的总财产的相对数量。这些东西波动很快。欧洲的农民战争标志着一个财产相对集中的阶段，在这个阶段，广大人民群众感到自己被剥夺了财产，处于共同的不利地位，因而采取了群众性的行动。这是一个国际金融时代，也是富格家族及其同类人兴起和繁荣的时代。然后，随着大量的白银、黄金和商品从美洲输入欧洲，似乎恢复了一种财富比较分散的状态。穷人还是和以前一样痛苦，但是相对来说，穷人可能没有那么多了，他们被分成没有任何共同观念的各种各样的类型。在大不列颠，被宗教改革扰乱生活的农民又开始安定下来，成为大地主统治下的佃农。然而，在大片庄园的旁边，仍然有许多公共土地可供较贫穷的村民放牧，在村内还有许多开垦成条的耕地。

在1700年，这片土地上的中等人，甚至是穷人，过着一种能忍受的生活。然而，生活的标准——也就是说什么是可以忍受的生活的观念——在大君主制的开始阶段是上升的；过了一段时间，财富向上集中的过程似乎又重新开始了，大地主开始收购和排挤较贫穷的自由耕种者，贫穷人口的比例，以及那些认为他们过着贫穷生活的人的比例再次增加。更有权势的人物是英国无可争议的统治者，他们自己制定法律《圈地法》，实际上主要是为了大地主的利益没收了没有围起来的公共土地。这些穷苦的人沦为他们曾经拥有耕种权和牧场权的土地上的工人。

法国和欧洲大陆上的农民并没有被这样剥夺财产；他的敌人不是地主，而是税吏；他在他的土地上被压榨，而不是从他的土地上被挤出去。

随着18世纪的发展，在当时的文献中很明显能看到，如何对待"穷人"再次锻炼了人们的思想。我们发现，笛福（1659—1731）和菲尔丁（1707—1754）等活跃的英国作家深受这一问题的困扰。但是，到目前为止，还没有像威克里夫和约翰·胡斯所处的时代那样，对原始基督教的共产主义和平均主义思想进行复兴。新教分裂了普世教会，一度打破了人类普遍团结的理念。即使中世纪的普世教会完全没有意识到这一点，但无论如何，它已经成为这一思想的象征。

笛福和菲尔丁是比吉本更有活力和实际的想象力的人，他们意识到一些在他们那个时代正在进行的经济进程。奥立佛·金史密斯也是如此（1728—1774），他的《废弃的村庄》（1770年）是一本伪装成诗歌的关于圈地运动的小册子。但是吉本的处境从来没有把经济事实生动地呈现在他的眼前；他把世界看作野蛮与文明之间的斗争，但是他对他所经历的其他斗争一无所知，那就是平民大众与有能力的、有权势的、富有的和自私的人之间的无声的、无意识的斗争。他没有察觉到压力的累积，这些压力很快就会使他的"十二个强大但不平等的王国"、他的"三个可敬的共和国"以及他们那些独立的小王侯、在位的公爵等之间的平衡破裂。即使是在美洲的英国殖民地开始的内战，也没有把他唤醒，没有使他注意到我们现在所说的"民主"的逼近。

从我们迄今为止所说的来看，读者可能会认为18世纪发生在英国土地上的所有事情，就是小农和农民被大地主从土地上榨取，公地被掠夺，财产集中在强大的特权阶级和贪婪阶级手中。因此，我们确实这样做了，却只是指出了变化中最糟糕的一面。在所有制改革的同时，农业也有了很大的改善。毫无疑问，农民、擅自占地者和小农所追求的耕作方法是过时的、浪费的，相对而言没有生产力的，圈地法案所创造的更大的私人财产和地产比旧方法更有生产力（一个权威学者说产量提高到20倍）。这种改变也许是必要的，而且它的坏处并不在于它的产生，而在于它的产生是为了增加财富和穷人的人数。它的好处被更大的私人所有者截获了。这个阶级的巨大利益损害了这个社会。

在这里，我们遇到了目前我们生活中的一个主要问题，即进步利益的偏离问题。两百年来，主要是在科学和探索精神的影响下，几乎人类所需要的一切生产方法都在稳步改进。如果社会的普遍意识和科学技术的发展能够适应生产力的发展，那么毫无疑问，这种生产的巨大增长会使整个社会受益，会给每个人带来人类从未梦想过的教育、休闲和自由。然而，尽管共同生活水平有所提高，但提高的幅度按比例来说规模太小，富人得到了迄今为止世界上闻所未闻的自由和奢侈，社会中富人总是富裕，非生产性人口的比例也有所增加，但这也降低了全部利益的含义。社会上还有不少纯粹的浪费，大量的物质和能量积累已经用于战争准备和战争，许多已经投入了不成功的徒劳的商业努力上。很多潜力仍然没有被充分发掘，因为财产所有者、垄断者和投机者为了他们的经济剥削反对他们的经济开发。科学和组织给人类带来的好东西并没有被有条不紊地加以利用，而是被人们争夺、攫取，被赌博冒险家抓住，用于自私和徒劳的目的。18世纪，在欧洲，特别是在英国和波兰，是私有制的时代。"私营企业"占据了统治地位，这意味着在实践中，每个人都有权从社会的事业中得到他所能得到的一切。在当时的普通小说、戏剧以及类似的代表性文学中，都找不到在商业事务上对国家负有义务的感觉。每个人都是"为了发财"，但人们并没有认识到，在社会中充当一个徒劳无益的寄生虫是错误的，更不用说金融家、商人或制造商所得的报酬超过为人类服务的事务。这就是那个时代的道德氛围，那些夺取人民公地，占有他们土地下面的矿藏，把自耕农和农民压成穷苦工人的贵族绅士们，根本不知道他们过的是什么生活，不是别的，就是一种无功受禄的生活。

与此同时，在大不列颠，从传统的板块农业和普通牧场到更大更科学的农业，商品的生产正在发生巨大的变化。在这些变化中，

18世纪的大不列颠引领了世界。迄今为止,从文明开始以来的整个历史进程中,制造业、建筑业和工业一般都掌握在自己家里工作的工匠和小雇主手中。他们是由行会组织起来的,大部分人本身就是雇主。他们形成了一个基本的永久的中产阶级。他们当中有资本家,他们出租织布机之类的东西,提供材料,拿走成品,但他们不是大资本家。那时还没有富裕的制造商。在此之前,世界上的富人都是大地主、放债者、货币操纵者或商人。但是在18世纪,某些行业的工人开始被集中到工厂里,以便通过系统的劳动分工来生产更多的东西,而且雇主,区别于工长,开始成为一个重要的人物。此外,机械发明生产的机器,简化了生产的手工工作,这些机器能够被水力和蒸汽驱动。1765年,瓦特建造了蒸汽机,这是工业史上一个非常重要的日子。

棉纺工业是最早进入工厂化生产的工业之一(最早使用水力驱动的机械)。毛纺工业紧随其后。与此同时,迄今为止一直限于使用木炭的小规模的炼铁,转而采用煤制焦炭来冶炼,煤铁工业也开始发展起来。钢铁工业从苏塞克斯和萨里的树木繁茂的乡村转移到了煤炭区。到1800年,这种从小雇主的小规模企业向大企业下的大规模生产的工业转变进展非常顺利。到处都涌现出使用水力后又使用蒸汽动力的工厂。这是人类经济中一个根本重要性的变化。正如我们所说的,从有史以来,制造商和工匠就是某种中产阶级的市民。现在,机器和雇主取代了他的技能,工人们要么成为其他工人的雇主,与其他富裕阶层一样富裕和平等,要么继续做工人,很快就沦为单纯的劳动者。人类事务中的这一巨大变化被称为工业革命。从大不列颠开始,它在19世纪传遍了全世界。

随着工业革命的进行,雇主和雇员之间出现了巨大的鸿沟。在过去,每个制造业工人都有希望成为一个独立的雇主。即使是巴比伦和罗马的奴隶工匠也受到法律的保护，使他们能够赎买自由和自己开业。但现在，以一个工人口袋中的积蓄来衡量，工厂及其发动机和机器变成了一个庞大而昂贵的东西。有钱人不得不联合起来创办一家企业，贷款和设备，也就是说，需要"资本"。"为自己创业"不再是工匠正常的希望。从此以后，这个工人从摇篮到坟墓都只能是工人。除了那些资助贸易公司、把钱借给贸易公司和国家的地主和商人，现在还出现了这种新的工业资本的财富——一种国家的新的权力。

关于这些开端怎样发展起来，我们将在后面讲述。工业革命对这些国家的直接影响便是，造成了越来越多的没有话语权、没有组织性、财产逐渐减少的普通人的巨大而痛苦的转变和动摇。被《圈地法》破坏和驱逐的小型耕作者和农民，漂移到新的制造业地区，在那里，他们加入了工厂里贫困潦倒的工匠的家庭。一座座肮脏的房子组成的大城镇诞生了。似乎没有人清楚地注意到当时正在发生什么。"私营企业"的关键是只管好自己的经营，不计后果地争取最大的利润。为了容纳尽可能多的机器和工人，丑陋的大工厂建立起来，建造得尽可能的便宜。它们的周围便是工人聚居的住宅，这些房屋以最低的价格建造，没有空间，没有隐私，几乎不像样，而且以最高的租金出租。这些新的工业中心起初没有学校，没有教堂……

18世纪最后几十年的英国绅士读了吉本的第三卷，暗自庆幸随着这种新的野蛮主义的成长，随着他的同胞变成某种黑暗和绝望的东西，自己从此以后对野蛮人不再认真地恐惧有野蛮人高速前进，轻易来到他的门前了。

33. 美洲和法兰西的新式民主共和国

33.1 大国体制的麻烦

大约一个半世纪以前，当吉本祝贺世界上那些受过良好教育的文雅人士，告诉他们伟大的政治和社会灾难的时代已经过去时，他忽略了许多迹象，而这些迹象是我们"凭借已有事实的智慧"可以告诉他的，它们预示着比他预见到的任何灾难和混乱要严重得多的动乱。我们已经讲述了16世纪和17世纪的王侯们为争取地位和优势而进行的斗争，随着18世纪的推移，如何发展成为外国官员们伪装成理想化的"列强"而进行的更为狡猾和复杂的斗争。复杂而虚伪的外交艺术发展了起来。"君主"不再是一个孤单的秘密的马基雅维利阴谋家，而仅仅是马基雅维利式阴谋的加冕的象征。普鲁士、俄国和奥地利攻陷并瓜分了波兰。法国受挫于西班牙的阴谋。英国在美洲战胜了"法国图谋"，获得了加拿大，且在印度也打败了法国。然后一件不同寻常的事情发生了，这是一件让欧洲外交非常震惊的事情。在美洲的英国殖民地断然拒绝进一步参与这场"列强"的游戏。他们反对说，他们在这些欧洲计划和冲突中没有发言权，也没有很大的利益，因此他们拒绝承担这些外交政策带来的税务负担的任何部分。"没有代表权就征税是暴政"，这是他们的主导思想。

当然，在这些麻烦开始的时候，这个分离的决定并没有完全从美国人的脑海中闪现出来。在18世纪的美国，就像在17世纪的英国一样，普通人完全愿意把外交事务交给国王和他的大臣们。但是，普通人也有同样强烈的愿望，希望在他们的日常追求中既不被征税，也不被干涉。这些是互不相容的愿望。普通人不能逃避世界政治，同时享有个人自由，但是他们花了无数代人才懂得这一点。因此，美国人反抗英国政府的第一个动力，仅仅是对"外交政策"必然带来的税收和干涉的怨恨，而没有明确认识这种反对所涉及的内容。只有当起义完成时，美洲殖民地的人民才最后清楚地认识到，他们已经否定了强权的人生观。这种否认的表达是华盛顿"避免卷入同盟关系"的训诫。在整整一个世纪的时间里，作为美利坚合众国获得解放和独立的大不列颠在北美的联合殖民地与欧洲外国办事处血腥的阴谋和冲突完全分开。不久之后（1810—1823），他们能够将他们超然的原则扩展到欧洲大陆的其他地方，并且使所有的新大陆成为旧世界阴谋诡计的扩张主义者"禁入"的地区。最终，在1917年，他们被迫重新进入世界政治的舞台时，他们带来新的精神和新的目标，将他们超然的原则带入国际关系的纠结中去。然而，他们并不是第一批袖手旁观的人。自1648年的《威斯特伐利亚和约》以来，位于山脉边缘的瑞士联邦各州一直保持着被排除在国王和帝国计划之外的权利。但是，由于北美洲各国人民现在发挥着越来越重要的作用，在我们的历史上占有一席之地，我们最好对他们的发展给予比我们迄今为止更多的关注。我们已经在前一章的第8节中粗略地叙述了这个故事。现在，我们将更加全面地——尽管仍然是在最粗略的轮廓上——讲述这些殖民地是什么，它们的顽抗令大不列颠国王和大臣们在与其他人类的外交博弈中感到如此不安。

33.2 反抗前的13个殖民地

从18世纪上半叶英国在美洲的殖民地范围可以看出，殖民地只是沿海岸的一条人口边缘，逐渐向内陆蔓延，在阿勒格尼山脉和蓝山地区发现了一道非常严重的屏障。其中最古老的定居点是弗吉尼亚殖民地，这个名字是为了纪念英格兰童贞女王伊丽莎白的。第一次在弗吉尼亚建立殖民地的远征是1584年由沃尔特·雷利组织的，但当时并没有永久的定居点；弗吉尼亚真正的起源是1606年詹姆斯一世统治时期（1603—1625）的弗吉尼亚公司。约翰·史密斯和弗吉尼亚州早期创始人的故事，以及印第安"公主"波卡洪塔斯如何与他的一位绅士结婚的故事是一部英国经典。在种植烟草的过程中，弗吉尼亚人发现了繁荣的开端。在弗吉尼亚公司成立的同时，普利茅斯公司获得了在长岛湾北部定居的许可证，英国人宣称此地为它所属。但是，直到1620年，北部地区才获得可以居住的许可证。北部地区（新英格兰）的定居者，也就是后来的康涅狄格州、新罕布什尔州、罗得岛州和马萨诸塞州的定居者，与弗吉尼亚人来说是不同的。他们是新教徒，不满于英国圣公会的妥协，是有共和精神的人，一定会抵抗詹姆斯一世和查理一世的大君主制。

他们的先驱船是五月花号，先驱们在1620年建立了新普利茅斯。主要的北方殖民地是马萨诸塞州。宗教方法和宽容思想的差异导致了另外三个清教徒殖民地与马萨诸塞州的分离。它说明了在那个时代所做的事情的标准，整个新罕布什尔州被声称属于某个名叫约翰·梅森的船长，他提出把它出售给国王（1671年，国王查理二世），以换取免税进口300吨法国葡萄酒的权利——这一提议遭到拒绝。现在的缅因州就是被马萨诸塞州以1250英镑从所谓的所有者手中买下的。

在以查理一世被斩首而结束的内战中，新英格兰同情议会，弗吉尼亚是骑士党拥趸；但是这些定居点相距250英里，它们之间并没有发生严重的敌对行动。随着1660年王朝复辟，英国在美洲的殖民活动得到了蓬勃发展。查理二世和他的同伙贪得无厌，英国王室不想在国内进行任何进一步的非法征税试验。但是，由于殖民地与英国王室和英国政府之间的关系不明确，似乎在为跨越大西洋进行金融冒险提供希望。种植园和专属殖民地迅速发展起来。1632年，巴尔的摩勋爵已经在弗吉尼亚州的北部和东部用马里兰这个迷人的名字建立了一个殖民地，为天主教徒提供宗教自由；现在，贵格会信徒佩恩（其父亲曾为查理二世提供了有价值的服务）在费城北部定居，并建立了宾夕法尼亚殖民地。它与马里兰州和弗吉尼亚州的主要边界是由梅森和狄克逊两个人划定的，他们的"梅森和狄克逊线"注定要成为美国后来事务中一条非常重要的线。卡罗来纳州最初是由一个不成功的法国新教机构建立，它的名字不是来自英格兰的查理二世，而是来自法国的查理九世。在马里兰和新英格兰之间有许多荷兰和瑞典的小定居点，其中最主要的城镇是新阿姆斯特丹。这些定居点在1664年被英国人从荷兰人手中夺取，在1673年再次失守，并在1674年荷兰和英国缔结和约后得以收复。因此，从缅因州到卡罗来纳州的整个海岸都以某种形式成为英国的领地。

1732年，一位来自英国的慈善家奥格尔索普在萨凡纳定居下来，他同情那些因为债务而被囚禁在英格兰的可怜人们，并从监狱中救出了其中一些人，使他们成为一个新殖民地——乔治亚的建立者，这个殖民地将成为抵抗西班牙的堡垒。因此，到了18世纪中叶，美国海岸线沿线有了这些定居点：新英格兰的清教徒和自由新教徒群体，缅因州（属于马萨诸塞州），新罕布什尔州，康涅狄格州，罗得岛州和马萨诸塞州；从荷兰人手中夺来的殖民地，现在分为纽约（新阿姆斯特丹的重新命名），新泽西州和特拉华州（属于瑞典人，之前是荷兰的殖民地，最早属于英国时附属于宾夕法尼亚州）；然后是天主教的马里兰州，弗吉尼亚州，卡罗来纳州（分为北部和南部）和奥格尔索普的乔治亚州。后来，许多泰罗尔新教徒在乔治亚州避难，一大批优秀的德国耕种者移民到宾夕法尼亚州。

这就是13个殖民地各种各样的来源；在1760年，一个不偏不倚的观察者会认为它们之间的紧密联系是非常微不足道的。除最初的原产地差异之外，新的差异是由气候造成的。梅森和狄克逊分界线以北的农业主要按照英国和中欧的方式由自由的白人耕种。新英格兰的定居地与英国的乡村有些相似。宾夕法尼亚州相当多的地区发展出了类似于南德的田地和农舍。北方与众不同的环境对社会产生了重要影响。雇主和工人必须像边远地区的居民一样一起劳动，并在这一过程中实现平等。他们开始时并不是平等的，五月花号的花名册上提到了许多"仆人"。但是在殖民地的条件下，他们很快就变得平等起来。例如，有一大片土地可以拿走，于是"仆人"逃走，就像他的主人一样占有了土地。英国的阶级制度消失了。在殖民地条件下，出现了"身心两方面的能力"的平等，以及个人判断的独立性，这种独立性不受英国的干涉。但是在梅森和狄克逊分界线以南，烟草开始生长，温暖的气候鼓励了集体劳工建立种植园。他们曾试用红种印第安人俘虏，但后来发现他们容易袭击其他人；克伦威尔将爱尔兰战俘送到弗吉尼亚，这在很大程度上使保皇派种植园主与共和主义和解；罪犯被送出监狱，大量儿童被绑架，这些儿童被"偷偷带到"美洲，成为学徒或奴隶。但是，最方便的集体劳动形式被证明是黑奴劳动形式。早在1620年，第一批黑人奴隶就被一艘荷兰船运到了詹姆斯敦。到1700年，黑人奴隶分散在各州，但弗吉尼亚州、马里兰州和卡罗来纳是他们使用黑奴的主要地区。北部的社区是既不非常富裕也不非常贫穷的农民社会，南部发展成为一种大型的所有者和一个靠奴隶劳动维持的由监工和职业人员组成的白人社区。奴隶劳动对于南方的社会和经济制度来说是必要的；在北方，奴隶的存在是不必要的，而且在某些方面是不方便的。因此，对奴隶制的良心上的顾忌在北方的氛围中更加自由地发展和繁荣起来。当我们开始思考美国民主的困惑时，我们必须回到奴隶制在世界上的复兴这个问题上来。在这里，我们只是把它看作是英国殖民地混杂情况中的一个附加因素。

但是，如果说13个殖民地的居民的出身各不相同，他们的习惯和同情心也各不相同，那么他们有三个非常强烈的对抗是共同的。第一，他们对反对红种印第安人有共同的利益。第二，有一段时间，他们共同担心法国的征服和统治。第三，他们都与英国王室的要求和支配英国议会和英国事务的狭隘寡头政治在商业上的自私相冲突。

到目前为止，第一个危险，印第安人是一个持续的祸害，但从来没有超过灾难性的威胁。他们仍然对自己意见不一。然而，他们已经表现出在一个更大的规模上结合起来的可能性。易洛魁人的五个民族是一个非常重要的部落联盟，但是它从未成功地利用法国人和英国人之间的对抗来确保自己的安全，在这些新世界的游牧民族中也从未出现过红种印第安人的成吉思汗。法国的侵略是一个更严重的威胁。法国人从未在美国建立与英国人竞争的大规模殖民地，但是他们的政府却以一种可怕的系统方式对殖民地进行包围和征服。美国的英国人是殖民者，法国人是探险家、冒险家、代理人、传教士、商人和士兵，只有在加拿大，他们才扎根。法国政治家们审视着地图做着梦，他们的梦想在我们的地图上可以看到：从五大湖向南延伸的堡垒链，向北延伸到密西西比河和俄亥俄河。法国和英国的斗争是一场世界性的斗争。胜负取决于印度、德国和公海。在1763年的《巴黎和约》中，法国把加拿大给了英国，把路易斯安那交给了衰落中的西班牙无能懒惰者的手上。这是法国对美洲的彻底放弃。法国危险的解除使殖民地居民不受阻碍地面对他们的第三个共同对手——祖国的王室和政府。

33.3 强加于殖民地的内战

我们在前一章中已经提到，在整个18世纪，大不列颠的统治阶级如何稳步地获得平民土地，摧毁了它们的自由，以及新的工业革命是如何贪婪和盲目地产生的。我们也注意到由于英国下议院的代议方法的衰败，上院和下院是怎样变成了大地主政府的工具的。这些大财主和国王都对美洲深感兴趣；前者是私人冒险家，后者一方面代表着对斯图亚特国王的投机性开拓，另一方面代表着国家为外交政策寻求资金。无论领主还是王室都不愿意把殖民地的商人、种植者和普通百姓看得比他们在国内对自耕农和小农更重要。实际上，大不列颠、爱尔兰和美国的平民的利益是一样的。每一个都被同一个制度压迫着。但是在英国，压迫者和被压迫者紧密地联系在一起，形成一个密切的社会体系，而在美国，王权和剥削者则远在天边，人们可以团结起来，形成一种共同的意识，对抗他们共同的敌人。

此外，美国殖民者还有一个重要的优势，就是在其殖民地的议会或立法机构中拥有一个独立的、合法的抵抗英国政府的机构，这是管理地方事务所必需的。英国的普通民众被欺骗了，被剥夺了在下议院的适当代表权，对于他们的不满，他们没有组织，没有表达和采取行动的中心。

对读者来说，要考虑到殖民地的多样性，很明显，这里存在着无休止的争端、侵略和反侵略的可能性。殖民地和英国之间的矛盾发展的故事，对于这部大纲来说，是一个太复杂、太微妙、太冗长的故事。将这些不满主要集中在三个方面就足够了：试图为英国冒险家或英国政府获得开发新土地的利润；有系统地限制贸易，旨在使殖民地的对外贸易完全掌握在英国人手中，这样殖民地的出口货物全部经由英国，且在美洲只能使用英国制造的货物；最后试图通过拥有帝国的最高征税权的英国议会向殖民地征税。在这种烦人的三重体系的压力下，美国殖民者被迫进行了大量艰难的政治思考。像帕特里克·亨利和詹姆斯·奥蒂斯这样的人开始讨论政府和政治联合的基本思想，就像他们在克伦威尔共和国那个伟大的时代在英国所讨论的那样。他们开始否认王权的神圣起源和英国议会的至高无上地位，并且詹姆斯·奥蒂斯在1762年说：

"上帝让所有人生来平等。

"世俗的优越感是来自教育的，而不是与生俱来的。

"国王是为人民的利益而设的，人民不是为国王的利益而生的。

"任何政府都无权奴役其人民。

"尽管大多数政府事实上是专制的，因此也是对人性的诅咒和诽谤，但没有一个政府在法律上是专制的。"

其中一些命题影响深远。

美国人政治思想的发酵开始于英国潜移默化的影响。约翰·洛克（1632—1704）是一位非常具有影响力的英国作家，他的《关于公民政府的两篇论文》可以作为近代民主思想的出发点。他是克伦威尔时一个士兵的儿子，在共和政权崛起时期，他在牛津的基督教堂接受教育，他在荷兰流亡了几年，他的作品是早期共和时期的大胆政治思想与美法两国革命运动之间的一座桥梁。

但是人们并没有根据理论开始行动。总是因为某种真正的危险、某种实际的必要性，行动才会产生；只有在行动破坏了旧的关系，产生了一种新的、令人困惑的事态之后，理论才有了自己的作用。然后就是将理论付诸检验。1763年合议之后，英国议会顽固地决定对美洲殖民地征税，这将殖民者之间的利益和思想分歧发展为一场战争。英国当时处于和平状态，并为取得的胜利感到得意，这似乎是一个与这些顽固不化的殖民者算账的绝佳机会。但是英国大财产的所有者，在他们自己之外找到了一种力量，这种力量与他们的思想大致相同，只是在目的上有点分歧——这种力量就是复兴中的王权。国王乔治三世于1760年开始统治，他决心要比他的两位德国前任更像一位国王。他会说英语；他声称"以不列颠人之名为荣"——对于一个血管里没有一点英格兰、威尔士或苏格兰血统的人来说，这的确是个不错的名字。在他看来，在那些不明确特许状或根本没有特许状的美洲殖民地和海外领地，国王可以要求他们承认他的权威，并获得英国强大而嫉妒的贵族所绝对拒绝给予的资源和权力。这使许多辉格党贵族倾向于同情殖民者，否则他们是不会表现出这种同情的。他们不反对为了英国"私人企业"的利益而剥削殖民地，但他们非常强烈地反对通过这种剥削来加强王权，使国王不久后独立于他们自己。

因此，爆发的这场战争实际上并不是英国人民和殖民者之间的战争，而是英国政府和殖民者之间的战争，有一批辉格党贵族和相当数量的英国公众是支持后者的。1763年以后的一个早期举措是试图通过要求报纸和各种各样的文件盖上印章,来增加英国在殖民地的收入。这种做法遭到了坚决的抵制,英国王室受到了威胁后《印花税法案》被废止(1766年)。印花税的废除在伦敦受到的狂欢,甚至比那些在殖民地的人的庆祝还要热烈。

但是,印花税法案事件只不过是内战动荡潮流中的一个漩涡。英国政府的代表们有许多借口,在沿海地带来来往往,忙着维护他们的权威,这让英国政府难以忍受。士兵进驻殖民地是一件很令人讨厌的事。罗得岛州尤其积极地反抗贸易限制;罗得岛人是"自由贸易者"——也就是说是走私贩。政府的一艘纵帆船"加斯比"号在普罗维登斯搁浅,它遭到几艘小船上武装人员的袭击,他们登上了船将其占领,然后烧毁。1773年,在完全不顾现存的殖民地茶叶贸易的情况下,英国议会向东印度公司提供了将茶叶输入美国的特殊优惠。殖民者决定拒绝和抵制这种茶。

当波士顿的茶叶进口商表明他们坚决要让他们的货物上岸时,一群人伪装成印第安人,在广大群众面前登上了三艘茶叶船,把茶叶扔进了海里(1773年12月16日)。

1774年,双方的全部时间都用来为即将到来的冲突积聚力量。1774年春天,英国议会决定关闭波士顿的港口以示惩罚。除非它接受那种茶,否则它的生意就毁了。这是损害帝国的有愚蠢的"坚定性"的一个非常典型的例子。为了执行这项措施,英国军队在盖奇将军的指挥下集中在波士顿。殖民者采取了对策。第一届殖民地国会于9月在费城召开,有十二个殖民地派代表出席:马萨诸塞州、康涅狄格州、新罕布什尔州、罗得岛州、纽约州、新泽西州、宾夕法尼亚州、马里兰州、特拉华州、弗吉尼亚州,以及南北卡罗来纳。佐治亚州没有出席。忠实于英国最好的传统,大会通过《权利宣言》记录了它的态度。实际上,这个国会是一个起义的政府,但直到1775年春天还没有打仗。接着便有了第一次流血。

其中两位美国领导人，汉考克和塞缪尔·亚当斯，被英国政府认定为叛国罪要予以逮捕和审判；得知他们在距离波士顿约11英里的列克星敦，1775年4月18日晚上，盖奇出兵去逮捕他们。

那是一个历史性的夜晚。他们发觉了盖奇部队的行动，波士顿一座教堂的塔楼上亮起了信号灯，两个人——道斯和保罗·里维尔，乘船偷偷地穿过后湾，骑上马去警告乡民。英国人也渡了海，当他们在夜晚向列克星敦行进时，信号炮和教堂钟声在他们面前响起。当他们在黎明时分进入列克星敦时，他们看到一小队人按军队整编起来。似乎是英国人先开火的。接着是一声枪响，然后是枪声齐发，显然那一小撮人没有任何回应就逃走了，只在村子的草地上留下8名死者，9名伤员。

然后，英国人继续前行10英里向康科德进军，占领了这个村庄，并在那里的桥上驻扎了一支队伍。探险队没能成功逮捕汉考克和亚当斯，这位英国指挥官似乎不知道下一步该怎么办。与此同时，殖民地的军队从四面八方赶来，桥上的哨兵发现自己遭到越来越多的来自树木和栅栏后面攻击者的射击。于是他们决定撤退到波士顿去。这是一次损失惨重的撤退。这个国家整个都已经揭竿而起了，整个上午殖民地人民都在聚集。这路两边都挤满了从岩石、篱笆和建筑物后面射击的狙击手。士兵们穿着鲜红色的制服，黄色的领子，白色的绑腿和领巾，在新英格兰晚春寒冷的颜色下，这一切显得格外鲜明。那天晴朗、炎热、尘土飞扬，他们已经被一场夜间行军搞得筋疲力尽。每隔几码就有一个人倒下，受伤或死亡，其余的人步履蹒跚地走着，或者停下来发出一阵无效的齐射。反击是不可能的。攻击他们的人潜伏着，无处不在。在列克星敦，有英国增援部队和两门大炮，经过短暂的休息后，在正常秩序下继续撤退。

英国人越过边境回到波士顿后，殖民者占领了他们在剑桥的住所，准备封锁这座城市。

33.4 独立战争

于是战争就这样开始了。这场战争并没有带来决定性的结局。殖民者没有一个易受攻击的首都，他们被分散在广大地区，后面是一片无边无际的荒野，因此他们有强大的抵抗力量。他们的战术很大程度上是从印第安人那里学来的；他们可以在散开的秩序下进行良好的战斗，并且可以攻击和摧毁行动中的部队。但是他们没有训练有素的军队可以在一场激烈的战斗中与英军抗衡，军事装备也很少；他们的征兵对持久的战役感到不耐烦，想回到他们的农场中去。另外，英国人有一支训练有素的军队，他们对海洋的控制使他们有能力在长长的美国东岸上下转移进攻。他们与世界和睦相处，但是国王却愚蠢而贪婪地干涉别人的事务，他青睐的将军们都是愚蠢的"强壮的人"或者出身名门的轻浮的人，而英格兰的中心并不在这方面。他更相信能够以封锁、袭击和困扰的方式降服殖民地居民，而不是彻底征服和占领这片土地。但是他们所采用的方法，特别是雇用仍然保留着"三十年战争"残酷传统的德国军队，以及使用折磨边远定居者的印第安辅助部队，与其说让美国人厌恶战争，不如说让他们对英国人更加厌恶。1775年，第二次国会赞同了新英格兰殖民者的行动，并任命乔治·华盛顿为美国总司令。1777年，伯戈因将军试图从加拿大前往纽约，但在哈德逊河上游的弗里曼农场被击败，他被包围，不得不率领全军在萨拉托加投降。这场灾难促使法国人和西班牙人站在殖民者一边参战。法国人派拉斐特将军到国家军队协助他们，他们的舰队做了很多工作，尽量减少了英国人在海上的优势。1781年,康华里将军在弗吉尼亚州的约克敦半岛被抓获,全军投降。英国政府现在陷入与欧洲的法国和西班牙的战斗,资源即将耗尽。

在战争开始的时候,殖民者一般似乎很少倾向于否定君主制而要求完全的独立,就像荷兰人在腓力二世的迫害和愚蠢的开始阶段一样。分立主义者被称为激进分子,就像我们今天在英格兰所说的那样,他们大多数是极端民主的,他们的先进观点吓坏了许多更稳定、更富有的殖民者,对他们来说,阶级特权和差别具有相当大的魅力。但在1776年年初,一个能干而有说服力的英国人,托马斯·潘恩,在费城出版了一本名为《常识》的小册子,对公众舆论产生了巨大的影响。按照现代标准,它的风格是辞藻华丽的,"被杀者的鲜血,大自然的哭泣声呼喊着,是到了'该分离'的时候了",等等。但是它的影响非常巨大,它使成千上万的人认识到分离的必要性。舆论的转变,一旦开始,就是迅速的。

直到1776年夏天,国会才采取了不可撤销的步骤,宣布分立。《独立宣言》是由托马斯·杰斐逊起草的,它是英国人制作的对人类有独特贡献的又一个典范性文件,经过多次修改,它成为美利坚合众国的基本文件。杰斐逊的草案有两个值得注意的修正案——他强烈谴责奴隶贸易,并指责英国政府干涉殖民者结束奴隶贸易的企图。这句话被否决了,同样,还有一句关于英国人的话被删除:"我们必须努力忘记我们以前对他们的爱……我们本可以一同成为自由而伟大的人民。"

1782年年底,英国承认美国完全独立的条约的初步条款在巴黎签署。战争在1783年4月19日宣告结束,正好是保罗·里维尔和盖奇的骑兵从康科德撤退到波士顿的8年之后。9月,《和平条约》终于在巴黎签署。

33.5 美国宪法

从人类历史的角度来看，13个州成为独立国家的方式远不如它们成为独立国家的这一事实重要。随着他们独立的成功，世界上出现了一种新的共同体。它就像刚从鸡蛋里孵出来的东西。这是一个已经从帝国和基督教世界的最后痕迹中挣脱出来的西欧文明，它没有留下任何君主制的痕迹，也没有任何国教。它没有公爵、王子、伯爵，也没有任何宣称拥有支配地位或作为一项权利受到尊重的头衔持有者，甚至它的统一也仅仅是为了防御和自由的统一。在这些方面，这是一个全世界从未见过的政治组织的空白的开端。特别值得注意的是，它没有任何具有约束力的宗教纽带。它有多种形式的基督教，这个国家的精神无疑是基督教的；但正如1796年的一份国家文件明确宣布的那样，"美国政府在任何意义上都不是建立在基督教之上的。"事实上，这个新的社会已经走到了人类社会最基本的地步，它正在这些基础上建立一种新的社会和一种新的国家。

这里大约有400万人分散在广阔的地区，他们用缓慢而困难的方式进行交流，虽然还很贫穷，但他们拥有无限财富的潜力，人们开始在现实中大规模地进行建设，就像22个世纪以前的哲学家们在想象和理论上所做的那样。

这种情况标志着人类从先例和惯例中解脱出来，并且朝着有意识地重建环境以适应其需要和目标迈出了明确的一步。这是一种在人类事务中具有实用性的新方法。欧洲的现代国家是慢慢地、无计划地从先前的事物中逐渐演变出来的，美国是经过计划缔造的。

然而，在一个方面，这个新国家的创造性的自由受到非常严重的限制。这种新型的社会和国家并不是建立在一个清理干净了的地方。它甚至不像一些后来的雅典殖民地那样坦率地是人为的，它们从母城出发，以全新的宪法规划和建立全新的城邦。战争结束时，美国13个殖民地都有了宪法，要么是像康涅狄格州和罗得岛州那样来源于最初的特许状（1662年），要么像其他州的宪法一样，在冲突期间重新制定了英国州长在行政管理中发挥了很大作用的宪法。但是，我们可以把这些重构看作是一般建设性努力中的有益贡献和实验。

谈到这种努力，某些想法显得非常突出。一个是政治和社会平等的理念。这个观点，我们在佛陀和耶稣之间的时代看到它作为一个极端的、几乎不可思议的观点出现在世界上，现在在18世纪晚期被断言为人类关系的一个实际标准。弗吉尼亚州的基本声明是这样说的："所有人生来平等自由和独立"，它继续详述他们的"权利"，并主张所有地方行政官和州长只不过是公共福利的"受托人和仆人"。所有人都平等地享有信仰自由的权利。按这种宣言来说，国王、贵族、"天生的奴隶"、神王和神都从中消失了。大多数州都为政府制作了类似的序言。美国的《独立宣言》说，"人人生而平等。"用18世纪的术语宣称，新的社区——用我们在前一章中介绍的措辞来说——是一个意愿的共同体，而不是一个服从的共同体。但是那个时代的思想家有一个相当笨拙的说法，他们想象了一种个人对公民身份的选择和赞同，而这事实上从未发生过——即所谓的社会契约。例如，《马萨诸塞州宪法》序言声称，本州是一个自愿的联合，"通过这种联合，全体人民与每个公民、每个公民与全体人民签订契约，为了共同利益，所有人都应受某种法律的管辖。"

现在很明显，这些基本说法大多是非常有问题的说法。人不是生来平等的，他们也不是生来就自由的；他们生来就是一群形形色色的人，生活在一张古老而复杂的社会网络中。也没有人被邀请去签订社会契约，或者如果签不成，就离开独自生活。这些陈述，从字面上解释，是如此明显的错误，以至于让人不可能相信，制造这些陈述的人有意从字面上解释它们。他们创作这些作品是为了表达某些难以捉摸却极其重要的思想——这些思想经过一个半世纪的思考后，世人才能够更好地将它表达出来。文明，正如这个大纲所指出的，作为一个服从的共同体出现，本质上是一个服从的共同体，但一代又一代这种精神被祭司和统治者滥用，来自森林、公园和草原的专横意志不断涌入。人类的精神终于完全反抗了对普通生活的盲目服从，它正在寻求——起初它是非常笨拙地寻求——一种新的生活，这种更好的文明也应该是一个意志共同体。为了达到这个目的，每个人都应该被当作自己的君主，他的地位应该是平等的伙伴而不是奴隶。他的真正用途，他的真正重要性取决于他的个人品质。

这些美国政治的缔造者们试图用一种极其简单粗暴的方法来确保这个意愿共同体的安全。考虑到美国的情况，他们当时给予的选举权的范围是非常广泛的。不同州的情况各不相同，最大的特权是在宾夕法尼亚州，那里每个成年男性纳税人都投票。但是，与英国相比，到18世纪末，整个美国已经接近于每个成年男性都有选举权。那些美国的缔造者们也做出了努力以确保普及教育的广泛传播，尽管在他们那个时代是相当大的努力，但是以更现代的标准来看是微不足道的。公民关于国内外正在发生的事情的信息，他们显然毫无疑虑地丢给了公众集会和私营的印刷厂。

各州宪法以及整个美国宪法是一个非常错综复杂的故事，我们只能在这里以最概括的方式处理它。现代观点中最值得注意的一点是对女性公民身份的漠视。美国社会是一个简单的、大部分是农业的社会，大多数妇女已经结婚，她们应该由她们的男性代表似乎是很自然的。但是新泽西州允许一些妇女依据财产参与投票。另一个引起极大兴趣的问题是，几乎所有国家都决定按照英国上议院和下议院的模式，设立两个执政大会，相互批准或牵制对方。只有宾夕法尼亚州只有一个代表议会，这被认为是一个非常危险和极端民主的事情。除了认为立法应当既缓慢又稳当，很难确定这种"两院制"安排的任何必要性。这似乎是18世纪宪法规划者的一种风尚，而不是一种合理的必要的事。英国的两院制历史悠久；上议院，最初的议会，是一个由"名人"，即王国的领导者们组成的集会；下议院是由市民和小地主选举出的代言人这个新的因素产生的。在18世纪，人们有点过于仓促地认为，大众会产生狂野的冲动，所以需要牵制；舆论支持民主，但不管它是上坡还是下坡，民主的刹车总是有力的。因此，所有的上层社会都带有一种精挑细选的味道，他们是在更有限的选举资格上当选的。这种把上议院作为殷实人的堡垒的想法，对现代思想家的吸引力不如对18世纪的人那样强烈。但是另一种形式的两院制思想仍然有它的拥护者。他们建议，一个社会可以从两个角度考虑它的事务是否有利：一个是通过选举出来代表贸易、工业、专业、公共服务等的机构，即代表职能机构的角度；另一个是通过选举而出，代表社会机构的角度。对于前者的成员，将按照他的职业选举，而对于后者的成员，则按照他的居住地区选举。

他们指出，英国上议院实际上是一个代表功能的机构，其中土地、法律和教会无疑是不按比例出代表的，但在其中，工业、金融、重大的公共服务、艺术、科学和医药，也找到了它们的位置；并且英国下议院在其参考中纯粹以地区为据。英国甚至有人建议，应该从大型工业工会的领导人中选出"劳动贵族"。但这些都是超出我们目前范围的推测。

美国中央政府起初是一个非常软弱的机构，是一个由13个政府的代表组成的国会，由某些邦联条例组成。这个国会只不过是一个独立自主的代表的会议，例如，它对每个州的对外贸易都没有控制权，它无权自行铸钱或征税。当美国首任驻英大使约翰·亚当斯前去与英国外交大臣讨论一项商业条约时，被要求派出13名代表，每个有关州各派一名代表。他不得不承认自己没有能力做出有约束力的安排。英国立即从首相的层级出发开始同各州分别打交道，由于国会无法有效地对这些地区进行管理，他们在美国境内保留了一些在五大湖区的据点。在另一个紧急问题上，美国国会也同样软弱无力。在这13个州的西部，有着广阔无垠的土地，越来越多的定居者正在向这些土地涌去。每个州郡声称有权无限制地向西扩张。对于每一个头脑清醒的人来说，显而易见的是，这些权利主张的冲突从长远来看必然导致战争，除非中央政府能够负责分配。中央政府的软弱，缺乏集中，变得如此不便和如此明显的危险，以至于有一些关于君主制的秘密讨论，通过国会主席、马萨诸塞州的内森尼尔·戈勒姆，被阿尔贝特·威廉·海因里希，腓特烈二世的兄弟，接触到了。最后，1787年在费城召开了一次制宪会议，在那次会议上，现行的美国宪法被制定出来。在这期间的几年里，美国在精神上发生了巨大的变化，人们普遍认识到团结统一的需要。

起草邦联条例时，人们想到了弗吉尼亚人、马萨诸塞人、罗得岛人，等等；但现在出现了一个新的概念，即"美国人民"。现在成立的新政府，包括执行总统、参议员、国会议员和最高法院，被宣布为"美国人民"的政府。它是一个综合体，而不仅仅是一个议会。它说的是"我们人民"，而不是弗吉尼亚州的李（Lee）强烈抱怨的"我们各州"。这将是一个"联邦"政府，而不是邦联政府。

新宪法被一个州一个州地批准了，1788年春，第一届国会在整个独立战争期间担任总司令的乔治·华盛顿总统的领导下按照新的宪法在纽约召开。当时宪法经过了相当大的修改，在波士顿河旁的华盛顿被选为联邦首都。

33.6 美国宪法的原始特征

在前面的章节中，我们把罗马共和国以及它混合了黑暗迷信和原始野蛮的现代特征，描写为尼安德特人对现代民主国家的预期。总有一天，人们会认为美国宪法的设计和结构在政治上等同于新石器时代人类的工具和发明。它们已经很好地为它们的目的服务了，在它们的保护下，美国人民已经发展成为世界上最优秀、最强大、最文明的社会之一；但是，没有理由因此认为美国宪法比笼罩在纽约许多大道上的街道铁路模式，或者仍然盛行于费城的优秀而朴素的住宅建筑模式，更加终极和不可改变。政治上的设计也在发挥作用，它们有自己的缺点，但它们可以改进。我们的政治设计，就像我们的家庭和机械设计一样，需要随着知识和理解的增长而不断修正。

自美国宪法制定以来，我们的历史观和集体心理学知识经历了长足的发展。我们开始在18世纪的人们视而不见的政治问题上看到许多东西；而且，尽管他们的建设性倾向与以前的政治创造有关，显示出他们是勇敢的，但远不及我们今天认识到的在地球上建立一个文明意志共同体这一伟大的人类问题要得到解决所需要的勇气。他们认为很多事情都是理所当然的，现在我们知道需要对这些事情进行最严格的科学研究和最仔细的调整。他们认为只需要设立学校和学院,授予土地进行维护,然后就可以任其发展了。但是,教育不是一种能在任何土壤中茁壮成长的杂草,而是一种必需的、脆弱的作物,它很容易枯萎和退化。现在我们知道,大学和教育机器欠发达就像大脑和神经欠发达,它们阻碍着社会身体的整体发展。按照欧洲的标准,按照迄今为止存在的任何一个国家的标准来看,美国的普通教育水平很高;但是按照可以达到的标准来看,美国是一个没有受过教育的国家。那些美国的缔造者们也认为,他们必须放开媒体,每个人才会生活在光明之中。他们没有意识到,由于与广告商的关系,新闻自由可能会形成某种气质上的腐败,而大型报纸经营者可能会成为舆论的掠夺者,成为有着良好开端的无知破坏者。最后,美国的缔造者对操纵选票的复杂性一无所知。选举这整个学问超出了他们的知识范围,他们完全不知道必须用转移的投票机制阻止专门组织的选举"操纵",他们采用的粗糙和僵化的方法使他们的政治系统成为巨大的政党机器的猎物,剥夺了美国民主一半的自由和大部分的政治灵魂。政治变成了一种交易,一种非常卑鄙的交易。在第一个伟大时期之后,体面而有能力的人脱离了政治,专注于"商业",我在别处所称的"国家意识"衰落了。私营企业占领着许多共同关心的事务,因为政治腐败使集体企业不可能存在。

然而,美国革命时期创造的伟大政治制度的缺陷并没有一下子显现出来。对于几代人来说,美国的历史是一个快速扩张的历史,充满了自由和家庭的幸福,以及充满奋斗活力的工作,这在全世界都是无法比拟的。在过去的一个半世纪里,尽管美国经历了许多朝向不平等方向的逆行,尽管经历了许多粗糙和浮躁,但美国的历史仍然和其他任何一个当代人的历史一样辉煌和值得尊敬。

富兰克林

在这篇关于美利坚合众国创立的简短叙述中,我们只能提到一些伟人的名字,他们在人类历史上创造了这一新的起点。我们偶尔提到过或者我们甚至还没有提到过他们的名字,比如托马斯·潘恩、本杰明·富兰克林,帕特里克·亨利、托马斯·杰斐逊,亚当斯表兄弟们、麦迪逊、亚历山大·汉密尔顿,还有乔治·华盛顿。很难将一个历史时期的人与另一个历史时期的人相比较。一些作家,甚至是美国作家,对欧洲宫廷人为的壮观印象深刻,对腓特烈二世或叶卡捷琳娜大帝的俗气和破坏性的功绩印象深刻,因而对这些美国缔造者的朴素的东西表现出一种势利的羞耻。他们觉得本杰明·富兰克林,留着长发,穿着朴素的衣服,举止幽默,在路易十六的宫廷里可悲地缺乏贵族的气质。但是从他们的人格来看,路易十六几乎没有足够的天赋或高尚的头脑来做富兰克林的贴身男仆。如果说人类的伟大是阔绰和光辉的问题,那么毫无疑问,亚历山大大帝就是人类人格伟大的顶点。但这就是伟大吗?一个伟大的人难道不是应该在一个伟大的位置上,或者在一个伟大的机会中——伟大天赋不过是一个伟大的机会——用一颗谦卑的心服侍上帝和他的同伴吗?而且相当多的这些革命时期的美国人确实表现出了很多无私和奉献的精神。他们是有局限的人，容易犯错误的人，例如，华盛顿明显是一个懒惰的人。但总的来说，他们似乎更关心他们正在创造的共和国，而不是任何个人目的或个人虚荣心。

华盛顿

他们都是有局限性的人，他们的知识和观点是有限的，他们受到时代的限制。他们中间并没有完美的人，像我们所有人一样，他们也是动机复杂的人，好的冲动在他们的头脑中产生，伟大的思想在他们脑海中掠过，他们也可能是嫉妒的、懒惰的、固执的、贪婪的、恶毒的。如果一个人要写一部真实的、完整的、独特的美国历史，那么这部作品就必须以慈悲和高昂的情绪写成一部辉煌的喜剧。除此之外，我们都不会发现美国故事中丰富而曲折的人道精神能如此细致地展现在奴隶制的问题上。与一般劳工问题有关的奴隶制，是对世界历史上这个新灵魂即美国灵魂的考验。

美洲的奴隶制历史在欧洲人到达之后没多久就开始了，没有一个去到美洲的欧洲人可以说在这件事上是完全无辜的。在德国仍然是欧洲道德上的替罪羊的时候，我们不妨注意到，德国在这方面的记录是最好的。几乎是第一次直言不讳地反对黑人奴隶制的言论来自宾夕法尼亚州的德国定居者，但是这个德国移民是在种植园地带以北的温暖的农村地区与自由劳动者一起工作的，在这件事上他并没有受到严重的诱惑。美国的奴隶制始于奴役印第安人，使他们在矿场和种植园里从事集体作业。令人好奇的是，拉斯·卡萨斯确实是一个非常善良和富有人情味的人，他敦促应该把黑人带到美国来解救他手下受折磨的印第安人。西印度群岛和南方的种植园迫切需要劳动力。当印第安人俘虏的供应不足时，种植园主不仅转向黑人，还转向欧洲的监狱和救济院，以寻求劳动力。笛福的《摩尔·弗兰德斯》的读者将了解到在18世纪初，一个明智的英国人是如何看待弗吉尼亚白人奴隶制的。但是黑人来得很早。那一年（1620年），清教徒们在新英格兰的普利茅斯登陆，一艘荷兰单桅帆船在弗吉尼亚的詹姆斯敦卸下第一批黑人。黑人奴隶制和新英格兰一样长久；在独立战争之前，黑人奴隶制已经成为美国的一种制度长达一个半世纪。它还要继续斗争大半个世纪。

但是，殖民地那些有思想的人的良心在这件事上从来都没有舒服过，这也是托马斯·杰斐逊对大不列颠王室和贵族的指责之一，他们指责殖民者为了改善或限制奴隶贸易而做出的每一次尝试都受到了母国那些伟大的所有权利益集团的阻挠。随着革命在道德和思想上的发酵，黑人奴隶制问题正好成为公众良心的焦点。这种对比和挑战反映在脑海中。"人人生而自由平等"，《弗吉尼亚权利法案》这样写道，而在外面的阳光下，在监工的鞭子下，黑奴却在辛勤地劳作着。

它证明了自从罗马帝国体制在野蛮人的涌入下瓦解以来人类思想观念的巨大变化，这可能是一次心灵的探索。工业、生产和土地使用权的条件长期以来一直阻止集体奴隶制的复活；但是现在，却又周而复始了，占有者和统治阶级在矿山、种植园和大型公共工程中恢复这种古老的制度，可以立即获得巨大直接的好处。

尽管遭到了强烈的反对，它还是恢复了活力。从复兴伊始，抗议就开始了，而且越来越强烈。这种复兴与人类的新良知背道而驰。在某些方面，新的集体奴隶制比古代世界的任何奴隶制都要糟糕。特别可怕的是西非贩卖奴隶战争和对人类捕猎的挑衅，以及跨大西洋长途航行的残酷。这些可怜的"生物"在船上往往没有足够的食物和水，没有适当的卫生设施，没有药品。许多能够容忍种植园里的奴隶制度的人发现，奴隶贸易对他们的道德观念来说已经难以接受了。三个欧洲国家，英国、西班牙和葡萄牙，因为他们是美洲新土地的主要拥有者，主要与这个黑暗的事业有关系。其他欧洲大国之所以相对无罪，主要是因为它们受到奴隶制的诱惑较小。它们是相似的社会，在相似的情况下，它们的行为也会是相似的。

整个18世纪中叶，英国和美国都发生了一场反对黑人奴隶制的活动。据估计，在1770年，英国有15000名奴隶，大部分是奴隶主从西印度群岛和弗吉尼亚带来的。1771年，这个问题在英国曼斯菲尔德勋爵面前得到了结论性的检验。一个名叫詹姆斯·萨默塞特的黑人被他的主人从弗吉尼亚带到了英格兰，他逃跑了，被抓住了，然后被粗暴地带上一艘船送回弗吉尼亚。由于《人身保护法》，他从船上被救了出来。曼斯菲尔德勋爵宣布，奴隶制是英国法律所不知道的一种状况，一种"可憎的"状况，于是萨默塞特以自由人的身份走出了法庭。

1780年的马萨诸塞州宪法宣称"人生而自由平等"，一个叫作奎科的黑人在1783年对此进行了考验。在那一年，马萨诸塞州的土地变得像英国的土地一样，不能容忍奴隶制，踏上这块土地就能自由。当时，美国没有其他州效仿这一做法。在1790年的人口普查中，只有马萨诸塞州申报"没有奴隶"。

弗吉尼亚州的舆论状况是引人注目的，因为它揭示了南方各州的特殊困难。伟大的弗吉尼亚政治家，如华盛顿和杰斐逊，都谴责这个机构，但是因为没有其他形式的家政服务，华盛顿也拥有奴隶。弗吉尼亚州有一个支持解放奴隶的强大政党，但他们要求获得解放的奴隶在一年内离开该州，否则就不受法律保护。他们自然会感到震惊——一个自由的野蛮的黑人社会，其中许多成员出生在非洲，充满食人传统、秘密和可怕的宗教仪式的恶臭，可能会在弗吉尼亚的土地上在他们的身边兴起。当我们考虑这一观点时，我们可以理解为什么大批弗吉尼亚人倾向于在国内保留大批黑人作为奴隶，同时他们强烈反对奴隶贸易和从非洲进口任何新鲜血液。人们看到，自由的黑人可能很容易成为麻烦；实际上，马萨诸塞州很快就禁止他们入境……奴隶制问题，在古代世界通常不过是种族相同的个人之间的地位问题，而美国则混在一个不同的、更为深刻的问题之中，即人类两个极端相反的种族以及最对立的传统和文化类型之间的关系的问题。如果这个黑人是白人，那么毫无疑问，黑人奴隶制，就像白人奴役一样，将会在美国独立宣言一代人的时间内从美国消失，这是宣言中声明的自然结果。

33.7 法国的革命思想

我们已经把美国的独立战争说成是第一次从欧洲君主制和外交部门这一体系中脱离出来的伟大事件，又把它作为一个新社会对作为人类事务指导形式的马基雅维利政治的否定。在10年之内，对于这种奇怪的大国游戏——这种困扰欧洲的宫廷和政策之间的错综复杂的相互纠缠——发生了第二次，也是一场更加可怕的反抗。但是这一次，它并不是发生在边远地区的一次分裂。在欧洲的心脏和中心——君主立宪制的发源地法国，发生了第二次动乱。而且，不像美国殖民者只是简单地否认了一个国王，法国人追随英国革命的脚步，砍掉了一个国王的头。

就像英国革命和美国革命一样，法国大革命可以追溯到法国君主制的野心勃勃的荒谬行动上。大君主的强化计划、目标和设计，需要的战争装备支出超出欧洲当时的纳税能力。以当时的生产力来衡量，即使是君主制的华丽也付出了巨大的代价。在法国，就像在英国和美国一样，第一次抵抗并不是针对君主本身和他的外交政策本身，也没有明确承认这些事情是麻烦的根源，而只是针对它们给个人生活带来的不便和指责。由于贵族和神职人员的各种例外情况，法国的实际征税能力肯定比英国少得多，直接压在老百姓身上的负担更重。这使得上层阶级成为宫廷的同盟者，而不是像他们在英国那样成为宫廷的对手，从而进一步延长了浪费的时间；但当爆炸点最终到来时，爆炸会更加猛烈、更具破坏性。

在美国独立战争年间，几乎没有迹象表明法国即将爆发战争。下层阶级很苦恼，有许多批评和讽刺，有许多直言不讳的自由主义思想，但几乎没有迹象表明，这件事作为一个整体，包括所有的习俗、惯例和熟悉的不和谐，不会无限期地继续下去。它正在消耗超出其生产能力的资源，但到那时为止，只有有口难言的阶层感到困苦。历史学家吉本对法国了如指掌，巴黎对他来说和伦敦一样熟悉，但是在我们引用的文章中没有察觉到政治和社会分崩离析的日子即将到来。毫无疑问，这个世界充满了荒谬和不公，然而，从一个学者和一个绅士的角度来看，它是相当舒适的，而且似乎是相当安全的。

当时的法国有许多自由的思想、言论和感情。孟德斯鸠（1689—1755）在18世纪前半叶，曾对社会、政治和宗教制度进行过同样的探索和基本分析,尤其是在《论法的精神》一书中。他剥去了法国专制君主政体的神奇威望。他和洛克一样,为消除许多迄今为止阻碍人们有意识地重建人类社会的错误观念而赢得了赞誉。如果一开始在空地上搭起一些极不坚固和不耐久的棚屋,那也不是他的错。18世纪中后期他的后一代人,在他扫清了道德和思想的场地上进行大胆思索。一群杰出的作家,即"百科全书"派,大部分来自耶稣会优秀流派的反叛派,在狄德罗的领导下,策划出一组作品,在其中设计一个新的世界(1766年)。马莱特表示,《百科全书》的荣耀在于"他们憎恨不公正的事物,谴责奴隶贸易、税收不平等、正义的腐败、战争的浪费,他们追求社会进步的梦想,以及他们对正在崛起、开始改变世界的工业帝国怀有同情"。他们的主要错误似乎是不分青红皂白地敌视宗教。他们认为人天生具有公正和政治能力,而他对社会服务和忘我的冲动通常只是通过基本上是宗教的教育发展起来的,并且只能在真诚合作的气氛中才能维持下去。不协调的人类主动性只会导致社会混乱。

经济学派或重农学派与百科全书派并肩作战,对食品和商品的生产和分配进行大胆而粗糙的探讨。在道义上,《自然法典》的作者谴责了私有财产制度,并提出了共产主义的社会组织。他是19世纪那个庞大而形形色色的集体主义思想家学派的先驱,这些思想家被归类为社会主义者。

百科全书派和各种各样的经济学派和重农学派都要求他们的门徒进行大量艰苦的思考。卢梭(1712—1778)是一位更容易被追随也更受欢迎的领导人。他表现出一种逻辑严谨和情感奔放的奇怪混合。他宣传一种诱人的学说,认为人类的原始状态是有美德和幸福的状态,由于牧师、国王、律师等莫名其妙的活动,它已经从这种状态中衰退了。卢梭的思想影响总的来说是令人泄气的,它不仅打击了现有的社会结构，而且打击了任何社会组织。当他写《社会契约》时，他似乎更愿意为违反契约的行为找借口，而不是强调契约的必要性。人类是如此的不完美，一个作家竟明显支持这样的论点，即认为逃避债务、性行为不端、为自己和别人逃避辛劳和教育费用几乎是普遍的倾向。我们都必须坚决反对这些倾向，这不是罪行，而是自然美德的良好展示，能读到他的书的每个阶级中必定有许多追随者。卢梭的流行极大地推广了一种以感情用事和夸夸其谈来对待社会和政治问题的方法。

我们已经说过，迄今为止还没有人类社会开始按照理论行动。首先要有一些困难和必要作为前提，才能让理论发挥作用。直到1788年，法国思想家中的共和主义者和无政府主义者的言论和著作看起来一定像19世纪末威廉·莫里斯的美学社会主义一样无效和政治上无足轻重。当时的社会和政治制度顽固不化，国王不停地打猎、修理他的钟表，宫廷和时尚界追求他们的乐趣，金融家们不断地设想更大胆的信贷扩张，商业沿着老路笨拙进行，课税和关税对他们造成了很大的困扰，农民们忧心忡忡、辛苦劳作、痛苦不堪，对这个人的庄园充满了无望的仇恨。男人们交谈——感觉他们只是在交谈，什么都可以说，因为什么都不会发生。

33.8 1789年革命

1787年，在法国，生活可以长此安全进行这种感觉第一次受到震动，路易十六（1774—1792）是一个迟钝、没有受过良好教育的国王，他不幸娶了一个愚蠢而奢侈的女人——奥地利皇帝的妹妹玛丽·安托瓦内特。她的品德问题是某一类历史作家极感兴趣的问题之一，但我们不必在这里讨论。正如保罗·维里亚斯所说，她和她的丈夫"并肩生活，但同床异梦"。她的影响力相当大，但也不至于简陋到不能让她装成一个美丽、浪漫、傲慢的女王。当美国的战争耗尽了国库（这是一项削弱英国最具权谋性质的事业），当整个国家因不满而感到不安时，她发挥了自己的影响力，挫败了国王大臣们节约的尝试，鼓励一切贵族式的奢侈浪费，并恢复教会和贵族们在路易十四的优越时代所处的地位。非贵族军官将从军队中除去，教会对私人生活的控制权将得到扩大。她找到了一位上流社会的官员——卡洛纳，她心目中理想的财政部长。从1787年到1788年，这个了不起的人像施了魔法一样筹钱——而钱又像施了魔法一样消失了。然后在1787年，他崩溃了，他借了很多钱，现在他宣布君主制，自路易十四时代起统治法国的大君主制，已经破产了，再也无钱可筹了。王国的名人们必须聚集在一起考虑这种情况。

在显贵们的集会上，即重要人物被召集起来的会议上，卡洛纳提出了一项计划，要求对所有地产征收补贴。这激起了贵族们极大的愤怒。他们要求召集一个大致相当于英国议会的机构，即自1610年以来从未举行过的会议。不管怎样，法国的贵族们没有考虑到他们在为下面的不满情绪制造的表达意见的机构，坚持认为他们只是由于被要求承担部分国家财政负担的建议被激怒。1789年5月，三级会议召开了。

这是由贵族、神职人员和第三等级（平民）的代表组成的会议。对于第三阶级来说，选举权非常广泛，几乎每个年满25岁的纳税人都有投票权。（教区牧师作为教士投票，小贵族作为贵族投票。）这个会议没有任何传统的会议程序。于是就此事向铭文研究院的古文物研究人员进行了询问。

委员会开始审议的问题是，会议是在一起召开，还是分成三个部分召开，各有平等的投票权。由于神职人员有308人，贵族有285

人，平民代表有621人，前者的安排将使平民成为绝对多数，而后者给了他们三分之一的选票。而且会议也没有任何召开地点，它应该在巴黎还是在某个省会城市举行呢？凡尔赛被选中，"因为便于狩猎"。

很明显，国王和王后打算把这种对国家财政的大惊小怪当作一种烦恼，并尽可能少地让它干扰他们的社会日常生活。我们发现会议在不必要的沙龙里、在橘子园和网球场等地召开。

投票是按财产还是按人头进行显然是一个至关重要的问题。这个问题被争论了6个星期之久。第三等级借鉴了英国下议院的经验，宣布只有第三等级能代表国家，未经第三等级同意，今后不得征税。于是国王关闭了正在开会的大厅，并暗示代表们最好回家去。然而，代表们在一个方便的网球场会面，并在那里宣誓——网球场誓言——他们直到法国制定了宪法才散去。

国王采取了高压手段，试图用武力驱散第三等级。士兵们拒绝采取行动。国王面临凶险突然做出了让步，接受了三级会议的原则，即三级会议应当作为一个国民议会进行审议和投票。与此同时，显然是在王后的鼓动下，法国军队中的外国军团被德·布罗意元帅从外省调来，这些部队在他们对人民采取行动时是可以信赖的，国王准备收回他的让步。巴黎和法国的其他地区都发生了起义。布罗意犹豫着是否向人群开火。临时市政府在巴黎和大多数其他大城市建立起来，一支新的武装力量——国民自卫队——由这些市政机构建立起来，这支部队的主要目的是明确地抵抗皇室的军队。

1789年7月的起义实际上是一场有效的法国大革命。巴士底狱外表阴森但防守非常薄弱，被巴黎人民攻占，起义迅速蔓延到整个法国。在东部和西北部省份，许多属于贵族的府邸被农民烧毁，他们的地契被仔细地销毁，主人们被杀或被赶走。一个月之内，贵族阶级那种古老而腐朽的制度就崩溃了。王后一行中许多重要王侯和朝臣逃往国外。国民议会发现自己被要求为新时代创造一个新的政治和社会制度。

33.9 1789年到1791年的法国君主立宪制

法国国民议会在其任务的完成情况方面远没有美国国会幸运。后者本身占据半个大陆，除了英国政府没有任何其他可能的对手。它的宗教和教育组织是多种多样的，集合起来并不是很强大，并且总的来说是友好的。乔治国王远在英格兰，且正慢慢地陷入一种愚蠢的境地。尽管如此，美国还是花了好几年时间才制定出一部有效的宪法。然而，法国人周围都是好斗的有着马基雅维利式的思想的邻居，他们被决心捣乱国王和宫廷所阻碍，教会是一个单独的、与古老秩序紧密相连的庞大组织。王后与阿尔托斯伯爵、波旁王朝公爵以及其他试图引诱奥地利和普鲁士进攻这个新法兰西国家的流亡王子保持着密切的联系。此外，法国已经是一个破产的国家，而美国拥有无限的未开发的资源；革命改变了土地保有权和市场营销的条件，造成了美国无法比拟的经济混乱。

这些都是形势中不可避免的困难。但此外，大会也给自己制造了困难。没有秩序井然的程序。英国下议院在其工作中已经有了五个多世纪的经验，而米拉波，早期法国革命的伟大领袖之一，试图采用英国的规则，但是徒劳无功。但是那个时代的感觉都是赞成突发事件、戏剧性的打断别人的话，以及诸如此类的自然美德的表现。这种混乱不仅仅来自集会，还有一个为外人设立的过大的旁听席，但是谁能阻止自由的公民在国家管理中发出自己的声音呢？这个旁听席上挤满了渴望观看"场面"的人们,他们随时准备向下面的演讲者鼓掌或大喊。能干的演讲者不得不迎合旁听者的口味,采取感情用事和煽情的做法。在危机时期,很容易引来一群暴徒来扼杀辩论。

国民大会在受干扰的情况下开始了它的建设性任务。在8月4日,它取得了巨大的戏剧性的成功。在几个自由主义贵族的领导下,它做出了一系列决议,废除农奴制、特权、免税、什一税和封建法庭。(然而,在该国许多地方,这些决议直到三四年后才生效。)贵族爵位及其权利一起废除了。在法兰西成为共和国之前,贵族在自己的名字前签上头衔是一种冒犯。在六个星期的时间里,议会利用无穷无尽的花言巧语,按照英国有组织的变革的预备文件《权利法案》的思路,专心致志地拟订了一项《人权宣言》。与此同时,宫廷密谋反击,人民感到宫廷在密谋。因为国王的堂兄,奥尔良的菲利普的图谋,使得事情变得复杂了,菲利普想利用当时的混乱来取代路易的法国王位。他将巴黎皇家宫殿的花园向公众开放,并成为一个巨大的进一步讨论的中心。他的代理人大大加深了公众对国王的怀疑。而且由于粮食短缺情况更加恶化,因此国王的政府被认为有罪。

不久,忠诚的佛兰德斯军团出现在凡尔赛。皇室家族正在密谋远离巴黎,以撤销所有已经做过的事情,恢复暴政和奢靡。像拉法耶特将军这样的宪政君主主义者都极其惊慌。就在这个时候,人们对食物短缺的愤怒爆发了,这种愤怒很容易就转变为对保皇派反动威胁的愤怒。人们相信凡尔赛宫拥有充足的食物,所以不让他们接近。公众已经对最近在凡尔赛宫举行的一次宴会上夸大其词的报告产生了敌意与不安。以下是卡莱尔对那场不幸的盛宴的描述。

"歌剧厅已经批准,埃居尔沙龙将作为宴会厅。不仅是佛兰德的军官,还有瑞士的军官和瑞士百人卫队的军官,凡尔赛国民警卫队的军官们,他们中任何忠诚的人,都将享受盛宴,这将是一场少有的盛宴。

"现在假设这顿饭,它的主要部分举行了,第一轮酒喝过了。假设习惯上表示忠诚的祝酒也举过了杯;以震耳欲聋的声音敬祝国王王后身体健康;而祝贺国家昌盛的祝酒词被'忽略',甚至被'拒绝'了。香槟流淌着,伴随着慷慨激昂的演讲,器乐回荡在耳边;空虚、轻浮之辈在彼此的喧嚣中变得越来越嘈杂。王后陛下今晚看起来异常悲伤(国王陛下由于白天的狩猎疲惫地坐在那里),她被告知看到这一幕会让她高兴。看哪!她从宫殿里走了进来,像云中的月亮,这位最美丽的忧郁的红心皇后,她怀里抱着年轻的王太子,身边是国王丈夫!她从厢楼里走出来,光彩夺目,在欢呼声中,她迈着女王的步子行走在席间;她优雅地点头;她看上去充满了悲伤,但又充满了感激和勇敢,她慈爱地怀抱着法兰西的希望!现在,乐队奏响了'啊,理查德,啊,我的国王,全世界都抛弃了你',人类除了高度的怜悯和忠诚的勇气,还能做些什么呢?那些轻浮的青年军官们,除了带上王后美丽的手赐给他们的白色波旁帽徽,挥舞着宝剑誓保王后的健康,践踏着国民帽徽,爬上可能发出扰人的低声怨语的厢楼,在门内门外吵闹、叫嚷、发怒、骚乱——以此来证明处于怎样的空虚状态,还能做些什么呢?

"一次普通的就餐,在平时是无害的,现在却是致命的……可怜的不明智的玛丽·安托瓦内特,她带着女人的激情,而不是君主的远见!这是很自然的,但也是不明智的。第二天,在公开讲话的仪式上,王后陛下宣布她自己'对星期四的宴会感到很高兴'。"

与此相对应的是卡莱尔描绘的人民情绪图景。

"星期一早晨,母亲在肮脏的阁楼里醒来,听到孩子们索要面包的哭泣声。母亲必须走上街头，走向药店和面包房，在那里遇到饥饿的母亲们，她们充满同情和愤怒。我们不幸的女人！但是，与其去面包房排队，为什么不去贵族的宫殿找出问题的根源呢？一起来！让我们集合起来，去市政府，去凡尔赛……"

在这后一种想法实现之前，巴黎的人们在那里到处呼号、来来往往。一个名叫梅拉德的有组织能力的人出现了，并承担了一定的领导职责。毫无疑问，革命领袖们，特别是拉法耶特将军，利用和组织了这次暴动，以确保在国王像查尔斯一世去牛津那样溜走之前，发动一场内战将他抓住。随着下午的时间慢慢过去，游行队伍开始了长达11英里的跋涉。我们再次引用卡莱尔的话：

"穿着沾满污泥衣服的梅拉德在最后一座山顶上停了下来，现在凡尔赛市、凡尔赛宫、皇室的惊奇景象一览无余地在眼前显现了出来。向右边遥看，经过玛丽和圣日尔曼–拉耶，绕到左边，朗布依宫四周一切都是美景，轻柔美丽，仿佛在昏暗潮湿的天气里，带着忧愁！在我们面前的是新旧凡尔赛宫，中间是庄严的、宽阔的凡尔赛大道，估计有300英尺宽，种有四排榆树；然后是凡尔赛宫，最后是皇家公园和庭院，有波光粼粼的小湖、凉亭、曲径、动物园和小特里亚农。高耸入云的住宅，绿树成荫的宜人之地，这个下界的诸神居住的地方。然而，即使在这里，阴暗的忧虑也不能排除在外，现在，用武装起来的饥饿的妇女们正冲上来！"

傍晚时下起了雨。

"看看这广阔的空地，到处都是一群群脏兮兮、浑身滴着水的妇女，挤满了一群长发的男性亡命徒，手里拿着斧子、生锈的长矛、老式步枪、铁皮棍（末端是刀或剑刃的警棍，有点像一种临时的钩子），看上去除了对饥饿的反抗什么需求也没有。大雨倾盆，'呵斥声'中军团团长们在群体之间横冲直撞；令人恼怒和焦躁的是,人群在这边刚散开,又在那里重新聚集……

"无数肮脏的妇女围着总统和代表团,坚持要和他一起去,陛下不是亲自从窗口向外看,问我们想要什么吗?'面包,还有和国王的谈话',这就是答案。12名妇女喧闹地加入了代表团;随着它一起游行,穿过广场,穿过驱散的人群、骑着马的保镖,和倾盆大雨。

"'面包,不要说得太多!'这是自然的要求。

"人们还了解到,皇家马车正在上轭,好像是为去梅斯准备的。不管是不是皇家马车,它们确实出现在后门口。他们甚至制作或引用了我们凡尔赛市政府的书面命令——这是一个君主制国家,而不是一个民主国家。然而,凡尔赛巡逻队又把他们赶了回来,因为警惕的勒孔特雷严格要求他们这么做……

"黑夜沉重,狂风骤雨,处处道路阴暗。这是在这些地区所见过的最奇怪的夜晚,也许是自从巴塞洛缪之夜以来从未有过的,如巴松皮尔所写的那样,凡尔赛宫是一座大别墅。

"啊,俄耳甫斯的七弦琴,用悠扬的琴弦压制这些疯狂的群众,迫使他们恢复秩序!因为在这里,一切似乎都分崩离析,陷入天塌地陷的混乱中。如同向下奔涌的急流,最高贵的与最低微的相接触,法国的亡命徒围攻法国的皇室,"铁皮警棍"围绕王冠高举,而不是去守卫它!伴随着对嗜血的、反国家警卫队的谴责声,人们听到了对王后名字的阴狠的咆哮。

"宫廷坐在那里,战战兢兢,软弱无力,他们的心情随着滨海广场的气氛而变化,也随着来自巴黎的谣言的色彩而变化。谣言纷至沓来,一会儿是和平,一会儿说战争。内克尔和所有大臣们磋商,却毫无结果。宫墙圆窗传出一阵风暴般的低语:我们将逃往梅斯,我们不会逃跑。皇家马车再次试图离开——虽然只是为了尝试，它们再次被勒孔特雷的巡逻队赶进来。"

但是我们必须让读者自己去读卡莱尔的书，去了解关于国民警卫队在拉法耶特将军领导下的夜晚的到来，议会和国王之间的谈判，警卫队和饥饿的围攻者之间在早上爆发的战斗，以及后者如何冲进宫殿并且几乎完成对王室的屠杀。拉法耶和他的军队及时赶到，阻止了这一切的发生，并及时从巴黎运来了一车车的面包，送给群众。

最后决定国王应该回到巴黎。

"游行队伍的行军在我们的世界上并不少见；罗马人的胜利和欢呼，卡比里铜钹的击打，国王的巡行，爱尔兰的葬礼，但是这种法国君主制向它的灵床前进的景象仍然有待观察。队伍长达数英里，宽到无边无际，因为邻近所有的村民都来观看了。缓慢地，停滞不前地，犹如无边的湖泊，却发出尼亚加拉大瀑布般的噪声，如同巴别塔的疯人院。溅起的水声、踏步的声音、欢呼声、山呼海啸的骚乱声、火枪的滑膛声，这是近来能够见到的最混乱的场景！直到人流在渐渐浓厚的暮色中缓慢地注入巴黎，穿过重重叠叠的人群，从帕西一直走到市政府。

"想想看：国家军队的先锋部队，一长列的大炮，跨坐在跑车、两轮马车和出租马车或步行的扛枪持矛的男男女女……刺刀尖上戳着面包，绿色的树枝插在枪管里。接下来，作为游行的主要部分，是为了议和从凡尔赛宫的仓库里借出的"五十车谷物"。后面跟着警卫队的散兵，他们都戴着掷弹兵的帽子，受到羞辱。后面是国王的马车，许多王室的马车也紧随其后，还有一百名国民代表，其中坐着米拉博——他没有说什么话。最后，作为后守卫的是乱糟糟的行进的佛兰德军团、瑞士卫队、百人瑞士警卫队、其他的警卫队、土匪和不能走到前排去的人。夹在无边人流之中的是圣安东尼奥和大群的凶悍的妇女们，尤其是围在王室的马车周围的……披着三色旗，唱着"影射的歌曲"，一只手指着歌曲影射的皇家马车，另一只手指着粮食马车，一边说：'勇敢起来，朋友们！我们现在不缺面包了；我们给你们带来了面包师和面包师的老婆儿子'……

"雨天淋湿了三色旗，但是喜悦是无法熄灭的。现在不是一切都好了吗？'啊，夫人。我们的好王后！'其中一些女强人说，'啊，夫人，我们善良的王后，不要再做叛徒了，我们都会爱你的！'"

这是1789年10月6日。在将近两年的时间里，皇室家族一直安然无恙地生活在杜伊勒里宫里。如果宫廷与人民保持共同的信仰，国王可能至死还是一个国王。

从1789年到1791年，早期的革命坚持进行着；法国是一个君主立宪国，国王的权力削弱了，退居杜伊勒里宫，国民议会和平地统治着国家。读者如果回忆本书有关波兰的描述就会知道此时俄罗斯、普鲁士和奥地利正忙于什么。当法国在西方尝试建立一个君主共和国时，东方君主共和国的最后一次分裂正在进行中。法国可以等等。

当我们考虑到国民议会缺乏经验，工作条件及问题的复杂性时，我们必须承认，议会做了大量出色的建设性工作。其中许多工作是可靠的，并且仍在持续，许多工作是实验性的，并且已经被撤销。有些是灾难性的，刑法经过了清理；酷刑、任意监禁和迫害异端被废除。法国的古老省份，如诺曼底、勃艮第等，已经被80个省所取代。各阶层的人都可以晋升到军队的最高阶层。一个美好而简单的法院制度建立了起来，但由于任期短、由民众选举任命法官，法院的价值大打折扣。这使群众成为某种终审上诉法庭，而法官和议会成员一样，被迫在旁听席上表演。教会的全部巨大财产都被国家没收和管理；没有从事教育或慈善工作的宗教机构被解散，神职人员的工资由国家支付。这本身对于法国的下层神职人员来说并不是一件坏事，因为他们的收入与较富有的显要人物相比往往少得可怜。但是，除此之外，神父和主教的选择也是有选举权的，这与罗马教会的根本理念截然不同，罗马教会把一切都集中在教皇身上，其中所有的权威都是自上而下的。实际上，国民议会一口气就想法国的教会在组织上，如果不是在教义上，成为新教，但是到处都有国民议会设立的国家牧师和忠于罗马的顽固（不服从的）牧师之间的争论和冲突……

国民议会做了一件奇怪的事情，大大削弱了它对事务的控制权力。它规定议会成员不得担任行政大臣。这是对美国宪法的模仿，美国宪法也规定大臣与立法机关分离。英国的做法是让所有大臣都在立法机关中，能随时准备好回答问题，并说明他们对法律的解释和他们处理国家事务的方式。如果立法机关代表了至高无上的人民，那么大臣们就必须与主权机关保持最密切的联系。法国立法机关和行政机关的分离造成了误解和不信任，立法机关缺乏控制，行政机关缺乏道德力量。这导致中央政府效率低下，我们发现当时在许多地区，乡镇和城镇实际上是自治社会，他们按照自己认为合适的方式接受或拒绝巴黎的命令，拒绝缴纳税款，并根据当地的意愿分割教会土地。

33.10 雅各宾派革命

很有可能的是，在皇室的忠诚支持和贵族适当的爱国精神的作用下，国民议会尽管有着嘈杂的旁听席，奉行着卢梭的原则，同时又缺乏经验，但可能已经跌跌撞撞地为法国建立了一个稳定的议会政府。对于米拉波这位政治家而言，对当时的需要有着清晰的认识，他知道英国制度的优点和缺陷，而且显然他已经下定决心要在更广泛、更诚实的选民基础上在法国建立一个同样的政治组织。的确，他曾经沉迷于和王后进行一种鲁里塔尼亚式的调情，与她幽会，非常严肃地宣布她是国王的"唯一的男人"，并且在这件事上出尽洋相，但是他的计划比在杜伊勒里宫后楼梯上所拟定的计划的规模大得多。1791年他去世后，法国无疑失去了一位最具建设性的政治家，国民议会也失去了与国王合作的最后机会。哪里有了宫廷，哪里就会有阴谋，保皇派的阴谋诡计是制衡国民议会的最后一根稻草。保皇党人并不关心米拉波，他们也不关心法国，他们想回到他们失去的特权、傲慢和无限支出的天堂。在他们看来，如果他们能够使国民议会的政府无法存在，那么古老政权的干骨头就会奇迹般地复活。他们没有意识到另一种可能性，他们脚下裂开和极端共和派的鸿沟。

1791年6月的一个晚上，在11点到午夜之间，国王、王后和他们的两个孩子乔装打扮，溜出了杜伊勒里宫，心惊胆战地穿过巴黎，从城北绕道城东，最后上了一辆去往查隆的旅行马车。他们正逃往东部的军队。东部的军队是"忠诚的"，也就是说，他们的将军和军官至少准备把法国出卖给国王和宫廷。这里终于有了一场符合王后心意的冒险，我们可以理解，当他们和巴黎之间的距离拉得越来越远时，这群人是多么愉快和兴奋。远处的群山上，是崇敬、深鞠躬和亲吻双手。然后回到凡尔赛宫。如果需要的话，可以在巴黎的炮兵部队向暴徒开一枪。可以杀一些人，但不是那种重要的人物。白色恐怖持续了几个月。然后一切都将会恢复正常。也许卡洛纳也会带着新的财务计谋回来，当时他正忙着在德国王侯中寻求支持。有很多城堡需要重建，但如果重建的任务压在烧毁它们的人胱脏的脖子上，他们也不能抱怨……

当晚在瓦伦纽斯，所有这些美好的期望都被无情地粉碎了。国王在圣默努尔德已经被驿站长官认出，夜幕降临时，去向东方的道路上马蹄声哒哒，奔驰的信使唤醒村民，试图阻止逃亡者。在瓦伦纽斯的前村有几匹精神抖擞的马在等待着，年轻的主管官员以为国王不会来了，然后就上床睡觉了。在前村，可怜的国王乔装成仆人，与他的侍从争吵起来，后者希望在下村有人换班，因此拒绝继续前进。最后他们同意继续前进。他们同意得太晚了。当两人正在争吵时，从圣梅内乌尔德来的驿站长正骑马经过，这一小群人发现驿站长和由他召集起来的一些值得尊敬的瓦伦纽斯共和党人在城市之间的桥上等着他们。桥上设置了路障。毛瑟枪被塞进马车："你的护照呢？"

国王没有反抗就投降了。这一小群人被带进了一个村长的家里。"好吧，"国王说，"我在这儿呢！"他还说他饿了。晚宴上他称赞那酒是"相当不错的酒"。王后说的话没有记录。在近处有保皇军，但他们没有试图营救。警钟开始敲响，村庄"照亮了自己"，以防止突然袭击……

一辆满载着垂头丧气的贵族的大马车回到了巴黎，大批人沉默地迎接了。有人说无论谁侮辱了国王都应该被痛打一顿，无论谁为他鼓掌都应该被处死。

只是在这次愚蠢的举措之后，共和国的想法才占据了法国人的头脑。在这次逃往瓦伦纽斯之前，毫无疑问法国有许多抽象的共和主义情绪，但在法国几乎没有任何废除君主制的倾向。甚至在7月，也就是逃亡的一个月后，在马尔斯广场举行的支持废黜国王请愿书的大型集会被当局驱散，许多人被杀害。但是这种坚定的表现并不能阻止那次逃亡的教训渗透进人们的脑海。就像查理一世时代的英国一样，现在的法国人也意识到国王是不可信赖的——他是危险的。雅各宾派的势力迅速壮大。他们的领导人罗伯斯庇尔、丹东、马拉——迄今为止一直被认为是不能忍受的极端分子，开始主宰法国事务。

这些雅各宾派相当于美国的激进分子，拥有无拘无束的先进思想。他们的力量在于他们不受拘束，干净利落。他们是一无所有的穷人。在美国代表法国的拉斐特将军和准备模仿英国富有和有影响力的贵族的米拉波将军领导了一个温和的政党，一个与旧秩序依赖妥协的政党。但是罗伯斯庇尔是一个来自阿拉斯的贫穷但是聪明的年轻律师，他最宝贵的财富是他对卢梭的信仰；丹东在巴黎是一个律师，几乎没有比罗伯斯庇尔富有多少，他是一个高大的、喜欢打手势、作修辞的人物；马拉是一个年长的人，一个在科学上非常杰出的瑞士人，但是同样对财产不感到尴尬。在马拉的科学观点上，强调立场是有必要的，因为英国作家有一种时尚，把伟大革命运动的领袖歪曲成无知的人。这给出了一个关于革命的心理过程的错误观点，而历史学家的任务就是去纠正它。我们发现，马拉精通英语、西班牙语、德语和意大利语，他在英格兰待了几年，被授予圣安德鲁斯荣誉医学博士称号，并用英语发表了一些对医学科学具有宝贵贡献的文章。

本杰明·富兰克林和歌德都对他在物理学方面的工作非常感兴趣。这个人被卡莱尔称为"疯狗""残忍""肮脏"和"狗蚂蟥"——最后一个称呼是对他的科学表示敬意的。

革命把马拉拉进政界，他对这场大讨论的最早贡献是美好而理智的。法国有一种普遍的错觉，认为英国是一块自由的土地。他在《英国宪政弊害表》中展示了英国的现实情况。他的晚年被一种几乎令人无法忍受的皮肤病折磨得发疯，这种皮肤病是在国王逃往瓦伦纽斯后,他谴责国王为卖国贼,为了逃避后果,他藏在巴黎的下水道里时染上的。只有坐在热水澡盆里,他才能集中精神写作。他备受虐待,过得很痛苦,于是他变得冷酷无情;然而,在历史上,他是一个罕见的、无可挑剔的诚实的人。他的穷困似乎尤其招致了卡莱尔的鄙视。

"他都经历了些什么?现在,大约七点半的时候,他坐在那里,在拖鞋形浴缸里坐着,为病痛折磨,得了革命热病……这可怜的人,病得太厉害了,精疲力竭,身上正好带着半便士的现金,还是纸币,还有拖鞋和浴盆,旁边放着一张坚固的三角凳用来写作,还有一个肮脏的洗衣女工,作为他家里唯一的人……这是他在医学院街的公民住宅所在地,只有这条路通向他……听,又是敲门声!一个音乐般的女人的声音,一定要进来:是要为法国服务的公民。马拉从里面认出她来,喊道:让她进来。夏绿蒂·科黛被允许进来了。"

这个年轻的女英雄表示要给他一些必要的关于卡昂这个地方的反革命的情报,当他忙于记录科黛描述的情况时,她用一把大刀刺死了他(1792年)……

这就是雅各宾党大多数领导人的品质。他们是没有财产的人——不受束缚的人。因此,他们比其他任何一方都更加分离,更加各行其是,他们随时准备把自由和平等的思想推向逻辑的极端。他们的爱国主义道德标准高而苛刻,甚至在他们的人道主义热情中也有一些不人道的东西。他们对温和派的倾向毫无迁就,温和派倾向缓和事态,使普通人恰好只有一点贫穷和尊重,使王室(和有钱人)也稍受尊重。他们被卢梭主义的公式蒙蔽了双眼,忽视了这样一个历史事实:人是被自然的压迫者和被压迫者所压迫的,只有通过法律、教育和爱的精神,人才能在这个世界上获得幸福和自由。

18世纪美国的民主模式总的来说是让人奋发和有益的，因为就白人而言，它已经是一块开放的实际上平等的土地。而在法国，这些模式对城镇居民来说是一种非常令人头疼和危险的混合物，因为法国城镇的相当一部分是贫民窟，充满了一无所有、士气低落、堕落和痛苦的人。巴黎的人群处于一种特别绝望和危险的状态，因为巴黎的工业大部分是奢侈品行业，它的雇工大部分寄生在时尚生活的弱点和恶习上。现在，时髦的人已经逃出了边境，游客受到限制，商业秩序混乱，城市里到处都是失业者和愤怒的人。

但是保皇党人没有意识到这些诚实正直且能牢牢抓住群众的想象力的危险的雅各宾派的重要性，他们自负地认为他们可以将这些雅各宾派作为工具来利用。根据新制宪法以"立法议会"取代国民议会的时间已接近尾声，当雅各宾派出于分裂温和派的想法，提议取消国民议会议员参加立法议会的资格时，保皇派高兴地支持了他们，并通过了这项提议。他们认为，如此缺乏经验的立法议会，肯定是一个政治无能的机构。他们会"从过度的邪恶中榨取善"，很快法国就会无助地回到它合法主人的手中。他们是这么想的。保皇党所做的远不止这些。他们支持雅各宾党人当选巴黎市长，就好像一个男人把一只饥饿的老虎带回家，好让他的妻子相信她需要它一样聪明。这些保皇党人没有料到，还有一个机构，它比法庭更有能力代替一个无能的立法议会，那就是设在市政府厅里的强大的巴黎雅各宾公社。

到目前为止，法国一直处于和平状态。它的邻国没有一个攻击它，因为它的内部纷争似乎正在削弱它自己。法国的骚乱已经使得波兰蒙受损失，但法国有对波兰进行侮辱和威胁的理由，因为这会为以后分治波兰提供便利。1791年，普鲁士国王和奥地利皇帝在皮尔尼茨会面，并发表宣言，表示恢复法国的秩序和君主制是与所有君主的利益都相关的事情。一支亡命者的军队,即由法国贵族和绅士组成的移民军队,一支主要由军官组成的军队,被允许在靠近边境的地方集结。

是法国向奥地利宣战的。那些支持这一步的人的动机是相互矛盾的。许多共和党人希望战争,因为他们希望看到同族的比利时人民从奥地利的枷锁下解放出来。许多保皇党想要战争,因为他们看到了在战争中恢复王权威望的可能性。马拉在他的论文《人民之友》中强烈反对战争,因为他不想看到共和党的热情转变成战争狂热。他的直觉提醒他注意拿破仑。1792年4月20日,国王来到议会,在热烈的掌声中提议开战。

战争灾难性地开始了。三支法国军队进入比利时,其中两支惨败,第三支在拉法耶特的带领下撤退了。后来普鲁士为了支持奥地利而宣战,盟军在布伦瑞克公爵的领导下准备入侵法国。这个公爵发表了历史上最愚蠢的宣言之一,他说,他入侵法国是为了恢复王室权威。如果再有任何侮辱国王的行为,他就威胁要以"军事处决"的方式访问议会和巴黎。这肯定足以让这个最忠于国王的法国人成为共和党人——至少在战争期间是这样。

革命的新阶段,雅各宾革命时期,就是这个宣言的直接结果。这使得有秩序的共和党人(吉伦特派)和保皇党人占了上风的立法议会,和曾解散马尔斯广场的共和党会议、把马拉逼到下水道的政府,变得难以忍受。起义者聚集在市政厅,8月10日,公社对杜伊勒里宫发动了进攻。

国王的行为愚蠢又笨拙,又以国王的特权对他人漠不关心。他身边还有一支近千人的瑞士卫队,以及忠心耿耿的国民卫队。他犹豫不决,最终还是选择支持开火,然后他去邻近的议会,把他自己和他的家人置于它的保护之下,留下他的瑞士人在战斗。毫无疑问，他希望议会和巴黎公社作对，但议会没有市政府那种好战的精神。皇家难民被安置在一个为记者保留的箱子里（外面通向一个小房间），他们在那里待了16个小时，等待大会讨论他们的命运。外面传来一阵战斗的声音，时不时有一扇窗子被打破。不幸的瑞士卫队正在孤注一掷地战斗，因为在那里，他们已经别无他法了……

议会不想支持政府7月在战神广场的行动。公社旺盛的活力支配着它。国王在大会上得不到任何安慰。它斥责他，并讨论他的"停职"。瑞士卫队一直在战斗，直到他们收到国王发出的"停止战斗"的信息，然后——群众对这种不必要的流血事件非常愤怒而难以抑制——他们大部分被屠杀了。

为了把路易斯"墨洛温王朝化"，把他从一个迟钝而无法适应的专制君主变成一个诚实的君主共和国人而进行的冗长而乏味的尝试，现在已接近悲惨的结束，巴黎公社实际上已经控制了法国。立法议会——显然改变了主意——颁布法令，停止国王的职务，把他关在圣殿里，由一个行政委员会取而代之，并召开国民大会制定新宪法。

在法国，拥护爱国主义的人和拥护共和主义的人之间的紧张关系已经到了无法忍受的地步。它所有军队正无助地向巴黎撤退。隆维已经沦陷，伟大的凡尔登堡垒紧随其后，似乎没有什么能够阻止盟军向首都进军。保皇党背叛的意识升级为过度的残忍。无论如何，保皇党必须被压制、平息、让其消失在视线之外。公社着手搜捕一切能找到的保皇党人，直到巴黎的监狱关满为止。马拉看到了大屠杀的危险。在一切还来得及的时候，他试图建立紧急法庭，以便在这一大堆阴谋家、嫌疑犯和无辜的上流人士中将无辜者从有罪者中过滤出来。但他被忽视了，9月初不可避免的大屠杀发生了。

突然之间，成群的叛乱分子占领了一座又一座监狱。一个简陋的法庭形成了，外面聚集了一群手持军刀、长矛和斧子的野蛮暴徒。

一个接一个的囚犯，无论男女，都被带出牢房，短暂地接受审问，或者大喊"国家万岁"而获得赦免，或者被赶到大门口的暴民中去。在那里，人群互相推挤，争斗着想要砍一刀或者刺向受害者。死刑犯被刺死和殴打致死，他们的头被砍下来，插在长矛上，举到城里到处走动示众，撕裂的身体被丢到一边。除此之外，国王和王后留在杜伊勒里宫的兰巴尔公主也不幸遇难，她的头被挂在长矛上送到圣殿给王后看。

在王后的牢房里有两名国民自卫军，一个一定要让她往外看这可怕的景象，另一个出于同情，不让她这样做。

就在红色悲剧在巴黎上演的时候，法国将军杜穆里埃斯从佛兰德冲进了阿尔贡森林，阻止了盟军越过凡尔登的进攻。9月20日在瓦尔米发生了一场战斗，主要是一场炮战。普鲁士人的进攻并不十分坚决，法国步兵坚守阵地，他们的炮兵比盟军的炮兵要好些。在这次击退之后的10天里，布伦瑞克公爵犹豫了一下，然后才开始向莱茵河撤退。瓦尔米战役——仅仅是一阵炮击——是世界历史上决定性的战役之一。革命得到了拯救。

国民大会于1792年9月21日召开，立即宣布成立共和国。对国王的审判和处决带来了对这些事情的某种逻辑上的必然性。他与其说是作为一个人而死，倒不如说是一个象征。人们对他没有别的处置办法了，一个可怜的人，他是大地的累赘。法国不能让他去鼓舞那些移居国外的人，也不能让他在家里不受伤害，他的存在威胁着它。马拉无情地要求进行这次审判，而且由于马拉的强硬态度，在宪法签署之前，他都不会让国王被指控犯有任何罪行，因为在那之前，他是一个真正的国王，是合法的，不可能是非法的。马拉也不允许攻击国王的律师……马拉自始至终扮演了一个令人不快的但又常常是公正的角色；他是一个伟大的人，一个包裹在火热外表下的智者；那种与血液中的有机的仇恨折磨着他，这种仇恨不是精神的产物，而是肉体的产物。

路易斯于1793年1月被斩首。他是在断头台上被处决的，因为从前一年的8月起，断头台一直被用作法国执行死刑的官方工具。

丹东扮演狮子一般的角色，在这种场合表现得非常好。"欧洲的国王会挑战我们"，他咆哮道，"我们把国王的头扔给了他们！"

33.11 雅各宾派掌权的法兰西第一共和国（1972—1974）

现在，接下来法国人民的历史进入了一个奇怪的阶段。人们对法兰西共和国产生了巨大的热情。国内外的妥协将要结束；国内的保皇派和一切形式的不忠必须被消灭；在国外，法国成为所有革命者的保护者和帮助者。整个欧洲、整个世界，都将成为共和政体的。法国的年轻人涌进共和国的军队；一首新的奇妙的歌曲传遍了这片土地，这首歌仍然像酒一样温暖着人们的血液——《马赛曲》。在那欢呼声和雀跃的法国步兵纵队及其热情射击的枪炮面前，外国军队退却了。在1792年年底之前，法国军队已经到达了远远超过路易十四所能到达的地方，他们在外国的土地上无处不在。他们驻扎在布鲁塞尔，占领了萨伏伊，突袭了美因兹，从荷兰手中夺取了斯凯尔特河。后来法国政府做了一件不明智的事。由于路易十四被处决，法国的代表被驱逐出英格兰，这激怒了法国，于是它向英格兰宣战。这样做是不明智的,因为革命给了法国一支新的热情的步兵团和一支声名显赫的炮兵,将它从贵族军官和许多限制性的传统中解放出来,但是破坏了它的海军纪律,而英国人在海上是最强的。这种挑衅使整个英国团结起来反对法国,而起初在大不列颠有一个相当大自由主义运动是同情法国的。

关于法国在未来几年对抗欧洲联盟的战斗,我们不能详述任何细节。它把奥地利人永远赶出了比利时,把荷兰变成了共和国。荷兰舰队冻结在得克萨斯,没有开火就向少数骑兵投降了。法国向意大利的推进被搁置了一段时间,直到1796年,一位新的将军,拿破仑·波拿巴,率领衣衫褴褛、饥肠辘辘的共和国军队横越皮德蒙特到达曼图亚和维罗纳。本书不能勾画出战役的蓝图,但是战争带来的新特质,必然会引起注意。旧的职业军队为战斗而战,就像按小时计酬工人一样懒散,这些令人惊奇的新军队忍饥挨饿为胜利而战。他们的敌人称他们为"新法国人"。C. F. 阿特金森说:"最让同盟国吃惊的是共和党人的人数和速度。实际上没有什么可以拖住这些临时组成的军队。由于缺钱而买不到帐篷,由于缺少大量的马车而无法运输,而且也没有必要,因为在1793—1794年的士兵们能够欣然接受会造成专业军队全体开小差的不适。当时数量空前的军需供给无法运输,于是法国人很快就熟悉了在这个国家的生活。因此,1793年见证了近代战争制度的诞生——行动迅速、充分发展国力、搭建军帐、征用军需,与以力量取胜完全不一样的对抗谨慎、机动、小型职业军队,帐篷和充分配给,以及军事诈术。第一种代表着坚决果断的神,第二种代表着少冒险少收获的精神……"

当这些衣衫褴褛的狂热者们高唱着马赛曲,为法兰西而战时,他们显然从来不清楚他们是在掠夺还是在解放他们涌入的这些国家,而巴黎的共和热情却在以一种远不那么光荣的方式消耗尽了。

马拉，雅各宾派中最具智慧的人，现在却因为一种无法治愈的疾病而发狂，不久他就被谋杀了；丹东是一阵阵的爱国风暴；罗伯斯庇尔用坚定不移的狂热主导着局势。他这个人很难做判断，他身体不好，天生胆小，但又自命不凡。但是他拥有权力最需要的天赋——信仰。他不相信人们所熟悉的上帝，而是相信某种至高无上的存在，卢梭就是他的先知。正如他所设想的那样，他决心要拯救这个共和国，而且，他认为除了他，没有人能够拯救这个共和国。因此，保住权力就是拥有共和国。这个共和国生动的精神，似乎源于对保皇派的屠杀和对国王的处决。暴动发生在西部的拉文德区，那里的人民在贵族和牧师的领导下起来反对征兵，反对剥夺东正教神职人员的权利；还有一次发生在南部，里昂和马赛已经起来反抗了，而土伦的保皇党已经接纳了英国和西班牙的驻军。对此，似乎没有比继续屠杀保皇派更有效的回应了。

没有什么能比这更能满足巴黎贫民窟严酷的心了。革命法庭开始工作，一场持续的屠杀开始了。断头台的发明正好适合这种气氛。王后被送上了断头台，大多数罗伯斯庇尔的反对者也被送上断头台了，认为没有至高之主的无神论者被送上了断头台，丹东被送上了断头台，因为他认为断头台设得太多了。罗伯斯庇尔的统治似乎是以血来维持的，并且需要越来越多的人血，如同吸食鸦片的人需要越来越多的鸦片一样。

丹东仍然是丹东，在断头台上仍像狮子一样，足以成为榜样般的存在。"丹东，"他说，"不会示弱！"

关于这个故事的荒唐之处在于，罗伯斯庇尔无疑是诚实的。他比任何继任者都要诚实得多。他被对人类生活新秩序的强烈热情所鼓舞。就他所能想到的而言，他将国民议会推到一边，建立起公安委员会——一个由12人组成的应急政府。它试图建造的规模是惊人的。我们今天仍在努力解决的所有错综复杂的问题在那时都迅速而肤浅地解决了。它试图使财产平等。"富裕,"圣贾斯特说,"是臭名昭著的。"富人的财产被征税或没收,以便分给穷人。每个人都有一个安定的住所,一份生计和妻儿。工人的工资能与他的能力相称,但他没资格拥有额外好处。有人试图完全取消利润,因为自社会开始以来,利润是大多数人类商业的粗暴动机。利润是至今仍困扰我们的经济之谜。1793年,法国有严厉的法律禁止"牟取暴利"。1919年,英国也发现有必要制定类似的法律。雅各宾政府不仅重新规划了经济体制,拟出了动人的大纲,而且重新设计了社会制度。

离婚变得像结婚一样容易;合法子女和私生子女的区别取消了……一种新的历法被设计出来,每个月都有新的名字,每周十天,等等,诸如此类——这个立法早已被废除了;但是旧法国那种笨拙的硬币和混乱的度量衡也让位给了简单清晰的十进制……有一个极端主义团体提议,把其他制度连同其中的上帝完全废除,取而代之的是对理性的崇拜。的确,在巴黎圣母院大教堂里举行了一个理性节,由一位美丽的女演员扮演理性女神。但是罗伯斯庇尔反对这个节日,他不是无神论者。"无神论,"他说,"是贵族化的。一个至高无上的存在守护着被压迫的无辜者,惩罚得意扬扬的犯罪,这种想法本质上是人民的想法。"

于是他把庆祝理性节的埃贝尔和他的同党全部送上了断头台。

随着1794年夏天的临近,罗伯斯庇尔出现了某种精神疾病。他非常关心他的宗教信仰。(逮捕和处决犯罪嫌疑人的工作一如既往活跃地进行。在巴黎的街道上,每天都弥漫着"恐怖"的氛围,装满死刑犯的大车隆隆作响。)他促使国会颁布法令,要求法国相信无上之主,以及那个安慰人灵魂的不朽教义。在6月,他庆祝了一个盛大的节日，他的无上之主的节日。他率领一支队伍前往马尔斯广场，带着一大束鲜花和麦穗，把队伍排列得整整齐齐。代表无神论和邪恶的煽动性材料的雕像被庄严地焚烧；然后，通过一个巧妙的机关，伴随着一些轻微的吱吱声，一座不可燃的智慧之神的雕像在那个位置上升起。人们发表了演说——罗伯斯庇尔发表了主要的演说——但显然没有崇拜的仪式。

从此以后，罗伯斯庇尔表现出对政事漠不关心而陷入沉思的倾向。他有一个月没有参加大会。

7月的一天，他再次出现并发表了一篇奇怪的演讲，显然预示着新的检举。"看着革命的洪流冲刷下来的大量罪恶，"他在大会上最后一次伟大的演讲中喊道，"我有时会战栗，生怕自己会被周围邪恶肮脏的人们污染……我知道，世界上的暴君联合起来很容易压倒一个单独的人；但我也知道，一个可以为捍卫人类而死的人的责任是什么……"

接着他发表了模糊不清的话语，似乎威胁着每一个人。

大会在沉默中听取了这一讲话，然后当有人提议印刷和传播这一讲话时，大会爆发出愤怒的喧嚣，并拒绝批准。罗伯斯庇尔带着强烈的怨恨离开大会到他的支持者的俱乐部去，并重新向他们宣读了他的演讲！

那天晚上到处都是谈话、会议和第二天的准备工作，第二天早上，大会把矛头指向了罗伯斯庇尔。一个叫塔利恩的用匕首威胁他。当他试图说话的时候，他被大声喝止，主席对着他摇铃。"刺客们的主席，"罗伯斯庇尔喊道，"我要求发言！"他被拒绝了。他的声音被淹没了；他咳嗽着，语无伦次。有人喊道："丹东的鲜血呛住了他。"

他被指控，当场被捕，然后他的主要支持者也被捕了。

于是，仍然是坚定的雅各宾派的市政府起来反对大会，罗伯斯庇尔和他的同伴从抓捕他们的人手中被抓走了。这是一个双方聚集兵力、行进、反行进的夜晚，最后，大约在凌晨三点钟，集会的部队在市政府外面与公社的武力对峙。雅各宾派指挥官亨里奥特在一整天的忙碌之后，在楼上喝醉了酒。谈判正进行，在犹豫了一会儿之后，公社的士兵们冲向政府那里去了。一阵爱国激情的叫喊，有人从市政厅向外望去。罗伯斯庇尔和他最后的伙伴们发现自己被出卖了，陷入了困境。

其中有两三个人从窗户跳了出去，在下面的栏杆上受了重伤，但没有死亡。其他人则试图自杀。罗伯斯庇尔似乎是被一名宪兵射中了下颚。他被发现了，他苍白的脸上双眼圆睁着，脸的下半部分都是血。

在17个小时的痛苦之后，他死了。在那段时间里，他一句话也没说，他的下巴胡乱地裹在脏衣服里。他和他的同伴，还有那些从窗户跳下来的人的破碎的、奄奄一息的尸体，一共有22个人，被送上断头台，来代替那天指定的死刑犯。大多数时候，他的眼睛是闭着的，但是，据卡莱尔说，当他睁开眼睛时，看到那把巨大的刀子在他头顶上升起，他挣扎了。当刽子手取下他的绷带时，他似乎也尖叫起来。然后，刀子迅速而顺利地落了下来。

恐怖终于结束了。从开始到结束，大约有4000人被判处死刑。

33.12 督政府

法国大革命向正在经历变革的世界释放出的新理想和思考的洪流，在罗伯斯庇尔的怪诞性格和讽刺人生结束后，仍然可以朝着新的方向奔流前行。他已经表现出最深刻的思想，展现出对其方法和结论的预期；通过他荒谬的虚荣心和自我中心的透镜，他用鲜血和恐怖玷污和抹黑了所有的希望和前途，但是这些思想的力量并没有被摧毁，这些思想的力量经受住了极端荒谬的考验。他垮台后，共和国仍然统治着国家，无懈可击。它没有领袖，因为它的继任者是一群狡猾的或平庸的人。这个欧洲共和国继续挣扎着，很快跌倒、爬起来，又跌倒、又爬起来，继续奋斗下去，困难重重但战无不胜。

我们最好在这里提醒读者，这段恐怖时期的真实面目，它对想象力的冲击是如此生动，因而相对于革命的其他方面，它被相对夸大了。从1789年到1791年年末，法国革命是一个有序的过程，从1794年夏天起，共和国成为一个有序的、胜利国家。恐怖不是整个国家的"功劳"，而是城镇暴民的"功劳"，他们把自己的存在和野蛮归功于古代社会的暴政和社会的不公正；恐怖的爆发只是因为保皇党持续不断的背信弃义，这种背信弃义使极端分子变得狂怒，使得大批温和的共和派无法进行任何干预。最优秀的人正忙于在边境上与奥地利人和保皇派作战。总而言之，我们必须记住，在恐怖活动中被杀害的总人数达到几千人，在这几千人中当然有许多活跃的敌对分子，按照当时的所有标准，共和国有权杀死这些敌对分子。这其中就包括了像巴黎皇家宫殿的公爵腓力这样的叛徒和坏蛋，他曾经投票赞成路易十六的死亡。在1916年7月索姆河战役开始的第一天，仅仅英国将军们所杀害的生命就比整个法国大革命从开始到结束所杀的人还要多。我们听到很多关于法国恐怖主义的殉难者的故事，因为他们是名人，人脉广泛，还因为对他们的苦难进行了某种宣传。但是，让我们在脑海里回想一下，当时世界各地的监狱里正在发生什么。当恐怖主义在法国统治的时候，在英国和美国，更多的人因为非常微不足道的罪行——触犯财产——而被杀死比被革命法庭谴责为叛国罪处死的人要多得多。当然，他们确实是非常普通的人，但是他们被粗暴地对待，遭受了痛苦。1789年，在马萨诸塞州，一个女孩因为强行拿走她在街上遇到的另一个女孩的帽子、鞋子和皮带扣而被绞死。又比如，慈善家霍华德（大约在1773年）发现许多无辜的人被关押在英国的监狱里，他们经审判后宣告无罪，却因无力支付狱卒的费用而无法出狱。这些监狱是肮脏的地方，没有有效的管理。英国国王乔治三世在汉诺威的领土上仍然在使用酷刑。酷刑在法国一直被使用到国民议会的时候。这些东西标志着这个时代的水平。没有任何记录表明在恐怖时期有人被法国革命者蓄意折磨。那几百个法国上流人士掉进了陷阱里，他们中的大多数人原本以为这是为他人而设的。这是一个悲剧，但从世界历史的规模来看，并不是一个巨大的悲剧。与1787年相比，法国的普通人在"恐怖"时期更自由、更富裕、更快乐。

1791年夏天之后，共和国的故事变成了一个复杂的故事，政治集团的目标从激进的共和国到保皇派的反应无所不包，却普遍渴望某种明确的工作安排，即使要付出相当大的让步。在雅各宾派和保皇派之间发生了一系列的叛乱，在巴黎似乎出现了我们现在应该称之为流氓的阶层，他们随时准备出来与任何一方进行战斗并进行掠夺；尽管如此，大会产生了一个由五个成员组成的政府，将法国团结在一起长达五年之久。最后一次，也是最具威胁性的叛乱，发生在1795年10月，被一位冉冉升起的年轻将军拿破仑以卓越的才干和果断镇压下去。

督政府①在国外取得了胜利，但在国内却毫无建树；它的成员们太过急于贪图官场的享乐和荣耀，以至于不肯起草一部可以取代

---

① 督政府：法国大革命中于1795年11月2日至1799年10月25日期间掌握法国最高政权的政府，前承国民公会，后启执政府。

他们的宪法，而且他们过于不诚实，以至于无法处理法国现状所要求的金融和经济重建任务。我们只需要注意他们其中两个人的名字——卡诺，他是一个诚实的共和党人；巴拉斯，他明显就是一个流氓。他们五年的统治在这个巨大变化的历史上形成了一个奇妙的插曲。他们找到什么就拿什么。革命的宣传热情使法国军队进入荷兰、比利时、瑞士、德国南部和意大利北部。到处都有国王被驱逐，共和国建立了起来。但是，这种宣传热情虽然激励了法国政府，但并没有阻止他们掠夺被解放人民的财富，以解除法国政府的财政困境。他们的战争越来越不像是为了自由的圣战，而越来越像古代政权的侵略战争。法国倾向于放弃大君主制的最后一个特点是它的外交政策传统，贪婪，好斗，不安，以法国为中心。有人发现，它仍然是有活力的，好像没有革命一样。

33.13 重建的终止与当代社会主义的曙光

世界上这种革命浪潮现在几乎退潮了，这个浪潮创造了巨大的美利坚合众国并威胁要淹没所有欧洲君主制。它就好像是从人类事务的表面之下冒了出来，付出了巨大的努力之后，不久就衰落了。它扫除了许多过时和邪恶的东西，但许多邪恶和不公正的东西仍然存在。它解决了许多问题，留下了对团结和秩序的渴望，而更多相对更大的问题似乎刚刚才暴露出来。特权、暴政、宗教迫害，当这些旧政权的东西消失时，似乎它们从来都不重要。对普通人来说，真正重要的是他们有投票权和选举权，尽管他们有激情和努力，他们仍然没有自由，也没有享受到同等的幸福，革命带来的对新世界的巨大希望和气氛仍然没有实现。

然而，这场革命的浪潮毕竟已经实现了在革命来临前几乎所有已经明确思考过的东西。现在它失败了不是因为缺乏动力，而是因为缺乏已经完善了的想法。许多曾经压迫人类的东西都被永远地扫除了。现在他们被扫地出门，很明显，他们对这种清除给予他们的创造性机会毫无准备。革命时期是行动的时期，在这些时期里，人们收获在间歇期间成长起来的思想的成果，他们让田地为新的成长季节腾出空间，但是他们不能突然产生成熟的新思想来满足一个意想不到的谜题。

国王和领主、牧师和检察官、地主、税吏和监工都被清除了，使广大人民第一次面对社会结构的某些非常基本的方面，他们以前认为这种关系是理所当然的，从来没有意识到需要认真思考和不断对此进行思考。那些似乎处于事物本质中的制度，以及那些似乎出于必然性而发生的事情，就像昼夜和四季循环那样，如今被发现是人为的、可以控制的，它们并不是那么错综复杂；而现在，那些旧的惯例已经被废除了，迫切需要对此控制。新秩序发现自己面临着三个自己完全没有准备好去解决的谜团：财产、货币和国际关系。

让我们把这三个问题按顺序排列，问问它们是什么，以及它们是如何在人类事务中产生的。每个人的生活都深深地卷入其中，并关注其解决方案。这段历史的其余部分越来越清楚地变成努力解决这些问题的发展史，也就是说，要怎样去解释财产、制定货币、控制国际关系，使全世界的进步和幸福的意愿共同体成为可能。它们是命运的狮身人面像的三个谜，对此人类共和国必须找到答案，否则就会灭亡。

财产的概念产生于物种的好斗本能。远在人类成为人类之前，古猿就是这里的主人。原始财产是野兽会为之战斗的东西。狗和它的骨头，雌虎和它的巢穴，咆哮的雄鹿和它的鹿群，这些都是强烈的所有权。在社会学中，没有比"原始共产主义"这个术语更荒谬的表达了。旧石器时代早期家族中的长者坚持占有他的妻子、女儿、工具和可见世界。如果有其他人误入他可见的地盘上，他就与他战斗，如果他能的话就杀死他。阿特金森在《原始法则》中令人信服地表明，部落随着时代的更迭而成长，长者逐渐容忍年轻男人的存在，承认他们在部落外俘获的妻子的和他们制造的工具和装饰品，以及他们杀死的猎物的所有权。人类社会是在这个人的财产和那个人的财产之间达成妥协而发展起来的。这在很大程度上是迫于将某些其他部落赶出其可见世界的必要性才做出的妥协和联盟。如果山丘、森林和溪流不是你的土地或我的土地，那是因为它们必须是我的土地。我们每个人都希望拥有自己的土地，但那是行不通的。要是那样的话，其他人早就把我们给毁了。因此，社会从一开始就是所有权的削弱。野兽和原始野蛮人的所有权比今天文明世界的所有权要强烈得多。它更强烈地植根于我们的本能而不是我们的理性之中。

今天在自然野蛮人和未受教育的人中，我们最好记住，没有人距离原始野蛮人超过四百代——所有权领域是没有限制的。你能为什么而战斗，你就可以拥有什么，女人，幸免的俘虏，被捕获的野兽，林间空地，石头坑，等等。随着社区的发展，一种法律开始约束自相残杀的斗争，人们发展出了解决所有权问题的简易方法。人们可以拥有他们最先制造、捕获或宣称有权占有的东西。无力偿还债务的债务人成为债权人的财产似乎是很自然的事情。同样自然的是，一个人在占领了一小块土地之后，应该向任何其他想要使用它的人索要报酬和贡品。只是慢慢地，当人们开始意识到有组织的生活的可能性时，这种无限的财产开始被认为是一种讨厌的东西。人类发现自己诞生在一个所有人都拥有和声称拥有的世界中，不！他们发现自己生下来就被拥有和声称被占有。早期文明的社会斗争现在很难追溯，但是我们讲述的罗马共和国的历史表明，社会开始意识到，这些斗争可能会成为公众的不便，因此应该加以否定，无限制的土地所有权也是一种不便。我们发现，后来巴比伦尼亚就严格限制了以奴隶为财产的权利。最后，我们在伟大的革命家，拿撒勒人的耶稣的教诲中发现，这种对财产的侵犯是前所未有的。他说，骆驼穿过针眼要比拥有大量财产的主人进入天国容易得多。在过去的25或30个世纪里，世界上似乎一直在持续不断地对财产的许可范围提出批评。在耶稣诞生1900年之后，我们开始发现所有受到基督教教义影响的世界都相信，人不能被看作财产。在这件事情上，大众的良心发生了变化。另外，"一个人可以对自己的财产为所欲为"的想法，显然在其他财产方面也受到了很大的动摇。但是，18世纪末的世界在这个问题上还只是处于疑问阶段。关于问题的认识还没有足够清晰，更不用说足够的解决，以采取行动。人们的主要动力之一是保护财产不受国王的贪婪和浪费以及高尚冒险家的剥削。法国革命正是为了保护私有财产而开始的。但是它的平均主义公式使它进入了对它所保护的财产的批评之中。当他们中的许多人没有安身之所，没有食物可吃，除非他们辛苦劳作，否则主人既不给他们食物也不给他们住宿的时候，他们怎么能够自由和平等呢？太过分了——穷人抱怨说。

对于这个难题，雅各宾派的回答是"平分"。他们想强化和普及财产。为了达到同样的目的，在18世纪就已经有一些原始的社会主义者——或者更确切地说，共产主义者——想要完全"废除"私有财产。国家（当然理解为一个民主国家）应拥有所有财产。直到19世纪的发展，人们才开始意识到财产不是一件简单的事情，而是一个具有不同价值结果的巨大的所有权复杂体，许多东西（例如人、艺术家的工具、衣服、牙刷）都是根深蒂固和不能改变的个人财产，还有一系列非常广泛的东西，如铁路、各种各样的机器、房屋、种植了的花园、游艇，它们都需要被非常仔细地考虑，以确定在什么程度下它可以被看作私人财产，以及它们在什么程度就属于公共领域，且可以由国家为了集体利益进行管理和出租。在实践方面，这些问题转化为政治问题，以及建立和维持有效的国家行政管理的问题。它们揭示了社会心理学的问题，并与教育科学的探讨相互作用。我们今天比第一代革命者多了130年的讨论的优势，但即使到现在，这种对财产的批评仍然是一种巨大的、热情的动乱，而不是一门科学。在这种情况下，18世纪的法国不可能呈现出任何其他奇观，除了那些寻求驱逐所有者的模糊和混乱的民众运动，以及那些大大小小的所有者阶级，他们冷酷地坚持着，要求一切法律、秩序和安全，并寻求增加他们个人对任何可以合法拥有的东西的份额。

与人们关于财产观念的模糊性紧密相连的是他们关于货币观念的模糊性。美国和法国的共和国都因此陷入了严重的困境。在这里，我们再一次处理不简单的东西，一个由惯例、法律和普遍的精神习惯杂错在一起的事务，其中产生的问题不能简单地解决了，但这对人类社会的日常生活又至关重要。一个人一天的工作所得到的认可的有效性，对于社会机器的工作来说显然是相当重要的。人们对贵金属和硬币的信心不断增长，直到人们普遍相信优质货币在任何地方都有购买力，这在人类历史上肯定是一个循序渐进的过程。政府使货币贬值并用纸币取而代之，这种行为受到了相当大的质疑。每个时代都产生了一批聪明的人，他们足够聪明，能够意识到金钱体系赖以生存的各种信仰和虚构的复杂性所提供的机会，也足够不道德，能够把他们最大的精力投入致富中，从而通过欺骗和篡改黄金、硬币的信用，让人们为他们工作。这样，一旦发生严重的政治和社会混乱，货币机制就开始僵硬和不准确地运作了。美国和法兰西共和国都在立国之初经历过一段财政困难时期。两国政府一直在因借贷而发行纸面证券，以支付利息，利息高于他们可以方便地筹集的款数。这两场革命都导致了绝望的公共开支和借贷，同时也导致了耕作和生产的中断，进一步削减了真正的应税财富。两国政府由于无力支付黄金，都诉诸发行纸币，承诺以未开发土地（美国）或最近没收的教堂土地（法国）的安全作为支付条件。在这两种情况下，问题的数量远远超出了人们对现在安全的信心。人们用各种各样的钞票和纸币取代了硬币，所有这些都是不确定的和逐渐减少的价值。

无论货币的起源多么复杂，它的实际作用和它必须服务于社会的目的，都可以粗略地用简单的术语来说明。一个人因工作（精神或身体上的）或因放弃某种消耗品的财产而获得的钱，最终必须能够为他购买相当数量的消耗品以供他使用。（"可消费品"是一个我们可以从最广泛的意义上理解的短语，它甚至可以用来表示旅行、演讲或戏剧娱乐、住房、医疗建议，等等。）当一个社会的每个人都确信这一点，并确信货币不会在购买力方面恶化，那么货币和商品的贸易分配就处于一个健康和令人满意的状态。只有这样，人们才高兴地工作。对货币稳定性和安全性的迫切需要是科学研究和控制货币必须依据的固定数据。但是在最稳定的条件下，货币价值的波动也总会发生。世界各国的可销售消费品总量每年每季都不同；与春天相比，秋天可能是一个富足的季节；随着现有商品的增加，世界货币的购买力将增加，除非货币数量也有所增加。另外，如果消费品的生产减少，或者消费品遭受巨大的、亏本的破坏，例如在战争中发生的情况，那么由一笔货币构成的消费品总额中的份额就会减少，价格和工资就会上涨。在近代战争中，一个巨大的炮弹的爆炸，即使什么也没有击中，它所摧毁的劳动力和物质，大致相当于一个舒适的小屋或一个男人的一年假期。如果炮弹击中任何东西，那么进一步的破坏必须加上消费品的减少。在最近的战争中炸开的每一枚炮弹都会使全世界每一枚硬币的购买价值减少一小部分。如果在消费品用完而没有完全取代的时期货币也有所增加，而革命和战争政府的必需品几乎总是需要这种增加，那么价格的提高和以工资支付的货币价值的下降就更大。通常在这些压力下的政府也会借钱，也就是说，他们发行有息票据，以整个社会忍受税收的意愿和能力作为担保。如果这些行动是由完全诚实的人，在充分的宣传和科学知识的情况下进行的，那么这些行动将是非常困难的。但迄今为止，事情从来不是这样：聪明的自我主义者，就是那种有钱的坏人，总是试图把事情稍微转向对自己有利的方面。在任何地方，人们也会发现愚蠢的自我中心主义者很容易受惊并陷入恐慌。因此，我们现在发现，国家被过多的货币所牵累，这实际上是一种无息债务，而且贷款利息负担很重。随着公众信心的丧失，信贷和货币开始剧烈波动。我们说，它们丧失了信誉。

完全丧失了信用的货币的最终结果将是结束所有无法通过实物支付和易货贸易进行的工作和贸易。除了食物、衣服、住房和实物报酬，人们拒绝工作。部分失去信用的货币的直接后果是推高价格，使交易变得冒险，工人多疑和易怒。一个精明的人希望在这种情况下尽可能短暂地持有货币；他用高价出售他的实物，并且尽可能快地再次购买一批实物，以便将他手中这种不耐久的东西——纸币脱手。所有有固定收入和储蓄积累的人都受到物价上涨的影响，而工薪阶层越来越愤怒地发现，他们工资的真正价值在不断下降。在这种情况下，每个聪明人的职责显然是帮助调整和消除顾忌。但是，私营企业的所有传统，以及18世纪后期的所有思想，都认为那些头脑敏锐、心灵手巧的人的行为是正确的，他们在这种货币崩溃的风暴和混乱中积累索赔权、所有权和有形财产。在这个世界上，真挚而没有二心地想要恢复信贷条件以及可行的货币政策的人很少，而且这种尝试收效甚微。当时大多数金融界人士和投机分子都在扮演康沃尔郡破坏者的角色，他们显然不是有意不诚实，而是完全自我肯定，并得到了同胞们的称赞。每个聪明人的目标都是尽可能多地积累真正可以谈判的财富，然后，只有这样，才能实现某种稳定的政治进程，使他能够有利地拥有自己的财富积累。

这就是不良经济气氛的因素，猜疑、狂热、贪婪和投机。

法国革命没有在第三方面——国际关系上准备好清晰的思想，事态的发展将不幸地与这种财政和经济冒险的状态，这种混乱和困惑，这种人的心理关注他们的私有财产和他们在国内的货币地位的错综复杂等发生相互作用。共和国一诞生就身处战争之中。有一段时间，战争是由新军以世界历史上前所未有的爱国主义和热情发动的。但这种情况不能继续下去。督政府发现自己处于一个征服者国家的领导地位，在国内贫困窘迫，令人无法忍受，却占领着富裕的外国土地，拥有巨大的财富、物质和金融机会。我们都有双重性，尤其是法国人，他们似乎是在两个方面都合乎逻辑、均匀地发展起来。法国自居解放者和人类共和主义的导师来到这些被征服的地区。荷兰和比利时成为巴达维亚共和国，热那亚和它的里维埃拉利古里亚共和国，北意大利成为奇萨尔皮尼共和国，瑞士被重新命名为海尔为第共和国，马尔豪森、罗马和那不勒斯也被称为共和国。这些共和国聚集在法国周围，成为领导世界的自由星座。这是理想的一面。与此同时，法国政府同与政府合作的一些法国人，对这些被解放的土地进行了全面彻底的剥削。

因此，在10年内的国家三级会议，新法国开始渐渐与旧法国十分相似。它更昌盛，更有活力；它戴着自由的帽子而不是王冠；它有一支新的陆军军队，但是有一支破损的舰队；它有新的富人来取代老的富人，新的农民比老的农民工作更努力，交更多的税；它执行一种新的外交政策，奇怪得像脱去了外衣的旧的外交政策，因此法国并没有太平盛世。

34. 拿破仑·波拿巴的事业

34.1 在科西嘉岛的波拿马家族

现在我们来看看现代史上最具启发性的人物之一，一个冒险家和一个破坏者的形象，他的故事似乎非常生动地表现了利己主义、虚荣心和个性之间普遍而微妙的冲突，还有对共同利益较为微弱和广泛的回应。在这种混乱、压力和希望的背景下，在这个危机四伏的法国和欧洲，在这个风雨交加的黎明，出现了这个黑暗的、矮小的、古板的、能干的、不择手段的、粗俗的人物。他于1769年出生在科西嘉岛上，当时岛上还处于半野蛮状态。他的父亲是一位相当平凡的律师，早期是一位爱国的科西嘉人，反对法国的君主政体，当时法国君主政体正试图征服科西嘉岛，而科西嘉岛后来倒向了侵略者一边。他的母亲则是一个更坚强的、富有领导才能的、满怀热情的爱国主义者（她会用桦木条鞭挞她的儿子们以教导他们，拿破仑十六岁时有一次也被母亲用桦木条教导过）。拿破仑有许多兄弟姐妹，他们一家人不断地向法国当局要求工作和报酬。除却拿破仑不看，这是一个在普通不过的家庭了，一个饥饿的家庭。拿破仑很聪明，但同时又脾气暴躁，而且很专横。他从他的母亲那里继承了浪漫的科西嘉爱国主义。

通过法国科西嘉州长的赞助，他首先在布里恩的军事学校和当时的巴黎军事学校接受了教育，并于1785年从那里进入炮兵部队服役。他是一个勤奋的学生，无论是数学还是历史，他的成绩非常好，而且他制作了大量的笔记本，这些笔记本流传了下来。这些笔记本并没有显示出雄才大略，它们包含了关于自杀和类似的青少年主题的文字。很早他就被卢梭的思想深深地触动了，渐渐地使得他对文明的堕落极为敏感，抱着强烈蔑视的态度。1786年，他写了一本小册子，反对一位攻击卢梭的瑞士牧师。这是一个非常普通的、夸张而又浅显青少年的作品。他梦想着科西嘉岛有一天能从法国独立出来。随着革命的进行，他成了一名狂热分子。

他在科西嘉岛支持法国新政权。在罗伯斯庇尔倒台之前的几年里，他一直是雅各宾党人。

34.2 作为共和国将军的波拿巴

他很快就获得了一个有用的和能干的军官的名声，正是通过罗伯斯庇尔的弟弟，他在土伦第一次获得了出人头地的机会。土伦已被保皇派移交给英国和西班牙，一支有记录的舰队占领了它的港口。波拿巴受命指挥炮兵，在他的指挥下，法国人迫使盟军放弃了港口和城镇。他后来被任命为意大利炮兵司令，但罗伯斯庇尔的死牵涉到他，使得他还没有上任，便以雅各宾党人的身份被捕。在那一段时间里，他随时都有被送上断头台的危险。后来危险过去了。在科西嘉岛的一次突袭中，他被聘为炮兵司令，失败后他便去了巴黎（1795年）。朱诺夫人在她的回忆录中描述了他瘦削的脸和邋逼的外表，"他那梳得乱糟糟、营养不良的头发披散在灰色的披风上，"不戴手套的手和穿得很黑的靴子。这是继雅各宾派共和国的严酷统治之后的一段精疲力竭、反应激烈的时期。

"在巴黎，"霍兰德·罗斯说，"自由之星在水星、火星和金星面前黯然失色。"金钱、制服和最具有社会魅力的公民却在靠近边境的军队之中。我们已经提到了保皇派在1795年的最后一次起义。拿破仑很幸运地来到了巴黎，在这次镇压保皇党势力叛乱中，他迎来了自己的第二个转折点。他拯救督政府。

他的能力给卡诺留下了深刻的印象，他是董事中最正直的人。此外，他娶了一个迷人的年轻寡妇，约瑟芬·博阿尔内夫人，她对巴拉斯有很大的影响。这两件事可能都帮助他在意大利时取得了军队的指挥权。

我们这里没有篇幅来讲述他在意大利进行的辉煌战役（1796—1797），但我们必须对他入侵意大利的精神说一两句话，因为它如此生动地说明了法国和拿破仑的双重灵魂，而且，革命理想主义在现实的紧迫面前变得苍白无力。他向意大利人宣布，法国人要来打破他们的枷锁，他们果然来了！他给国民议会写了一封信："我们要在这个国家征收2000万法郎的苛捐杂税，它是世界上最富有的国家之一。"他对他的士兵们说："你们饿得要死，几乎光着身子……我带你们进入世界上最肥沃的平原。在那里你会发现伟大的城镇、富裕的省份，那里有荣耀和无尽的财富。"

我们都是这样混杂两面性格的人；我们所有人都预示着一个新世界的到来，都在为掩盖和控制我们所继承的过去的古老的贪婪和欲望而进行更细致的斗争；这些由一个27岁的年轻人所写的文章，似乎显示了崇高的理想主义的光辉，在不同寻常的年轻时代就被抹去了。这些都是一个冒险家的贿赂，他把曾经在他内心深处激起的任何献身于伟大事业的冲动完全控制在他的自爱之下。

他在意大利取得了辉煌而彻底的成功;它们极大地激发了他的自信心,激发了他对同类的精力和能力的蔑视。他之所以想进入意大利,是因为那里有一项最吸引人的任务,他冒着失去军队职位的危险,拒绝承担在拉旺达对抗叛军的令人厌烦的指挥职责,而且有明显迹象表明,他的虚荣心随着胜利而大大膨胀。他是普鲁塔克生平和罗马历史的伟大读者,他那极其活跃但毫无创造性的想象力现在正忙于复兴罗马帝国东部征服的梦想。他把威尼斯共和国从法国和奥地利之间分割开来,保卫了爱奥尼亚群岛和威尼斯舰队。这种和平,《坎波福米奥和约》的和平,对双方来说都是彻头彻尾的无赖行为,最终是一场灾难性的交易。新法兰西共和国协助谋杀了一个古老的共和国,拿破仑不顾国内和奥地利的强烈反对,攻占了威尼斯。1918年,威尼斯这片土地注定要因流血而亡。还有一些秘密条款,根据这些条款,法国和奥地利后来都获得了德国南部的领土。不仅罗马人向东推进,现在拿破仑也兴奋不已。这是恺撒的土地,但恺撒是一个不太稳定的共和国的成功将军的坏例子。

恺撒从高卢回到罗马,成了英雄和征服者。他的新模仿者将从埃及和印度回来——埃及和印度将成为他的高卢。历史学家在做出这一描述时如此油嘴滑舌,实在没有任何天才之处。这是一种庸俗拙劣的模仿。失败的因素直直地盯着他。最近发生了两次海军叛乱,拿破仑夸大了这两次叛乱的重要性。通往埃及和印度的道路是海上的,而且英国人在海上比法国人更强大。此外,埃及是土耳其帝国的一部分,在那个时代绝不是一个轻视的国家。尽管如此,他还是说服了被他在意大利的丰功伟绩所折服的内阁,让他出发了。1798年5月,一支舰队从土伦出发,占领了马耳他,幸运地躲过了英国舰队,抵达亚历山大。他匆忙地让部队登陆,金字塔之战使他成为埃及的统治者。

当时英国的主要舰队在加的斯外的大西洋,但是海军上将已经派遣了一支最好的舰队,在海军中将纳尔逊的领导下,去追击并与法国舰队交战。值得一提的是纳尔逊中将在海军事务上是一位伟大的天才,就像拿破仑在军事上一样。纳尔逊曾一度徒劳地寻找法国舰队;最后,在8月1日的晚上,他在阿布基尔湾找到了它的停泊处。他在不知不觉中发现了它;许多士兵都在岸上,纳尔逊在旗舰上举行了一次会议。他并没有航海图,在光线不好的情况下航行到浅水区是件危险的事。因此,法国海军上将断定,他的敌人不会在早晨之前发动进攻,所以直到为时已晚他仍毫不匆忙地把他的士兵召回船上。然而,纳尔逊反对他的一些队长的建议。只有一艘船搁浅了。它在浅滩上为其余的舰队做标记。夜幕降临,战斗打响;日落时分,他以两列纵队向敌人发起进攻,使法国人陷于两面夹击之中。燃烧的法国船只点亮了夜色,英国船舰被法国旗舰"东方号"的炮弹轰炸……午夜前尼罗河战役结束,拿破仑的舰队被摧毁。拿破仑与法国断绝了联系。

霍兰德·罗斯引用他们的话说,这次埃及探险是"历史上最鲁莽的尝试"。拿破仑被留在埃及,土耳其人聚集起来反对他,不幸的是,他的军队又感染了瘟疫。尽管如此,他还是愚蠢地坚持了一段时间,继续实施这个东方的计划。他在雅法取得了胜利,由于缺乏粮食,他屠杀了他的俘虏,然后他试图占领阿克,在那里,他自己的攻城大炮,刚刚在海上被英国人缴获,现在却被用来对付他。他艰难地回到埃及,在阿布基尔大获全胜,并击败了一支土耳其军队。随后,他摆脱了埃及军队。直到1801年,埃及军队向英国军队投降。1799年,拿破仑逃回了法国,在回程途中险些被一艘英国巡洋舰在西西里岛附近捕获。

在埃及的混乱和失败足以使任何一位将军名誉扫地。但是，正是这些英国巡洋舰差一点就抓住了他，帮助他阻止了法国人民对埃及局势的真正了解。他可以借阿布基尔战役的胜利，掩盖阿克的耻辱和损失。然而，当时法国的情况并不太好，有几次军事失败。波拿巴统治下的意大利的大部分地区，都已沦陷，这使人们把目光转向他，认为他是那种局面的自然救星。此外，还有许多猜测，其中一些已经浮出水面；法国正处于财政丑闻的一个阶段，而拿破仑并没有从中渔利；公众正处于道德疲劳的状态，这时需要一个坚强而诚实的人，一个了不起的、不可能屈服的人站出来，他必须愿意为每个人做任何事。可怜的懒汉们相信，这个外表似是而非、有着诗人般面孔的坚强而又诚实的年轻人，是如此幸运地从埃及回来，这真是他们所需要的另一个华盛顿啊。

拿破仑想成为的是朱利叶斯·恺撒而不是华盛顿，他对当时的需求做出了回应。议会中的三个执政官似乎都读了太多罗马历史，而拿破仑是其中的首领。这之中精心设计出来的阴谋对我们来说也是一个错综复杂的故事；克伦威尔式的解散了下议院（五百人议会），在这件事上拿破仑仿佛失去了勇气。

代表们对他大喊大叫，推搡他，他似乎非常害怕。他几乎晕过去了，结结巴巴地说不出话来，但是他的兄弟卢西恩救了他，他把士兵们带进来，驱散了议会。这个小麻烦并没有影响计划的最终成功。三名执政官和两名专员被安置在卢森堡宫重建宪法。

拿破仑恢复了所有的信心，确信人民会支持他，他们认为他是诚实的、爱国的、追求共和的，并且能够带来良好的和平。宪法规定，行政长官被称为第一执政官，拥有巨大的权力，而这个人将会是拿破仑；这是宪法的一部分。他将在10年后再次当选或被取代。他将得到由他自己任命的国务委员会的协助，国务委员会负责发起立法并将其提案提交给两个机构,立法机构(可以投票,但不能讨论)和审裁处(可以讨论,但不能投票),这两个机构是由一个特别阶层指定的元老院选出来的,他们是法兰西的贵族,由国务院的贵族选举产生,同样也是由普通选民选出来的公社的贵族选举产生的。公社贵族选举的选举权是普遍的。这是令人震惊的金字塔中唯一留下的民主残余。这部宪法主要是由三位执政官之一的著名哲学家西娅·蒙和波拿巴共同制定的。但是,法国对自己的困难和努力是那样的疲倦,人们对这位来自科西嘉的冒险家的品德和能力是那样的信心十足,以致当19世纪初,这部宪法以3011007票赞成、1562票反对的结果提交给这个国家时,法国完全把自己的命运交给了波拿巴,并准备好过和平、幸福和光荣的生活。

34.3 作为第一执政官的拿破仑(1799—1804)

现在,这无疑是一个前所未有的机会。在这种情况下,一个人完全可以对自己卑躬屈膝,扪心自问,竭尽全力地为上帝和人类服务。旧秩序已死或行将消亡,奇怪的新力量驱动着世界寻找形式和方向,一个世界共和国和一个持久的世界和平的承诺在许多受惊的头脑中低语。如果这个人有什么深刻的见解,有什么创造性的想象力,有什么无私的抱负,他就可以为人类做出贡献,使他成为历史的太阳。整个欧洲和美洲都在为新时代的第一个希望而激动地等待着他。不是法国。法国在他手中,就像他的工具一样任由他摆布。他乐意追求和平,但又像一把精美的剑一样渴望经受战争的考验。在这个盛大的场合,我们缺少的只是高尚的想象力。如果做不到这一点,拿破仑只能像粪堆上的公鸡一样,昂首阔步地登上这座充满机遇的大山。他在历史上创造的是一种几乎令人难以置信的自负、虚荣、贪婪和狡诈,对所有信任他的人的无情蔑视和漠视的形象,是一种模仿恺撒、亚历山大和查理曼大帝而形成的浮夸形象,如果不是用人类的鲜血堆砌起来的话,那简直就是滑稽可笑。直到,就像维克多·雨果以惊人的方式说的那样,"上帝对他感到厌烦",他被踢到一个角落里,结束他余下的日子,不停地解释他最糟糕的错误举动是多么的聪明。他在那阴暗炎热的岛上四处游荡,打鸟,还和一个没有教养的狱卒卑鄙地争吵,因为那个狱卒没有对他表现出应有的尊重。

他的第一执政官生涯也许是他职业生涯中最不光彩的阶段。在意大利北部进行了一场复杂的战役之后,在亚历山大城(1800年)附近的马伦戈的胜利使局势达到了顶点。这是一场胜利,但在某些时刻,它几乎要带来巨大的灾难。同年12月,莫罗将军在大雪、泥泞和恶劣的天气中,在霍亨林登击溃了奥地利军队。如果拿破仑赢得了这场战争,这将是他最杰出的功绩之一。这些事情使和平的希望成为可能。1801年,英国和奥地利签订了和平条约。1802年,法国与英国签订了《亚眠条约》,拿破仑可以自由地施展自己富有创造性的治国方略,而法国以及整个欧洲都需要这种方略。战争扩大了这个国家的疆界;与英国签订的条约恢复了法国的殖民帝国地位,使它处于路易十四做梦也想不到的安全境地。拿破仑有机会制定和巩固新秩序,建立一个现代化的国家,成为欧洲和全世界的灯塔和灵感。

他根本没有打算做那样的事情。他没有意识到在可能性的计划中有现代国家这样的东西。他的脑海里充满了深沉的狡诈的梦,他想再做一次恺撒,但仿佛这个世界再也容忍不了这种事情似的!他打算把自己变成一个真正的皇帝,头上戴着王冠,所有的对手、同僚和朋友都拜倒在他的脚下。这不能给他任何新的力量,但这将是更辉煌的,他已经开始了,这必将使他的母亲无比惊讶。这样一个头脑,对于当时那种极具创造性的挑战,有什么反应呢?但首先,法国必须繁荣。饥饿的法国肯定不会容忍一个皇帝。他开始实施路易十五批准的一项古老的计划;他模仿建造了"英国的运河";他重组了警察,使国家安全;在为他的个人戏剧做准备时,他把巴黎变成了罗马,而银行发展的经典方案在他看来是可行的,他利用了这些方案。在所有这些事情上,他都是与时俱进的,如果他没有出生,这些事情就不会那么专制,不会那么集中。他决心削弱共和党人的力量,并且他打算动摇共和党人的根本信念。他回忆起阿米格拉斯,并对新政权做出令人满意的保证。许多人非常愿意以这样的条件回归,让波旁王朝成为过去。他与罗马达成了一项伟大的和解协议。我的任务是描述,而他的任务是恢复罗马教区的权威。他想,法国永远不会听话;没有宗教,那么它永远无法忍受一个新的君主政体。他说:"一个国家没有宗教,怎么可能有秩序呢?"社会的存在离不开财富的不平等,而财富的不平等又离不开宗教。当一个人因为饥饿而死,而另一个人又因为暴饮暴食而死,他就不能屈从于这种差异,除非有权威宣称:"上帝的意志就是如此:世界上必定有穷人和富人,但从今以后,在永恒的时间里,事物的划分将会发生不同的变化。"他认为,宗教,尤其是后来的罗马宗教,是让普通人保持安静的好东西。他早期的雅各宾派就是因为这个理由而谴责它的。

还有一个伟大的成就,标志着他的想象力和他对人性的估计,是荣誉军团制度的建立,这是一个用丝带装饰法国人的计划,令人钦佩的是,这是为了转移野心勃勃的人对颠覆活动的注意力。

拿破仑大帝

拿破仑对基督教的宣传也很感兴趣。这是拿破仑关于基督政治用途的观点,这个观点从那时起就玷污了法国的所有使命。"我希望为外国使团重建这个机构;在亚洲、非洲和美洲,那些虔诚的传教士可能对我很有用,因为我要让他们了解所有的东西,他们访问各地。他们神圣的着装不仅能保护他们,还能掩盖他们的政治和商业调查的意图。教会机构的负责人不得再住在罗马,而应当住在巴黎。"

这些都是流氓商人的想法,而不是政治家的想法。他对教育的态度显示出同样狭隘的眼光,对他周围的黎明现实同样视而不见。他几乎完全忽视了基础教育,他把这个问题留给了地方当局的良心来解决;他规定,教师的工资应该从学者的学费中扣除;很明显,他不希望老百姓接受教育,他一点也不明白为什么要这样;但他对提供技术和高等教育十分感兴趣,因为他的国家需要聪明、追逐私利、见多识广的人提供服务。这是对伟大计划的惊人的倒退:1792年,康多塞特为共和国起草了一项大计划,旨在建立一个完整的全国免费教育体系。康多塞特的计划缓慢而坚定地实现了;世界上的伟大国家正被迫使向这一目标迈进，而拿破仑的廉价手段已不再让我们感兴趣了。至于我们这个种族的母亲和妻子的教育，这就是拿破仑的特质："我认为我们不需要为年轻女性制订任何教育计划而烦恼，她们最好是由她们的母亲抚养成人。公共教育不适合她们，因为她们从来没有被要求在公共场合行动。对她们来说，礼貌是最重要的，而婚姻则是她们的一切。"

在《拿破仑法典》中，第一执政官对妇女并不友善。例如，妻子对自己的财产没有控制权，她财产在她丈夫的手里。《治罪法》主要是国务委员会的工作。拿破仑似乎阻碍而不是帮助了委员会的讨论。他会不经通知就闯入会议，并以冗长和自负的独白来影响会议成员，而这些独白往往与目前的问题毫不相干。全体会议怀着深切的敬意聆听着，这是委员会所能做的一切。他会使他的顾问们时时刻刻保持着超凡脱俗的精神状态，同时也会流露出一种对自己单纯的自豪感。他在晚年特别满意地回忆起这些讨论。有一次他说，他的光荣不在于打了40场战役，而在于创造了《拿破仑法典》……他的法典的确很好，因为它用简单的语句代替了难以理解的法律之谜；它汇集、修订、澄清了大量杂乱堆积的新老法律，就像他所有的建设性工作一样，这是为了立竿见影的效果；它定义了事物之间的关系，这样人们就可以不用进一步讨论就能着手处理它们。不过法典中经常有一些错误的定义，这使得它在现实生活中并不那么实用。在这种编纂的背后，并没有体现出相匹配的智力的力量。它认为存在的一切都是理所当然的（而这也是最重要的）。文明社会的基本思想和人类合作的条件正在重建中，这一切都是关于拿破仑的，从来没有人认识到。他接受了一个变化的阶段，并试图永远解决它。直到今天，法国还被他在19世纪早期所打造的紧身衣所束缚。他确定了妇女的地位，劳动者的地位，农民的地位；直到今天,她们仍在因这样的定义而挣扎。

拿破仑下定决心,坚定地支持法兰西。这种坚定只是支配着他的自大计划的一部分。他的想象是建立在一种新的恺撒主义之上。1802年,他被任命为终身第一执政官,并拥有任命继任者的权力。他明确的意图是吞并荷兰和意大利,尽管他有条约义务将这两个国家分开,但从一开始,亚眠的和平就疯狂地摇摆不定。既然他的计划注定要挑起与英国的战争,他应该不惜一切代价保持沉默,直到他使自己的海军比英国海军更强大为止。他控制着大量的造船资源,而英国政府是一个软弱的政府,三四年就足以改变这种平衡。尽管他在埃及的经历很艰难,但他从未意识到海上力量的重要性,也没有在等待战斗和长时间的准备中保持头脑的清醒。1803年,他对瑞士的占领引发了一场危机,并与英国再次爆发战争。英国软弱的阿丁顿首相让位于伟大的皮特。拿破仑故事的其余部分是关于那场战争的。

在执政期间,第一执政非常积极地给他的兄弟姐妹带来财富。这是很有人情味和非常宗派主义和科西嘉式的作风,这帮助我们理解他是如何珍惜自己的地位和面前的机会的。我们很少有人能离开观众而活着,童年的第一个观众是我们的家人;我们大多数人到生命的最后一刻都被一种想要给父母和兄弟姐妹留下深刻印象的欲望所左右。在成功人士的家中,很少有人表现出谦虚和忘我的风度。只有那些像耶稣一样灵魂被升华的拿撒勒人才能对全世界说:"看哪,我的母亲和我的弟兄们!"拿破仑之所以能够成功,很大的原因在于他想要使波拿巴家族及其邻居们大吃一惊,并让他们臣服。他愚蠢地提拔了他的兄弟们,因为他们是最普通而平庸的人。饥饿的波拿巴家族很幸运。当然,科西嘉岛的所有人都张大了嘴巴!但是有一个很了解他的人既不惊讶也不屈服,这是他的母亲。他送她钱去挥霍，让邻居们大吃一惊；他劝诫她要好好表现一下，要活得像个了不起的、震惊世界的儿子的母亲。但是这位善良的女士，在16岁时因为拿破仑对他的祖母做鬼脸而鞭打了他，他在32岁时也没有被他迷惑和欺骗。整个法国都可能崇拜他，但她没有任何幻想。她把他给她的钱存了起来，她继续她惯常的节俭。"当一切都结束时，"她说，"你会为我的储蓄而高兴的。"

34.4 作为皇帝的拿破仑一世（1804—1814）

我们不会详述拿破仑成为皇帝的步骤。他的加冕典礼是对陈腐历史最不寻常的复兴，这是可以想象的。恺撒不再是他模仿的对象了，拿破仑正在扮演查理曼大帝。他被加冕为皇帝，不是在罗马，而是在巴黎圣母院。教皇（庇护七世）被从罗马带来主持仪式；到了高潮，拿破仑一世夺过王冠，向教皇挥手，给自己加冕。细心阅读这篇提纲的人会知道，在此之前一千年，它的意义是相当重大的；在1804年，这只是一个可笑的场景。1806年，拿破仑复兴了另一个古老的宗教，追随着查理曼大帝的脚步，在米兰大教堂为自己戴上了伦巴第铁冠。这一切都将对德国西部的想象产生奇妙的影响，我们必须清楚，德国西部也曾是查理曼帝国的一部分。

法兰西的四个子共和国现在变成了王国；1806年，他在荷兰任命了路易兄弟，在那不勒斯任命了约瑟夫兄弟。他在欧洲建立的从属王国的故事，使边界的自由处理有助于后来意大利和德国的统一，但对于这个大纲来说，太过复杂了。

新查理曼大帝和新里奥之间的协议并没有持续很长时间。1807年，他开始欺负教皇，1811年，他在枫丹白露囚禁了教皇。在这些行动中似乎没有太多理由。他疏远了所有天主教的意见，正如他的加冕典礼疏远了所有自由派的意见一样。他不再支持旧的或新的教派。他所背叛的新事物,老的传统也没能赢。最后他只为了自己而站了起来。

在外交政策方面,欧洲似乎没有什么理由陷入新一轮战争。由于过早地与英国发生争执,他(1804年)不顾海上形势,在布洛涅集结了一支庞大的军队,准备征服英国。他甚至在布洛涅铸造了一枚勋章,竖起了一根柱子,纪念这场计划中的侵略战争的胜利。英国舰队将被以"拿破仑式"的方式诱骗走,这支布洛涅军队将被一支船队偷运过英吉利海峡。在舰队返回之前,伦敦将被占领。与此同时,他对德国南部的侵略迫使奥地利和俄国与英国结成联盟,一同反对他。1805年,英国海军上将考尔德和纳尔逊对任何可能抱有最终胜利希望的人都进行了致命的两击。7月,前者在比斯开湾对法国舰队造成了严重的打击;10月,后者在特拉法加战役中摧毁了法国和西班牙的联合舰队。纳尔逊在胜利后光荣地死去。此后,拿破仑和英国处于无情的对抗中,他无法达到,也无法征服英国,而英国能够在这里或欧洲的所有海岸与他作战。

但在一段时间内,特拉法尔加的道德创伤完全被法国人抛诸脑后,他们只听到"一场暴风雨使我们在一场鲁莽的战斗后损失了一些这条航线上的船只"。考尔德胜利之后,他从布洛涅手中夺取了他的军队,把它迅速地送过半个欧洲,在乌尔姆和奥斯特利茨击败了奥地利和俄国的军队。在这种不幸的情况下,普鲁士发动了反对他的战争,而后在耶拿战役(1806年)中被彻底击败。奥匈帝国和普鲁士都被击溃了,俄国仍然是一个有战斗力的国家。第二年,俄国又成了这个法国不必要的敌手,一个更有头脑的统治者根本不可能与之作战。我们不能详细地追溯波兰对俄战争的困难;拿破仑在普尔图斯克被粗暴地对待,他在巴黎宣布这将是一个辉煌的胜利,在埃劳却又一次被粗暴地对待。后来俄国人在弗里德兰战败（1807年）。到目前为止，他还没有踏上过俄国的土地，俄国人仍然像英国人一样没有被打败，但是现在，拿破仑却交到了一笔非同寻常的好运。通过吹嘘、巧妙和奉承，他赢得了年轻而有野心的沙皇亚历山大一世的好感，两位皇帝在提尔西特涅曼河中间的木筏上相遇，达成了谅解协议。

这是一次两个主要行动者极端愚蠢的会面。亚历山大在叶卡捷琳娜二世的宫廷接受教育期间，吸收了许多自由主义思想，他主张自由、教育和受他自己的卓越地位支配的世界新秩序。"他很乐意让每个人都自由，"他早期的一位同僚说，"只要每个人都愿意完全按照他的意愿自由行事。"他宣称，如果以牺牲他的头为代价，他也会废除农奴制——只要文明更先进一些就好了。他说，因为拿破仑是一个暴君，他发动了对法国的战争，以解放法国人民。经历了弗里德兰之战后，他对拿破仑有了不同的看法。这两个人在那次溃败11天后相遇了；亚历山大无疑处于一种兴奋状态，这是他那种人在心情变化时自然流露出来的。

对拿破仑来说，这次会面一定非常令人满意。这是他第一次以平等的条件会见皇帝。像所有目光短浅的人一样，这个人骨子里是个势利小人，他对大人物头衔的持续关心也充分显示了这一点。这是一个真正的皇帝，一个天生的皇帝，把他3年的尊严看作是莫斯科真正的帝国主义。在蒂尔西特的木筏上，两种想象一起翱翔。"欧洲是什么？"亚历山大说，"我们就是欧洲。"他们本着这种精神讨论普鲁士和奥地利的事务，他们预料会分裂土耳其，他们计划征服印度，甚至亚洲的大部分地区，他们认为俄国应该从瑞典手中夺取芬兰；他们忽视了一个令人不快的事实，那就是地球表面的大部分是海洋，而英国舰队现在在海洋上是没有受到挑战的。近在咫尺的是波兰,只要拿破仑愿意,波兰随时准备奋起,成为法国热情的盟友,但他对波兰视而不见。这是异常的日子,却没有异象。即使在那个时候,拿破仑似乎也隐藏着这样一个大胆的想法:他也许有一天会娶一位俄国公主,一位真正的公主。但是,他在1810年学到的一点是,这有点太过分了。

后来,签订《提尔希特和约》时,拿破仑的品质趋于劣化;他变得越来越粗鲁,对挑战不再那么有耐心,越来越想成为这个世界命中注定的主宰,越来越难以忍受他遇到的每一个人。

1808年他犯了一个非常严重的错误。西班牙是他可怜的盟友,完全在他的控制之下,但他认为,为了把他的兄弟约瑟夫从两个西西里国王的宝座上提拔上来,推翻波旁王朝是必要的。他已经征服了葡萄牙,接着是将西班牙和葡萄牙两国统一起来。于是西班牙人怀着爱国主义的怒火,在贝伦包围了法国军队,迫使它投降。这是法国人胜利生涯中一个惊人的转折点。

英国人很快就抓住了这次起义给他们的立足点。阿瑟·韦尔斯利爵士(后来的威灵顿公爵)麾下的一支英国军队在葡萄牙登陆,在维米埃罗击败了法国人,迫使他们撤退到了西班牙。这一消息在德国和奥地利引起了极大的轰动,沙皇对他的盟友采取了更加傲慢的态度。

这两位皇帝在埃尔福特又举行了一次会议,在那次会议上,沙皇显然不像以前那样容易受拿破仑花言巧语的摆布了。在此之前的四年里,法国经历了不稳定的"上升",而欧洲地图上的轮廓像晾衣绳上的衣服一样,在大风天摇摆不定。拿破仑的个人帝国通过吞并荷兰、德国西部的大部分地区、意大利的大部分地区以及东亚得里亚海沿岸的大部分地区而发展壮大。但是,法国的殖民地一个接一个地落入英国手中,在西班牙半岛上的英国军队,连同西班牙的辅助军,慢慢地把法国人向北赶去。整个欧洲都对拿破仑感到厌倦和愤怒,他的敌人现在不仅是君主和大臣,而且是全体人民。1806年耶拿灾难之后,普鲁士人开始着手整顿他们的家园。在弗莱赫尔·冯·斯坦因的领导下,他们推翻了封建制度,废除了特权和农奴制,发展了全民教育和全民爱国主义,事实上,他们在没有任何内部斗争的情况下,就几乎完成了1789年法国所取得的一切成就。到1810年,一个新的普鲁士出现了,一个新德国的核心。而现在,亚历山大,似乎是受到了比他的对手更疯狂的统治世界的梦想的鼓舞,再次摆出自由之友的姿态。1810年,由于亚历山大反对拿破仑的婚姻野心,两国之间又产生了新的摩擦。因为他从前的妻子约瑟芬没有孩子,他要和她离婚,为了能有子嗣继承他的事业。拿破仑被一位俄国公主挫败,受到亚历山大的冷落,他转向奥地利,娶了公爵夫人玛丽·路易丝为妻。奥地利政治家们对他的理解是正确的,他们准备把他们的公主送给他。通过这段婚姻,拿破仑成为王朝的俘虏,他可能是新世界的缔造者,但他宁愿做旧世界的女婿。

沙皇亚历山大一世

在接下来的两年里,这位冒险家的事业迅速崩溃了。没有人再相信他的自命不凡了。他不再是革命的领导者，他不再是一个重生世界的精神化身，他只是一个新的、更可恶的独裁者。他疏远了所有思想自由的人，也得罪了教会。国王和雅各宾派曾一度面临着推翻他的问题。只有卑鄙自私的人才支持他，因为似乎只有他才有成功的秘诀。英国现在是他的宿敌，西班牙正燃烧着一种科西嘉人应该明白的精神；他只需要与亚历山大一世决裂，就能让这个充满暗流涌动的帝国走向灭亡。战争爆发了。亚历山大对拿破仑的感情一向是非常复杂的；他嫉妒拿破仑是他强大的对手，同时又鄙视他是一个没有教养的暴发户。此外，亚历山大身上还有一种模糊而感伤的伟大；他有神秘的宗教信仰，他有俄国和他自己的使命，通过摧毁拿破仑为欧洲和世界带来和平。在这方面，他具有拿破仑所缺乏的那种想象中的伟大。但是，在他看来，给欧洲带来和平与吞并芬兰、波兰大部分地区以及土耳其帝国的大部分地区是并不冲突的。这个人的思想在明亮的雾中移动。特别是他想恢复与英国的贸易，而这正是拿破仑曾坚决反对的。因为德国所有的贸易都被拿破仑时期的"大陆体系"搞得一团糟，商人阶级也深受其害，这个体系将英国的商品排除在欧洲的每个国家之外，极大地冲击了英国，而俄国遭受的苦难甚至超过了德国。

　　决裂发生在1811年，亚历山大退出了"大陆体系"。1812年，在新皇帝的最高指挥下，大批军队，共计60万人，开始向俄国进军。这支部队大约有一半是法国人，其余的来自法国的盟友和臣民。它是一个像大流士军队或卡瓦德军队一样的集团军。西班牙战争还在继续，拿破仑没有试图结束战争。25万人从法国抽调，在冬天来临之前，他从波兰一路打到莫斯科——大部分时间里，俄国军队都拒绝参战。在冬天来临之前，拿破仑的处境就变得十分危险。他占领了莫斯科，希望这能迫使亚历山大讲和。亚历山大不肯讲和，拿破仑发现自己的处境和2300年前大流士在俄罗斯南部时差不多。在决战中仍未被征服的俄国人破坏了他的通信系统，加上在法国军队内爆发的疾病帮助下，拿破仑到达莫斯科之前，就已有15万人阵亡了。但拿破仑缺乏大流士的智慧，不肯退却。在很长一段时间里，冬天都很温和，他本可以逃过一劫。但他却待在莫斯科，不知所措地制订着不可能的计划。在他以前的一切挣扎中，他非常幸运；他从埃及逃之夭夭，在英国海军的胜利中被成功地拯救出来；但是现在他又被困住了，这次他不能再逃跑了。或许他会在莫斯科过冬，但是俄国人把他熏出来了，他们放火烧了这座城市的大部分地区。

他决定回来的时候，已经是10月底了，这一切都太迟了。他做了一次徒劳的尝试，试图突入西南方向的一条新的撤退路线，然后使他的大军中的幸存者面对着向他们在前进中所摧毁的国家。巨大的距离把他们与任何友好的领土隔开。冬天并不匆忙。大军在泥泞中挣扎了一个星期，接着是刺骨的霜冻，接着是第一场雪，然后是第二场、第三场雪……

慢慢地，军队的纪律开始松弛了。军队被饥饿所打散，直到最后，他们变成了一群掠夺者。农民们为了自卫，起来反抗他们，阻挡他们，杀害他们；他们身后仍有一群轻骑兵仍然在追捕着。那次退却是历史上最大的悲剧之一。

最后，拿破仑和他的参谋、几个卫兵和随从又出现在德国，没有带任何军队，只是跟着一群散乱的、士气低落的士兵。在穆拉特的率领下撤退的大军，在纪律严明的情况下到达了哥尼斯堡，但60万大军最后只剩下1000左右的兵力。缪拉从哥尼斯堡回到波兹南。普鲁士部队向俄国投降了，奥地利人已经南下归乡。到处都是衣衫褴褛、遍体鳞伤的逃亡者，他们散布着灾难的消息。

拿破仑的魔法几乎用尽了。他不敢和他的军队留在德国,他匆忙逃往巴黎。他开始下令征收新税,并在他的世界帝国的废墟中集结新的军队。奥地利反对他(1813年),整个欧洲都渴望起来反对这个不履行义务的自由受托者,这个纯粹的篡夺者。他背叛了新秩序,他曾经挽救和恢复的旧秩序现在毁了他。普鲁士站了起来,德国开始了一场"解放战争"。瑞典加入了他的敌人阵营。后来荷兰背叛。穆拉特在波兹南召集了大约一万四千名法国人,把他那严守纪律的核心团团围住。这支部队在德国境内退却了,就像一个人冒险进入一群被下了药的狮子的笼子里,发现药物的效力正在消失一样。拿破仑,在春天担任了新的军队的最高指挥官,率领他们在德累斯顿赢得了一场伟大的战斗。然后有一段时间,他似乎在智力和道德上都崩溃了。他变得暴躁得发疯,而同时又显得毫无生气。德累斯顿战役后他几乎没有采取任何行动。9月,"国家之战"在莱比锡周围打响,此后一直追随他的撒克逊人投奔了盟军。法国人在年底被打回法国。

1814年是最后的战役。法国从东方和南方入侵;瑞典人、德国人、奥地利人、俄国人都渡过了莱茵河;英国人和西班牙人穿过比利牛斯山脉而集结起来。曾经拿破仑打得很漂亮,但现在却打得毫无效果。东方军队并没有彻底的挫败他,但巴黎在3月投降了。不久之后,皇帝在枫丹白露退位。

在普罗旺斯,在他离开这个国家的路上,他的生命受到了保皇党暴徒的威胁。

34.5 百日王朝

这是拿破仑一生中最自然、最恰当的结局。因此,一个无法容忍的利己主义者在新时代混乱开端的突袭本应结束的。不过,最终他还是被压制住了。如果在处理人类事务方面有任何真正的智慧,我们现在就应该讲述人类对科学的关注,以及因为他的背信弃义和虚荣心所打断的任务,即在破产的古代秩序中建立一个公正和自由的世界体系的任务。

但我们什么也不必说。科学和智慧明显地没有出现在同盟国大议会中。随之而来的是沙皇亚历山大模糊的人道主义和梦幻般的虚荣心,是奥地利动摇的哈布斯堡王朝,普鲁士的霍亨索伦斯王朝,英国的贵族传统,仍然被革命和它的良知所深深惊吓,被偷走的公地和汗流浃背的工厂童工所扭曲。只有君主和外交部长来参加这次会议,即使你用最血腥的迫击炮轰击一间外交办公室,但它的外交习惯仍然不会改变。国会刚刚召开,外交官们就开始在彼此背后进行秘密谈判和签订条约。在盟国元首对伦敦进行隆重的礼仪访问之后,维也纳便召开了这次空前浮华的会议。大会社交方面的功能非常强大,漂亮的女士们比比皆是,有一大堆明星和制服,没完没了的晚宴和舞会,滔滔不绝的奇闻轶事和妙语连珠。我们不知道战场上的两百万人是否会因为这些笑话而大笑,是否会对集会表示钦佩,是否会对外交官们表示惊叹。希望他们可怜的幽灵能从表演中得到些什么。这次集会中最引人注目的人物是一个叫塔列朗的人,他是拿破仑的一位王子,非常聪明;他曾经是一个亲革命的教士,曾经提议用革命的方法没收教会的财产,现在却要把波旁王朝恢复回来。

协约国仿效和平会议的做法,把宝贵的时间浪费在越来越多的贪婪的争端上。波旁家族回到了法国。其余的流亡者都回来了,他们渴望得到补偿和复仇。一个巨大的利己主义被抛到一边,只露出一群更卑鄙的自我中心主义者。新国王是路易十六的兄弟,当他得知他的小侄子（路易十七）死在庙里的时候，他就迫不及待地接受了路易十八的称号。也许不是命运恶意的安排，他又痛风又笨手笨脚，还成为古代制度的象征。这在法国还是第一次感受到了对封建王朝随之而来的强烈的具有威胁的反应。这不是解放，而是一种新的暴政，一种沉重而不光彩的暴政，而不是一种积极而辉煌的暴政。除了这个，法国就没有希望了吗？波旁王朝对大陆军的退伍军人表现出特别的恶意，现在法国到处都是归国的战俘，他们发现自己被蒙上了一层阴影。拿破仑被流放到厄尔巴岛上，一个他自己的小小的安慰帝国。他仍然被称为皇帝，并且还保留了一定的领土。亚历山大的骑士精神或一时兴起，坚持要这样对待他死去的对手。哈布斯堡家族曾为他的成功而干杯，现在他们却把他的哈布斯堡皇后带走了。她心甘情愿地去了维也纳，他再也没有见到过她。

在厄尔巴岛待了11个月以后，拿破仑断定法国受够了波旁王朝；他设法避开了监视他的岛屿的英国船只，在法国戛纳再次露面，这是他最后一次与命运作赌注。他向巴黎的进军是一场凯旋的游行，在他周围满是白色的波旁帽章。在这一百天里，他再次成为法国的主人，"百日王朝"到来了。

他的回归让任何一个诚实的法国人都感到困惑。一方面，这个冒险家背叛了共和国；另一方面，旧王权的沉重负担又恢复了。不管是波旁王朝或是拿破仑，同盟国都不愿意再进行共和主义的实验。整个法国都支持拿破仑，这有什么好奇怪的吗？他回来的时候声称自己变了一个人，不再有专制，他会尊重宪法。

他集结了一支军队，并试图与盟国和平共处；当发现这些努力无效时，他迅速向比利时的英国人、荷兰人和普鲁士人发起进攻，希望在奥地利人和俄国人进攻之前打败他们。他几乎做到了。他在利尼战役中打败了普鲁士人，但这并不够；1815年，在滑铁卢战役中，威灵顿率领下的英国人坚韧不拔，而布吕歇尔率领下的普鲁士人则在他的右翼进攻，这使他彻底失败了。滑铁卢以溃败告终，它让拿破仑失去了支持和希望。法国又一次驱逐了他。每一个和他在一起的人现在都急于攻击他，急于把这个错误抹去。巴黎的临时政府命令他离开这个国家，并给了他二十四小时去做这件事。

他试图到达美国，但他到达的罗彻福特却被英国巡洋舰监视着。法国，现在又幻灭了，又成了令人不安的保皇派的左右之下，而他们正对拿破仑紧追不舍。拿破仑登上了英国护卫舰"贝勒罗丰号"，请求以难民身份接收他，却被当作囚犯对待。他被带到了普利茅斯，从普利茅斯直接到了热带的圣赫勒拿岛。

他一直待在那里，直到1821年因癌症去世。他主要致力于撰写回忆录，旨在以一种误导人的、有吸引力的方式展示他一生中的主要事件，并将他最糟糕的错误最小化。和他在一起的一两个男人录下了他的谈话，并记下了他们对他的印象。

这些作品在法国和欧洲非常流行。俄国、奥地利和普鲁士的君主神圣联盟（其他君主也被邀请加入该联盟）错误地认为，在击败拿破仑的过程中，他们击败了革命，逆转了命运的时钟，并在神圣的基础上永远地恢复了大君主政体。神圣联盟计划的主要文件据说是在冯·库德纳男爵夫人的启发下起草的，她似乎是俄罗斯皇帝的精神导师。以最神圣和不可分割的三位一体之名，它约束参与的君主们把自己视为臣民和军队的父亲，把彼此视为同胞，互相支持，保护真正的宗教，并敦促臣民加强和履行自己的基督教职责。据说，基督是所有基督教人民的真正的国王，一个非常墨洛温王朝的国王，人们可以这样说，这些在位的君主是他的宫殿的市长。英国国王无权签署这份文件，教皇和苏丹也没有被要求签署，包括法国国王在内的其他欧洲君主签署了。但波兰国王没有签字，因为波兰没有国王；亚历山大怀着虔诚而又复杂的心情，坐拥波兰的大部分地区。神圣同盟从来没有成为一个真正的法律联盟的状态；1818年，法国加入了欧洲联盟，1822年英国退出了。

随后，欧洲经历了一段和平和沉闷的压迫时期，亚历山大怀着正统、虔诚和难以抑制的自我满足的态度沉思着。在那些绝望的日子里，许多人甚至对拿破仑也抱着宽容的态度，并接受了他的主张，即他在坚持自己的观点的同时，也在以某种无法解释的方式支持着革命和法国。他死后，人们对他产生了一种神秘的英雄主义崇拜。

34.6　1815年的欧洲

在将近40年的时间里，基于神圣联盟的理念、由此产生了欧洲联盟，以及随后的一系列议会和会议，使饱受战争蹂躏的欧洲维持了并不安稳的和平。两件主要的事情阻止了这一时期成为一个完整的和平的国际社会，并为1854年至1871年的战争循环铺平了道路。首先是有关的皇家法庭倾向于恢复不公平的特权和对思想、写作和教学自由的干涉，其次是维也纳外交人员划定的不可能实现的边界制度。

君主政体顽固地退回到过去的状态，这在西班牙是第一次，也是表现最明显的一次，这里甚至恢复了宗教裁判所。1910年，当拿破仑让他的兄弟约瑟夫登上西班牙王位时，大西洋彼岸的西班牙殖民地效仿美国，反抗欧洲强权体系。南美洲的华盛顿是玻利瓦尔将军。西班牙无法镇压这场起义，它就像美国的独立战争一样拖了很久，最后奥地利根据神圣联盟的精神提出建议，欧洲君主应该协助西班牙进行这场斗争。这在欧洲遭到了英国的反对。但正是1823年美国总统门罗的迅速行动，最终警告了这一计划中的君主制复辟。他宣布，美国将视欧洲体系在西半球的任何扩张为敌对行为。门罗主义就是这样产生的。近一百年来，门罗主义一直将强权体制拒之门外，并允许新成立的西属美洲国家按照自己的路线来决定自己的命运。但如果西班牙君主制失去了它的殖民地，它至少可以在"欧洲协调"机制的保护下，在欧洲为所欲为。1823年，在欧洲议会的授权下，法国军队镇压了西班牙的一场民变，同时奥地利也镇压了那不勒斯的一场革命。奥地利政治家梅特涅在这场政府对人民的阴谋中表现出令人感动的精神。

1824年，路易十八去世了，接替他的是1789年流亡者阿尔托伊斯伯爵，他化名查理十世。查理决心破坏新闻自由和大学自由，恢复专制政府；十几亿法郎的流亡费被用来补偿1789年的那次焚毁和扣押事件。1830年，巴黎奋起反抗这个古代政权的化身，把他取而代之的是那个阴险的奥尔良公爵菲利普的儿子。欧洲大陆的其他君主国，面对着英国对革命的公开认可，以及德国和奥地利强烈的自由主义骚动，都没有干预这一事件。总之，法国还是一个君主制国家。路易·腓力（1830—1848），这位年轻的法国国王在位18年，1848年，他去世了。这一年对欧洲来说是多事之秋，我们将在下一章讲述。

维也纳会议的和平就是这样令人不安地摇摆不定，它是由反动的诉讼程序所引起的，所有君主主义的法庭似乎迟早都会被这些程序所吸引。由于外交家们不科学地绘制地图而产生的压力聚集了力量，这对人类和平的威胁更大。把说不同语言、读不同文学、有不同观点的民族的事务放在一起管理是非常不方便的，特别是当这些分歧因宗教争端而加剧时。只有一些强烈的共同利益，例如瑞士山民的共同防御需要，才能证明不同语言和信仰的民族之间的密切联系是正当的，甚至在瑞士也有最大程度的地方自治。事实上，当这个伟大的传统被埋葬的时候，这些瑞士人可能会被他们在德国、法国和意大利的自然亲缘关系吸引过去。当像马其顿那样，人口混杂在一个由村庄和地区组成的大杂烩中时，就迫切需要州制。但是，如果读者看看维也纳会议所绘制的欧洲地图，他会发现，这次会议似乎是在最大限度地激起当地民众的愤怒。它完全没有必要地摧毁了荷兰共和国，它把信奉新教的荷兰人和讲法语的老西班牙（奥地利）荷兰天主教徒混为一谈，建立了荷兰王国。

它不仅把旧威尼斯共和国移交给了讲德语的奥地利人，还把整个意大利北部，甚至米兰都移交给了讲德语的奥地利人。讲法语的萨沃伊岛与意大利的部分领土合并，重建了撒丁岛王国。奥地利和匈牙利已经是一个由不和谐的民族，德国人、匈牙利人、捷克斯洛伐克人、南斯拉夫人、罗马尼亚人以及现在的意大利人组成的爆炸性的混合体，这也使得对奥地利在1772年和1795年对波兰的收购变得更加不可能了。波兰人民是卡索人，具有共和精神，主要听命于希腊东正教沙皇的不那么文明的统治，但波兰重要的地区则归属于信奉新教的普鲁士。沙皇也证实了他收购了完全陌生的芬兰人。非常不同的挪威人和瑞典人在一个国王的统治下团结在一起。读者将会看到，德国陷入了一种特别危险的混乱状态。普鲁士和奥地利都部分地加入或退出了德意志联邦，德意志联邦包括许多小国，而丹麦国王凭借在荷斯坦的一些讲德语的领地也加入了德意志联邦。卢森堡被纳入德意志联邦，虽然它的统治者也是荷兰的国王，虽然它的许多人说法语。这是一个疯狂的混合，对人类常识的挑战，荒谬地无视这样一个事实：说德语的人是把他们的想法建立在德国文学的基础之上，说意大利语的人把他们的想法建立在意大利文学的基础之上，而说波兰语的人把他们的想法建立在波兰文学的基础上，如果他们按照自己的习惯在自己的语言圈内处理自己的事情,那么他们的境况会好得多,对其他人的帮助也会大得多,对其他人的反感也会小得多。这一时期德国最流行的歌曲之一宣称,只要说德语的地方,那么他们的祖国都是德国,这难道不奇怪吗?

即使在今天,人们仍然不愿意认识到,政府领域对于沙皇、国王和外国官员的讨价还价和相互作用并不重要。一个自然的和必要的世界政治地图已然超越了这些东西。考虑到当地居民的语言和种族,有一种可能将世界上任何一个地区划分为行政区域的最佳方式,也有一种可能将每个地区都划分为最佳类型的政府。如果不考虑外交和旗帜、一份"要求书"和一份"效忠书"以及现存的世界政治地图的话,确保这些划分并建立这些形式的政府是所有情报人员的共同关切。世界自然的政治版图是自成一体的,它在人为的政治地图下起伏不安,就像一个不能适应环境的巨人一样。1830年,讲法语的比利时,在法国当前的革命的鼓动下,在荷兰王国起义,反对它的荷兰联盟。当权者们害怕比利时有可能建立一个共和国并吞并法国,遂急忙介入以平息这一局势,并给比利时人一个诞生了德国撒克逊-科堡哥达利奥波德一世君主的繁盛之地作为领地。1830年在意大利和德国也发生过徒劳的起义,相比之下,俄属波兰发生了更严重的起义。一个共和国政府在华沙坚持了一年,反对尼古拉一世(他于1825年接替亚历山大)的统治,然后被残忍的暴力消灭。而后波兰语被禁止,希腊东正教取代罗马天主教成为国家宗教。

1821年世界自然政治地图取得了重大突破,最终获得了英国、法国和俄国的支持。这是希腊人对土耳其人的起义。他们孤注一掷地打了6年的仗,而欧洲各国政府却袖手旁观。自由主义的意见反对这种不作为,来自每个欧洲国家的志愿者加入了叛乱分子。最后，英国、法国和俄国采取了联合行动。1827年，法国和英国在纳瓦里诺战役中摧毁了土耳其舰队，沙皇入侵土耳其。根据1829年签订的《阿德里安堡条约》，希腊宣布取得自由，却不被允许恢复其古老的共和传统。他们认为在希腊的君主政体中有一种历史上的不雅，但是，在一个为神圣联盟的理念所困扰的欧洲，一个希腊共和国对所有君主政体都是危险的。后来他们为希腊找了一位德国的国王，一位巴伐利亚的奥托王子，他有点精神错乱，时常幻想，却非常高贵。1862年，他被逐出教会，随后基督教在多瑙河省（现在的罗马尼亚）和塞尔维亚（南斯拉夫–斯拉夫地区的一部分）设立了统治者。这是对自然政治地图的部分让步。但在土耳其人被完全驱逐出这些土地之前，还有很多流血事件要发生。

不久之后，意大利和德国自然就形成了自己的政治地图。

35. 19世纪的现实与想象

35.1 机械革命

在19世纪的历史中,拿破仑一世的事业和个性不成比例地膨胀。他对人类事务的广泛发展没有多大意义,他是一种干扰,一种潜在罪恶的提醒,一种像某种瘟疫一样的细菌。即使被认为是一种瘟疫,他也不是最高级的;他杀死的人比1918年的流感要少得多,造成的政治和社会破坏也比查士丁尼的瘟疫少得多。一些这样的插曲不得不发生,因为欧洲有一些类似欧洲协调机制的拼凑地,却没有一个在其基础上可以构建新世界的完善的思想体系。就连欧洲协调机制也有进步,它至少抛开了马基雅维利君主制的个人主义,宣称存在个人,或者至少是欧洲公益。如果它把世界分给诸王,它就会对人类的统一以及上帝和人的服务做出体面的姿态。

摆在人类面前的这项长期有效的任务是有可能的,它必须摆在任何新的和持久的社会和政治大厦面前,在许多干扰和动乱中,人类的智慧仍然发挥着重大的作用。过去是这样,现在也是。把财产学作为自由和社会正义的基础的任务来研究和应用,财产学是一门确保和维护有效经济媒介的货币科学,是每个社区的人都能学会和谐地追求他们的共同利益的政府和集体行动科学。它也是一门世界政治科学,通过它,民族之间战争的赤裸裸的浪费和残酷可以结束,人类的共同利益可以受到共同控制,最重要的是,它是一个世界范围的维持人们在共同的人类冒险中的意愿和兴趣的教育体系。19世纪那些结果将决定未来一个世纪人类生活的真正的历史缔造者,是那些推动和促进这五重建设性努力的人。与他们相比,这一时期的外交部长、政治家不过是一些麻烦的、偶尔煽动性很强的学生,几个在一座他们不了解其性质的伟大建筑的工地上,在堆积如山的材料中嬉戏和做短暂的恶作剧的盗窃金属的窃贼。

在整个19世纪里,复兴运动所释放的西方文明的思想集中在它面前的创造性的社会和政治重建的任务上;但在世界范围内,人类力量和物质生活条件的普遍变化浪潮席卷了整个世界,正是这种思想解放使得最初的科学努力有了成为现实的可能性。罗杰·培根的预言开始成为现实。带动科学发展的少数人积累的知识和信心,现在开始结出普通人所能理解的成果。最明显的第一个成果是蒸汽机。18世纪的第一台蒸汽机是用来将水排除在新开的煤矿之外的抽水机。这些煤矿是用来供应炼铁用的焦炭的,以前曾使用木炭。正是格拉斯哥的数学仪器制造商詹姆斯·瓦特对这种蒸汽泵发动机进行了改进,并将其用于机械驱动。这样使用的第一台发动机是1785年在诺丁汉的一家棉纺厂安装的。1804年,特里维西克使瓦特发动机适应运输,并制造了第一辆机车。1825年,斯托克顿和达林顿之间的第一条铁路通车。原发动机(1825年第一号机车)仍然装饰着达林顿月台。到这世纪中叶,铁路网络已经遍布整个欧洲。

这是长期以来人类生活的一种固定状态和陆地运输最高速度的突然变化。在俄国灾难发生后,拿破仑花了312小时才从维尔纽斯附近前往巴黎,这是一段大约1400英里的旅程。他的旅程借助一切有利条件,平均每小时不到5英里。一个普通的旅行者在两倍的时间内也不可能完成这个路程。这与1世纪罗马和高卢之间以及公元前4世纪萨迪斯和苏萨之间的最高旅行率大致相同。然后突然发生了巨大的变化。铁路把普通旅客的旅行时间缩短到不到48小时。也就是说,它把欧洲的主要距离缩短到了原来的十分之一。它使一个行政当局在以前的10倍范围内进行行政工作成为可能。这种可能性在欧洲的充分意义仍有待实现。欧洲仍被马术时代和道路时代划定的界限所包围。在美国,影响是立竿见影的。对向西扩张的美利坚合众国来说,这意味着有可能继续进入华盛顿,无论边界穿越该大陆多么遥远。这意味着统一,没有火车而要保持这样规模的统一是不可能实现的。

这艘汽船在早期的阶段比蒸汽机略为领先。1802年在克莱德运河湾有一艘蒸汽船,名叫"夏洛特·邓达斯"号。1807年,一位名叫富尔顿的美国人在纽约上方的哈德逊河上有一艘收费轮船,名叫克勒芒号,装有英国制造的发动机。第一艘出海的轮船也是美国的凤凰号,从纽约(霍博肯)到费城。同样,1819年,第一艘横渡大西洋的船"菲尼克斯"也使用了蒸汽(也有帆)。所有这些都是桨轮船,桨轮船不适合在波涛汹涌的海洋中工作,划桨太容易撞坏了,船就不能着陆了。那艘螺旋汽船很慢的跟在后面。在螺钉成为可行的东西之前,许多困难必须克服。直到本世纪中叶,海上轮船的吨位才开始对帆船进行大修。此后,海上运输的发展迅速。人们第一次在对他们到达的日期有一定的把握的情况下跨越海洋。曾经几周或一个月都不确定的跨越大西洋提速了。1910年,时间大大缩短,速度最快的船只需要在5天之内,并基本可以预报到达的时间。各个海洋的航行时间在减少,人类通信的确定性也在增加。

随着蒸汽在陆地和海上运输的发展，通过伏特、伽尔瓦尼和法拉第等人对各种电现象的研究，又出现了一种新的、引人注目的人类交往设施。电报在1835年问世。1851年，法国和英国之间铺设了第一条海底电缆。在几年内，电报系统已经传播到文明世界，一直缓慢传播的新闻几乎同时在整个地球上传播。

这些东西，蒸汽铁路和电报，在19世纪中期的大众想象中是最引人注目和最具革命性的发明，但它们只是一个更广泛的过程中最显眼、最笨拙的第一批成果。技术知识和技能的发展异常迅速，并发展到一个以先前任何一个时代的进步来衡量都非凡的程度。在日常生活中最不显眼的，但最后更重要的是人的力量在各种结构材料的延伸。在18世纪中叶以前，铁被用木炭从矿石中还原，处理成小块，锤打和锻造成形状。这是为工匠准备的材料。质量和方法在很大程度上取决于个别钢铁工人的经验和智慧。在这种条件下，最大的铁量最多可达两三吨（因此，大炮的大小有一个非常明确的上限）。高炉产生于18世纪，是随着焦炭的使用而发展起来的。在18世纪以前，我们还没有发现轧制的铁板（1728年）和铁条（1783年）。内史密斯的蒸汽锤最早出现于1838年。古代世界由于其冶金劣势不能使用蒸汽。蒸汽机，甚至是原始的抽油机，在铁板可用之前是无法发展的。早期的发动机在现代的眼睛看来是非常可怜和笨拙的零件或铁器，但它们是当时冶金技术所能够做出的最先进的机器。直到1856年，才出现了贝塞麦工艺，现在（1864年）是平炉法，在这个过程中，钢和各种铁以迄今闻所未闻的方式和规模熔化、净化和铸造。今天在电炉里，人们可能会看到成吨的白炽灯钢像煮牛奶一样在锅里旋转。人类以前的进步中，没有任何东西能与人类现在所取得的对大量钢铁及其质地和质量的完全掌握相比，铁路和早期的各种发动机仅仅是新冶金方法的第一次胜利。不久，就出现了钢铁船、巨大的桥梁，以及一条巨大规模的钢铁建筑的新途径。人们很晚才意识到，他们在计划铁路时过于胆小，他们本来可以在更大的范围内更稳定、更舒适地组织他们的旅行。

我们通过举例说明了人类对冶金知识的进步及其结果，类似的故事还可以从铜、锡以及许多其他金属冶炼中找到，镍和铝只是在19世纪破晓之前还不为人知的两种。正是在这种对物质、对不同种类的玻璃、对岩石和膏体之类的东西、对颜色和质地的巨大和日益增长的掌握中，机械革命的主要胜利才得以实现。然而，我们仍处于这件事的初级阶段。我们拥有权力，但我们仍然需要学习如何使用我们的权力。这些科学天赋的许多最初应用都是粗俗、庸俗、愚蠢或可怕的。技工和应用者仍然几乎没有开始处理他们所能处理的各种各样的物质。

在这种机械可能性的延伸同时，新的电学也发展起来了。直到19世纪80年代，思维的种子才开始开花结果，给庸俗的头脑留下深刻印象。然后突然出现了电灯和电牵引力，可以改变机械运动、光或热的力量的嬗变，发送电力的可能性，沿着铜线，就像水沿着管道，开始进入普通人的意识。

起初，英国人和法国人是这种知识大量扩散的领先者；但现在，在拿破仑统治下学会谦卑的德国人，却表现出了对这些领导人进行彻底改革的科学探究的热情和执着。英国科学在很大程度上是英国人和苏格兰人创造出来的，他们在普通的学术中心之外工作。我们已经讲过，在英国，改革后的大学是如何不再具有广泛的大众吸引力的，它们是如何成为贵族和贵族的教育领地，以及已建立的教会的据点的。傲慢和愚蠢的古典的自命不凡主宰着他们，他们主宰着中上层阶级的学校。唯一被认可的知识是对一些拉丁文和希腊经典的非批判性的文本知识，而一种好的风格的检验标准是它大量的引语、典故和刻板表达。因此，尽管有正规的教育组织和教学及文员职业的激烈敌视，英国科学的早期发展仍在继续。法国教育也被耶稣会士的古典传统所支配。因此，德国人组织一批研究者并不困难，就案件的可能性而言，研究者的规模确实很小，但与英国和法国的小发明人和实验者相比却有很多了。虽然这项研究和实验工作使英国和法国成为世界上最富有和最强大的国家，但它并不是使科学性的和有创造性的人变得富有和强大，对一个真诚的科学人来说，他总是很超凡脱俗的，他太专注于他的研究，没有计划和安排如何从中赚钱。因此，对他的发现的经济剥削非常容易和自然地落入那些更贪婪的人手中。因此，我们发现，英国科技进步的每一个新阶段都能给富人带来财富，他们已经非常满足于让这个有利可图的生物挨饿，尽管他们并没有表现出与学者和牧师相同的杀鸡取卵的强烈欲望。他们认为，发明家和发现者本质上是为了让更聪明的人获利。

在这件事上，德国人更聪明一些。德国人并没有表现出对新知识的同样强烈的轻蔑，他们允许其发展。德国商人和制造商对科学人的鄙视，与他的竞争对手英国不同。这些德国人认为，知识是一种对肥料有反应的栽培作物。因此，他们对科学思想确实给予了一定的机会，他们在科学工作上的公共开支相对较多。这一支出得到了丰厚的回报。到了19世纪后半叶，德国科学工作者使德语成为每一位希望学习科学，特别是化学领域最新工作的理科学生的必备语言，这使德国比西方邻国获得了非常大的优势。德国六七十年代的科学成果在80年代以后才开始显现出来，在技术和工业繁荣方面，德国人稳步领先于英国和法国。

在这样的一本书中，不可能追踪导致现在正在进行的知识壁垒和权力不断扩展的复杂心理过程网络；我们在这里所能做的就是让读者注意到最显著的转折点，这些转折点最终导致人类事务进入现在的快速发展阶段。我们已经讲述了人类好奇心的第一次释放，以及系统探索和实验的开始。我们也讲过，当财阀式的罗马制度及其所产生的帝国主义再次出现和消失时，这一调查过程是如何重新开始的。我们已经讲述了调查从保密和个人利益的观念到出版和知识的兄弟情谊的转变，我们注意到了英国皇家学会、佛罗伦萨学会的成立，以及由于这种思想的社会化而产生的类似情况。这些东西是机械革命的根源，只要纯粹的科学探究的根源存在，革命就会进步。可以说，机械革命是随着英国铁厂木材供应的枯竭而开始的。这导致了煤炭的使用，煤矿导致了简单的发动机，瓦特的泵送发动机发展成这机器驱动的发动机，带动了机车和轮船的发展。这是蒸汽使用快速扩展的第一阶段。机械革命的第二阶段始于应用电气科学解决实际问题和发展电力照明、电力传输和牵引。

机械革命的第三阶段，以80年代一种新型发动机投入使用为标志，在这种发动机中，爆炸混合物的膨胀力取代了蒸汽的膨胀力。因此，轻型、高效的发动机被应用到汽车上，并最终发展成如此轻盈和高效的程度，从而使飞行成为一项长期可能的实际成就。华盛顿史密森学会的兰利教授早在1897年就制造了一台成功的、但是还没有大到可以载人的飞行机器。到1909年，这架飞机已经可用于人的交通。随着铁路和汽车道路牵引的完善，人类速度的增长似乎出现了停顿，但随着飞行器的出现，地球表面的一个点与另一个点之间的有效距离又出现了新的减少。在18世纪，从伦敦到爱丁堡的路程是8天；1918年，英国民用航空运输委员会报告说，从伦敦到墨尔本跨越半个地球的路程很可能在几年后，也可以在8天的时间完成。

从一个地方到另一个地方之间的时间距离的显著减少不应被

过分强调，这只是人类在更深更大扩展的可能性的过程中的一个方面。例如，农业学和农业化学在19世纪取得了相当大的进展。17世纪，人类学会了给土壤施肥，使同一地区的作物产量增加4倍和5倍。医学有了更大的进步，平均寿命增加，日常效率提高，因身体不健康而浪费生命的现象减少。

现在，在这里，我们人类生活发生了这样的变化，从而构成了一个新的历史阶段。在一个多世纪的时间里，这场机械革命发生了。在这段时间里，人类的物质生活条件与旧石器时代和农耕时代之间的整个漫长时期或埃及的菲比时代和乔治二世时代之间的那段时期相比，已经跨越了一大步。人类社会的一个新的巨大的物质框架已经形成。显然，它需要我们的社会、经济和政治方法进行重大调整。但这些调整必然要基于机械革命的发展，而这些调整今天才刚刚开始。

35.2 机械革命与工业革命的联系

在许多历史中，有一种倾向是把我们这里所说的机械革命和工业革命混为一谈。机械革命是有组织的科学发展引起的人类经验的全新事物，是像农业发明或金属发现一样的新的一步，与工业革命的起源完全不同，工业革命已经有了一个社会和经济发展的历史先例。这两个过程是同时进行的，它们不断地相互反应，但在根本上和本质上是不同的。如果没有煤，没有蒸汽，没有机器，也会发生某种工业革命；但在这种情况下，它可能会更密切地追随罗马共和国后期的社会和金融发展路线。它会重复被剥削的自由耕种者，黑帮劳工，伟大的财产，巨大的财政财富，和一个社会破坏性的金融过程的故事。甚至连工厂的方法都先于动力和机械，工厂不是机械的产物,而是分工的产物。在将水轮用于工业过程之前,钻孔和汗流浃背的工人正在制作诸如女帽、纸板箱和家具、彩色地图和书籍插图,等等。在奥古斯都时代,罗马就有工厂。例如,新书是由书商工厂里的一排排抄写员决定的。关心迪福著作和菲尔丁的政治小册子的专心致志的学生都会意识到,在17世纪末之前,把穷人赶进企业集体工作的想法已经在英国流行起来了。早在莫尔的《乌托邦》(1516年)里就有关于它的暗示。这是一种社会性的而非机械性的发展。

直到18世纪中叶,西欧的社会和经济史实际上正在改写罗马国家在公元前3世纪所走的道路。美国在许多方面是一个新西班牙,印度和中国则是一个新埃及。但欧洲的政治分裂,反对君主制的政治动荡,普通民众的顽固不化,以及西欧情报对机械思想和发明的更大可及性,使这一过程变成了相当新颖的方向。由于基督教,人类团结的思想在这个新的欧洲世界中得到了广泛的传播,政治权力没有如此集中,而急于致富的人非常自愿地把思想从奴隶和黑帮劳工转向机械力量和机器。

机械革命,机械发明和发现的过程,是人类经验中的一个新事物,无论它可能产生的社会、政治、经济和工业后果如何,它都在继续进行。一方面,工业革命同大多数其他人类事务一样,过去和现在都越来越深刻地受到机械革命造成的人类条件不断变化的影响和偏离。另一方面,财富的积累,小农和小商人的灭绝,罗马共和国后几个世纪的大金融阶段,与18世纪和19世纪非常相似的资本集中之间的本质区别在于机械革命所带来的劳动性质的巨大差异。旧世界的力量是人类的力量,一切最终都取决于人类肌肉的驱动力,即愚昧和被征服的人的肌肉,还有牛、马这类的动物肌肉。在必须举起重物的地方,由人来举;在必须采掘岩石的地方,由人来挖掘；在必须犁地的地方，由人和牛来犁；罗马的汽船相当于船上的厨房，船上有许多汗水淋淋的桨手。在早期文明中，很大一部分人类被用于纯粹机械的苦役。从一开始，动力驱动的机器似乎并没有预示任何从这种不明智的劳作中的解脱。大批男性被雇用挖掘运河，修筑铁路和堤坝，等等。矿工人数大幅度增加，但是，需求量的增长则比矿工人数的增长还要大。随着19世纪的发展，新形势的逻辑更加清晰。人类不再仅仅被当作是滥杀滥伤力量的来源。需要人机械地完成的事，用机器可以做得更快更好。现在，只有在必须行使选择权和智慧的地方，才需要人，人类被当作人来需要。以前所有文明所赖以生存的苦力，在以前只不过是服从的产物，大脑都是多余的，而现在，对人类的福利来说，已变得没有必要了。

不但最新的冶金工序，就连农艺和采矿那种古老工业也是这样。在耕犁、播种和收获上，快速的机器前来代替了过去需要数十人才能做的工作。在这方面，美国领导了旧世界。罗马文明建立在廉价和贬低了的人力上，而近代文明的重建则是在廉价的机械动力之上。100年来，动力越来越廉价，而人工却越来越昂贵。如果说矿坑在大约等待了一代人之久后才有了机器的帮助，其实这恰恰说明了彼时人工还比机器便宜的原因。

用机器的力量对体力劳动进行补足和代替，这一趋势是人类事务中一个非常重要的转变。在古代文明中，富人和统治者最主要的担忧是要将做苦力的人完全维持住。但随着19世纪的到来，聪明的管理者愈加清晰地认识到，比起苦工而言，平民要更好一些。平民一定要接受教育，即使个中缘由仅仅是为了保证工人的"工业效率"，但工人也必须了解到自己所做的东西是什么。在基督教最早的传播中，欧洲的民众教育便在持续地发展。这和在亚洲的伊斯兰教一样，这个宗教传到哪里，哪里的民众教育便随即得到发展。其中的原因一方面在于宗教教义中某些关于拯救的信条只能通过教化才能让教徒感悟得到，另一方面便是只有教育才能使他们诵读承载着宗教信仰的教义。另外，基督教内部对于教徒的争夺也促进了民众教育的发展。比如在19世纪三四十年代的英国，很多夜校和主日学校等教育组织在各种教派吸引年轻教徒、抢夺儿童的过程中发展起来，例如英国"非教派"学校、教会建立的国立学校甚至罗马天主教小学等。较早时期的、不太开明的制造商会对这些学校很不满，因为他们难有关于自身利益的展望。在这方面，贫穷的德国又一次领先于这个更加富有的邻居了。没过多久，英国的宗教教师便发现，追求利润的人支持他们，开始变得对平民教育很热心起来，这是因为企业主认为即便学校没有教育他的工人，也会对他们进行训练，这种活动可以让他们的经济效益有新的突破和增长。

19世纪下半叶是整个西方化世界普及教育的快速发展时期，上层阶级的教育没有取得相同的进展，当然，有些进展，但很不相称。一些进步是毫无疑问的，但是没有相应的进步，因此把这个世界划分为有知识的人和文盲之间的巨大鸿沟，只是在教育水平上略有差别。在这一过程的背后是机械革命，它表面上似乎不考虑社会条件，但实际上，坚持在全世界彻底废除一个完全不识字的阶级。

罗马共和国的经济革命从来没有被罗马平民清楚地抓住过，普通的罗马公民从来没有像我们看到的那样，清楚而全面地看到他们所经历的变化。但是工业革命，随着19世纪末的发展，越来越明显地被它所影响的普通人视为一个完整的过程，因为现在他们可以阅读、讨论和交流，因为他们把事情当作以前从未有过的普通事来进行。

在本书中，我们已经注意到，普通人逐渐成为一个有共同意志和思想的阶级。作者认为，"普通人"在相当大的范围内的大规模运动只有在宣传宗教、基督教和伊斯兰教以及他们对个人自尊的坚持下才可能发生。我们把民众对第一次十字军东征的热情称为社会历史上的一个新阶段。但在19世纪之前，甚至这些大规模的运动也受到了相对的限制。从威克里夫时期起，农民的平均主义暴动仅限于特定地区的农民社区，他们只是缓慢地蔓延到受同样势力影响的地区。镇上的工匠确实闹事了，但只是在当地。法国革命中焚毁的城堡，并不是推翻政府的农民的行为。这是一个农民被推翻政府释放的行为。巴黎公社是城市工匠作为政治权力的第一次有效出现，第一次革命的巴黎群众与1830年后的任何西欧群众相比，是一个非常混杂、原始思维和野蛮的群体。

但是，机械革命不仅对全体人民施加了教育的压力，它还导致了一个大资本主义和大规模的工业重组，在普通民众中产生了一种新的、有特色的思想体系，而不仅仅是一个文盲群体令人不安的顽抗和可怖的暴乱。我们已经注意到，工业革命是如何将制造业阶级这个迄今居于中间而成分复杂的阶级，划分为两个部分的，即雇主和雇工。雇主变得足够富有，能够与金融、商品化和土地所有阶级混在一起；而雇工的地位越来越接近于纯粹的伙役和农业劳动者。随着制造业工人地位的下降，农业工人通过引进农业机械和提高个人生产力而地位上升。到19世纪中期，卡尔·马克思（1818—1883）一位有着很高学术造诣的德国犹太人，在伦敦大英图书馆做了大量工作。他指出，稳定集中的资本主义所有人组织工人阶级正在发展一种新的社会分类，以取代过去更复杂的阶级制度。就权力而言，财产被集中到相对较少的人手中，即大富人和资本主义阶级的手中；而工人们大量混合在一起，几乎没有财产。"被剥夺者"或"无产阶级"（此词系误用）必然会发展出他们与富人利益冲突的共同"阶级意识"。教育和传统的差异，在不同的旧的社会元素被融合进被征用的新阶层的过程中,似乎有一段时间与这一广泛的概括相矛盾;职业、小雇主、农民等的传统,彼此之间都是不同的。从各种工匠传统来看,随着教育的传播和书籍的降价,这种"马克思式"的概括现在越来越被接受。这些阶级起初只与普通的贫困联系在一起,现在都被降低或提高到同样的生活水平,被迫读同样的书,受到同样的不便。在我们的世界里,各种穷人和无财产的人之间的团结感越来越明显,这与利润积累和财富集中阶级的团结感越来越明显。旧的差异消失了,工匠和户外操作工人之间、穿黑色上衣的和穿工装裤的人之间、贫穷的牧师和小学校长之间、警察和公共汽车司机之间,旧有的差别正在消失。他们都必须买同样便宜的家具,住在同样便宜的房子里;他们的子女开始混在一起,互通婚姻。但总的说来,上层社会的成功对上层社会越来越没有希望。马克思并没有像前面所说的那样大力提倡阶级战争,即被剥夺的群众反对少数侵占者的战争,这场战争越来越被事实所证明是正当的。

35.3 1848年各种思想的酝酿

在19世纪的机械和工业革命期间,要追溯思想发酵过程中的任何大致轮廓,都是一项非常困难的任务。但是,如果我们要把历史上曾经发生的事情与当今世界的状况联系起来,我们就必须尝试一下。

将1814年至1914年这一百年中的两个主要时期加以区分是很方便的。首先是1814—1848年,当时在有限的圈子里,有相当数量的自由主义思想和写作,但在这期间,广大人民的思想没有发生大的变化和发展。可以说,在这一时期,全世界的事务都是以旧的知识资本为基础，按照革命和反革命的指导思想进行的。主要的自由主义思想是自由和某种模糊的平均主义，保守主义思想是君主制、有组织的宗教、社会特权和服从。

直到1848年，神圣联盟的幽灵，梅特涅的幽灵，都在努力阻止被拿破仑背叛了和阻碍了的欧洲革命的复兴。另外，在美国，无论是北部还是南部，革命都取得了胜利，19世纪的自由主义统治没有受到挑战。英国是一个不安的国家，从来没有非常忠诚的反动派，也没有非常忠诚的进步派，既不是真正的君主主义者，也不是真正的共和党人，它既是克伦威尔的国土，也是快乐君主查理的国土。它反奥地利，反波旁，反教皇，然而又怯懦地克制着。我们已经讲述了1830年左右欧洲第一次的一系列自由主义风暴，1832年英国的一项改革法案，极大地扩大了选举权，并恢复了下议院的代议特征，缓解了这种局面。1848年左右，第二次而且严重得多的连续爆发又出现了。在法国，奥尔良君主国被推翻而建立起第二共和国（1848—1852），这引起了意大利北部和匈牙利对奥地利的反抗，在波兹南的波兰人对德国人的反抗，罗马共和派则将罗马教皇驱逐。在布拉格举行的一次非常有趣的泛斯拉夫会议预示着1919年的许多领土调整，在奥地利军队镇压了布拉格的暴动之后，会议就解散了。

最终，所有这些起义都失败了；当前的体制摇摆不定，但仍然站稳了脚。毫无疑问，在这些起义之下存在着严重的社会不满，但到目前为止，除了巴黎，这些起义的形式并不十分明确；就欧洲其他国家而言，可以最好地用一句话来形容这场1848年的风暴，即这是自然政治地图反对维也纳外交家们做出的人为安排，以及这些安排所遗留下来的压迫体系的一次起义。

欧洲的历史，从1815年到1848年，一般来说，是1789年到

1814年欧洲历史的续集，构图中没有真正的新主题。主要的问题仍然是普通人的利益与束缚和压迫人类生活的大权力体系的斗争，尽管这往往是盲目和错误的斗争。

但1848年以后，从1848年到1914年，尽管地图的调整仍朝着一个自由统一的意大利和一个统一的德国前进，但在精神和政治上适应人类新知识和新物质力量的过程中，又开始了一个新的阶段。一种新的社会、宗教和政治思想在整个欧洲人的头脑中大爆发。在接下来的三个部分中，我们将考虑这种闯入的由来和特性。它们为我们今天的政治思想奠定了基础，但长期以来，它们对当代政治影响不大。当代政治继续按旧路线发展，但在人类的智力信念和良心方面的支持逐渐减少。我们已经描述了在1789年之前，一个强大的思想发展过程如何破坏了1789年以前法国的大君主制度。在1848—1914年的大国时期，整个欧洲也发生了类似的破坏过程。对政府体制和经济体制中多种形式财产的自由的深刻怀疑遍布整个社会。接着是历史上规模最大、组织最混乱的一场战争，这使我们无法估计这66年来积累的新思想的力量和范围。我们经历了一场比拿破仑大灾难还要严重的浩劫，我们正处于一个与1815—1810年相对应的平静时期。但是1830和1848年的经历，都没有向他们揭示出他们所处的地位。

35.4 社会主义思想的发展

在这段历史中，我们一直在追寻对财产观念的逐渐限制，从第一次对强人拥有一切的无限要求，到逐渐实现同胞之谊，这超越了个人的自我追求。由于害怕君主和神明，人们首先被征服的不仅仅是部落社会。只有在过去的3000年或至多4000年内，我们才有明确的证据表明，自愿放弃到更大的程度，不收取任何费用或报酬，是人类可以接受的想法，或任何人曾提倡过这种思想。然后，我们发现，当春风拂面，一片片阳光在山坡上散开，穿过山坡时，有一种观念，那就是认为自我牺牲较之任何个人欲望的满足或成功更为愉快，人类的生活比所有个人生活的总和都不同，更大、更重要。在佛陀、老子和拿撒勒人耶稣的教导中，我们已经看到，这个想法变得生动如灯塔，生动如阳光被风景中的一些窗户捕捉和反射，其中尤以拿撒勒人耶稣的教导最为明显。经过各种各样的变化和腐败，基督教从来没有完全失去对上帝公益事业的献身之意，这使得君主和统治者个人的盛况，在看起来就表现为过分拘谨的仆人的傲慢与强盗的浪费，以及充足的财富。生活在基督教或伊斯兰教等宗教所触及的社会中的任何人都不能完全成为奴隶；这些宗教有一种不可改变的品质，迫使人们评判自己的主人，并实现自己对世界的责任。

当人们从早期旧石器时代家族集团强烈的以自我为中心的贪婪和本能的好斗中感受到他们通往这种新的精神状态的道路时，他们试图以各种各样的方式表达他们思想和需要的趋向。他们发现自己与老一套的观念存在着分歧和冲突，并且有一种自然的倾向，就是直截了当地反驳这些观念，完全相反。面对一个统治阶级和秩序似乎只是为个人的私利和不义的压迫制造机会的世界，第一个不耐烦的运动是宣布普遍平等和实际的无政府状态。面对这样一个世界，财产似乎只不过是一种自私的保护和一种奴役的方法，拒绝所有财产是很自然的。我们的历史显示出越来越强烈的反抗统治者和所有权的冲动。我们可以追溯到中世纪焚毁富人的庄园，以及在神权政治和共产主义中进行试验。在法国革命中，这种双重反抗是显而易见的。在法国，我们发现，在同一革命运动的精神和自然部分的启发下,那些以统治者的税收为目标,宣布财产不受侵犯的人,以及另一些注视着雇主的苛刻交易,宣称私有制应予废除的人,是并肩作战的。但在每一种情况下,他们真正反感的是统治者和雇主,而不是成为社会的仆人,他们仍然像大多数人一样,是保持着自我追求和压力的个人。

从古到今,我们发现这种信念在人们的头脑中越来越强烈,即法律和权力的重新安排可以给予统治和秩序,同时又对任何统治者和任何统治阶级的利己主义有必要的约束。私有制可以规定给予权力自由,又使其不会产生压迫。我们现在开始认识到,这些目的只能通过一项复杂的建设性的努力来实现;它在具有新思想的人类的需求与无知、旧思想人类的需求与冲突之间产生;但在整个19世纪,有一种坚持的倾向,用一些简单的公式来解决这个问题。(而不管在各个时代,所有的人类生命,所有的生命,都是整个时代的产物,但欣慰的是,不管是在哪个时代,所有的人类和所有的生命都是整个时代的产物,都处于不断解决复杂问题的过程中。)

19世纪前半叶,在形成一种新的人类试验社会的过程中,人们进行了许多实验。历史上最重要的是曼彻斯特棉纺厂主罗伯特·欧文(1771—1858)的实验和思想。他被普遍认为是现代社会主义的奠基人,正是在他的书中"社会主义"这个词最先出现了(大约1835年)。

欧文似乎是一个完全称职的实业家,他在棉纺行业进行了许多创新,并在很小的时候就获得了可观的财富。他为工人们浪费人力资源而苦恼,他决心改善他们的状况,改善雇主和雇员的关系。他先是在曼彻斯特工厂工作,后来又在新拉纳克工作,在那里他发现自己实际控制着大约2000人的工作。在1800年到1828年之间,欧文完成了一些相当值得重视的事情。他减少了劳动时间,使工厂变得卫生舒适，废除了对童工的雇用，改善了工人的培训，在贸易萧条时期提供失业救济金，建立了学校制度，使新拉纳克成为一个模范工业制度，同时保持商业繁荣。他同时写下很多文章，极力为大众辩护，反对那些为当时经济不公就采取辩护举措的轻率指控。他认为，男性和女性在很大程度上是他们教育环境的产物，这一命题在今天已不辩自明。他开始宣传新拉纳克的实践，抨击其他制造商的自私病。1819年，在他的敦促下，第一个《工厂法》通过了，这是国家第一次试图阻止雇主利用他们工人的贫困来谋取最愚蠢和最难以容忍的利益。在今天看来，该法令的一些限制使人惊讶，9岁的小孩（！）不能在工厂劳动竟还需法令来保护，另一个便是雇工在工作日的工作时间竟然为12个小时。

在写到工业革命时人们也许有一种倾向，即似乎贫苦儿童一直都是快活自由的，正是经过工业革命才使他们受到奴役和过度工作。但这误解了历史。从文明一开始，穷人的小孩就一直被迫做他们能做的任何工作。但是工厂制度聚集了所有这些儿童的苦役，使之系统化、引人注目和令人厌恶。工厂制度在这个问题上挑战了人类的良心。1819年英国的《工厂法》，虽然在我们看来是软弱无力的，却是童年时代的大宪章；此后，穷人的孩子开始受到保护，首先是免受劳苦，然后是免于饥饿和无知。

我们不能在这里详细讲述欧文的生活和思想的全部故事。欧文认为，他在新拉纳克的工作只是一个小型工作模型的实验。他认为，一个工业社区可以为全国的每个工业社区做些什么；他主张在新拉纳克计划中重新安置乡镇的工业人口。有一段时间，他似乎抓住了世界的想象力。《泰晤士报》和《早报》都支持他的提议；在前往新拉纳克的游客中，有接替亚历山大一世成为沙皇的尼古拉大公，乔治三世的儿子、维多利亚女王的父亲肯特公爵是他的密友。

但是，所有讨厌变革的人，所有那些嫉妒穷人的人，总是有很多这样的人，所有可能因他的计划而陷入困境的雇主，都在等待一个反击他的借口。他们在他的宗教观点的表达中发现了这一点，这是对官方基督教的敌意，通过这些使他名誉扫地。但他继续开发他的项目和实验，其中主要的是在印第安纳州（美国）的新和谐村的一个社区，在那里他丧失了大部分的资本。1828年，欧文的合伙人收购了他的破产的新拉纳克实业。

欧文的实验和建议范围很广，不属于任何单一的公式。他没有什么教条可言。他的新拉纳克实验是世界上许多"慈善企业"中的第一个，利弗休姆勋爵的阳光埠、凯德伯里的伯恩维尔以及美国福特的实业等，都是这方面的当代企业实例，是通向共产主义的一种实验。欧文提出的国家新建区的建议，我们今天应该称之为国家社会主义。他的美国实验和他后来的著作指出了一种更为完整的社会主义形式，与当时存在的事态相差很远。很明显，货币之谜让欧文感到烦恼，他明白，当我们用价值波动的钱支付工作费用时，我们对真正的经济正义的希望不会比我们对一个时间持续不断变化的世界的希望更大。他的一个实验是尝试发行代表1小时、5小时或20小时工作时间的劳动券。今天的各种合作社（一种穷人的组织，联合起来集体购买和分配商品，或集体生产乳品或其他形式的农业）直接从他的倡议中产生，虽则欧文自己首倡的合作社都以失败告终。他的后继者遍布全世界，至今仍有三四千万信徒。

关于欧文早期社会主义的一点需要注意的是，它一开始根本不是"民主"。它的发端是慈善性质的，它的早期形式是家长式的，这是一个可以自由支配的雇主和领导对工人教育的问题。第一次社会主义不是工人运动，而是主人运动。

在欧文做这项工作的同时，美国和英国又发生了一系列相当独立的发展，注定最终会与他的社会主义思想发生反应。长期以来，英国法律一直禁止采取一致行动联合起来限制贸易和提高价格或工资。18世纪的农业和工业变革使大量工人过着做一天吃一天的生活，并为有限的就业机会而竞争。在这些新的条件下，许多行业的工人发现自己受到了不可容忍的压榨。他们独来独往，互相斗争对抗，日复一日，谁也不知道他的同伴可能不会做出什么让步，也不知道会有什么进一步的减薪或增加劳动的事情。工人们极有必要就这种低价销售达成"非法"的协议。起初，这些协议必须由秘密社团制定和维持，或者，表面上为其他目的而建立的俱乐部，如社会俱乐部、殡仪社等，用来掩盖维护工资的联合。这些协会是非法的，这使他们倾向于暴力；他们野蛮地对待不愿意加入他们的"黑腿"和"老鼠"，而且对叛徒更加野蛮。1824年，下议院承认，有必要在这些事上解除紧张局面，给予工人们以组织联合，去同雇主们进行"集体谈判"的权利，是合乎需要的，这使工会得以在很大程度上自由发展。最初工会是非常简陋和原始的组织，自由受到极大限制，但它逐渐地上升为国内一个真正的第四等级，一个代表工人的庞大机构体系。

他们最初在英国和美国出现，后来传播到法国、德国和所有的西化社会，经过了各个国家的本土化修改。

工会运动最初是为了维持工资和限制不能忍受的时间而组织起来的，起初它与社会主义完全不同。工会主义者试图为自己争取现有资本主义和现有的就业条件，社会主义者提议改变这个制度。正是卡尔·马克思的想象力和概括力把这两个运动联系在了一起。他是一个历史感很强的人，他是第一个意识到自文明开始以来一直存在的旧社会阶层正在解体和重组的人。他的犹太种族的商业主义使得他对财产和劳动的对抗非常明显，而且他在德国的成长经历使他认识到（正如我们所指出的那样，德国阶级凝固变成等级的趋势比任何其他欧洲国家都更加明显），劳工现在变得"阶级觉醒"，并对财产集中阶级进行了集体对抗。在遍及全世界的工会运动中，他看到了阶级意识劳动的发展。

他问道，资本主义和无产阶级"阶级战争"的结果会是什么？他声称，资本主义冒险家由于其固有的贪婪和好战性，将把对资本的权力聚集到越来越少的人手中，直到最后他们将所有的生产、运输等手段集中起来，形成一种工人们可以夺取的形式，工人们的阶级意识和团结将在同等条件下得到发展。这是一个工业组织化和集中化的过程。他们将攫取这些资本，并为自己工作，这就是社会革命。个人财产和自由就会恢复，其基础就是土地公有制和整个社会对私人资本家组织和集中起来的巨大生产服务的管理。这将是"资本家制度"的终结，而不是资本主义制度的终结。国家资本主义将取代私有资本主义。

这标志着从欧文的社会主义跨出了一大步。欧文（类似柏拉图）着眼于任何一个阶级或每一个阶级的人的常识，以重组随意而有缺陷的政治、经济和社会结构。马克思发现了更多的东西，更多的是基于没收和不公正的阶级敌意的驱动力的性质。他不仅仅是一个预言理论家，他还是一个宣传工人起义，所谓的"无产阶级起义"的人。他认为，劳动者与各地的资本家有着共同的利益，尽管在当时的列强战争特别是意大利解放的考验下，他表明他没有理解到，各地的劳工与世界和平也有着共同的利益这一事实。但鉴于社会革命，他成功地促成了第一国际的成立。

随后的社会主义历史在欧文的英国传统和马克思的德国阶级感情之间交错起来。所谓的费边社会主义，就是由伦敦费边社所举办的社会主义解说会，吸引了所有阶层中有理性的人的目光。德国社会主义中所谓的修正主义者,倾向于同一个方向。但总的来说,正是马克思战胜了欧文,全世界社会主义者普遍倾向认为,劳动组织,仅仅只有这个组织,才可能提供战斗力量,而这些战斗力量将把人类事务的政治和经济组织从或多或少不负责任的私人手中分离出来。

这就是所谓社会主义工程的主要特点,我们将在下一节讨论它的不完善与不足之处。社会主义可能不可避免地会被怀疑,产生争端和派系的困扰和干扰,它们就像年轻人脸上的斑点一样是成长的征兆。在这里,我们只能大致叙述一下国家社会主义,它将通过其行政政府和比较新颖的集团主义派系管理国家的经济业务,后者将在每一个行业的政府事务大量委托给每一级的工人,包括董事和经理。这个"工会社会主义"实际上是一种新的资本主义,只是每个行业的工人和官员委员会取代了该行业的自由私人资本家。工会成员成为资本家群体。我们会讨论俄国领导人列宁的不民主思想,即一个民族在经历社会主义之前就不能对社会主义做出判断,因此,一批社会主义者在夺取和社会化一个国家的生活时是有正当理由的,如果他们可以的话,他们根本就没有建立任何民主形式的一般政府。但他们使用了"马克思主义"的说法,便是一个非常不贴切的词,即"无产阶级专政"。

现在全俄罗斯都是这个独裁国家的一个巨大试验。"无产阶级"本应通过委员会、苏维埃来指挥俄罗斯政府的工人和士兵,但事实上,这些在苏维埃的人几乎没有或根本没有真正的指挥权。他们聚在一起开会,规模之大几乎可以说是群众会议,他们能做的最大的事就是对政府的议事程序给予一般性的同意。作者1920年9月访问过圣彼得堡的苏维埃政权,这是人数超过3000人的群众会议,对布尔什维克政府难以提出任何详细的批评和指导。

35.5 作为一种人类社会方案的社会主义的缺点

"我们现在都是社会主义者，"威廉·哈考特爵士多年前说。今天大致上也是这样。几乎所有人都能够意识到当前政治经济体制危险的暂时性和不稳定性，也很少有相信教条主义的个人主义者，他们相信"随心所欲地"引导人类走向任何繁荣和幸福的天堂。对制度进行重大的重新安排是必要的，这也能够使个人的自我追求变成在法律上从属于公共利益系统。到目前为止，最有理性的人是社会主义者。但这些只是初步的主张。社会主义和现代思想大体上朝着实现我们这个世界公认需要的新的政治和社会秩序这一概念走了多远？我们必须回答，没有明确的概念来看待我们模糊斗争的新状态，我们的人类关系科学仍然是如此的粗糙和不确定，以至于我们在许多主要的问题上没有明确的指导。在1920年，我们在世界上建立一个科学构想的政治体系的地位，不比1820年人们建立一个发电站的地位更高。那时他们显然难以这样做来改变自己的命运。

马克思主义制度把我们引向了现代世界革命力量的积累。这些力量将不断走向革命。但马克思过于仓促地认为，革命的冲动必然会产生一种新的、更好的有序状态。一场革命可能会在带来毁灭的过程中停止。没有社会主义派别，还没有明确界定其受保护的政府，布尔什维克在俄罗斯的实验中似乎被"无产阶级专政"引导；在实践中，我们被告知，托洛茨基和列宁被证明同样是独裁的，正如不那么聪明但同样拥有着善意的沙皇亚历山大一世一样。我们曾经在一些地方对法国大革命进行简要研究，我们很难看出，一场革命就能建立任何永久性的东西，而这种永久性的东西还没有事先被人们考虑过，也没有被一般人理解过。法兰西共和国在经济、货币和国际关系方面遇到了意想不到的困难，最终沦为法国国民公会中新富人们的利己主义,最终沦为拿破仑的利己主义。法律和计划在革命时期比在非革命时期更为必要,因为在革命时期,社会在强权和狡猾的支配下更容易陷入混乱。

总的来说,如果我们考虑到我们这个时代的政治和社会科学,在我们希望看到任何永久性的建设性成就从今天统治我们集体事务的单纯的传统主义和冒险中产生之前,我们将衡量一些人类尚待完成的初步思想任务。这种社会主义,自称是一个新社会秩序的完整理论,当我们进行研究时,我们发现它仅仅是一个关于财产的"非常有启发性的"部分理论。我们已经讨论了社会发展与产权观念制约的关系。各种各样的思想流派或多或少会对财产进行限制,共产主义则是完全废除财产的建议,换句话说,就是把所有的东西都变成了共同共有。另外,现代社会主义,或更确切地说,"集体主义"确实清楚地区分了个人财产和集体财产。社会主义建议的要点是,土地和一切生产、运输、分配的自然资源,都应当属于集体所有。在这些限制范围内,有许多自由的私有制和不受限制的个人自由。考虑到有效的行政管理,现在是否有很多人会对这项提议提出异议,这一点可能会引起怀疑。但是,社会主义从来没有彻底审视过有效管理的前提条件。

再者,拥有集体财产的团体是什么样的共同体,它是主权国家,还是集合的乡、县,还是形成一个民族或者抽象到整个人类?社会主义没有明确的答案。社会主义者对于"国有化"这个词的认知是非常自由的,但在本书中,我们一直在使"民族化"和"民族主义"的思想受到一些破坏性的批评。如果社会主义者反对一个人将一块矿或一大片农业用地占用作为自己的个人财产,并有权拒绝或交换它的使用权和利润给他人,那么为什么他们允许一个国家垄断它所居住地区的矿或贸易路线或自然财富,而不允许其他国家垄断它的土地呢？社会主义理论在这个问题上似乎有很大的混乱。而且，除非人们通过定期参与常设会议机关充分参与商讨决定全体事务，不然这个共同体如何任命公共官员来执行全体事务呢？毕竟，土地或企业等的私人所有者，就其所有权受到社会的制裁和保护而言，都是某种公职人员。他不必支付工资或费用，就可以被授权盈利。将他从所有权中除名的唯一正当理由是，取而代之的新管理者更有效率、更有利可图，并使社会满意。而且，被解雇后，他至少有同样的权利要求社会对其进行保障和维持其体面，就像过去社会对被一项机械发明所取代的失业工人所做的一样。

这一行政问题，作为一个健全而充分的社会化障碍，使我们面临着尚未解决的人类联合问题，我们如何确保人类事务的最佳方向，以及最大限度地愿意在这个方向的指引下进行自愿的合作？这最终是心理学中一个复杂的问题，但假装它是一个无法解决的问题是荒谬的。在这些问题上，必须有一个明确的最佳方案，也是正确的选择。但如果它不是无法解决的，那么假装它已经被解决也是同样不合理的。它的完整性问题，涉及以下方面的最佳方法的制定，以及它们互相之间的关系研究。

第一，教育。"个人为理解和愿意在世界事务中合作所做的准备。"

第二，信息。"持续真实地向公民个人公开公共事务，供其做出独立的判断，并决定是否认可。"与对当前信息的这种需要密切相关的是法律的编纂工作，即保持法律的稳定性、明确性和对所有人的可及性的问题。

第三，代议。人们选举代表和代理人，代表和代理人以所获得的教育和掌握的知识信息为基础，以集体利益为行动准则，行使被授予的权力。

第四，行政。任命执行官员，同时在不束缚他们的主观创造性的同时确保他们对社会负责，维护公共利益。

第五，研究与分析。系统地批判事物和法律，为大众判断提供数据，并通过这些判断确保人类组织的长期性改进。

这是人类社会大问题所呈现给我们的五个方面。在我们周围的世界里，我们看到所有这些分支机构都在使用临时设备，彼此之间的协调较差，而且其设计本身也难以令人满意。我们看到的教育系统经费不足，设备简陋，组织不当，受到了宗教团体的干预和敌意的破坏；我们看到的大众信息是依靠广告和补贴的媒体提供的；我们看到滑稽的选举方法，让政客们重新掌权，就像任何世袭统治者或偶然的征服者一样缺乏代表性；无论在哪里，行政人员或多或少受到富有的利益群体的影响或控制，对政治和社会科学以及公众批评的追求仍然是忠诚和古怪的个人的工作，而不是一个国家公认的和受尊敬的工作。在正直的人面前有一项艰巨的任务，那就是净化和美化政治家的马厩；在这项任务完成之前，任何社会主义的完全实现都是不可能的。当私人利益集团控制国家的政治生活时，让国家从其手中接管集体经济利益的想法是荒谬的。

社会主义运动不仅在教育、法律、公共权力运行的相互关系上还没有形成科学合理的方案，甚至在经济领域，正如我们已经指出的那样，创造性力量也在等待一个正确的信贷体系、一个正确的支付方式的理论研究。显而易见的，工人的意愿除其他因素外，还取决于他对赚取货币购买力的完全信心。随着这种信心的消退，工作就停止了，除非可以通过支付货物来获得回报。但是，目前还没有足够的货币学和商业心理学来抑制政府对公共信贷和流通的最令人不安的干预。这样的干扰直接导致生产必需品的工作的停止。在这些至关重要的实际问题上，我们几乎不需要说，那些要重铸世界的社会主义者的群众根本没有明确的想法。然而，在一个社会主义的世界里，正如在任何其他的世界里一样，如果个人自由这样的事情要继续下去，人们必须为他们的工作得到金钱报酬，而不是实物报酬。在这一点上，也必须有一个可以确定的正确的事情去做。在这一点得到确定之前，这些问题的历史将不再是实验的记录，而是挣扎的记录。

在另外一个方向上，19世纪的社会和政治思想，在机械革命的浩瀚面前，是胆小、有限和不足的，这与国际关系有关。社会主义文学的读者会发现，不断地在写和谈论"国家"，绝不要忘记，从圣马力诺共和国到大英帝国，"国家"可能是各种各样的组织。卡尔·马克思确实有一个在所有工业化国家工人之间利益一致的概念，但马克思在社会主义中几乎没有或根本没有关于这一点的逻辑推论的建议，即作为一个有计划的社会革命的后果——建立一个民主的世界联邦政府（国家或省的"州政府"），他最多有一个模糊的愿望。但如果说马克思主义者有什么逻辑的话，那就是他们所宣称的政治目的，他们应该为之不懈努力。经过1914年战争的考验，几乎所有欧洲国家社会主义者都表明，他们的阶级意识国际主义在爱国主义情绪上受到了极为微弱的尊重，而且决不能取代他们。在德国战争期间，社会主义者到处谴责这场战争是由资本主义政府造成的，但如果你没有一个更好的政府和更好的制度来取代它的工作理念，那么谴责一个政府或一个世界体系几乎没有或根本没有永久的效果。

我们之所以在这里陈述这些事情，是因为它们是事实，是当代人类历史调查的一个活的和必要的部分。提倡和反对社会主义不是我们的任务。但在我们看来，政治和社会生活是，而且必须是，混乱和灾难性的，但是我们必须看到的是，如果没有社会主义等建设性计划的发展方向的构想，清楚地指出世界目前离实现这样的目标还有多远的话，这种混乱状况并不会有什么改善。想要形成一种新秩序，人类就需要进行许多的智力劳动、讨论与教育，这个过程到底需要多长时间，是几十年还是几百年，没人能够知道。这种新建立的秩序就像轮船航运线路和铁路的规划一样精细，也像电缆和邮政运输一样遍布整个世界。在这样一个新秩序将人类与其网络联系在一起之前，正如我们现在将在1854年以来的欧洲战争故事中所展示的那样，人类的生活必须变得越来越不确定、危险、悲惨，充满着焦虑和灾难。之所以如此的原因，是因为持续不断的机械革命产生了越来越强大和破坏性的战争手段。

35.6 达尔文主义是如何影响宗教和政治思想的

尽管物理科学的发展所带来的机械革命正在摧毁经过几千年演变而成的文明国家的古老社会分类，使得建立一个公正的人类社会和一个公正的世界秩序有了新可能性，但是在宗教思想领域也发生着同样伟大和新奇的变化。机械革命所产生的科学知识的增长，也正是这些宗教骚乱运动的原因。

在本书的开头几章里，我们已经叙述了"岩石的记录"的主要故事；我们展示了在浩瀚的时空中等待着生命的开端，意识的萌芽。但是，在18世纪末以前，这种使现代人充满谦卑和期冀的现象，对过去来说根本就是无限的想象，却被我们人类的普遍意识所掩盖了。在一个苏美尔人的传说的掩盖下，天堂不过是国王们的一出小戏的舞台背景。人们已经被自己的个人情感和个人事务占据了太多的时间，而没有注意到他们身边无处不在的伟大命运的暗示。

那个时期的人们在摆正自己在历史上的位置之前就已经知道

自身在宇宙中所处的位置。我们已经能够说出早期有哪些天文学家了，并知道了伽利略是如何被迫改变他关于地球绕着太阳转的论断的。教会强迫他这样做，而教会之所以这样做，是因为任何有关世界是宇宙中心的怀疑，似乎都会对基督教的权威造成致命的打击。

在这个问题上，现代历史的讲述者必须既谨慎又大胆。他必须在懦弱的逃避和狂热的宗教盲从之间做出选择。他必须尽量把自己局限在事实中，同时也要克制自己的意见。但也要记住，任何意见都不能完全克制。作者有自己强烈而明确的信念，读者必须牢记这一点。历史事实是，拿撒勒人耶稣的教导具有深刻的新意和创造性；他在人的心里和世上，宣讲天国的道。就我们在这个时代的节点上所能判断的，他的教导中没有任何东西与世界和人类历史的发现或延展相违背的。但同样的事实是，在历史上，圣保罗和他的后继者们，通过阐述一种微妙而复杂的救赎理论，对耶稣朴素而深刻的革命性教义进行补充和加强，或者取代了另一种教义（你可能更愿意这样想），这种救赎在很大程度上可以通过信仰和遵循礼节获得，而不会对信徒的日常习惯和职业造成严重干扰，保罗派的教导确实包含了对世界和人类历史的非常明确的信仰。反驳或解释这些问题不是历史学家的职责，问题的终极意义取决于神学家；历史学家关心的仅仅是这样一个事实：世界各地官方的基督教都采用了圣保罗的观点，这种观点在他的《圣经》里是如此清楚地表达出来，而在福音书里又是如此不可追溯，以至于宗教的意义并不在于未来，而在于过去，这样看来，耶稣并不是一个了不起的传授新事物的导师。作为一种宿命的神圣的血祭，深具神秘和神圣性，为我们的始祖亚当和夏娃在伊甸园中面对蛇的诱惑而做出的不服从造物主的特殊历史行为赎罪。基督教的教义，是建立在对这一事实的信仰之上，而不是建立在拿撒勒人耶稣的人格之上；是建立在保罗的理论之上，而不是建立在耶稣的诫命之上。

我们已经谈及了这个特殊的包括亚当、夏娃和蛇的创世故事，这也是一个古巴比伦人的故事，也可能是一个更古老的苏美尔人的故事。犹太圣书正是这个非常古老和原始的"日石"时期的毒蛇传说进入基督教的媒介。无论官方的基督教走到哪里，它都把这个故事带到那里，它把自己与那个故事联系在了一起。直到一个世纪以前，整个基督教化的世界都觉得必须相信，而且确实相信，宇宙是在几千年前，据主教亚瑟所说，是公元前4004年，在上帝言语的指引下，6天的时间里世界被特意地创造出来了。（1779年，一群伦敦书商出版了42卷《世界史》，书中讨论了创世的确切日期是公元前4004年3月21日或9月21日，并倾向于认为后者更有可能。）

这一历史假设建立在西方和西方化文明的宗教结构之上，然而整个世界却是杂乱无章的，山丘、山脉、三角洲和海洋都充满了证明其荒谬的证据。各主要民族在建在沙漠上的房子里过着充满热情而又虔诚的宗教生活。

在古典文学中，人们经常能够读到论述更为完善的宇宙发展理论。亚里士多德知道现代地质学的广泛原理，这些原理通过卢克莱修的推测而散发光芒，我们也注意到达·芬奇对化石的清晰解释。法国人笛卡尔（1596—1650）大胆地推测了地球炽热的起源，丹麦人斯丹诺（1631—1687）开始收集化石和描述地层。但是，直到18世纪接近尾声时，对地质学的系统研究才达到了影响圣经版本中古代苏美尔人叙述的普遍权威性的程度。与上面所引用的世界史同时代，一位伟大的法国博物学家布封正在写《自然时代》（1778年），并大胆地把世界的年龄延长到7万或75000年。他把自己的故事分为六个时代，与创世故事的六个剧本相一致。有人认为，这些日子是具有象征意义的日子，这真的是很久远的岁月了。一般说来,地质学这门新科学是倾向于这样做的。地质学通过这种适应的手段,设法与正统的宗教教义和平相处,这种情况一直持续到19世纪中叶。

我们无法在这里追溯赫顿、普莱费尔、查尔斯·莱尔爵士、法国人拉马克和居维叶等人在揭示和发展岩石记录方面所作的贡献。西方世界的普通大众们慢慢地才意识到两件令人不安的事实:第一,地质记录中生命的延续与六天创世的行为并不相符;其次,这一地质记录与大量的生物学事实相协调,直接指向甚至包括人类在内的所有生命形式之间的基因关系,而背离了《圣经》中每一个物种都是单独创造的主张。这最后一个问题对现有教义制度的重要性是显而易见的。如果所有的动物和人类都以这种上升的方式进化,那么就没有最初的父母,没有伊甸园,也没有堕落。如果没有堕落,那么基督教的整个历史结构,关于原罪的故事,以及赎罪的理由,就会像纸牌搭成的房子一样倒塌。

因此,大批诚实而笃信宗教的人怀着类似恐惧的心情看待英国博物学家查尔斯·达尔文(1809—1882)的著作。1859年,达尔文发表了《依据自然选择或在生存竞争中适者存活讨论物种起源》,对我们在第3章中简要概述的物种的变化和发展这一概念进行了有力而永久的、有价值的阐述;1871年,他完成了《人类的由来与选择》一书的大纲,这本书明确地把人类带进了与其他生命同样的进化过程中。当生物学家和地质学家不可战胜地反对东正教宇宙运动的事例展开时,西方社会中普通的聪明人所感到的沮丧和苦恼,至今仍有许多人对此记忆犹新。许多人的头脑本能地、非理性地抗拒新知识。他们整个道德大厦建立在虚假的历史之上;他们已经很年迈了,可是仍然打算重建它;他们践行着自己道德信念支配下的实际真理,而这个新的真理在他们看来似乎与之不相容。他们认为,认同新的真理将会把世界推向道德崩溃的边缘,所以他们不同意,而导致了道德体系的崩溃。尤其是英国大学中的神职人员,对这种新的知识进行了强烈的抵制。到了70年代和80年代,一场暴风雨般的争论席卷了整个文明世界。讨论的质量和教会致命的无知可以通过哈克特对1860年英国协会一次会议的摘记簿的描述来衡量,在那次会议上,威尔伯福斯主教猛烈地抨击了赫胥黎,那位达尔文主义观点的伟大捍卫者。

威尔伯福斯主教面对"赫胥黎时,带着傲慢的微笑,要求知道究竟是通过他的祖父,还是通过他的祖母而自己承认是猴子的子孙?赫胥黎转身向他旁边的人说,'上帝已把此人交到我的手里了。'于是他站在我们面前说了这些极其惊人的话:'相比起一个用自己的才华来混淆科学真理的人,我更愿意和一个猩猩有血缘关系。'"(这些话的另一说法是:"我要重复地断言,一个人有人猿为他的祖先,这并不是可羞耻的事。可羞耻的倒是这样一种人:他惯于信口雌黄,并且不满足于他自己活动范围里的那些令人怀疑的成就,还要粗暴地干涉他根本不理解的科学问题。所以他只能避开辩论的焦点,用花言巧语和诡辩的辞令来转移听众的注意力,企图煽动一部分人的宗教偏见来压制别人,这才是真正的羞耻啊!")这些话的确是愤慨地说出来的。这是一个非常激动的场面,哈克特说有一个贵妇人昏倒了。这就是那次争论的气氛。

达尔文主义运动突然在不知不觉中接受了正统的基督教。正统的基督教在它的神学声明中面临着明显的错误。基督教神学家既没有足够的智慧,也没有足够灵活的头脑,去接受新的真理,修改他们的真理公式。但他们恪守这些真理,从宗教对现实生活长久的切切实实的影响中足以看出其未衰减的生命力。因为新的理论发现人类从亚人类形态进化而来,甚至与天国的教义毫无关系。牧师和主教们被达尔文气得暴跳如雷，有人甚至愚蠢地试图压制倡导达尔文主义的文学作品，侮辱和诋毁新观点的倡导者。关于宗教和科学之间的"对立"有许多狂热的讨论。在基督教世界，历来都有持怀疑态度的人。腓特烈二世无疑是个怀疑论者；18世纪，吉本和伏尔泰公开反对基督教，他们的著作影响了许多散居各地的读者。但他们都是杰出的人，可是现在整个基督教世界都开始怀疑了。这个新的争论触动了每一个读过一本书或听过睿智对话的人。新一代的年轻人长大了，他们发现基督教的捍卫者脾气很坏，为他们的事业奋斗，一点也不公平和高尚。新的科学进步损害了正统神学，但愤怒的神学家宣称这是宗教。

最终人们可能会发现，宗教因为摆脱了其教义上的束缚而更加闪耀，但对年轻人来说，似乎确实存在着科学与宗教的冲突，而在这场冲突中，科学取得了胜利。

这场大争论对整个西方化世界中有影响力而又富裕的阶层的人们的思想和方法论产生的直接影响是非常有害的。新的生物科学还没有带来任何建设性的东西来取代旧的道德标准。随之而来的是真正的去道德化。这些阶级的社会生活水平在20世纪初期比17世纪初期高得多，但是，就这些阶级的无私和责任心而言，很可能17世纪初期的风气比20世纪初期要好。与20世纪相比，17世纪活跃的有产阶级中，尽管有几位明确的"异教徒"，但仍有更多的人虔诚地祈祷，认真审视自己的灵魂，检讨自己是否做了坏事，准备承受痛苦，同时为自己认为正确的事情做出巨大牺牲。1859年以后，人们真正失去信仰。宗教真正宝贵的东西连同充满铜臭气息的破旧钱囊一起被扔掉了，再也没有找回来。直到19世纪末期，对达尔文主义的一种粗略的误解已经成为世界各地"教育"的主流思想。17世纪的国王、奴隶主、统治者和领袖们内心深处都有这样的想法，即他们是受上帝意志支配的；他们真的很害怕上帝，他们找来了神父，将自己所作所为正当化；当他们泛起邪念的时候，他们试着不去想上帝。但是，在20世纪初，国王、所有者和统治者的旧的信仰在科学批评下已经不被接受了。19世纪末，大众之间盛行着这样一种观点，他们的胜利是由于为生存而斗争的结果，在这场斗争中，强者和狡诈者战胜了弱者和轻信者。他们还进一步相信，他们必须变得强大、精力充沛、冷酷无情、"务实"、自负，因为上帝已经死了，而且他们似乎总是"比新知识所证明的要走得更远"。

他们很快就超越了对达尔文主义的第一个原始的普遍误解，即每个人都是为自己而活。但他们停留在了下一个阶段。他们认为，人类是一种社会性动物，就像印度猎犬一样。但他们没有看到这远不止是一个猎犬的类比。就像在一个群体中，为了大众的利益，欺负和制服弱小是必要的，所以他们认为人类群体中的"大狗"应该欺负和制服弱小的"狗"是正确的。人们对统治19世纪早期的民主思想产生了新的蔑视，对专横跋扈和残酷无情的人重新产生了钦佩之情。在这样的时代特色之下，拉迪亚德·吉卜林竟然带领英国中上层社会的孩子们回到丛林中去学习法律，在他的书《丛林故事》中对三个人对另外两个男孩的折磨做一种赞赏的描述，他们先利用欺骗手段把无助的受害者绑起来，再暴露出他们的敌对意图。

我们有必要对《丛林故事》的这一事件稍加关注，因为它生动地展现了19世纪末大英帝国的政治心理。如果不了解这个故事所代表的精神扭曲，就无法理解过去半个世纪的历史。那两个受折磨的男孩是"欺软怕硬的人"，这是折磨他们的人的借口，而后者又被牧师进一步煽动到狂欢中。没有什么能抑制他们和吉卜林先生着手这项工作时的热情。教导似乎是，在诉诸酷刑前，人们看到你鼓起一点正当的道德义愤，那么一切都会变得正当。如果权威站在你这一边，那就不能怪你了。显然，这就是这位典型的帝国主义者的简单主义信条。但是，由于人类已经发展出足够的智力来控制自己的暴行，所以每一个恃强凌弱者都必须尽其所能地遵循这一原则。

故事中的另一点确实非常重要。校长和他的文书助理都被认为是这件事的秘密参与者。他们希望这种欺凌发生。他们没有行使自己的权力，而是利用这些男孩——吉卜林心目中的英雄——来惩罚这两名受害者。校长和牧师对愤怒的母亲的抱怨充耳不闻。吉卜林所展现出来的代表了一种最理想的状态。在这一点上，我们掌握了现代帝国主义最丑恶、最倒退、最后也是最致命的思想的钥匙：法律与非法暴力之间的默契串通。就像沙皇政体最终毁于数百名黑人暴徒的暗中鼓动，他们屠杀犹太人和其他被认为对沙皇怀有敌意的人。同样，在布尔战争之前，詹姆逊博士对德兰士瓦进行的一次非法突袭，使英国帝国政府的好名声"现在仍然受到玷污"，我们现在将叙述爱德华·卡森爵士和F. E. 史密斯先生（现在是伯肯黑德勋爵）在爱尔兰的冒险经历，英国政府默许爱尔兰的效忠者对新芬党的行凶者或被指控为行凶者所进行的报复行为。帝国就这样背叛臣民，毁灭了自己。统治者和帝国的真正力量不在于陆海军，而在于人们相信他们是坚定不移的、坦诚的、合法的。一旦一个政府脱离了这一标准，它就不再是一个"有支配地位的组织体"了，它的日子也就屈指可数了。

35.7 民族主义观念

我们已经指出，必须有一幅世界自然政治地图，为人类管理提供尽可能最好的地理划分。除这张自然政治地图以外，世界上的其他政治分裂必然是不合时宜的，并且必然产生倾向于使边界向自然政治地图所指示的方向移动的敌对和起义的压力。维也纳的外交家们显然既不相信也不理解这类东西，他们认为自己可以自由地分割世界，正如人们可以自由地分割奶酪这样一种没有骨头的结构一样，这些主张似乎是不言而喻的。格莱斯顿先生也不清楚这些主张。当世界从拿破仑战争的疲劳中恢复过来时，欧洲开始发生的大多数动乱和冲突，很明显是普通老百姓试图摆脱那些在许多情况下是无法容忍的不合时宜的政府。一般来说，现有的政府在整个欧洲都是格格不入的，因为它们没有社会代表性，所以它们阻碍了生产，浪费了人类发展的诸多可能性；当统治者和被统治者之间的宗教和种族文化差异（如爱尔兰的大部分地区）、种族和语言的差异（如奥地利北部意大利和整个奥地利帝国的大部分地区）或所有这些方面的差异（如波兰和土耳其帝国在欧洲的差异）增加了这些普遍存在的烦恼时，这种愤怒就会导致流血冲突。欧洲是一个管理机器的系统，不得不说，它自身调整得非常糟糕。在19世纪的历史上发挥了巨大作用的各种民族主义运动从这种失调的压力中汲取了动力。

什么是民族？是什么民族性？如果说我们关于世界的故事证明了什么的话，那就是它证明了种族的融合、人类分裂的不稳定、人类群体和人类思想的纷乱和关联。有人说，一个国家是由认为自己是一个民族的人所聚集形成的统一体；但我们被告知，爱尔兰是一个民族，信奉新教的阿尔斯特人肯定不同意这一观点；意大利直到统一后很久才认为自己是一个民族。1916年，当作者在意大利时，人们在说："这场战争将使我们成为一个民族。"再者，英国人是一个民族，或者说是已经融入形成了一个"不列颠民族性"？苏格兰人似乎不太相信这个不列颠民族性。它不可能构成一个国家的种族或语言的统一，因为盖尔人和低地人构成了苏格兰人的"民族";它不可能是一种共同的宗教,因为英国有许多宗教。也没有共同的文学,否则为什么英国与美国分离,阿根廷共和国与西班牙分离?可以认为,一个民族实际上是受本国外交部影响或希望受其影响的人民的任何集会、混合,目的是使它集体行动,就像它单独组成了人类一样。我们已经对马基雅维利式的君主政体统治的发展进行了追溯,一直追溯到其作为外交权力机构的变化。19世纪主导政治思想的"民族主义"实际上不过是浪漫主义和感情上的夸张,强调的是不和谐的自然政治地图与不适当的政治安排所产生的压力。

约翰·布尔　　不列颠神　　日耳曼神　　法兰西神　　卡塞利恩·尼侯利亨

19世纪的部落之神——人们愿意为之而牺牲的民族旗帜

在整个19世纪,特别是在19世纪后半叶,世界上的这种民族主义一直在高涨。所有的人在本质上都是拥护者和爱国者,但是19世纪人类的自然部落主义被不自然地夸大了,它被过度刺激、煽动,并被迫进入民族主义的模式。学校里教授民族主义,报纸强调民族主义、宣扬民族主义、嘲笑民族主义、歌颂民族主义。人们开始觉得,没有民族就像在拥挤的集会上不穿衣服一样不得体。以前从未听说过民族的东方民族,就像他们对西方的卷烟和球棒一样,对民族产生了浓厚的兴趣。印度,一个由不同种族、宗教、文化,德拉威人、蒙古人和雅利安人组成的体系,变成了一个"国家"。当然,也有一些令人困惑的案例,比如一个年轻的白人犹太人必须决定自己是属于英国还是属于犹太民族。

政治漫画在提升对这些更新、更大的部落神的崇拜上发挥了很大作用,"因为这样一个现代的'国家'地区"在19世纪的想象中占据了主导地位。如果你翻开《笨拙》周刊①这本关于英国灵魂的古怪的当代记录,从1841年至今,你会发现不列颠、爱尔兰、法国和日耳曼的人物拥抱着、争论着、责备着、欢乐着、悲伤着。它极大地帮助了外交家们进行他们的大国博弈,以这种形式向持怀疑态度的一般情报机构传达政治信息。对于一个普通的人来说,他对自己的儿子被送到国外枪毙感到愤愤不平,他明白,这并不仅仅是两个驻外使节的固执和贪婪的结果,而是这两个朦胧的巨大神灵之间一场正义的、不可避免的巨大斗争的必要组成部分。法国被日尔曼尼亚曲解了,换言之意大利向奥地利展示了一种正确的精神。男孩的死不再是常识上的暴行,它具有一种神话般的尊严。起义可以像外交一样披上浪漫的外衣。爱尔兰变成了灰姑娘般的女神凯瑟琳·尼·霍利亨,充满了令人心碎和不可饶恕的冤屈。年轻的印度超越了现实中对班达玛塔兰的崇拜。

19世纪民族主义的基本理念是每个国家都"合法地要求"拥有完全的主权,每个国家都要求在自己的领土内管理自己的一切事务,而不考虑其他任何国家。这一观点的缺陷在于,每一个现代社会的事务和利益都延伸到地球的各个角落。例如,1914年萨拉热

---

① 《笨拙》周刊:19世纪英国著名的幽默杂志。

窝的暗杀事件导致了第一次世界大战,这给拉布拉多的印第安部落带来了极大的痛苦,因为战争中断了毛皮的销售,中断了他们赖以为生的必需品,如弹药,没有这些必需品,他们就得不到足够的食物。因此,一个独立主权国家的世界意味着一个永远受到伤害的世界,一个不断准备或发动战争的国家的世界。但是,与这种民族主义的鼓吹同时,在较强的民族中,也有另一套思想的有力传播,即帝国主义思想。在这种思想中,一个强大而先进的国家被承认有权支配一群其他较不发达的或者说政治上较不发达的国家或民族,这些国家或民族尚未得到发展,统治国期望这些民族感激它的保护和统治。"帝国"一词的这种用法显然不同于它以前的普遍意义。新帝国甚至没有假装是罗马世界帝国的延续。

这两种民族观念,以及作为民族成功之冠的"帝国主义",统治着欧洲的政治思想,甚至统治着整个19世纪后半叶的世界的政治思想,并实际地排除了任何更广泛的人类共同福利的概念。这些想法看似合理,却危险而不可靠。它们不代表人类本性中任何基本的和不可改变的东西,它们不能满足世界管控和世界安全的新需要,而机械革命正日益使这种需要变得更加迫切。它们之所以被接受,是因为人们普遍没有世界历史研究所能提供的全面观点以供参考,也没有很好地理解普世宗教的宽容。他们意识到这样的观点对日常生活的危害的时候,为时已晚。

35.8 1848年到1878年间的欧洲

19世纪中叶以后,这个充满新势力和旧思想的世界,这个在旧外交瓶中发酵的新酒,冲破了《维也纳条约》的脆弱限制,爆发了一系列的战争。具有讽刺意味的是,在新的混乱体系出现之前,伦敦还举办了1851年的"大展览"。作为一个和平的节日，这次展览中最令人感动的人物是萨克斯·科堡·哥达的阿尔伯特亲王，他是1831年登上比利时王位的德国国王利奥波德一世的侄子，利奥波德一世也是年轻的英国维多利亚女王的舅舅。1837年，18岁的维多利亚成为女王。这两个年轻的表亲"同岁"，1840年在他们叔父的主持下结了婚，阿尔伯特亲王被英国人称为"女王之夫"。

这项婚事遭到强烈反对。在下议院，有人预言英国将被外国流氓和革命者占领，他们将败坏人民的道德，摧毁所有的信仰和"国家的忠诚"。

博览会在海德公园一座由玻璃和钢铁组成的巨大建筑内举行，后来这座建筑被重新建成水晶宫。在经济上，这是一个巨大的成功，让许多英国人第一次认识到，他们的国家并不是世界上唯一的工业国家，商业繁荣也不是英国的垄断。有最明显的证据表明，欧洲大陆正在从拿破仑战争的破坏中稳步复苏，并迅速超越英国在贸易和制造业方面的领先地位。紧随其后的是一个科学和艺术部门的成立（1853年），如果可能的话，这将恢复英国失去的教育灵活性。

这次博览会释放了相当多的国际话题和情感，它已经在丁尼生这样的年轻诗人的作品中表现出来了，他们曾眺望未来的景象。

"直到战鼓停止跳动，战旗卷起。在人类的议会中，形成了世界的联邦。"

就在那时，生活安逸的人表现出了相当肤浅的乐观。和过去很长一段时间相比，生活似乎更为安全了。1848年的社会风暴已经过去了，而且似乎把自己给吹垮了。革命在任何地方都没有成功。在法国，有一个波拿巴第二次背叛了它，他是第一个拿破仑的侄子，但比拿破仑灵活得多。他利用自己名字的魅力，假扮成革命者；

在奥尔良君主制时期,他曾两次试图袭击法国。他写了一本炮兵手册,把自己和他叔叔的声望联系起来,他还发表了一篇他所谓的拿破仑式观点的记述,在《论拿破仑》中,他把社会主义、社会主义改革和和平主义与拿破仑式的传奇混为一谈。1848年的共和国很快就陷入了劳动改革实验的困境之中,10月他得以重新进入这个国家并参加总统竞选。他宣誓成为总统,忠于民主共和国,把所有试图改变政府形式的人视为敌人。两年后(1852年12月),他成为法国皇帝。

起初,维多利亚女王,或者更确切地说,比利时国王利奥波德的朋友兼侍从斯托克马尔男爵,英国女王及其配偶的国际良知守护者,对他颇有微词。所有这群萨克斯·科堡·哥达人都对德国的团结和福祉抱有合理而慷慨的热情,他们对波拿巴的复兴倾向于警惕。另外,英国外交大臣帕麦斯顿勋爵从一开始就对篡位者很友好,他向法国总统发送了友好的急件,却没有提交给维多利亚女王检查,因此他得罪了女王,给了她足够的时间来咨询斯托克马尔的意见,最后他被迫辞职。但随后,英国法院转而对这位新冒险家持更友好的态度。他执政的头几年承诺建立一个自由的君主政体,而不是拿破仑式的职业生涯,即一个"廉价面包、伟大的公共工程和假日"的政府,他热情地表达了自己对民族主义思想的支持,这自然是任何自由主义德国情报机构都能接受的思想。1848年在法兰克福有一个简短的全德议会,1849年这个议会被普鲁士君主政体推翻。

1848年之前,由于害怕第二次更普遍的民主革命,所有维也纳殖民地中的欧洲势力都保持着某种联盟关系。1848年革命失败后,这种恐惧消除了,他们可以自由地恢复1789年以前的阴谋和反阴谋,拿破仑统治的第一阶段给了他们更强大的军队和舰队。大国博弈在中断了60年之后，又以极大的热情重新开始，并导致了1914年的大灾难。

俄国沙皇尼古拉一世是第一个走向战争的人。他恢复了彼得大帝对待君士坦丁堡的传统策略。尼古拉为土耳其苏丹发明了"欧洲病夫"一词，并在土耳其帝国对基督徒的错误管理中找到借口，于1853年占领了多瑙河诸国。欧洲外交家发现自己面临着一个与18世纪模式相当的问题。

俄国的计划被理解为与法国在叙利亚的计划相冲突，并威胁到英国通往印度的地中海航线，结果是法国和英国结成了一个统一的联盟来支持土耳其，并爆发了一场战争，克里米亚战争，以最终被俄国的击退而告终。人们可能会认为，对俄国的制约是奥地利和德国的事，但法国和英国外交部在俄罗斯事务上动手动脚的热情一直很难控制。

这场伟大的权力戏剧复兴的下一个阶段是，拿破仑三世和意大利北部撒丁岛的国王，利用意大利的分裂造成种种不便与苦难，尤其针对奥地利在北部的统治。撒丁国王维托里奥·埃马努埃莱与拿破仑达做了一笔传统的交易，用拿破仑的帮助换取尼斯省和萨伏伊省。法国和撒丁岛以及奥地利之间的战争爆发于1859年，几周后就结束了。奥地利人在马真塔和苏法里诺惨败。后来，在莱茵河上受到普鲁士的威胁，但拿破仑竭力促成了和平，使撒丁岛成为伦巴第的富庶之地。

撒丁国王维托里奥·埃马努埃莱和他的首相加富尔的下一步棋是在西西里岛由伟大的意大利爱国者加里波第领导的起义运动。西西里岛和那不勒斯获得解放，除了罗马（仍然效忠于教皇）和被奥地利人占领的威尼斯，整个意大利都落入撒丁国王之手。1861年，意大利议会在都灵召开会议，维托里奥·埃马努埃莱成为意大利第一任国王。

但现在,欧洲外交博弈的兴趣转向了德国。自然政治地图的常识已经得到了证实。1848年,整个德国,当然也包括德意志的奥地利,一度在法兰克福议会的统治下统一。但这种联盟对所有德国法院和外国机构都特别无礼;他们不希望德国因其人民的意愿而统一,他们希望德国通过法律和外交行动而统一,就像意大利正在统一一样。1848年,德国议会坚持认为,位于德国外滩的石勒苏益格–荷尔斯泰因省必须属于德国。议会命令普鲁士军队占领这个地方,普鲁士国王拒绝接受德国议会的命令,从而加速了这个机构的垮台。丹麦国王克里斯蒂安九世,除了国王天生的愚蠢,没有任何可以想象的动机,在这两个公国发动了一场反对德国人的运动。当时普鲁士的事务在很大程度上掌握在一位7世纪类型的大臣冯·俾斯麦(1865年封伯爵,1871年封公爵)手中,他从这场麻烦中看到了辉煌的机遇。他成了德意志民族的英雄,"必须记住,普鲁士国王在1848年拒绝为民主德国承担这一角色",并说服奥地利在军事干预中站在普鲁士一边。丹麦没有机会对抗这些强国,它很容易就被打败了,被迫放弃公爵领地。然后俾斯麦挑起了一场与奥地利争夺这两个小国的争端。因此,为了普鲁士的更大荣耀和德国霍亨索伦王朝的统治地位,他发动了一场不必要的、自相残杀的德国战争。具有浪漫主义思想的德国作家把俾斯麦描绘成一位计划统一德国的伟大政治家,但事实上,他并没有这样做。1848年,德国实现了统一。它过去是,现在仍然是事物的本质。普鲁士君主政体只是在拖延不可避免的事情,这似乎是在以普鲁士的方式来处理这类问题。这就是为什么当德国最终统一时,它没有以现代文明民族的形象出现,而是以这个古老的俾斯麦的面孔出现在世人面前,他留着凶猛的胡子,穿着巨大的杰克靴,戴着带尖刺的头盔,手里还握着一把剑。

在这场普鲁士与奥地利的战争中,普鲁士有一个盟友意大利,大多数害怕普鲁士阴谋的小邦国都站在奥地利一边。读者自然会想知道,为什么拿破仑三世没有抓住这个难得的治国之机,为自己的利益而参战。大国博弈的所有规则都要求他这样做,但是,不幸的是,拿破仑的手指被大西洋彼岸的一个陷阱夹住了,他没有办法干预。

为了理解这位狡诈的绅士所处的困境,有必要解释一下。由于奴隶制所造成的经济差异,美国南北各州在利益上的分歧最终导致了一场公开的内战。1789年建立的联邦制度不得不与南方蓄奴州的分离主义斗争。我们已在前面追溯了那场伟大斗争的原因;当然,我们无法在这里叙述,也无法讲述林肯总统(1809—1865,1861年成为美国总统)是如何成为伟人的,共和国是如何从奴隶制的污点中清洗出来的,以及联邦政府是如何得到保护的。林肯总统的故事本身就是一部伟大的史诗,讲述了联邦和秩序受到威胁和拯救的故事,在这里,我们极不情愿地对林肯总统的故事做了如此简短的描述。但在本书中,我们必须紧紧抓住我们的主要故事。

长达四年的时间里(1861—1865),美国内战在华盛顿和里士满之间的弗吉尼亚州的山林间来回摇摆,直到最后分离主义左派被击退并被击溃,而联合主义将军谢尔曼,在南方联盟(分离主义)军队的后方,横扫乔治亚州直至大海。在四年的共和纷争中,欧洲所有的主张分裂分子都欢欣鼓舞;英国贵族公开支持南方邦联,英国政府允许几艘私掠船,特别是阿拉巴马号,在英格兰下水攻击联邦船只。拿破仑三世甚至更加轻率地认为,新大陆在旧世界之前就已经沦陷了。当然,在他看来,门罗主义的庇护被永远地抛在了一边,大国可能会再次干涉美国,一个富有冒险精神的君主政体的福祉会在那里得到恢复。墨西哥总统以干涉外国人财产的某些自由为借口。法、英、西三国的联合远征队占领了韦拉克鲁斯,但拿破仑的计划对他的盟友来说太过大胆,当他们清楚地知道拿破仑一心只想建立一个墨西哥帝国时,他们就撤退了。经过激烈的战斗,拿破仑做到了这一点,并于1864年使奥地利大公马克西米利安成为墨西哥的皇帝。然而,法国军队仍然有效地控制着这个国家,一群法国投机商涌入墨西哥开采其矿藏和资源。

但是,1865年4月,美国南方最高指挥官李将军在阿波马托克斯法院投降,结束了内战。一小群渴望占领墨西哥的欧洲人发现,他们面对着获胜的而且手中握着一支庞大而危险的军队的联邦政府,心情十分复杂。法国帝国主义者被直截了当地给予了另一个选择:要么和美国开战,要么把美国人赶出去。实际上,这是一个指示。这就是1866年拿破仑三世阻止普鲁士和奥地利干涉的纠葛,也是俾斯麦加速与奥地利斗争的原因。

当普鲁士与奥地利交战时,拿破仑三世正试图体面地逃离墨西哥的泥潭。他以经济上的理由和马克西米利安发生了一场激烈的争吵,然后撤回了法国军队。那么,按照王权的一切规则,马克西米利安应该退位了。但他却为他的帝国而战;1867年,他被他倔强的臣民打败,作为公害被逮捕并枪毙。于是,新世界恢复了门罗总统时期的和平。美洲只剩下一个君主政体,巴西帝国,葡萄牙皇室的一个分支,一直统治到1889年。那一年,皇帝被悄悄打发到巴黎去了,巴西也与欧洲大陆其他国家步调一致。

但是当拿破仑忙于他的美国冒险时,普鲁士和意大利正在夺取对奥地利的胜利(1866年)。意大利在库斯托扎和利萨海战中惨败,但奥地利军队在萨多瓦战役中被普鲁士军队彻底击溃,奥地利被迫投降。意大利获得了威尼斯地区,于是又一次向统一迈进,

"只有罗马和里雅斯特以及北部和西北部边境上的几个小镇还没统一",普鲁士成为北方德意志联邦的首领,巴伐利亚、符腾堡、巴登、黑塞和奥地利被排除在外。

四年后,随着拿破仑三世对普鲁士发动战争,欧洲走向自然政治地图又迈出了下一步。一种自毁的愚蠢促使他这样做。1867年,他刚从墨西哥泥沼中解放出来,就要求把卢森堡割让给法国。1870年,当普鲁士国王的一位堂兄成为西班牙空缺王位的候选人时,拿破仑三世便开始了这项事业。拿破仑认为奥地利、巴伐利亚、符腾堡和其他北方德意志联邦以外的州会站在他这一边反对普鲁士。他可能认为这将会发生,因为他希望它发生。但是自从1848年以来,就外国干涉而言,德国人在精神上一直是一个统一的民族;俾斯麦只不过是用华丽的场面、仪式和流血斗争把霍亨索伦王权强加于既成事实之上。这次整个德国都站在普鲁士一边。

1870年8月初,德国联军入侵法国。在沃斯战役和格拉维洛特战役之后,巴赞尼麾下的一支法国军队被迫进入梅茨,并在那里被包围。帕里斯发现自己在侵略者面前几乎是赤身裸体,毫无防备。拿破仑的承诺第二次灾难性地辜负了法国。9月4日,法国再次宣布自己为共和国,并由此重生,准备与胜利的普鲁士精神为生存而战。因为,虽然是一个统一的德国战胜了法国帝国主义,但它却掌握在普鲁士手中。梅茨的军队于10月投降;经过围攻和轰炸,巴黎于1871年1月投降。在凡尔赛宫的镜厅里,在一大批军官的簇拥下,普鲁士国王被宣布为德国皇帝,俾斯麦和霍亨索伦家族的宝剑被认为是德国统一的功臣,这是在后来的文学作品所记载与认可的。

俾斯麦

法兰克福的和平是霍亨索伦的和平。俾斯麦利用了德国的民族感情,获得了德国南部各州的援助,但他没有掌握使他和他的君主获得胜利的基本力量。推动普鲁士走向胜利的力量是欧洲自然政治地图的力量,它坚持德语民族的团结。在东部,德国已经因为它对波森和其他波兰地区的管理而违反了这幅自然政治地图。如今,它对领土,尤其是铁矿贪婪不已,吞并了洛林的大片法语区,包括梅茨和阿尔萨斯。尽管阿尔萨斯也讲德语,但在文化上受法国影响很大。在这些被吞并的省份中,德国统治者和法国臣民之间发生了激烈的冲突。面对着被征服的洛林,法国的冤屈和痛苦在巴黎回响,并使法国人的满腔怒火继续燃烧……

在萨多瓦战役(1866年)之后,自然政治地图在奥地利帝国获得了政治上的承认。曾经隶属于奥地利的匈牙利建立了一个与奥地利平等的王国,奥地利帝国成为奥匈帝国的"双重君主政体"。但是在这个帝国的东南部,以及在土耳其帝国之上,征服时期的疆界仍然存在。

自然政治地图的新高潮始于1815年,当时巴尔干地区的基督教种族,尤其是保加利亚人,变得焦躁不安,起义不断。土耳其人采取暴力镇压措施,大规模屠杀保加利亚人。随即俄国介入(1877年),经过一年代价高昂的战争,土耳其人被迫签署了《圣斯特法诺条约》。总的说来,这是一个明智的条约,它瓦解了人造的土耳其帝国,并在很大程度上建立了自然政治地图。但英国政策的传统是挫败俄罗斯的"天知道为什么!"无论何时,只要俄国表现出有预谋,英国外交部在比肯斯菲尔德勋爵的领导下就会介入,如果土耳其并没有对其设施进行大规模的恢复,以便进行苛捐杂税、迫害和屠杀,那么英国会以战争相威胁,向俄国施压。有一段时间,战争似乎是很可能发生的。在英国的音乐大厅,那些英国外交政策的明灯,被爱国主义的火焰点燃,伦敦跑腿的男孩受到鼓舞,带着一个意识到自己的崇高命运的伟大民族的简单尊严,高唱这首歌:"我们不想战斗,但是,如果我们战斗,我们会得到船只、我们会得到人民,我们会得到一切……"

以此达到鼎盛,"俄国人不会得到君、士、坦、丁、堡。"

由于英国的这种反对,1878年在柏林召开了一次会议,主要是为了土耳其和奥地利君主的利益,修改《圣斯特法诺条约》,英国人占领了塞浦路斯岛,他们对该岛没有任何权利,也从来没有一点用处。比肯斯菲尔德勋爵带着当时英国人所理解的是"荣誉和平"从柏林会议凯旋,格莱斯顿先生却极为恼火。

《柏林条约》是促成1914到1918年世界大战的第二个主要因素,《法兰克福和平条约》是第一个因素。

1848年以后的这30年对研究国际政治方法的学生来说是非常有趣的。欧洲各国政府从对全世界人民起义的恐惧中解脱出来,正在尽最大努力恢复被美国和法国革命粗暴地打断的大国博弈。但这看起来更像是一种旧时的游戏,而不是现实中的大国游戏。机械革命使战争比以往任何时候都更彻底地扰乱了人们的日常生活,尽管外交家们竭力不顾这一事实，但他们的议事日程却被查理五世和路易十四从来不知道的命令所支配。与以往任何时候相比，与混缪的管理一起进行的联合调查能够更好地组织和更有效地表达。政治家们把这件事装扮成民族主义精神的产物，但有时也会显得太过单薄。17世纪和18世纪的君主们似乎可以随心所欲地这样或那样行事，发动战争或维持和平，征服这个省或按照他们的意愿割让另一个省；但是，像拿破仑三世这样的统治者，从一个地方走到另一个地方，就像一个人在看不见的事物中摸索着前进一样。

在19世纪，这些欧洲政府中没有一个是真正的自由主体。今天，我们看看自1814年以来的欧洲地图，把它们与自然政治地图进行比较，就会发现，大国之间的博弈实际上是一场已成定局的博弈。他们所作的任何安排，无论符合世界自然政治地图，还是符合教育民主的趋势，但凡他们所作的任何安排与这些背道而驰，那么都是失败的。因此，我们不得不得出这样的结论：如果欧洲能够由一小部分通常诚实的人种学家和地理学家来指导，并由社会学家划定其合理的界限，以合理的方式规定适当的政府形式，那么这些年来所有的外交上的心计、装腔作势和狡诈，所有国王和军队的可怕的混乱和流血事件都将可以避免，所有卡沃尔、俾斯麦、迪斯累利斯、波拿巴们等伟人将不会影响历史。历史上浪漫主义的阶段已经结束。一个新的时代开始了，新的和更大的责任，这些19世纪的政治家只是假装局势在握罢了。

35.9 海外殖民地帝国的第二次掠夺

我们已经指出，在1848年至1878年的欧洲政治史上，机械革命还没有产生任何革命性的变化。革命后的大国仍然在几乎同样大小的疆域内进行活动,其形式也与革命前的时期大致相同。但是,交通和电报通信的速度和精确性的提高已经使交流情况和方法发生了相当大的变化,这种变化不仅仅发生在英国和其他欧洲强国的海外企业,还引发了亚洲和非洲对欧洲的极大的互动。

18世纪末是一个帝国瓦解、扩张主义者大失所望的时期。英国和西班牙之间以及他们在美洲的殖民地之间漫长而乏味的旅程阻止了任何真正母地和子地之间的自由往来。殖民地也逐渐分裂成新的、独特的社区,具有独特的思想、利益,甚至是特别的说话方式。随着殖民地越走越远,殖民者对把他们连接在一起的薄弱而不确定的航运环节越来越感到紧张。像法国在加拿大的贸易站,或者像英国在印度的贸易机构,都可能会紧紧抓住给予其支持、给予其存在理由的国家。在19世纪早期的许多思想家看来,这是海外统治的极限。1820年,在18世纪中期的地图上勇敢地勾勒出的欧陆以外的大欧洲帝国,已经缩小到非常小的尺寸。只有俄罗斯人在亚洲的版图和以前一样大。它在许多欧洲人的想象中扩张得比现实中要大得多,因为他们习惯于根据墨卡托的预测研究世界地理,这极大地夸大了西伯利亚的面积。1815年的大英帝国包括人口稀少的加拿大沿海河流和湖泊地区,以及一片广袤的荒野腹地,其中唯一的定居点是哈德逊湾公司的皮毛交易站,面积大约有在东印度公司统治下的印度半岛的三分之一,还包括好望角的海岸地区,那里同时还居住着黑人和反叛的荷兰定居者;以及西非海岸上的几个贸易站,直布罗陀的几个岛礁,马耳他岛,牙买加,西印度群岛上的几个小的奴隶劳工领地,南美洲的英属圭亚那,以及世界的另一边,澳大利亚的博塔尼湾和塔斯马尼亚有两个流放囚犯的监狱。

西班牙保留了古巴和菲律宾群岛上的一些定居点。葡萄牙在非洲保留了一些古代主权的遗迹。荷兰在东印度群岛和荷属圭亚那有许多岛屿和属地,丹麦在西印度群岛有一个岛屿。法国有一两个西印度群岛和法属圭亚那。这似乎是欧洲强国所需要的,或者可能获得的世界其他地区对自身发展的援助。只有东印度公司表现出了扩张的精神。

在印度,正如我们已经说过的,正在建立一个独特的帝国,不是由英国人民,也不是由英国政府,而是由这群具有垄断权和皇家特许的私人冒险家组成的公司建立的。1707年奥朗则布去世后,印度陷入分裂和不安的状态,该公司被迫成为一个军事和政治力量。它在18世纪学会了与各州和各民族进行贸易。克莱武和沃伦·黑斯廷斯建立和组织了这个奇怪的新帝国。我们已经说过,法国的竞争者被击败了。到1798年,莫宁顿勋爵,后来的韦尔斯理侯爵,也即之后成为威灵顿公爵的韦尔斯理将军的哥哥,成为印度的总督,并确定了公司的方针,要用自己的统治取代衰落的大莫卧儿王朝。拿破仑对埃及的远征是对这个英国连队帝国的直接攻击。当欧洲忙于拿破仑战争的时候,东印度公司在一系列总督的领导下,在印度扮演着和土库曼人以及类似的北方入侵者一样的角色,但是效率更高,暴力更少。在维也纳和平之后,它继续发展,攫取收入,发动战争,派遣大使到亚洲强国,这是一个准独立的国家,然而,这个国家很明显是向西方输送财富的。

在前面的章节中,我们概述了伟大的莫卧儿帝国的瓦解,以及马拉他诸邦、拉其普特诸侯国、奥德和孟加拉穆斯林王国以及锡克族的出现。我们无法在这里详细说明英国公司是如何取得霸主地位的,它有时作为这个国家的盟友,有时作为那个国家的盟友,最后却成了所有国家的征服者。它的力量蔓延到阿萨姆邦,信德和乌德。由英国直接统治下的大省拼凑而成的印度地图开始呈现出今天英国小学生所熟悉的轮廓。

在1800年至1858年期间，随着这个奇怪的、史无前例的公司帝国的壮大，机械革命正在悄悄地消除一度把印度和英国分隔开的巨大鸿沟。在过去，公司的统治很少干涉印度各州的家庭生活；它把外国的君主带给了印度，但是印度已经习惯了外国的君主，并且把他们同化了；这些英国人年轻时来到这个国家，在那里度过了大半生，并成为这个国家制度的一部分。但现在，机械革命开始改变这种状况。英国官员更容易回国，在欧洲度假，更容易把妻子和家人带出来；他们不再是印第安人；他们仍然明显是外国人和西方人，而且人数更多。他们开始更加积极地干涉和改变印度的风俗习惯。像电报和铁路这样神奇而可怕的东西出现了。基督教传教变得异常繁忙。如果他们没有使很多人皈依基督教，那也至少会使旧信仰的信徒产生开始动摇。城镇里的年轻人开始"欧洲化"，这令他们的长辈大为沮丧。

印度以前经历过许多统治者的更迭，但从未经历过这些事情预示的那种方式上的变革。穆斯林教师和婆罗门都感到震惊，英国人被指责为阻碍人类进步的罪魁祸首。随着欧洲的日益临近，经济利益冲突变得更加尖锐；印度工业，尤其是古老的棉花工业，受到了有利于英国制造商的立法的影响。该公司的一件不可思议的蠢事引起了一场骚乱。对婆罗门来说，牛是神圣的；对穆斯林来说，猪是不洁净的。需要给枪弹上油和需要"这些人必须咬一口"的新步枪，发给了该公司的印度士兵；随后部队发现他们的枪弹上了牛油和猪油。这一发现引发了该公司印度军队的叛乱，即1857年的印度兵变。首先，部队在米拉特发生了叛乱。然后，德里崛起，企图恢复伟大莫卧儿帝国的统治……

英国公众突然发现了印度的存在。他们意识到，在这片陌生的土地上，遥远的地方，在炽热的尘土和疲惫的阳光下，驻扎着一支小小的英国军队，他们正在与成群结队的黑暗袭击者展开殊死搏斗。英国公众没有问他们是如何做到这一点的，他们有什么权利做到这一点。对有危险的亲人的爱压倒了这些问题。在那里发生了残忍的屠杀。1857年是英国极度焦虑的一年。英国领导人，尤其是劳伦斯和尼科尔森，仅凭少量的军队就做出了惊人的成就。当叛乱分子组织起来，积聚威望的时候，他们并不是坐等被包围，因为不采取行动的话将使他们永远失去印度。他们常常以压倒一切的优势进攻。我的"王牌是梅花，不是黑桃"，劳伦斯说。锡克教徒，廓尔喀人，旁遮普人的军队都忠于英国。南方依然平静。其他的历史会告诉我们，发生在奥德的坎普尔和勒克瑙的大屠杀，以及数量远远超过英军的军队是如何围困和袭击德里的。到1859年4月，大火的余烬已被扑灭，英国人再次成为印度的主人。这次兵变绝不是人民起义；这仅仅是孟加拉军队的叛乱，主要是由于公司官员缺乏想象力的统治。它的故事充满了印度人对英国逃亡者的帮助和仁慈。但这是一个警告。

兵变的直接结果是将印度帝国并入英国。根据《印度政府法案》，总督成为代表君主的总督，公司的职位由一名负责印度事务的国务秘书代替，向英国议会负责。1877年，比肯斯菲尔德勋爵为了完成这项工作，宣布维多利亚女王为印度女皇。

在这条非凡的战线上，印度和英国目前是连在一起的。印度仍然是伟大的莫卧儿帝国，不断扩张，但伟大的莫卧儿已被大不列颠的"加冕共和国"所取代。印度是一个没有独裁者的独裁国家。它的统治结合了君主专制的弊端和民主官场的非人格化和不负责任的特点。印度人抱怨说君主可以去景仰；他的皇帝是一个金色的象征；而现在他必须在英国分发小册子，或在英国下议院提出问题。议会处理英国事务的时间越长，印度得到的关注就会越少，它就会更多地受制于少数高层官员。

显然，这不可能成为永久的常态。印度人的生活，无论受到什么限制，都在与世界其他地方一起前进；印度的报纸服务越来越多，受西方思想影响的受过教育的人越来越多，对政府的共同不满也越来越强烈。在过去的70年里，英国驻印度官员的教育和素质几乎没有或根本没有相应的进步。他的传统是崇高的；他通常是一个素质出众的人，但体制缺乏想象力，缺乏灵活性。此外，支持这些官员的军事力量在上个世纪既没有得到发展，情报也没有相应的更新。没有哪个阶级像英国军人阶层那样在智力上停滞不前。在一个受教育程度更高的印度面前，英国军人不安地意识到自己的教育缺陷，不断地害怕被人嘲笑，在过去几年里，他表现出了一种间歇性暴力的倾向，这种倾向产生了一些非常可悲的结果。有一段时间，第一次世界大战完全转移了英国公众先前对印度少量的关注，把更优秀的军人从印度的军队中征调出来。在那些年里，以及随后的动荡不安的狂热岁月里，印度发生了一些事情，阿姆利则发生了一场屠杀手无寸铁的人群的事件，造成近2000人死伤，还伴随着鞭打和羞辱性的暴行。这是一种官方的恐怖行为，在英国本土引发了巨大的道德震撼。对于思想开明的英国人来说，他们惯于把他们的帝国看作是自由民族的一个初级联盟，这种对其管理者野蛮品质的揭露，引起了一种可以理解的沮丧和失望……

但书写印度为自己打开的历史篇章的时机尚未到来……我们不能在这里详细讨论新印度仍然悬而未决的问题。早在1919年的《印度法案》中，我们就已经看到了一个新的、更幸福的时代的开端，这个时代的高潮可能是一群自由、自愿的印度人在世界邦联国家中占据平等的地位……

在19世纪上半叶，大英帝国在印度以外的方向上的发展绝不是如此迅速。英国相当多的政治思想家倾向于把海外财产看作是王国软弱的根源。澳大利亚的殖民地发展缓慢，直到1842年发现了有价值的铜矿，1851年发现了金矿后才赋予了它们新的重要性。运输条件的改善也使得澳大利亚羊毛在欧洲越来越畅销。直到1849年，加拿大也没有显著的进步；它被法国和英国居民之间的不和所困扰，发生了几次严重的叛乱，直到1867年，一部建立了加拿大联邦自治权的新宪法才缓解了加拿大内部的紧张局势。一条铁路改变了加拿大的前景。正如铁路促使美国发展一样，它使加拿大向西扩张，向欧洲销售其玉米和其他农产品。尽管它迅速和广泛的增长，但是加拿大在语言、同情和利益上仍然保持一个共同体的状态。不过铁路、轮船和电报确实改变了殖民地发展的一切条件。

1840年以前，英国人已经开始在新西兰定居，并成立了新西兰土地公司来开发该岛。1840年，新西兰也加入了英国的殖民地。

我们已经指出，加拿大是英国属地中第一个对新的经济可能性做出丰富反应的国家，新的运输方法正在开辟。目前，南美各共和国，特别是阿根廷共和国，开始感到，在他们的牲畜贸易和咖啡种植中，欧洲市场越来越重要。迄今为止，吸引欧洲列强进入动荡和野蛮地区的主要商品是黄金或其他金属、香料、象牙以及奴隶。但是在19世纪的后25年，欧洲人口的增加迫使他们的政府到国外寻找粮食；科学工业主义的发展产生了对各种新原料、脂肪和润滑脂、橡胶和迄今为止被忽视的其他物质的巨大需求。很明显，英国、荷兰和葡萄牙从它们对热带和亚热带产品的极大控制中获得了巨大的和日益增长的商业优势。1871年，德国、现在的法国和后来的意大利开始寻找未被兼并的原材料产地，或者寻找有利可图和有能力实现现代化的东方国家。

于是，世界各地开始了一场新的争夺，除了美国地区，在那里门罗主义现在禁止对政治上不受保护的土地进行此类冒险。靠近欧洲的是非洲大陆，那里充满了未知的可能性。1850年，它是一个充满黑色神秘色彩的大陆，只有埃及和海岸为人所知。一幅地图可显示出当时欧洲无知的巨大程度。这本书不需要有这么长的篇幅来描述那些第一个冲破这片黑暗之云的探险家和冒险家们的传奇故事，以及那些追随他们足迹的政治代理人、行政人员、商人、定居者和科学家们。神奇的人种，俾格米人，奇怪的野兽，神奇的水果，鲜花和昆虫，可怕的疾病，令人惊叹的森林和山脉的景色，巨大的内海，巨大的河流和瀑布显露在欧洲人的眼前，这是一个全新的世界，甚至（在津巴布韦）一些未被记录和消失的文明遗迹（早期人类向南的事业）也被发现了。这个新世界来了欧洲人，他们发现阿拉伯奴隶贩子在这里掌握了武装控制权，黑人的生活一片混乱。到了1900年，整个非洲都被测量、探索、描绘，欧洲列强瓜分了非洲。在这场争夺中，他们几乎没有考虑到当地居民的福利。阿拉伯奴隶贩子确实受到了限制，却没有被驱逐。但是欧洲人对橡胶的贪婪——这是比利时刚果土著人在强迫下收集的一种野生产品——比利时国王无情的欲望加剧了这种贪婪，加上缺乏经验的欧洲行政官员与当地居民在许多殖民掠夺中发生的冲突，导致了可怕的暴行。在这个问题上，没有哪个欧洲强国是完全清白的。

这里无法详细描述英国是如何在1883年取得埃及的统治权，尽管事实上，埃及在技术上是土耳其帝国的一部分；也无法描述1898年，当马尔尚上校从西海岸穿越非洲中部，试图在法索达夺取上尼罗河时，是如何导致法国和英国之间的战争的。在乌干达，法国天主教徒和英国圣公会传教士传播了一种基督教，这种基督教充满了拿破仑的精神，对教义的细微差别坚持不懈，以至于在他们第一次瞥见欧洲文明的几年后，乌干达的首都孟戈到处都是死去的"新教徒"和"天主教徒",很难与古拉格姆完全没有精气的战士区分开来。

我们也不知道英国政府是如何首先让奥兰治河地区的布尔人和荷兰殖民者在南非内陆地区建立起独立的德兰士瓦共和国,然后在1877年后悔又吞并了德兰士瓦共和国的;也不知道德兰士瓦共和国的布尔人是如何为自由而战,并在1881年马朱巴山战役后赢得自由的。持续不断的新闻宣传活动使马朱巴山成为英国人民记忆中的一座纪念碑。1899年爆发了一场与这两个共和国的战争,这场历时三年的战争使英国人民付出了巨大的代价,最终以两个共和国的投降而告终。

他们的征服时期很短。1907年,征服了他们的帝国主义政府倒台后,自由主义者控制了南非事务,这些前共和国变得自由,并且相当愿意与开普殖民地和纳塔尔省结盟,成为一个由南非所有国家组成的联邦,作为一个在英国统治下的自治共和国。

在25年的时间里,非洲的瓜分完成了。仍有三个相对较小的国家未被吞并:利比里亚,西海岸一个解放黑奴的定居点;穆斯林苏丹统治下的摩洛哥;埃塞俄比亚是一个野蛮的国家,有着古老而独特的基督教形式,在1896年阿多瓦之战中成功地维持了对意大利的独立。

35.10 印度在亚洲的先例

19世纪欧洲人的思想只有一个肤浅的历史背景作为补充,几乎没有什么构成一个持久的政治制度的概念,也没有深入批评的习惯。西方机械革命的爆发给欧洲强国带来了相对于旧世界其他国家的暂时优势,但人们却把这些优势视为永久而有保障的领导地位的证据。他们对13世纪及以后的蒙古人的伟大征服一无所知。他们没有意识到科学及其成果的可转让性。他们没有意识到中国人和印度人能像法国人或英国人那样能干地从事研究工作。他们认为，西方有某种天生的智力驱动力，东方有某种天生的懒惰和保守主义，而这确保了欧洲人永远占据世界主导地位。

这种迷恋的结果是，欧洲其他各国的外交机构不仅要与英国争夺世界表面的蛮荒和不发达地区，而且要瓜分亚洲人口众多、文明程度高的国家，仿佛这些国家的人民也不过是欧洲人剥削的原料一样。在印度，英国统治阶级的帝国主义虽然朝不保夕，但表面上却十分辉煌，其势力广泛，有着丰厚的利润。荷兰人在东印度群岛的领地上，梦想着在波斯、在分崩离析的奥斯曼帝国、在更遥远的印度、中国和日本也能有类似的辉煌。在19世纪的最后几年，读者可以通过阅读当时的文学作品来证实，这是一种自然的、不可避免的事情，整个世界都应该处于欧洲的统治之下。欧洲人不情愿地做出善意的努力，准备接受拉迪亚德·吉卜林所说的"白人的负担"，也就是地球的主宰地位。各大国开始从事这项事业时，都处于一种互相竞争的气氛中，国内有一半受过教育或文盲的人口，从事科学研究的人屈指可数，最多几千人，他们的内部政治制度处于紧张或动荡的变化之中，经济制度处于暂时的摇摇欲坠的状态，他们的宗教早已衰败。他们真的相信，东亚的广大人口可以永远隶属于这样一个欧洲。

即使在今天，仍有很多人没有了解到相关事实。他们没有意识到亚洲人的大脑在质量上并不比欧洲人差一分；历史表明，亚洲人与欧洲人一样勇敢、充满活力、慷慨大方、能够自我牺牲、有能力采取强有力的集体行动，世界上的亚洲人现在和将来都要比欧洲人多得多。限制知识从一种人口向另一种人口的传播一直是困难的，而现在这已经不可能了。在现代条件下，世界范围内的经济和教育均衡从长远来看是不可避免的。当前，亚洲的知识分子和道德力量正在兴起。一个世纪左右、几十年的时间，差距就可能被消灭。例如，现在，对于一个通晓中文的英国人来说，或者对中国的生活和思想了解很少的英国人来说，有成百上千的中国人通晓英国人所知道的一切。知识的平衡对印度更为有利。印度向英国输送学生，英国向印度输送官员，而大部分官员都没有受过科学观察方面的训练。没有任何组织可以派欧洲学生去考察和调查印第安人的历史、考古学和时事，也没有组织可以让有学问的印第安人与在英国的英国学生接触。

自1898年以来，即德国占领侨洲、英国占领威海威的那一年，以及俄罗斯占领亚瑟港的那一年，中国的事态发展比除日本以外的任何国家都要快。对欧洲人的巨大仇恨像火焰一样席卷了中国，一个驱逐欧洲人的政治团体"义和团"在1900年成长起来，并爆发了暴力冲突。这是一个爆发愤怒和冲突的很老式的历史套路。1900年，义和团杀害了250名欧洲人，据说还有近3万名基督徒。中国历史上并非第一次处于慈禧太后的统治之下。她是一个无知的女人，但性格坚强，对义和团十分同情。她支持他们，保护那些对欧洲人犯下暴行的人。这些都是公元前600年左右匈奴战争中可能发生的事情。

事情在1900年陷入危机。义和团对在中国的欧洲人的威胁越来越大。有人试图派更多的欧洲警卫到北京使馆区，但这只会加剧事态的恶化。德国大臣在北京的大街上被皇家卫队的一名士兵枪杀。其余的外国代表聚集在一起，在位置较有利的使馆区筑起防御工事围城达2个月之久。随后，在一位德国将军的率领下，一支2万人的联军向北京进军，解了驻中国公使的围。一些欧洲军队对中国平民犯下了严重的暴行。容许我们这样说，历史仿佛又倒退到了1850年的时候。

随后，俄罗斯实际吞并了满洲，列强之间发生了争吵。1904年英国入侵西藏，当时西藏还是一个禁区。但是，这些事件在表面上看不出来的是，中国现在有相当数量的受过欧洲教育和了解欧洲知识的人了。但中国不能照搬日本的模式，革命的浪潮还在继续。日本，在它自己的重组过程中，根据它的性情，把目光转向了西方的君主主义，而中国的目光则投向了太平洋彼岸。1911年，中国大革命开始了。1912年，皇帝退位了，世界上最伟大的团体成为共和国。推翻皇帝的同时也推翻了满族人，从1644年起中国人就开始扎蒙古人的辫子，现在已经不再是强制性的。不过，仍然有很大一部分人还扎着这样的辫子。

现在可能有更多的优秀人才和更多的献身精神来实现中华文明的现代化和重组，而不是仅仅为了欧洲人民的福利。中国将拥有一个现代化的、切实可行的剧本，拥有新的、充满活力的现代大学、一个重组的工业体系，以及越来越多的科学和经济研究机构。它庞大人口中的自然产业和创造力将被释放出来，这将会使它与西方世界在平等的条件下进行合作。它可能还面临着巨大的内在困难，不过这是任何人都无法判断的。尽管如此，中国与美利坚合众国以及一个和平与和解的欧洲在维护世界有组织的和平方面达成一致的时间可能并不遥远。

35.11 日本的历史

然而，在亚洲人民的复兴中，先驱者不是中国，而是日本。在讲述中国方面，我们已经超越了我们的故事。迄今为止，日本在这段历史上只扮演了很小的角色；它与世隔绝的文明并没有对人类命运发展做出很大的贡献；它得到了很多，但它给予的很少。日本岛屿上的原始居民可能是一个与遥远的北欧有亲缘关系的北方民族——多毛的虾夷人，但是日本人属于蒙古人。他们在外形上与美洲印第安人相似，日本的史前陶器等与秘鲁的类似文物有许多奇怪的相似之处。他们可能是旧石器时代早期跨太平洋漂流的产物，但他们也可能从南方吸收了马来语，甚至是尼格罗语的元素。

无论日本人的起源是什么，毫无疑问，他们的文明、他们的文字、他们的文学和艺术传统都来自中国。他们在基督教时代的2世纪、3世纪中从野蛮状态中崛起，他们作为一个民族在自己国家之外所进行的最早的行动之一是在金戈女王的统治下入侵朝鲜，金戈女王似乎在建立他们的文明方面发挥了很大的作用。他们的历史既有趣又浪漫，他们发展了封建制度和骑士精神，他们对朝鲜和中国的攻击相当于英国在法国发动的战争。日本第一次与欧洲接触是在16世纪；1542年，一些葡萄牙人乘一艘中国帆船来到这里，1549年，耶稣会传教士弗朗索瓦·沙维尔在这里开始了他的传教。耶稣会的记述描述了一个长期遭受封建战争蹂躏的国家。日本一度欢迎与欧洲的往来，传教士使大量的人皈依基督教。有个叫威廉·亚当斯的人，住在肯特郡的吉林厄姆，他成为日本人最信任的欧洲顾问，教他们如何建造大船。日本制造的船只曾航行到印度和秘鲁。随后，西班牙的多米尼加人、葡萄牙的耶稣会士、英国和荷兰的新教徒之间爆发了复杂的争斗，他们各自警告日本人提防其他国家邪恶的政治图谋。耶稣会士处于统治地位，猛烈抨击和迫害佛教徒。这些问题与当时的封建冲突交织在一起。最后，日本人得出结论，欧洲人和他们的基督教是令人无法容忍的讨厌之物，尤其是天主教基督教，只不过是教皇和西班牙君主政治梦想的外衣，"他们已经占领了菲律宾群岛"。1638年，日本发生了一场对基督徒的大而彻底的迫害，除了在长崎港口的对马岛上的一家可怜的荷兰工厂，日本对欧洲人完全关闭了，并持续关闭了200多年。对马岛上的荷兰人受到了几乎无法忍受的侮辱。除了被任命处理这些问题的特别官员，他们与任何日本人都没有来往。在这两个世纪里，日本人与世界其他地方完全隔绝，就像他们生活在另一个星球上一样。禁止建造任何比一艘滑行船更大的船。日本人不能出国，欧洲人也不能进入这个国家。

两个世纪以来，日本一直游离于主流历史之外。他们生活在封建制度之下，流血与争斗使封建制度保持活跃。在这种制度下，约有5%的人口，包括武士和战士，以及贵族和他们的家庭，对其余的人口实行不加限制的暴虐统治。当一位贵族走过时，所有的普通人都跪下，稍有失礼就有被武士砍死的危险。被选中的阶层过着浪漫冒险的生活，却没有一丝新奇的可取之处；他们相爱相杀，追求荣誉，"这可能让聪明的人感到极度无聊"。我们可以想象，一个好奇心强的人，被困在这些空虚浪漫的孤岛上，被对旅行和知识的渴望所折磨，是多么可怜。

与此同时，伟大的外部世界继续发展更广阔的视野和新的力量。越来越多的奇怪的船只经过日本海岬；有时船只失事，水手会被带上岸。通过荷兰人在对马的定居点（他们与外部世界的唯一联系），有人意识到，日本根本没有跟上西方世界的步伐。1837年，一艘船驶进野多湾，船上挂着一面奇怪的条纹和星星组成的旗子，上面载着一些在太平洋上漂流的美国水手。随后它被一声炮响赶走了。这面旗帜不久又出现在其他船只上。1849年，美国要求释放18名遇难的美国水手。1853年，美国海军准将佩里率领的四艘军舰驶来，拒绝离开。他停泊在禁止进入的水域，并向当时共同控制日本的两位统治者传达了信息。1854年，他带着10艘船回来，这些船由蒸汽驱动，装备有大炮，他提出了日本无力抵抗的贸易和交往建议。他率领500人的卫队登陆，签署了条约。难以置信的人群涌上街头，好奇地看着这只从外面世界来访的队伍。

俄罗斯、荷兰和英国紧随美国之后。外国人进入这个国家，他们和日本绅士之间的冲突接踵而至。一名英国人在街头斗殴中丧生，一个日本城镇遭到英国人的轰炸（1863年）。一位统治马关海峡的大贵族认为向外国船只开火是有必要的，结果英国、法国、荷兰和美国军舰的第二次轰炸便摧毁了他的炮台，驱散了他的剑客。最后，一个盟军中队（1865年）停泊在桥本附近，迫使日本批准了日本向世界开放的条约。

这些事件使日本人蒙受了极大的耻辱，看来，人民的得救在很大程度上就在于这种耻辱。他们以惊人的精力和智慧使自己的文化和体制达到欧洲强国的水平。在人类历史上，从来没有一个国家像当时的日本那样迈出如此大的一步。1866年它是一个中世纪的人，是对极端浪漫主义封建主义的荒诞讽刺；1899年，它的人民完全西方化，与欧洲最先进的强国并驾齐驱，远远领先于俄罗斯。它彻底打消了欧洲人所认为的亚洲在某种程度上无可救药地落后于欧洲的看法，相比之下，它让欧洲取得的所有进展都显得迟缓而充满试探性。

我们无法在这里详细讲述1894—1895年日本与中国的战争。它的西方化程度可见一斑。它拥有一支高效的西方化军队和一支规模虽小但很健全的舰队。虽然英国和美国已经把它当作一个欧洲国家来对待，但其他在亚洲追求新印度的大国并不理解它复兴的意义。俄国正从满洲向朝鲜推进，远在南边的法国已经在东京湾和安南建立了自己的殖民地，而德国正如饥似渴地四处寻找定居点。三国联合起来阻止日本从中国战争中获得任何成果,特别是阻止日本在面向日本海的中国大陆上立足。与中国的战争使日本疲惫不堪,他们便以战争相威胁。

1898年,德国突然袭击中国,以杀害两名传教士为借口,吞并了山东的一部分。于是,俄国占领了辽东半岛,强迫中国同意把横贯西伯利亚的铁路延长到旅顺口;1900年,俄国由占领了满洲。英国无法抗拒模仿这些行动的冲动,夺取了威海卫港(1898年)。对每一个聪明的日本人来说,只要看一眼地图就会发现,这些动作是多么令人震惊。这导致了日本与俄国的战争,这标志着亚洲历史上一个新纪元,欧洲傲慢时期的结束。当然,俄国人民是无辜的,他们不知道在半个地球之外给他们带来了这样的麻烦,聪明的俄国政治家们是反对这种愚蠢的攻击的。但是一群金融冒险家,包括皇帝的堂兄弟大公围在沙皇周围进行施压。他们在对满洲和中国未来的掠夺上押下了重注,不会撤退。于是,大批日本士兵开始越洋进入旅顺口和朝鲜半岛,源源不断的俄国农民沿着西伯利亚铁路被运送到遥远的战场上。

俄国人领导不善,装备劣质,在海上和陆地上都遭到了同样的沉重打击。俄罗斯波罗的海舰队环绕非洲航行,最终在茨布斯比马海峡被彻底摧毁。俄国平民被这场遥远而毫无道理的屠杀所激怒,他们爆发了一场革命运动,迫使沙皇结束了战争(1905年);而后,1875年,俄国将占领的萨哈林①南部归还,并撤出满洲,将朝鲜半岛割让给日本。白人开始在东亚卸下担子。然而,数年来,德国对胶州湾的控制一直很不稳定。

---

① 萨哈林:今库页岛。

35.12 海外扩张时期的结束

我们已经注意到,意大利在埃塞俄比亚的企业是如何在可怕的阿多瓦战役(1896年)中受到打击的,在这场战斗中,3000多名意大利人被杀,4000多名被俘。以牺牲有组织的非欧洲国家为代价的帝国扩张阶段显然正在接近尾声。它把英国、法国、西班牙、意大利、德国和俄国相当困难的政治和社会问题同相当多的外国人、不可同化的和充满仇恨的人民的事务纠缠在一起;英国有埃及(还没有正式吞并)、印度、缅甸以及马耳他和上海等一系列小问题;除阿尔及尔和突尼斯之外,法国还被东京湾和安南所拖累;西班牙刚刚陷入摩洛哥的问题之中;意大利在的黎波里自找麻烦;而德国的海外帝国主义,尽管在"阳光下的地盘"的地位似乎很差,但一想到可能与日本就胶州湾开战,它就能得到很大的满足。所有这些属地人口的智力和教育水平都比殖民国家低不了多少;在每一种情况下,殖民地都不可避免地会发展出一种本土媒体,形成一种集体的自我意识,以及对自治的要求,而欧洲的政治家们一直忙于争夺这些王国,在征服之后,他们却没有任何明确的怎么处理这些领土的想法。

西方民主国家,当他们觉醒并争取到自由的时候,发现他们自己是一个"帝国主义者",并且对这个发现感到相当尴尬。东方则带着令人困惑的要求来到西方的首都。在伦敦,普通的英国人忙于罢工,经济难题、国有化、市属化等问题困扰着英国。他发现他的道路被岔开了,公众集会上聚集了越来越多的戴着头巾、假面具和其他奇怪帽子的黝黑绅士,他们实际上都在说:你把我们弄糊涂了,代表你们政府的人民已经摧毁了我们自己的政府,阻止我们建立一个新的政府。你打算拿我们怎么办?

35.13 1914年的大英帝国

我们可以在这里简要地指出1914年大英帝国各组成部分的性质各不相同。它过去是,现在也是一个相当独特的政治组合,以前从未有过这种情况。第一个也是整个体系的核心是联合王国的"加冕共和国",包括爱尔兰(违背了相当一部分爱尔兰人的意愿)。

英国议会的多数由英格兰、苏格兰和爱尔兰的三个联合议会组成,决定了内阁的领导地位、质量和政策,并在很大程度上取决于英国国内政治因素。正是这个部门是有效的最高政府,拥有媾和与宣战的权力,并统治着帝国的其他地方。其次是澳大利亚、加拿大、纽芬兰(英国最古老的属地,1583年)、新西兰和南非的"加冕共和国",它们实际上都是与英国结盟的独立自治国家,但每一个国家都有一名由政府任命的王室代表。接下来是印度帝国,这是伟大的莫卧儿帝国的延伸,它的附属国和"保护国"从俾路支省一直延伸到缅甸,包括亚丁,在所有这些地方,大英帝国和印度办公室(在议会控制下)扮演了最初土库曼王朝的角色。然后是对埃及含糊不清的占有,名义上仍然是土耳其帝国的一部分,仍然保留着自己的君主即总督,但几乎是在专制的英国官方统治下。然后是更加模糊的"盎格鲁-埃及"苏丹省,由英国和(英国控制的)埃及政府共同占领和管理。然后是一些部分自治的社区,有些最初就是英国控制,有些不是,有选举产生的立法机构和任命的行政人员,例如马耳他、牙买加、巴哈马和百慕大。接着是英国的殖民地,英国本土政府(通过殖民地办事处)的统治近乎独裁,如锡兰、特立尼达和斐济(那里有一个委任的委员会)、直布罗陀和圣赫勒拿(那里有一个总督)。然后是大片的(主要是)热带土地,原始产品地区,政治上极为脆弱,土著社区尚未开化,这些地区名义上是受保护的，由一名高级专员管理土著酋长（如巴苏托兰）或由一家特许公司管理（如罗得西亚）。在某些情况下，外交部、殖民地办事处、印度办事处都会关心的是这最后一类和最不明确类别的财产，但在大多数情况下，是由殖民地办事处负责这些财产。

因此，很明显，没有一个单一的政府部门和一个单一的大脑曾经把大英帝国作为一个整体来理解。这是一种增长和积累的混合体，与以往任何被称为帝国的东西都截然不同。它保证了广泛的和平与安全；这就是为什么尽管存在着官方的暴政和不足，尽管存在着公众的许多疏忽，但它还是被许多精英阶层的男性所忍受和维持着。就像雅典帝国一样，它是一个海外帝国，它的航线是海上航线，它的共同纽带是英国海军。像所有帝国一样，它的凝聚力依赖于物理上沟通；在16世纪到19世纪之间，航海技术、造船技术和蒸汽船的发展使和平成为可能，以实现一种"大不列颠和平"，而航空、陆上运输或海底战争的新发展又可能随时使和平变得毫无保障。

36. 1914年的国际大灾难

36.1 第一次世界大战前的武装和平

在柏林会议召开和《圣斯特凡诺条约》签订之后的36年里，欧洲在其境内维持着一种难得的和平。在这期间，各主要国家之间都没有硝烟与战争。大国之间互相恫吓、威胁，但并没有达到真正的敌对状态。人们普遍认识到，1871年以后的战争要比18世纪的职业战争严重得多。在1871年之后，各国人民作为一个整体所进行的努力可能使社会结构极为紧张，这使得战争成了一项不可轻率进行的冒险。机械革命带来了更加强大的（同时也更加昂贵的）海战和陆战武器，更快捷的运输方式，这些变革也使战争越来越不可能在毫不扰乱社会经济生活的情况下进行，甚至外交部也感到了战争的恐惧。

战争是可怕的，但在战争爆发之前却没有人真正担心过，人们没有采取诸如建立联邦控制机制等任何措施，以防止人类事务滑向战争的深渊。不过，1898年，年轻的沙皇尼古拉二世（1894—1917年在位）确实发布了一份诏书，邀请其他大国参加一个旨在"寻求让普遍和平的伟大理念克服动乱和不稳定的因素"的国家会议。他的布告声明撤销了前一任统治者亚历山大一世的宣言，这份布告给神圣联盟定下了基调，突破了原有的认为主权政府之间能够建立起和平而不必依靠呼吁广泛的民族基于自身的需要和权利来建立共同和平的假设。在欧洲的绥靖努力中，美利坚合众国的教训完全被忽视了。美利坚合众国的教训说明了只有当地方化的思想如"弗吉尼亚人民"和"马萨诸塞州人民"的念头被一个"美利坚合众国人民"的思想所压倒时，才可能会有一致的行动和长久的和平。在荷兰海牙举行了两次会议，一次是1899年，另一次是1907年，在第二次会议上几乎所有的主权国家都派了代表。他们都有外交代表参加，世界上的一般情报人员也不知道他们的审议工作的方向，普通老百姓甚至不知道这些会议正在举行，聚集在一起的代表们大都在国际法上就影响战争的问题进行狡诈的讨价还价，而把消灭战争当作一种幻想不谈。在海牙举行的会议并没有消除国际生活必然具有竞争的观念。他们都接受了这样的观点。而超越主权和外交手段来促进世界人民的福祉方面，他们没有任何进展。参加这些集会的国际律师和政治家们并不像1848年的普鲁士政治家那样，急于在世界公益的基础上，欢迎一个凌驾于普鲁士国王权力之上的全德议会和一个秩序"警察"。

在美国，1889年、1901年和1906年举行的三次泛美会议在一定程度上推动了整个美洲大陆国际仲裁制度的发展。

作为这几次海牙会议的发起者——尼古拉二世，他的品格和诚信，我们在此不作长篇大论。他可能认为局势是掌握在俄国这一边的。各大国普遍不愿意面对主权大国合并的前景，如果没有这些前景，那么毫无疑问永久和平计划是荒谬可笑的。他们所希望的并不是避免国际竞争所可能导致战争进入激烈状态，而是降低战争的代价，因为当前战争的代价太过高昂。每个国家都想避免小的争端和冲突造成的国力不必要的消耗，同时积极参与国际法律规则的制定，在不损害自身利益的情况下，使其更强大的对手在战时陷入尴尬境地。这些就是大国代表们在海牙会议上的真正意图。他们参加这个聚会是为了取悦尼古拉二世，就像欧洲的君主们赞同基督教神圣联盟的福音主义主张以取悦亚历山大一世一样；既然他们参加了，他们就设法使他们的意图在会议上有所实现。

36.2 德意志帝国

法兰克福的和平使德国统一，成为欧洲最强大的国家之一。相比较之下，法国被羞辱和削弱。它的共和主义倾向似乎使它在任何欧洲法庭上都没有朋友。那时的意大利还只是个年轻的毛头小子。而奥地利在德国的政策中沦为了同盟国。俄国幅员辽阔，但尚未开发；大英帝国的强盛局限于海面之上。在欧洲之外，唯一可以与德国抗衡的力量便是美利坚合众国，它现在已发展成为一个强大的工业国家，但以欧洲的标准来衡量的话，美利坚合众国没有真正意义上的陆军和海军。

在凡尔赛所建立起的德意志帝国是世界上新兴的智力和物质力量的复杂而惊人的混合体，同时有着欧洲国家制度中最狭隘的政治传统。德意志帝国有着极好的教育传统，它是世界上受教育程度最高的国家；它为它所有的邻居和竞争对手创造了受教育的机会。在这里对德国进行审视，可能有助于英国读者以一种平和的态度来回忆起他的国家首先不得不感谢德国亲王和与德国的竞争中所带来的公民教育激励。这意味着英国统治阶级对受过良好教育的普通人的嫉妒，在德国国民生产力日益增长的恐惧面前，这种嫉妒不是单纯的爱国自豪感或慷慨的冲动足以克服的。而且德国在组织科学研究和将科学方法应用于工业和社会发展方面，表现出前所未有的信心和精力。在武装和平的整个时期，得益于知识的自由传播，德国一直在收获，然后重新播种，再收获。它迅速成长为一个伟大的制造和贸易大国；钢铁产量超过英国；在100个新的生产和商业领域，在光学玻璃、染料和多种化学产品的制造以及无穷无尽的新工艺中，它引领着世界。

德国人新的保留和支付科研人员工资的方法似乎极不公平，对于习惯于看到发明成果进入自己工厂的英国制造商来说，他不知道成果从哪里来，也不知道为什么，他们只能受制于人。英国的制造商觉得这是一笔惊人的财富。这个世界正在重新洗牌，它驱使着知识分子慢慢成为一个肮脏的阶层，涉足于本属于商人的领域。科学就像一个不被爱的孩子，从它的第一个家走到国外。德国辉煌的化学工业建立在英国人威廉·珀金爵士时期，珀金没有找到"注重实利的"英国实业家来支持他。而且德国在许多社会立法方面也处于领先地位。德国意识到，劳工是一种国家资产，他会因失业而给社会带来损失，为了公共利益，劳工必须在工厂之外也应当得到照顾。然而英国雇主仍然抱有一种荒谬的观点，认为没有必要在工厂之外还给予劳工保障，甚至觉得劳工在工厂之外的状况越糟糕，对自己就越有利。此外，由于教育的缺乏，英国雇主是激进的个人主义者：脑海中浮现的只是无尽的商业竞争；他对竞争对手的打压，就像他对他的工人和顾客的剥削一样。相比较之下，德国的生产商们则被说服着去接受商业上的合作与以礼相待所能带来的巨大优势。

德国的教育、科学和组织是1848年自由主义下的自然发展；它的根源可以追溯到对拿破仑时代被征服的耻辱所做的恢复性的努力。在这个现代化的德国,所有的一切都是好的,所有的一切都是伟大的,它确实要感谢它的老师们。但这种科学的组织精神只是构成新德意志帝国的两个因素之一。另一个因素是霍亨索伦君主政体,它从耶拿手中幸存下来,它欺骗并击败了1848年的革命,在俾斯麦的领导下,现在已经爬上了除奥地利以外的所有德国的合法元首之位。除沙皇统治之外,没有任何一个欧洲国家像普鲁士那样保留了18世纪君主专制的传统。通过腓特烈大帝的传统,马基雅维利现在统治着德国。因此,在这个美好的现代新国家的首脑中,没有一个优秀的现代大脑来引导它在世界事务中占据主导地位,只有一只渴望权力的"老蜘蛛"。普鲁士化的德国是西欧最新潮、最古老的东西,它是那个时代最好的又是最糟糕的国家。

民族心理学还只是一门初级科学。心理学家几乎还没有开始研究个人作为公民的那一方面。但是,对于我们这门学科来说,最重要的是,通史专业的学生应该思考一下自1871年胜利以来受教育的几代德国人的心智成长。他们在战争中取得了绝对的胜利,并迅速从相对贫困走向富裕,这自然使他们膨胀起来。如果他们不屈服于爱国主义虚荣心的过分膨胀,那他们身上的人性就更高尚了。为了霍亨索伦王朝的利益,这种反应是通过对学校、学院、文学和报刊的系统开发和控制而被有意地利用、培养和发展起来的。一个教师,一个教授,他没有在适当的时候讲授和宣扬德国人在民族、道德、智力和身体上比其他民族优越,他们对战争和他们的王朝有着非凡的献身精神,他们在那个王朝的统治下必然要领导世界,他会成为一个被针对的人物,注定要失败和默默无闻。为了霍亨索伦的未来,德国的历史教学变成了对人类历史的一个巨大的系统的篡改。所有其他国家都被认为是无能和颓废的,普鲁士人是人类的领袖和再生者。年轻的德国人在课本上读到过,在教堂里听到过,在文学作品中发现过，他的教授充满激情地向他灌输过这些。他所有的教授都滔滔不绝地向他灌输这种思想，生物学或数学方面的老师们会中断正常的课程，沉浸在爱国主义的长篇大论中。只有具有非凡韧性和独创性的人才能抵制这种思想灌输的洪流。不知不觉地，德国人心中树立起一种观念，认为德国和它的皇帝是一个空前绝后的辉煌而显赫的国家，一个像上帝一样的国家，身穿闪亮的盔甲，挥舞着一柄精良的德国军刀，生活在一个人民生活水平低下、生活状况非常糟糕的世界里。我们讲述了欧洲的故事，读者可以判断这把德国剑的闪光是否特别刺眼。日耳曼民族被这种爱国主义的花言巧语灌醉了。这是霍亨索伦最严重的罪行，国王不断地、持续地干预教育，尤其是历史教学。没有任何一个现代国家对教育犯下如此严重的罪行。大英帝国的寡头统治可能使教育陷入瘫痪和匮乏，但霍亨索伦王朝却使教育堕落。

再清楚不过地说，在过去半个世纪的历史上，最重要的事实是，德国人民有条不紊地灌输了一种观念，即德国世界的主导地位是建立在强权基础上的，而战争是生活中必不可少的东西。德国历史教学的关键在于莫尔克伯爵的名言："永久和平是梦想，它甚至不是一个美丽的梦想。"战争是戈达所规定的世界秩序的一个要素。"没有战争，世界将停滞不前，将在物质化中迷失自我。"反基督教的德国哲学家尼采发现在这一点上自己与虔诚的元帅看法相同。他观察到，如果人类忘记了如何发动战争，就会对人类抱有过高的期望（甚至可能是任何东西），这仅仅是幻想和美好的情感。到目前为止，还没有一种方法比一场伟大的战争更能调动人们的积极性，那是从军营中产生的粗犷的力量，那是从仇恨中产生的深沉的非人格性的东西，那是从谋杀和冷血中产生的良知，那是从消灭敌人的努力中产生的亢奋之情，那是对损失、对自己的存在、对同胞的存在的漠视，那是当一个民族失去活力时所需要的地震般的震撼灵魂的力量。

这种从始至终传遍德意志帝国的教导，一定会在国外引起注意，一定会使世界上所有其他国家和人民惊慌失措，一定会激起反德意志联邦的情绪，随之而来的是军队的游行，目前还有海军的备战，这对法国、俄国和英国都构成了威胁。它影响了整个德国人民的思想、举止和道德。1871年后，旅居国外的德国人挺起胸膛，提高了嗓门，甚至在商业活动中也有一种践踏的性质。机械进入世界市场，德意志的航船带着爱国主义的挑战在海上航行。这样的优势被用作侵略的手段。（或许其他大多数人，如果他们有同样的经历，接受同样的训练，也会有类似的行为。）德国的统治者威廉二世通过历史上的一场意外事件，将他的人民接受的新教育和霍亨索伦传统完美地体现了出来。1888年，29岁的他登上王位；他的父亲腓特烈三世在当年3月接替他的祖父威廉一世，于6月去世。威廉二世是维多利亚女王的外孙，但他的气质丝毫没有体现出萨克森-科堡-哥达家族的德国自由主义传统。他的脑袋里满是新帝国主义的东西。他在陆军和海军中发表了他的就职演说；三天后，他向人民发表了讲话。人们对民主的蔑视之声不绝于耳：是军人和军队，而不是议会的多数派，把德意志帝国团结在了一起。"我信任军队"，因此，德国教师们的耐心工作被否定了，霍亨索伦宣布自己胜利了。这位年轻皇帝的下一个举动是与建立新德意志帝国的老总理俾斯麦争吵，并解雇了他（1890年）。他们之间没有深刻的意见分歧，但是，正如俾斯麦所说，皇帝打算做他自己的宰相。

这些都是一个积极进取的职业生涯的开端。这位威廉二世想要在世界上发出一种声音，一种比任何其他君主都要大的声音。整个欧洲很快就熟悉了这位新君主的形象，他总是穿着最闪亮的军装，勇敢地凝视着，蓄着浓密的胡须，巧妙地把一只枯槁的左臂缩得很小。他穿上银光闪闪的胸甲和长长的白色斗篷。大家都显得非常不安。很明显，他认为自己注定要成就大事，但有一段时间，他还不知道这些大事究竟是什么。德尔斐城现在没有神谕告诉他，他注定要摧毁一个伟大的帝国。

威廉二世

他的戏剧性和对俾斯麦的免职使他的许多臣民感到震惊，但他们很快就放心了，因为他们认为他在利用自己的影响力促进和平，巩固帝国。他游历了很多地方，伦敦、维也纳、君士坦丁堡、罗马——在那里他与教皇有过私人谈话——雅典，1889年他的妹妹嫁给了国王。他是第一位成为苏丹王客人的基督教君主。他还去了巴勒斯坦。耶路撒冷的古城墙上有一道特别的门，他可以骑着马进去。他走进来有失身份。他劝说苏丹（某些伊斯兰国家统治者的称号）开始在德国的战线上和德国军官的指挥下重组土耳其军队。1895年，他宣布德国是一个"世界强国"，"德国的未来取决于海洋"——尽管英国人认为他们已经在那里了——但他对建立一支强大的海军越来越感兴趣。他也把德国的艺术和文学放在他的掌控之下；他利用自己的影响，保留了与西欧其他国家使用的罗马字母不同的德国黑体字。他支持泛德运动，认为荷兰人、北欧人、佛兰德斯人、比利时人和德国瑞士人是伟大的德意志兄弟组织的成员，事实上，对于一个渴望发展的年轻帝国来说，这些人是可以同化的。欧洲所有其他君主在他面前都黯然失色。他利用整个欧洲对布尔共和国战争所引起的对英国的普遍敌对，来推进他建立一支强大海军的计划，再加上德国殖民帝国在非洲和太平洋地区的迅速扩张，使英国大为震惊和愤怒。尤其是持自由观点的英国人，发现自己不得不支持日益壮大的英国海军，这令人恼火。他说："在我把我的海军发展到与我的陆军水平相当的高度之前，我不会停止。"岛民中最爱好和平的人不能忽视这一威胁。

1890年，他从英国获得了小岛赫利戈兰，他把它建成一座伟大的海军要塞。

随着海军的壮大，威廉二世的事业也越来越大。他宣称德国人为"地球上的精华"。他们绝不能对文明的工作感到厌倦；德意志帝国就像在罗马帝国的精神引导下一样，必须进行扩张并强加于人。他在波兰土地上说出这番话，支持德国人，以此来压制波兰语言和文化，并持续努力使其在波兰所占领土被德国同化。他把上帝描述为他的"神圣的同盟"。在旧的绝对主义中，君主要么是上帝本人，要么是上帝的代理人。恺撒把上帝当作他的忠实追随者。"老天爷"，他深情地说。当德国人占领胶州时，他谈到了德国人的"铁拳"。当他支持奥地利对抗俄罗斯时，他谈到了德国"闪亮的甲胄"。

1905年俄国在满洲的灾难,释放了德意志帝国主义的精神,使其敢于进行更大胆的侵略。对法国和俄罗斯联合攻击的担忧似乎有所缓解。皇帝在圣地取得了某种帝王般的进展,在丹吉尔登陆,向摩洛哥苏丹保证不支持法国,并以战争的威胁迫使法国解雇外交部长德尔卡斯,这对法国是莫大的侮辱。他加强了奥地利和德意志帝国之间的联系,1908年,奥地利在他的支持下,公然反抗欧洲其他国家,从土耳其吞并了波斯尼亚-黑塞哥维那的南斯拉夫-斯拉夫省。如此一来,通过他对英国的海上挑战以及对法国和斯拉夫人的侵略,他迫使英国、法国和俄罗斯对他采取防御措施。对波斯尼亚的吞并进一步产生了疏远意大利的影响,意大利一直是他的盟友。

这就是德国的邪恶命运赋予他的性格,他激发、组织并使世界其他地方无法容忍一个伟大民族天生的骄傲和自信。经过几个世纪的分裂和软弱,这个民族终于从王子的丛林中逃了出来,获得了统一和世界的尊重。很自然,这个新德国的商业和工业领袖们,那些一心要到海外谋利的金融家们,会觉得这位领袖很合他们的口味。许多私下里认为他鲁莽或庸俗的德国人公开场合会表示支持他,因为他有一种成功的气场,"德皇万岁!"

然而,德国并没有在帝国主义汹涌的浪潮面前屈服。德国生活中的重要因素与这种狂妄自大的新独裁统治作斗争。旧德意志民族,尤其是巴伐利亚人,拒绝被普鲁士主义吞没。随着教育的普及和德国的快速工业化,有组织的劳工发展了自己的思想,并对统治者的军事和爱国行为产生了持续的对抗。一个新的政党——社会民主党——在这块土地上成长起来,他们信奉马克思主义。官方和宗教组织强烈反对,并在实行暴力镇压的法律的支持下限制社会民主党的宣传与联合,但这个党还是成长了起来。皇帝一次又一次地谴责它，其领导人要么被送进监狱，要么被驱逐出境，但它仍在成长。当威廉二世登上王位时，它只获得了不到50万张选票；1907年，它获得了超过300万的选票。它试图承认很多事情，年老和疾病保险，例如，作为一个谦逊的礼物，它要求工人享有这些作为他们的权利。它向社会主义的转变是有目共睹的，但这个政党没有向帝国主义转变。威廉二世在海军上的野心遭到了社会民主党的猛烈抨击，新德国资本家的殖民冒险不断地受到这个具有普通人常识的政党的攻击。但是，对于军队，社会民主党给予了温和的支持，因为，尽管他们憎恨本土的独裁者，但他们更憎恨和害怕东部边境上俄国野蛮和倒退的独裁统治。

摆在德国面前的明显的危险是，这种狂妄自大的帝国主义将迫使英国、俄国和法国联合起来攻击它，一种攻防结合的攻击。德皇在对英国的强硬态度和试图安抚英国的笨拙尝试之间摇摆不定，而他的舰队不断壮大，同时他也在为与俄国和法国的初步斗争作准备。1913年，英国政府提议停止任何一方的海军建设，但遭到拒绝。德皇的继承人比他的父亲更像霍亨索伦，更信奉帝国主义，更加泛日耳曼化。他受到帝国主义宣传的熏陶。他的玩具是士兵和枪。比起他父亲的爱国主义和侵略性的态度来说，他更早地赢得了声望。人们认为，他的父亲年事已高，过于谨慎。皇太子给他续了职。德国从来没有像现在这样强大，从来没有像现在这样准备好迎接新的伟大冒险和又一次的胜利。他受到的指示是，俄国人腐朽了，法国人堕落了，英国人处于内战的边缘。这位年轻的王储只是1914年春天德国上流社会众多青年中的一个例子。他们都喝了同一杯酒。他们的老师和教授，他们的演讲者和领导者，他们的母亲和心上人，一直在为即将到来的伟大时刻作准备。他们充满了即将发生冲突的战栗感，在国外战胜敌人，在国内战胜顽抗的工人。整个国家就像一个运动员在训练结束时一样紧张和兴奋。

36.3 英格兰和爱尔兰的帝国主义思潮

在武装和平时期，德国正在为欧洲其他国家制定步伐和定下基调。德国的帝国主义侵略的新学说对英国人的思想影响特别大，因为英国人没有能力抵抗来自国外的强大思想冲击。亲王的教育冲动在他死后也就随之消失了。牛津大学和剑桥大学由于害怕和偏见而阻碍了他们对上层阶级教育的有效修订。所谓的"科学和宗教的冲突"已经在教士中激起，教士们通过宗教活动进行控制。宗教纷争、政府当局的极度节俭、雇主对童工的渴望，以及个人主义对"教育他人的孩子"的反对，使大众教育陷入瘫痪。在拿破仑战争的压力下，英国人的古老传统，即明言、合法、公平竞争和一定程度的共和自由的传统，已经大大消失了。伟大的小说家沃尔特·司各脱爵士是浪漫主义的主要推动者，他的浪漫主义思想感染了全国的想象力，激发了人们对美好生活的向往。布里格斯是五六十年代《潘趣》的英国喜剧演员，穿着高地服装，围捕野鹿。同时，他也是新运动精神的典型代表。不久，布里格斯先生就明白了一个迄今为止他还没有注意到的事实：太阳从来没有落在他的领土上。克莱武和沃伦·黑斯廷斯曾因对印度人不公正的对待而受到审判，但现在，这个国家被说服，认为他们是完全有骑士风度和奉献精神的人物，他们是帝国的建设者。在迪斯累利的东方想象的影响下，维多利亚女王，这位英国人，毫不犹豫地转向了对现代帝国主义的模糊颂扬。

扭曲的民族学和扭曲的历史使斯拉夫人、克尔人和日耳曼人的混血儿相信，他们是一个与众不同的优秀民族。英国作家开始模仿这种扭曲的民族学,并开始推崇一种新的民族学发明——"盎格鲁-撒克逊人"。这一令人惊叹的化合物被认为是人类的巅峰之作,是希腊罗马人、埃及人、亚述人、犹太人、蒙古人以及诸如此类的低等先民为其白色光辉所付出的努力的成果和回报。毫无意义的德国优越的传说极大地加剧了波森的波兰人和洛林的法国人的愤怒。更荒谬的传说是,优越的盎格鲁-撒克逊人不仅增加了英国人对爱尔兰统治的愤怒,而且降低了英国人与全世界"臣民"打交道的格调。在他们看来,停止对培养优越思想的尊重就是停止文明和正义。

对德国爱国主义错误观念的模仿并没有以"盎格鲁-撒克逊人"的编造而告终。上世纪八九十年代,英国大学里那些聪明的年轻人,对国内政治的单调和不真诚感到厌烦,被一种傲慢、微妙和强有力的帝国主义的新学说,即强加于年轻的德国人的思想和活动上的马基雅维利和阿提拉的结合所打动。他们认为英国也必须穿上闪亮的盔甲,挥舞好剑。新帝国主义找到了它的诗人——吉卜林,在许多金融和商业利益中找到了它的实际支持,这些利益的垄断和剥削之路被它的光辉照亮了。这些普鲁士化的英国人把对德国的模仿发挥到了极致。中欧是一个连续的经济体系,最好是作为一个整体运行;新德国建立了一个伟大的关税同盟,一个由所有成员国组成的联盟。它自然成为一个紧凑的系统,就像一个握紧的拳头。大英帝国像一只张开的手一样向全世界扩张,它的成员在性质、需求和关系上各不相同,除共同的安全保障之外,没有任何共同利益。但是新帝国主义者对这种差别视而不见。如果新德国有一个关税联盟,那么大英帝国一定会跟风;它的各种元素的自然发展,在任何地方都必须受到"帝国偏好"等因素的阻碍……

然而,英国的帝国主义运动既没有德国那样的权威,也没有德国那样的一致。它不是英国三个统一而多元的民族的自然产物。这对他们不合适。维多利亚女王和她的继任者爱德华七世和乔治五世,无论从气质上还是从传统上来说,都不愿意按照霍亨索伦的时尚风格,穿戴一件闪亮的铠甲,挥舞一把邮寄来的拳头,挥舞一把好剑。他们明智地避免公开干涉公众意见。这一帝国主义运动首先引起了大量英国、威尔士、爱尔兰和苏格兰作家的敌意,他们拒绝承认这个新的英国国籍,也不接受他们是盎格鲁-撒克逊超级英雄的理论。英国的许多重大利益,尤其是航运利益,都是建立在自由贸易的基础上的,他们对新帝国主义者的财政建议,以及与他们有联系的新金融和商业冒险家的财政建议,都抱有合理的怀疑。另外,这些想法像野火一样在军事阶层、印度官场和类似的地方蔓延开来。到目前为止,这位英国国王一直有几分歉意。他不是那片土地的原住民。但在这场运动中,到处暗示着不列颠军人与普鲁士战士一样重要。帝国主义的思想也在廉价的大众媒体中得到支持,这些媒体现在正在形成,以迎合基础教育创造的新读者阶层。这些出版社需要朴素、明亮、简单的思想,以适应那些刚刚开始思考的读者的需要。

尽管有这样的支持和对民族虚荣心的强烈诉求,但新帝国主义始终没有渗透到英国人民的心中。英国人在精神上不是个温顺的民族,老保守党、军人阶级、乡村牧师、音乐厅、被同化的外国人、粗俗的富人和新的大雇主们那种吵吵闹闹、强求帝国主义和提高关税的热情,使平民阶级,特别是有组织的工人们,产生了怀疑的态度。如果马朱巴战败所带来的持续不断的痛苦使这个国家得以仓促地对南非的布尔共和国进行不必要的、艰苦的和代价高昂的征服,那么这场冒险的紧张局势对正义产生了足够的反应,使自由党重新掌权,并通过建立一个南非联邦来消除这一祸害的最坏后果。在普及教育和从少数人手中恢复公共利益和一般财富方面继续取得了可估量的进展。在武装和平的这些年里，三个英国人民非常接近于以相当公正和合理的方式解决他们对爱尔兰长期存在的误解。对他们来说，不幸的是，在这场危机的紧要关头碰上了第一次世界大战。

与日本一样，爱尔兰在这段历史中所占的比例也很小，原因也是一样的，因为它是一个极端的岛国，在这场大戏中得到了很多，但迄今为止，它对这出大戏的贡献微乎其微。它的人口是一个非常混合的群体，它的基础，也可能是它主要的物质，是黑暗的地中海血统，前北欧和前雅利安人，就像巴斯克人，葡萄牙和意大利南部人。大约在公元前6世纪的时候，这个原始的基础就在那里流动着。我们不知道一波凯尔特人的浪潮淹没到什么程度，至少有足够的力量建立起凯尔特人的语言——爱尔兰盖尔语。在爱尔兰、苏格兰、威尔士和英格兰之间，有来来去去，有入侵，也有反入侵，有凯尔特人，或凯尔特化的人。这个岛在5世纪被基督教化了。后来东海岸被北方人袭击并定居下来，但我们不知道他们在多大程度上改变了种族的性质。诺曼英语出现于1169年，在亨利二世时期及以后。在现代爱尔兰，日耳曼人的特点可能与凯尔特人的一样强，也可能比凯尔特人的更强。迄今为止，爱尔兰一直是一个部落和野蛮的国家，只有几个安全的中心，在那里，更古老的种族的艺术倾向在金属制品和圣典的阐释中找到范围。到了12世纪，英国国王的征服并不完美，诺曼人和英国人在全国各地分散定居。从一开始，爱尔兰人和英国人在性格上的巨大差异就很明显，语言上的差异更是加剧了这种差异，而这些差异在新教改革之后变得更加明显。英国人成为新教徒，爱尔兰人自然地团结起来反对迫害天主教会。

英国对爱尔兰的统治从一开始就是一场断断续续的内战，这是由于语言和两国人民的土地所有权和继承权的法律不同造成的。在伊丽莎白一世和詹姆斯一世统治时期，这个不幸的岛屿上发生的叛乱、屠杀和征服，我们在这里就不提了；但在詹姆斯的统治下，随着阿尔斯特的大片土地被没收，以及他们与苏格兰长老会殖民者的定居，一场新的不和开始了。他们组成了一个新教徒社区，与爱尔兰其余的天主教徒发生了必然的永久性冲突。

在查理一世和共和国统治时期的政治冲突，以及詹姆斯二世、威廉和玛丽时期的政治冲突背景下，英格兰事务的双方都在爱尔兰政党中找到了同情者和盟友。爱尔兰有句谚语说，英格兰的不幸是爱尔兰的机遇，导致斯特拉福德被处决的英国内乱也是英国人在爱尔兰被屠杀的原因（1641年）。后来克伦威尔为了报复那次屠杀，对任何被发现携带武器的人都毫不留情，爱尔兰天主教徒对这种严厉的态度记忆犹新，心中充满了极度的痛苦。1689年至1691年间，爱尔兰再次被内战撕裂。詹姆斯二世寻求爱尔兰天主教徒对威廉三世的支持，他的信徒在博因战役（1690年）和奥夫林战役中遭受重创（1691年）。

双方曾达成过一项和解，《利默里克条约》，这是一个有争议的解决方案，英国政府承诺宽容天主教徒等，但未能兑现承诺。利默里克仍然是爱尔兰痛苦的历史长河中的一个重要记忆。相对而言，英国人很少有人听说过利默里克条约的，但在爱尔兰，它至今仍让人耿耿于怀。

18世纪是积怨不断的世纪。英国人对商业的嫉妒使爱尔兰的贸易受到严重的限制，南部和西部的羊毛工业的发展被摧毁了。阿尔斯特新教徒在这些问题上受到的待遇并不比天主教徒好多少，他们是叛军的首领。18世纪北方的农民起义比南方多。

让我们尽可能清楚地指出，目前可以将英国和爱尔兰的情况进行对比。爱尔兰有国会，但它是新教国会，比当代英国国会更有限，更腐败；都柏林城内和周围有相当多的文明，有许多文学和科学活动，都是用英语进行的，以三一学院的新教大学为中心。这是斯威夫特、戈德史密斯、伯克、伯克利和博伊尔的爱尔兰。它本质上是英国文化的一部分，它没有任何爱尔兰特色。当时，天主教和爱尔兰语被排斥在外，在黑暗中受到迫害。

正是从这个黑暗的爱尔兰，20世纪的顽固不化的爱尔兰诞生了。爱尔兰议会，它的优秀文学，它的科学，它的文化，自然而然地被吸引到伦敦，因为它们是这个世界不可分割的一部分。较富裕的地主去英国生活，并让他们的孩子在那里接受教育。这意味着财富以租金、支出或投资的形式从爱尔兰源源不断地流向英国。随着通信设施的不断增加，这一趋势逐渐增强，都柏林的人口逐渐减少，爱尔兰的白人人口逐渐减少。《联合法案》（1801年1月1日）是盎格鲁-爱尔兰议会和英国议会两个完全相似的制度的自然结合，两者都是寡头政治，都以同样的方式在政治上腐败。在爱尔兰定居的新教徒中，对爱尔兰联邦的强烈反对并不多见外部爱尔兰人，在1803年罗伯特·埃米特领导下他们进行了一场徒劳的起义。都柏林，在18世纪中叶曾是一个优秀的盎格鲁-爱尔兰城市，逐渐被它的知识和政治生活遗弃，并被爱尔兰的外部爱尔兰人入侵。都柏林城的生活围绕着都柏林城堡里的总督这个中心变得越来越官气十足，它的知识生活有一个时期几乎是空白。

然而，尽管斯威夫特和戈德史密斯笔下的爱尔兰与教皇、约翰逊博士和约书亚·雷诺兹爵士笔下的英格兰是密不可分的，但除了在爱尔兰和英国的"统治阶级"之间的地理位置上的差异，爱尔兰的黑社会和英国的黑社会从来没有、现在也没有任何真正可定义的区别。英国人在教育和政治上的民主斗争与爱尔兰黑社会的斗争在许多方面是不同的。英国产生了大量的工业人口，无论是新教徒还是持怀疑态度的；它确实有农业工人，但没有农民。在爱尔兰，没有煤的土地，贫瘠的土地和住在英国的地主，已经变成了一个付房租的农民的土地。他们的耕作逐渐退化为种植土豆和喂猪。人们结婚生子；除能喝到威士忌的时候喝上几杯，再打上几架之外，家庭生活是他们唯一的乐趣。以下是可怕的后果：爱尔兰人口在1785年是2845932人，在1803年是5536594人，在1845年是8295061人。

到了那个时候，那只疲倦的马铃薯被爱尔兰不断增长的人口负担压垮了，可怕的饥荒发生了。许多人死亡，许多人移民，尤其是移民到美国；移民的外流使爱尔兰一度成为老人和空巢之国。

由于议会联盟，英格兰和爱尔兰人民的选举权同时进行。英格兰的天主教选举权意味着爱尔兰的天主教选举权。英国人得到选票是因为他们想要，爱尔兰平民获得选票是因为英国人获得了选票。爱尔兰在联邦议会中的席位过多，因为最初爱尔兰的统治阶级比英国人更容易操纵议会席位。因此，这个爱尔兰人和信奉天主教的爱尔兰，以前从未有过任何政治工具，也从未寻求过任何政治工具，突然发现自己有能力把一个坚实的成员团体推进大不列颠的立法机构。1874年大选后，旧时那种腐败的爱尔兰成员被扫地出局，新获得选举权的英国"民主主义者"发现自己面对的是一个奇怪而令人困惑的爱尔兰"民主主义者"，他们的宗教、传统和需求各不相同，讲述着一个普通英国人从未听说过的错误故事，他们无法理解的强烈分离，给他们的印象主要是不必要的不友好。

爱尔兰人有强烈的民族利己主义，他们所处的环境使气氛变得紧张，他们无法考虑英国的情况，直到爱尔兰获得自由，新成立的爱尔兰党进入英国议会，阻挠和扰乱英国商业，并使自己成为英国人的累赘。这种精神对于仍然统治着大英帝国的寡头政治来说，实在是太受欢迎了；他们与爱尔兰北部的"忠诚新教徒"结盟——忠诚于帝国政府，因为他们害怕天主教在爱尔兰占主导地位——他们目睹并协助英国普通民众逐渐被爱尔兰普通民众的这种不分青红皂白的敌意激怒。

过去半个世纪里，爱尔兰与英国的关系反映了大英帝国统治阶级的最大耻辱，但英国下议院不必为此感到羞耻，他们一再表示善意。近半个世纪以来，英国针对爱尔兰的立法表明，面对来自保守党和北爱尔兰人的强烈反对，自由主义的英格兰方面做出了一系列笨拙的尝试，以满足爱尔兰人的抱怨，并与爱尔兰建立友好关系。帕内尔是一位爱尔兰新教徒，他的名字与自治运动的主要领导人的名字一样引人注目。1886年，自由主义的英国首相格拉德斯通推出了第一个爱尔兰自治法案，给自己带来了政治灾难，这是历史上第一次真正试图将爱尔兰事务移交给爱尔兰人民。该法案使自由党分裂，联合主义政府取代了格莱斯顿的政府。这种对爱尔兰历史的题外话现在提到了欧洲帝国主义的传染时期。将格莱斯顿赶下台的联合主义政府主要由保守党组成，在精神上具有"帝国主义"色彩，这是英国历届政府所没有的。随后几年的英国政治历史在很大程度上是新帝国主义冲突的历史，傲慢的"英国人"民族主义试图凌驾于帝国的其他部分之上，对抗英国人喜怒无常的自由主义和理性，后者倾向于把帝国发展成一个自由和自愿的同盟。自然，新帝国主义者想要一个被征服的爱尔兰人。1892年，英国的自由主义者自然想要一个自由的、参与其中的爱尔兰人，格拉德斯通以微弱的地方自治优势重新掌权；1893年，他的第二个地方自治法案在下议院通过，但被上议院否决。然而，直到1895年，一个帝国主义政府才上台。支持它的政党并没有被称为帝国主义者，而是一个"联合主义者"——当我们考虑到它是如何坚定而努力地摧毁任何帝国公益的可能性时会发现这是一个奇怪的名字。这些帝国主义者在位十年。我们已经注意到他们征服了南非。1905年，他们试图在日耳曼模式上建立关税壁垒，但以失败告终。随后的自由政府通过建立南非自治领，把被征服的南非荷兰人变成了心满意足的臣民。在那之后，它开始了一场与顽固的帝国主义上院的长期且迫在眉睫的斗争。

这是英国事务中一场非常重大的斗争。一方面，大不列颠的大多数自由主义者诚实而明智地急于把这一爱尔兰事件建立在一个新的、更有希望的基础上，如果可能的话，把爱尔兰人的仇恨变成友谊；另一方面，新不列颠帝国主义的所有因素都不惜一切代价，不顾一切选举结果，合法地（如果可能的话），但如果不合法地（如果不合法的话），以维持其对英国人、苏格兰人、爱尔兰人以及帝国其他所有人的统治地位。这是英国社会长期以来内部斗争的新名称。我们在谈到美国的解放问题时，已经谈到了自由和自由精神的共同利益与强大的中东和大冒险家以及权威人士之间的冲突。和美国一样，爱尔兰只是一个战场。在印度，在爱尔兰，在英国，统治阶级和他们的冒险家是思想一致的；但是爱尔兰人，由于他们的宗教信仰不同，对英国人几乎没有团结感。然而，像爱尔兰下议院领袖雷德蒙德这样的爱尔兰政治家，曾一度超越了这种民族狭隘，对英国人的善意做出了慷慨的回应。上议院的屏障慢慢地但稳步地被打破，1912年，爱尔兰总理阿斯奎斯提出了第三项爱尔兰自治法案。在1913年和1914年早期，该法案一直在议会中得到通过。起初，它给了整个爱尔兰自治权；但是一项在某些条件下将阿尔斯特自治排除在外的修正法案，在议会中得到了承诺。这样的斗争一直持续到第一次世界大战爆发。在战争真正爆发后，王室同意了这项法案，同时也同意暂停爱尔兰自治的生效直到战争结束。最后这些法案被写进了法典。

但是，自从第三个地方自治法案出台以来，对它的反对就呈现出一种暴力和过度的形式。爱德华·卡森爵士是都柏林的一名律师，他是英国律师协会的成员，曾在格莱斯顿先生的内阁（在地方自治分裂之前）和后来的帝国主义政府中担任法律职务。他是这场反对两国人民和解运动的组织者和领导者。尽管出身都柏林，他却立志成为阿尔斯特新教徒的领袖；他还把蔑视法律（这是一个成功的大律师所共有的特点）和顽固的、无条件的、毫不妥协的敌意（这是区分某种类型的爱尔兰人的特点）结合起来。他是最不像英国人的男人，黑暗、浪漫、暴力；从斗争一开始，他就兴致勃勃地谈到了武装抵抗，反对第三次地方自治法案所设想的英国人和爱尔兰人更自由地团聚。

1911年，大批志愿者被组织起来，武器被走私到这个国家，爱德华·卡森爵士和一位名叫F. E. 史密斯的后起律师来到阿尔斯特，视察这些志愿者，并点燃了当地人的热情。这些潜在的反叛者的武器是从德国获得的，爱德华·卡森爵士的同僚们的各种说法都暗示着来自一位"伟大的新教君主"的支持。与阿尔斯特形成鲜明对比的是，爱尔兰的其他地区在当时是一片秩序井然，依靠伟大的领袖雷德蒙德和三个英国人的真诚。

这些来自爱尔兰的内战威胁在这个不幸的岛国的历史上并没有什么特别之处；在这个时候，他们之所以在世界历史上具有重要意义，是因为他们在英国军队和统治阶级中得到了强烈的支持，以及使爱德华·卡森爵士和他的朋友们免于惩罚和约束。我们已经解释过，来自德意志帝国主义的成功和辉煌的反动病毒，已经广泛地传播到大不列颠的各个阶层。一代人在成长过程中忘记了他们祖先的强大传统，准备用英国公平和自由的伟大来换取最庸俗的帝国主义。主要是在英国，筹集了100万英镑的资金，用于支持阿尔斯特叛乱，成立了阿尔斯特临时政府，英国的杰出人士也参与了战斗，驾驶着汽车在阿尔斯特四处奔忙，协助枪战。有证据表明，许多英国军官和将军准备在南美前线进行一场战斗，而不是服从法律。所有这些上层阶级混乱的自然结果是引起了爱尔兰大部分人的警惕，他们从来都不是英国的好朋友。爱尔兰也开始组织"国家志愿者"并走私武器。

军事当局在镇压民族主义者方面表现得比镇压进口阿尔斯特枪更热心，1914年7月，在都柏林附近的豪斯镇企图经营枪支的行动，导致都柏林街头发生战斗和流血事件。不列颠群岛处于内战的边缘。

这样的大纲是帝国主义革命运动在英国直到第一次世界大战前夕的故事。爱德华·卡森爵士和他的同僚们的这场革命运动显然是企图把议会政府和英国人民缓慢增长的、不完善的自由放在一边，并在军队的协助下，以爱尔兰冲突为出发点，取代一种更加普鲁士化的统治。这是几十万人的反动努力，目的是要阻止世界走向民主法制和社会正义的运动，这一运动严格地与德国容克地主和富人的新帝国主义平行，并与之密切相关。但在一个非常重要的方面，英德帝国主义是不同的。在德国，它以王冠为中心；它最吵闹、最引人注目的拥护者是其继承人。在英国，国王置身事外。乔治五世国王的任何一项公共行为都没有流露出对新运动的丝毫赞同，他的儿子和继承人威尔士亲王的行为也同样如此。

1914年8月，世界大战的风暴爆发了。同年9月，爱德华·卡森爵士曾谴责的地方自治法案被写入《法令汇编》。同日，爱尔兰多数派领袖、爱尔兰的正式代表约翰·雷德蒙德先生呼吁爱尔兰人民平等地参与这场战争。有一段时间，爱尔兰忠实地与英国并肩作战，直到1915年，自由党政府被一个联盟所取代。在这个联盟中，由于首相阿斯奎斯先生在道德上的软弱,爱德华·卡森爵士被任命为司法部长(他有7000英镑的薪水和费用)。

对一个友好的民族,从来没有比这更严重的侮辱。1886年,格莱斯顿开始了"和解"的工作。1914年,这项工作几近完成,但最终彻底失败。

1916年春天,都柏林举行了反对新政府的起义,但没有成功。这次暴动的主要头目,其中许多是男孩,被人故意冠以拙劣的罪名而予以枪决。严厉枪决。考虑到阿尔斯特叛军领导人所受的待遇,整个爱尔兰都认为这是残暴而不公正的。一个叛徒,罗杰·凯斯门特爵士,由于先前为帝国服务而被封为爵士,毫无疑问,被审判并处决了,但他的检察官是阿尔斯特起义的F. E. 史密斯爵士,这是一个令人震惊的巧合。都柏林起义在爱尔兰总体上没有得到多少支持,但此后争取独立共和国的运动迅速发展到相当大的规模。与这种强烈的情感冲动相抗争的是霍勒斯·普朗克特爵士等爱尔兰政治家较为温和的观点,他希望看到爱尔兰成为一个自治领①,成为一个"加冕的共和国",即在帝国内部与加拿大和澳大利亚处于平等地位。

1919年12月,劳埃德·乔治先生向帝国议会提交了他的《地方自治法案》,当时除了爱德华·卡森爵士和他的追随者,没有其他爱尔兰议员接受该法案。爱尔兰的其他地方都走了。它拒绝重新开始那新一轮沉闷的希望和失望。爱尔兰人说,让英国人和他们心爱的北爱尔兰人为所欲为吧。

---

① 自治领(Dominion): 是大英帝国殖民地制度下一个特殊的国家体制,是殖民地迈向独立的最后一步。

36.4 法国、意大利和巴尔干半岛的帝国主义

对德国和英国现代帝国主义的研究产生了两国共有的某些力量，我们将会发现这些力量在不同程度上发挥作用，并对我们现在要看的其他伟大的现代社会进行了各种修改。这个现代帝国主义，不像旧帝国主义那样，是一个统一世界的综合运动；它本质上是一种狂妄的民族主义，一种因繁荣而变得咄咄逼人的民族主义；它总是能在军队和官场中，在有进取心和贪得无厌的社会阶层中，也就是在新的金钱和大企业中，找到它最有力的支持；它的主要批评者是受过教育的穷人，主要反对者是农民和劳动群众。它接受它所发现的君主制，但它不一定是君主主义运动。但是，它的充分发展的确需要一个传统类型的外交机构。它的起源，我们已经在我们的历史书中非常仔细地追溯过了，这一点很清楚。近代帝国主义是大权力体系的自然发展，它是在基督教世界解体后，由马基雅维利式的君主政体，以外交手段产生的。只有当各国人民通过大使馆和外国办事处进行的交往被一个由直接与其人民接触的民选代表组成的大会所取代时，这一进程才会结束。

在欧洲武装和平时期的法国帝国主义，自然没有德国帝国主义那么自信。它称自己为"民族主义"而不是帝国主义，并通过呼吁爱国自豪感来阻止那些试图接触德国生活中自由主义元素的社会主义者和理性主义者的努力。它一心想着复仇，想着与普鲁士复战。但尽管如此，它还是开始了在远东和非洲进行兼并和剥削的冒险，在法绍达冲突（1898年）中侥幸逃脱了与英国的战争，并且从未放弃在叙利亚进行收购的梦想。意大利也染上了帝国主义的狂热；阿多瓦的流血让它冷静了一段时间，然后它在1911年恢复了对土耳其的战争和对的黎波里的吞并。意大利帝国主义者告诫本国同胞忘

掉马志尼，记住尤利乌斯·恺撒，难道他们不是罗马帝国的继承人吗？帝国主义触及巴尔干半岛；摆脱奴隶制还不到一百年的小国开始背叛崇高的意图；保加利亚国王费迪南被封为"沙皇"，这是最新的"假恺撒"。在雅典的商店橱窗里，一位好奇的学生可以研究地图，地图上显示了希腊在欧洲和亚洲建立一个庞大帝国的梦想。

1913年，塞尔维亚、保加利亚和希腊这三个国家攻陷了土耳其，当时土耳其已经被与意大利的战争削弱了实力，并把土耳其从除阿德里安堡和君士坦丁堡之间的领土之外的所有欧洲领地上赶了出去；那年晚些时候，他们为分配战利品发生了争吵。罗马尼亚也参加了比赛，帮助击败了保加利亚。土耳其收复了阿德里安堡。奥地利、俄罗斯和意大利的大帝国主义目睹了这场冲突，也目睹了彼此之间的冲突。

36.5 1914年君主专制依旧的俄国

当它西边的世界在迅速变化时，整个19世纪的俄罗斯却变化得非常缓慢。19世纪末和17世纪初一样，它仍然是一个建立在野蛮基础上的17世纪晚期的君主政体，它仍然处在一个宫廷阴谋和帝国宠臣可以控制它的国际关系的阶段。凭借一条横贯西伯利亚的大铁路，在远东与日本进行战争；它使用的是现代方法和现代武器，只是它的工业水平还不够发达，而且它那为数不多的受过足够教育的人是允许的。像陀思妥耶夫斯基这样的作家，基于神圣俄罗斯的理念和它的使命，设计了一种神秘的帝国主义，带有种族幻想和反犹太主义的色彩；但是，正如后来发生的事情所表明的那样，这并没有深入俄国人民的想象中去。一种模糊的、非常简单的基督教充斥着目不识丁的农民生活，其中还夹杂着许多迷信。这就像法国或德国宗教改革前的农民生活。俄国的农民应该崇拜和尊敬他的沙皇，热爱为绅士服务；1913年，英国的反动作家们还在赞扬他简单而坚定的忠诚。但是，就像农民起义时期西欧农民的情况一样，这种对君主政体的崇敬与君主和贵族必须善良和有益的思想混杂在一起，这种简单的忠诚，在足够的挑衅下，可以变成对社会不公的无情的不容忍，就像烧毁城堡和在明斯特建立神权政治一样。老百姓一旦被激怒，因为俄国的普遍认知中没有相互理解的桥梁来缓解这种愤怒，所以上层社会就像不同种类的动物一样，不受下层社会的同情。这些俄国人离德国所表现的民族国家的帝国主义还有3个世纪的距离。

另外，俄国不同于现代西欧，而与中世纪相平行，那就是它的大学是许多非常贫困的学生的聚集地，这些学生远离社会，与世隔绝，却同情官僚专制。1917年以前，欧洲的思想没有认识到这两个革命因素的重要性，即不满的火种和自由思想的匹配。很少有人意识到，俄国比其他任何国家都更有可能发生根本性的革命。

36.6 美利坚合众国与帝国的理念

当我们从这些继承了外国办事处和国家政策的欧洲强国转向美利坚合众国时，我们发现这些事务在实践中存在着一种非常有趣的对比，这种对比产生了欧洲扩张的帝国主义。对美国和欧洲来说，机械革命把世界带到了几天的行程之内。美国和其他强国一样，拥有世界范围内的金融和商业利益；一个伟大的工业主义已经形成，需要海外市场；动摇欧洲道德团结的信仰危机同样发生在美国世界。它的人民和其他民族一样爱国，一样英勇。那么，美国为什么不发展军备和侵略政策呢？为什么没有星条旗飘扬在墨西哥上空，为什么没有一个新的印度体系在这面旗帜下在中国成长起来？是美国人打开了日本的大门。在这样做之后，贝卢斯科尼已经让那个强国将自己欧洲化，并且在没有抗议的情况下变得强大起来。单凭这一点就足以让现代外交政策之父马基雅维利长眠。如果一个欧洲化的强国取代了美国，英国将不得不从头到尾加强加拿大边境的防御——而美国现在还没有完全武装起来——这样一来还要在圣劳伦斯维持一个巨大的军火库。中美洲和南美洲所有分裂的国家早已被征服，并置于美国"统治阶级"官员的纪律控制之下。澳大利亚和新西兰美国化的运动将会持续下去，并且会有另一个人要求在热带非洲分得一杯羹。

令人意外的是美国这块土地上诞生了总统罗斯福（1901—1908），他的精力充沛，像德国皇帝一样躁动不安，渴望取得巨大成就。他口齿伶俐，是个敢于冒险的人，对世界政治有兴趣，对军备扩充有着本能。我们可以想象，正是这个人让他的国家卷入了对海外财产的争夺之中。

对于美国的这种普遍的克制和节制，除了他们根本不同的制度和传统，似乎没有任何其他解释。首先，美国政府没有外交部，也没有欧洲那种外交使团，也没有"专家"机构来维持侵略政策的传统。总统有很大的权力，但是他们受参议院的控制，而参议院又对州立法机构和人民负责。因此，该国的外交关系处于公开和公共控制之下。在这样的优越的体制下，秘密条约是不可能的，外国势力抱怨与美国达成"谅解"的困难和不确定性。因此，美国在宪法上是无能为力的，因为这种外交政策使欧洲长期处于战争的边缘。其次，到目前为止，在美国还没有任何组织和传统的所谓不可同化的财产。没有大英皇冠就没有皇冠殖民地。美国在美洲大陆上发展了一种非常独特的处理新领土的方法，令人钦佩地适用于无人居住的土地，但如果过于自由地使用于已经有外来人口居住的地区，就很不方便了。这种方法是基于这样一种想法，即在美国的体制中不可能有一个永久的从属民族。一般同化过程的第一阶段是在联邦政府下建立一个"领土"，具有相当程度的自治权，向国会派出一名代表（他不能投票），按照自然进程，随着国家安定下来，人口增加，最终注定要开花结果，成为一个完整的国家。这是美利坚合众国所有后几个州的发展进程；1910年，亚利桑那州和新墨西哥州成为美国最新的州。从俄罗斯购买的阿拉斯加冰冻的荒野，在政治上仍然不发达，仅仅是因为它人口不足，无法建立国家组织。德国和英国在太平洋的吞并威胁到美国海军在该海域的补给站，萨摩亚群岛（1889年）和桑威奇群岛（夏威夷）的一部分（1898年）被吞并了。在这里，美国第一次有了真正需要处理的人口问题。

但由于没有任何阶层可以与左右英国舆论的英印官员相提并论，美国的进程则是遵循了地方的方法。人们努力使夏威夷的教育水平达到美国的水平，并组织了一个关于领土格局的国内立法机关，使这些肤色黝黑的岛民看来最终注定要获得完全的美国公民身份。（小萨摩亚群岛由美国海军管理人员管理。）

1895年，美国和英国就委内瑞拉问题发生争执，克利夫兰总统坚决支持门罗主义。然后，奥尔尼先生发表了这一引人注目的声明："今天，美国实际上是这个大陆上的主权国家，它的法令是关于限制国家干涉的事项的法律。"这一点，再加上已经召开的各种泛美国会，都指向了一个真正开放的联盟和互助的"外交政策"。仲裁条约在整个大陆都是有用的，未来似乎预示着一个由说英语和西班牙语的民族组成的国际组织，一个美洲统治下的和平，而前者，说英语的民族扮演着"老大哥"的角色。我们甚至不能称它为帝国，它超越了大英帝国的伟大联盟，它的组成部分公开且平等。

古巴多年来一直处于对西班牙的长期叛乱状态，而按照美国共同福利的这一想法，美国在1898年干预了古巴的事务。一场短暂的战争以夺取古巴、波多黎各和菲律宾群岛而告终。古巴现在是一个独立自治的共和国。然而，波多黎各和菲律宾有一种特殊的政府，由普选产生的众议院和由美国参议院任命的议员组成上议院。波多黎各和菲律宾都不可能成为美国的一部分，它们更有可能成为与英语国家和拉丁美洲结成某种全面联盟的自由国家。

古巴和波多黎各都欢迎美国干预它们的事务，但在菲律宾群岛，西班牙战争后要求立即获得完全自由，并对美国军事当局进行了相当大的抵抗。在这一点上，美国是最接近帝国主义的大国，但它的历史记录是最值得怀疑的。美国人对叛乱分子非常同情。以下是前总统罗斯福在他的自传（1913年）中所写的观点：

"关于菲律宾，我的信念是，我们应该尽可能快地训练他们成为自治政府，然后让他们自由地决定自己的命运。我不赞成为他们设定独立的时限，因为我不认为预测他们多久才能适应自治是明智的；一旦做出了承诺，我就会觉得必须遵守诺言。在我就任总统的几个月里，我们镇压了菲律宾的最后一次武装抵抗，这不仅仅是偶然的；一旦和平得到保障，我们就把我们的精力转向为土著人的利益发展这些岛屿。我们在各地建立了学校；我们修建了道路；我们主持了公正的审判；千方百计发展农业和工业；在不断增加的措施下，我们雇用当地人自己治理国家，并最终提供了一个立法机构。为了菲律宾人自己的利益，我们正在管理这些岛屿，而且一直在管理这些岛屿。如果在适当的时候菲律宾人自己决定他们不希望这样被统治，那么我相信我们将离开；但是，当我们离开时，必须清楚地认识到，我们没有保留任何保护国，最重要的是，我们没有参与任何对这些岛屿的联合保护，也没有向它们提供中立或其他方面的保证；简而言之，我们完全放弃了对他们的责任，不管他们属于哪一种。"

这与英国或法国外交部或殖民地政府官员的观点完全不同。但它与创建加拿大、南非和澳大利亚自治领，并为爱尔兰提出三项地方自治法案的精神并无太大不同。这是《独立宣言》所遵循的更古老、更有特色的英国传统。它不经讨论就将从属民族这种可憎的想法搁置一边。

在此，我们将不讨论随着巴拿马运河的建造而出现的复杂的政治问题，因为它们并没有对美国在世界政治中的方法这一有趣的问题带来新的启发。巴拿马的历史纯粹是美国的历史。但是，很明显，正如欧洲联盟的内部政治结构在世界上是一个新事物一样，它与边界以外的世界的关系也是一个新事物。

36.7 第一次世界大战的直接起因

在导致1914年世界悲剧的那些年里，我们一直在煞费苦心地研究欧洲和美国在国际关系方面的心态，因为越来越多的人开始认识到，大战或某些这样的战争是那个时代心态的必然结果。人类和国家所做的一切都是本能动机的结果，这些本能动机是对书籍、报纸和教师等灌输给人们的思想做出反应的结果。物质的需要、瘟疫、气候的变化，以及诸如此类的外在因素，都可能使人类历史的发展发生偏转和扭曲，但思想是人类历史的根源。

从根本上说，人类的历史就是思想的历史。今天的人和克罗马农人之间，身体和精神上的差别非常小，他们之间本质的区别在于经过五六百代人的干预所获得的精神背景的范围和内容不同。

我们离第一次世界大战的历史事件太近了，因此不能假装这一大纲能记录历史的结论,但我们不妨大胆猜测,当这场冲突的激情消退时,德国将会是引发这场冲突的罪魁祸首,而德国之所以受到指责,并不是因为它在道德和智力上与邻国有很大的不同,而是因为它患有帝国主义最全面、最有力的通病。任何一个有自尊心的历史学家,不管他的目的多么肤浅,多么通俗,都不能支持战争压力所产生的传说,即德国人是比任何其他民族的人更残酷、更可恶的一种人。1914年前的欧洲大国处于一种激进的民族主义状态,并逐渐走向战争,德国的政府领导了这场运动。它先掉进泥沼里,挣扎得最深。它成了所有信奉帝国主义的追随者争相效仿的可怕的榜样。长期以来,德国和奥地利一直在谋划将德国的影响力通过小亚细亚向东延伸到东方。德国的想法在"柏林到巴格达"这句话中得到了具体化。与德国梦对立的是俄国梦,俄国计划把斯拉夫的优势扩大到君士坦丁堡,并通过塞尔维亚延伸到亚得里亚海。这些雄心壮志彼此交叉,互不相容。巴尔干地区局势的狂热状态在很大程度上是德国和斯拉夫计划所支持的阴谋和宣传的结果。土耳其向德国寻求支持,塞尔维亚向俄国寻求支持。罗马尼亚和意大利,传统上都是拉丁国家,名义上都是德国的盟友,却有着更遥远和更深层次的共同计划。保加利亚沙皇费迪南则追求更黑暗的结局。希腊宫廷的国王是德皇的妹夫,其肮脏的神秘之处超出了我们目前的调查权限。

但这场纷争并没有以德国和俄国为结束。1871年德国的贪婪使法国成了它的宿敌。法国人意识到他们无法凭借自己的力量收复失去的省份,因此对俄罗斯的力量和帮助抱有夸大的想法。法国人向俄国人提供了大量贷款。法国是俄国的盟友。如果德国对俄国发动战争,那么法国一定会攻击德国的。

法国东部的边境很短,防守很严密。德国几乎不可能重现1870

年至1971年克服这一障碍所取得的成功。但比利时与法国的边界较长，防御较弱。德国可以以压倒性力量通过比利时向法国发动袭击，可能会在更大范围内重演1870年的情况。在凡尔登，法军的左面可能会像一个枢轴一样向东南方向摆动，而在法军的右面则会像关闭一把打开的剃刀一样拥挤。这个计划是德国战略家精心设计的。它的执行涉及对国内法的一种暴行，因为普鲁士曾承诺保证比利时的中立国地位，并且没有与比利时就此发生争吵，但计划的执行还涉及将大不列颠（它的权力也保证保护比利时的中立地位）带入德国所引发的危险之中。德国人相信，他们的舰队已经壮大到足以使英国犹豫不愿干预的地步，为了实现这种可能，他们已经建造了一个通往比利时边境的战略铁路系统，并为实施这一计划做了一切准备。因此，他们可能希望一举拿下法国，从容对付俄国。

1914年，一切似乎都朝着有利于这两个中央强国的方向发展。诚然，俄罗斯自1906年以来一直在复苏，但速度非常缓慢；法国被金融丑闻分散了注意力。《费加罗报》编辑卡尔梅特先生被财政部长卡罗先生的妻子谋杀，这一骇人听闻的事件在3月份达到了高潮。整个德国都确信，英国正处于爱尔兰内战的边缘。外国人和英国人都在反复努力，想弄清楚如果德国和奥地利攻击法国和俄国，英国会怎么做；但是直到英国参战的那一天，英国外交大臣仍然保持着一种模棱两可的态度。因此，欧洲大陆有一种感觉，英国要么不参战，要么拖延作战，这可能鼓励德国继续威胁法国。6月28日，奥地利帝国继承人弗朗茨·费迪南大公在对波斯尼亚首都萨拉热窝进行国事访问时遇刺身亡，这一事件进一步加剧了事态的发展。这是一个及时的借口，让军队开拔。德国皇帝说："就是现在，否则永远不会。"塞尔维亚被指控煽动谋杀者，尽管奥地利专员报告说没有证据表明塞尔维亚政府牵涉其中，奥地利帝国政府还是设法将这种对战争的不满情绪推向高潮。7月23日,奥地利向塞尔维亚发出了最后通牒,尽管塞尔维亚方面做出了实际的让步,英国外交大臣爱德华·格雷也努力召开一次大国会议,但奥地利还是于7月28日对塞尔维亚宣战。

俄国在7月30日调动军队,8月1日德国向俄国宣战。德国军队第二天进入法国领土,在向不幸的比利时人发出最后通牒的同时,通过卢森堡和比利时的大规模侧翼运动开始了。向西行进的是侦察兵和先遣队。一辆辆满载士兵的汽车向西冲去。庞大的身穿灰黑色制服的步兵纵队紧随其后。他们都是些年轻的德国人,他们都是些守法的、受过良好教育的年轻人,他们从未见过有人因愤怒而开枪。他们被告知"这就是战争"。他们必须大胆而无情。他们中的一些人尽了最大的努力去执行这些军国主义的指示,而牺牲了不幸的比利时人。

人们对比利时的暴行大肆渲染,这与1914年8月对比利时的入侵所造成的基本暴行是不相称的。因此,随意地枪击和抢劫,肆意破坏财产,饥饿和疲惫的人抢劫旅馆和食品和饮料商店,强奸和纵火行为自然随之而来。只有非常简单的人才相信,在战场上的军队能够像在自己的家乡一样保持高度的诚实、正直和正义。"三十年战争"的传统仍然影响着普鲁士军队。在与德国结盟的国家里,把比利时几个月来发生的这一切卑鄙和流血事件当作从来没有发生过的事来对待,似乎这是由于德国人性格中某种特殊的邪恶因素造成的。他们的绰号是"匈奴人"。但是,没有什么比德国在比利时犯下的罪行更像有计划地摧毁这些游牧民族一样(他们曾提议消灭所有中国人,以恢复中国的牧场)。这些罪行中,有很大一部分是那些有生以来第一次醉酒后可以自由使用致命武器的野蛮行为,有很大一部分是那些对自己的行为感到震惊,极度害怕他们所侵犯的国家的人民会报复的人，在被胁迫中犯下的，因为有一种理论认为，男人在战争中应该是可怕的，人们最好是被恐惧征服。德国的平民百姓被从有序的服从中捆绑到这场战争中，这样的方式必然会导致暴行的发生。当然，他们做了一些可怕和令人厌恶的事情，但是任何一个像德国人那样被煽动起来参战的人，都会有类似的行为。

8月2日晚，当欧洲大部分地区还沉浸在半个世纪和平的宁静气氛中，还在习惯性地享受着一种无处不在的富足、廉价和自由的时候，所有活着的人都没有预料到自己可能再也无法享受这样的夏日了。比利时的一个叫维塞的小村庄失火了，惊慌失措的乡巴佬们被带了出来并被射杀，因为据说有人向侵略者开枪。

指挥这些行动的军官们，那些服从命令的人，一定对他们所做的奇怪的事情感到害怕。他们中的大多数人从未见过暴力死亡。他们点燃的不是一个村庄，而是一个世界。这是一个舒适、自信、举止文雅得体的欧洲时代结束的开始。

当比利时被入侵的消息一出，英国就停止了犹豫，并（在8月4日晚上11点）对德国宣战。第二天，一艘德国布雷船在泰晤士河口被安菲翁号巡洋舰捕获并击沉，这是英国人和德国人第一次在各自国旗下在陆地上或水上发生冲突……

整个欧洲仍然记得那个充满阳光的8月里的奇怪气氛，那是武装和平的结束。近半个世纪以来，西方世界一直很平静，似乎很安全，只有少数的法国中老年人才有过战争的实际经验。报纸上谈到了一场世界性的灾难，但这对那些处于安全世界的人来说意义不大，实际上他们几乎不可能把它看作威胁。尤其是在英国，和平时期的例行公事在过去的几周里继续以一种略显茫然的方式进行着。这就像一个人仍然在世界上行走，却没有意识到自己感染了一种致命的疾病，这种疾病将改变他生活中的每一个习惯。人们继续他们的暑假；商店向他们的顾客保证，宣布"生意照常"。报纸登出来的时候，大家谈得很起劲，也很兴奋，他们对即将发生的灾难完全没有要义无反顾参与的感觉。

36.8 1917年以前第一次世界大战总结

我们现在将非常简要地回顾由此开始的世界斗争的主要阶段。这是由德国策划的，在俄罗斯还在东部集结兵力的时候，它就开始了一场旨在"击溃"法国的快速袭击。有一段时间一切都很顺利。在现代条件下，军事科学永远不会是最新的，因为军人是一个缺乏想象力的阶级，在任何时候，总有一些未开发的发明能够干扰目前军事情报部门正在下降的战术和战略实践。德国的计划已经制订了好几年了；这是一个陈旧的计划，也许一开始就可以通过适当使用防御工事、带刺铁丝网和机枪来阻止战争。但是法国人在军事科学上绝不像德国人那么先进，法国人还相信公开发动战争是至少落后于时代14年的方法了。法国人既没有带刺的铁丝，也没有机关枪，而且法国人在土方工事后面作战的传统很古怪，他们似乎并不擅长借用工事作战。比利时的边境由已过时10年或12年的利亚埃热格要塞保卫，堡垒的武器装备大多是由德国承包商提供的；而法国东北部边境的装备很差。克虏伯德国军械公司为这些坚果提供了胡桃夹子，以异常沉重的大炮发射高爆炸炮弹的。因此，法国人的防御工事被证明不过是他们驻军的陷阱。法国人进攻南部阿登，但以失败告终。德国军队以一种不可抗拒的力量把法军的左翼团团围住；列日陷落于8月9日，布鲁塞尔于8月20日陷落。抵达比利时的约7万名英军以压倒性的优势向蒙斯发起进攻（8月22日），尽管他们在南非战争中学会了致命的步枪战术，但最后还是后撤了。英军向西撤退，德军右翼长驱南下，把巴黎抛在西边，把整个法国军队打得溃不成军。

德国的最高统帅部在赢得战争的这一阶段是如此自信，以致到八月底，德国军队已经撤回到东线，俄国人在东线和西线大肆破坏西普鲁士。法国人的反攻来了，战略上是非常迅速和辉煌的反攻。法国人对他们的中路发起了反击，他们出乎意料地在德国人的左路驻扎了一支军队。同时，虽然人数不多的英国军队受到了打击，但法军的战力仍然得到了加强，同样能够在反击中发挥有价值的作用。德国右翼自取灭亡，失去了凝聚力，被迫从马恩河撤退到埃斯尼（马恩河战役，9月6日至10日）。如果没有后备的防御工事，它会被逼得更远。德国人蜷缩在埃纳河边。盟军摧毁了这些防御工事所需要的重炮、高爆炮弹和坦克，使其不复存在。

马恩河战役粉碎了德军最初的计划。法国一度得救了。但是德国人没有被打败，他在兵力和装备上仍有很大的进攻优势。他对东部俄国人的恐惧，由于在坦嫩堡取得了巨大的胜利而减轻了。他的下一个阶段是一场仓促的、不那么精心策划的战役，以包抄盟军的左翼，夺取海峡港口，切断从英国到法国的补给。两支军队都向西扩张，向海岸进发。德国人凭借枪炮和装备上的极大优势，向英军和伊普尔一带发起进攻。他们差一点就突破了，但英国人抓住了他们。

西线战争最终演变成堑壕战。双方都没有必要的科学和设备来解决突破现代壁垒束缚的问题，现在双方都被迫求助于科学家、发明家和诸如此类的非军事人员，以寻求他们的建议和帮助。后来，堑壕战的基本问题已经解决。例如，在英国就有一种坦克模型，这种坦克在1916年以前可以使盟军迅速而容易地取得胜利。但是，职业军人的头脑必然是一种低劣的、缺乏想象力的头脑，没有一个高智商的人会心甘情愿地把自己的天赋禁锢在这样一种职业中。几乎所有超级伟大的士兵，要么是缺乏经验、头脑清醒的年轻人，比如亚历山大、拿破仑和霍奇，要么是由政客变成士兵，比如尤利乌斯·恺撒。而这场军国主义五十年后的战争是一场无望的职业战争，从始至终，它都不可能从正规军的手中摆脱，德国和盟军总部都不愿意容忍一项会破坏他们传统方法的发明。坦克不仅使这些军人感到不舒服的奇怪，而且对坦克内的普通士兵也提供了一种不专业的保护。然而，德国人确实进行了一些创新。在2月（28日），他们制造了一种无用的新式武器——火焰投射器，使用者随时有被活活烧死的危险。4月，在对英国的第二次大规模进攻中（第二次伊普尔战役，4月17日至5月17日），他们使用了一团毒气。这个可怕的装置是用来对付阿尔及利亚和加拿大军队的；它所造成的肉体上的折磨，以及那些死去的人的痛苦，都震撼了他们的敌人，却没有能突破敌人的防线。几个星期以来，化学家比盟军前线的士兵更重要，不到六个星期，防御部队就已经掌握了防护方法和装备。

　　在1916年7月之前的一年半时间里，西线一直处于一种进退两难的紧张状态。双方都遭受了猛烈的攻击，以血腥的反击告终。1915年，法国人在阿拉斯和香槟进行了代价昂贵而光荣的猛攻，英国人在卢斯进行了猛攻。从瑞士到北海，有两排连续不断的壕沟，有时相隔一英里或更远，有时相隔几英尺（例如阿拉斯），在这些壕沟的里里外外，数以百万计的人在苦干，袭击他们的敌人，准备进行血腥的、注定要发生的进攻。在以前的任何时代，这一大批停滞不前的人必然会引起一场瘟疫，但现代科学又一次改变了战争的条件。某些新的疾病出现了，例如由于长时间站在冷水中而引起的战壕足病、新形式的痢疾等，但没有一种疾病发展到使任何一支战斗部队都不能作战的程度。在这条战线的后面，交战国家前线的生命力对维持粮食和弹药供应有了越来越多的需求，尤其是为那些每天被杀害或被伤害的士兵的供应。德国人很幸运地拥有了大量用于边境要塞的大型攻城炮，这些现在可用来用高爆炸粉碎战壕，这是人们所没有预见到的用途。在最初的几年里，盟军的大炮和弹药供应明显不足，他们的损失远远超过了德军。英国首相阿斯奎斯先生虽然精通议会的一切艺术，却缺乏创新能力；这可能是由于劳合德·乔治先生（他于1916年12月被驱逐）的推动和催促，以及英国媒体的叫嚣导致的，这种供应不足的状况最终得到了纠正。

在1916年的前半轮和凡尔登战役中，德军对法军发起了猛烈的进攻。德军在向法军防线推进数英里后，遭受了巨大的损失并且许多士兵被俘虏。而法国人的损失同样或者说更大。"不让他们通过"，法国士兵们唱着，并努力实现这一誓言。

东德战线比西德战线扩张得更多，且没有像西德那样系统化地巩固。尽管发生坦宁堡灾难，俄国军队还是继续向西推进。他们从奥地利人手中几乎征服了整个加利西亚，1914年9月2日占领了伦伯格，1915年3月22日占领了普雷米索尔要塞。但是，在德国人未能击溃盟军的西线以及盟军在没有合适机遇的情况下发动了一次无效的进攻之后，德国人转向了俄国，先是在俄国南部，然后是在俄国前线的北部以一种新型的大规模火炮进行了一系列猛烈的打击。6月22日，普雷米索尔被重新夺回，整个俄国战线被击退，直到维尔纽斯（9月2日）落入德国手中。

1915年5月23日，意大利加入协约国，向奥地利宣战。（直到一年后，它才对德国宣战。）它越过东部边界，向戈里齐亚挺进（1916年夏沦陷）。但它的干预对当时的俄国和两个西方大国都没有多大作用，它只是在风景如画的东北边境的高山之间建立了另一条堑壕战线。

当主要战斗人员的主要战线处于这种彻底的僵局状态时，双方都试图在敌人的后方进行攻击。德国人制造了一系列齐柏林飞艇，后来用飞艇袭击了巴黎和英格兰东部。这些炸弹表面上是针对仓库、弹药厂和类似的具有军事重要性的目标，但实际上是胡乱轰炸有人居住的地方。起初这些袭击者投下的炸弹不是很有效，但后来这些导弹的体积和质量都增加了，大量的人伤亡，造成了很大的破坏。这些暴行激起了英国人民极大的愤慨。尽管德国人拥有齐柏林飞艇已经有好几年了，但是英国当局没有一个人想出对付齐柏林飞艇的正确方法。直到1916年年底，英国才有了足够的高射炮，这些掠袭者才遭到航空飞机的系统性攻击。然后，齐柏林飞艇遭遇了一系列的灾难，1917年春天以后，除了海上侦察，齐柏林飞艇不再用于任何目的，取而代之的是大型航空飞机（哥达战机）。1917年夏天以后，这些机器有系统地进入伦敦和英格兰东部。在1917—1818年的冬天，伦敦在每个月光下的夜晚都能听到熟悉的警铃声、尖锐的汽笛声、街道的急速清场声、几十门和数百门高射炮的远处轰鸣声，以及砰砰声和撞击声，还有飞来飞去的弹片的嗖嗖声，最后，只要有袭击者能通过密集的炮火，就能听到爆破炸弹的沉闷的巨响。不久，在枪声越来越小的时候，消防队的机车和救护车的急驶声就会发出一种不可模仿的急促的声音。这些使每一个伦敦人都深深认识到战争的可怕之处。

　　因此，当德国人通过空中攻击他们的敌国人民的神经时，他们也在尽其所能破坏英国人的海外贸易。在战争开始的时候，他们有各种各样的贸易驱逐舰分散在世界各地，在太平洋上有一个强大的现代巡洋舰中队，即沙恩霍斯特号、格奈森瑙号、莱比锡号、纽伦堡号和德累斯顿号。一些独立的巡洋舰，尤其是"埃姆登"号，在被追捕之前进行了大量的商业破坏。1914年11月1日，主中队在智利海岸捕获了一支较弱的英国军队，并击沉了"希望号"和"蒙茅斯号"。一个月后，德国船只被英国军队突袭，所有的船只（除了德累斯顿号）都在福克兰群岛战役中被海军上将斯特迪击沉。在这场冲突之后，盟军毫无争议地占据了海面，占据了制高点，即便是日德兰海战（1916年5月1日）也没有动摇盟军这一优势。德国人把注意力越来越集中在潜艇战上。从战争一开始，他们的潜艇就取得了相当大的成功。1914年9月22日的一天，他们击沉了三艘威力强大的巡洋舰：阿布基尔号、霍格号和克里西号，上面共载有1473人。在整个战争期间，他们继续向英国船只征收通行费；起初，他们欢迎并检查客船和商船，但由于担心陷阱，他们停止了这种做法。1915年春天，他们开始在没有通知的情况下击沉船只。1915年5月，他们在没有任何警告的情况下击沉了大型邮船卢西塔尼亚号，淹死了许多美国公民。这使美国十分痛苦，但是由于潜艇封锁有可能伤害英国，甚至削弱英国，所以德国人不顾把美国拖进敌人的圈子的危险，坚持进行一场越来越激烈的潜艇行动。

与此同时，装备很差的土耳其军队正在西奈沙漠对面的埃及做出威胁姿态。

因此，当德国人通过空中和海底向他们最难以接近、最强大的敌手英国发起进攻时，法国人和英国人也开始在东部通过土耳其从侧翼向同盟国发动灾难性的进攻。加里波利战役是精心策划的，但执行起来却有失体面。如果计划成功，盟军将在1915年占领君士坦丁堡。但是，由于同年2月对达达尼尔海峡的过早轰炸，土耳其人提前两个月察觉到了这一危险。而这一计划很可能通过希腊宫廷泄露了。当英国和法国的军队终于在4月登陆加里波利半岛时，他们发现土耳其人的防御工事很好，他们的战壕战装备也比自己的好。盟军把重炮托付给军舰上的大炮，这些大炮对于打击防御工事来说是相对无用的。在他们没有预见到的其他一切事情中,他们也没有预见到敌方的潜艇。几艘大型战舰沉没了,它们就是在从薛西斯驶向萨拉米斯的那片清澈的海面上沉没了的。从盟军一方出发的加利波利战役的故事,既英勇又可怜,是一个关于勇气和无能的故事,也是一个浪费生命、物质和威望的故事,最终以1916年1月的撤军而告终。

随着希腊的动摇,保加利亚加入了战争(1915年10月12日)。保加利亚国王一年多来一直犹豫不决,不愿在双方之间做出任何决定。现在,英国人在加利波利的明显失败,加上奥德在塞尔维亚的一次猛烈进攻,把保加利亚推向了同盟国。当塞尔维亚人在多瑙河上与奥德侵略者激烈交战时,它从后面袭击了塞尔维亚,几个星期后这个国家就被完全占领了。塞尔维亚军队从阿尔巴尼亚山区撤退到海岸,在那里他们的遗体被盟军的舰队救起。

盟军在希腊的萨洛尼卡登陆,向内陆的莫纳斯提尔推进,但未能向塞尔维亚人提供任何有效的援助。正是萨洛尼卡计划决定了加利波利远征队的命运。

在东部的美索不达米亚,英国人主要使用一支印度军队,对同盟国发动了更远距离的侧翼攻击。1914年11月,一支缺乏作战物资的军队在巴士拉登陆,次年向巴格达挺进。它在距巴格达不到25英里的安息王朝和萨珊王朝的古都泰西封取得了胜利。但土耳其人得到了大量增援,英军被迫撤退到库特,在那里汤森德将军率领的英国军队被包围,并于1916年4月29日因饥饿而投降。

所有这些空中、海底、俄罗斯、土耳其和亚洲的战役,都发生在瑞士到海洋之间的战场上;在那里,数以百万计的人固守阵地,慢慢地学习现代科学战争的必要方法。飞机的使用取得了迅速的进步。战争开始时,飞机主要是用来侦察敌情的,而德国人则是用来投掷大炮的。像空战这样的事是闻所未闻的。1916年,飞机携带机枪在空中作战；它们的轰炸工作变得越来越重要，它们发展了一门出色的航空摄影艺术，大炮的所有空中工作，包括飞机和观察气球，都得到了极大的发展。但军事领袖中仍然存有抵制坦克使用的想法，不过很明显，坦克是堑壕战中决定胜负的武器。

军界以外的许多聪明人都很清楚这一点。用坦克对付壕沟是一种显而易见的权宜之计。莱昂纳多·达·芬奇发明了一种早期的坦克，但是有哪位军事专家有智慧研究莱昂纳多呢？1903年南非战争结束后不久，杂志上就刊登了一些故事，描述想象中用于战斗的坦克形象，利兹的J.A.科里先生制作了一辆完整的坦克模型，展示给英国军事当局，1911年英国军事当局当然拒绝了这个模型。在战争开始之前，坦克经历了发明再发明的过程。但如果这件事完全掌握在军方手中，就不会有任何坦克的使用。1915年至1916年在英国海军部工作的温斯顿·丘吉尔先生坚持要制造出第一辆坦克，正是在最激烈的反对下，坦克最终还是被派往法国。这些设备的使用应归功于英国海军，而不是陆军。德国军事当局也同样反对它们。1916年7月，英国总司令道格拉斯·黑格爵士发动了一场大规模进攻，但未能突破德军防线。在一些地方，他前进了几英里；在其他方面，他完全失败了。新英国军队遭到了大规模屠杀。总司令并没有使用坦克。

9月，当这个季节对于持续的进攻来说已经太迟时，坦克第一次出现在战争中，其中一些是由英国人以一种不太明智的方式付诸行动的。坦克对德国人的影响是深远的，它们制造了类似恐慌的东西，毫无疑问，如果坦克在7月被足够多的人使用，并由一位富有想象力和精力的将军来处理，那么英国当时就能够结束战争，当时盟军在西线的兵力比德军更强大，可能性大约是七比四。俄国虽然已快精疲力竭，但仍在战斗，意大利向奥地利人施加了很大的压力,而罗马尼亚则站在协约国一边,正要参战。但是,在这场灾难性的7月攻势中,人员的浪费,以及英国军事指挥的无能,把盟军的事业推到了灾难的边缘。

英国在7月的失败直接打消了德国人的疑虑,他们把矛头对准了罗马尼亚人。1915年降临塞尔维亚的命运在1916年冬天降临到了罗马尼亚身上。这一年,从加利波利的撤退和库特的投降开始,以罗马尼亚的溃败和保皇派在雅典港向法国和英国海军陆战队的登陆部队发射炮弹结束。希腊国王君士坦丁似乎打算带领他的人民步保加利亚国王费迪南的后尘。希腊的海岸线很容易受到海军的攻击。希腊被封锁,来自萨洛尼卡的法国军队与来自法罗拉的意大利军队联手切断了希腊国王与他的中欧盟友的联系。

(1917年7月,君士坦丁被迫退位,他的儿子亚历山大取而代之。)

总的来说,1916年年底的霍亨索伦帝国主义比第一次马恩河大溃败后的危险要小得多。盟军浪费了两年的机会。比利时、塞尔维亚、罗马尼亚以及法国和俄罗斯的大片地区都被奥德联军占领。一次又一次的反攻失败了,俄国现在正摇摇欲坠地走向崩溃。如果德国处在理性的统治下,就可能会在这个时候同交战方达成和平。但它的帝国主义者却陶醉在成功的气息中。他们想要的不是安全,而是胜利,不是世界福利,而是世界帝国。"世界强国或衰落"是他们的准则,这使他们对手别无选择,只有一场战斗才能结束。

36.9 从沙俄解体到停战期间的第一次世界大战

1917年年初,沙皇俄国解体。

此时,战争的巨大压力几乎影响到所有欧洲人。到处都发生了交通大混乱，船舶、铁路等的正常修理和更换工作中断，各种各样的物资消耗殆尽，粮食产量下降，越来越多的人退出工业，教育工作停止，日常生活的保障和体面不断减少。在常规关系破裂、微妙的和平纪律被笨拙粗暴的军事命令所取代的情况下，没有任何一种可行的指导能力能够控制事态。越来越多的欧洲人正从他们所习惯的环境和条件，转移到使他们感到苦恼、兴奋和沮丧的新环境中去。俄国首先遭受的，也是最严重的，是文明从其根源上的普遍崛起。俄国的独裁政权既不诚实又无能。沙皇和他的几位祖先一样，现在已经屈服于疯狂的宗教崇拜，宫廷被一个宗教骗子拉斯普京统治，他的邪教是一种难以言表的肮脏，在世界看来是一种令人发指的丑闻。在这种肮脏的神秘主义统治之下，懒惰和无赖把战争搞得一团糟。俄国普通士兵被派到战场上，没有枪来支援他们，甚至没有步枪弹药，他们在军国主义的狂热中被军官和将军们糟蹋了。有一段时间，他们似乎像野兽一样默默地忍受着痛苦；但即使是最无知的人，忍耐也是有限度的。对沙皇统治的极度厌恶正在这些被出卖和被遗弃的士兵中蔓延。从1915年年底开始，俄国成为西方盟国日益焦虑的根源。整个1916年，它基本上都处于守势，有传言称它将与德国单独和平共处。它对罗马尼亚几乎没有帮助。

1916年12月29日，僧人拉斯普京在彼得格勒的一次宴会上被谋杀，为了整顿沙皇统治，人们进行了迟来的尝试。到了3月，事情进展得很快；彼得格勒的粮食骚乱演变成革命起义；议会代表机构杜马遭镇压，自由主义领袖遭逮捕，吕夫亲王领导临时政府成立，沙皇退位（3月15日）。有一段时间，一场温和的、有控制的革命似乎是可能的——也许是在一位新沙皇的领导下。后来情况变得很明显，对俄国的信心的破坏已经超出了任何此类调整的范围。俄国人民对欧洲的旧秩序、沙皇、战争和强权都感到厌恶至极，他们需要从无法忍受的痛苦中解脱出来，而且是很快地解脱出来。盟国不了解俄国的现实，他们的外交家不了解俄国的上流人士，他们的注意力集中在俄国的宫廷而不是俄国这个国家本身，他们在新形势下不断地犯错误。外交家们对共和主义几乎没有好感，而且明显倾向于尽可能让新政府难堪。俄国共和国政府的首脑克伦斯基是一位善于雄辩、充满魅力的领导人，他发现自己受到了一场深刻的革命运动力量的攻击，这场革命运动在国内是一场"社会革命"，在国外却遭到了盟国政府的冷遇。他的盟友既不让他给俄罗斯人民土地，也不让他给俄罗斯人民边界以外的和平。法国和英国的报界纠缠着他们疲惫不堪的盟友，要求他们发动新的攻势。但是，不久，当德国人从海上和陆上向里加发动猛烈进攻时，英国海军部队在波罗的海远征队的支援下退缩了。新成立的俄罗斯共和国不得不孤军奋战，尽管他们拥有强大的海军优势，以及因此受到伟大的英国海军上将费舍尔勋爵（1841—1920）强烈的抗议；但值得注意的是，除了一些潜艇攻击，盟军在整个战争中让德国人完全控制了波罗的海。

俄国人民决心结束战争。彼得格勒成立了一个代表俄国工人和普通士兵的组织，这个组织要求在斯德哥尔摩召开一次国际社会主义者会议。当时柏林正在发生粮食暴动，奥地利和德国对战争的厌倦是深刻的，从后来发生的事件来看，毫无疑问，这样一个会议将在1917年促成民主路线上的合理和平，并促使德国革命。克伦斯基恳求他的西方盟友允许召开这次会议，尽管英国工党的一小部分人对此表示赞同，但由于担心在世界范围内爆发社会主义和共和主义，他们拒绝了。没有盟军的精神和物质上的帮助，这个"温和派"的俄罗斯共和国仍在继续战斗，并在7月进行了最后一次孤注一掷的进攻。尽管在取得了一些初步的成功，但在又一次被敌军大规模屠杀俄罗斯人之后，它宣告失败了。

俄国人忍耐到了极限。俄国军队爆发了叛乱，特别是在北方前线。1917年11月7日，克伦斯基政府被推翻，权力被列宁领导下的布尔什维克社会主义者控制的苏维埃政府夺取，并承诺不顾西方列强，实现和平。最后，俄国完全退出了战争。

1917年春，法国人对香槟阵地进行了代价昂贵、效率低下的进攻，但香槟阵地未能突破，遭受了巨大的损失。到了1917年年底，如果它的政府是为安全和幸福而战，而不是为荣誉和胜利而战的话，这将会是一个对德国完全有利的阶段。但是，到最后，即使到最后筋疲力尽的时候，中央掌权者都在为实现一种不可能的世界帝国主义而努力。

为了达到这个目的，英国不仅应该被抵制，而且应该被征服，为了做到这一点，德国已经把美国拖入了敌人的圈子。整个1916年，潜艇战日益激烈，但到目前为止，它一直尊重中立航运。

1917年1月，英国和法国宣布建立一个完整的"封锁线"，并警告所有中立国从英国海域撤回船只。1917年4月6日，世界航运中的任意沉没的船只迫使美国参战。1917年，当沙皇俄国解体，并由此变得无能为力时，美国正迅速而稳定地转变为一个伟大的军事大国。德意志帝国主义者冒着这个新的敌手的危险，进行了不受限制的潜艇作战，结果远没有人们所希望的那样成功，英国海军证明了自己比英国陆军更有创造力和智谋。水下、水面和空中的反潜装置发展迅速；经过一个月左右的反击，船只沉没的故事逐渐减少。英国人发现有必要给自己定量配给食物。他们的规章制定得很好，实施得很好，公众表现出顽强的精神和智慧，这让英国与饥荒和社会混乱的危险保持着一定的距离。然而，德国帝国政府坚持走自己的路。如果潜艇没有达到预期的效果，如果美国军队像雷雨云一样集结,那么俄罗斯肯定是倒下了。10月,1915年推翻塞尔维亚,1916年推翻罗马尼亚的秋日攻势,如今已演变成对意大利的毁灭性打击。意大利前线在卡波雷托战役后崩溃了,奥德联军在炮火中涌入威尼斯。因此,德国有理由对俄罗斯的和平提议采取强硬立场,而《布列斯特利托夫斯克合约》(1918年3月2日)让西方盟国多少知道了德国的胜利对他们将意味着什么。这是一种毁灭性的、过分的和平,是自信的胜利者以极大的傲慢所支配的胜利。

整个冬天,德国军队一直在从东线转移到西线,而现在,在1918年春天,饥饿、疲惫、流血的德国人的智慧激起了他们的倦怠的热情,他们要做的唯一最高的努力就是真正地结束战争。几个月来,美国军队一直驻扎在法国,但大部分美国军队仍在大西洋对岸。现在正是对西线进行最后决定性打击的时候,第一次袭击发生在索姆地区,那些并不十分出色的骑兵将领们指挥着的骑兵此时此刻居然正在打盹。3月21日,在一场"戈夫灾难"中,第五集团军在混乱中被击退。由于英法两国将军的妒忌,联军无法在法国统一指挥,戈夫后方也没有任何储备,还要面对着成千上万的囚犯和大量枪支丢失的问题。

这些损失中有许多是由于上级指挥完全无能造成的。因为汽油用完了,至少有一百辆坦克被遗弃。英国人几乎被赶回亚眠。整个4月和5月,德国人向盟军前线大举进攻,他们几乎快突破了北方,他们大举进军马恩河,并于1918年的5月30日再次到达了这里。

这是德国努力的高潮。在它的背后,只有一个疲惫不堪的家园。盟军的政客们介入了他们的职业士兵之间的争吵,福克元帅被任命为盟军的最高统帅。新的军队正从英国匆匆穿过英吉利海峡,而现在美国正以十万计的兵力涌入法国。6月,疲惫不堪的奥地利军队在意大利做了最后的抵抗,但在意大利的反击之前溃败了。6

月初,福克开始在马恩角展开反攻。到了7月,形势发生了逆转,德国人开始后退。提埃里堡战役(7月18日)证明了美国新军队的实力。8月,英国人成功地向比利时发起了一次猛烈的进攻,德军向亚眠挺进的防线也随之瓦解。德国已经失败了。战斗的精神从它的军队中消失了,10月是一个沿着整个西线撤退的失败的故事。11月初,英国军队驻扎在巴伦西亚,美国军队驻扎在塞登。德国在意大利和奥地利的军队处在无序撤退的状态。同时,霍亨索伦和奥地利的军队正在各地溃败。最后的粉碎的速度快得惊人。法国人和英国人不敢相信他们的报纸,因为他们日复一日地宣布逮捕了数千名战犯和缴获了数以百计的枪支。

9月,盟军对保加利亚发动的大规模进攻在该国引发了一场革命,最后提出了和平的建议。土耳其随后于10月底投降,奥地利帝国于11月4日投降。有人试图让德国舰队进行最后一场战斗,但水兵们叛变了(11月7日)。

德皇和皇太子仓皇而逃,毫无尊严地躲入荷兰。11月11日签署了停战协议,战争结束了。

4年3个月的时间里,战争一直持续着,渐渐地,几乎所有的西方国家都被卷入了战争的漩涡。实际上有1000多万人在战斗中丧生,另外有2000万或2500万人死于战争所带来的社会混乱无序之下。数以百万计的人正在遭受营养不良和苦难的折磨。现在有很大一部分人从事战争相关的工作,从事钻探和军备,制造军需品,在医院中补充因参军而减少的劳动力,等等。在一个危机重重的世界里,商人们一直在努力适应战时特别的盈利方式。战争确实已成为一种气氛、一种生活习惯和一种新的社会秩序。然后战争突然结束了。

11月11日中午,伦敦宣布停战。它奇怪地停止了一切日常活动。办事员从他们的办公室里蜂拥而出,再也不回来了,店员们也离开了他们的店铺,公共汽车司机和军用卡车司机都各自带着一车又一车惊惶失措、欢呼雀跃的旅客出发了,他们没有去任何地方,也不知道自己要去哪里。不久,街上挤满了人,家家户户都挂起了旗子。夜幕降临时,许多主要街道灯火通明。由于空袭,这些街道已经被困在黑暗中好几个月了。每个人都感到漫无目的,这是一种遭受极度紧张和痛苦后的解脱。

终于结束了。法国不会再有杀戮,不会再有空袭,一切都会好起来的。人们既想笑,又想哭,但这两样都做不到。精神抖擞的青年和休假的年轻士兵组成了嘈杂的队伍,在人群中挤来挤去,尽他们最大的努力制造欢乐。他们从存放着大量战利品的仓库中取出了一支被缴获的德国枪并将其带到特拉法加广场焚毁了。

爆竹被扔得到处都是。但没有出现一致的欢呼。几乎每个人都失去了太多,遭受了太多的痛苦,没有任何热情来庆祝。

36.10 第一次世界大战导致的政治、经济和社会解体

这一年,世界大战之后,就像一个人大致完成了已经进行的一些重要的手术,现在谁也不确定他能不能活下去,抑或他没有遭过如此深刻的震惊和受伤,会立刻跌倒而死去。这是一个茫然和震惊的世界,德国的军国主义、帝国主义已经非常接近胜利了,但还是被打败了,不过胜利者付出了压倒性的代价。一切都在继续,现在紧张的冲突已经停止,社会相当松散,人们相当虚弱,带着一阵不确定的脾气。人们普遍渴望和平,普遍渴望战前时期失去的安全、自由和繁荣,却没有任何意愿去对这些东西进行实现和保障。

就像罗马共和国在布匿战争的长期压力下一样,现在暴力和残

忍的性情大量释放，金融和经济上的道德也严重恶化。慷慨的精神为战争的迫切需要牺牲了自己，但是商业和金钱世界的狡猾和卑鄙的人看到了当时动荡的机会，牢牢地控制了他们各自国家的资源和政治权力。1914年以前被世界各地的人视为见不得人的冒险家，现在他们获得了权力和影响力，而更优秀的人则在无利可图地工作。像英国食品监管员荣达勋爵这样的人，是在辛勤工作之后自杀的，而"战争暴利者"变得越来越富有，并牢牢控制着媒体和党组织。

在战争过程中，几乎所有交战国家都进行了集体管理方面的非凡试验。人们认识到，和平时期商业活动中常见的权宜之计，市场上的讨价还价，对有利交易的坚持，与战争的迅速需要是不相容的。运输、燃料、粮食供应以及不仅是服装、住房之类的原料的分配，而且是战争弹药所需的一切原料的分配，都在公共控制之下。农民不再被允许欠耕，不管有没有主人的批准，牛群都被安置在平原和开垦的草地上。豪华建筑和投机性企业促销活动也受到抑制。实际上，一种紧急的社会主义国家已经在交战的整个欧洲建立起来，这是粗制滥造和浪费，但它比"私营企业"无休止的纠缠不休的利润追逐、急转弯和先发制人以及杂乱无章的生产力更有效。

在战争的早些年，所有交战国家都有一种非常普遍的兄弟情谊和共同利益，到处都有平民为了他们所认为的国家的共同利益而牺牲生命和健康。作为回报，他们承诺，战后社会不公平现象将减少，人们将更加普遍地致力于共同福利。例如，在英国，劳埃德·乔治先生特别坚持他的意图，要使战后的英国成为"英雄的乐土"。他在《烈火与美丽》一书中预言了这种新的战争共产主义将继续进入和平时期。在英国成立了一个重建部，据说该部正在规划一个新的、更慷慨的社会秩序，更好的劳工条件，更好的住房，扩大教育，全面和科学地修订经济制度。对更美好世界的类似希望支撑着法国、德国和意大利的普通士兵。正是过早的幻灭导致了俄罗斯的崩溃，因此，在战争即将结束之际，两股相互危险的期待之流正在西欧各国的人们的脑海中奔涌。富人和爱冒险的人，尤其是通过战争发财的新奸商，正在实施他们的计划以防止诸如航空运输发展成为国有资产，并抢回制造、航运、陆地运输、一般公共服务，还有从公益之手变成了私利之手的主要贸易。他们控制着报纸，忙于党团会议之类的事情，当普通民众天真地期待着一个新的国家的时候，几乎所有的社会规划都是为了他们自己的利益，而且是根据慷慨的一般思想。1919年的历史在很大程度上是这两种预期思想流的冲突。由"企业"控制的政府匆忙地把每一个有利可图的公共企业都卖给了私人投机者，到1919年年中，世界各地的劳动群众都明显地感到失望，情绪十分恶劣。英国的"重建部长"和国外的"重建部长"被揭露是一个令人宽慰的骗局。普通人觉得自己被骗了。重建是不存在的，只有以新时代的贫困所必需的更为严酷的形式恢复旧秩序。

4年来，战争的戏剧性掩盖了整个19世纪在西方文明中不断发展的社会问题。现在战争已经结束了，这个问题又出现了，像一个又瘦又秃的人，这在以前从来没有见过。

货币和信贷的严重动荡，加剧了人们的愤怒和新时代的普遍不安全。货币是一种复杂的公约发展，而不是一种价值体系，在好战国家内部被剥夺了金本位制的支持。黄金只用于国际贸易，每一个政府都生产了过多的纸币供国内使用。随着战时壁垒的瓦解，国际交易所变得异常混乱，除了少数赌徒和狡猾的投机者，所有人都感到苦恼。物价一次又一次地上涨，对工薪阶层产生了令人愤怒的影响。一方面，雇主拒绝了劳动者要求增加工资的要求，另一方面，食物、房屋和衣服价格猛涨却不断地逼得他们走投无路。而这正是局势的根本危险所在，劳动者已经失去了他曾经拥有的任何信心，不再相信他所表现出的任何耐心或勤奋的意愿，会真正减轻他所遭受的短缺和不便。

在1911年年底和1920年春，政治家们的演讲中，有一个明显的事实被越来越多的人所承认，那就是所谓的资本主义制度正在经受考验，即私有制，也就是说，私人利益是工作的动力。他们承认，制度必须带来普遍繁荣，否则就得修订。1919年12月6日，星期六，英国首相劳埃德·乔治先生发表了这样一篇演讲值得注意。劳埃德·乔治先生受过威尔士律师的教育和训练，他很早就进入了政界，在他辉煌的议会生涯中，他后来很少有机会读书和思考。但作为一个天生精明的人，他在这里非常准确地表达了支持他的商人、富人和普通公民中较为聪明的人的想法。

"文明面临着新的挑战，"他说，"这是什么？这是基本的。它会影响我们对整个社会认识的结构，是商业、贸易、工业、金融、社会秩序，这些都必须参与其中。有些人认为，国家的繁荣富强已经建立了刺激和鼓舞人心的呼吁个人行动的冲动。这是一种观点。但国家必须教育，必要时，国家必须予以协助，国家在必要时必须控制，国家必须保护弱者免受强者的欺凌，但生活源于个人冲动和个人能量。（此处有欢呼）。这是一种观点。另一个是什么？私营企业是一个失败的尝试，一个完整的失败，一个残酷的失败。它必须连根拔除，社会必须作为一个社区负责进行生产、分配，以及控制。

"这些都是我们面临的巨大挑战。我们说，私营企业的弊病是可以避免的。他们说，不，他们不能。因为没有改善、没有姑息、没有限制、没有补救措施是无效的。这些弊端是体制固有的。它们是树上的果子，你必须把树砍倒。这就是我们今天在文明世界听到的挑战,从一个大洋到另一个大洋,从山谷到平原。你可以从布尔什维克主义者的牢骚和疯狂的尖叫中听到,你可以在国会和会议中听到响亮、清晰、但更为克制的声音。布尔什维克主义者会用烈性炸药,带着恐怖,把那炸得粉碎。其他人会用撬棍和曲柄把车拉下来,尤其是使用曲柄。(笑声)。

"失业与收到不公平待遇的人寻求渴望工作,他乞求得到工作,但是却难以实现,他是被失败惩罚了,他难以对饥饿的孩子们承担起责任,这种折磨是私营企业应当对其自身原因进行弥补的。(欢呼)。汗流浃背、贫民窟,以及劳动中半奴役的感觉都必须消失。我们必须通过把人当作一个真正的人来培养男子气概。如果我故意说,如果我必须在我所信仰的方式和让成千上万的男人、女人和孩子在地窖里腐烂之间做出选择,我会一秒都不犹豫地做出选择。这不是我们的选择,感谢上帝,这并不是选择。私营企业可以生产更多的产品,这样所有人都能得到公平的份额。"

在这里,乔治先生用一种类似雄辩的措辞,并以一种与观众心理习惯相适应的玩笑,表达了我们不仅对英国,而且对美国、法国、意大利或德国的普通富人有一种常识性的看法。

使用这样的标准和语气讲话是1919年英国政治思想的一个很好的例子。主流的经济体系造就了我们现在的样子,这是它的基本理念。我们不希望任何社会破坏的过程先于社会的复兴,我们不希望对我们社会秩序的基础进行实验。让我们接受这一点,劳埃德·乔治承认,适应是必须的。现在,他在停战一年零一个月后才发表这番讲话,而在这段时间里,私营企业一直未能做到劳埃德·乔治先生如此兴高采烈地承诺要做的一切。社区急需房屋,在整个战争期间,不仅停止了建筑,而且停止了维修。仅在英国,1919年最后几个月的房屋短缺就达到了数十万套。许多人生活在令人恼火的拥挤状态中，最无耻的倒卖公寓和房屋的行为还在继续。这是一个困难的情况，但不是不可能解决的。考虑到1916年那场可怕的危机所带来的同样的热情、精力和自我牺牲精神，在一年左右的时间里就能完成提供100万套住房这一任务要简单得多。但是，在建筑材料方面也有一些弯路，交通也处于混乱状态，而且私营企业也不会收到任何租金，以满足人们需要建造房屋的要求。因此，私营企业非但不关心住房的公共需求，反而在租金和转租方面投机倒把。现在，它要求政府拨款援助，以实现盈利。由于没有足够的公路运输，仓库里的货物非常拥挤和混乱。当时急需廉价汽车来运送货物和工人，但是汽车工业的私营企业发现，为那些因战争而致富的人生产豪华而昂贵的汽车，利润要高得多。用公款建造的弹药厂本来可以很容易地转变成大规模生产廉价汽车的工厂，但是私营企业坚持由国家出售这些工厂，既不满足公众的需要，也不让国家这样做。同样，在世界对航运需求极度不安之际，私营企业坚持关闭新建的国有造船厂。

到处的货币都乱了套，但私人企业却忙着买卖法郎或马克，使问题变得更加严重。当乔治先生在做我们所引用的极具特色的演讲时，普通民众的不满情绪正在各地聚集，几乎或根本没有采取任何措施以满足他们的需要。很明显，除非在商业精神上有某种深刻的变革，否则，在不受约束的私营企业制度下，至少在欧洲，为两代或三代工人提供体面的住房、服装或教育是几乎没有希望的。

这些事实是人类历史学家必须尽可能少地加以评论加以注意的。1919年和1920年，欧洲的私营企业既没有表现出满足当时迫切需要的意愿，也没有能力。一旦脱离控制，它自然会陷入投机、走投无路和奢侈品生产的境地。它遵循利润最大化的原则，对自己的危险毫无察觉，拒绝任何限制和调节其利润的企图，甚至为了自己的利益，也不让自己变得有用。这是在欧洲民众极端顽固地对待长期处于贫困的人们时的显著表现。1913年，这些群众过着自出生以来的生活，他们已经习惯了他们的生活。另外，1919年，大众则被连根拔起，到处去参军，去兵工厂，等等。他们已经失去了默认的习惯，变得更加坚强，更有能力采取孤注一掷的行动。许多人都受过残酷的训练，例如刺刀训练，他们已经学会了凶残，少去想杀人或被杀的事情。因此，社会动荡，变得危险得多。一切似乎都在表明他们多年来拒绝容忍目前的事态发展，除非能够约束住受过良好的教育、拥有舒适生活的欧洲人民的私营企业，并使其为公共利益加足马力。他们能够为了自己的利益实现和平与安全，这种安全应该不仅可以使备战中止，同时，国际商业战争、罢工和暴动预示着随之而来彻底的社会和政治崩溃。这并不是说民众已经或想象过他们有一个新的社会、政治和经济制度的计划，他们没有，也不相信他们会有。我们在社会主义计划中所指出的缺点，对他们已不是什么秘密了，当时的情况比那时危险得多。正是因为他们对目前的制度，对它愚蠢的奢侈、普遍的浪费和普遍的苦难感到厌恶，才不在乎以后会发生什么，只要能把它摧毁就行了。这是一种精神状态的回归，这种精神状态使罗马帝国的崩溃成为可能。

早在1919年，全世界就已经看到一个伟大的社会走上了这条路，那就是俄罗斯人民。俄国人推翻了旧秩序，屈从于一小群信奉教条主义的布尔什维克社会主义者的独裁统治，因为这些人似乎有新的尝试。他们破坏了旧的制度，无论付出什么代价，他们都不会再回到老路上的。可用的信息来自俄罗斯的时候，写这个总结还是太显冲突，宣传的目的是让我们针对俄国政府的行动做出错误的判断，但很明显，从1917年11月起，俄国不仅适应了这个政府及其奉行的社会主义方法，而且成功地粉碎了所有恢复旧政权的计划。

我们已经指出，俄罗斯人与西方社会之间存在着非常广泛的差异，我们有充分的理由怀疑他们是否会沿着平行线走下去，并以类似的方式行事。俄国农民由于缺乏教育和同情而被切断了联系，他们生活在一个由富裕而受过教育的人民组成的文明小社区里，后者是一个独立的小国家。下层的农民，在布尔什维克社会主义者的异己煽动下，已经把那个独立的国家抛弃了，并把它摧毁了。在城镇中，仅在城镇中，共产主义在统治着（1920年时）。如今，俄罗斯的其他地区不过是一片野蛮农民的荒野。但与俄罗斯相比，西方阶级与阶级之间的思想和情感更为统一，尤其是在大西洋地区。即使他们争吵，各阶层也可以一起交谈，互相理解，文盲则是没有一个完整的阶层的。富裕和投机的组织人，业务和事务的"坏人"，他们的自由正在使"私营企业"的名字在普通人面前嗤之以鼻，他们只是大得多的阶级中比较活跃的一群人，也许对懒惰和自我放纵感到内疚，但他们不仅能够意识到罪恶，而且能够意识到在这个紧张、贫困和极度考验的世界中有系统地谋求私利的危险。

上个世纪的机械革命使生活幸福的新标准成为可能，现在似乎不可避免地以这样或那样的方式成为普遍的生活标准。革命是以公众的不安为条件的，如果不迅速消除当前不必要的不适，社会和平是不可能实现的。统治者迅速诉诸自愿服务和社会重建，或者是世界范围内的社会革命，从而在条件对等的、新的、未经试验的路线上达成妥协，现在这似乎是人类面前唯一可做的选择。我们认为，选择哪条道路取决于西欧，尤其是在美国，因为那里有受过教育的、拥有资产的和有影响力的阶级。前一条道路需要做出很大牺牲，特别是对富裕的人来说，自愿承担公共责任，自愿接受阶级纪律和自我否定。后者可能需要一段不确定的时间，这肯定将是一个极具破坏性和血腥的进程，它最终是否会导致一个新的和更好的事态是值得怀疑的。一场社会革命，如果最终西欧国家不慎卷入其中，可能会被证明是一个持续数个世纪的过程，它可能包括像罗马帝国那样彻底的社会崩溃，也可能需要缓慢的恢复。

36.11 威尔逊总统与《凡尔赛条约》造成的问题

我们已经处理了欧洲经济共同体的社会和经济障碍，现在"阶级战争"的迅速回归成为关注焦点，接下来会对以巴黎和平会议为中心的工作上的问题进行相关说明。因为每个人都担心和关注国家私人收入的问题，厌倦就价格、就业等会议难以解决的巨大任务进行解释。

会议的故事很大程度上取决于一个特定的人的冒险经历，他是偶然或个人品质所挑选出来的，作为减轻历史学家任务的一种类型。在这一历史进程中，我们发现有时把注意力集中在某个人身上是很有帮助的，例如佛陀、亚历山大大帝、玄奘、腓特烈二世、查理五世或者拿破仑一世，并可以通过这些个体阐明其生活的时期。第一次世界大战的结束，可以很直观地看作是美国总统威尔逊的崛起，以及他对世界的期望和关注在此时发挥了作用，但他未能证明这种观点是正确的。

威尔逊总统（生于1856年）曾是历史、宪法和政治学方面的杰出学生和老师，他担任过各种教授职位，曾任普林斯顿大学（新泽西州）校长。出版有一长串值得赞扬的书，这些书显示出一种完全针对美国历史和美国政治的思想。他在思想上是历史上的新生事物，对他的新世界所产生的那些古老的东西，他既疏忽，又相当无知。他从学术界退休，1910年当选新泽西州民主党籍的州长。1913年，他成为民主党总统候选人，由于前总统罗斯福和塔夫脱之间的激烈争吵，分裂了占主导地位的共和党，于是他成为美国总统。

1914年8月的事件似乎让威尔逊总统和他的同胞感到意外，我们发现他在8月3日发电报表示愿意担任调解员。然后，有一段时间，他和美国目睹了这场冲突。起初，美国人民和他们的总统似乎都对这场长期积累的灾难没有非常清晰或深刻的理解。一个世纪以来，他们的传统是忽视旧世界的问题，这一传统不能轻易改变。德国法院体现出来的帝国主义的傲慢，与愚蠢的德国军事当局对"可怕"的夸张倾向，他们入侵比利时，他们的残忍，他们使用毒气和可怖的潜艇活动，随着战争的进展，创造了一个深化美国对德国的印象。但政治节制的传统和根深蒂固的信念，即美国拥有完全优于欧洲冲突的政治道德，限制了总统的积极干预。他采取了一种高傲的语调，自称无法判断第一次世界大战的起因和正义。在很大程度上，正是他平和的态度确保了他连任总统。但是，这个世界不能仅仅以一种相当不加区别的不赞成的表情来看待作恶者。1916年年底，德国人被鼓励"相信在任何情况下美国都不会参战"，1917年，他们开始了不受限制的潜艇战，并在没有通知的情况下击沉了美国船只，威尔逊总统和美国人民是被这种极其愚蠢的行为拖入战争的。同时，他们也被拖入一种不情愿的尝试中，试图用一些其他的术语来定义他们与旧世界政治的关系，而不仅仅是那些纯粹的冷漠。他们的思想和脾气变化得很快，他们与盟国并肩作战，但没有与盟国签订任何条约。他们以自己现代文明的名义发动战争，是为了惩罚和结束一种无法容忍的政治和军事局势。

慢而迟的判断有时是最好的判断，威尔逊总统在一系列篇幅过长、内容繁多的"笔记"中，似乎在全人类的聆听下，大声地思考着美国国家与旧世界大国之间的本质区别。我们在这段历史中经历了一些痛苦，以便阐明这些差异的发展。他提出了一种国际关系的概念，就像福音一样，就像对一个更美好世界的希望，传播到整个东半球。秘密协议将被终止，"国家"将决定自己的命运，军国主义侵略将被终止，海上航道将向全人类自由开放。这些美国人的常识性思想，每一个神志清醒的人的隐秘愿望，就像一盏巨大的明灯，照亮了欧洲愤怒和冲突的黑暗。人们终于感到，外交的等级被打破了，大国"政策"的面纱被撕成了两半。在这里，有权威，有强大的新国家的力量作后盾，这是全世界普通人的愿望，这是显而易见的。

显然，这需要某种凌驾于政府之上的工具来建立世界法律，并在人类交往中维持这些广泛而自由的概括。为了达到这一目的，人们的脑海中已经出现了一些计划，特别是有一种世界联盟的运动，一种"国际联盟"。美国总统采纳了这句话，并试图实现它。他宣称，他通过推翻德意志帝国主义而寻求和平的一个基本条件是成立这个联盟机构，这个国际联盟将是国际事务中的最后上诉法院，这将是和平的实质性实现。这一种构建中，他又引起了巨大的反响。

威尔逊总统是新时代的代言人。在整个战争期间，在战争结束后的一段时间里，就旧世界而言，他一直保持着崇高的地位。但在美国，他们对他有更多的了解，那里也有对其持怀疑态度的文章，就像我们现在用后来事件的智慧所做的那样，我们可以理解这些怀疑。在经历了一个多世纪的超然和安全之后，美国发展了新的理想和政治思想模式，却没有强烈地意识到，在压力和危险的条件下，这些理想和模式可能必须热情地维持下去。对其社区来说，许多事情都是陈词滥调，对旧世界的社区来说，仍然纠缠在古老的政治复杂性之中，就像救赎福音一样。威尔逊总统的想法是建立在本国人民和国家的思想和条件之上的，这是建立在自由主义传统的基础上的，这种传统最早在英语演讲中得到充分体现。但对于欧洲和亚洲,他似乎在思考,在说,这是历史上第一次,到目前为止还没有尽善尽美的事情。他可能也有这种误解。

我们在这里面对的是一位能干而成功的政治学教授,他没有充分认识到,他对同时代人以及他一生所呼吸的文学和政治氛围的亏欠。在他再次当选总统后,他迅速地从一个政治领袖的心态转变为一个弥赛亚的心态。他的"笔记"是对世界形势要素的一系列探索。1918年1月8日,当他终于在国会发表演说时,他提出了他的十四点主张,作为对美国和平意图的明确陈述。这份文件要求各国之间达成公开协议,结束秘密外交、公海自由航行、自由贸易、裁军以及一系列基于国家独立的政治调整。最后,在第十四点,它要求"一个国家总联盟"来保证世界和平。

"十四点计划"在全世界都受到了热烈的欢迎,最后似乎成了世界各地理性人的和平渴望,无论是对诚实正派的德国人、俄国人,还是对诚实正派的法国人、英国人、比利时人,都是友好的、可接受的。几个月来,全世界都对威尔逊充满了信心。如果它们能成为1919年世界解决办法的基础,它们将立即在人类事务中开辟一个新的、更有希望的时代。

但是,我们必须指出,他们没有那样做。威尔逊总统有些自负。在美国的这一代人民中,有一代人在安全中出生,在富足和无知中长大,远离使欧洲变得严重的悲剧性问题,具有某种肤浅和轻松的心态。这并不是说美国人民的天性和需要是肤浅的,而是他们从来没有被一个比他们自己的社会更大的人类社会的理念所深深打动。对他们来说,这是一种理智的信念,而不是一种道德信念。这是新世界的新人民,他们对和平与世界正义有着新的思想,他们的思想更美好。前者由于缺乏经验而显得粗野幼稚,而后者则经验丰富、痛苦而复杂。新时代原始的理想主义青年与旧时代成熟的经验主义青年之间的冲突,多年前,伟大的小说家亨利·詹姆斯在一个非常典型的故事《黛西·米勒》中就探讨过这个主题。这是一个坦率、值得信赖、思想高尚、但思想相当简单的美国女孩的悲惨故事,她对正义有着真正的性情,对"美好时光"有着强烈的渴望,她是如何来到欧洲并迅速陷入错误之中,最后被旧世界复杂的折磨和顽固的限制驱使着去迎接死亡的。在现实生活中,这个主题千变万化,还有千变万化的跨大西洋悲剧,威尔逊总统的故事就是其中之一。但不应该这样认为,因为新事物屈服于旧的感染,这是对新事物的最终谴责。

也许没有一个容易犯错的人,能像威尔逊总统那样,在压倒一切的情况下,明显地尽力做到最好,却遭到如此细致、深刻和无情的批评。他因为严格按照党派路线指挥战争和随后的和平谈判而受到指责,而且似乎也应该受到指责。当情况合谋使他成为人类普遍利益的代表时,他仍然代表美国民主党。有一段时间,他没有试图忘记党派问题,而是把像前总统罗斯福、塔夫脱这样伟大的美国领袖与自己融为一体。他没有充分利用各个国家的道德和智力资源,把整个问题弄得太个人化了,他的周围仅是一些自己的追随者。更严重的错误是,他决定亲自参加和平会议。几乎每一位有经验的评论家似乎都认为,他应该留在美国,以美国的角色,偶尔发表讲话,就像一个国家在讲话一样。在战争的最后几年里,他用这种方法在世界上取得了无可比拟的地位。

狄龙博士说:"当总统达到欧洲的海岸时,欧洲就像粘土一样,随时为富有创造力的陶工准备着。"

"在此之前,这些国家从来没有像现在这样热切地追随摩西,他会把他们带到那片长久以来都充满希望的土地上,那里禁止战争,封锁着未知。他们认为威尔逊就是这样伟大的领袖。在法国,人们怀着敬畏和爱戴的心情向他鞠躬。巴黎的劳工领袖告诉我，他们在他面前喜极而泣。对意大利的工人阶级来说，他的名字是天国的号角，一听到这个声音，大地就会重生。德国人认为他和他的人道主义学说是他们安全的支柱。无畏的米尔伦先生说：'如果威尔逊总统向德国人发表演说，对他们宣判了严厉的刑罚，他们会听天由命，毫不含糊地接受，并立即开始工作。'在德奥两国，他的名声就像救世主一样，只要一提起他的名字，痛苦就会平静下来，痛苦就会停止。"

这就是威尔逊总统准备向观众展示自己的压倒一切的期望。1918年12月，他登上乔治·华盛顿号到达了法国。

他把妻子也带来了，对于美国人来说，这无疑是一件非常自然和恰当的事情，相当多的美国代表把他们的妻子带来了。不幸的是，这些妇女把一种社会品质，不，几乎是一种旅游品质引入了这个世界。由于交通设施有限，其中大多数到达欧洲时都带着一种特权的光辉气氛。他们来了，好像是来请客似的。他们看到欧洲正处于异常有趣的环境中，这是一种暗示。他们会去切斯特、沃里克或温莎，因为他们可能再也没有机会看到这些著名的地方了。经常，重要的采访被中断，以让他们进入一些"古老的历史建筑"中参观。在人类历史上，这似乎是一件微不足道的事情，但正是如此微不足道的人类事件，给1919年的和平会议蒙上了一层毫无意义的气氛。不一会儿，人们就发现人类的希望威尔逊已经消失了，所有的时装杂志上都刊登着一位兴高采烈的游客和他妻子的照片，他们微笑着聚在一起，戴着王冠的珠子，还有一群令人羡慕的人。事后聪明的人很容易看出他不应该过来。

他主要要对付的人，例如克莱门梭先生（法国）、乔治先生、贝尔福先生（英国）、索尼诺男爵和奥兰多先生（意大利），都是具有不同历史传统的人。不过,他们很像他,并向他的同情呼吁。他们也是党的政治家,他们带领国家度过了战争。像他一样,他们也没有意识到把定居工作委托给更有资格的人的必要性。

"他们是国际事务中最快乐的新手。地理学、民族学、心理学和政治史都被封为了书。就像鲁汶大学的校长告诉奥利弗·戈德史密斯说,由于他在不懂希腊语的情况下成了该机构的领导,他不明白为什么要在那里教书,国家元首们在不了解国际事务的情况下,在各自国家中获得了最高的地位,因此无法理解掌握它们的重要性,或者在它们的进行过程中难以对遗漏进行修复。"

"然而,他们所缺少的东西,在某种程度上可以通过招募一些比他们更幸福的人来帮助他们来弥补,但他们故意选择了庸人。他们受到良好的服务是和蔼精神的标志,但会议的全权代表却没有这种精神。他们中的一些人在幕后有熟人或临时的提词员,他们不愿听其劝告,但是,在世界舞台上引人注目的许多邻居们却毫无廉耻和无情。

"由于主要政府首脑含蓄地声称是人类的授权发言人,并被赋予了无限的权力,值得注意的是,这一说法受到新闻界各人民机关的大胆挑战。几乎所有大众阅读的杂志从一开始就反对总理集团的独裁,但威尔逊先生除外。"

在这本书中我们的篇幅受到限制,不允许我们在这里讲和平会议是如何从一个十人的会议缩小到一个四人的会议(威尔逊、克莱门梭、劳埃德·乔治和奥兰多),以及它是如何越来越像一个关于人类未来的坦率而开放的讨论,越来越像一个老式的会议阴谋。聚集在巴黎的希望是伟大而美好的。"和会时期的巴黎,"狄龙博士说,"不再是法国的首都。它变成了一个巨大的世界性大篷车,充满了普通生活中不应当存在的事情和混乱,充满了四大洲的种族、部落和语言的好奇样本,来观看和等待神秘的明天。

"来自鞑靼人、库尔德斯坦人、朝鲜人、阿塞拜疆人、亚美尼亚人、波斯人和长着大胡子、弯刀形鼻子的汉志人,以及来自撒马尔罕和布哈拉沙漠和绿洲的其他人,对这幅正在消失的全景给予了阿拉伯之夜的感触。头巾和土耳其毡帽、圆锥形的帽子和像圣公会主教的法冠、永久和平前夜新状态的未成熟的军服设计、雪白呢斗篷、飘逸的披风和优雅的衣服,像罗马宽外袍,有助于创造一个梦幻般的虚幻的氛围,在面对和应对城中最严峻的现实时。

"接着是富有的人、聪明的人、工业企业的人,以及道德新秩序的传播者,来自美国、英国、意大利、波兰、俄罗斯、印度和日本的经济委员会成员,石油矿工业和遥远煤矿的代表,朝圣者,狂热者和来自各阶层的江湖骗子,各种教义的传道者,他们与王子、元帅、政治家、无政府主义者、建设者和推倒者混在一起。他们都渴望接近这个世界政治和社会制度将被融化和重铸的熔炉。每天,在散步的路上,在公寓里,或在餐馆里,我都会遇到来自不同地区和民族的使者,他们的名字在西方很少被听到。欧克信斯河畔的希腊人派了一个代表团来拜访我,向我讲述了他们的古老城市特雷比松、萨姆松、的黎波里、克拉萨德,我多年前曾在这些城市居住过。他们告诉我,他们也希望融入一个独立的希腊共和国中去,他们的要求得到了允许。阿尔巴尼亚人的代表是我的老朋友图尔汉帕夏和埃萨德帕夏,前者希望得到意大利的保护,后者要求完全独立。中国人、日本人、韩国人、印度人、柯尔克孜人、莱斯吉厄斯人、切尔克斯高加索人、明格雷利安人、布里亚特人、马来人以及来自非洲和美洲不同部落和语言的黑人都聚集在巴黎,观看世界政治体系重建,并了解他们的'来由'。"

威尔逊总统来到了这群情激昂、令人惊叹的巴黎,为一个新世界而欢呼雀跃。他发现，聚集在巴黎的力量由一个比他本人更狭隘、在各方面都更有限、无可比拟地比他更有力量的人控制，那就是法国总理克列孟梭先生。应威尔逊总统的请求，克列孟梭先生当选为会议主席。威尔逊总统说："这是对法国苦难和牺牲的特别敬意。"不幸的是，这次会议的主题，会议的唯一议题应该是人类的未来。

乔治·本杰明·克列孟梭是一位老记者、政治家，一位伟大的谴责虐待行为的人，一位伟大的政府高官，一位在担任市议员期间拥有免费诊所的医生，以及一位凶狠、经验丰富的决斗者。他的决斗没有一场是致命的，但他勇敢地面对着。在帝国时期，他从医学院毕业，进入了共和主义新闻业。在那些日子里，他是左派的极端分子。他曾在美国当过一段时间的教师，后来和一位美国妻子结婚又离婚。在多事之秋的1871年，他30岁。他在塞丹之后回到法国，以极大的热情和活力投身于战败国的政治风暴之中。此后，拥有活力十足的新闻业、盛行的个人主义又兼具幽默精神的法国就成为他的世界。他是人们所说的"凶猛的动物"，他的绰号是"老虎"，他似乎对自己的绰号相当自豪。他是一位职业爱国者，而不是政治家和思想家，战争把他推到这个位置，是为了歪曲法国的高尚思想和慷慨精神。他的局限对这次会议产生了深远的影响，而为了在凡尔赛宫的镜厅里签字，德国曾在那里取得了胜利，并宣布了统一。德国人要在那里签字，在这种气氛中，对克列孟梭和法国来说，战争已不再是一场世界大战，仅仅是去年那场可怕的冲突的延续，那次冲突导致了德国的垮台和被惩罚。威尔逊总统说："为了民主，世界必须变得安全。"从克莱门梭先生表达的观点来看，这是"像耶稣基督一样说话"。为了巴黎，世界必须变得安全。"像耶稣基督一样说话"对许多杰出而健全的外交家和政治家来说似乎是一件非常可笑的事情，他们使1919年成为人类历史上最不健全的一年。

（值得注意的是，"老虎"智慧的另一个闪光点是威尔逊总统提出了十四点计划，比全能的上帝还要"糟糕"，而克列孟梭只提出了十个。）凯恩斯说，克列孟梭和奥兰多先生坐在火炉前四个人围成的半圆形的椅子中间，他穿着一件黑色的长礼服，戴着灰色的绒面革手套，在这些会议期间，他从来没有摘下过手套。值得注意的是，在这四位重建者中，他是唯一一位既懂法语又会说英语的人。

克列孟梭先生的目标很简单，而且是可以达到的，他要撤消1871年的所有殖民地。他希望德国受到惩罚，就好像德国是一个罪恶深重的国家，而法国是一个无罪的殉道者之地。他希望德国如此残破不堪，再也无法对抗法国。比起1871年法国所受的伤害和羞辱，他更想伤害和羞辱德国，不在乎德国的崩溃是否会导致欧洲的崩溃。他的思想还没有超出莱茵河，无法理解这种可能性。他认为威尔逊总统的国际联盟是一个很好的建议，如果它能保证法国的安全，无论他做什么都行，但他更喜欢一个有约束力的联盟，由美国和英国保持、支持，在任何情况下都要赞美法国。他希望巴黎的金融集团有更多的机会来开发叙利亚、北非等地。他想要补偿法国，用贷款、礼物，以及对法国的敬意和荣誉。法国遭受了苦难，必须得到回报。比利时、俄罗斯、塞尔维亚、波兰、亚美尼亚、英国、德国和奥地利也都遭受过苦难，全人类都遭受过苦难，但那又怎样呢？那不是他的事。在他看来，这是一部以法国为主角的戏剧。本着同样的精神，奥兰多先生似乎也在为意大利谋福利。

劳埃德·乔治先生把威尔士人的微妙之处、欧洲人的复杂之处以及尊重把他重新掌权的英帝国主义者和资本家的民族主义利己主义的迫切需要带到四人会议上。威尔逊总统带着他新发现的美国世界政策的最崇高的目标进入了这个秘密委员会,他相当匆忙地编制了十四点纲领,以及一个国际联盟的计划而不是设计。

"在行使议会或议院的职能方面,很少有一个一流的政治家比总统更不称职。"从窃窃私语到激烈争论,以及在我们这里无法描述的各种来来往往之后,他终于出现了,带着"十四点计划",可怜地嘶吼着,并且衣冠不整。但他也带着一个国家联盟的小婴儿,也许会死,也许会活下来,也许会成长,谁也说不清。这段历史无法说明,我们的会议快结束了,但至少他做了这么多。

36.12 国际联盟第一次会议总结

这个装在瓶子里的侏儒,人们希望它最终能成为统治地球的人类,这个体现在1919年4月28日的契约中的国际联盟,根本不是一个民族联盟,它是世界发现的,是由"国家、自治领或殖民地"组成的联盟。会议规定,这些国家应"完全自治",但对这个词没有任何定义。没有限制有限的专营权,也没有规定任何国家的人民可以直接控制。印度的形象大概是作为一个"完全自治的国家",一个独裁政体无疑可以被接受为一个"完全自治"的民主政体,拥有一个选举权。1919年的联盟实际上是一个由外国办事处的"代表"组成的联盟,它甚至没有废除在每个首都设立大使馆的荒唐行为。大英帝国曾经作为一个整体出现,然后印度和加拿大、澳大利亚、南非和新西兰的四个自治领作为独立的主权国家出现。当然,印度代表肯定只是一个英国的代理人,其他四位将是殖民政治家。但是,如果要这样剖析大英帝国,应该用大不列颠的代表来代替帝国的代表,爱尔兰和埃及也应该有代表。此外,无论是在历史上还是法律上,纽约州或弗吉尼亚州几乎和新西兰或加拿大一样是一个主权国家，包括印度在内的国家对法属非洲和法属亚洲提出了合乎逻辑的要求，一名法国代表确实提议为摩纳哥小公国单独投票。

国际联盟应有一个大会，每个成员国都有代表，有平等的发言权，但国际联盟的理事权力授予了一个理事会来行使，该理事会由美国、英国、法国、意大利和日本的代表和大会选举的其他四名成员组成。理事会每年举行一次会议，大会的开会间隔是"规定的时间间隔"，而不是既定的。

除非在某些特定的情况下，国际联盟只能做出一致的决定，安理会的一个反对票就可以禁止任何关于波兰老自由党否决权的提案。这是一个灾难性的条款，在许多人看来，这使得联盟没有比其他联盟更不受欢迎。这是对国家不可剥夺主权的完全承认，是对人类最重要的公益理念的否定。这一条款实际上禁止了今后对联盟章程的所有修正案，除非同时撤销希望改变的大多数成员国，以新的路线重新组建联盟。这种粗劣的妥协导致该公约不可避免地使它所建立的联盟进行了这样一次最后的清盘，这可能是它最好的选择。

有人提议，应将以下国家排除在原来的联盟之外，即德国、奥地利、俄罗斯以及土耳其帝国的任何残余势力，但随后，经大会三分之二的人同意，可将其中任何一国列入其中。预计的《公约》中规定的联盟最初成员国有：美利坚合众国、比利时、玻利维亚、巴西、大英帝国（加拿大、澳大利亚、南非、新西兰和印度）、中国、古巴、厄瓜多尔、法国、希腊、危地马拉、海地、汉志、洪都拉斯、意大利、日本、利比里亚、尼加拉瓜、巴拿马、秘鲁、波兰、葡萄牙、罗马尼亚、塞尔维亚-克罗地亚-斯洛文尼亚、暹罗、捷克斯洛伐克和乌拉圭。应邀请加入以下在战争中保持中立的国家有：阿根廷共和国、智利、哥伦比亚、丹麦、荷兰、挪威、巴拉圭、波斯、萨尔瓦多、西班牙、瑞典、瑞士和委内瑞拉。

这就是联盟的章程，它的权力是特殊的和有限的，这几乎是不奇怪的。日内瓦和秘书处获得了一个席位，它甚至没有权力检查其组成国的军事准备，也没有权力指示军事和海军人员计划维持世界和平所需的武装合作。法国在国际联盟委员会的代表莱昂·布尔乔亚清楚而反复地坚持这种权力的逻辑必要性，作为一名演讲者，他经验相当丰富，但缺乏克列孟梭式风格的"香料"。4月28日全体会议在通过《公约》之前的最后一幕，由威尔森·哈里斯先生简洁地描述，他是奥赛码头拥挤的宴会厅，为代表们准备了最差的桌子，秘书和官员们在墙边排队，在房间的下端有一大群记者。"在房间的前面，'三巨头'用一种低沉的声音转移了他们的注意力，代价是可敬的布尔乔亚先生在他为支持那著名的修正案所进行的第五次演说时，在一堆肯定是完全多余的稿子的帮助下发表了讲话。"

他们常常"在潜移默化中自娱自乐"，这是上帝用历史上最大的机会嘲弄过的三个人。凯恩斯还举出了其他例子来说明这些会议的不平等、粗俗、漠视、忽视和不足之处。

这个糟糕的和约以这种方式达成，并随着威尔逊总统返回美国。在美国和约受到了大量的反对、批评和修改，这表明美国的精神力量相对来说是相当完好无损的。参议院拒绝批准《和约》，因此联盟理事会的第一次会议在没有美国代表参加的情况下举行了。1919年年底和1920年的头几个月，在经历了战争时期亲法、亲英的狂热之后，美国人的情绪发生了非常奇怪的变化。和平谈判以一种混乱而又非常恼人的方式提醒美国人，他们在国际视野上与任何欧洲强国都存在着深刻的差异，而战争曾一度帮助他们忘记了这一点。他们觉得自己在很多事情上都做得不够周到，他们经历了对1917年解体的孤立政策的强烈反感。1919年年末出现了一个阶段，一个非常容易理解的阶段，充满激情甚至暴力的"美国主义"；在这个阶段，欧洲帝国主义和欧洲社会主义同样是可恶的。美国人倾向于"削减"美国在旧世界事务中所承担的道德责任，并意识到战争给新世界带来的巨大财政和政治优势，这其中可能有肮脏的成分。但是，美国人民的普遍本能似乎是对提议的解决方案不信任。

36.13 1919年到1920年条约的纲要

巴黎和会通过的1919年到1920年条约的主要条款，可以用几张地图而不是一份书面摘要清楚地说明出来。我们几乎不需要指出这些条约有多少尚未解决，但我们也许可以列举在会议开始时的十四条中幸存下来的十二项条约中一些比较突出的存在违反的情况。

我们认为，几乎所有这些违反行为的一个初步原因是人们对先前存在的国际联盟是完全没有准备和不愿意的。大英帝国迫使各国和开发地区服从于对其制度的任何剖析和调整，或对其海军和空中军备的任何控制。另一个相似的原因是，美国人对任何干涉美国在新世界的优势地位的行为都没有做好心理准备。这两个大国在巴黎必然是占支配地位和领导地位的，它们都没有适当地考虑到国际联盟对这些旧安排的影响，因此它们对这一计划的支持对大多数欧洲观察员来说都是一种虚伪得出奇的态度，他们似乎希望保留并确保自己的巨大优势和安全，同时又要阻止任何其他国家的扩张、兼并和结盟，因为这些扩张、兼并和结盟可能会造成一种相互竞争的帝国主义。他们未能树立国际信任的榜样，并且破坏了巴黎和会上其他国家可能竖立起的国际信任。

更不幸的是，美国人拒绝同意日本要求承认民族平等的要求。此外，英国人、法国人和意大利人的外交机构被与新思想完全不相容的传统侵略计划所困扰。一个对人类有明显价值的国际联盟必须取代帝国主义，要么是超级帝国主义，要么是美国的自由世界帝国，要么是参与者，要么是直觉，要么什么都不是。但在巴黎会议上，几乎没有人有精力断言联盟提议的这一明显后果。他们希望同时受到约束，又保障自由，确保永远的和平，但同时又要把武器握在手中。因此，强权时期的旧兼并计划被匆忙地、几乎不加掩饰地伪装成4月28日这个可怜的小生命诞生的提议。新生的、几乎没有生气的联盟，被代表着以一个被俘虏的教皇所具有的一切不计后果的慷慨，向旧的帝国主义"发号施令"，如果我们想要的是年轻的大力神，它肯定会扼杀在摇篮里。

英国将在美索不达米亚和东非拥有广泛的"授权"，法国在叙利亚也有同样的情况，意大利必须将其在埃及西部和东南部的所有领土统一为强制性领土。此外，在这次会议上，所有大国都在为"战略"前沿而战，这是所有国家中最丑陋的症状。为什么一个国家要有战略边界？除非它想要战争。如果意大利坚持让南部蒂罗尔的德国人和达尔马提亚的南斯拉夫人作为臣民，如果希腊开始在小亚细亚登陆，法国和英国都无法阻止这些可能在千禧年之前爆发的事件。

我们不会在这里详细叙述威尔逊总统是如何让位给日本人并同意他们在中国胶州取代德国人的，几乎属于德国的但泽市实际上（如果不是合法的话）是如何附属于波兰的，以及意大利帝国主义者的主张是如何引起争议的。这些事件强化了美国占领南斯拉夫港口菲乌梅和剥夺南斯拉夫一个良好的亚得里亚海出口的主张。我们也不会只注意到复杂的安排和理由，使法国占有德国领土萨尔河谷，或完全不公正地侵犯了"自决权"，实际上禁止了德国与奥地利联合，因为德国剩余部分应该与其他国家联合是自然和适当的。

1919年至1920年的这些烦人的问题，占据了报纸和政治家的头脑，把我们所有的废纸篓都装满了宣传文学，在这个时代的大运动中，这些问题现在似乎是非常偶然的事情。所有这些争论，像一个疲惫且愤怒的人进行的不公正的猜疑可能会失去它们的重要性，随着世界的基调改善，以及仍然不充分理解的大战争和随之而来的小和平的教训，开始被人类的普遍智慧消化。

对于任何令人满意的民族联盟来说，首先每个人都应该完全拥有自己的家庭，这可能是一个必要的前提。

36.14 第二次世界大战的预兆

我们认为，未能在1919年到1920年达成一项更令人满意的世界解决办法，是由于第一次世界大战的过度紧张而造成的几乎普遍的智力和道德上的倦怠。缺乏新鲜的主动性是疲劳阶段的特征，每个人，由于完全无法改变，都有一段时间沿着思维习惯和先例的路线漂流。

在这个时候，没有什么比军事人员表达的思想更能说明这种疲劳惰性了。它将以一种非常重要的方式结束这一章，并完成我们对这一历史必须终结的巨大的世界性审问的描绘，我们会在这里简要地总结一下路易·杰克逊少将与1919年12月的一天在伦敦的皇家联合服务机构向陆军元帅、将领、少将等的集会发表的演讲。英国负责战争事务的副大臣皮尔勋爵主持会议。读者一定会想象到，在那幢大楼里，有一间不大却很庄严的会议厅，所有这些优雅、庄重、军人般的人物都静静地专注于演讲者的话。他带着某种压抑的热情，描述着在"下一场战争"中可能出现的军事方法的技术发展。

窗外，伦敦的车辆川流不息，虽然不像1914年那么多，但仍然相当多。公共汽车都挤得水泄不通,因为现在已经没有那么多公共汽车了,而且人们的衣着也普遍比较寒酸。沿着白厅往下走不远,有一座临时搭建的纪念碑,它的底座被一大堆腐烂的花圈、一束束鲜花之类的东西闷得透不过气来。纪念碑是为了纪念在最近的战争中阵亡的80万帝国的年轻人。一些人正在那里放鲜花和花圈,还有一两个正在哭泣。

前景远远超出了这次聚会的范围,进入了伦敦灰色的广阔地带,那里的人们现在比以往任何时候都更加拥挤,他们的食物更加昂贵,就业也比以往任何时候都更加不确定。但不要让这景象变成一种无法释怀的阴郁,摄政街、牛津街和邦德街上的购物者和新车熙熙攘攘。在伦敦之外,这个国家已经沉入了夜幕之中,穿过狭窄的大海,法国北部和比利时遭到了严重的破坏,在德国成千上万的婴儿因缺乏牛奶而萎缩、死亡,整个奥地利都在挨饿。人们相信,除非美国迅速提供救济,否则维也纳一半的人口将在春天之前死于苦难。在暗淡的暮色之外,是俄罗斯的黑暗。至少,那里没有富人在购买任何东西,也没有军人在阅读有关下一场战争的文章。但在冰冷的彼得格勒,几乎没有食物,没有木头,也没有煤。俄罗斯所有向南直至积雪的城镇都面临着类似的困境,一场破旧肮脏的战争拖到了尽头。欧洲已经破产,人们的口袋里塞满了纸币,他们的购买力随着纸币的流通而下降。

但现在我们将回到路易斯爵士在联合服务机构灯火通明的房间里。

他的观点是(我们跟随第二天早上的《泰晤士报》的报道),我们只是在对历史上所知的战争艺术进行最广泛修改的前夕。因此,我们(当然,我们是英国人,而不是整个人类)有责任继续发展我们的军备,保持领先。这是一个很好的概括,"发展新武器是必要的，这样做的国家将在下次战争中拥有巨大的优势。但也有人大声疾呼削减军备。"

（但他们是战壕战的主管，补给是错的。他们只是在纪念碑前哭泣，可怜的、软弱的、愚蠢的灵魂，是因为一个儿子或兄弟或父亲死了。）

路易斯爵士相信，战争艺术最伟大的发展之一将是机械运输。他忘恩负义地对待坦克，这些军人对一项发明忘恩负义，这项发明几乎是不由自主地把他们推向胜利。路易斯爵士说，坦克是个"怪物"。他说，坦克的突出特点是使机械运输独立于道路。到目前为止，行军的军队只能破坏道路，现在，他们的履带式运输车将在宽阔的战线上有序地向前推进，运载着枪支、弹药、给养、架桥设备、木筏和人员，偶尔还会犁开并摧毁树篱、沟渠、田野和农田。军队会在全国前进，只留下灰尘和泥土。

所以我们的想象被引导到实际的敌对行动。

路易斯爵士赞成使用毒气，特别是对于惩罚性远征，更是建议使用毒气。说到这里，他的听众被一种近乎多愁善感的东西的光芒吓了一跳。他说，是有可能达成某种协议的，即不应该使用导致不必要痛苦的气体。但在那里，他的心在说话，而不是他的头脑。他应该清楚，如果法律到目前为止能够凌驾于战争之上，禁止任何邪恶的手段，那么它就能够凌驾于战争之上，完全禁止战争。那么路易斯·杰克逊爵士和他的听众们将会在哪里呢？战争就是战争，它唯一的法律是，必须最大限度地消灭敌人的力量。在战争中，对人道和正义的一切考虑都服从于这一法律。

路易斯爵士从毒气站走到了空中，在这里，他预测到了最重要的进展。我们现在还不需要用战斗机或混凝土堡垒来麻烦自己，但据空军估计，二十年后，这可能是我们备战工作中最重要的部分。

他讨论了商用飞行器向轰炸和侦察用途的转变，以及需要大量和随时待命的特殊类型的战斗机器。他给出了一些理由，假设下次战争中的轰炸机不会在军队前线附近有相同的目标，而会通过进一步深入战场，轰炸"正在制造商店和训练军队"的中心，从而获得更好的结果。在1917年至1918年期间留在伦敦或英格兰东部的每个人都知道，这意味着对任何一个人口中心的狂轰滥炸。但是，当然，在那些学徒时期是儿童的轰炸游戏的"下一场战争"里，将会出现无数的飞机，还有更大、威力更大的炸弹。

路易爵士继续画着这幅草图，他提到"伦敦大部分地区的毁灭"可能是即将到来的斗争中的一个偶然事件，一直到最后的道德、最高的工资、最高的重要性、最自由的开支，和必须允许军人般的绅士。"所需费用属于绝对必要的保险"，他的听众对此表示热烈的赞同。有一位名叫斯通的少将，他忘记了演讲中引用话语的来源，他希望这次演讲"可能不是信任国际联盟的开始，而是信任我们自己的右手和伸出来的手臂"！

我们不会继续讲这个梦的细节，事实上，没有任何乌托邦能比这一预言更不可能实现，因为在这个世界上，除了小心翼翼地用沙袋和沙子填满工事，几乎什么都没有。伪装后的总司令部会相当安全，无数的轰炸机会不间断地轰炸交战地区，庞大的军队用履带式运输线来回移动，把大地搅成血痕斑斑的泥浆。世界上没有足够的精力和意志去做这样的事情，不能预见坦克的将军就不能预见或理解世界破产，他们更不可能理解普通人反复无常的脾气对军事行动施加的限制。显然，美国军事机构里的这些军领导甚至不知道战争的目的是在敌人中产生一种思想状态，并由思想状态维持下去。在路易斯爵士的计算中，一个主要被忽视的因素是，没有任何一个人能像他所设想的那样经受得住这样的战争，即使是获胜一方的人也不例外。因为正如法国北部、英国东南部和意大利北部现在所理解的那样,"下一场战争"的胜利者可能和失败者一样遭受轰炸和饥饿。

在某一阶段,饱受战争折磨的人民可能停止对这一方或那一方的军人绅士的歧视,并可能作为种族的共同敌人来消灭他们。1914年到1918年的第一次世界大战是西方人民军事力量的顶峰,他们打了仗又打得很激烈,因为他们相信他们打的是"结束战争的战争"。他们的确是这样的。德意志帝国主义有组织地控制着教育,并与咄咄逼人的商业主义结成了紧密的联盟,它被打败并且完蛋了。相比之下,英国、法国和意大利的军国主义和帝国主义是软弱的、无组织的幸存者,它们是第一次世界大战遗留下来的东西,而没有说服力。欧洲政府将永远无法像1914年的政府那样,让同样比例的人民投入坦克和军火生产。我们的世界仍然非常脆弱,但它的战争狂热已经结束,如果有的话,它的温度低于正常值,很长一段时间内是否还会发烧还很难说。战争条件的变化已经比路易斯·杰克逊爵士所怀疑的当局要深刻得多。

37. 历史的新阶段

37.1 在政治问题上人类意志可能的统一

我们已经把这本书带到了我们这个时代的门槛，但是我们没有得出任何结论，这在一个戏剧性的期望阶段中断。没有人相信围绕《凡尔赛条约》而组成的定居点体系是世界事务的永久性安排，这个条约是战争的结束，而不是世界新秩序的建立，现在必须建立新秩序。在社会和经济方面，正如国际事务中一样，我们正处于建设性努力的开端。生命的故事，在数百万年前就开始了，而人类的冒险，在50万年前就已经开始了，而在今天的巨大审问中，上升到了一个危机。这出戏变成了我们自己，正是你，正是我，正是发生在我们身上的一切，正是我们所做的一切，将为人类这场不断扩大的冒险开启了下一个篇章。

我们的历史可以追溯到一个稳定增长的社会和政治单位，其中的人已经结合了。在1万年的短暂时间里，这些单位从早期新石器时代文化中的小家庭部落发展到现在的广大统一王国，广大但仍然太小和偏小。国家规模的这种变化（明显是不完整的变化）伴随着其性质的深刻变化，强迫和奴役已经被相关的自由思想所取代，曾经集中在独裁国王和上帝身上的主权已经在整个社会广泛传播。在罗马共和国扩展到整个意大利之前，没有比城邦更大的自由社区，所有伟大的社区都是君主统治下的服从社区。在印刷机和铁路出现之前，大的联合共和国是不可能的。电报和电话、飞机、陆地和海上运输的不断发展，现在都在坚持成为一个更大的政治组织。

如果这本书是忠实的，如果这些简短的结论是正确的，那么我们将承担一项巨大的任务，即调整我们的事务所依据的这些伟大的路线。我们的战争，我们的社会冲突，我们巨大的经济压力，都是这种调整的各个方面。今天的忠诚和效忠充其量只是临时的忠诚和效忠，我们真正的国家，这个已经开始的国家，这个每个人都应尽其最大的政治努力的国家，必须是现在这个新兴的联邦世界国家，人类的必需品指向它。我们真正的上帝现在是所有人的上帝，民族主义作为一个神，必须跟随族群的神走到边缘，我们真正的国籍是人类。

现代人将在多大程度上坚持和认同这种必要性，并致力于修改他们的想法，重塑他们的制度，教育下一代实现公民身份的最终延伸？他们会在多大程度上保持黑暗、执着、习惯和传统，抵抗给他们带来统一或痛苦的聚合力量？迟早，统一必须到来，否则，显然人类必须因自己的发明而灭亡。我们，因为我们相信理性的力量和人类日益增长的善意，所以我们不得不拒绝后一种可能性。但是通往前者的道路可能是漫长而乏味的，非常悲惨和令人厌烦的，一个许多代人的殉道者，或者说，在大约一代人的过程中，它几乎可以被迅速地穿越。这取决于我们现在在某种程度上理解其本质的力量，而不是它们的力量。必须有一个伟大的教育过程，通过训诫、信息和经验，但迄今为止还没有教育的量化措施来告诉我们必须学习多少东西，或者学习能够在多短时间内完成。我们的估计随我们的心情而变化，时间可能比我们的希望长得多，比我们的恐惧短得多。

大战争的可怕经历使许多曾经轻视政治事务的人现在非常严肃地予以对待。对少数人来说，实现世界和平已成为生活中的至高无上的工作，已成为一种宗教式的自我陶醉。对于更多的人来说，它至少已经成为统治的动机。许多这样的人现在正在寻找为这个伟大的目的而努力的方法，或者他们已经在学校和书本上，在公路和公共生活的道路上，通过文章和演讲来为这个伟大的目标而努力。也许现在世界上大多数人都对这种努力有着很好的打算，却有着相当混乱的打算，他们对做什么可以促进人类团结的这一问题没有明确的认识。在威尔逊总统开始萎靡不振、让我们失望之前，世界范围内对他的信仰和希望的爆发，对人类的未来确实是一件非常重要的事情。与这些团结的动机相反的是，其他动机完全是敌对的，那是对奇怪的事物和民族的恐惧和憎恨，对旧传统事物的爱和信任，爱国主义，种族偏见，猜疑，不信任和怨恨，无赖，以及在每个人的灵魂中如此强烈的自私自利。

迄今为止，在个人灵魂和社会中，最重要的力量是宗教和教育的力量，它们一直在与把我们彼此分开的凶猛、卑鄙和个人冲动作斗争并取得胜利。宗教和教育，这些紧密交织的影响，使我们在这本书中追踪到更大的人类社会成为可能，在我们从其开始就追踪到的扩大人类合作的伟大故事中，它们是主要的综合力量。我们在19世纪的知识和神学冲突中发现了对宗教教学与正规教育之间奇怪的特殊分离的解释，这是我们这个时代的一个显著特征，我们回顾了在国际社会倒退中导致的宗教争论和混乱的后果。国家政治变得残酷，工业和商业社会倒退成了自私的逐利。传统的束缚已经消失，人类思想开始走向毁灭。在这里，我们要强调的是，这种宗教教学与有组织教育的分离必然是暂时的错位，当前的教育必须在意图和精神上重新成为宗教，以及对奉献、普遍服务和完全脱离自我的冲动，这已经在过去2500年的所有伟大宗教中成为共同的潜在力量。在过去70年或80年的繁荣、懈怠、幻灭和怀疑主义中，一种如此明显的衰退的冲动将再次出现，逐渐变得稀疏平常，成为人类社会的常态。

教育是为社会的每个人准备的，而对他的宗教训练是这个准备的核心。伴随着19世纪伟大的智力重述和扩张，教育的分裂、教育的困惑和目标的丧失是不可避免的。当我们对一个社区的想法被粉碎和重建时，我们就不能再为这个社区的个体做准备了。旧的忠诚，旧的过于有限和狭隘的政治和社会假设，旧的过于复杂的宗教公式，已经失去了他们的信念力量，一个世界国家和一个经济公益组织的伟大思想也只是慢慢地获得认可。到目前为止，它们只影响了少数杰出的人。但是，从目前的麻烦和悲剧中，可能会出现一种道德和智力的复兴，一种宗教的复兴，一种简单和范围的复兴，将异族人和现在分散的传统融合到一种共同的、可持续的为世界服务的生活方式中。我们无法预知这种复兴的范围和力量，我们甚至无法提供它开始的证据。这类事情的开始从来都不引人注目，民族灵魂的伟大运动起初"像夜间的小偷"，然后突然被发现是强大的和全世界的；宗教情感摆脱了腐败，摆脱了最后一次僧侣的纠缠，很快就会像一阵大风一样，在生活中再次吹过，破门而入，推开个人生活的百叶窗，使许多事情成为可能，变得容易。在如今的疲惫中，似乎难以渴望。

37.2 一个联邦的世界政府会如何诞生

如果我们认为人类有足够的正义和智慧，从历史的巨大教训中，就可以为世界和平提供一种智慧——也就是说，在世界政府的领导下，在世界法律的有效制约下，因为在其他任何方式下，都不可能想到一个安全的世界和平。我们可以以什么样的方式去期待事情呢？走向这一端？这一运动肯定不会在每个国家都平等地进行，也不可能一开始就采取一种统一的表达方式。在这里，它会找到一种适意和刺激的氛围，在这里，它会发现自己与根深蒂固的传统、民族特质或组织良好的基础对立。在某些情况下，那些受到新秩序召唤的人将生活在一个几乎准备好服务于更大的政治综合目的的国家，在其他情况下，他们将不得不像同谋一样对抗邪恶法律的统治。像美国或瑞士这样的国家的政治宪法中，几乎没有什么可以阻碍其坦然接受与其他同等国家可能进行的联盟或联合。涉及独立地区和"臣民"的政治制度，如土耳其帝国，在大战争之前，似乎是必须的。在他们能够适应联邦世界体系之前，他们是处于分裂状态的。任何一个沉溺于侵略性外交政策传统的国家都很难融入世界的大家庭。但是，尽管政府可能是有益的，在这里，黑暗的和敌对所有国家和国家的善意人士的基本任务仍然是相同的。这是一项教育任务，其本质是把世界各地的所有人的思想作为世界合作的必要基础，这是一种新的说教和解释，是一种共同的干预历史的方法。

这个由1919年的盟约建立的国际联盟是否包含了人类努力的任何永久联盟的萌芽？正如史塔利布拉斯所说，人类是否会变为"全心全意工作，在必要时战斗"的人类呢？——迄今为止，他们都愿意为自己的国家和人民战斗吗？目前很少有人暗示对联盟有这样的热情。联盟似乎甚至不知道如何与普通人交谈，它已经进入了官方的构建，世界上很少有人了解或关心它在那里做什么。它可能只是联盟的第一个项目，仅在其不足和危险方面具有示范性，注定会被更紧密和更完整的东西取代，就像联邦宪法中的美国联邦章程一样。该联盟目前只是政府和国家的一个部分联盟。它强调国籍，服从主权。世界所需要的不是这样的国际联盟，甚至不是仅仅的人民联盟，而是一个世界人类联盟。除非主权合并、国籍服从，否则世界就会毁灭。为此，人类的思想必须首先由经验、知识和思想来准备，政治教育是当今人类面临的最高任务。

可能在任何一个世界联盟之前都会有几个部分联盟。欧洲和亚洲共同的不幸和迫切的共同需要，可能比美国、大不列颠和法国单纯的智力和情感联系更能有效地使欧洲和亚洲国家理性和团结一致。旧世界的美国有可能反对大西洋联盟的可能性，此外，对于一个美国实验即泛美联盟来说，我们还有很多话要说，在这个实验中，新世界欧洲殖民地将像卢森堡在德国联邦中的一段时间那样，扮演进进出出的角色。

在这里，我们不会试图通过劳动国际主义的教诲和宣传、国际金融的研究和需要，或者科学、艺术和历史教学等破坏边界的力量，来衡量在重新塑造和巩固人类事务中可以分享什么。所有这些因素都可能产生一种综合压力，在这种压力下，可能永远无法分配准确的份额。反对派可能会解散，敌对的邪教几乎潜移默化地发展成一种共同的文化。今天大胆的理想主义明天似乎只是常识，而预报的问题则是由干扰和倒退的可能性所造成的，历史从来没有简单地向前发展过。更特别的是，一场大战之后的几年也可能是明显的倒退，人们太疲倦了，看不到已经做了什么，什么已经被清除，什么已经成为可能。

在目前看来，似乎正朝着一个适当的世界控制霸权迈进的事情包括：

（1）随着新的科学力量的爆发，战争的破坏性和不可容忍性日益增加。

（2）世界经济事务不可避免地融合为一个系统，必然导致对货币的某种共同控制，并要求在全世界范围内安全、不间断地进行通信，以及货物和人员在海上和陆地上的自由流动。要满足这些需要，就需要世界对相当大的权力和执行力进行控制。

（3）由于人的流动性的增加，需要对各地的健康进行有效的控制。

（4）迫切需要在全世界范围内实现劳动条件和最低生活标准的某些平等，这似乎把它作为必要的推论，为每个人建立了一些最低教育标准。

（5）如果没有全世界对空中航线的控制，就不可能产生巨大的飞行效益。

尽管民族和传统发生了冲突，语言差异也造成了巨大的困难，但这种多样性、必要性的思考和逻辑推动了人们思想的发展进步，使人们相信建立或阻止政治世界共同体的有意识斗争将是人类历史的下一个阶段。要求国际社会成为永久被需要的社会，几乎每个人都会有这样或那样的需要，反对这种需要的持续存在是非常困难的，毫无疑问，却是致命的。偏见、激情、敌意、对民族和国家的错觉、利己主义，以及诸如波动和转瞬即逝的事物，通过教育和建议建立在人们的头脑中，这些都不是为了那些在他们支配下的个人的福利和生存，也不是为了他们所占的国家、城镇和协会。

37.3 一个现代世界格局的基本特征

世界国家的实现可能会受到阻碍，并可能会受到许多显然庞大的力量的反对，但它有一种更强大的力量，这是人类自由和不断增长的共同智慧的力量。今天，世界上有越来越多的人，历史学家、考古学家、民族学家、经济学家、社会学家、心理学家、教育家等，正如17或18世纪的科学家一样，为人类社会在创造性岗位上辛勤工作着。17、18世纪的科学家致力于改善人类生活中所需的材料，使电报、海上和陆地上的快速运输、飞行和一千种到目前为止不可能的事情变成可能。事情是可能的，因此现在的科学家可能比世界上的怀疑者做得要多，或者比他们自己怀疑得要多，在更大、更紧急的人类事务中来澄清和说明要做的事情和要做的方式。

让我们用预言的方式来模仿罗杰·培根，并把我们认为将成为未来世界广泛基础的内容记录下来。

（1）它将建立在一个共同的世界宗教的基础上，非常简化和普遍化，并更好地被理解。这将不是基督教、伊斯兰教、佛教，也不是任何这种专门的宗教形式，而是宗教本身的纯净和未被玷污，例如八重道路、天国、兄弟会、创造性服务和自我遗忘。在全世界，人们的思想和动机都将由教育、榜样和关于他们的思想圈来转变，从对自我的迷恋到人类知识、人类力量和人类团结的愉快服务。

（2）这个世界国家将通过普及教育维持下去，普及教育的规模、渗透性和质量将超越所有现有经验。整个种族，而不仅仅是阶级和人民，都将受到教育。大多数家长都会有教学的技术知识，除了父母的职责，也许10%或更多的成年人口在他们生活中的某个时候或其他时候将成为世界教育组织的工人。教育，正如新时代所设想的，将贯穿一生，在任何特定的时代都不会停止。随着年龄的增长，男性和女性将简单地成为自我教育者、个体学生和学生教师。

（3）没有军队，没有海军，没有贫富阶级。

（4）世界国家科学研究与记录组织与当今相比，将像一艘远洋客轮，停靠在某个早期旧石流浪者挖出的独木舟旁。

（5）将有大量自由的批评和讨论文献。

（6）世界政治组织将是民主的，即政府和事务的方向将与受教育的全体人民的普遍思想直接接触，并做出反应。

（7）经济组织将是共同政府的代理人和仆人，为了共同利益而剥削一切自然财富和一切新的可能性科学的结果。私营企业将成为仆人——一个有用的、有价值的、回报丰厚的仆人——而不再是公益事业的强盗主人。

（8）这意味着我们今天似乎很难取得的两项成就，这关乎机械装置的问题，但它们对世界的福祉和士兵的福祉同样重要，不管士兵有多勇敢，他的机枪不应该卡住，对飞行员来说，他的舵机不应该在半空中使他失灵。政治福祉要求使用选举方法，经济福祉要求使用、保护或证明货币不受聪明、不诚实的人操纵。

37.4 世界将变成什么样：会存在统一的法律与正义吗

毫无疑问，实现全人类的联合，以及充分的社会公正措施，确保健康、教育和机会的平等，对大多数出生在这个世界上的孩子来说，意味着人类能量的释放和增加，从而开启人类历史的新阶段。军事准备造成的巨大浪费和相互竞争的大国的共同烦恼，以及由于大量人民生产力低下而造成的更为巨大的浪费，无论因为他们太富有而无法刺激经济，还是因为他们太穷而无法提高效率，都将停止。人类生活必需品的供应量将大幅度增加，生活水平和被认为是必要的东西将大幅度提高，交通的发展和各种便利条件将使许多人从低级生产转移到各种艺术、教学、科学研究和社会科学等更高层次的工作上。在世界各地，将有一个不受人类能力约束的环境，例如迄今为止只在小的地方发生过，并且经历了宝贵的有限的繁荣和安全阶段。除非我们假设在以前就已经出现过了尼采口中的超人，否则我们有理由得出这样的结论：伯里克利的雅典、美第奇的佛罗伦萨、伊丽莎白时代的英格兰、阿育王的伟大事迹、唐朝和明朝的艺术，不过是一个持续安全的世界将不断地产生和发展的样本。多方面地历史证明这一期望是正确的，它不假定人类素质有任何变化，而仅仅是从当前的过度浪费系统中释放出来。

我们已经看到，自15和16世纪人类思想解放以来，相对少数好奇和聪明的人，主要是西欧人，是如何产生了一种世界观和一种科学体系，在物质方面，这是一种生活革命。这些人大多是在没有足够的资金，和来自人类大众的少量帮助或支持的情况下，对抗了巨大的挫折。我们不大相信这些人就是他们同辈中智力的佼佼者，在过去的3个世纪里，仅英国一个国家就已经产生了几十个从未学过阅读的牛顿，数百个道尔顿、达尔文、培根和赫胥黎，他们在历史中泯然众人，或者没有机会证明他们的素质。在全世界，一定有无数潜在的一流调查员、杰出的艺术家、有创造力的头脑，他们从未捕捉到一丝灵感或机遇，也没有在世界上留下自己的印记。战争后期，仅在西线的战壕里，就有数千名潜在的伟人没有完成任务就死去了。但是，一个拥有安全的国际和平和社会正义的世界，将通过普及教育的良好网络来获取能力，并可能期望一个比任何一个世界迄今已知的有能力和有才干的人的产量都更高的产量。

正是出于这样的考虑，我们才有理由在不久的将来集中精力，使我们摆脱目前的困惑，建立一个新的正义世界。战争是一件可怕的事情，而且不断地变得更加可怕，因此，除非战争结束，否则它必然会结束人类社会。社会不公，以及它所产生的有限和狭隘的人类的视线，折磨着灵魂。为了富有想象力的精神而进行建设性的政治和社会工作，最强烈的动机与其说是希望摆脱罪恶，不如说是希望进行伟大的冒险，因为压制下的罪恶感最终将会反噬到这一民族身上。我们想摆脱军国主义者，不仅仅是因为他伤害和杀害，而是因为他是一个难以忍受的粗声粗气的傻子，他在我们取得成就的道路上威吓和咆哮。我们要废除许多奢侈的私人所有制，正如我们要废除一些愚蠢的监护人，他们拒绝我们进入一个工作室，而在那里我们有美好的事情要做。

有些人似乎认为，世界秩序和一个普遍的正义法则将结束人类的冒险。它只能是开始了，但是，不像过去的冒险，不像电影世界的"浪漫"，不像是为了黄金而进行的重复工作，这将是对经验边缘的一次无休止的探索。到目前为止，人类一直生活在贫民窟，在争吵、报复、虚荣、羞耻和污秽、强烈的欲望和急迫的欲望中。他还几乎没有尝到过甜美的空气，和科学为他扩大的世界自由。

想象一下世界统一对人类更广泛更开放的生活是一个非常有吸引力的猜测。生命必然会伴随着更强烈的脉搏前进，它会深呼吸，因为它将驱散和征服上百种身体和心灵的感染，而这些感染现在将使它变得无效和肮脏。我们已经强调通过创造一个新的奴隶种族，即机器，以便从人类生活中彻底消除苦工。这种情况以及战争的消失，通过更公正的社会和经济安排消除无休止的限制和争论，将把我们从孩提时代就开始承担维护人类安全的繁重的日常工作的负担中解放出来。这并不意味着我们将停止工作，但我们将停止在压力下做令人讨厌的工作，并将根据我们的天赋和本能自由地工作、规划、制作、创造。我们将不再像愚钝的锄头和犁一样与大自然作战，而是为了一次辉煌的征服。只有我们现在这种无精打采的沮丧，我们才看不到清楚的暗示。我们的理由是，在几代人的过程中，每一个乡村小镇都可以成为雅典，每一个人都可以温文尔雅，身心健康，整个地球人类的心灵和最广大的地区都是我们的游乐场。

在这本书中，我们试图展示两个伟大的发展系统在人类社会的故事中相互作用。我们已经看到，从后来特殊的新石器文化中成长出来的日石文化、世界上较温暖的冲积地带的文化、伟大的原始文明、强大的奴役和顺从系统、大量勤劳和顺从的人。我们已经证明了这些早期文明与早期寺庙、王神和教王之间的必要关系。与此同时，我们追溯了游牧民族从较简单的新石器时代生产水平的发展变化，在这些大的族群中，包括位于西北部和东北部的雅利安人、蒙古人以及阿拉伯沙漠中的闪米特人。我们的历史告诉我们，在草原和沙漠中，这些更坚强、更大胆、更自由的民族不断超越和刷新了最初的布鲁内文明。我们已经指出，这些不断重复的游牧生活在血液和精神上如何稳步改变原始文明，以及当今世界的宗教，我们现在所说的民主、现代科学探索的大胆和普遍的不安，都是由于文明的"游牧化"。旧文明创造传统，并且依靠传统生活。今天传统的力量被摧毁了，我们国家的身体仍然是文明，但它的精神是游牧世界的精神，是大平原和公海的精神。

因此，我们很难拒绝这样一种说法：只要一条法律在地球上运行，边疆的凶猛就不再使我们感到苦恼，我们的本性中的紧迫性，在春天和秋天激励我们起床和旅行，它将与我们同在。我们要听从夏天牧场和冬天牧场在我们血液中的召唤，山岭、沙漠和海洋的召唤。对我们中的一些人来说，他们可能有不同的血统，这就是森林的召唤，也有一些人会在夏天打猎，回到田野去收割和犁耕。但这并不意味着人们会无家可归，到处漂泊。正常的游牧生活不是无家可归的，而是家庭之间的流动。今天的卡尔梅克人和燕子一样，每年从一个家到另一个家走1000英里。我们得出结论，即将到来的时代美丽而便利的城市，将有它们充满生命的季节，以及它们似乎睡着的季节。随着该地区的利益上升或下降，生活将季节性地向各个地区流动。

在这个秩序井然的世界里，几乎没有什么苦差，机械中使用的自然动力将是一般的苦力。没有什么劳作是不可避免的，它会作为一种服务和义务，在每一个生命中做几年或几个月，它不会消耗或降低任何人的整个生命。不单单是劳役繁重的人，其他许多类型的人和生活方式在当前社会中也都非常突出，这些人和生活方式的重要性必然会下降或完全消失。职业斗士很少，或者根本就没有，海关官员也不多，越来越多的教师将废除大型警力和监狱工作人员，疯人院将很少或根本不存在。世界范围内的卫生设施将减少医院、护士、病室服务员等的比例，世界经济层面上的正义正在消失，窜动的骗子、赌徒、前辈、寄生虫和投机者普遍减少。但在未来的日子里，冒险和浪漫的生活不会减少。例如，海洋渔业面临的持续风暴需要渔夫变成意志更加坚定的人。人类将重新对动物世界产生兴趣。在这些混乱的日子里，一场愚蠢的、无法控制的对动物物种的屠杀从某种角度进行着，这几乎比人类的痛苦更悲惨。在19世纪，几十种动物，其中一些非常有趣的物种，被消灭了，但一个有效的世界国家的第一个成果之一将是更好地保护现在的野生动物。从青铜时代以来，人类在驯服、使用、结交和欣赏我们周围的动物方面所做的很少，这在人类历史上是一件奇怪的事情。但是，在一个受过良好教育的世界社会里，现在被定义为体育运动的项目，过去也曾是无谓的杀戮，之后不可避免地会改变原始本能，以这种方式找到表达方式，把它们变成一种兴趣，而不是死亡，这对野兽的生命而言也是一种迷人且奇特的尝试。与这些可怜的、血缘相亲的低等生物交朋友，我们不再以敌人的身份恐惧，不再以敌人的身份憎恨，不再以奴隶的身份需要。一个世界性的国家和普遍的正义并不意味着把我们的种族禁锢在任何阴暗的制度秩序中。仍有山海，有丛林，有大森林，有珍宝，有保障，大平原仍在我们面前伸展，狂风大作，但人不会如此憎恨，如此恐惧，也不会如此绝望地欺骗，他们会保持头脑和身体的清洁干净。

有一些不敬业的先知，他们在将人聚集到一个群体中时，看到了暴力种族冲突的可能性，以及"占优势"的冲突，但那就是一种假设，即文明无法调整，不同品质、不同性格和外表的人将按照不同的规则并肩生活。把人类编织成一个共同体并不意味着创造出一个统一的共同体，而且相反，是在理解的氛围中欢迎并充分利用独特的品质。这几乎是当今世界普遍存在的不文明行为，使种族无法忍受种族。

但是，一个作家能给自己安排的最困难、最不可能完成的任务之一，就是描绘那些受过更好教育，在生活环境中更快乐，比他自己更自由、更健康的人的生活。我们今天所知道的，足以让我们知道，在每一个人类关心的问题上，都有无限的改善空间。除了集体努力，什么都不需要。我们的贫穷，我们的束缚，我们的感染和消化不良，我们的争吵和误解，都是可以通过协调一致的人类行动控制和消除的；但是我们很少知道，没有它们，生活会有什么样的感觉，就像一个可怜、肮脏、被虐待、有凶恶灵魂的生物，在残酷和肮脏的欧洲后街背景下出生和繁殖。我们可以知道每天都要洗澡，总是穿得漂亮，爬山是为了娱乐，去飞行，除了和蔼可亲、彬彬有礼的人，谁也不见，进行研究或做令人愉快的事情。然而，一个对所有人都有好处的时刻，可能会比我们想象的来得更近。每一个相信美好时光即将来临的人会使我们早点实现它，每一颗失败的心都会推迟美好时光的到来。

人们无法预知未来的惊喜或失望。在能够公平讲述世界历史之前，其他尚未被怀疑的章节可能仍然需要被书写，只要我们描述大国的增长和竞争充满着冲突。可能会有悲惨的经济斗争，严峻的种族和阶级的斗争，也许"私营企业"在没有重大变革的情况下，会拒绝吸取服务的教训，而一个通过没收财产维护社会主义政府统治的阶段就摆在我们面前。我们不知道，所以我们不能说。这些是不必要的灾难，但它们可能是不可避免的灾难。人类历史越来越成为教育和灾难之间的一场竞赛，反对基督教世界的统一努力，反对机械革命的统一影响，灾难至少在实现大战的程度上取得了胜利。我们不知道还有多少次灾难的胜利。新的错误可能会出现，并在一段时间内使人处于某种不义和命运的秩序中，直到他们在守财奴和世世代代的杀戮中崩溃。

然而，无论是笨拙的还是顺利的，这个世界似乎在进步，并且会一直进步。在我们对旧石器时代人的描述中，我们借用了沃辛顿·史密斯先生的描述，描述了大约5万年前世界上最高等的生命，那是一种野蛮的生活。大约15000年前，我们还草绘了人类祭祀的聚会，对一个现代文明读者来说，这一幕又是极其残酷的。

然而，距阿兹特克帝国仍然相信只有献祭才能生存不超过500年。在墨西哥，每年都有数以百计的人以这种方式死去：尸体像弓一样弯曲在祭品石头上，胸部被一把黑曜石刀割开，神父撕掉了仍然活着的受害者跳动的心脏。这一天也许即将来临，我们将不再为我们的民族之神而撕裂人类的心。让读者参考一下我们在这段历史中给出的早期时间图表，他将看到这段痛苦而又充满希望的变化时期所有冲突、剥夺和痛苦的真实尺度和短暂性。

世界大事时间表

为了给这本书画上一个句号,我们在这里给出了公元前800年到1920年的主要事件表。

在第一届奥林匹克运动会和罗马建城后,年表开始足以精确地说明任何事件的确切年份。

大约公元前1000年,雅利安人在西班牙、意大利和巴尔干半岛建立了自己的国家,并在北印度建立了自己的国家。克诺索斯王宫已经被摧毁了。在埃及,托勒密三世、阿梅诺菲斯三世、拉美西斯二世的广阔时代已经过去了三四个世纪,第二十一王朝虚弱的国王统治着尼罗河流域。以色列在其早先国王的时候联合起来,扫罗、大卫,甚至所罗门都统治过。萨尔贡一世(公元前2750年,阿卡德苏美尔帝国)是巴比伦历史上的一个遥远的记忆,比君士坦丁大帝与当今世界的距离更遥远。汉谟拉比已经死了一千年,亚述人已经控制了不那么强大的巴比伦。公元前1100年,提格拉特·帕拉沙尔一世占领了巴比伦。但是没有永久的征服,亚述和巴比伦仍然是独立的帝国。在中国,周朝兴旺发达,而英国的巨石阵已经有一千年的历史了。

接下来的两个世纪见证了埃及在第二十二王朝时期的复兴，简短的小希伯来所罗门王国的分裂，希腊人在巴尔干半岛、南意大利和小亚细亚的蔓延，以及伊特拉斯坎在意大利中部占主导地位的日子。我们可以从下列日期开始确定历史：

公元前

800年 迦太基建城

790年 埃塞俄比亚征服埃及（建立埃及第二十五王朝）

776年 第一届古代奥林匹克运动会举办

753年 罗马建城

745年 提格拉特·帕拉沙尔三世征服巴比伦并建立新亚述帝国

738年 以色列之王米拿现收买提格拉特·帕拉沙尔三世以求太平

735年 希腊人到达西西里岛

722年 萨尔贡二世用铁制武器装备亚述军队

721年 萨尔贡二世将以色列人驱逐

704年 辛那赫里布成为新亚述帝国皇帝

701年 辛那赫里布的军队在出征埃及途中被瘟疫摧毁

680年 阿萨尔哈东占领埃及的底比斯（埃及第二十五王朝被推翻）

667年 萨达纳帕勒斯开始统治阿尔及利亚

664年 普萨美提克一世恢复埃及的自由并建立第二十六王朝（在位至公元前610年）。吕底亚国王巨吉斯提供军队帮助其击败亚述帝国

608年 埃及国王尼科在米吉多之战中击败了犹大国国王约西亚

606年 迦勒底人与玛代人夺取尼尼微。新巴比伦王国建国

604年 尼科推进到幼发拉底河,随之被尼布甲尼撒二世击败,一同被击败的还有约西亚

586年 尼布甲尼撒将犹太人掳到巴比伦,其中大量的犹太人逃亡埃及并定居下来

550年 波斯的居鲁士大帝接替了米堤亚人亚哈萨雷斯,征服了克罗伊斯。佛陀、孔子与老子也生活在这段时间

539年 居鲁士击败巴比伦并建立了波斯帝国

527年 庇西特拉图去世

525年 冈比西斯二世征服埃及

521年 西斯塔斯普之子大流士一世统治了从达达尼尔海峡到印度河的疆域,并且远征到斯基泰

490年 马拉松之战

484年 希罗多德出生,埃斯库罗斯因其悲剧获得了第一个奖

480年 温泉关之战与萨拉米斯海战

479年 普拉塔亚战役与米卡列战役击退了波斯

474年 伊特鲁里亚的舰队被西西里的希腊人摧毁

470年 汉诺远航

466年 伯利克里崭露头角

465年 薛西斯一世遇刺

438年 希罗多德在雅典讲述《历史》

431年 伯罗奔尼撒战争开始(持续到公元前404年)

428年 伯利克里去世,希罗多德去世

427年 阿里斯托芬开始创作喜剧,柏拉图出生并活到了公元前347年

401年 色诺芬笔下万人大撤退

390年 布伦努斯洗劫罗马

366年 卡米卢斯修建协和神庙

359年 腓力成为马其顿之王

338年 喀罗尼亚战役

336年 马其顿军队进入亚洲,腓力遇刺

334年 格拉尼卡斯战役

333年 伊苏之战

332年 亚历山大在埃及

331年 高加米拉战役

330年 大流士三世被杀

323年 亚历山大大帝去世

321年 旁遮普的旃陀罗笈多崛起。罗马人在卡夫丁峡谷之战中被萨莫奈人完全击败

303年 旃陀罗笈多抗击塞琉古

285年 托勒密一世去世

281年 皮洛士入侵意大利

280年 赫拉克利亚战役

279年 阿斯库伦战役

278年 高卢人入侵小亚细亚并在加拉提亚定居

275年 皮洛士离开意大利

264年 第一次布匿战争(阿育王开始统治比哈尔直到公元前227年)。罗马开始第一次角斗士比赛

260年 米莱战役

256年 埃克诺穆斯角海战

246年 秦始皇即位秦王

242年 艾加迪群岛海战

241年 第一次布匿战争结束

225年 特勒蒙战役。罗马军队进入伊利里亚

220年 秦始皇成为皇帝

219年 第二次布匿战争

216年 坎尼战役

214年 中国开始修筑长城

210年 秦始皇去世

202年 扎马战役

201年 第二次布匿战争结束

200—197年 马其顿与罗马交战

192年 罗马与塞琉古帝国交战

190年 马格尼西亚战役

149年 第三次布匿战争（月氏人到达西突厥斯坦）

146年 迦太基与科林斯城被毁

133年 阿塔罗斯将帕加马赠送给罗马。提比略·格拉古被杀

121年 盖约·格拉古被杀

118年 罗马与朱古达交战

106年 罗马与朱古达战争结束

102年 盖乌斯·马略击败日耳曼人

100年 马略凯旋（汉武帝征服塔里木盆地）

91年 同盟者战争

89年 所有的意大利人都成为罗马公民

86年 马略去世

78年 苏拉去世

73年 斯巴达克斯起义

71年 斯巴达克斯起义失败并结束

66年 庞培率领罗马军队到达里海和幼发拉底河，遭遇阿兰人

64年 本都王国的米特里达梯去世

53年 克拉苏在卡莱战役中被杀，安息帝国开始拥有蒙古元素

48年 尤利乌斯·恺撒在法萨罗之战击败庞培

44年 尤利乌斯·恺撒遇刺

31年 亚克兴海战

27年 罗马帝国第一位元首屋大维开始统治罗马

4年 拿撒勒的耶稣真正的出生年

公元元年 基督纪元开始

6年 莫西亚设省

9年 潘诺尼亚设省

14年 屋大维去世，提比略继任皇帝

30年 耶稣被钉死在十字架上

37年 卡里古拉继任提比略

41年 卡里古拉遇刺后，克劳狄一世成为第一位被近卫军拥立的皇帝

54年 尼禄继任克劳狄一世

61年 布狄卡屠杀在不列颠的罗马驻军

68年 尼禄自杀（伽尔巴、奥托、维特里乌斯继任）

69年 韦帕芗开始所谓的弗拉维王朝

79年 提图斯继任韦帕芗

81年 图密善继任

84年 罗马吞并北不列颠

96年 涅尔瓦开始所谓的安敦尼王朝

98年 图拉真继任涅尔瓦

102年 潘州到达里海（印度-塞西亚人入侵北印度）

117年 哈德良继任图拉真，罗马帝国疆域达到最大

138年 安敦尼继任哈德良（同时印度-塞西亚人正在摧毁希腊统治印度的最后遗迹）

150年 大概这一时期迦腻色伽一世统治印度、喀什、莎车和瞿萨旦那

161年 马可·奥勒留继任安敦尼

164年 大瘟疫开始，一直持续到180年马可·奥勒留去世，波及亚洲

180年 马可·奥勒留去世（罗马帝国开始近一个世纪的战争与混乱）

220年 汉朝灭亡，中国开始四百年的大分裂

227年 阿尔达希尔一世（第一个萨珊国王）灭亡了波斯安息帝国

242年 摩尼开始传教

247年 哥特人突袭多瑙河

251年 哥特人取得重大胜利，德基乌斯皇帝被杀

260年 萨珊王国第二任国王沙普尔一世占领了安提阿并俘虏了瓦莱里安皇帝，但在从小亚细亚凯旋途中被帕尔米拉的奥登纳图斯击败

269年 克劳狄二世在奈苏斯战役中击败哥特人

270年 奥勒良成为皇帝

272年 芝诺比阿被掳到罗马，帕尔米拉短暂的辉煌终结

275年 普罗布斯继任奥勒良

276年 哥特人到达本都，普罗布斯皇帝抵御法兰克人与阿勒曼尼人

277年 摩尼在波斯被钉死在十字架上

284年 戴克里先成为皇帝

303年 戴克里先迫害基督徒

311年 伽列里乌斯取消反基督徒敕令

312年 君士坦丁大帝成为皇帝

313年 君士坦丁大帝在阿尔勒主持基督教会议

321年 新的哥特人突袭被击退

323年 君士坦丁大帝主持尼西亚会议

337年 被哥特人驱赶的汪达尔人获得在潘诺尼亚定居的许可

337年 君士坦丁大帝在临终前受洗礼为基督教徒

354年 圣奥古斯丁出生

361—363年 叛教者尤利安试图用密特拉教代替基督教

379年 狄奥多西大帝登基（是西班牙人）

390年 亚历山大的塞拉皮斯法令被废除

392年 狄奥多西大帝统治东西罗马帝国

395年 狄奥多西大帝去世，将帝国重新划分给霍诺留和阿卡迪乌斯，并派斯提里科与阿拉里克进行辅佐

410年 阿拉里克率领西哥特人攻陷罗马

425年 汪达尔人定居在西班牙南部，匈奴人定居在潘诺尼亚，哥特人定居在达尔马提亚，西哥特人与苏维比人定居在葡萄牙和西班牙北部，英格兰人入侵不列颠

429年 盖塞里克统治下的汪达尔人入侵阿非利加行省

439年 汪达尔人占领迦太基

448年 普利斯库斯访问阿提拉

451年 阿提拉入侵高卢，但被法兰克人、阿勒曼尼人和罗马人在沙龙之战中击败

453年 阿提拉去世

455年 汪达尔人攻陷罗马

470年 嚈哒人入侵印度

476年 日耳曼蛮族国王奥多亚克告诉君士坦丁堡西边再无皇帝，西罗马帝国灭亡

480年 圣本笃出生

481年 克洛维一世成为法兰克王国国王，墨洛温王朝开始

483年 景教脱离东正教

493年 东哥特王狄奥多里克政征服意大利并成为意大利之王，但在名义上仍臣服于君士坦丁堡（意大利的哥特国王，哥特人在被没收的特殊土地上驻军）

527年 查士丁尼大帝登基

528年 "印度嚈哒的阿提拉"摩醯逻矩罗进入印度

529年 查士丁尼大帝关闭已经繁荣近一千年的柏拉图学园，其将军贝利萨留斯占领那不勒斯

531年 霍斯劳一世开始统治

543年 君士坦丁堡大瘟疫

544年 圣本笃去世

553年 哥特人被查士丁尼大帝逐出意大利，卡西奥多罗斯建立修道院

565年 查士丁尼大帝去世。伦巴第人征服了意大利北部除拉文纳和罗马拜占庭以外的大部分土地。突厥人在西突厥斯坦击败嚈哒人

570年 穆罕默德出生

579年 霍思劳一世去世

590年 罗马城发生瘟疫（格里高利一世选为教皇），霍思劳二世开始统治

610年 赫拉克利乌斯开始统治

619年 霍思劳二世占领埃及、耶路撒冷、大马士革，并陈兵达达尼尔海峡。中国进入唐王朝

622年 穆罕默德迁往麦地那

623年 白德尔之战

627年 赫拉克利乌斯在尼尼微击败波斯人。麦加联军包围麦地那。唐太宗登基

628年 玄奘西行。穆罕默德进入麦加

632年 穆罕默德去世。阿布·伯克尔继任哈里发

634年 雅穆克之战，穆斯林征服叙利亚，欧麦尔成为第二任哈里发

637年 卡迪希亚战役

638年 耶路撒冷向欧麦尔投降

642年 赫拉克利乌斯去世

643年 奥斯曼成为第三任哈里发

645年 玄奘返回西安

655年 拜占庭舰队被穆斯林击败

656年 奥斯曼在麦地那遇刺

661年 阿里遇刺

662年 穆阿维叶成为哈里发（倭马亚王朝第一任哈里发）

668年 穆阿维叶哈里发通过海上攻击君士坦丁堡。塔尔苏斯的西奥多成为坎特伯雷大主教

675年 穆阿维叶最后一次从海上攻击君士坦丁堡

687年 丕平二世将奥斯特拉西亚和纽斯特里亚重新联合起来

711年 穆斯林军队从非洲入侵西班牙

714年 查理·马特继任宫相

715年 瓦利德一世哈里发统治时期王国版图扩张至比利牛斯到中国

717—718年 瓦利德一世之子和继任者苏莱曼没能征服君士坦

丁堡，倭马亚王朝国土面积达到巅峰

732年 查理·马特在普瓦提埃战役中击败穆斯林

735年 受尊敬的比德逝世

743年 瓦利德二世继任哈里发，被称为多疑的哈里发

749年 倭马亚王朝被推翻，阿布·阿拔斯成为阿拔斯王朝第一位哈里发。倭马亚王朝仍控制西班牙。阿拉伯帝国开始分裂

751年 矮子丕平加冕法兰克国王

755年 圣波尼法爵殉道

768年 矮子丕平去世

771年 查理曼大帝成为法兰克王国唯一君主

774年 查理曼大帝征服伦巴第

776年 查理曼大帝征服达尔马提亚

786年 哈伦·拉希德在巴格达成为哈里发（直到809年）

795年 利奥三世成为教皇（直到816年）

800年 利奥三世加冕查理曼为罗马人的皇帝

802年 曾在查理曼大帝宫廷寻求庇护的爱格伯特成为赛克斯国王

810年 保加利亚大公克鲁姆击败并杀死尼基弗鲁斯一世

814年 查理曼大帝去世，虔诚者路易继任

828年 爱格伯特成为英格兰王国第一个国王

843年 虔诚者路易去世，加洛林帝国被分割。直到962年神圣罗马帝国的皇帝才有一个固定的继承权，尽管这个头衔并非一直出现

850年 留里克（一个古代北欧人）成为诺夫哥罗德和基辅的统治者

852年 鲍里斯一世成为第一个信仰基督教的保加利亚大公（在位到884年）

865年 俄国舰队（古代北欧人组成）威胁君士坦丁堡

886年 英格兰的阿尔弗雷德大帝与丹麦人古瑟罗姆签订条约,约定丹麦人在丹麦法区居住

904年 俄国舰队(古代北欧人)离开君士坦丁堡

912年 首领赫罗尔夫在诺曼底安置下来

919年 亨利一世选为东法兰克国王

928年 玛洛齐亚夫人囚禁教皇约翰十世

931年 约翰十一世当选教皇(直到936年)

936年 在其父亨利一世之后,奥托一世成为德意志国王

941年 俄国舰队再一次威胁君士坦丁堡

955年 约翰十二世当选教皇

960年 中国开始北宋王朝

962年 德意志国王奥托一世被教皇约翰十二世加冕为神圣罗马帝国皇帝(第一个萨克森皇帝)

969年 奥托大帝废黜教皇约翰十二世

973年 奥托二世继任

983年 奥托三世继任

987年 于格·卡佩成为法兰西国王。西法兰克王国加洛林王朝结束

1016年 卡努特大帝成为英格兰、丹麦、瑞典的国王

1037年 "医师王子"布哈拉的阿维森纳逝世

1043年 俄国舰队威胁君士坦丁堡

1066年 诺曼底公爵威廉一世征服英格兰

1071年 通过曼齐刻尔特之战,伊斯兰教在塞尔柱突厥人手中复兴

1073年 希尔德布兰德成为教皇格列高利七世(直到1085年)

1082年 罗伯特·圭斯卡德在杜拉佐战役中获胜

1084年 罗伯特·圭斯卡德洗劫罗马城

1087—1099年 乌尔班二世教皇在位

1094年 鼠疫

1095年 乌尔班二世在克勒芒鼓吹第一次十字军东征

1096年 民兵十字军东征被歼

1099年 布永的戈弗雷占领耶路撒冷。教皇帕斯加尔二世即位（直到1118年）

1138年 金朝鼎盛。宋朝都城从应天迁往临安

1147年 第二次十字军东征。基督教国家葡萄牙独立

1169年 萨拉丁任埃及苏丹

1187年 萨拉丁攻克耶路撒冷

1189年 第三次十字军东征

1198年 阿拉伯哲学家科尔多瓦的伊本·路世德去世。英诺森三世继任教皇（直到1216年），成为年仅四岁的西西里王腓特烈二世的监护人

1202年 第四次十字军东征袭击了东罗马帝国

1204年 拉丁人占领了君士坦丁堡

1206年 古德卜在德里建立伊斯兰国家

1212年 儿童十字军

1214年 成吉思汗攻取北京

1215年 自由大宪章签署

1216年 洪诺留三世继任教皇

1218年 成吉思汗入侵花剌子模

1221年 第五次十字军东征失败并返回。圣多明我去世（多明我会）

1226年 亚西西的圣方济各去世（方济各会）

1227年 成吉思汗去世，疆域从里海到太平洋，窝阔台继任大汗。格列高利九世继任教皇

1228年 腓特烈二世率领第六次十字军东征并攻取耶路撒冷

1234年 蒙古人在宋朝的帮助下完全征服了金朝

1239年 腓特烈二世第二次被逐出教会

1240年 蒙古人摧毁基辅。俄罗斯向蒙古人进贡

1241年 蒙古人在西里西亚的利格尼茨之战中获胜

1244年 埃及苏丹再次占领耶路撒冷，这导致了第七次十字军东征

1245年 腓特烈二世被开除教籍。施维茨人烧毁了新哈布斯堡

1250年 法王路易九世被赎回，霍亨斯道芬王朝最后一王腓特烈二世去世了。直到1273年日耳曼无王

1251年 蒙哥成为大汗，忽必烈统治中国

1258年 旭烈兀占领并摧毁巴格达

1260年 忽必烈成为大汗。怯的不花兵败巴勒斯坦

1261年 希腊人从拉丁人手中夺回君士坦丁堡

1269年 忽必烈通过马可波罗之父给教皇发了一封询问信

1271年 马可·波罗开始他的旅行

1273年 哈布斯堡家族的鲁道夫一世被选为神圣罗马帝国皇帝。瑞士签订永久同盟

1280年 忽必烈在中国建立元朝

1292年 忽必烈去世

1293年 事业科学先驱罗杰·培根去世

1294年 卜尼法斯八世继任教皇（直到1303年）

1295年 马可·波罗返回威尼斯

1303年 经过纪尧姆·德·诺加雷特在阿纳尼行宫的羞辱之后，

卜尼法斯八世去世

1305年 克雷芒五世继任教皇。教廷前往阿维尼翁

1308年 邓斯·司各脱去世

1318年 四名方济各会修士在马赛因为异端被烧死

1347年 奥卡姆去世

1348年 黑死病

1358年 法国扎科雷起义

1360年 中国元朝灭亡，明朝建立（直到1644年）

1367年 帖木儿接受大汗头衔

1377年 教皇格列高利十一世返回罗马，天主教会大分裂。乌尔班六世在罗马，克雷芒七世在阿维尼翁。

1381年 英格兰农民起义。瓦特·泰勒在英王理查二世面前被杀

1384年 威克里夫去世

1398年 胡斯在布拉格宣传威克里夫主义

1405年 帖木儿去世

1414—1418年 康斯坦茨宗教会议。胡斯被烧死（1415年）

1417年 天主教会大分裂结束，教皇马丁五世继任

1420年 胡斯战争爆发，教皇马丁五世派出十字军镇压

1431年 天主教十字军在多马日利采被胡斯派击溃。巴塞尔会议召开

1436年 胡斯派与教会达成协议

1439年 巴塞尔会议在教会中制造了新分裂

1445年 葡萄牙人发现了佛得角

1446年 欧洲第一本印刷书（哈勒姆科斯特）

1449年 巴塞尔议会结束

1453年 奥斯曼土耳其帝国在穆罕默德二世率领下攻陷君士坦

丁堡

1480年 莫斯科大公伊凡三世击败蒙古联军

1481年 在准备征服意大利时穆罕默德二世苏丹去世，巴耶塞特二世苏丹继任（直到1512年）

1486年 迪亚士绕过好望角

1492年 马克西米利安一世成为神圣罗马帝国皇帝

1498年 达伽马绕过好望角到达印度

1499年 瑞士成为一个独立的共和国

1500年 神圣罗马帝国皇帝查理五世出生

1509年 亨利八世成为英国国王

1512年 塞利姆一世继任苏丹（直到1520年），并称哈里发。佛罗伦萨共和国（与马基雅维利）被推翻

1513年 利奥十世继任教皇

1515年 法王弗朗索瓦一世即位

1517年 塞利姆一世吞并埃及。马丁·路德在威腾堡写下《九十五条论纲》

1519年 达·芬奇去世。麦哲伦开始环游世界。科尔特斯进入墨西哥城

1520年 苏莱曼大帝继任苏丹（直到1566年），它的统治范围从巴格达直到匈牙利。查理五世继任神圣罗马帝国皇帝

1521年 马丁·路德在沃姆斯国会上讲话。罗耀拉在潘普洛纳负伤

1525年 巴布尔赢得帕尼帕特战役，占领德里，建立莫卧儿帝国

1527年 在意大利的神圣罗马帝国军队在波旁公爵的带领下洗劫罗马

1529年 苏莱曼大帝围困维也纳

1530年 皮萨罗入侵秘鲁。教皇加冕查理五世。亨利八世开始与教皇争吵

1532年 再洗礼派占领闵思特

1535年 再洗礼派对闵思特的统治失败

1539年 耶稣的伴侣被发现

1543年 哥白尼去世

1545年 为了整顿教会的特兰托宗教会议召开（直到1563年）

1546年 马丁·路德去世

1547年 伊凡四世（恐怖伊凡）成为沙皇。弗朗索瓦一世去世

1549年 第一批耶稣会传教士到达南美洲

1552年 帕绍条约签订，德国暂时和平

1556年 查理五世退位。阿克拉大帝继任莫卧儿皇帝（直到1605年），罗耀拉去世

1558年 查理五世去世

1563年 特兰托会议结束，天主教会改革

1564年 伽利略出生

1566年 苏莱曼大帝去世

1567年 尼德兰革命

1568年 厄格蒙特和荷恩被处决

1572年 开普勒出生

1573年 阿尔克马尔之围

1578年 威廉·哈维出生

1583年 沃尔特·雷利爵士的船队到达弗吉尼亚

1601年 第谷·布拉赫去世

1603年 詹姆斯一世成为英格兰与苏格兰的国王。吉尔伯特医生去世

1605年 莫卧儿帝国贾汉吉尔皇帝继任

1606年 弗吉尼亚公司成立

1609年 荷兰独立

1618年 "三十年战争"开始

1620年 "五月花号"发现新普利茅斯

1625年 英格兰查理一世继任

1626年 弗朗西斯·培根爵士去世

1628年 沙贾汗继任莫卧儿帝国皇帝。英国《权利请愿书》提出

1629年 英格兰查理一世开始长达十一年的无议会统治

1630年 开普勒去世

1632年 列文虎克出生。古斯塔夫·阿道夫在吕岑会战中阵亡

1634年 华伦斯坦遇刺

1638年 日本开始闭关锁国(直到1865年)

1640年 查理一世召开长期议会

1641年 英国在爱尔兰镇压起义

1642年 伽利略去世。牛顿出生

1643年 路易十四开始长达72年的统治

1644年 满族人结束了明朝统治

1645年 莱比锡市中心的猪圈被拆除。

1648年 威斯特伐利亚合约签订,从此荷兰和瑞士被承认为自由的共和国,普鲁士地位提升,条约没有给皇帝或者贵族一方带来彻底胜利。投石党运动爆发,以法国王权完全胜利告终

1649年 英格兰查理一世被处决

1658年 奥朗则布继任莫卧儿皇帝。克伦威尔去世

1660年 查理二世继任英格兰皇帝

1674年 英国通过条约获得新阿姆斯特丹并改名为纽约

1683年 土耳其军最后一次袭击维也纳被波兰的约翰三世击败

1688年 英国光荣革命。詹姆斯二世逃走，威廉和玛丽开始统治

1689年 俄罗斯帝国彼得大帝开始统治（直到1725年）

1690年 爱尔兰博伊奈战役

1694年 伏尔泰出生

1701年 腓特烈一世出任普鲁士王国第一位国王

1704年 现代民主理论之父约翰·洛克去世

1707年 奥朗则布去世，莫卧儿帝国开始分崩瓦解

1713年 普鲁士的腓特烈大帝出生

1714年 英王乔治一世继任

1715年 法王路易十五继任

1727年 牛顿去世。英王乔治二世继任

1732年 奥格尔索普建立佐治亚

1736年 纳迪尔沙入侵印度，开始了印度二十年的被占领与混乱

1740年 玛利亚·特蕾莎开始统治（作为一个女人她不可能成为女皇，所以其丈夫弗朗茨一世任神圣罗马帝国皇帝直到1765年去世，其儿子约瑟夫二世继任）

1741年 俄罗斯帝国的伊丽莎白一世开始统治

1755—1763年 英法开始在美洲和印度的殖民地进行斗争，法国联合奥地利与俄罗斯与普鲁士英国对抗。七年战争

1757年 普拉西战役

1759年 英国军官詹姆斯·沃尔夫攻陷魁北克

1760年 英王乔治三世继任

1762年 俄国伊丽莎白一世去世。在刺杀了彼得三世沙皇之后，叶卡捷琳娜大帝继任（直到1796年）

1763年 《巴黎和约》签订，加拿大割让给英国，英国统治印度

1764年 伯格萨尔之战

1769年 拿破仑·波拿巴出生

1774年 路易十六开始统治。克莱武自杀。美洲殖民地开始独立运动

1775年 莱克星顿之战

1776年 美利坚合众国签订《独立宣言》

1780年 玛利亚·特蕾莎统治结束。约瑟夫二世继任哈布斯堡统治（1765—1790）

1783年 英美签订承认美国独立的《巴黎和约》，奎科在马萨诸塞州获释

1787年 费城的制宪会议建立了美利坚合众国联邦政府。法国经济恶化，召开显贵会议。

1788年 美国第一届联邦国会在纽约召开

1789年 法国的国家元首们齐聚。攻占巴士底监狱

1791年 雅各宾派革命。路易十六出逃

1792年 法国向奥地利宣战，普鲁士向法国宣战，爆发瓦尔密战役。法国成为共和国

1793年 路易十六被送上断头台

1794年 罗伯斯庇尔被送上断头台，雅各宾派统治结束。国民公会统治

1797年 《康波福米奥和约》签订，拿破仑摧毁威尼斯共和国

1798年 拿破仑远征埃及。尼罗河战役

1799年 拿破仑返回法国，成为权力巨大的第一执政官

1800年 1月1日爱尔兰与英国组成联合王国。拿破仑对奥地利作战，在意大利马伦哥战役取胜，莫罗将军在霍恩林登战役中获胜

1801年 法英奥签订和平条约

1804年 拿破仑成为皇帝。弗朗茨二世在1805年获得奥地利帝国皇帝称号，并在1806年放弃神圣罗马帝国皇帝称号，因此神圣罗马帝国终止

1805年 特拉法加尔海战、乌尔姆战役、奥斯特里茨战役

1806年 耶拿战役中普鲁士溃败

1807年 埃劳战役与弗里德兰战役，《提尔西特和约》签署

1808年 拿破仑分封其兄弟约瑟夫·波拿巴为西班牙国王

1810年 拉丁美洲独立战争开始

1811年 亚历山大一世退出大陆封锁体系

1812年 拿破仑从莫斯科撤军

1814年 拿破仑退位，路易十八复辟

1815年 滑铁卢战役。《维也纳和约》签订

1819年 议会第一次通过《工厂法》，实现了罗伯特·欧文的愿望

1821年 希腊独立战争

1824年 法国查理十世继任

1825年 俄国尼古拉一世皇帝继任。第一条铁路在英国斯托克顿与达林顿之间通车

1827年 纳瓦里诺海战

1829年 希腊独立

1830年 动乱的一年。路易·菲利普取代查理十世，比利时脱离荷兰独立，利奥波德一世成为新国家比利时的国王，波兰起义被俄国镇压。

1832年 英国第一次议会改革，重塑了英国议会的民主特性

1835年 社会主义一词第一次被使用

1837年 维多利亚女王继任

1840年 维多利亚女王与萨克森-科堡-哥达的阿尔伯特亲王结婚

1848年 又是动乱的一年。法国和意大利成立共和国,布拉格召开泛斯拉夫会议,德国在法兰克福召开国民议会欲统一德意志,但普鲁士国王摧毁了帝国政府

1851年 伦敦世界博览会

1852年 拿破仑三世成为皇帝

1854年 佩里叩关。尼古拉一世占领土耳其多瑙河地区

1854—1856年 克里米亚战争

1855年 俄国亚历山大二世开始统治俄国

1857年 印度兵变

1859年 罗伯特欧文去世

1859年 法奥战争。马真塔战役与索尔弗利诺战役

1862年 维托里奥·埃马努埃莱二世成为意大利王国的第一位国王。亚伯拉罕·林肯成为美国总统,美国内战开始

1863年 英国轰炸了一个日本城镇

1864年 马西米连诺一世成为墨西哥皇帝

1865年 美国内战结束。日本开国

1866年 普鲁士与意大利攻击奥地利(德意志南部几个小邦支持奥地利)。萨多瓦战役

1867年 马西米连诺一世被枪决

1870年 拿破仑三世对普鲁士宣战

1871年 巴黎投降(1月)。普鲁士国王成为德意志帝国皇帝威廉一世。德法签订《法兰克福合约》

1875年 保加利亚四月起义

1877年 俄土战争。签订《圣斯特凡诺条约》。维多利亚女王成为印度女皇

1878年 签订《柏林条约》。西欧开始46年的武装和平

1881年 马朱巴之战

1883年 英国占领埃及

1886年 格莱斯顿第一个爱尔兰自治法案

1888年 腓特烈三世（3月）、威廉二世（6月）成为皇帝

1890年 俾斯麦辞职。黑尔戈兰岛被索尔兹玻璃勋爵割让给德国

1894—1895年 中日甲午战争

1895年 英国政府转变为帝国主义

1896年 阿杜瓦战役

1898年 英法法绍达冲突。德国占领胶州湾

1899年 南非战争开始（布尔战争）

1900年 义和团运动在中国兴起，围攻北京使节

1904年 英国入侵西藏

1904—1905年 日俄战争

1906年 帝国主义党派在关税问题上击败自由党

1907年 南非联盟成立

1909年 布雷里奥驾驶飞机飞越英吉利海峡

1911年 意大利对土耳其发动战争并占领的黎波里

1912年 中华民国成立

1913年 巴尔干联盟对土耳其发动战争。"统一党"在爱尔兰伦敦德里枪击造成流血事件

1914年 第一次世界大战在欧洲开始（详细时间表见书中）

1917年 俄罗斯爆发两次革命，建立布尔什维克统治

1919—1920年 签订《凡尔赛条约》

1920年 国际联盟第一次会议，德国、奥地利、俄罗斯、土耳其被排除在外，美国亦未出席